WINE COMMUNICATION 와인 커뮤니케이션

글·사진 고재윤 박사

머리말

와인을 빚어내는 포도나무는 기름진 땅을 싫어합니다. 척박한 땅에서 자라야 잎을 무성하게 키우기보다는 번식을 위해 포도송이로 최대한 영양분을 실어 보내 품질 좋은 포도열매를 맺기 때문입니다. 또한 와인은 같은 농부가 같은 조건의 포도밭에서 같은 날 포도알을 따서 으깨고 발효시킨 후 병에 넣고 출고해도 저장조건이나 기간이 다르면 맛과 향, 빛깔이 달라집니다. 더구나 국가나 지역, 기후나 품종, 빈티지나 양조자가 다르다면 전혀 개성이 다른 와인이 탄생됩니다.

이렇게 다양한 와인을 알고 공부한지 20년이 훌쩍 넘었습니다. 처음 와인을 접하고 공부를 위해 서점을 찾았을 때 눈에 들어온 책은 "현대인과 와인"이라는 책이 전부였습니다. 그때, 만약 와인을 공부하고 어느 정도 경험과 지식이 쌓이면 다른 사람들에게 도움을 줄 수 있는 책을 쓰자고 생각했던 것 같습니다. 이후 독일에서 초청한 '독일 와인 아카데미'를 시작으로 와인의 종주국이라는 프랑스를 비롯해서 스페인, 포르투갈, 이탈리아, 호주, 뉴질랜드, 남아프리카공화국, 조지아, 우즈베키스탄, 카자흐스탄, 칠레, 아르헨티나, 뉴질랜드, 몰도바, 슬로바키아, 슬로베니아, 중국, 일본, 불가리아, 루마니아 등등의 국가까지 와인의 역사와 향기를 찾아 헤매는 여정을 시작하였습니다. 그러는 동안 와인 붐이 일고 서점엔 와인관련 서적이 홍수처럼 넘쳐나고 있었습니다. 이럴 때 책을 쓰는 것이 홍수에 빗방울 보태는 것 같아 많이 망설여지기도 했습니다. 하지만 세계 와인 산지를 다니면서 느낀 점과 새로운 경험, 직접 찍은 사진 등을 그냥 묻어두기에는 안타까움이 컸습니다.

책을 쓰되 기존의 와인관련 서적과는 다른 내용의 책을 쓰자는 생각으로 집필을 시작했습니다. 보통, 경험 위주로 쓴 책은 내용이 부실하고, 지식 위주의 책은 실전 경험이 부족할 수 있습니다. 그래서 이 책에서는 직업적 경험과 함께 배우고 가르치면서 얻은 지식, 와인 투어로 접한 와인 생산지의 특징 등을 접근하기 쉬우면서도 깊이 있게 일상과 비즈니스에서 즐겁게 활용할 수 있도록 구성했습니다.

와인의 기본적인 매너부터 익히고 어디서든 당당할 수 있도록 와인의 탄생과 역사, 다양한 품종과 양조법, 와인의 세계를 일구는 사람들, 라벨의 등급과 역사, 와인의 수명과 보관, 와인의 국가별 종류와 생산지역까지 폭넓은 지식을 쌓을 수 있도록 꾸렸습니다. 책을 출판한지 10년이 지나면서 제2판을 출간하였고 부족한 부분을 보완하고 새로운 정보를 추가하고자 심혈을 기울였습니다.

이 책이 나오기까지 여러 날 수고해 주신 세경 식구들과 연구실의 이효정 박사, 늘 묵묵히 사랑으로 응원해주는 가족들에게 특별히 감사한 마음을 전하며, 와인과 함께 전 세계의 와인산지를 여행해 주신 경희대학교 관광대학원 와인·워터·티 마스터소믈리에 특별과정의 원생들, 그리고 국가별 지도를 그려준 김영실 일러스트레이터에게 고마움을 전합니다. 와인은 지식으로 마시는 것이 아니라 와인, 그 자체를 즐기는 것이 최고입니다. 하지만 아는 만큼 보이고, 아는 만큼 느끼듯이 이 한 권의 와인 책을 통해 삶이 더욱 윤택해 질 수 있기를 바랍니다. 코로나 19 중에 탄생한 하나 밖에 없는 손자 태경, 몇년 전 소천하신 존경하는 아버님, 늘 사랑만을 주시고 돌아가신 어머님의 은혜도 그립습니다.

고황산 기슭에서
사랑하는 가족과 제자들에게 이 책을 바칩니다.
고재윤 드림

차 례

1 비즈니스와 와인

비즈니스와 와인의 세계 2
- CEO, 글로벌 비즈니스 와인 2
- 레스토랑에서 와인 매너 4
- 레스토랑에서 와인 테이스팅과 서비스 8
- 한식문화 속의 와인 12
- 고급 레스토랑의 단골고객 조건 14

와인 에티켓 역사와 명사의 와인 18
- 역사 속의 와인 에티켓 18
- 명사의 와인 20
- 국가 정상회담시 공식 건배주 27
- 정상회담시 공식만찬의 와인 제안서 33

기업 경영철학과 와인, 현명한 와인 선물 38
- 와인 한 잔의 경영철학 38
- VIP 고객을 위한 와인 마케팅 42
- 좋은 와인 선택법 46
- 현명한 와인 선물 48
- 계절별 와인 선택법 55
- 면세점에서 좋은 와인 선택법 57
- 와인 재테크 60

와인의 세계를 리드하는 사람들 64
- 와인 세계의 최고 전문가 64
- 세계 10대 명품 와인 68

취미 생활과 와인 82
- 책, 문학 속의 와인 82
- 골프와 와인 85
- 영화 속의 와인 88
- 명화 속의 와인 93
- 음악과 와인 98

'프렌치 패러독스' 104
- 와인과 건강 104
- 와인과 섹스 107

2 소믈리에 서비스

소믈리에 112
- 와인 바의 개념 112
- 소믈리에 역사와 정의 115
- 소믈리에 역할과 자질 117
- 소믈리에 자격 조건 119
- 와인 전문매장의 창업 122
- 와인 마케팅 126

와인 서비스 기술 132
- 와인 오픈과 코르크스크루 사용법 132
- 와인글라스 선택 135
- 코르크 기능 138
- 디켄팅 144
- 와인의 결점 148

와인병과 라벨, 그리고 등급 152
- 와인병 역사 152
- 국가 지역별 와인병 모양 156
- 라벨 역사 160
- 라벨 정보 읽기 162
- 와인 품질 등급과 역사 167

3 천지인(天地人)

역사 속의 와인 182
- 와인 역사 182
- 예수님의 최후의 만찬 189
- 성경, 노아의 첫 와인 194

와인의 개념과 포도품종 198
- 와인 개념 198
- 척박한 땅 201
- 국가별 포도품종 204
- 화이트와인 청포도품종 207
- 레드와인 흑포도품종 213

와인 양조와 종류 224

- 와인 분류 방법 224
- 와인 양조법 227
- 샴페인 양조 236
- 스위트 와인 양조 244
- 로제와인 양조 249
- 쉐리와인 양조 251
- 포트와인 양조 254
- 보졸레 누보와인 양조 264

떼루아, 오크통 268

- 와인의 개성을 좌우하는 4가지 요소 268
- 떼루아 275
- 포도밭 284
- 빈티지 290
- 오크통 292
- 발효통 종류 296

4 와인 전문지식

와인 아로마와 와인 테이스팅 302

- 와인 눈물 302
- 아로마와 부케 304
- 아로마 킷과 휠 308
- 기본적인 '향' 과 '맛' 310
- 와인 테이스팅 313

와인의 품질 320
- 타닌 320
- 유기농 와인 323
- 주석산염 328
- 와인 보관과 수명 331

마리아주 338
- 음식과 와인의 조화 기본원칙 338
- 10가지 와인에 어울리는 음식 344
- 음식과 와인의 조화 사례 348

와인 교육과 와인투어 358
- 와인 교육 358
- 와인 관광 362

5 국가별 와인

구세계 와인 368
- 프랑스 와인 368
- 이탈리아 와인 403
- 독일 와인 416
- 스위스 와인 423
- 스페인 와인 426
- 포르투갈 와인 436
- 헝가리 와인 444
- 오스트리아 와인 449

- 조지아 와인 456
- 몰도바 와인 464
- 슬로베니아 와인 468

신세계 와인 472

- 미국 와인 472
- 호주 와인 489
- 뉴질랜드 와인 498
- 칠레 와인 504
- 아르헨티나 와인 510
- 남아프리카공화국 와인 515
- 6대 신세계 와인의 비교 522

아시아 와인 524

- 한국 와인 524
- 중국 와인 532
- 일본 와인 540
- 우즈베키스탄 와인 547
- 카자흐스탄 와인 551

프랑스 와인 기사 작위 556

용어 풀이 559

참고문헌 569

 스토리가 있는 와인

프랑스 샤토 오브리옹　25
새로운 희망, 인 비노 베리타스(in vino veritas)　40
프랑스 샤토 마고　44
프랑스 부샤르 페레 에 피스　58
프랑스 샤토 라투르　80
스페인 보데가스 온타뇽　103
기독교의 성인들과 와인 유리병이 얽힌 이야기　158
프랑스 샤토 라피트 로칠드　176
슬로베니아 카바이　191
와인 역사로 보는 금주　196
독일 젝트 SMW　234
프랑스 샴페인 뵈브 클리코 퐁사르당　242
포르투갈 마데이라 브랜디스　261
프랑스 루시옹 샤토 루　272
와인 양조의 숨은 공로자, 수도사　278
프랑스 샤토 샤샤뉴 몽라셰 바데르-미뮈르　280
이탈리아 안티노리　287
프랑스 샤토 무통 로칠드　298
슬로바키아 스트레코브　325
가정용 와인 셀러의 조건　336
이탈리아 알레그리니　356
교황의 와인　376
프랑스 르 팽　396

이탈리아 말비라 406

이탈리아 플라네타 414

독일 슈페트레제 422

스페인 보데가스 토레스 433

포르투갈 호세 마리아 다 폰세카 441

오스트리아 에스터하지 454

조지아 카레바 462

몰도바 푸카리 466

슬로베니아 비나코퍼 470

미국 클로 뒤 발 479

미국 도메인 드루앵 484

미국 트럼프 487

호주 펜폴즈 매길 에스테이트 495

뉴질랜드 페가수스 베이 502

칠레 돈 멜초 508

아르헨티나 보데가 카테나 자파타 513

남아프리카공화국 니더버그 매너 하우스 520

한국 대부도 그랑꼬또 529

한국 마주앙 531

중국 장유 538

일본 샤토 메르시앙 543

일본 로리앙 시라유리 545

우즈베키스탄 호브렌코 550

카자흐스탄 아르바 554

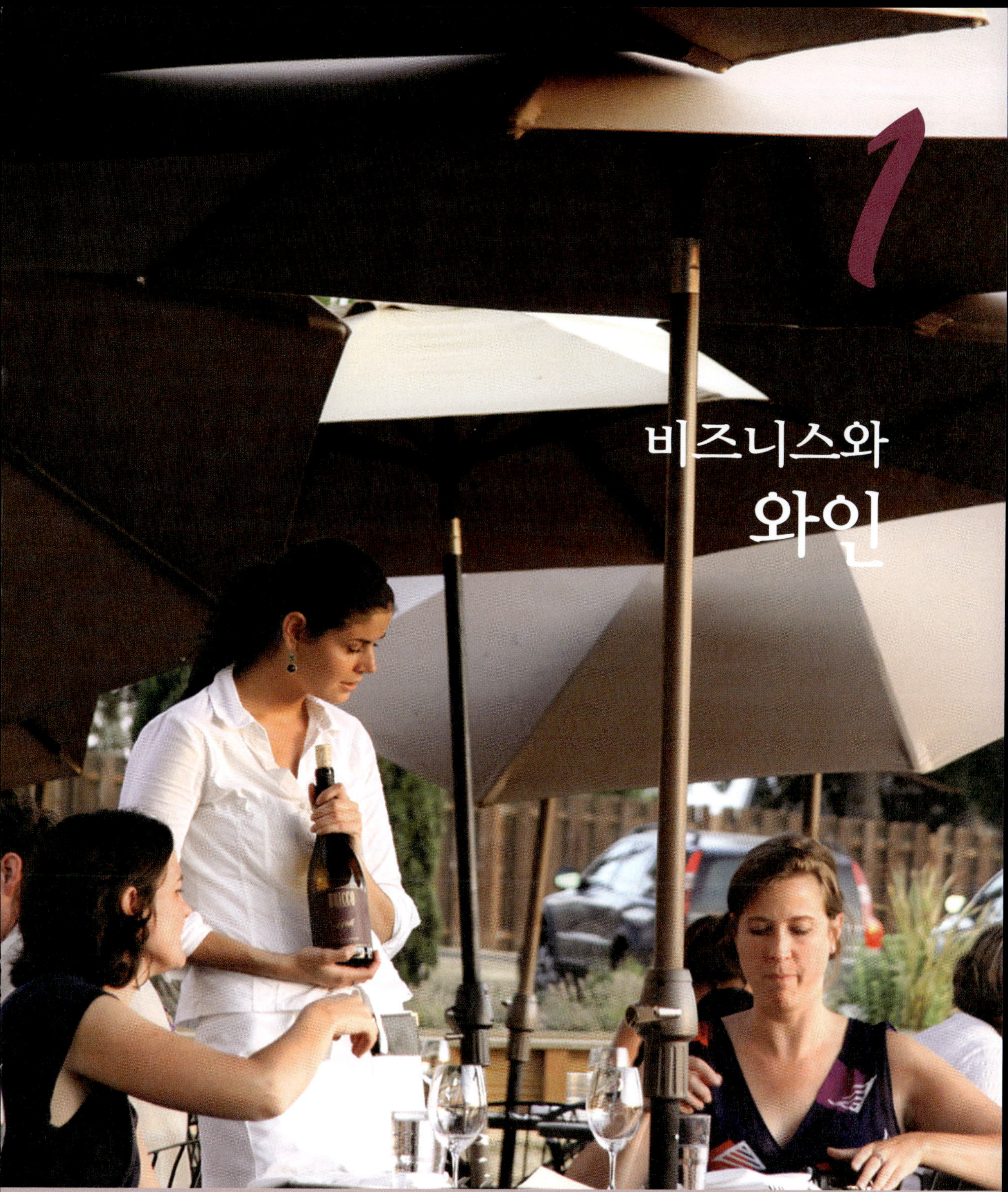

1

비즈니스와 와인

와인문화는 국제화 시대에 없어서는 안 될 비즈니스의 기본이 되었다.
글로벌 커뮤니케이션이란 평화와 인간성 회복을 위해 자신보다 상대
방을 배려함으로 가치를 높이는 것을 말한다.

비즈니스와 와인의 세계

🍷 CEO, 글로벌 비즈니스 와인

　최근 글로벌시대의 평화와 인간성 회복을 위해 상대방을 배려하면서 즐거움을 배가하고 자신의 가치를 높여 나가는 글로벌 커뮤니케이션이 중요하게 대두되고 있다. 1997년 IMF 이후 해외로 파견할 정부의 관료나 대기업의 임직원을 대상으로 한 테이블 매너 교육이 큰 호응을 얻으면서 글로벌 매너의 필수사항이 되었다. 국가나 기업 이미지를 실추시키지 않기 위한 방편이라고 할 수 있으며, 현재 와인문화는 국제 경쟁시대에 없어서는 안 될 비즈니스의 기본이 되었다.

　과거의 와인은 주로 왕족이나 귀족들의 전유물로써 고급 비즈니스의 수단이 되었지만, 현대는 글로벌 시대 속에서 외국인들과 만날 기회가 많아지면서 술 이상의 가치를 지닌 비즈니스맨들의 문화가치로 정착되었다. 우리나라는 1987년에 와인수입 자유화로 대중화 역사가 30년이 넘었지만, 여전히 글로벌 비즈니스를 하는 사람들은 와인으로 인해 스트레스를 받고 있다.

　2007년 삼성경제연구소가 국내 CEO 404명을 대상으로 실시한 설문조사에 따르면, 응답자 가운데 무려 95%가 비즈니스에서 와인이 차지하는 비중을 높게 평가했으며, 84%가 와인에 대한 지식 부족으로 스트레스를 받은 적이 있다고 대답하였다. 이 시대의 오피니언 리더로 불리는 CEO들조차 와인을 잘 알지 못해 고민했던 순간이 있었다는 것이다. 글로벌 비즈니스에서 상대 국가의 지역 와인을 알고 있다면,

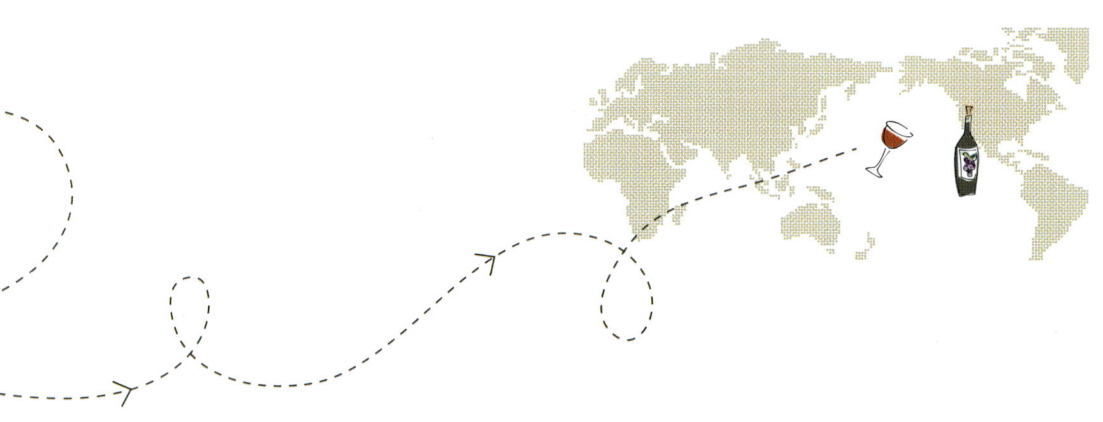

　그 지역의 토착 와인을 추천하고 서비스하면서 호감을 유도하며, 자연스럽게 분위기를 리드하고 자신의 협상 능력을 발휘할 수 있을 것이다. 와인은 반드시 배워야 할 글로벌 비즈니스의 필수품이며 와인 지식을 쌓기 위해서는 전문적인 학습이 필요하다.

　와인문화가 확산되기 전, 정부 관료나 기업의 임직원을 대상으로 테이블 매너 교육을 실시할 때 있었던 일이다. 처음엔 냅킨을 목에 두르거나 허리에 걸고 핑거볼(finger bowl)을 마시는 등 익숙하지 못한 식문화에 어색해 하며 교육을 받던 사람들도 서양식 테이블 매너 속으로 빠져들면서 호기심을 보이기 시작했고 관심을 갖고 열심히 교육에 임하게 되었다.

　고급 레스토랑의 사전 예약과 시간 약속, 정장 착용과 리셉션니스트의 테이블 안내 등의 기본예절, 추가적으로 좌석 배치, 코트와 핸드백 관리, 가격에 따른 음식 주문, 냅킨과 나이프 포크 사용법, 대화주제, 코스 요리 먹는 법, 와인과 음식의 조화 등도 교육했지만 그 중에서 와인 매너를 철저히 교육하지 못한 것이 큰 아쉬움으로 남는다. 좀 더 일찍 와인 커뮤니케이션을 알았다면 더 좋은 테이블 매너 교육을 했을 것이다. 서양식 테이블 매너에서는 어려운 자리일수록 와인 한잔으로 대화의 물꼬를 틀 수 있고, 마음의 문을 여는 촉진제가 될 수 있다. 이런 사실을 뒤늦게 깨닫고 요즘은 대학의 CEO과정이나 기업체에서도 와인 커뮤니케이션을 강의하고 있다.

　과거 글로벌 비즈니스 필수교양으로 외국어와 골프가 협상을 진행시키는 비법이었다면, 이제는 와인을 곁들인 식사에서 중요한 협상이 이루어진다. 특히 유럽과

▲ 글로벌 비즈니스 속의 와인문화

미주의 비즈니스맨들은 식사할 때 항상 와인을 곁들이며, 대화의 주제가 자연스레 와인으로 이어져 와인 커뮤니케이션이 시작되는 것이다. 상대 국가에 대한 와인 정보와 지식은 분위기를 누그러뜨리거나 고조시키는 등 크게는 기업 비지니스 관계를 호전시키기도 한다.

21세기는 지식을 기반으로 좋은 인성을 갖추는 한편, 품위 있는 매너와 와인 커뮤니케이션을 통해 자신의 부가가치를 창출하고 경쟁력을 확보해야 한다. 기업의 CEO뿐만 아니라 임직원들도 글로벌 비즈니스를 위해, 자사의 기업 이미지나 브랜드 파워를 위해 와인 문화를 어느 정도 알아야 할 시대에 살고 있다.

레스토랑에서 와인 매너

와인에 대한 관심과 지속적인 소비는 1970년대 이후 대중화 물결을 타게 되었는데, 그 중심에는 1976년에 선보인 『와인 스펙테이터(Wine Spectator : 미국의 와인잡지, 매년 세계 100대 와인 선정 소개)』가 있다. 와인에 대한 관심이 높아지면서 함께 발달한 것이 와인 매너문화이며, 와인 커뮤니케이션이다. 와인문화는 와인애호가 중심에서 중산층 남녀에 이르기까지 확산되고 있으며, 와인을 모르면 글로벌과 거

▲ 레스토랑 와인문화는 기본 예절

리가 먼 사람이나 국내 기업으로 취급되고 있다.

글로벌 비즈니스를 하다보면 외국의 바이어들과 자연스럽게 식사 약속을 하게 된다. 우리나라 사람들은 대체로 상대방이 자신보다 영어를 잘한다 싶으면 말하지 않거나 나보다 와인지식이 많다 싶으면 기가 죽어 제대로 실력을 발휘하지 못하는 경향이 있다. 와인커뮤니케이션이 원활하지 않은 경우에는 심한 스트레스를 받을 뿐 아니라 식사 분위기도 침체된다. 하지만 와인이 오랜 시간 참고 기다려 세상의 빛을 보듯이 와인 매너 또한 남의 이야기를 경청하고 상대방의 인격을 존중해주는 것부터 시작된다.

만약 와인을 잘 모르는 상태에서 비즈니스를 위해 식사와 어울리는 와인을 찾아야 된다면 와인 리스트가 잘 갖추어져 있고 와인 전문지식을 갖춘 소믈리에가 있는 레스토랑에 예약을 하면 친절하게 음식과 어울리는 와인을 추천해 준다.

1997년 쉐라톤 워커힐 호텔 레스토랑에 근무할 때 일이다. 단골로 오는 중소기업체 사장이 바이어에게 프랑스식 레스토랑에서 최고급 음식과 프랑스 보르도의 최고급 와인을 접대하였는데도 불구하고 하도 까다로워 비즈니스가 잘되지 않는다고 어려움을 털어 놓았다. 그 바이어는 호주 애들레이드(Adelaide)에 살고 있으며 바로사 밸리(Barossa Valley)의 '펜폴즈 그랜지(Penfolds Grange)' 와인을 좋아한다는 정보를 입

비즈니스와 와인

수하였다. 그리하여 다음에 호주 바이어가 오면 '펜폴즈 그랜지' 와인을 준비하고 그에 대해 공부하라고 조언을 했다. 그 당시 CEO 사이에는 고급 양주가 최고의 술로 취급되던 시기여서 별 호응이 없었다. 또한 국내에서 고가의 '펜폴즈 그랜지' 와인을 구하기도 어려웠다. 몇 달 뒤, 다시 바이어가 온다는 소식을 접한 사장은 최고급 프랑스 와인도 아닌 비싼 '펜폴즈 그랜지' 와인을 준비해야 되느냐고 투덜대면서도 3병을 준비했다. 그리고 바이어를 만나 식사를 했는데 뜻밖에 일이 잘 성사되었다는 소식을 전해 주었다.

바이어는 테이블에 준비된 호주산 '펜폴즈 그랜지' 와인을 보고 자신이 좋아하는 와인을 한국에서 마실 줄 몰랐다며 감동했고 더불어 일도 잘 진행되었다고 한다. 사장은 와인 한 병의 위력이 믿기지 않는다며 그동안 호주 바이어에게 프랑스산 보르도 명품 와인을 추천한 실수담도 주변 사람들에게 털어 놓았다.

외국 바이어들은 자신의 고향에서 생산되는 와인을 좋아하기 때문에 고향을 미리 알아두는 것은 필수사항이다. 특히 프랑스 부르고뉴 지역의 바이어를 만나면 꼭 부르고뉴 와인을 선택해야 한다. 만약에 보르도 와인이나 알자스 와인을 추천하는 경우 비즈니스가 성사되지 않을 수도 있다. 왜냐하면 부르고뉴 와인에 대한 자존심이 대단해서 같은 프랑스라도 다른 지역의 와인을 선호하지 않기 때문이다.

▲ 비즈니스를 위한 레스토랑 예약과 준비

비즈니스와 와인의 세계

영국을 대표하는 와인 전문가 '휴 존슨(Hugh Johnson)'은 "식사 테이블에서 와인만큼 토론하기 좋은 주제는 없다"고 했다. 성공 글로벌 비즈니스를 위한 매너 11가지 정도는 미리 알아 두는 것이 좋다.

1. 와인은 대부분 호스트(host)가 선택하는 것이 관례이며 개인의 취향에 따라 주문도 가능하지만 너무 강하게 추천하지 말아야 한다.
2. 와인 테이스팅은 호스트만 하는 것이며, 초대된 손님들은 음식과 함께 와인을 맛있게 마시면 된다.
3. 와인은 여성부터 따른 후에 남성, 그리고 호스트는 가장 나중에 따른다.

▲ 병 주문과 글라스 주문에 따른 와인 양의 차이

4. 글라스는 다리 부분(stem)을 잡는 것이 좋으며, 특별한 공식자리가 아니면 편하게 볼(bowl)을 잡는 것도 실례는 아니다.
5. 소믈리에가 와인을 따를 때는 글라스를 잡지 않고 테이블 위에 놓은 채 받는다.
6. 글라스는 주고받지 않으며, 와인 병은 소믈리에가 서비스하는 것이 원칙이다.
7. 건배할 때는 와인글라스를 눈높이로 들어 올리고 마신 후, 다시 눈높이까지 올리면서 건배를 제의한 사람의 눈을 보면서 감사의 목례 후 테이블 위에 놓는다.
8. 와인 종류를 바꿔 마실 때는 새로운 글라스로 교체하며, 같은 와인을 추가하여 마실 때는 빈티지가 같은지 확인한다.
9. 입속에 음식이 있을 때는 마시지 말고, 큰 소리를 내면서 마시는 것도 실례이다.
10. 와인은 첨잔이 가능한 술이며, 사양할 때는 좌우 손짓으로 거절(No)을 표시하고, 다시 마시고 싶을 때는 엄지손가락으로 따르라는 상하 손짓 표시(Yes)를 한다.
11. 와인은 원샷(one shot)도 가능하지만 고가 와인 경우 주최자의 경제적 부담과 교양이 없어 보이기 때문에 하지 않는 것이 좋다.

한 가지 더, 하우스 와인을 글라스로 주문하면 일반 와인 글라스에 7부정도 따라 주지만, 병으로 주문하는 경우 큰 와인글라스에 1/5 정도 따라 주고 다시 리필(refill) 해 주는 것도 잊지 말기 바란다.

비즈니스와 와인

🍷 레스토랑에서 와인 테이스팅과 서비스

일반적으로 와인 스쿨에서 소믈리에 과정을 공부하다 보면 자신이 마치 소믈리에라도 된 착각에 빠지게 된다. 레스토랑에서 식사를 위해 와인을 선택한 후 테이스팅(tasting)과 드링킹(drinking)을 혼동하면서 소믈리에나 와인 컨설턴트의 흉내를 내고 있는 것이다. 어떤 사람들은 맥주, 위스키를 흔들어 마시거나 심지어 먹는샘물도 흔들어 냄새를 맡아보는 어색한 광경을 연출하기도 한다.

테이스팅은 와인의 품질과 변질상태를 감정하는 것이며, 드링킹은 식사와 함께 와인을 마시는 것이다. 와인을 주문한 후 호스트의 와인 테이스팅은 필수이며, 여성 호스트가 와인 테이스팅을 해도 무방하다. 초대받은 사람은 와인테이스팅하는 것보다는 음식과 함께 맛있게 와인을 마시는 것이 호스트를 배려하는 것이다.

레스토랑에서 와인을 곁들인 식사를 할 경우 호스트의 와인 테이스팅은 초대한 사람들을 위해 주문한 와인을 미리 시음해 맛과 향을 체크하여, 참석해 준 손님에게 정중한 예의를 표하는 서양식 식사 예절로 자리 잡게 되었다. 초보자에겐 와인 선택

▲ 국내 정상의 소믈리에 송기범 비노에이치(Vino H)의 대표이사(2019년 한국국가대표소믈리에, 2023년 일본 동경 아시아·오세아니아 베스트소믈리에 한국국가대표로 출전)

도 어렵지만 테이스팅도 쉽지 않다. 하지만 테이스팅의 목적과 순서를 알아둔다면 큰 실수는 없을 것이다.

1. 라벨을 보며 주문한 와인의 상표와 이름을 확인하고, 빈티지(vintage : 포도 수확한 생산년도)와 포도품종, 양조원명을 살피면서 소믈리에로부터 설명을 듣는다. 설명이 끝나면 소믈리에는 와인 병을 개봉하여 코르크를 호스트에게 건네준다.

2. 코르크 마개를 살펴보고 향을 맡아 와인의 건강상태를 확인한다. 코르크에서 곰팡이 냄새가 심하거나 코르크가 너무 젖어 있다든지 너무 바싹 말라 있다면 와인이 변질된 징후이므로 교체해야 한다. 코르크의 밑 부분이 너무 말라 있으면 병을 세워 보관했다는 증거이다. 와인을 세운 상태에서 오래 두면 코르크가 건조해지고 공기가 스며들면서 와인이 산화되기 때문에 식초로 변하는 경우도 있다.

3. 썩은 냄새나 곰팡이 냄새가 나지 않으면 와인을 따르게 한다. 소믈리에는 보통 와인글라스의 1/10 정도를 따라준다. 먼저 글라스의 다리나 밑받침을 잡고 색깔을 살핀다. 와인이 맑고 선명하며 반짝반짝 빛나는 느낌이 들면 좋다. 레드와인이든 화이트와인이든 갈색을 띠면 오래되었다는 증거다.

▲ 쇠고기 스테이크와 파스타 그리고 와인

▲ 사색에 잠긴 여인과 와인

비즈니스와 와인

▲ 국내 정상의 소믈리에, 정하봉 소피텔 앰버서더 호텔 식음료 이사(2008년 칠레 산티아고 세계베스트소믈리에경기대회 한국 국가대표로 출전)

4. 처음에는 와인글라스를 흔들지 말고 글라스를 들어 향을 맡아보고 다시 와인글라스를 두세 번 돌려 코에 대고 향을 맡아 본다. 고급 와인일수록 복합적인 향기가 지속된다. 하지만 식초, 고무, 곰팡이, 성냥개비, 음식이 불에 달궈진 듯 한 냄새, 비에 젖은 종이 냄새 등이 느껴지면 좋지 않은 변질된 와인이다.

5. 와인을 한 모금 입에 머금고 공기를 들이마셔 공기와 접촉시켜 입안 전체를 적시면서 맛을 본다. 일단 와인이 상하지 않았으면 소믈리에에게 좋다는 표시를 하는데, 너무 길지 않으면서 짧은 순간에 자연스럽게 이루어져야 한다. 호스트의 와인 테이스팅 목적은 와인을 감정하고 평가하는 것이 아니기 때문이다.

6. 호스트의 테이스팅이 끝나면 시계방향 순으로 여자 손님부터 시작하여, 남자 손님의 와인글라스를 채운 다음 마지막으로 호스트의 와인글라스에 따른다.

7. 와인이 모두 채워지면 호스트가 건배를 제의한다. 서로 눈인사를 하면서 덕담을 한두 마디씩 주고받는다면 더욱 즐거운 식사 시간이 될 것이다.

▲ 미국 나파밸리에 위치한 미쉐린 2스타 레스토랑 전경

8. 상사나 연장자와 건배할 때는 상사나 연장자보다 와인글라스를 낮게 기울여 부딪히는 것이 예의이다. 글라스끼리 살짝 부딪혀야 하며, 15도 정도 기울여 부딪히면 소리도 맑게 나며 글라스가 깨질 염려도 없다.

9. 화이트와인이나 스파클링와인은 와인 쿨러(wine cooler)를 사용하여 적정한 서비스 온도(화이트와인 : 8~14℃, 스파클링와인 : 6~8℃)를 유지하도록 하고, 레드와인은 12~18℃에 서비스 한다.

10. 와인의 서빙과 리필(refill)은 소믈리에가 하는 것이 기본이며, 소믈리에가 서비스할 때 와인글라스는 들지 말아야 한다. 그리고 리필 시 손으로 Yes or No를 한다.

11. 손님들이 매우 친한 관계라면 호스트가 직접 서빙할 수도 있으며, 분위기에 맞춰 서로 따라가며 마실 수도 있지만 추천할 만한 매너는 아니다.

12. 호스트의 와인 테이스팅 후 와인글라스를 흔들어 냄새를 맡거나 입으로 후루룩 후루룩 와인 맛을 테이스팅하는 것은 호스트를 무시하는 처사이므로 삼가는 것이 좋다.

레스토랑이나 연회장에서 공식적인 식사가 아닌 경우는 각자가 좋아하는 와인을 주문하여 마시는 경우도 있다. 즉, 격식이 없는 식사 장소에서는 '식사의 즐거움'

이 우선시 되기 때문이다. 세계적 와인 전문가인 '미셸 롤랑(Michel Rolland)'이 2007년 한국 방문시에 "와인의 존재 이유는 마시는 사람들에게 기쁨을 주는 것으로 절대적으로 좋은 와인은 따로 없으며, 각자 취향에 맞는 와인을 골라 마시는 것이 지상 최고의 와인"이라고 한 것과 일맥상통한다.

소믈리에의 와인시음

와인시음은 와인을 맛보는 일로 호스트의 와인 테이스팅과 차이가 있다. 소믈리에들이 시음하는 와인을 모두 마신다면 맛을 볼 수 없을 정도로 취해서 자신의 일을 할 수가 없다. 눈으로 와인 색깔을 보고 코로 와인 향기를 맡아 80% 정도 이해하고 맛을 통해 20%를 채울 수 있다. 그래서 소믈리에는 술을 마시지 못해도 직업으로 가질 수가 있다. 와인 박람회나 시음회에 가면 와인을 맛보고 뱉는 타구통이 준비되어 맛을 감지하고 뱉는 것을 반복하게 해 준다. 새로운 와인을 시음하는 이유는 가격 대비 품질 좋은 와인을 찾아내는 일을 수행해야 하기 때문이다. 연속해서 시음할 경우 혀가 굳어 제 기능을 발휘하지 못할 수도 있다. 코도 연속해서 향을 맡으면 마비현상이 올 수도 있다. 국제적인 와인 품평회에서는 1일 50개 와인으로 시음할 것을 제한한다. 소믈리에에겐 시음도 노동이며, 이런 고된 훈련과정을 통해 전문가로 대접을 받게 된다.

한식문화 속의 와인

외국인들이 참석하는 공식적인 식사는 글로벌 테이블 매너가 필요하겠지만 기업체의 비공식적인 자리에서 한국전통의 음식문화를 가르쳐 주는 것도 세계화가 될 수 있다. 때로는 한국의 음식과 전통주 혹은 한국 와인을 외국인들에게 소개하는 것도 좋은 비즈니스가 될 수 있다.

음식과 와인에 조예가 깊은 주방용품 제조업체의 어떤 사장은 외국 바이어가 한국을 방문하면 순댓국, 삼겹살, 아귀탕, 보쌈, 족발, 매운탕 등을 먹으면서 소주를 곁들이거나 백세주 혹은 복분자, 막걸리나 국산 와인을 접대하는데 항상 즐거워하고 한국음식문화에 쏙 빠지게 된다고 한다.

외국 바이어와 함께 갈 식당의 음식에 바이어의 국적 혹은 고향 와인을 절묘하

비즈니스 와 와인의 세계

▲ 궁중식 한식차림

▲ 2018년 일본 도쿄 아시아 오세아니아 소믈리에경기대회의 한국국가대표 안중민 소믈리에와 조현철 소믈리에, 한국국제소믈리에협회 고재윤회장과 임원

게 준비하여 한국 음식과 자신의 국가 와인이 얼마나 환상적으로 조화로운지 인식시켜주고 나면 금세 친밀감을 느낀다. 그 다음 한국적인 풍습으로 마셔볼 것을 제안하면 외국 바이어들은 호기심이 발동하게 된다. 이때부터 와인글라스에서 소주잔으로, 한국식 두 손 받기와 얼굴 돌려 마시기, 술잔 주고 받기 등을 가르쳐 주면서 가끔 색다른 이름을 붙인 폭탄주 한잔을 하면 외국 바이어들은 한국의 색다른 음주문화를 경험하고, 특이한 추억을 간직한다. 그러나 술잔 돌리기 문화가 비위생적이라고 싫어할 수도 있으니 원하지 않을 경우 강요하지 않는 것이 바람직하다.

때로는 장어와 복분자에 얽힌 이야기, 앉은뱅이술 한산소곡주 때문에 과거 시험을 포기한 이야기, 백세주 마신 노인을 손자가 알아보지 못한 이야기 등으로 호기심을 유발시키면 더욱 흥을 돋울 수 있고 스테이크보다는 한식을 먹고 싶어 한다는 것이다.

세계베스트소믈리에경기대회 속의 와인

프랑스는 외국인 관광객들에게 자국의 와인을 홍보하고 판매하고자 소믈리에라는 직업을 활성화시켰으며, 일본은 1995년 동경에서 세계베스트소믈리에경기대회를 유치하여, 신야 타사키(Shinya Tasaki)가 아시아인 최초로 금메달을 따면서 일본 사케가 세계적으로 알려진 계기를 만들었다. 일본은 스시와 사케를 모르면 세계적인 소믈리에가 될 수 없을 정도로 스시와 사케를 국제무대에 등장시켰다. 또한 소믈리에 자격증제도를 활성화하여 25,000명(2023년 기준)

비즈니스와 와인

의 소믈리에들이 활동하고 있으며, 일본의 음식과 와인, 그리고 사케를 소개하는 일을 수행하고 있다. 2008년 세계 44개국을 대표하는 국제소믈리에협회장(ASI)에 일본인 가주요시 코가이(Kazuyoshi Kogai)가 선출되었고, 2010년에 일본인 신야 타사키(Shinya Tasaki)가 선출되었다. 그리고 1998년부터 세계베스트소믈리에경기대회 문제에 일본의 식문화, 사케, 일본 와인 등이 출제되고, 블라인드 테이스팅에 일본 사케와 일본 와인이 나올 정도로 세계화되었다. 2009년 11월 20일 일본 오사카에서 아시아·오세아니아지역 베스트소믈리에경기대회를 개최하여 일본의 스시, 사케, 일본 와인, 고베 쇠고기 등을 44개국 소믈리에들에게 소개하였다. 이 대회에서도 일본 동경의 뉴오타니호텔 소믈리에 산토루 모리(Santoru Mori)가 우승하였다. 2013년 3월 세계 47개국을 대표하는 선수들이 참가하는 세계베스트소믈리에경기대회가 동경에서 열렸고, 2018년 10월 아시아·오세아니아 베스트소믈리에경기대회를 일본 교토에 유치하여 교토 호텔에 근무하는 소믈리에 이시다 히로시(Isida Hirosi)가 우승했다.

고급 레스토랑의 단골고객 조건

고급 레스토랑의 가장 중요한 조건은 좋은 시설과 친절한 서비스는 물론이고, 유명한 요리장과 국가 대표급 소믈리에가 있느냐 없느냐로 평가한다. 고객을 최상의 조건으로 모시려면 맛있는 음식을 만드는 요리장과 음식에 맞는 와인을 추천해줄 수 있는 소믈리에가 있어야 한다. 비즈니스를 위해 손님을 모시고 갈 경우 가능하다면 처음 가는 레스토랑은 피하는 것이 좋다. 처음 가는 레스토랑은 모든 것이 낯설며 특히 접객원과 소믈리에들도 단골이 아니므로 그다지 신경을 쓰지 않아 당황하게 되고 초대받은 손님은 더욱더 긴장하게 된다. 만약에 그럴 경우에는 5성급 관광호텔 혹은 미쉐린 스타 레스토랑이 안전하다. 특히, 호텔은 명성

◀ 소믈리에의 와인 서비스

▲ 국내 최초의 와인 레스토랑, 소공동 롯데호텔

때문에 가능한 최고의 서비스 수준을 유지하려고 노력하기 때문이며, 초대 받은 거래처 고객은 5성급 관광호텔이라는 명성에 서비스를 의심하지 않게 된다.

글로벌 비즈니스를 위해 고급 레스토랑 한 두개 정도는 단골고객이 되는 것이 좋으며, 여유가 있으면 국가별 음식점으로 확대하는 것이 좋다. 단골이 되어 접대할 고객과 함께 레스토랑을 방문하게 되면 최고의 서비스를 통해 최고의 대우를 받게 될 것이다. 때로는 지배인과 요리장이 나와 화기애애한 분위기를 무르익게 해주며, 레스토랑에 없는 와인을 직접 갖고 가서 코키지(corkage) 없이 마실 수 있는 혜택도 누릴 수 있다.

고급 레스토랑의 진정한 단골고객이 되기 위한 노하우를 소개하면 다음과 같다.

첫째, 친절하게 서비스를 잘하는 접객원을 사귀고 지정 서비스를 받는다.

둘째, 서비스가 좋을 때는 팁을 주되, 항상 주기보다 특별히 잘할 때 주는 것이 효과적이다.

셋째, 가끔 요리장에게 요리에 대한 칭찬을 아낌없이 하면 특별한 요리를 무료로 제공 받을 수 있다.

넷째, 레스토랑의 CEO나 지배인에게 요리와 서비스에 대한 칭찬을 건네면 쉽게 호감을 살 수 있다.

다섯째, 쉽게 맛볼 수 없는 명품 와인이라면 한잔 정도를 남겨 소믈리에가 맛볼 수 있도록 배려한다.

여섯째, 나이 어린 접객원이거나 소믈리에라도 이름을 부르거나 반말로 대하기보다 전문가다운 매너로 대우를 해주면 당연히 더 좋은 서비스를 받을 수 있다.

일곱째, 최상의 요리와 서비스는 돈이 아니라 마음에서 시작된다. 최고의 서비스를 받고 싶다면 서비스를 받는 마음도 최고의 품격을 지녀야 한다.

마지막으로, 와인을 지참하고 갈 때는 사전에 전화를 걸어 지참이 가능한지 물어보고 양해를 얻는 것이 예의이다. 그리고 반드시 코키지 여부도 물어봐야 한다.

고급 레스토랑의 코키지(corkage) 제도

고급 레스토랑이라도 와인을 모두 보유할 수가 없기 때문에 레스토랑에 없는 와인이면 고객관리 차원에서 반입을 허용하기도 한다. 그리고 고급 와인인 경우도 반입을 허용하는데 이것을 BYOB(Bring Your Own Bottle)이라고 한다. BYOB을 이용할 때는 코키지 제도를 따르도록 한다. 코키지 제도는 와인을 오픈해 주고, 와인글라스를 제공해주며, 와인을 서비스하는 대가로 레스토랑에서 판매하고 있는 같은 종류 와인 가격의 1/3 정도를 받거나 어느 정도 서비스 이용료를 내는 것을 말한다.

고급 레스토랑에서 와인 서빙시 고쳐야 할 사항

- 고객의 기대에 못 미치는 품격없는 와인 리스트 제공
- 와인명의 오타와 와인 정보(국가, 품종, 빈티지, 생산자 등)의 오류
- 다른 레스토랑 보다 높게 책정된 와인 가격과 품격이 없는 서비스
- 자격증이 없는 소믈리에 채용과 서비스 훈련을 받지 않은 접객원
- 와인을 고객 테이블 앞에서 오픈하지 않고 다른 곳에서 오픈하는 경우
- 코르크스크루를 소지하지 않은 소믈리에
- 품절된 와인이 있는 와인리스트
- 고가 와인을 값싼 글라스에 제공하거나 레드와인을 화이트와인 글라스에 제공하는 경우
- 레드와인을 너무 차게, 혹은 화이트와인을 실내 온도로 서비스하는 경우
- 특정와인을 집요하게 추천하는 소믈리에
- 팁을 우회적으로 요구하는 접객원이나 소믈리에

레스토랑에서 하기 쉬운 실수

1. **음식을 먹다 이물질이 나왔을 때 접객원을 불러 큰소리로 화를 내며 보여 준다.**
   중요한 자리일 때는 조용히 몰래 버리는 것이 즐거운 분위기를 이어갈 수 있는 길이며, 테이블 매너의 기본으로 식사 후에 지배인을 조용히 불러서 상황을 설명해준다.

2. **음식 가격보다 비싼 와인을 주문한다.**
   일반적으로 음식 가격과 비슷한 와인 가격대를 선정한다. 자칫하면 식사 접대가 아니라 와인 접대로 변질되어 서로 부담만 안게 된다.

3. **자신이 좋아하는 와인이 없다며 접객원에게 따진다.**
   와인의 종류는 너무 많아 자신이 좋아하는 와인을 취급하지 않을 수도 있다. 이때는 자신이 좋아하는 와인의 포도품종, 생산지역, 빈티지 그리고 가격을 말하면 소믈리에가 그에 맞는 와인을 추천해 준다.

4. **와인 테이스팅 후에 마음에 들지 않는다며 교체를 요구한다.**
   레스토랑에서 변질된 와인은 산화되어 이상한 냄새가 난다. 이럴 경우는 조용히 소믈리에를 불러 교체를 요구할 수 있지만 변질되지 않은 경우, 향이 좋지 않거나 맛이 좋지 않다고 교체를 요구하는 것은 잘못된 매너이다.

5. **레스토랑에 사전 허락 없이 와인을 들고 가서 오픈을 요구한다.**
   평소 아끼던 와인을 레스토랑에 들고 가서 마시기 위해서는 사전에 허락을 받아야 하며, 고급 와인으로 준비해야 와인을 저렴하게 마시려는 오해를 피할 수 있다. 와인을 가져갈 때는 신문지로 둘둘 말거나 일반 쇼핑백에 넣지 말고 와인용 가방이나 운반 케이스에 담아서 정성스럽게 가지고 가도록 한다.

6. **와인 서비스를 주최자가 직접 한다.**
   와인의 테이스팅은 호스트가 하고 서비스는 소믈리에나 웨이터가 하는 것이 바람직하다. 주최자가 와인을 서비스하면 분위기도 해치지만 주최자의 품격이 떨어질 수도 있다.

7. **와인의 설명을 주최자가 과장하여 자랑한다.**
   와인의 설명은 소믈리에에게 맡기는 것이 바람직하다. 함께 온 일행 중에는 와인전문가가 있을 수 있어 실수할 수가 있다. 와인은 음식과 함께 하는 마리아주(mariage)이므로 음식과 와인의 조화에 초점을 맞춘다.

8. **테이블에 세팅된 포크나 나이프를 다시 물이나 위스키에 세척한다.**
   포크나 나이프는 세팅 전에 깨끗하게 세척하기 때문에 다시 닦을 필요가 없다. 만약에 마음에 들지 않으면 접객원한테 새로운 것으로 교체를 요구한다.

9. **와인을 마시면서 와인을 폄하한다.**
   와인은 음식과 함께 마시는 반찬 역할이고 음식은 안주가 아니다. 와인이 소주만큼 못하고 비싸기만 하다고 역설하면 분위기만 어색해진다.

와인 에티켓 역사와
명사의 와인

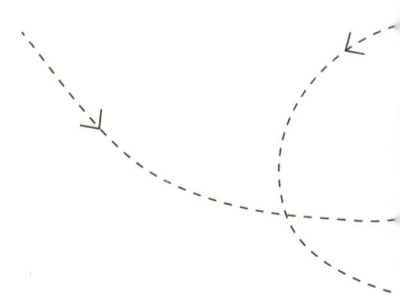

🍷 역사 속의 와인 에티켓

    와인은 세상에서 가장 다양한 종류의 술이다. 와인의 역사 속에도 와인의 종류만큼 다양하고 재밌는 사건들을 만날 수 있다.

    고대 그리스 시인 호메로스(Homeros B.C.800~B.C.750)는 대서사시『일리아스』에서 최초로 와인을 찬미하였는데 "와인은 항상 진하고 검은 색을 띠며 인간 생명의 본질은 검은 포도가 익는 밭"이라는 글을 남겼다. 그의 영웅이었던 아킬레우스(Achilleus)의 방패에도 포도열매가 익어가는 목가적인 포도밭 모습을 그려 넣기도 하였다. 그리고 와인은 '땅의 피'로서 나누어 마신다는 의미와 함께 영생을 누릴 수 있다고 생각하였고 신의 신성함과 권력을 상징하기도 하였다. 성경책에도 520번 정도나 와인과 포도나무에 관련된 구절이 나오며, 구약성서 창세기에 대홍수 이전, 이미 노아(Noah)가 포도를 재배하고 와인을 만들어 즐겨 마신 것으로 기록되어 있다.

    그런데 왜 유독 우리나라의 기독교에서만 신도들에게 와인이든 어떤 술이든 마시지 못하게 했던 것일까? 조선 말엽 기독교의 선교사들이 선교활동을 할 때 궁핍하고 어려운 시기에 남편들이 술을 많이 마시고 가정살림에 축을 내자 부인들에게 하느님을 믿으면 남편들이 술을 먹지 않게 된다고 한 약속 때문이 아닐까 추측해본다.

    페니키아 문명을 통해 와인이 전파된 지역도 있지만 대부분 로마 사람들이 처음

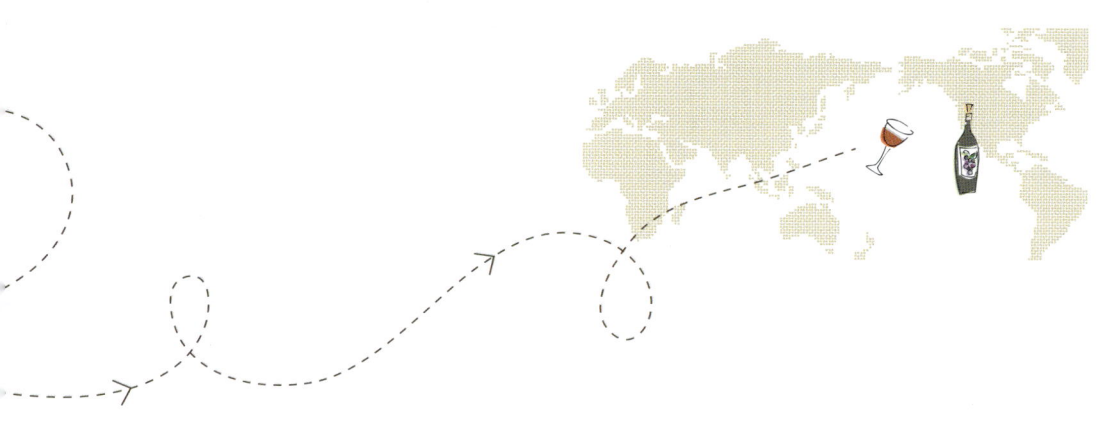

으로 유럽에 와인을 전하였다고 한다. 로마 제국의 출현을 통해 다른 많은 서유럽에 포도재배와 와인양조기술을 전파시켰으며, 중세부터는 대체로 와인 양조 전문가들은 가톨릭 시토회의 수도사들이었다. 와인은 로마의 가톨릭교가 전 세계적으로 전파되면서 퍼져나갔다. 로마 제국이 유럽을 지배할 때 군대를 상주시키면서 먼 거리의 로마에서 와인을 가져오는 대신 자급자족을 위해 가장 먼저 한 일이 포도나무를 심는 것이었다.

◀ 고급 레스토랑의 테이블 셋팅

포도나무 밭은 성과 함께 방패 역할을 하였으며, 최고급 와인은 교황과 신의 제단에 헌주로 바쳐졌으며, 고향을 떠난 병사들에게 향수와 고독을 달래주기도 하였고, 수질이 나쁜 물에는 와인을 타서 음료수로 사용하였다. 또한 양조한 와인은 시민들에게 판매하여 군의 재정 부담도 덜 수 있었다.

와인은 평화를 상징하기도 하였다. 전쟁 전후 적을 초대해 회담을 하는 경우, 주인은 자신의 와이너리에서 양조한 와인을 제공하면서 가장 먼저 마심으로 와인 속에 독이 없음을 보여주기도 하고, 와인글라스를 부딪치며 건배하는 것도 와인에 독이 있으면 충격에 의해 와인색이 변한다고 믿었기 때문에 시작되었다. 항상 암살을 노리고 있는 적들로부터 안전하기 위해서는 왕이나 군주에게는 시식 시종이 별도로 있었는데 공식적인 초청연회에서는 잔인하게도 '레이디 퍼스트(lady first)', 즉, 호스트의 부인이 가장 먼저 시식해 독이 없음을 보여주었다고 한다. 이러한 전통적인 관습은 아직도 대통령을 수행하는 검식관들이 대통령에게 제공되는 음식 등을 먼저 시식한 후 서비스하는 것으로 남아 있다. 현대의 호스트 테이스팅은 주문한 와인이 상하지 않고 잘 보관되었는지를 확인하고 초대한 사람들에게 즐거움을 주는 예절이 되었고, 건배는 상호간의 배려와 존경심을 나타내면서 화목하고 즐거운 식사 분위기를 갖는 의식이 되었으며, 레이디 퍼스트는 여성을 배려하는 남성들의 기사도 정신으로 자리 잡게 되었다.

🍷 명사의 와인

명사들은 수많은 와인 중에서 유독 자신이 좋아하는 와인에 집착하는 경향을 보인다. 그들이 선택한 와인을 보면 그들이 추구하는 사업 철학이나 자신의 명예와 부를 닮은 경우를 보게 된다. 루이스 파스퇴르(Louis Pasteur)가 "한 병의 와인에는 세상의 어떤 책보다도 더 많은 철학이 담겨져 있다"고 한 표현이 들어맞는다고 볼 수 있다.

제2차 세계대전이 끝난 후까지도 유명하지 않았던 프랑스 보르도 포므롤 지역의 '페트뤼스(Petrus)' 와인은 영국의 여왕 엘리자베스 2세의 대관식과 결혼식 때 공식 와인으로 지정되면서 유명해졌다. 여왕이 마시는 존귀한 와인으로 세계 2대 명품이

▲ 프랑스 보르도 페트뤼스 와이너리 전경

되었으며, 보르도의 '르팽(Le Pin)' 와인보다 더 명성을 얻게 되는 계기가 되었고, 미국 케네디 대통령 부인이었던 재클린 여사도 '페트뤼스' 와인을 즐겨 마셔 진가를 발휘하였다.

1973년 프랑스 전 대통령 자크 시라크(Jacques Chirac; 1932~2019)가 농무부장관 시절 '샤토 무통 로칠드(Château Mouton Rothschild)' 와인을 118년의 기다림 끝에 2등급에서 그랑 크뤼급 와인으로 격상시켜 화제가 되기도 하였다.

나폴레옹이 전쟁 시에도 항상 즐겨 마셨던 와인은 남성을 대표하는 프랑스 부르고뉴의 '샹베르탱(Chambertin)' 와인으로 유배지 세인트헬레나(St. Helena) 섬에서도 그리워하였지만 정부의 관료들이 남아프리카공화국의 클라인 콘스탄티아(Klein Constantia) 와인을 마시게 하여 심한 스트레스를 받았다고 한다. 나폴레옹은 "샹베르탱 와인 한잔보다 미래를 장미빛으로 만드는 것은 없다"라는 명언을 남겼다.

미국 제3대 대통령인 토머스 제퍼슨(Thomas Jefferson; 1743~1826)은 영국 귀족들이 좋아했던 부드럽고 화사한 프랑스 보르도의 '샤토 오브리옹(Château Haut-Brion)' 와인을 즐겨 마셨으며 프랑스 AOC제도에까지 영향을 주었다.

영국의 윈스턴 처칠(Winston Churchill; 1874~1965) 수상과 미국의 프랭클린 루즈벨트(Franklin Delano Roosevelt; 1882~1945) 대통령이 즐겨 마셨던 미국의 보리우 빈야드(Beaulieu Vinyard)에서 만든 'BV 센추리 셀라(BV Century Cellar)' 와인은 백악관에 자주 등장하는 와인이다. 특히 샴페인 '폴 로저(Pol Roger)' 와인은 윈스턴 처칠 수상이 너무 사랑하여 '처칠 샴페인'이란 애칭도 갖고 있다. 1944년 70세의 윈스턴 처칠 수상은 '폴 로저' 샴페인의 경영주인 33세 오데트 폴 로저(Odette Pol-Roger)를 어느 파티에서 우연히 만나 그녀가 추천해준 1928년산 '폴 로저'를 마신 후부터 매료되어 자신의 경주마를 '오데트'라고 이름을 지어주었다. 윈스턴 처칠이 사망하자 오데트는 '폴 로저' 샴페인에 검은 리본을 달아 출고하면서 조의를 표하였고, 최상의 브랜드를 '윈스턴 처칠 경 퀴베(Sir Winston Churchill Cuvée)'라고 명명하여 추모하였다.

"오페라의 유령", "캐츠"로 세계적인 명성을 얻은 작곡가 앤드류 로이드 웨버(Andrew Lloyd Webber)는 완벽한 밸런스와 프랑스의 롤스로이스라는 애칭을 가진 프랑스 보르도의 '샤토 라피트 로칠드(Château Lafite-Rothschild)' 와인을 즐겨 마셨다. 특히 웨버는 유통회사 니콜라가 소유하고 있던 천혜의 지하창고에 오십 평생 모은 와인 18,000병을 경매에 내보내 런던시민들이 경매하는 날 한바탕 소동을 일으킨 적도 있다.

"사이코"와 "새"의 영화감독으로 유명한 앨프리드 히치콕(Alfred Joseph Hitchcook, 1899~1980)은 프랑스 보르도의 '샤토 슈발 블랑(Château Cheval Blanc)' 와인과 프랑스 부르고뉴의 '몽라셰(Montrachet)' 와인을 좋아했으며, 특히 '몽라셰' 와인을 마시고 싶어 새벽 2시에 몽라셰 와이너리에 전화를 한 적도 있다고 전한다.

2008년 말(末), SBS의 '떼루아' 드라마에 명성왕후와 고종황제가 서로 사랑하는 마음을 확인하면서 최후에 마신 와인으로 소개된 프랑스 보르도의 '샤토 마고(Château Margaux)' 와인은 『노인과 바다』를 쓴 영국의 헤밍웨이(Ernest Miller Hemingway 1899~1961)가 너무 사랑한 나머지 손녀의 이름도 '마고'로 지었으며, 미국의 37대 대통령인 리처드 닉슨(Richard Nixon; 1913~1994)과 중국의 주석 후진타오도 와인의 여왕인 '샤토 마고' 와인을 즐겨 마시며 프랑스를 공식 방문하였을 때 보르

◀ 프랑스 부르고뉴의 몽라셰

▲ 프랑스 부르고뉴의 로마네 콩티 나무박스

도의 '샤토 마고'를 특별히 방문하여 화제가 되었다.

2002년 한국 축구를 월드컵 4강에 진출시켜 세계적인 축구감독이 된 히딩크는 부드러우면서 남성적인 프랑스 보르도의 '샤토 딸보(Château Talbot)' 와인을 즐겨 마셔 한때 한국에서 가장 많이 팔리는 와인이 되기도 하였다.

또한 조각가이자 건축가, 화가였던 이탈리아의 미켈란젤로(Michelangelo di Lodovico Buonarroti Simoni, 1475~1564)가 좋아한 와인은 이탈리아 토스카나의 '베르멘티노(Vermentino)' 화이트와인이며, 이탈리아 통일을 이끈 비토리오 에마누엘레 2세(Vittorio Emanuele II; 1843~1861)가 좋아한 이탈리아 피에몬트의 '바롤로 폰타나 프레타(Barolo Fontana-Fredda)' 와인도 있다. 그리고 영화로 성공한 사람들이 소유한 유명한 와이너리도 있는데 영화 "대부"로 부를 축적한 프란시스 포드 코폴라(Francis Ford Coppola) 감독은 미국 캘리포니아의 '소피아 코폴라(Sofia Coppola)' 와인을 생산하고, 007 시리즈 중 "포 유어 아이즈 온리"에 출연한 여배우 캐롤 부케(Carole Bouquet)는 이탈리아 시칠리아에서 '상그 도르(Sangue d'Oro)' 화이트와인을 생산하고 있다.

에펠탑을 설계한 철의 사나이 에펠(Alexandre Gustave Eiffel, 1898~1923)은 세기적 철의 미학을 성공시켰는데 그가 즐겨 마

◀ 프랑스 보르도의 샤토 오브리옹

신 와인이 프랑스 부르고뉴의 '샹베르탱'과 '본 로마네(Vosne-Romanee)' 와인이었다. 어쩌면 철의 강인함과 부르고뉴 와인의 부드러움이 어울려 위대한 에펠탑을 탄생시켰는지도 모른다.

국내 CEO들이 좋아하는 대표적 와인인 '몬테스 알파 엠(Montes Alpha M)'은 천사 와인 혹은 CEO 와인의 별칭을 갖고 있으며, 일본 소니사 전 회장인 이데이 노부유끼(出井伸之)가 즐겨 마셨던 와인이기도 하다. 여성 CEO들이 가장 좋아하는 와인으로는 이탈리아 토스카나 명품회사인 페라가모가 만든 일 보로(IL Borro) 마을의 '페라가모(Ferragamo)' 와인과 더불어 카스틸리온 델 보스코(Castiglion del Bosco)의 '페라가모' 와인이 있다.

와인 마니아인 삼성 이건희 회장이 공식석상에서 자주 마시는 와인은 맛과 향에서 균형미를 갖춘 프랑스 보르도의 '샤토 라투르(Château Latour)' 와인이며, 이는 또한 김대중 전 대통령이 평양을 방문하였을 때 김정일 국방위원장이 공식만찬 와인으로 제공하여 '평화의 와인'으로 유명해졌다. 그리고 국내 대기업 SK 최태원 회장은 이탈리아 '사시까이야(Sassicaia)' 와인, LG 구본무 회장은 미국의 '오퍼스 원(Opus One)' 와인, 두산 박용만 회장은 프랑스 부르고뉴의 '조셉 드루앵 샤르므 샹베르탱(Joseph Drouhin Charmes Chambertin)' 와인을 즐겨 마신다고 한다.

끝으로 프랑스 국왕 루이 15세(Louis XV; 1715~1774)와 콩티(Louis François de Bourbon; 1717~1776) 공작이 즐겨 마셨던, 세계 최고가 와인으로 프랑스 부르고뉴의 '로마네 콩티(Domaine de la Romaneée-Conti)'가 있다. 이 와인은 신이 내린 최고의 와인으로 불리며 한번 맛 본 사람들은 평생 아껴 마시고 싶어 남겨 둔다고 한다. 화학 비료도 사용하지 않고, 동양의 천문학과 점성술로 포도나무를 가꾸고 와인을 빚었기 때문에 마시는 순간 형용할 수 없는 황홀감으로 평생 잊지 못한다. 참고로 1945년 빈티지는 2018년 10월 뉴욕 소더비 경매에서 55만 8000달러(6억 7천만원)에 판매되었다. 일본의 와인애호가들은 빈티지가 50년 이상 된 로마네 콩티 와인을 신주(神酒)라고 부르고 있다.

프랑스 '샤토 오브리옹(Château Haut-Brion)' 와인

프랑스 보르도의 가론 강 왼쪽에 있는 그라브 지역은 메독(Médoc) 지역과 함께 보르도에서 가장 오래된 와인산지이다. '그라브(grave)'는 '자갈'이란 뜻의 '땅' 이름 그대로 자갈과 약간의 점토가 섞여 있는 토양이다. 여기서 생산된 와인은 강하면서도 토양의 독특함을 간직한 벨벳 같은 맛을 자랑한다. 천국의 향기처럼 부드럽고 달콤한 향을 원한다면 오랜 숙성기간을 필요로 한다.

그라브 와인하면 대부분 화이트와인(세미용 Semillon, 소비뇽 블랑 Sauvignon Blanc)을 떠올리지만 실제로 화이트와인과 레드와인(카베르네 소비뇽 Cabernet Sauvignon, 카베르네 프랑 Cabernet Franc)이 거의 비슷한 비율로 생산되고 있다. 메독과 어깨를 나란히 할 정도로 우수한 품질의 레드와인이 생산되고 있으며, 메독에 비해 부드럽고 섬세한 맛과 향을 가지고 있다. 그라브 지역에서 위대한 명성을 떨치던 포도원은 '샤토 오브리옹'이다. 샤토 오브리옹의 역사가 보르도의 역사이며, 더 나아가서 프랑스 와인의 역사이다.

1855년 프랑스 정부에서 샤토에 등급을 부여할 당시 그라브 지역은 아예 등급 심사도 하지 않았다. 그라브 지역 최고 명품인 '샤토 오브리옹'은 이미 그 명성이 퍼져 있었기에 메독의 1등급 와인 4종류와 함께 예외적으로 등급이 부여되어 '5대 샤토'로 불리고 있었다. 1953년 그라브 등급 심사 때는 레드와인을 양조하는 12개 샤토와 화이트와인을 양조하는 8개 샤토가 함께 새롭게 그랑 크뤼인 1등급 와인이 되었다.

▼ 프랑스 보르도의 샤토 오브리옹

현재 샤토 오브리옹 와인의 라벨에 그려져 있는 성탑은 성 드 퐁탁(Jean de Pontac) 패밀리에 의해 포도원이 인수되고, 1550년에 쌓은 성을 상징하는 것이다. 이후 확장되어 제2차 세계대전 당시에는 프랑스 정부를 위해 병원으로 사용되기도 했다.

1488년 부유한 상인의 아들로 태어난 쟝 드 퐁탁은 1533년부터 포도원을 사들이기 시작했으며 1589년 101세로 사망하기 전까지 그가 모신 보르도 성주는 모두 여섯 명이었다. 그는 성주들의 비서를 겸한 공직자로 정치인이면서 와인 사업가였다.

그 당시 프랑스에서는 샤토라는 명칭 없이 와인을 판매하였는데 손자인 아르노 드 퐁탁이 최초로 샤토(Château)라는 명칭의 브랜드를 사용하였다. 이후 고급스러운 이미지로 와인 판매에 성공한 후 프랑스 보르도에서는 샤토라는 명칭을 사용하게 되었다.

영국에는 1663년 유명한 여행가 사무엘 피프스(Samuel Pepys; 1633~1703)가 『알려지지 않은 일기』에 '샤토 오브리옹'을 소개하면서 알려졌다. 그는 어느 날 점심식사를 위해 호텔 레스토랑에서 프랑스산 '샤토 오브리옹'을 마셨는데 이제까지 마셨던 와인과는 달리 아주 독특하고 특별한 와인이었다며 감격의 글을 게재했다. 『로빈슨 크루소(1719)』의 작가이며, 영국의 저널리스트인 다니엘 디포(Daniel Defoe; 1660~1731) 역시 '샤토 오브리옹'은 없어서는 안될 소중한 보물이라고 했다. 정치 풍자극 『걸리버 여행기』를 쓴 조나단 스위프트(Johnthan Swift; 1667~1745)는 젊었을 때부터 현기증과 이명(耳鳴)으로 고생했으며 만년에는 정신착란증에 시달렸다. 병이 악화되어 1745년 생애를 마칠 때까지 '샤토 오브리옹'을 곁에 두고 애음하면서 영국 사회에 와인을 소개하고 알렸다. 계관시인이며, 비평 문학의 아버지라고 불리는 존 드라이덴(John Dryden; 1631~1700)도 '샤토 오브리옹'을 극찬하였다.

미국 민주주의의 아버지로 불리는 제3대 대통령 토마스 제퍼슨은 프랑스 주재 공사 시절 와인 애호가가 되었고 '샤토 오브리옹'의 열렬한 팬이 되었다. 와인이 오크통으로 유통되던 시기에 병 와인을 특별 주문해 마셨으며, 1787년 대통령으로 보르도를 방문하였을 때는 보르도 와인을 품질에 따라 등급을 매긴 리스트를 B&G양조회사의 휴 바르통과 다니엘 게스티에게 건네주었다. 그때 토마스 제퍼슨 대통령이 건네 준 등급 리스트가 아직도 적용되고 있으며, 1855년 보르도 와인 등급 분류의 기초 자료로 이용되었다고 한다.

나폴레옹 정권 당시 외상이었던 탈레랑(Chales-Maurice de Talleyrand-Périgord; 1754~1838)도 '샤토 오브리옹'을 아주 좋아하여 오스트리아 빈회의에 참석한 각국의 외교관들에게 이 와인을 선물로 돌렸다고 한다. 그래서 '샤토 오브리옹'의 역사에는 세계 평화에 일익을 담당한 와인이라는 일화를 통해, '빈회의'가 성공적으로 끝나고 40년 동안의 유럽 평화를 가져왔다는 전설적인 이야기도 따라다닌다.

🍷 국가 정상회담시 공식 건배주

정상회담을 할 경우 초청한 국가에서는 자국의 음식과 전통주를 대접하는 것이 관례로 되어 있다. 정상들이 모이는 공식 석상에서 음식과 함께 제공되는 건배주는 세간에 화제가 되기도 한다. 특별한 날 정상들이 마셨으니 한번쯤 따라 마시고 싶은 특별한 술이 되기 때문이다.

2016년 이란 대통령이 프랑스를 국빈 방문하려던 계획이 와인으로 인해 무산되고 공식 방문으로 격이 낮아진 사건이 있었다. 이란은 이슬람 율법에 의해 술을 마실 수가 없는데 프랑스는 와인을 만찬에 제공하고자 했다. 이란의 입장에서 보면 마호메트의 율법을 지켜야 했고, 프랑스는 예수님의 성혈이며 자국의 자랑인 와인을 만찬에서 뺄 수 없었으니 결국 국빈 방문 일정은 공식 방문 일정으로 바뀌었다. 와인이 이슬람교도들에게 '사탄의 술'로서 인식되었고 이슬람교도들이 마시던 커피도 한때 가톨릭교에서 '사탄의 음료'로 취급받았다. 하지만 가톨릭교 신도들이 너무 애음하자 교황 클레멘스 8세(Clemens VIII, Papa; 1592~1605)에 의해 허용된 역사를 가지고 있다.

1972년 미국 닉슨과 중국 마오쩌둥의 정상회담 만찬주로는 마오타이주가 나왔다. 2004년 한·일 정상회담에서는 고이즈미 총리가 자국 민속주인 모리주로 건배를 제의했다. 이 밖에 소련에서는 보드카, 멕시코에서는 데킬라의 일종인 메스칼, 노르웨이에서는 벌꿀 술인 미드(Mead)가 정상회담의 만찬주로 등장한 기록들이 있다.

1995년 7월 백악관을 공식 방문한 김영삼 전 대통령을 위한 만찬에서 제공한 화이트와인은 캘리포니아 캔달 잭슨에서 만든 1993년산 '비오니에(Viognier)', 레드와인은 키스트렐에서 생산된 1992년산 '쿠베 캐서린(Cuvée Catherine)', 스파클링와인은 나파 밸리에서 생산되는 '블랑 드 누아(Blanc de Noirs)'였다. 1998년 6월 백악관에서 개최된 김대중 대통령의 환영만찬에는 화이트와인은 캘리포니아 나파 밸리의 1996년산 '레드 숄더(Red Shoulder)'와 레드와인은 오리건주의 렉스 힐(Rex Hill)에서 만든 '피노 누아' 와인, 그리고 스파클링와인은 캘리포니아의 '에르미타지 뢰데러(Ermitage Roederer)' 1991년산 와인이었다.

비즈니스와 와인

▲ 미국 오리건주의 렉스 힐

▲ 프랑스 보르도의 샤토 라투르

　1978년 지미 카터(James Earl Carter Jr) 대통령이 방한했을 때 박정희 대통령은 한국와인 '마주앙'을 건배주로 제공하였고, 카터 대통령을 수행한 기자들에게 '마주앙'을 선물로 주었다. 워싱턴포스트지의 기자는 한국에서 선물 받은 '마주앙'을 친구인 와인전문가와 함께 마셨는데 지금까지 맛보지 못한 와인의 감동으로 워싱턴포스트지에 '동양의 신비'라는 기사를 게재하였다.

　2002년 우리나라에서 열린 아셈(ASEM)회의에서는 건배주로 금산 인삼주, 후식주로 고창 선운산 복분자주가 제공되었으며, 2005년 APEC 만찬에서는 건배주로 부산에서 생산되는 '천년약속'과 '복분자주'가 제공되었다.

　2004년 제주도에서 노무현 대통령과 고이즈미 수상의 한·일 정상회담이 열렸을 때 제공된 화이트와인은 '샤블리 몽뜨 드 토넬 1999(Cablis Monte de Tonnelle 1999)'이고, 레드와인은 '샤토 트로플롱 몽도 1998(Château Troplong Mondot 1998)'였다.

　2009년 미국의 제44대 대통령에 취임한 버락 오마바(Barack Hussein Obama)는 평소 캘리포니아의 최대 와이너리에서 생산하는 '캔달 잭슨'을 즐겨 마셨지만 취임식 공식와인에는 나파 밸리 최고의 와인으로 꼽히는 '덕혼 소비뇽 블랑 2007(Duckhorn, Sauvignon Blanc 2007)'과 '덕혼 골든아이 피노 누아 2005(Duckhorn, Goldeneye Pinot Nior, 2005)'가 제공되어 세계적으로 관심을 끌었다.

그러나 세기적인 관심은 분단국가인 한반도에서 이뤄진 두 차례의 남북정상회의였다. 2000년 6월 김대중 대통령이 방북하였을 때 김정일 국방위원장은 만찬 시 프랑스 보르도 명품 와인 '샤토 라투르 1980(Château Latour 1980)' 와인을 수제 리델 글라스에 제공하여 김대중 대통령을 극진히 대접하였다. 그리고 2007년 10월 노무현 대통령이 방북하였을 때 김정일 국방위원장은 오찬 시 프랑스 부르고뉴 지방의 와인인 미셸 피카르의 '코트 드 뉘 빌라주 2002(Cote de Nuits Villages 2002)' 와인을 '평화의 와인'으로 제공하였다.

2008년 2월 이명박 대통령 취임식 만찬용 와인은 평소 이 대통령이 즐겨 마시는 것으로 알려진 와인인 미국의 캘리포니아에서 생산되는 '클로 뒤 발 카베르네 소비뇽(Clos Du Val Cabernet Sauvignon)' 이었다. 2012년 3월 핵안보정상회의 대통령 내외 주최 특별만찬에 사용되었던 리셉션 와인은 경북 문경에서 생산되는 오미자로 만든 스파클링와인 '오미로제 결(結)(OmyRose 결(結))'로 한국의 무한한 가능성을 오미자 와인으로 표현했다.

2013년 11월 영국의 엘리자베스 2세 여왕 초청으로 박근혜 대통령이 국빈 방문하였을 때 런던 버킹검 궁전에서 개최된 만찬에 프랑스 부르고뉴 지방의 최고급 화이트와인 '뿔리니 몽라셰 2004(Puligny-Montrachet 2004)' 와인이 제공되어 영국이 박근혜 대통령을 최고의 대우로 대접한 것을 엿볼 수 있다.

2013년 6월 박근혜 대통령이 중국을 처음 공식 방문했을 때 시진핑 주석은 만찬에 국빈 박대통령을 베이징 인민대회당 연회장 '금색대청(金色大廳)'으로 초대해 건배주로 산동성 연태지역에서 생산되는 '장유(張裕) 1992' 와인을 제공했다. 그 이유는 한국과 중국이 수교를 한 날(1992년 8월 24일)을 기념하기 위해 1992년산 빈티지 와인을 준비한 것이고, 장유와인을 선택한 것은 중국 와인 중에 '장유와인'은 중국에서 1892년부터 생산하여 125년의 역사를 가진 와인으로 100년 이상의 더 깊은 우정을 표현하고자 했기 때문이다.

2017년 6월 문재인 대통령이 방미하여 트럼프 대통령과 공식 회담 후에 백악관에서 비빔밥과 함께 만찬주 와인으로 미국 캘리포니아에서 생산되는 소노마 코스트에서 생산되는 '하트포드 코트 파 코스트 피노 누아 2013(Hartford Court Far Coast

Sonoma Coast Pinot Noir 2013)'가 제공되었다. 이미 백악관 행사에 자주 사용된 와인으로 와인평론지인 와인 스펙테이터에서도 주목하는 와인으로 2016년도에 '와인 Top100'에 선정됐다.

2022년 5월 미국의 바이든(Joseph Robinette Biden Jr.)이 방한했을 때 윤석열 대통령은 공식 만찬 때 경북 문경에서 만든 오미자 스파클링와인 '오미로제 결(結), 한국인이 미국 나파밸리 최초로 소유한 레드와인 '바소 2017(vaso 2017)', 미국의 자존심인 파리의 심판에서 프랑스 명품 와인을 넘어 1위를 했던 '샤토 몬테레나(Château Montelena)' 와인을 제공하였다.

그 외 국가 정상들의 만찬과 와인*

- 1992년 1월 4일 : 조지 부시 대통령이 노태우 대통령을 방문. 클로 뒤 발 카베르네 소비뇽 1988년
- 1998년 10월 7일 : 김대중 대통령이 일본 오부치 수상 방문. 샤블리 레 보데지르 1988년, 샤토 라투르 1981년, 샴페인 동 페리뇽 1988년
- 1999년 10월 18일 : 중국 장쩌민 주석이 영국 엘리자베스 2세 여왕 방문. 뫼르소 쥬느브리에레 1992년, 에르미따주 1988년, 샴페인 크뤼그 1882년
- 1999년 10월 25일 : 중국 장쩌민 주석이 프랑스 시라크 수상 방문. 뫼르소 쥬느브리에레 1994년, 샤토 오브리옹 1986년, 샴페인 태탱저 콩테 드 샹파뉴 1990년
- 2000년 10월 29일 : 러시아 푸틴 대통령이 프랑스 시라크 대통령 방문. 코르통 샤를마뉴 1995년, 샤토 팔메르 1988년, 샴페인 라 그랑 담 1990년
- 2001년 10월 15일 : 일본 고이미즈 수상이 김대중 대통령 방문. 마주앙 스페셜 1997년, 생떼밀리옹 레드와인 1997년
- 2002년 5월 26일 : 미국 부시 대통령이 프랑스 시라크 대통령 방문. 샤토 뤼섹 1989년, 샤토 라피트 로칠드 1986년, 샴페인 동 페리뇽 1993년
- 2003년 1월 22일 : 엘리제 조약 40주년 기념식 프랑스 시라크 대통령이 독일의 슈레더 수상 외 1200명에게 제공. 리슬링 알자스 그랑 크뤼 1997년, 샤토 마고 1994년, 샴페인 태탱저 콩테 드 샹파뉴 1995년

* 자료 : 「와인과 외교(2007), 니시카와 메구미 저, 김준균 옮김. 지상사」 요약정리

와인 에티켓 역사와 명사의 와인

▲ 국가정상회의의 공식 와인으로 선정될 경우,
와인의 브랜드 가치와 함께 명품 반열에 오를 기회도 얻게 된다.

- 2003년 6월 24일 : 러시아 푸틴 대통령이 영국 엘리자베스 2세 여왕 방문. 샤사뉴 몽라셰 레 벨제 1996년, 샤토 레오빌 푸아페레 1985년, 샴페인 루이 뢰더러 브뤼 1990년
- 2003년 11월 19일 : 미국 부시 대통령이 영국 엘리자베스 2세 여왕 방문. 몽라셰 1996년, 샤토 그뤼오 라로즈 1985년, 샴페인 뵈브 클리코 골드 라벨 1995년
- 2004년 4월 5일 : 영·불협정 100주년 영국 엘리자베스 2세 여왕이 프랑스 시라크 대통령 방문. 샤토 디켐 1990년, 샤토 무통 로칠드 1988년, 샴페인 동 페리뇽 1995년
- 2004년 7월 21일 : 일본 고이미즈 수상이 노무현 대통령 방문. 샤블리 몽뜨 드 또넬 1999년, 샤토 트로플롱 1998년
- 2005년 11월 8일 : 중국 후진타오 주석이 영국 엘리자베스 여왕 방문. 샤사뉴 몽라셰 레 벨제 2000년, 샤토 피송 롱그빌 꽁떼스 드 라랑드 1988년, 샴페인 루이 뢰더러 1996년
- 2005년 11월 27일 : 모로코 국왕 모하메드 6세가 일본 고이즈미 수상 방문. 샤블리 레 블랑쇼 1993년, 샤토 마고 1988년, 샴페인 동 페리뇽 1995년

- 2006년 10월 8일 : 일본 아베 수상이 후진타오 주석 방문. 중국 장성 화이트와인 2002년, 중국 장성 레드와인 2002년
- 2008년 5월 2일 : 미국 조지 부시 대통령이 이명박 대통령 방문. 미국 나파밸리 온다도로 2002년
- 2014년 4월 25일 : 미국 버락 오바마 대통령이 박근혜 대통령 방문. 조셉 펠프스 카베르네 소비뇽 2020년
- 2017년 6월 30일 : 문재인 대통령이 미국 트럼프 대통령 방문. 하트포드 피노누아 2014년
- 2023년 5월 7일 : 일본 기시다 후미오 총리가 윤석열 대통령 방문. 경주법주

국가별 건배용어

그리스	Iss Ighian	영국	Cheers
네덜란드	Proost	오스트리아	Prosit
노르웨이	Skal	이집트	Fee Sihetak
뉴질랜드	Kia-ora	이탈리아	Alla tua Salute
덴마크	Skaal	인도	Aanand
독일	Prosit	인도네시아	Selamat
	Zum Wohl	일본	Kambai
러시아	Na Zdorovia	중국	Wen Lie
말레이시아	Slamat Minum		Kanbei
모로코	Saha Wa' afiab		Suwei
미국	Bottoms Up	체코	Na Zdravi
	Here's to Your Good Health	태국	Sawasdi
		터키	Zanda Bashi
	Here's How	파키스탄	A Sua Saude
	Happy days	포르투갈	Na Zdrowie
벨기에	Op Uw Gezondheid	폴란드	Besalamatt
스웨덴	Skal	프랑스	A Votre Santé
스페인	Salud	핀란드	Kippis
아라비아	Besalamatt	필리핀	Mabuhay
아일랜드	Slante	헝가리	Kedves Egeszegere
에티오피아	Letenachen		

🍷 정상회담시 공식만찬의 와인 제안서

유럽이나 미국에서는 정상들과 기업의 CEO들이 주최하는 만찬이 국가와 기업을 유지하고 발전시키는 중요성을 띤지 오래되었지만 우리나라는 아직도 크게 인식하지 못하고 있는 것이 현실이다.

정부에서 발표한 신성장동력산업의 하나로 MICE(Meeting, Incentive Travel, Convention, Exhibition)가 알려지기도 했지만 어느 누구도 MICE에서 공식적인 만찬이나 파티에서 가치를 찾고자 하는 사람들은 없다. 여기서 겉으로 보이는 것은 회의, 인센티브 여행, 컨벤션, 전시회이지만 가장 핵심적인 꽃은 참가자들을 위한 오찬, 만찬으로 국가의 브랜드 파워와 이미지를 강하게 심어줄 수 있다.

정상들의 공식 만찬시 한식 메뉴에 어울리는 와인을 추천해 달라는 제안을 받게 되었다. 이미 한식에서 메뉴는 결정된 상태였으므로 한식 메뉴에 어울리는 마리아주를 중심으로 만찬과 함께 와인의 의미를 더하는 데 초점을 맞추었다. 공식 행사명은 아시아 정상회의로 장소는 제주도의 제주 ICC 및 신라호텔, 롯데호텔이며, 초청 대상은 아세안 10개국 정상 및 아세안 사무총장 등 모두 300명이었다.

이미 정해진 한식 메뉴는
- 기본 반찬 5종류 : 김치, 물김치, 삼색나물, 멸치볶음, 삼색전
- 참깨 드레싱을 곁들인 제주 해산물 샐러드
- 홍삼죽
- 제주산 전복 야채볶음
- 제주산 옥돔구이
- 수삼을 곁들인 제주산 쇠갈비구이
- 밥과 성게 미역국
- 신선한 과일과 오메기떡
- 커피 또는 오미자 차

제주 지역의 특성을 잘 살린 해산물 요리와 한식의 특성을 골고루 갖춘 아주 탁월한 만찬용 메뉴였다.

테이블용 와인으로 첫째, 건배주는 한라산 허벅주(188)를 추천하였다. 음식이 제주도산 식자재 위주였기에 신토불이 원칙에 따른 음식과 와인의 조화를 생각해 한라산 소주업체에서 양조한 허벅주는 건배주용으로 제격이었다.

둘째, 화이트와인은 장 모로 & 피스(J. Moreau & Fils) 와이너리의 '샤블리 그랑 크뤼 발뮈르 2003(Chablis Grand Cru Valmur 2003)'을 추천하였다. 전채 요리인 참깨 드레싱을 곁들인 제주 해산물 샐러드, 홍삼죽, 제주산 전복 야채볶음, 제주산 옥돔구이는 약한 비린 맛을 지니기에 비린내를 없애줄 수 있는 향미를 가진 화이트와인이 적당하였다. 이 와인은 담백하고 섬세한 흰살 생선요리에 잘 어울리며 산뜻해서 식욕을 돋우고 샤르도네 품종으로 양조해 가벼운 바디를 자랑하는 테이블 와인이다. 샤블리 지방은 석회질 토양 위에 위치하고 있으며, 가장 대표적인 지층은 해저가 융기되어 해양화석이 풍부한 키메리지엔(kimmeridgian)으로, 작은 굴(exogyra virgula)화석이 많은 까닭에 여기서 생산된 와인은 미네랄 성분이 강하게 느껴지는 것이 특징이며 해산물 요리와 특별히 잘 어울린다.

샤블리 와인 중 최정상은 샤블리 그랑 크뤼(Chablis Grand Cru)로서 4종류의 아펠라시옹 중 최상급의 품질을 자랑하고, 그랑 크뤼 포도밭에서 생산되는 와인으로 다음과 같은 특징을 지니고 있다.

'블랑쇼(Blanchot)'는 꽃향, 부드러움, 기분 좋은 맛이 나며, '레 클로(Les Clos)'는 미네랄, 강인하면서 숙성된 농후한 맛이 나며, '발뮈르(Valmur)'는 풍부한 미네랄, 과일 맛, 매우 균형이 잘 잡힌 와인으로 정평이 나 있으며, '그르누이이(Grenouilles)'는 꽃향, 과일맛, 기름진 맛이 나며, '보데지르(Vaudéir)'는 생동감, 꽃향, 원만함이 있으며, '레 프뢰즈(Les Preuses)'는 길고, 개성이 강하고, 예외적으로 장기 숙성이 가능하며, '부그로(Bougros)'는 원만함과 풍성한 미네랄, 부드러움이 있다.

장 모로 & 피스 양조장은 1814년 장 조셉 모로에 의해 설립되었고, 1920년대 전통적인 부르고뉴 네고시앙이라는 평판 속에 성장하였으며, 수출도 그 무렵부터 시작되었다. 지금은 와인의 97%가 수출되며, 80여 개국에 시장을 가지고 있는 글로벌 와인 기업으로 각국의 정상들이 모였기에 세계적인 와인으로 화합을 다지는 회의가 되기를 바라는 의미이다. 포도밭도 프랑스에서 가장 아름다운 포도재배 지역 중심에 위치해 있으며, "버건디의 황금문(Golden Gate of Burgundy)"으로 알려져 있어 아시아 정상회의가 열리는 제주도 역시 한국을 대표하는 세계적인 관광지와 아시아의 황금문이 되기를 염원하는 마음도 담았다.

여름은 덥고 겨울은 추운 대륙성 기후로 포도원은 봄 서리로부터 보호받기 위해 두 가지의 기본적인 시스템을 운영하고 있는데 '쇼프레트(chaufferettes; 포도밭 보호 장치로 땅이 마른 상태에서 22도, 땅이 습한 상태에서 20.5도에서 난로가 켜짐)'와 '워터스프레잉(water-spraying; 개화기 온도가 0도가 되기 전에 물을 뿌려야만 하며, 그것은 꽃봉오리 주변을 얼음으로 둘러싸서 보호하며, 얼음의 두께가 증가해도 봉오리는 안에서 숨을 쉬게 하는 것)'으로 모든 시련을 극복하고 세계적인 와인으로 정상을 차지한 것처럼 어려운 국제경제 여건을 이겨내고 각국에 희망을 주자는 메시지가 들어 있다.

장 모로 & 피스의 샤블리는 까다롭기로 소문난 항공사의 기내 서비스용으로 공급되고 있는데 그 중에 몇몇 항공사를 살펴보면 프랑스의 자존심 에어프랑스와 콩코드, 아메리칸 에어라인, EVA 에어웨이, 차이나항공, 유나이티드 항공 등에 공급되어지며, 세계 유명 호텔 체인, 고급 크루즈 및 페리, 럭셔리샵 등에도 사용하는 최고급 와인으로 아시아 정상들을 위해 최상의 와인을 준비했다는 호스트의 정성과 품격이 들어있다고 할 수 있다.

셋째, 레드와인은 '천지인 루 뒤몽 코르통 그랑 크뤼 2005(天地人 Lou Dumont Corton Grand Cru, 2005)'를 추천하였다. 주요리인 수삼을 곁들인 제주산 쇠갈비구이는 붉은색 육류로 쇠고기 맛과 수삼 향을 느낄 수 있는 것은 섬세한 타닌이 있는 레드와인과 잘 어울리기 때문이다. 구이로 제공하기 때문에 타닌이 풍부하면서 섬세해야 쇠고기의 깊은 맛을 느낄 수 있으며, 고명으로 들어간 수삼의 얕은 맛을 감지하기 위해서는 부르고뉴 지방에서 생산되는 피노 누아 품종의 레드와인이 적격이라고 할 수 있다.

▲ 프랑스 샤블리의 장 모로 & 피스

◀ 프랑스 부르고뉴의 天地人 코르통

부르고뉴의 코르통 지방은 높은 품질의 레드와인과 전 세계 사람들에게 사랑받는 섬세한 화이트와인의 생산지로도 유명하기 때문에 한식과의 조화도 일품이다. 또한 화강암과 변성암으로 형성된 하층토를 가지고 있으며, 부르고뉴 토양의 성분은 기본적으로 석회질로 구성되어 있고 경사진 포도밭은 그랑 크뤼 등급으로 최상급의 포도밭에서 재배된 포도로 양조하고 있다.

코르통 언덕은 석회질 토양과 약간 규토질의 이회토로서 섬세하고 고품질의 레드와인을 생산하고, 특히 코르동 드 로얄(Cordon de Royal) 방식의 피노 누아 포도 재배로 고귀한 와인의 혈통을 지켜가고 있으며, 섬세한 타닌과 쇠고기 맛을 돋울 야한 신맛과 우아한 맛을 가지고 있어 쇠갈비구이와 잘 어울린다.

부르고뉴 와인 중 최정상은 '로마네 콩티'라고 할 수 있지만 지역마다 각기 개성이 다른 와인을 생산하고 있다. 황금의 언덕인 코트 도르(Côte d'Or)는 코트 드 본과 코트 드 뉘로 구분 되는데 4종류 아펠라시옹 중 코트 드 본의 구획에 유일하게 알록스 코르통 마을에만 4개의 크랑 크뤼(Grand Cru) 98헥타르가 있을 정도로 최상급의 품질과 명성을 얻고 있다.

이 레드와인은 약간 어두운 색으로, 양조한지 얼마 되지 않았을 때는 붉은 열매(라즈베리, 체리)향이 나고 숙성되면 송로 버섯과 가죽향이 난다. 또한 섬세한 타닌 성분과 신맛이 어울려 단단한 구조를 보이며, 유연함과 긴 여운이 남는 맛의 조화는 와인을 오랫동안 숙성할 경우 기쁨을 2배 이상 안겨주며, 쇠갈비구이와 환상적인 조화를 이룬다.

부르고뉴 최초의 아시아인 네고시앙이자 생산자로 일본인 나카다 코지와 한국인 박재화 부부가 2000년 3월에 설립하였고, 역사와 전통을 자랑하는 부르고뉴 네고시앙 사이에서 짧은 기간에 두각을 나타내면서 '신의 물방울' 9권에 2003년산 뫼르소(Meursault) 화이트와인이 소개된 뒤 라벨에 '天地人'이란 한자가 와인업계 최초로 소개되면서 '천지인 와인'으로 일약 유명세를 탔다.

아시아 와인의 대명사로 프랑스 부르고뉴 지방에서 아시아인으로서 어려운 역경과 환경 속에서 굴하지 않고 성공하여 아시아인의 화합과 평화 그리고 개척 정신을 보여주었기 때문에 이 와인으로 아시안 정상들이 하나 됨을 나타내고자 하는 데 있다.

네고시앙 '루 뒤몽(Lou Dumont)'은 섬에 있는 산이라는 의미로 나카다 코지의 고향인 일본의 섬과 박재화의 고향인 거제도의 산을 연상해 만든 이름으로 제주도에서 개최되므로 제주도의 한라산을 의미하는 것으로 형상화할 수 있으며, 항상 서로를 그리워하는 정상들의 회담이라는 의미도 담겼다.

천지인은 3가지의 합으로 하늘(天)은 와인이 탄생한 해 빈티지이며, 땅(地)은 포도나무가 자란 토양과 환경이며, 인(人)은 와인을 만드는 사람을 나타내고 있다. 아무리 하늘의 은혜를 입고 땅의 축복을 받았어도 문제 해결의 주체인 사람의 지혜와 노력이 부족하면 평범한 와인이 되는 것처럼 어려운 국제적인 경제여건을 극복할 수 있는 길은 아시아 정상들의 지혜와 상호협조로 윈-윈(Win-Win)함을 강조하고 상호간의 화합을 표현하였다.

부르고뉴에는 동양의 향기가 가득하며, 동양적인 감각으로 와인을 양조함으로써 동양음식에 어울리는 와인뿐만 아니라 천지인의 보편성 가운데 작은 차이를 만들어 부르고뉴 와인 미래를 바꾸는 안목의 힘이 와인 한 잔에 있다는 것을 의미한다.

한국인의 입맛에 맞는 와인을 양조하여 한국 신토불이 음식과의 조화를 통해 부르고뉴 와인의 변화를 가져오듯이 한국이 미래지향적인 아시아 국가 발전을 기여 할 것임을 강조하였다.

▲ 프랑스 부르고뉴 '루 뒤몽'의 박재화 사장

기업 경영철학과 와인, 현명한 와인 선물

🍷 와인 한 잔의 경영철학

와인은 단순한 술의 의미를 넘어 비즈니스의 중요한 조력자가 될 수 있다. 와인을 잘 활용하면 서로를 배려해 까다로운 비즈니스도 즐거운 자리로 바뀔 수 있다. 와인은 생산지역의 떼루아, 포도품종, 양조자, 빈티지에 따라 다양한 개성으로 탄생한다. 와인이 탄생되는 여러 가지 조건을 통해 기업의 경영철학을 접목해 볼 수 있다. 성공한 CEO들이 들려주는 와인에 얽힌 경영철학은 많은 것을 시사한다. '척박한 포도밭 주인처럼 경영하라', '도전이라는 인생의 코르크를 열어라', '와인생산자처럼 창의적으로 경영하라', '신대륙 와인처럼 멘토를 찾아라', '와인처럼 때로는 삶의 여유를 찾아라'라는 소리에 귀를 기울여야 한다.

첫째, 포도나무는 척박한 땅에서 수많은 고통과 스트레스를 받을수록 오히려 좋은 열매로 품질 좋은 와인을 탄생시킨다. 기업도 늘 좋은 환경에서 성장 발전하는 것이 아니라 척박한 환경을 극복하고 상대보다 경쟁우위에 있어야 진정 성공한 기업으로 인정을 받을 수 있다.

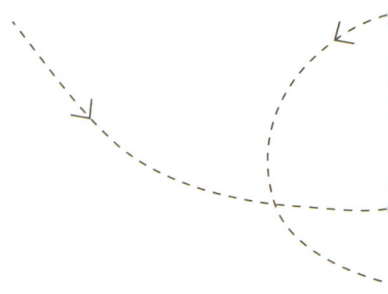
◀ 프랑스 보르도의 샤토 스미스 오 라피트

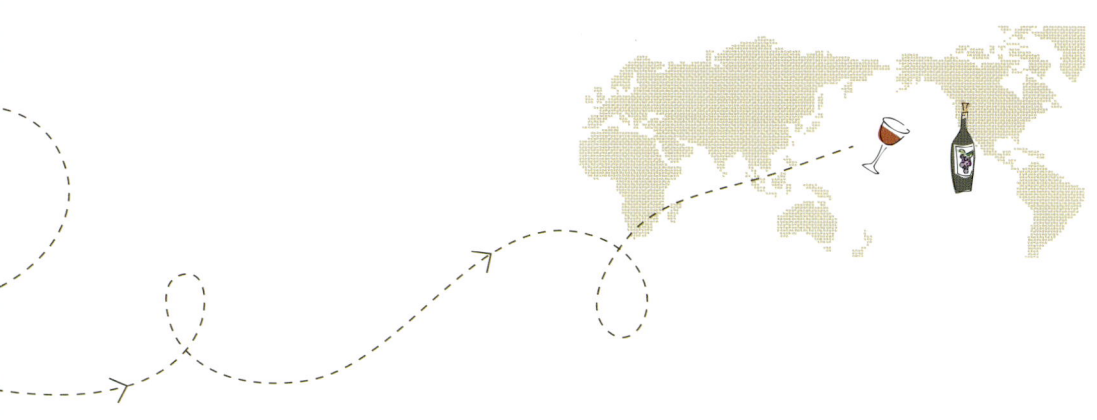

　둘째, 와인은 농부들의 정성과 양조자의 열정으로 탄생된다. CEO 역시 열정을 다해 기업을 지속적으로 성장 발전시켜야 하며, 직원들은 소비자들에게 최선의 서비스를 다함으로서 신뢰받는 기업으로 성장할 수 있다.

　셋째, 오랫동안 잘 숙성된 와인은 적당한 무게감과 알코올, 균형 잡힌 아로마와 부케, 긴 여운을 주는 풍미로 감동을 준다. 오랫동안 축적된 기업의 경영 노하우 역시 고객들에게 좋은 제품으로 신선한 감동을 주며, 고객 감동이 재구매와 회사의 이미지, 브랜드 파워를 이끌어낼 수 있다.

　넷째, 와인은 사람들의 만남과 대화를 진솔하고 자연스럽게 이어주면서 남의 이야기를 경청하는 매너있는 역할을 한다. 기업경영에서도 진솔한 대화를 통해 직원들의 역량을 발휘하게 하고, 협력업체는 좋은 비즈니스 파트너로 만들 수 있다.

　다섯째, 와인은 선택과 결정에 신중함이 요구되며, 오픈은 설렘과 기대감을 안겨준다. 기업도 새로운 사업을 시작할 때는 신중해야 하며, 시작은 두려움과 기대감을 안겨주며 기업 성장의 동력이 될 수 있다.

　여섯째, 좋은 와인은 좋은 사람과 함께 마셔야 기쁨을 맛보듯이 기업도 핵심 역량이 있는 직원과 함께 성장하고 어려운 사람들과 함께 나눌 때 기쁨이 배가된다.

새로운 희망, 인 비노 베리타스(in vino veritas)

와인 역사에 있어서 가장 유명한 격언인 "인 비노 베리타스(in vino veritas; 와인 속에 진실이 있다)"가 고대 로마인의 머리에서 나왔다는 것만 봐도 그들의 와인 사랑이 얼마나 대단했는지 짐작할 수 있다. 파스퇴르(Louis Pasteur, 1822~1895)는 적당히 마실 경우 '와인이 모든 술 가운데 건강에 가장 유익한 술'이라고 했다. 인 비노 베리타스의 격언처럼 와인도 술이기 때문에 많이 마시면 취중진담도 할 수는 있겠지만, 의식의 통제가 사라져 자신도 모르게 진실을 말하여, 자신이 감춰야 할 비밀이 탄로 난다. 술에 취해 마음속에 담아두었던 말을 해서 큰 낭패를 보는 일도 생긴다. 한번 내뱉었던 말은 쓸어 담을 수가 없다. 성경 잠언에 와인이 행동거지에 미치는 영향을 이야기한 구절이 있다. 와인은 사람을 거만하게 하고, 독주는 사람을 떠들게 하니 술에 취하는 사람은 지혜롭지 못한 자로 표현하였고, 이사야에 사람들이 와인으로 인하여 옆걸음치며, 독주로 인해 비틀거리고, 제사장과 선지자도 독주로 인하여 옆걸음치며 와인에 빠지는 모습을 그렸다. 호세아에 선지자 여호수아가 묵은 와인과 새 와인에 마음이 빼앗겼다는 이야기는 와인을 너무 많이 마시면 자신을 통제할 수 없고, 실수하게 된다는 것이다.

고대 그리스 사람들은 와인을 마신 후에 나타나는 인간들의 모습을 그렸다. 한잔을 마시면 건강에 유익하며, 두잔을 마시면 사랑과 섹스에 유익하며, 세잔을 마시면 숙면에 유익하며, 넉잔을 마시면 나쁜 행동을 유발하게 되고, 다섯잔을 마시면 고함을 지르게 되고, 여섯잔을 마시면 건방진 태도와 욕설이 난무하게 되고, 일곱잔을 마시게 되면 싸움으로 이어지고, 여덟잔을 마시면 집기를 부수고, 아홉잔을 마시면 절망에 빠지고, 열잔을 마시면 미쳐버리거나 무의식에 빠진다고 하였다. 알코올을 섭취하면 위에서 약 25%, 장에서 75%가 흡수되며, 섭취한 알코올은 간에서 90~98% 대사되며 나머지는 소변, 땀 등으로 배출된다. 간에서 일어나는 알코올 대사는 대부분 알코올 탈수소효소에 의해 아세트알데히드로 산화되고, 일부분은 미토콘드리아에서 MEOS(microsnal ethanol-oxidizing system)에 의해 산화된다. 아시아인의 50% 정도는 알코올 탈수소효소가 변이되어 있어 술을 마신 후 짧은 시간 내에 혈중 아세트알데히드 수치가 올라 알코올 홍조를 보이며, 장기간 알코올을 섭취하면 아세트알데히드가 다시 산화하여 초산이 된다. 알코올 1g이 완전히 산화할 때 7.1Kcal의 열량이 발생하며, 소량의 알코올은 대뇌의 혈류를 촉진하지만, 과음하면 대뇌 혈관을 수축시켜 전반적인 뇌 활동을 떨어뜨리고, 만성적인 알코올 남용은

▲ 프랑스 부르고뉴 클로드 부조 와이너리 포도밭

티아민을 감소시키고 코르사코프 증후군과 같은 기억력 장애의 원인이 된다. 알코올 중독자의 최후를 그렸던 영화 '라스베이거스를 떠나며'에서 주인공 벤(니콜라스 케이지)은 "술 때문에 가족을 잃은 것인지, 아니면 가족을 잃었기 때문에 술을 마시는 것인지 잘 모르겠어!" 이렇게 말한다. 그리고 잃어버린 가족의 빈자리를 채우려 술을 마시다가 끝내 죽음을 맞이한다. 여기서 벤은 가족을 잃었고 가족들은 벤을 잃어버린 영화의 종말처럼 와인은 과음하는 것보다는 적당한 양(하루에 2잔)으로 건강하고 활기찬 일상생활을 하는 것이 좋다.

  그리스 3대 비극작가인 에우리피데스(Euripides; 기원전 480년~기원전 406년)는 현자들의 식탁에서 '청동은 얼굴을 비추고 술은 정신과 마음을 비친다.'라고 말했다. 인 비노 베리타스!!

▲ 서울대 정문

▲ 로버트 몬다비 와이너리

🍷 VIP 고객을 위한 와인 마케팅

경희대 관광대학원의 와인·워터·티 마스터소믈리에 특별과정에는 와인업계나 소믈리에의 취업을 목적으로 오는 사람들도 많지만, 중소기업 CEO나 대기업 임원, 개인병원의 원장, 한의사, 변호사, 회계사, 대학교수 그리고 보험회사나 자동차 회사의 세일즈맨들이 바쁜 시간을 쪼개 밤늦게까지 열심히 공부하는 모습을 보이기도 한다.

몇 년 전, 어느 보험회사 팀장은 과거에는 세일즈를 할 때 지연, 학연 그리고 인맥을 동원해 상품을 파는 일이 많았는데 지금은 통하지 않는다고 하였다. 그래서 경희대학교 관광대학원의 와인·워터·티 마스터소믈리에 특별 과정에서 와인을 배우고 나서 와인 선물이나 접대로 바꾸었더니 오히려 상품 판매가 좋아졌다고 고마움을 표했다.

그 팀장은 VIP고객들의 생일, 추석, 설날 같은 특별한 날에 연극, 영화, 뮤지컬 티켓을 보냈는데 누구나 하는 마케팅 도구라서 기억되지 않았다고 한다. 그래서 와인 수업을 받고 평소 자신이 관리하는 VIP고객의 카드를 직업, 좋아하는 음식, 가족들의 생일별로 정리하면서 와인 수준등급(초보자, 와인 애호가, 와인 전문가)을 기록하기 시작했다. 그리고 VIP고객들의 생일에는 태어난 날의 특별한 신문기사를 스크랩하고, 태어난 해의 빈티지 와인과 함께 선물로 드리거나 직업에 따라 와인 선물도 다양하게 보냈다. 정치인이면 각국의 대통령이 즐겨 마셨던 샤토 오브리옹(Château Haut-Brion), 체육인이면 히딩크 감독이 좋아했던 '샤토 딸보(Château Talbot)', 기업인이면 이건희 회장이 즐겨 마시는 '샤토 라투르(Château Latour)', 예술인이면 히치콕 감독이 좋아하는 '몽라셰(Montrachet)', 문학가이면 헤밍웨이가 사랑했던 '샤토 마고(Château Margaux)', 연세대 동문이면 라벨에 독수리가 그려진 호주의 '울프 블라스(Wolf Blass)' 와인, 경희대 출신이면 병원 앞 천사동상을 연상하게 하는 칠레의 '몬테스 알파 엠(Montes, Alpha M)'이나 사자가 그려진 이탈리아의 '라 스피네타(La Spinetta)' 와인, 서울대 출신이면 서울대 입구의 모양과 유사한 '로버트 몬다비' 와인을 자세한 설명과 함께 보내 VIP 성공 신화를 만들었다.

▲ 호주의 울프블라스

그리고 기업이나 단체 모임에 세일즈를 갈 때는 "초보자를 위한 와인강좌"를 해주면서 식사를 곁들인 와인 파티를 열어주면 자연스럽게 친해져 그들로부터 좋은 소식을 듣게 된다는 것이다.

"이제 세일즈는 상품의 질과 친절만으로는 한계가 있으며, 누구든 서로를 이해하고 대화를 할 수 있어야 한다. 와인이야 말로 고객들과 커뮤니케이션을 할 수 있는 가장 좋은 도구이며 상품이다"라고 전했다.

참고로 연세대학교는 기념 와인으로 미국 캘리포니아 나파밸리의 '베린저 스톤 셀러(Beringer Stone Cellars)' 와인을 선정하였고, 고려대는 프랑스 보르도의 '클라랑델(Clarendelle)' 와인을 기념 와인으로 선정하여 녹색 라벨 대신 고려대를 대표하는 크림슨 칼라로 바꾸고, 후면 라벨에는 고려대 인촌기념관 전경과 소개글을 기재하였다. 카이스트는 미국의 콜롬비아 크레스트 와이너리(Columbia Crest)의 '그랜드 에스테이트(Grand Estate)' 와인을 기념 와인으로 선정하였다.

◀ 이탈리아 피에몬테의 라 스피네타 와인

프랑스, 와인의 여왕 샤토 마고

프랑스 보르도 메독 마고 지역에 262 헥타르의 포도밭을 갖고 있으며, 세계적으로 유명한 와이너리가 '샤토 마고(Château Margaux)'이다. 프랑스 보르도 5개의 1등급 와인 중에 하나이면서 전 세계 와인 애호가들의 입맛을 사로잡았던 샤토 마고는 대문호 어니스트 헤밍웨이가 파란만장한 삶을 살았던 나날 중에 가장 위로가 된 와인이기도 하다. 그는 "내 삶에서 변하지 않던 것은 손녀와 샤토 마고에 대한 사랑"이라며 후에 손녀의 이름을 '헤밍웨이 마고'라고 불렀다. 국내에서는 삼성 이건희 회장이 프랑스 '샤토 라투르' 외에 프랑스 보르도의 '샤토 마고(Château Margaux)' 와인, 미국의 컬트 와인 '스크리밍 이글(Screaming Eagle)' 그리고 프랑스 부르고뉴 그랑 크뤼급 와인 등을 좋아하지만, 그 중에서도 '샤토 마고' 와인을 가장 즐겨 마셨던 것으로 알려졌다.

프랑스 보르도의 3개의 마을 생테스테프, 포이약, 생줄리앙은 서로 연결되어 있지만 매독(Medoc)의 마고는 따로 남쪽에 떨어져 있기 때문에 세 지역의 와인과 확연히 다른 맛의 차별성이 있다. 매독지역은 마고(Margaux), 캉트낙(Cantenac), 라바르드(Labarde), 아르삭(Arsac), 수상(Soussans)의 5개 마을이 있으며, 와인 라벨에 생산지인 마을 이름을 일일이 표시할 정도로 각각의 개성을 가진 와인을 생산한다. 각 마을의 떼루아, 즉 자연 환경과 토양은 다르기 때문에 당연

▲ 샤토 마고

▲ 샤토 마고 와인

히 와인 맛에도 차이가 있다. 예를 들면 캉트냑 와인은 산도와 타닌이 부드럽고 온화하며, 라바르드 와인은 바디감이 무겁고 단단하고, 마고 와인은 타닌이 풍부하고 깊은 맛에 장기 숙성해야 자신의 개성이 들어나기 때문에 와인의 여왕이라는 별명이 붙었다.

샤토 마고의 역사는 12세기로 거슬러 올라가는데, 1522~1582년에 피에르 드 레스토낙(Pierre de Lestonnac)이 이곳 땅을 개간하여 곡물과 포도를 재배한 기록이 있다. 1705년 런던 가제트(London Gazette) 신문은 샤토 마고의 첫 영국진출을 기록하고 있으며, 그후 크리스티의 보르도 그랑 크뤼 와인 경매에서 1771년산 '샤토 마고' 와인이 처음으로 선을 보였다. 또한 미국의 3대 대통령 토마스 제퍼슨은 프랑스 대사시절 1784년 빈티지 와인을 마시고 '보르도에서 이보다 더 좋은 와인이 없다.'고 평가할 정도였다. 심지어 토마스 제퍼슨이 미국으로 돌아간 후 "보르도 최고 와인"이라는 격찬과 함께 마고 와인을 주문하기도 하였다.

샤토 마고는 한때 한국에서 와인 신드롬을 일으킨 만화책 '신의 물방울'의 주인공 시즈쿠가 '목욕하는 클레오파트라'에 비유한 와인이며, 2008년도에 국내 SBS 드라마 '떼루아'에서 고종황제와 명성황후가 마지막으로 마셨던 와인으로 소개됐다. 1990년 초반 일본의 소설 '실낙원'이 영화로 개봉되면서 주인공 남녀가 마지막 순간까지 함께했던 와인으로 등장하면서 일본에서도 선풍적인 인기를 누리며 국내 와인 마니아들에게 알려졌다.

또한 세계적인 와인 평론가 로버트 파커가 1990년, 1999년, 2000년, 2009년 빈티지를 99~100점으로 평가해 와인 산업계에 돌풍을 일으킨 샤토 마고는 프랑스 와인의 자존심이다. 그러나 샤토 마고를 마시기 부담스럽다면 저렴한 세컨드 와인인 '파비용 루즈(Pavillon Rouge)'를 추천한다.

저자는 2019년 7월에 샤토 마고를 방문하여 2016년에 새롭게 단장한 건물을 둘러보았다. 그때 시음한 2004년 빈티지는 샤토 마고의 클래식으로 짙은 보라색이 감도는 어두운 적색이 매력적이었다. 아로마는 블랙베리, 잘 익은 체리, 카시스, 견과류, 미네랄향이 순수하고 섬세했으며, 마시는 순간 미디엄 풀 바디에 드라이하면서 입안을 가득 채우는 풍성한 과일 향과 산도의 조화가 매우 우아했다. 10년 후에 다시 시음하면 위풍당당한 여왕의 모습을 보여줄 것이라 기대하게 되었다. 샤토 마고의 우아한 맛도 매혹적이었지만 이와 반대로 샤토 마고의 어린 모습도 매력적이었다. 음식과 조화는 쇠고기 스테이크, 양고기, 갈비살 구이에 어울린다.

비즈니스와 와인

▲ 세계의 다양한 와인 들

🍷 좋은 와인 선택법

와인을 구매할 때 오래된 빈티지가 좋은 것이라 생각하고 비싸게 사는 경우를 종종 보게 된다. 오래된 빈티지 와인의 경우는 보관 상태가 좋지 않아 오히려 코르키(corky; 코르크가 손상되어 와인 전체의 맛이 변질되는 현상)가 되어 마음이 상할 때가 많다. 맛과 향에 있어서 그랑 크뤼급 와인이 최고지만 가격도 만만치 않다. 와인 초보자일 때는 올드 빈티지 와인과 그랑 크뤼 와인을 고집하기도 하며, 고가 와인을 구입해 자랑삼기도 한다. 하지만 와인을 진정으로 즐기기 위해서는 음식과 와인의 조화를 생각해 구입하는 것이 좋으며, 형편에 맞는 와인을 생활 속에서 즐길 수 있어야 한다.

와인은 화려하고 복잡하게 보이지만 알고 나면 무엇보다 맛과 향을 만끽할 수 있다. 그러나 와인을 마셔보기 전에는 어떤 와인이 좋은 와인인지 알 수가 없다. 또한 좋은 와인을 선택하는 지침서가 없기 때문에 와인을 선택하고도 후회하는 경우가 종종 있다. 개인적이긴 하지만 오랜 경험을 통해 터득한 좋은 와인 선택 요령을 공개한다.

첫째, 와인은 국가별로 대표적인 포도품종이 있으므로 입맛에 맞는 와인이 있다면 포도품종을 알고 선택하라. 프랑스는 보르도의 카베르네 소비뇽, 메를로, 부르고뉴의 피노 누아, 샤르도네, 론의 시라와 그르나슈, 샤블리의 샤르도네, 보졸레의 가메, 이탈리아는 피에몬트의 네비올로, 토스카나의 산지오베제, 스페인은 템프라니뇨, 독일은 리슬링, 헝가리는 푸르민트, 미국은 진판델, 칠레는 메를로, 호주는 시라즈, 뉴질랜드는 소비뇽 블랑, 남아프리카공화국은 피노 따주, 일본은 고슈, 한국은 청수 등이 국가별 대표품종이다.

둘째, 와인 라벨은 심플한 디자인을 선택하라. 라벨이 단순한 와인은 오랜 전통을 갖고 있는 아주 비싸거나 아니면 싼 와인들이다. 그러나 품질이 좋지 않은 와인일수록 화려하게 치장하여 소비자를 유혹하는 경우가 많다. 세계적으로 유명한 명품 와인인 로마네 콩티, 페트뤼스, 오퍼스 원, 펜폴즈 그랜지, 샤토 라투르, 샤토 디켐 등의 라벨은 매우 심플하게 이미지를 전달하고 있다.

셋째, 라벨에 표시된 용어와 빈티지를 확인하라. 국가가 인증하는 프랑스의 AOC, 이탈리아의 DOCG, 독일의 Qmp 등급과 함께 프랑스는 Grand Cru, 이탈리아는 Riserva, 스페인은 Reserva, 미국은 Premium의 표기가 있는 와인이 일반적으로 좋은 와인이다. 구세계 와인은 포도작황이 좋은 해는 가격이 비싸고 좋은 와인이지만 신대륙 와인은 빈티지에 별 의미를 두지 않는다.

넷째, 코르크의 종류와 길이를 확인하라. 매끄럽고 단단한 자연산 코르크가 좋은 와인이며, 코르크 부스러기로 만든 코르크나 플라스틱 코르크는 일반적으로 중·저급 와인이다. 코르크 길이가 5~6cm는 장기보관용 와인이며, 3cm 이하는 단기보관용이다. 스크루 캡은 대체로 단기보관용이거나 저렴한 와인일 경우가 많다.

다섯째, 와인 전문가라면 양조장과 와인 보관 상태도 확인하라. 명품 와인은 품질 좋은 포도와 양조자에 의해 명성을 얻으며, 보관에 따라 맛과 수명이 달라진다.

여섯째, 실제로 와인 상태를 자세히 살펴보라. 와인 캡슐이 돌아가지 않으면 보관상태가 좋지 않아 코르크가 건조되어 와인이 흘러나온 경우이며, 코르크가 병보다 솟았으면 와인이 끓어 넘친 경우이다. 또한 와인 병 속의 와인용량이 줄었으면 코르크 사이로 와인이 증발했다는 울라지(ullage) 증거로 와인이 산화됐을 수도 있다.

일곱 번째, 가장 안전한 구매방법은 유능한 소믈리에가 근무하고 있는 와인전문매장에 단골이 되어 정확한 정보를 얻고 품질대비 가성비가 좋은 와인을 구입하는 것이다.

끝으로, 똑같은 와인이라도 사람에 따라 다른 맛과 감동을 받는다. 본인이 마셔 본 와인 중 자신에게 알맞은 와인이 있다면 품질과 가격을 떠나서 가장 좋은 걸작 와인을 선택하였다고 할 수 있다.

현명한 와인 선물

유럽에서는 초대받은 집에 갈 때 보통 선물을 들고 가지 않는다. 하지만 부담 없고 가벼운 초콜릿, 와인, 꽃은 허락된다. 우리나라에서는 한때 고급 위스키나 코냑을 많이 선물했는데 와인 열풍일 때는 와인 선물이 대단한 인기를 누리기도 했다. 그러나 와인은 생산국가, 지역, 포도품종, 등급에 따라 가격과 맛에 엄청난 차이와 다양성을 보여 선택할 때 어려움을 겪는다. 와인 선물을 하기 위해서는 우선 받는 사람의 취향과 수준을 고려하는 것이 가장 바람직하다.

2008년 여름, 오랫동안 알고 지내던 친구로부터 전화를 받았는데 좋은 와인을 추천해 달라고 하였다. 그래서 2005년 부산에서 개최된 APEC 정상회담 공식 와인이었던 칠레의 몬테스 알파 엠(Montes Alpha M) 와인을 추천하였다. 며칠 뒤, 고마운 인사 대신 불만 섞인 목소리를 선물로 받았다. 신세를 진 상사에게 '몬테스 알파 엠' 와인을 구입하여 들고 갔는데 어느 국가 와인인가 묻기에 칠레 와인이라고 대답하였더니 싸구려 와인을 갖고 왔다며 못마땅한 눈빛으로 화를 삭이고 있기에 창피만 당하고 돌아왔다는 것이다. 그래서 다시 '몬테스 알파 엠' 와인 가격으로 프랑스 보르도 지역 와인 2병을 구입해 갈 것을 권유했다. 그날 바로 친구로부

▲ 프랑스 보르도 레스토랑의 다양한 와인들

터 고맙다는 인사를 받았다. 상사가 프랑스 보르도 와인을 보고 기뻐하면서 좋아했다는 것이다. 상사는 와인의 문외한으로 프랑스 보르도 와인을 최고로 생각하는 사람이었다.

선물은 주는 사람이나 받는 사람이나 모두 편하고 즐거워야 한다. 와인을 선물할 때도 상대방의 취향을 고려한다면 더 오래 기억될 수 있는 선물이 될 것이다.

다음은 상황에 따른 와인 선택과 방법이다.

첫째, 식사 초대를 받았을 경우

외국 바이어라면 그의 고향에서 생산되는 와인이나 바이어가 선호하는 와인을 준비하는 것이 좋다. 와인 생산국가에서 온 바이어들은 자신의 고향 와인에 대한 자긍심이 대단하다는 것을 명심해야 한다. 우리나라 사람이라면 식사 전에 가볍게 마실 수 있는 스파클링와인, 소비뇽 블랑이 좋으며, 식후에 즐길 수 있는 스위트한 프랑스 보르도의 소테른, 독일의 아이스바인, 헝가리의 토카이도 좋다.

둘째, 특별히 신세진 사람인 경우

장기간 보관이 가능한 고급 와인을 준비하는 것이 좋다. 평소 와인을 즐기는 사람이라면 그랑 크뤼급을 선택한다. 단 한 병이라도 명사들이 즐겨 마셨던 좋은 빈티지의 명품 와인이나 화이트와 레드와인을 한 셋트로 선물하면 기쁨은 배가된다.

▲ 와인 전문 매장의 와인들

셋째, 여성인 경우

와인 애호가가 아닌 여성들은 일반적으로 약간 달콤하고 과일향이 풍부한 모스카토 포도품종으로 만든 스파클링와인이나 색깔이 아름다운 로제와인이면 기쁨을 줄 수 있다. 개업하는 여성이라면 프랑스 샴페인 '로랑 페리에 로제(Laurent-Perrier Rosé)'를 선물하는 것이 좋다. 이 와인은 남편이 사망한 후에 38년간이나 탁월한 경영으로 명성을 얻은 로랑 페리에 CEO의 열정이 그대로 느껴진다. 아니면 프랑스 샴페인 '뵈브 클리코 퐁사르뎅(Veuve Cliquot Ponsardin)'을 선물하라. 뵈브 클리코의 여성 CEO인 클리코 퐁사르뎅(Clicquor Ponsardin)이 병 속의 찌꺼기를 제거하는 샴페인의 제조기술인 데고르주망(dégorgement)을 획기적으로 개선하였고, 병 주둥이에 찌꺼기가 서서히 고이게 하는 나무선반 퓌피트르(pupitre)를 고안하였다. 그녀의 위대한 발명을 기리는 의미에서 샴페인의 이름을 '라 그랑 담(La Grand Dame; 위대한 여성)'이라고 하였다.

넷째, 어려움에 빠진 CEO를 격려하고 싶을 때

어려운 환경에 처한 CEO들에게는 고난과 역경을 이기고 세계 최고의 명품이 된 프랑스 샴페인 '동 페리뇽(Dom Perignon)'을 선물하는 것이 좋다. 동 페리뇽 수도사는 시력이 감퇴되어 거의 볼 수 없을 정도였지만 탁월한 미각을 통해 샴페인과 코르

능력있는 여성들을 위한 와인 제안

비즈니스에서 와인 커뮤니케이션은 식사접대 차원을 넘어 일의 연장선이 되기도 하며 비즈니스에서 성공하려면 주도(酒道), 즉 술 문화를 리드해 가야 할 때도 있다.

술은 진정한 인간관계를 만들어주지만 때로는 화를 부를 만큼 어려운 자리가 되기도 한다. 또한 술을 잘 마시지 못하는 여성일 때는 와인초대 자리가 고역이 되지 않도록 매너를 지켜주는 것이 중요하다. 남성이 여성을 상대로 비즈니스를 해야 될 경우, 다음에 소개하는 상식을 알아두면 도움을 받을 수 있다.

처음 와인을 접하는 여성에게는 가볍게 한두 잔만 권하면서 약간 달콤한 프랑스 소테른 지방의 스위트와인, 이탈리아의 빌라 엠, 모스카토 다스티 와인, 독일의 아우스레제급 리슬링 화이트와인 등을 추천하는 것이 좋으며, 와인 예찬으로 시작해 너무 장황하게 설명하면 부담을 갖게 된다.

와인 애호가인 여성에게는 음식에 어울리는 와인이나 고급 와인을 추천하는 것이 좋다. 프랑스 보르도의 그랑 크뤼급 '샤토 무통 로칠드' 와인, 미국 캘리포니아의 '오퍼스 원' 와인, 호주 바로사 밸리의 '펜폴즈 그랜지' 와인, 칠레 센트럴 밸리의 '몬테스 알파 엠' 와인 등으로 분위기를 잡도록 한다.

미식가인 여성에게는 음식과 조화를 이루는 와인을 선택하는 것이 바람직하며, 상대 여성이 가능한 좋아하는 음식을 선택하고 음식에 조화를 이루는 고급 와인을 고르는 것이 좋다. 프랑스 달팽이 요리면 프랑스 부르고뉴 샤르도네 와인, 미국산 스테이크이면 캘리포니아 카베르네 소비뇽 와인, 중국 요리면 중국 연태의 장유와인, 일본 스시이면 일본 고슈와인을 선택하거나 미리 준비해 두는 것이 좋다. 코스별로 구색을 맞춘다면 비즈니스에 큰 도움이 될 것이다.

와인 전문가인 여성에게는 어떤 와인이든 상관이 없다. 와인 그 자체를 즐기기 때문이다. 그러나 와인 전문가들이 호기심과 지적 수준을 자극하려면 국내에 수입되지 않은 와인으로 준비하면 더 큰 효과를 볼 수있다. 특히 모임을 주도하려면 와인을 주제별(신의 물방울 와인, 포도 품종별 각국의 와인, 와인유형별, 명사의 와인, 컬트 와인, 세계의 100대 와인, 미국의 와인 평론가 로버트 파커가 100점 준 와인, 뷰티크 와인 등)로 선정하여 모임을 활성화하는 것도 좋다.

와인은 감각적이면서도 분위기가 있고 낭만적이기도 하지만 여성들을 존중할 줄 아는 신사적인 술이다. 상대방의 장점을 찾고 배려하는 매너도 잊지 말자.

비즈니스와 와인

크를 발전시키고 아쌍블라주(assemblage; 샴페인의 혼합)를 만든 마술사이다. 장애를 극복하고 최고의 샴페인을 만든 위대한 정신은 어려움에 빠진 사람에게 용기를 얻고 어려움을 극복할 수 있는 의지를 줄 것이다. 또한 프랑스 보르도의 '샤토 발랑드로(Château Valandraud)' 와인도 좋다. 프랑스 보르도 생떼밀리옹에서 은행원에서 와인 양조가로 변신한 장 뤽 튀느방(Jean Luc Thunevin)은 1991년 가라지(Garage) 와인을 출시하면서 고품격의 생떼밀리옹 와인을 실현했던 강한 의지와 차별화된 마케팅 전략으로 세계적으로 유명하게 만들었다.

▶ 프랑스 보르도의 샤토 발랑드로

다섯째, 부하 직원을 격려하고 싶을 때

일 잘하는 직원이나 프로젝트를 성공시킨 직원에게는 프랑스 보르도 소테른의 '샤토 디켐(Château d'Yquem)'을 선물하면 감동을 줄 수 있다. 세계에서 가장 위대한 스위트 와인으로 연노랑색의 아름다운 '샤토 디켐'은 마시는 순간, 절제된 달콤함으로 우리의 마음을 사로잡으며 '고진감래(苦盡甘來)'를 떠올릴 수 있기 때문이다. '샤토 디켐'이 부담된다면 황제처럼 일을 잘한다는 의미와 고진감래를 함께 지닌 헝가리의 '토가이(Tokaji)'도 좋다. 직원 중 열심히 하지만 성과가 좋지 않아 격려하고 싶을 때 프랑스 보르도의 '샤토 린치 바주(Château Rynch Bages)' 와인을 선물하면 효과를 볼 수 있다. 5등급 와인이지만 품질로는 2등급보다 우수하다고 평가받고 있다. 항상 회사를 위해 자신을 희생하고 노력하는 부하직원을 인정하고 있다는 메시지를 전해줄 수 있다.

여섯째, 취직한 젊은이들을 격려하고 싶을 때

대학생활을 끝내고 어렵게 취직을 한 젊은이에게 프랑스 샴페인 '태탱저(Taittanger)'를 선물하는 것이 좋다. 1734년에 설립된 태탱저 샴페인 회사는 12세기 십자군 원정의 승리를 염원하기 위해 고급 샴페인을 만들었다. 입학식이나 졸업식, 생일이나 결혼식에 그들이 태어난 해의 샴페인 '태탱저' 빈티지를 선물한다면 멋있는 어른으로 기억할 것이다.

◀ 프랑스 보르도 소테른의 샤토 디켐

일곱 번째, 큰 계약을 성사 시켰을 때

큰 계약을 성사하여 자축하는 자리에는 샴페인이 제격이다. 프랑스 샴페인 '크리스탈 로제(Cristal Rose)'을 선물하면 좋다. 크리스탈은 18세기부터 샴페인을 만들어온 루이 뢰더러(Louis Roederer)사가 생산하는 세계 최고급 샴페인이다. 러시아 황실에 샴페인을 공급하던 루이 뢰더러가 알렉산더 2세의 명을 받고 투명한 크리스탈 병으로 탄생시켰으나 지금은 유리병으로 바뀌었다.

여덟 번째, 자축하고 싶을 때

자축하는 자리에는 명품 샤토급 와인이 좋다. 만약 자축하는 자리에 초대를 받았다면 와인의 대명사인 프랑스 보르도의 '페트뤼스(Petrus)' 와인이 적격이다. 가격은 비싸지만 프랑스 포므롤 지역에서 메를로(Merlot) 포도품종으로 생산되는 희귀한 와인이다. 이 와인은 수년 전 영국의 은행직원들이 런던의 미슐랭 원스타 '페트뤼스' 레스토랑에서 은행 공금으로 구입하여 마시면서 더욱 유명세를 타게 되었다.

아홉 번째, 프러포즈를 할 경우

프러포즈로 이성의 마음을 사로잡고 싶다면 와인 선택도 매우 중요하다. 일반적으로 달콤한 스위트 와인이 좋지만 이탈리아 모스카토(Moscato) 포도품종으로 만든 빌라 엠(Villa M), 아스티(Asti), 말비라 비르벳 브라체토 NV(Malvirà Birbét Brachetto NV) 와인을 선물하면 좋다. 이탈리아의 피에몬트 지방 등에서 생산되며, 바디감이 가볍고 달콤해서 연인들에게 많이 팔리며 가격이 저렴해서 젊은이에게 인기가 많다. 진정으로 사랑하는 연인에게 프러포즈하는 경우는 프랑스 샴페인 '크뤼그(Krug)'을 선물하면 제격이다. '크뤼그'는 너무 비싼 것이 흠이지만 "천사가 특히 착한 일을 했을 경우, 하느님이 천사에게 내리는 샴페인"으로 여성을 나의 영원한 천사로 비유하는 사랑의 고백이다. 사랑을 고백할 때는 영화 "귀여운 여인(Pretty Woman)"에서 나온 샴페인 '모에 샹동 임페리얼 브뤼(Moet & Chandon Imperial Brut)'를 선물하고, 결혼식을 앞둔 사람에게는 영화 "토스카나 태양 아래(Under The Tuscan Sun)"에 나온 롬바르디아 지방의 '프란차코르타(Franciacorta)' 와인을 선물하는 것도 좋다.

열 번째, 와인을 처음 접하는 경우

처음 와인을 접하는 사람에게는 가볍고 달콤한 와인도 좋지만 샴페인을 추천하

▲ 프랑스 부르고뉴의 샤토 포마르에 전시된 오크 발효통

거나 선물하는 것도 좋다. 프랑스 샴페인 중에 '니콜라 페이얏트(Nicolas Feillatte)'의 '드미 섹'은 티라주(tirage; 2차 발효를 위해 병 속에 당분과 효모를 넣는 작업) 과정에서 미량의 당분이 함유된 화이트와인을 병 속에 채우기 때문에 단맛이 강하다. 짧은 역사에 비해 가치와 품질을 인정받고 있는 샴페인계의 '샛별'로 당신도 와인의 샛별이 될 수 있다는 의미를 부여하는 것이다. 그 외에도 와인의 역사 속에는 인간사와 얽힌 철학적 메시지를 엿볼 수 있다. 이탈리아 토스카나의 '루첸테(Lucente)' 와인은 '작은 빛'이라는 의미를 지니고 있는데, 이것은 찬란한 태양도 한줄기 빛에서 시작되는 것처럼 '시작은 비록 미약할지라도 끝은 창대할 수 있다'는 뜻으로 해석할 수 있으며, 새 출발을 시작하는 모든 이들에게 좋은 선물이 될 수 있다. 이탈리아 피에몬트의 '로사 레갈레 브라케또(Rosa Regale Brachetto)' 와인은 클레오파트라가 시저 황제를 유혹할 때 마셨던 와인이며, 옛날부터 유럽에서 연인들이 즐기는 와인으로 유명하다. 이 또한 사랑하는 사람에게 마음을 대신 전할 수 있는 좋은 와인이다.

호주 바로사 밸리의 '투 핸즈 엔젤스 쉐어(Two Hands Angel's Share)' 와인은 서로 다른 두 사람의 힘이 모여 세계 최고의 와인을 만들었다는 뜻을 담고 있다. 서로의 힘과 기술로 최고의 와인이 탄생한 것처럼 반목보다는 화합의 중요성을 일깨워 줄 수 있는 와인이다. 또한 '천사의 몫'이라는 뜻을 지닌 '엔젤스 쉐어(Angel's Share)' 와인은 제조과정에서 자연히 증발되는 2~3%의 와인을 나타내는데 불우한 이웃을 위해 자신을 희생하거나 사회에 공헌이 큰 사람들에게 좋은 선물로 활용될 수 있으며 의견대립으로 어려움을 겪을 때에도 화합을 위해 마실 수 있는 와인이다.

기업 경영철학과 와인, 현명한 와인 선물

칠레 마이포 밸리의 '모란데 그랑 레세르바(Morande Gran Reserva)' 와인은 '한 그루의 나무가 울창한 숲을 만든다.'는 회사의 가치를 담고 있는 와인이다. 아무리 작은 일도 열정을 갖고 열심히 한다면 더 크게 더 큰 일을 할 수 있다는 의미로 새로 창업하는 사람들에게 좋은 선물이 될 수 있다. 프랑스 루시옹 미네르부아(Minervois)의 '로스탈 까즈 에스티발(L'Ostal Cazes Estibals)' 와인은 '가족'이나 '공동체'라는 뜻을 지니고 있다. 가족 사이에 불화가 있을 때 나눠 마시면서 가족 사랑을 되새겨봄직하다.

계절별 와인 선택법

4계절이 뚜렷한 우리나라는 계절과 날씨에 따라 옷도 다양하며 입맛도 변한다. 나른한 봄에는 돼지 삼겹살에 냉이 된장국, 비가 오는 날에는 얼큰한 칼국수나 부침개에 동동주 한잔, 찜통 무더위가 기승을 부리면 시원한 냉면이나 삼계탕이 먹고 싶고, 낙엽이 떨어지는 가을엔 추어탕이 그리워지며, 추운 겨울날에는 돼지고기를 듬뿍 넣은 김치찌개가 생각난다. 와인 역시 계절에 따라, 날씨에 따라 달리 선택한다면 분위기도 살리고 음식의 맛도 더 좋게 할 수 있다.

봄(春), 나른한 봄날에 어울리는 것은 리슬링 화이트와인이나 소비뇽 블랑 화이트와인으로 봄이 오는 즐거움을 느낄 수 있는 와인이 좋다. 처음 마실 때 신선하고 풍미가 느껴지는 향과 맛이 있는 와인으로 봄날의 나른함을 깨워주는 독일의 리슬링 화이트와인이 제격이다. 봄이 되어 식욕이 없을 때 신선하고 상쾌한 향, 풀 냄새와 아스파라거스향, 구스베리, 쐐기풀, 푸른 피망향이 어우러지고 적당한 신맛에 과일의 풍미로 입맛을 돋우는 새콤달콤하지만 너무 스위트하지 않은 중간 정도로 프랑스 루아르 지방의 소비뇽 블랑과 뉴질랜드 말보로 지방의 소비뇽 블랑 화이트와인을 마셔도 좋다.

여름(夏), 갈증 나는 여름에 어울리는 것은 프랑스 프로방스 로제와인이다. 날씨가 후덥지근하고, 레드와인에 얼음을 넣어 마시고 싶은 충동과 바닷가 해수욕장이 그리워질 때 시원하고 상쾌한 프랑스 론 지방의 따벨 로제(Tavel Rose) 와인이나 루아르 지방의 앙주 로제(Anjou Rose) 와인도 좋다. 또한 여름철의 더위와 입맛을 돋우어 줄 신선하고 청량감이 있는 소비뇽 블랑 화이트와인이 여름의 향을 느끼는데

55

제격이며, 프랑스 부르고뉴 지방의 알리고떼 화이트와인도 추천하고 싶다. 그리고 샤르도네 화이트와인 중에서도 오크향이 첨가되지 않도록 스테인리스 스틸통을 사용하여 순수한 과일향이 풍부한 화이트와인을 약간 더 차게 해서 마시는 게 좋다.

가을(秋), 로맨틱하고 운치 있는 가을에 어울리는 것은 프랑스의 보졸레 누보 와인이다. 긴긴 해가 짧아지기 시작하고, 단풍잎이 물들어가고 낙엽이 하나 둘 떨어지면서 선선한 바람이 부는 가을은 사색의 계절이다. 우선 신선한 가메(Gamay) 햇 포도로 만든 프랑스 보졸레 누보를 마시면서 인생의 묘미를 찾아보고 난 후에 초겨울에 진입하면서 좀 더 미묘하고 복잡한 향과 맛을 깃들인 와인을 시도해야 한다. 프랑스 부르고뉴 지방의 피노 누아 레드와인은 색깔마저도 가을 맛을 느끼기에 충분하다. 또는 숙성한 스페인 리오하 지방의 템프라니뇨(Tempranillo) 레드와인이 잘 어울리며, 더욱더 가을의 운치를 맛보기 위해서는 버섯향이나 나무향이 물씬 나는 이탈리아의 네비올로(Nebbiolo)나 산지오베제(Sangiovese) 레드와인도 좋다.

겨울(冬), 눈 내리는 겨울에 어울리는 와인은 독일의 아이스바인(Eisbein)이다. 추운 겨울이 시작되면 몸은 움츠러들고 활동이 둔화되면서 따뜻한 음식, 편한 와인을 찾게 되며 가족끼리 연인끼리 마시는 아이스바인이 잘 어울린다. 또한 쇠고기나 양고기 같은 육류를 먹게 되므로 풀바디 타입의 프랑스 보르도산 카베르네 소비뇽 레드와인이나 칠레산 메를로 레드와인을 즐기기에 좋은 계절이다. 특히 눈 내리는 한겨울의 크리스마스뿐만 아니라 실내에서 페치카나 난로에 둘러앉아서 혹은 모닥불을 피워놓고 한 잔 마시기에 좋은 것은 독일 SMW의 '모젤 크리스마스 로제' 외에도 포르투갈 포트와인과 헝가리의 토카이 와인도 있다.

▲ 계절에 따라 어울리는 와인

🍷 면세점에서 좋은 와인 선택법

오크통 숙성을 거친 와인은 병입된 후에도 숙성되므로 온도에 매우 민감하다. 유럽에서 구입한 와인을 비행기로 가져오는 경우에도 12~15°C의 와인 셀러에서 최소한 3~6일 이상 보관하여 안정을 찾은 다음 마셔야 한다. 유럽이나 미국, 칠레, 호주 등에서 냉장 컨테이너로 선박 운송한 와인이라면 도착 후 최소한 1~3개월 이상 와인 셀러에서 안정을 되찾은 후 유통시켜야 제 맛을 찾을 수 있다.

건강한 와인을 구입해 마시려면 유통 정보를 많이 알아두는 것이 좋다. 매장에서 와인을 사기 전, 이상 유무를 알아보려면 흔들지 말고 병목의 캡슐을 돌려서 쉽게 돌아가는 와인을 선택해야 한다. 건강하지 않은 와인은 코르크 위로 와인이 흘러내려 병목 캡슐을 접착시키기 때문에 잘 돌아가지 않는다.

면세점에서도 위스키나 코냑 대신 와인을 구매하려는 사람들이 많이 늘었다. 위스키, 코냑, 보드카 등의 증류주는 어떤 상태로 어디서 구입해도 상관이 없다. 하지만 와인은 어떤 상태로 어떻게 보관했는지가 중요하므로 면세점에서 구입할 때 주의를 기울여야 한다. 면세점은 와인 셀러에 보관하는 경우가 거의 없으며, 특히 세워서 진열하고, 판매가 되지 않으면 장기간 진열되어 노화되거나 변질되는 경우도 발생한다. 면세점에서 와인을 구입하여 시음한 결과, 와인이 끓어 코르크 위로 흘러내린 와인도 있었고 곰팡이가 핀 와인도 있었다. 가능하면 품질이 보장된 와이너리나 전문매장에서 구입하는 것이 좋다. 어쩔 수 없이 면세점에서 구입해야 한다면 최근 입고된 와인을 추천받거나 가장 잘 팔리는 와인, 눕혀져 있는 와인 그리고 셀러에 보관된 와인을 구입하면 어느 정도 믿을 수 있다.

◀ 아르헨티나 멘도사의 쿠엄 마푸 와인

프랑스, 네고시앙의 전설 부샤르 페레 에 피스

　프랑스 부르고뉴에서 부샤르 페레 에 피스(Bouchard Pere & Fils), 메종 루이 자도(Maison Louis Jadot) 그리고 루이 라투르(Louis Latour)를 '3대 네고시앙'이라 부르며 명성이 높다. 부샤르 페레 에 피스는 부르고뉴에서 12개 그랑 크뤼, 74개 프리미에 크뤼 포도밭을 포함하여 코트 도르 중심부에 130헥타르의 포도밭을 소유하여 부르고뉴에서 가장 많은 포도밭을 소유하고 있으며, 부르고뉴 전체의 포도밭, 즉 마꼬네(Maconnais), 코트 샬로네즈(Côte Chalonnaise) 그리고 보졸레(Beaujolais) 지역에서 생산되는 피노 누아, 샤르도네 포도품종으로 와인을 생산한다. 이후 샤블리 지역의 윌리엄 페브르(William Fevre)를 인수하면서 부르고뉴 최고의 네고시앙으로 명성을 높였다.

　우리나라에서는 2004년 9월 피아니스트 정명훈이 음악을 맡았던 오페라 '카르멘'의 VIP 리셉션에서 프랑스 부르고뉴를 대표하는 와인 '부샤르 페레 에 피스'가 만찬주로 나오면서 '정명훈의 와인'으로 알려졌고, 2009년 11월 17일 서울 소공동 롯데호텔에서 정몽구 회장이 주최한 전국경제인연합회 회장단 회의 겸 만찬에서 재계 총수들이 마셨던 와인으로 '정몽구 와인'으로도 명성을 얻었다.

　부샤르 페레 에 피스는 1731년 직물사업을 하던 미셸 부샤르(Michel Bouchard)와 그의 아들 조셉 부샤르(Joseph Bouchard)가 함께 설립했다. 설립 당시에 구입한 건물은 부르고뉴 중심지인 본(Beaune)에서 가장 오래된 역사적인 건물로 부르봉(Bourbon) 공국이 통치했던 집정하우스이며, 그 당시의 건축양식을 그대로 보존하고 있다. 1598년 부르봉 공국에 앙리 4세가 프랑스 왕으로 즉위하였으니 약 420년의 역사를 간직하고 있는 셈이다. 1789년 5월 프랑스 대혁명이 일어나고

▼ 부샤르 페레 에 피스(Bouchard Pere & Fils)의 빈 드 랑팡 제쥐(Vigne de L'Enfant Jésus) 크리스트마스 와인

수도원과 몇몇 영주들이 소유한 포도밭이 여러 소유주에게 각각 분배되었다. 1791년 안토니 필리버드 부샤르(Antoine Philibert Joseph Bouchard)는 프랑스 혁명 당시 압류된 귀족과 수도원의 포도밭 중에 본 지역 최고의 포도밭 32헥타르를 입찰하여 사들였고, 이후 포도밭을 계속 사들여 자신의 포도밭을 확장했다. 그는 1820년 본에 있는 성 '샤토 뒤 본(Chateau de Beaune)'을 매입하고 확장했으며 이는 지금의 본사 건물로 사용되고 있다. 1995년 부샤르 가족은 이 와이너리를 조셉 앙리오(Joseph Henriot)에게 판매하여 3세기 동안 9세대가 가족 경영하던 전통이 끝났다.

12월이 오면 크리스마스의 예수 탄생 스토리를 빼놓을 수 없다. 저자는 크리스마스에 가족들과 함께 아기 예수 탄생을 축하하면서 부샤르 페레 에 피스가 생산하는 '빈 드 랑팡 제쥐(Vigne de L'Enfant Jésus)' 와인을 마신다. 프랑스에서는 이 와인을 '아기 예수의 와인'이라고 하며, 레이블에 아기 예수가 그려져 있다.

프랑스 왕 루이 13세의 왕비인 안 도트리슈(Anne d'Autriche)는 불임이었다. 결혼한 지 23년이 지나도록 슬하에 자녀가 없었다. 그러던 어느 날 부르고뉴에 있는 카르멜파 수도회의 수녀 마르게리트(Marguerite; 1619~1648)가 놀라운 예언을 했다. 왕비가 곧 임신해 왕자를 출산한다는 것이었다. 이때 왕비가 37세였는데 당시로써는 임신이 쉽지 않은 나이였다. 아무도 수녀의 말을 믿지 않았지만, 왕비는 기적처럼 임신했고 아들을 낳았다. 그가 바로 태양왕 루이 14세이다. 프랑스 황실에서 그 수녀가 속한 수도원에 포도밭을 선사했다. 원래 이 포도밭은 자갈이 많아 '레 그라브(Les Grèves)'라고 불렀으나 수녀의 공적을 기리기 위해 '아기 예수의 포도밭'이라는 이름 '빈 드 랑팡 제쥐'로 변경했다. 4헥타르 남짓의 이 포도밭은 오늘날 부샤 르 페레 에 피스의 보석이다.

저자가 2019년 7월에 부샤르 페레 에 피스를 방문했을 때 마케팅 담당자가 '샤토 뒤 본' 지하 저장고를 안내하면서 '100만병이 훨씬 넘는 올드 빈티지 와인이 저장돼 있고, 그중에 19세기 와인도 5만병 정도가 있다.'고 했다. 지하 저장고는 마치 보물창고처럼 신비로움이 가득 차 있었다. 1층의 조용한 와인 시음실에서 8종류의 와인을 시음했는데 그중 인상 깊었던 와인은 비록 그랑 크뤼 포도밭은 아니지만, 흥미로운 태양 왕 루이 14세의 전설이 녹아 있는 '빈 드 랑팡 제쥐 2014(Vinges de L'Enfant Jesus, 2014)' 와인이다. 피노 누아 100%로 양조한 이 와인은 질감이 마치 아기의 우유 피부와 같이 너무나 곱고 매끈해 한번 마셔보면 '아기 예수의 와인'이란 이름이 연상된다. 이곳 떼루아는 독특한 기후대를 갖고, 토양은 석회암, 점토, 모래와 자갈로 구성되어 있으며, 포도는 엄선한 포도송이를 골라 손으로 수확하고, 오크 발효조를 사용하며, 숙성은 프렌치 오크통에서 13개월 동안 하지만, 빈티지에 따라 20~60%는 뉴 오크통을 사용한다. 이 와인은 자줏빛의 붉은색을 띠고, 아로마는 과일, 체리, 블랙 라즈베리, 다크 초콜릿, 미네랄, 스파이스가 올라오며, 마셔보면 라운드하면서 우아하고, 깊고 짙은 과일, 향신료, 미네랄이 복합적으로 느껴지면서 부드러운 맛이 뛰어나고, 여운이 매우 매력적이다.

비즈니스와 와인

▲ 남아프리카공화국의 백스버그 와인

🍷 와인 재테크

1990년대 말, 프랑스 보르도의 '샤토 오브리옹 1989(Château Haut-Brion 1989)' 와인은 와인 경매가는 평균 423달러였으며, 2000년 3월 '페트뤼스(Petrus)' 와인 12병의 소더비 경매가는 24,150달러였다. 하지만 이제는 상상도 못하는 수준의 가격으로 형성되고 있다. 우리나라에서는 2004년 3월 아트옥션이 마련한 와인경매에 프랑스 보르도의 '샤토 라투르 1961(Château Latour 1961)' 와인 한 병이 500만원에 낙찰되어 최고가를 기록하였으며, 2018년 10월, 소더비 경매에서 프랑스 부르고뉴의 '로마네 콩티'는 558,000달러(한화 6억원)에 팔렸다. 최근 와인은 음료의 한계를 벗어나 투자 가치 품목으로 주목을 받으면서 와인을 무작정 수집하는 사람들이 늘고 있다. 와인 재테크는 와인소비가 늘어나고 와인 투자 수익률이 매년 10~12% 성장하면서 새로운 투자 대상이 되었다. 와인 재테크는 희소가치가 있는 와인에 대한 소장 욕구로 앞으로 계속 성장할 것으로 예상한다.

기업 경영철학과 와인, 현명한 와인 선물

　최초로 와인을 경매한 사람은 1766년 영국 런던에 사는 제임스 크리스티(James Christie)로 자신의 성(城)에서 골동품, 보석, 시계, 와인 등을 경매하였고, 창립일에 보르도 1등급의 레드와인과 포르투갈 '마데이라(Madeira)'를 처음으로 경매한 기록이 있다. 1966년 마이클 브로드벤트(Michael Broadbent)는 현대적인 와인 경매 역사를 만들었다. 2008년 6월, 뉴욕 소더비 경매에서 '샤토 무통 로칠드 1945(Château Mouton Rothschild, 1945)' 와인은 31만 700달러에 낙찰되면서 사상 최고 가격으로 관심을 집중시켰다. 국내에서도 2007년 한 증권회사가 "신의 물방울 펀드" 공모를 공식화하면서 와인 재테크에 더 많은 관심을 갖게 되었다.

　투자가들은 이제 부동산에서 예술 작품, 와인으로 대상을 늘려가고 있다. 하지만 주식 투자에서도 블루칩이 있는 것처럼 와인 재테크도 정보와 지식이 없으면 실패할 수 있다. 취미 삼아 하는 와인 재테크를 위해 몇 가지 정보를 제공한다.

　첫째, 장기보관할 와인 셀러부터 지하에 구비한다. 아무리 좋은 와인을 구입해도 보관이 잘못되면 가치는 없어진다.

　둘째, 유명 인사들의 사연이 있는 와인을 구입한다. 미국 제3대 대통령 토머스 제퍼슨이 즐겨 마셨던 '샤토 오브리옹', 나폴레옹이 전쟁 중에도 항상 마신 '쥬브레 샹베르탱(Gevrey Chambertin)', 헤밍웨이가 손녀의 이름을 '마고'로 지어줄 정도로 애정을 가진 와인으로 조선말기 명성황후가 고종황제와 함께 마셨던 '샤토 마고(Château Margaux)', 알프레드 히치콕 영화감독이 사랑한 '몽라셰(Montrachet)' 와인 등이 있다.

　셋째, 특별한 행사의 공식와인을 구입한다. 영국 엘리자베스 2세 여왕 결혼식을 빛냈던 '페트뤼스', 1991년부터 칸영화제를 공식 후원한 '샤토 무통 로칠드', 아카데미 영화제의 대명사 '동 페리뇽', 남북 정상회담 때와 삼성 이건희 회장이 즐겨 마시는 '샤토 라투르', 2008년 중국 북경 올림픽의 공식 와인인 연태의 '군정와인' 등이 있다.

▶ 프랑스 보르도의 샤토 무통 로칠드 2000

넷째, 국가별로 유명한 명품 와인을 구입한다. 프랑스의 '로마네 콩티', '샤토 디켐', 미국의 '스크리밍 이글(Screaming Eagle)', '오퍼스 원(Opus One)', 호주의 '펜폴즈 그랜지(Penfolds Grange)', 헝가리의 '로얄 토카이', 최근에 급 부상하는 이탈리아 베네토 지방의 '달 포르노 로마노(Dal Forno Romano)' 와인 등이 있다.

다섯째, 가능하면 병보다 오크통으로 구입하는 것이 좋다. 병으로 구입하면 와인 셀러에 문제가 생길 수 있지만 오크통 구입은 와이너리 셀러에서 보관해주며 필요할 때 병입하여 배송받을 수 있다. 와이너리 셀러에 장기보관이 가능하고 병입된 것보다 저렴하기 때문에 오크통 구입을 권하고 싶지만 일시적으로 많은 투자비가 들어가는 것이 단점이다. 그러나 확실한 와인 재테크로 시기를 잘 맞추면 높은 투자 수익률도 보장받을 수 있다.

▲ 샤토 마고

끝으로 와인챌린지에서 우승하였거나 디켄터 와인 잡지, 미국의 와인 평론가 로버트 파커가 100점을 준 와인을 구입하는 것도 좋다. 또한 프랑스, 이탈리아, 독일, 호주 등의 명품 와인 투자도 좋지만 개발도상국인 우즈베키스탄, 그루지아, 불가리아, 몰도바 등의 올드 빈티지인 1900~1930년대 와인을 값싸게 구입해 두는 것도 투자가치가 높다. 어쩌면 구하기 힘든 와인은 부르는 게 값이 될지도 모른다.

또한 와인 재테크의 금칙은 첫째, 조급한 마음으로 와인을 구입하지 말고, 둘째, 본인의 취향보다는 구매할 사람의 취향을 고려하고, 셋째, 낱병 구매보다는 뜯지 않은 박스로 구매하여 투자의 안정성을 높이면서 가격도 보장받아야 하며, 넷째, 대박의 꿈을 꾸지 말고 시장 상황을 반영하고, 다섯째, 와인을 함부로 방치하지 말고, 투자한 자산을 안전하게 보관할 저장고에도 투자를 아끼지 말아야 하며, 여섯째, 선물거래로 저렴하게 구입하고, 장기투자를 계획해야 한다.

2009년까지 세계에서 가장 비싸게 경매된 와인은 미국의 대통령 토마스 제퍼슨이 구입하여 'Th. J'라는 이니셜을 넣은 와인인 '샤토 마고 1787(Château Margaux

기업 경영철학과 와인, 현명한 와인 선물

▶ 이탈리아 베네토 지방의 달 포르노 로마노 와인

1787)'로 50만 달러에 판매되었다. 그리고 미국의 억만 장자 맬컴 포브스(Malcom Forbes)가 '샤토 라피트 로칠드 1878(Château Lafite-Rochschid 1878)'을 185,600달러에 구매한 기록이 있다. 현재 세계 최고의 레드와인은 '로마네 콩티(Romanée Conti)'를 비롯하여 '페트뤼스(Petrus)'가 있으며, 스파클링와인에는 '루이 뢰더러 크리스탈 로제(Louis Roederer Crystal Rose)', 스위트 와인에는 '샤토 디켐(Château d'Yquem)'이 있다.

와인 경매 용어

경매참가자들이 등록을 하면 번호가 쓰인 팻말인 번호 팻말(paddle)을 주며, 와인회사가 경매사에 판매를 위탁할 때 지급하는 위탁수수료(seller's commission)가 있다. 와인이 낙찰되면 경매회사에 낙찰 금액의 11%에 해당하는 수수료를 지불하는 낙찰 수수료(buyer's ppremium)가 있고, 경매사가 경매봉을 내리치고 낙찰이라고 외쳤을 때 가격으로 최후 입찰 가격을 의미하는 낙찰가격(hammer price)이 있다. 와인을 위탁할 때 경매회사와 합의한 와인의 최소 낙찰 가격인 내정가격(reserve)등이 있다.

와인 세계를
리드하는 사람들

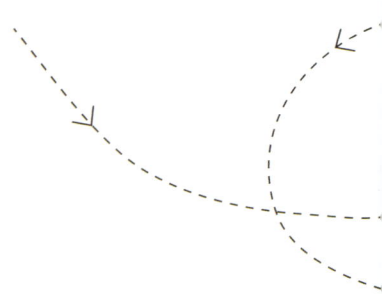

🍷 와인 세계의 최고 전문가

세계 최정상의 명품 와인들은 와이너리에 최고의 양조가들이 있었기 때문에 가능하였지만 와인문화를 대중들에게 널리 전파하고 가깝게 인식시킨 전문가들을 보면 작가, 기자, 와인 평론가, 소믈리에들이 많다. 와인 세계의 최고전문가를 통해 와인을 이해해 보자.

그리스 지리학자 스트라본(Strabōn; BC 64~AD23?)은 유럽 전 지역의 와인을 평가하면서 다른 사람들의 시음 평가도 기록하였다. 그는 소금과 송진을 넣은 와인은 인색하게 평가하였고, 남부 이탈리아에서 생산된 와인에 후한 점수를 주면서 와인 시장의 선구자가 되었다. 플리니우스(Plinius; AD23~79)의 『박물지(Hostoria Naturalis)』는 로마제국의 와인을 소개하고 원산지별로 평가하고 정리한 '와인 역사서'로 유명하다.

세계 최고의 와인전문 작가로는 『와인(Wine)』의 저자 휴 존슨(Hugh Johnson)을 꼽을 수가 있다. 그는 『현대 와인 백과』, 『세계 와인 지도』, 『와인을 즐기는 요령』, 『와인 포켓백과』를 출간해 와인 애호가들에게 지식의 목마름을 해결해주고 와인 세계의 발전과 도약에 중추적인 역할을 하고 있다. 그 외에도 잰시스 로빈슨, 클리브 코우츠, 오즈 클라크도 와인의 세계에서 큰 몫을 하는 와인 전문 저자들이다.

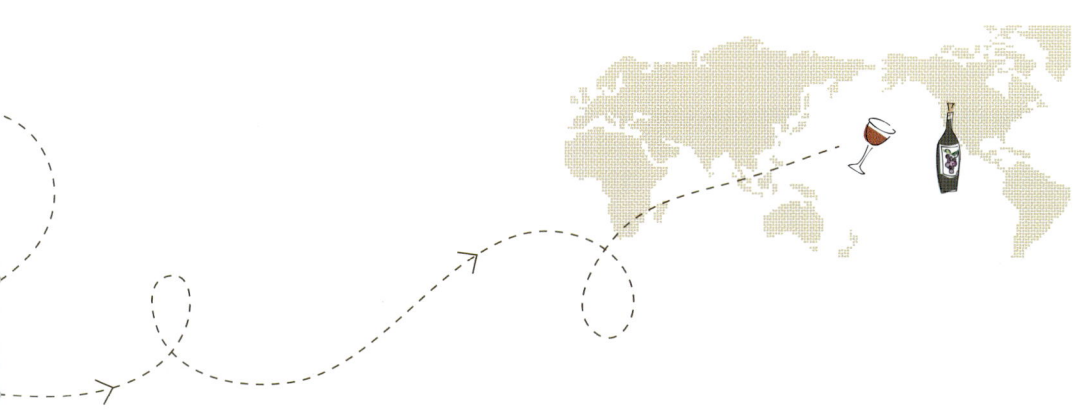

현재 와인 세계에서 가장 뛰어난 3권의 책을 추천하면 알렉시스 리쉰의『프랑스의 와인(Wines of France)』, 프랭크 슌마커의『와인 백과(Encyclopedia of Wine)』, 케빈 즈랠리의『세계의 와인(Wines on the World)』을 들 수 있다.

저널 부문에서는 미국의 뉴욕 타임스, 월스트리트 저널, USA 투데이를 꼽을 수 있는데 특히 뉴욕타임지의 프랭크 프리얼은 와인전문가로 이름나 있으며, 에릭 아시모프는 '와인 토크' 칼럼을 맡아 유명세를 타고 있다.『USA 투데이』의 제리 슈라이버(Jerry Schreiber)와『월스트리트 저널』의 도로시 게이터(Dorothy Gater) 그리고 존 브레처(John Bretz) 부부는 전문적인 와인 칼럼을 쓰는 기자로 알려져 있다.

음식 부문에서도 특히 와인기사를 많이 다루는 잡지는『보나페티(Bon Appetit)』,『앤서니 디아스 블루(Anthony Dias Blue』가 있다.『보나페티』의 와인 담당 기자로 20년간 일하며 쓴『미국 와인(American Wine)』은 미국 와인 안내서로 유명하다.

와인 저널에서는『와인 저널(Wine Journal)』과『푸드 앤 와인(Food and Wine)』이 있으며, 와인 전문지는『와인(Vinum)』,『디켄터(Decanter)』,『와인 스펙테이터(Wine Spectator)』,『소믈리에(Sommelier)』가 있다.

와인 전문 평론가로는 미국의 로버트 파커(Robert Parker), 제임스 서클링(James Suckling), 영국의 마이클 브로드벤트(Michael Broadbent), 휴 존슨(Hugh Johnson), 이탈리아의 감베로 로쏘(Gambero Rosso) 등이 있으며, 특히 로버트 파커는 파커 포인트로 와인 가격을 좌우하는 세계적인 와인 평론가로 알려져 있다.

▲ 미국의 와인 평론가 로버트 파커와 함께한 저자

　세계적인 소믈리에로는 국제소믈리에협회(ASI; Association de la Sommellerie International)에서 3년마다 주최하는 세계베스트소믈리에경기대회의 1978년 우승자이며 ASI의 회장을 지낸 이탈리아의 주세페 바카리니(Giuseppe Vaccarini), 1986년 우승자인 프랑스의 장 클로드 장봉(Jean-Claude Jambon)이 있으며, 일본에서는 1995년에 우승한 신야 타사키(Shinya Tasaki) 등이 있다. 미국에서는 마스터 소믈리에로 유명세를 타고 있는 로저 다곤(Roger Dagorn)을 들 수 있다.

　국내에서는 ASI 주최 세계베스트소믈리에경기대회에 내보낼 한국대표 소믈리에 선발전을 (사)한국국제소믈리에협회(KISA)가 개최한다. 이 왕중왕 선발대회에서 2008년도 JW 메리엇트 호텔의 정하봉 소믈리에, 2011년도 롯데호텔의 이용문 소믈리에, 2014년도 중국 와인사업가 김경환 소믈리에, 2015년도 와인사업가 오형우 소믈리에, 2016, 2019, 2022년도 SPC 안중민 소믈리에가 우승하여 최고의 영예를 안게 되었고, 세계베스트소믈리에경기대회, 아시아·오세아니아베스트소믈리에경기대회에 한국대표로 출전하였다. 한국국가대표소믈리에경기대회에서는 2018년 라빈 아울렛의 조현철 소믈리에, 2019년, 현대 그린푸드의 송기범 소믈리에가 우승하였다. ASI 디플로마 자격증은 2015년 쉐라톤 워커힐 호텔 이정훈 소믈리에가 국내 최초로

와인 세계를 리드하는 사람들

▲ 2019년 한국국가대표소믈리에경기대회

취득하였으며, 현재 25명이 보유하고 있다. 국내 최초의 소믈리에는 신라호텔 출신으로 전 한국와인협회 회장인 서한정 소믈리에이다. 또한 2003년 국내 최초로 대학교 교육과정에 '와인학'을 개설하여 소믈리에를 양성하고, (사)한국국제소믈리에협회(KISA)를 창립하여 한국국가대표소믈리에경기대회를 창설한 경희대학교 호텔관광대학 고재윤 교수는 한국 와인·소믈리에 발전에 크게 기여하여 '소믈리에의 대부'로 불리고 있다.

덧붙여 세계에서 가장 유명한 와인 레스토랑으로는 미국 라스베가스 와인타워에 있는 '오레올 레스토랑(Aureole Restaurant)'이다. 120만 달러를 투자해 만든 4층 높이의 와인 셀러는 12℃에서 1만병 이상을 저장할 수 있다.

잘 알려진 와인 행사로는 『와인 스펙테이터』에서 주관하는 '뉴욕 와인 익스피리언스(NewYork Wine Experience)'가 있으며, 프랑스 보르도에서 짝수 해 6월 말에 열리는 '보르도 와인 페스티발(Bordeaux Wine Festival)', 캐나다의 브리티쉬 컬럼비아주 오카나간에서 매년 1월 23~26일에 열리는 '아이스 와인 축제(Ice Wine festival)', 부르고뉴 보졸레 지방에서 매년 11월 셋째 주 목요일 자정 이후에 열리는 '보졸레 누보 축제(Beaujolais Nouveau Festival)' 등이 있다. 그리고 1976년부터 매년 4월 초에 3일간 개최되는 보르도의 '빈엑스포(Vinexpo)', 이탈리아의 동북부 지역인 베로나에서 매년 4월에 열리는 '비니탈리(Vinitaly)'도 유명하다.

▲ 프랑스 부르고뉴 본 지역의 "오스피스 드 본" 축제 장소

최고의 와인 이벤트는 1443년부터 실시되고 있는 프랑스 부르고뉴 본 지역의 와인 자선경매인 '오스피스 드 본(Hospice de Beaune)' 축제도 있다.

세계 3대 와인품평회는 영국의 윌리엄 비즈니스 미디어에서 개최하는 IWC(International Wine Challenge), 영국의 디켄터 와인잡지가 운영하는 DWWA(Decanter World Wine Awards), 독일 마케팅 회사가 운영하는 BWT(Berlin Wine Trophy), AWT(Asia Wine Trophy)가 있다. 특히 AWT는 우리나라 대전에서 매년 개최된다.

🍷 세계 10대 명품 와인

와인생산지별 등급은 이미 그리스 로마시대부터 시작되었다. 고대 그리스의 지리학자 스트라본(Strabōn BC 64? ~ AD 23?)은 투르크(Türk)에서 포르투갈에 이르는 와인을 평가하고 기록하였다. 특히 로마 남쪽 해안에 위치한 라티움(Latium)과 캄파니아(Campania) 와인은 품질이 뛰어나 대단한 인기를 누렸으며, 최고의 명품 와인은 라티움과 캄파니아의 경계지역인 팔레르늄 포도밭에서 생산되었다. 프리미엄 팔레르늄 와인은 당시 집정관이었던 오피미우스(Lucius Opmius)의 이름을 따서 '오피미안 와인'이라 불렸으며, 기원전 121년 빈티지는 전설이 되었다. 폼페이 술집에서 일반 와인이 1아스, 고급 와인이 2아스 가격이었다면 '오피미안 와인'은 4아스로 팔렸다고 하는데, 폼페이와 함께 역사 속으로 사라지고 말았다. 현재 이탈리아 남부 캄파니아 지역의 페우디 디 산 그레고리오(Feudi di San Gregorio) 와이너리에서 재현하고 있다.

와인 세계를 리드하는 사람들

명품 와인을 선택하기란 쉽지 않다. 사람마다 개성이 있듯 와인 마니아들도 선택에 차이를 보인다. 하지만 보통 떼루아로 포도밭의 개성을 반영한 와인, 와인 양조의 명장에 오른 와인, 혹은 과거 와인을 새롭게 부활시킨 와인, 새롭게 부상한 와인 등이 명품 반열에 오른다. 다음은 와인 애호가들의 경험담과 "주간 조선(2008년 1월호)"을 참고하여 선정한 '세계 10대 명품 와인'이다.

로마네 콩티 Romanèe Conti

프랑스 부르고뉴의 보스네 21700번지에 위치하고 있는 황금 언덕이라 불리는 꼬드 도르에서도 최고의 그랑 크뤼급 포도밭에서 생산되는 피노 누아 포도로 만든 와인이다. 와인전문가들에게는 D.R.C로 잘 알려져 있다. 로마네 콩티 포도밭 앞에 세계에서 가장 멋있고 신비로운 십자가가 서 있다. 그 주변에 서 있노라면 성당에 온 것처럼 성스러운 느낌으로 관광객이 아닌 순례자로 착각될 정도이다.

콩티는 콩티 왕자(Prince de Conti; 1717~1776)를 지칭하며, 프랑스 루이 15세의 장조카였다. 아버지가 사망하고 열한 살에 왕자 칭호를 받았지만, 왕위에는 오르지 못하고 49년간 왕자로 지냈다. 선조의 고향 콩티-쉬르-셀르(Conti-Sur-Selles)의 콩티를 따서 왕자 칭호를 부여받았다.

▼ 프랑스 부르고뉴의 로마네 콩티

포도밭은 축구장 크기 정도이며, 1년에 약 6,000병 정도만 소량 생산된다. 포도품종은 피노 누아이며, 포도나무 평균 연령은 50년 이상이고, 살충제와 농약을 사용하지 않고 동양의 음력 농사법으로 포도 농사를 짓고 있다. 와인을 양조할 때는 프랑스산 뉴 오크통을 100% 사용한다.

글라스에 로마네 콩티 와인을 따르면 루비색을 띠고 와인의 향은 몇 분간이나 지속되며 쉽게 맛볼 수 없는 황홀한 맛은 우아하면서 귀족적이

▲ 프랑스 부르고뉴 로마네 콩티 포도밭의 상징인 십자가

와인 세계를 리드하는 사람들

어서 마음을 끌어당긴다. 이 와인과 어울리는 요리는 우유먹인 어린 양고기, 어린 돼지고기 등이며, 최고의 빈티지는 1992년이다. 일본에서는 로마네 콩티 와인을 신주(神酒)라고 부른다.

▲ 프랑스 보르도의 페트뤼스 1998, 1994 빈티지

페트뤼스 Petrus

프랑스 보르도 포므롤 33500번지에 위치하고 있으며, 1945년까지는 무명의 와인이었다. 당시 보르도에서는 '르 팽(Le Pin)' 와인이 더 큰 명성을 얻고 있었기 때문이다.

페트뤼스는 예수의 제자였던 '베드로(Peter Simon, 예수의 12제자)'에서 유래된 이름이다. 와인 라벨에도 오른손에 열쇠를 쥐고 있는 베드로의 얼굴이 형상화되어 있으며, 이것은 '천국의 열쇠'를 상징한다. 노란 바탕에 붉은 글씨로 쓰인 페트뤼스는 그 안에 최고의 비밀이 담겨 있다는 메시지를 전한다. 이 와인이 유명세를 타기 시작한 것은 영국 엘리자베스 2세 여왕의 대관식과 결혼식에서 공식 와인으로 지정된 후부터이다.

포도밭 규모는 28.5에이커로 매우 작으며, 진흙으로 된 표토층 아래로 자갈이 자리잡고 있고, 그 밑에는 철분이 풍부한 단춧구멍 같은 층이 형성된 몰라쎄(molasse) 토양의 혜택을 톡톡히 본다. 포도품종은 메를로 95%에 카베르네 프랑 5%로 블렌딩하며, 포도나무 평균연령은 45년 이상이고, 프랑스산 뉴 오크통을 100% 사용한다.

1년에 약 4,000케이스 정도를 생산하는 페트뤼스 와인을 시음해 보면 드라마틱한 블랙베리색의 감각적인 아시안 향신료향과 산딸기향으로 마음을 휘감으며, 입안에서 클래식한 향과 연정을 느낄 수 있다. 음식과 조화는 야생 짐승고기, 오리구이와 환상을 이루며, 최고의 빈티지는 1945년과 1971년산이다. 누구도 흉내낼 수 없는 와인으로 그 진가를 발휘한다.

비즈니스와 와인

샤토 라투르 Château Latour

프랑스 보르도의 중세 방어 요새였던 둥근 형태의 돌탑이 라벨에 그려진 '샤토 라투르'는 프랑스 보르도 포이약 33250번지에 위치하고 있는 포도밭에서 생산된다. 보르도 그랑 크뤼급 와인 5종류 중에서 가장 인기 있는 와인이다. 보르도 5대 샤토 와인은 '샤토 라투르'를 포함하여, '샤토 무통 로칠드(Château Mouton Rothschild)', '샤토 마고(Château Margaux)', '샤토 라피트 로칠드(Château Lafite Rothschild)' 그리고 '샤토 오브리옹(Château Haut Brion)'이다.

▲ 프랑스 보르도의 샤토 라투르

포도밭은 축구장의 2배 정도이며, 1년에 약 20,000케이스를 생산하고 포도품종은 카베르네 소비뇽 80%, 메를로 15%, 카베르네 프랑 4%, 쁘띠 베르도 1%로 블렌딩한다. 포도나무 평균 연령은 40년 이상이고, 프랑스산 뉴 오크통 100%를 사용한다.

라투르 와인은 웅대하고 풍부한 맛과 향으로 무엇과도 타협하지 않는 타닌과 농후한 블랙 커런트, 블랙 체리향, 월계수를 말린 잎 향까지 부드럽게 마음을 감싼다. 음식과 조화는 쇠고기 스테이크, 사슴고기, 산토끼 요리와 환상적인 궁합을 이루며, 최고의 빈티지는 1945년과 1947년산이다. 오랜 세월 와인 평론가들로부터 최고의 와인으로 평가되고 있다.

안젤로 가야 바르바레스코 Angelo Gaja Barbaresco

이탈리아 피에몬트 바르바레스코 12050번지에 위치하고 있다. '이탈리아 와인의 르네상스'를 주도한 안젤로 가야는 이탈리아 피에몬트 지방의 전통 품종인 네비올로로 세계 최고의 와인을 생산한다. 1968년 미국의 와인 평론가 로버트 파커는 안젤로 가야의 부친인 안젤로를 '이탈리아의 와인 거장이며 그로 인해 이탈리아 와인 혁명이 시작되었다.'고 극찬했다.

◀ 이탈리아 피에몬트의 가야 바르바레스코

포도밭 규모는 225에이커이며, 1년에 약 32,000케이스를 생산한다. 품종은 네비올로 48%, 바르베라, 돌체토 32%, 비토착 품종 20%를 사용한다. 1960년 피에몬트에 최초로 국제포도품종인 카베르네 소비뇽, 샤르도네, 소비뇽 블랑 등을 재배했다. 또한 이탈리아 전통의 보테(botte; 3,000ℓ의 대형 오크통) 대신 프랑스산 뉴 오크통(225ℓ)을 35% 사용하며, 포도나무 한그루에 10개의 포도송이로 한정하면서 명품 와인으로 도약하게 되었다.

가야 바르바레스코 와인은 우아하고 깊은 루비색에 사랑스런 장미향과 부드러운 타닌이 매력적이며, 매우 긴 여운을 느낄 수 있다. 음식과 조화는 사냥한 고기, 양송이, 송로 버섯 등 버섯 요리와 환상적인 궁합을 이루며 최고의 빈티지는 1990년이다. 특별한 사람들의 후각에 의해 찬사를 받고 있다.

안티노리 티냐넬로 사시까이야 Antinori Tignanello Sassicaia

1948년에 와이너리가 형성되고 1968년에야 처음 선보인 비교적 짧은 역사를 지닌 사시까이야(Sassicaia) 지역 와인이다. 테누타 산 귀도(Tenuta San Guido) 와인은 이탈리아 와인 역사를 새로 쓴 '수퍼 토스카나'의 효시이며 세계적인 주목을 받았다.

그러나 1385년에 설립된 이탈리아 와인의 시조새인 안티노리 와이너리(Antinori Winery)의 마르께스 마리오 인치사 델라 로체토(Marchese Mario Incisa della

비즈니스와 와인

▲ 이탈리아 토스카나 볼게리, 사시까이야 와인

Rocchtto)는 테누타 산 귀도(Tenuta San Guido) 지역에 포도밭을 경작하고, 와인 메이커인 쟈꼬모 타끼스(Giacomo Tachis)와 프랑스 양조가 에밀 페노(Emile Peynaud)가 사시까이야 지역 포도로 만든 와인으로 새로운 역사를 만들었다. 포도밭 규모는 125에이커로 1년에 약 10,000케이스를 생산한다. 품종은 이탈리아 품종이 아닌 프랑스 보르도 품종인 카베르네 소비뇽 85%, 카베르네 프랑 15%로 블렌딩하여 이탈리아 와인의 이단아로 취급받았다. 나무 평균 연령은 35년 이상이며, 프랑스산 뉴 오크통 40%를 사용한다.

1978년 런던에서 디켄터 와인잡지가 11개국 33개 카베르네 소비뇽 와인 중에서 1972년산이 최고의 와인으로 선정되는 이변을 가져왔다. 2018년 와인 스펙테이터가 선정한 100대 와인 중에 1위를 차지하며 올해의 와인으로 선정되었다. 미국의 와인 평론가 로버트 파커도 100점을 주었다.

티냐넬로 사시까이야 와인은 자주빛 루비 계통 색에 야생 허브향이 강하게 나며, 과일과 오크의 균형이 뛰어나고 향은 매우 고급스럽고 품격이 있으며, 뒷맛이 길고 벨벳 같은 부드러움을 만끽할 수 있다. 음식과 조화는 야생 수퇘지 스튜와 환상적인 조화를 이루며, 최고의 빈티지는 1985년과 1994년산이다. 프랑스 보르도 지방의 토양과 흡사한 토스카나의 자갈 토양인 사시까이야에서 프랑스 보르도 와인을 맛볼 수 있다.

베가 시실리아 우니코 레세르바 에스페샬 Vega Sicilia Unico Reserva Especial

스페인 북부 리베라 델 두에로(Ribera Del Duero) 지역에 위치한 '보데가스 베가 시실리아'는 스페인에서 가장 역사 깊은 전통을 자랑하며, 특히 100년을 장기 숙성할 수 있는 레드와인으로 유명하다.

20세기 초, '베가 시실리아'라는 이름으로 알려졌으며, 상업성을 뒤로 하고 오로지 최고의 품질만을 고집해 세계적 명성을 얻었다. 장기간 숙성했을 때 더욱 그 진가를 발휘하는 와인으로 마시기보다는 부유한 사람들이 부의 상징으로 와인 저장고에 소장하는 와인이다. 1981년 '세기의 웨딩'인 영국 찰스 윈저와 다이애나의 결혼식 공식 와인으로 선정되어 스페인의 '로마네 콩티'라고 부른다.

포도밭은 400에이커로 작으며, 1년에 약 17,000케이스를 생산한다. 품종은 템프라니뇨 65%, 카베르네 소비뇽 15%, 말벡 20%을 사용한다. 포도나무 평균연령은 40년 이상이며, 프랑스 뉴 오크통을 100% 사용하고 오크통에서 숙성한 후에 출고한다.

'베가 시실리아 우니코 레세르바 에스페샬'은 루비색의 환상적인 블랙베리 깊은 맛이 입안을 채우며, 균형감이 뛰어나고 향도 매우 고급스럽고 품격있다. 집중도와 웅장한 맛, 벨벳처럼 부드러움을 만끽할 수 있다. 음식과 조화는 야생고기 찜, 쇠고기나 돼지고기 스테이크와 잘 어울린다. 최고의 빈티지는 1950년과 1960년산이다. 숙성 기간이 10년이나 걸리며, 평판에 걸맞게 숙성되지 않으면 절대 출고하지 않는 경영자의 고집이 돋보이는 와인으로 더욱 유명세를 타고 있다.

▲ 스페인 리베라 델 두에로의 베가 시실리아 우니코

비즈니스와 와인

할란 에스테이트 Harlan Estate

미국 캘리포니아 오크빌레 1551번지에 위치하고 있다. 1985년에 와이너리를 창립하였으며 캘리포니아에서 최고의 명성을 지닌 카베르네 소비뇽 컬트 와인을 생산한다. 1996년까지 미국와인 중에서 두각을 나타내지 못했으나 미국의 와인 평론가 로버트 파크가 1997년산 와인에 100점을 주고, 이후 4번 이상 100점을 받으면서 세계적인 관심을 집중시켰다. 또한 1987년부터 1996년까지 버티컬 빈티지 25병이 70만 달러에 팔린 기록도 보유하고 있다.

참고로 1990년대 미국을 강타한 대표적 컬트 와인은 미국의 로버트 몬다비사와 샤토 무통 로칠드의 합작인 '오퍼스 원(Opus One)', 한 병에 수백만 원을 호가하는 '스크리밍 이글(Screaming Eagle)', '파리의 심판'으로 유명해진 '릿지(Ridge)', '스택스 립(Stag' leap)', '하이츠(Heitz)', '클로 뒤 발(Clos du Val)' 등이 있다. 컬트 와인(cult wine)이란 컬트 영화처럼 열광적인 팬을 거느린, 종교적일 만큼 숭배한다는 의미를 지닌다.

포도밭은 240에이커로 작으며, 1년에 약 2,000케이스를 생산한다. 주 품종은 카베르네 소비뇽, 메를로, 카베르네 프랑, 쁘띠 베르도이며, 포도나무 평균수령은 35년 이상이고, 미국산 뉴 오크통을 사용한다.

할란 에스테이트 와인은 매우 복잡 미묘한 향과 맛이 매력적이며, 풍부한 바디가 관능적이다. 향기롭고 매혹적이며 스모크와 삼나무, 커피향이 일품이다. 쇠고기, 사슴고기 스테이크와 조화로우며 최고의 빈티지는 1994년, 1997년, 2001년, 2002년 그리고 2015년산이다. 미국의 고급 레스토랑에 1~2병만 공급하기 때문에 돈만 가지고 구매할 수 없으며, 선택받은 자만이 맛볼 수 있거나 경매 혹은 개별적 루트를 통해서만 구입할 수 있다. 특히 2002년 빈티지는 미국의 와인 평론가 로버트 파커가 100점, 와인 스펙테이터가 100점을 주면서 최고의 와인으로 명성을 얻었다.

◀ 미국 캘리포니아의 할란 에스테이트

펜폴즈 그랜지 Penfolds Grange

호주의 남쪽 애들레이드시에서 40분 거리에 있는 바로사 밸리 매길(Barossa Valley Magill) 마을에 위치하고 있으며, 1950년대 양조 책임자 막스 슈베르트(Max Schubert)의 끈질긴 고집으로 탄생되었다. 1962년 시드니 와인 박람회에서 금메달을 수상하면서 유명해지기까지 무려 120년의 세월이 걸렸다. 1971년 프랑스 파리 박람회에서 와인부분 '금상', 1995년 미국 와인스펙테이터에 1990년 빈티지가 '올해의 와인'으로 선정하면서 세계 명품 와인 대열에 올랐다. 2001년 호주정부로부터 '국가문화유산'으로 지정받았다.

특정 포도밭에서 생산하지 않고 바로사 밸리, 헌터 밸리 등의 밭에서 생산되는 다양한 포도를 구매하여 사용하며, 생산량은 1년에 약 5,000~10,000케이스로 연도별로 차이가 있다. 품종은 시라즈 98%, 카베르네 소비뇽 1~2%로 블렌딩하며, 포도나무 수령 또한 다양한 연령대에서 수확한 포도를 사용하고, 미국산 뉴 오크통을 100% 사용한다.

펜폴즈 그랜지 와인은 블랙 컬러의 진홍색이며, 잘 익은 뽕나무향과 과일향의 뛰어난 복합성을 가지고 있다. 달콤한 향과 정제된 타닌의 느낌에 실크 같은 부드러

▶ 호주 바로사 밸리의 펜폴즈 그랜지

77

움이 일품이다. 음식과는 사슴고기, 사냥한 짐승의 요리와 잘 어울리며, 최고의 빈티지는 1990년과 1998년산이다. '호주의 가장 유명한 와인'이라는 슬로건을 걸고 펜폴즈사에서 생산하는 기념비적 와인이다.

루이 뢰더러 크리스탈 로제 Louis Roederer Crystal Rose

프랑스 샹파뉴 지방에 위치하며, 루이 뢰더러는 1776년 삼촌이 설립한 샴페인 회사를 1833년에 물려받아 회사 이름을 루이 뢰더러라고 하였다. 2세기 동안 가장 엄격한 기준 하에 생산하는 무결점의 완벽한 샴페인으로 명성이 높아 유럽 전체로 퍼져 나갔고 당시 권력과 명망이 높았던 러시아 황실에까지 알려져, 러시아 황제가 가장 애호하는 샴페인이 되었다.

루이 뢰더러가 러시아의 알렉산더 2세를 위해 만든 황금색의 샴페인은 2016년 '와인 스펙테이터 TOP 100'에서 14위를 차지하여 최고급 샴페인의 명성을 재확인하였다.

포도밭 규모는 470에이커로 1년에 약 9,000케이스를 생산하며, 품종은 피노 누아 55%, 샤르도네 45%로 블렌딩하며, 포도나무 평균수령은 40년 이상이다.

'루이 뢰더러 크리스탈 로제' 와인은 다양한 맛과 부드러움을 동시에 지닌 아주 독특하고 우아한 맛을 유지하며, 아몬드향과 강렬한 부케향이 일품이다. 어떤 음식과도 잘 어울리며 입맛을 상쾌하게 돋우는 식전주 역할을 하며, 최고의 빈티지는 1997년과 1999년이다. 와인의 98%가 그랑 크뤼 포도밭 지역에 있으며, 황제들의 와인 명성에 걸맞게 한번 마시면 오랫동안 잊지 못하는 와인이다.

▲프랑스 샹파뉴의 루이 뢰더러 크리스탈 로제 샴페인

와인 세계를 리드하는 사람들

샤토 디켐 Château d'Yquem

프랑스 보르도 소테른(Sauternes) 지역에 위치하고 있다. 세계에서 가장 뛰어난 화이트와인을 선택하라면 헝가리의 황제 와인 '로얄 토카이'가 아니라 '샤토 디켐'이다.

디켐의 명성은 이미 수세기 전부터 알려져 1855년 등급을 부여할 때 유일하게 1등급으로 지정되었다. 미국 제3대 대통령인 토마스 제퍼슨(Thomas Jefferson; 1743~1826)이 프랑스 전권 대사였던 시절에 소테른 지역을 방문해 '샤토 디켐' 와인을 마신 후 극찬하였고, 1784년 빈티지를 250병을 주문했다. 1966년에 1811년 빈티지 '샤토 디켐' 와인을 시음한 미국의 와인 평론가 로버트 파커는 예상을 뒤엎고 100점을 주었다.

이 와이너리는 1453년 영국 소유에서 프랑스로 넘어온 역사를 가지고 있다. 아직도 전통적인 방법을 고집해 말(馬)로 밭을 일구고 가지치기, 포도 선별 작업 등도 모두 사람이 직접 하고 있다. 최상급의 포도송이를 선별하고, 한정된 생산량으로 좋은 빈티지가 아니면 디켐 라벨을 붙이지 않는 고집이 '샤토 디켐'을 최고급 와인으로 탄생시켰다.

포도밭은 250에이커이며 1년에 약 6,000케이스를 생산하고 품종은 귀부병의 세미용과 산도용의 소비뇽을 블렌딩하며, 포도나무 평균연령은 35년 이상, 프랑스산 뉴 오크통 100%를 사용한다.

'샤토 디켐'은 깊은 황금빛 호박색으로 열정과 집중력을 보여준다. 꿀 향, 열대과일 향, 그리고 코코넛의 느낌도 있으며, 매우 복잡한 향이 어우러지면서 우아한 균형감을 보인다. 음식과 조화는 거위 간 요리와 환상을 이루며 허브향이 있는 간 스튜나 디저트에도 잘 어울린다. 철저한 품질관리로 모든 와인이 최고의 빈티지를 자랑한다. 2004년 미국의 영화감독 프랜시스 코폴라의 아들 로만 코폴라는 1847년산 샤토 디켐 1병을 71,675달러에 구입하기도 했다.

▶ 프랑스 보르도 소테른의 샤토 디켐

프랑스 와인의 대명사 샤토 라투르

　와인 마니아라면 프랑스 보르도의 '프르미에 크뤼 클라세(Premers Crus Classe)'로 알려진 5대 와인 중 하나인 '샤토 라투르(Château Latour)'는 '죽기 전에 꼭 방문해야 하고, 마셔보고 싶은 와인'이다. 세계적인 기업의 총수인 삼성의 이건희 회장은 프랑스, 이탈리아, 미국에서 생산되는 수많은 와인들을 사랑하지만 그중에서도 프랑스 보르도 포이약(Pauillac) 지역의 남성적인 '샤토 라투르' 와인을 선호한다. 그리고 지난 2000년 6월 김대중 전 대통령의 방북 환영 만찬회에서 김정일 국방위원장이 '샤토 라투르 1993' 와인을 제공하여 '평화의 와인'으로 명명된 역사적인 와인이다. 일본의 와인 만화 '신의 물방울'에서는 러시아 음악의 거장 라흐마니노프 교향곡 2번(Rachmaninov, Symphony No.2 in E minor, Op.27)에서 느낄 수 있는 신비한 깊은 숲의 향기와 강한 생명력이 넘치는 와인으로는 '샤토 라투르' 밖에 없다고 언급했다. '샤토 라투르'를 입구부터 걸어야 되는 이유는 저 멀리 끝없이 펼쳐지는 포도밭 사이로 와인 라벨에 새겨진 1620년에 세워진 원형 탑 위에 갈기를 휘날리는 사자 한 마리가 올라가 있는 모습이 상상되고 오른쪽 옆에는 와이너리, 왼쪽에는 저택이 눈앞에 들어오기 때문이다. 웅대한 원형 탑이 눈앞에 나타나고, 라벨 속의 사자 한 마리가 포효하는 모습이 떠오르면서 마치 와인의 제왕다운 이미지를 말해 준다. '샤토 라투르' 라벨에 사용한 성안에 있던 탑은 보르도라는 항구 도시에 있었던 탑이다. 보르도는 항구 도시라 자주 해적이 나타났으므로 방어 차원에서 성곽을 쌓았고 망루로 탑을 사용했었는데 그때 사용했던 탑(생랑베르의 탑)이지만 아쉽게도 지금은 없어졌다.

　'라투르'는 '탑'이라는 뜻이며, 실제 14세기에 건설돼 '샤토(당시 의미는 '성') 라투르'라 불렸던 요새에서 이름을 따왔다고 한다. 1600년대에는 이 지역은 대부분 황무지로 밀과 호밀을 경작하였으나 탑이 속한 영지에 만들어진 포도원은 17세기 들어 '보르도 와인의 신'이라 불린 니콜라 알렉상드르 드 세귀(Nicolas-Alexendre de Segur; 18세기 보르도의회 회장) 후작의 소유가 되면서

▼ 프랑스 보르도의 샤토 라투르 전경

변화를 가져왔다. 그리고 무려 270년 동안 라투르의 주인이었던 세귀 가문은 63년 영국 자본에 샤토를 매각하면서 프랑스에서는 프랑스의 자존심이 무너졌다고 개탄을 하였다. 그러다가 1993년 다시 프랑스의 프랭탕 백화점의 오너이면서 와인 마니아로 유명한 프랑수아 피노가 인수하면서 프랑스의 자존심이 회복됐다. 마케팅 담당 안내원의 안내를 받아 들어선 샤토의 내부는 초현대적 건물로 미술 전시관에 온 느낌을 주었다. 입구의 스테인리스 발효 통이 보이고, 지하에는 대규모의 와인저장고의 오크통이 중후하게 모습을 드러냈다. 안내 해주시는 분이 저자에게 '1999년부터 5년에 걸쳐 양조시설을 포함한 샤토 전체를 현대식으로 개조했다'며 '66개의 양조 탱크도 모두 스테인리스 스틸'이라고 설명했을 때 느낌이 왔다. 2층에 있는 별도의 와인 시음장에서 3종류의 와인을 시음하였는데 그중에 '샤토 라투르 2004' 와인을 선보였다. 그 중에 연간 2만병 정도 생산하는 세컨드 와인인 '레 포르 드 라투르 2008'이 있었는데 가격 대비 품질이 훌륭하였고 최근에 가장 인기 있는 세컨드 와인으로 부상하는 이유가 있었다.

저자는 평소 워낙 비싸서 손쉽게 마시기 어려운 와인을 시음하는 자체가 행복이었고, '샤토 라투르 2004' 와인의 경우, 2016년에 마시는 것이 최적기라는 안내 담당자 설명에 더욱 관심이 갔다. '샤토 라투르'는 보르도 포이약 지역의 지롱드강 옆에 있어 천혜의 떼루아 혜택을 받았다. 카베르네 소비뇽, 메를로, 카베르네 프랑, 프티 베르도를 블렌딩한 것으로 이 와인의 짙은 루비 색상에 아로마는 천천히 피어올랐는데 진한 초콜릿, 후추, 호도, 블랙커런트, 가죽, 미네랄 등이 느껴지며, 와인 맛은 남성적이면서 화려하고 중후하면서 로맨틱한 선율과 같은 느낌으로 입맛을 자극하였다. 특히 타닌이 부드럽게 목을 휘감기며 넘어가고 여운이 길어서 와인의 뒷맛이 황홀함을 느끼게 해 준다. 음식과 조화는 쇠고기, 양고기 스테이크가 어울리며, 한식으로는 양념 갈비도 제격이다.

▼ 프랑스 보르도의 샤토 라투르 지하 와인 셀러   샤토 라투르 세컨드 와인 '레 포르 드 라투르' ▶

취미생활과 와인

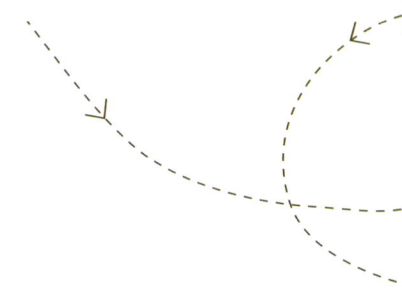

🍷 책, 문학 속의 와인

책을 읽을 때, 책은 필자에게 삶의 고뇌와 고민, 희로애락을 안겨주면서 많은 생각을 하게 한다. 와인에 작가의 스토리를 매치시키거나 문학 작품 속에 와인이 종종 등장하는 경우, 와인이 작품의 주제가 되는 경우도 있다.

요한 볼프강 폰 괴테(Johann Wolfgang von Goethe; 1749~1832)는 독일의 작가이자 철학자, 과학자로 신학, 철학, 과학, 문학에 뛰어난 재능을 발휘했다. 괴테는 바이마르 대공국에서 재상직을 지내기도 했다. 괴테는 왕실고문관인 아버지 요한 카스파르 괴테와 프랑크푸르트암마인 시장의 딸인 어머니 카타리네 엘리자베트 텍스토르 사이에서 태어났다. 그는 어머니의 난산으로 인해 생존이 어려웠지만, 따뜻한 와인으로 씻은 후에 기적처럼 살아났다. 그는 스스로 '와인 유전자를 타고난 시인'이라고 생각했으며, '나쁜 와인을 마시면서 살기에 인생이 너무 짧구나'라고 말할 정도로 좋은 와인에 대한 애착이 많았다. 괴테의 '이탈리아 여행'에서 '달콤한 와인 한잔을 마시며, 시를 읽고 있노라면 하루의 힘든 일과에서 벗어나 편안하게 휴식을 취할 수 있게 되는 것이다.'라고 한 것에서 그는 와인을 하루의 마무리, 휴식을 주는 것이라고 생각했었다는 것을 느낄 수 있다. 괴테는 '젊은 베르테르의 슬픔'에서 '결국 인간의 운명이란 자기에게 주어진 분수를 참고 견디며, 자기 잔의 와인을 남김없이 마셔버리는 것이 아니겠는가?'라고 쓰기도 했다. 즉, 괴테는 인생의 마무리를 와인 잔

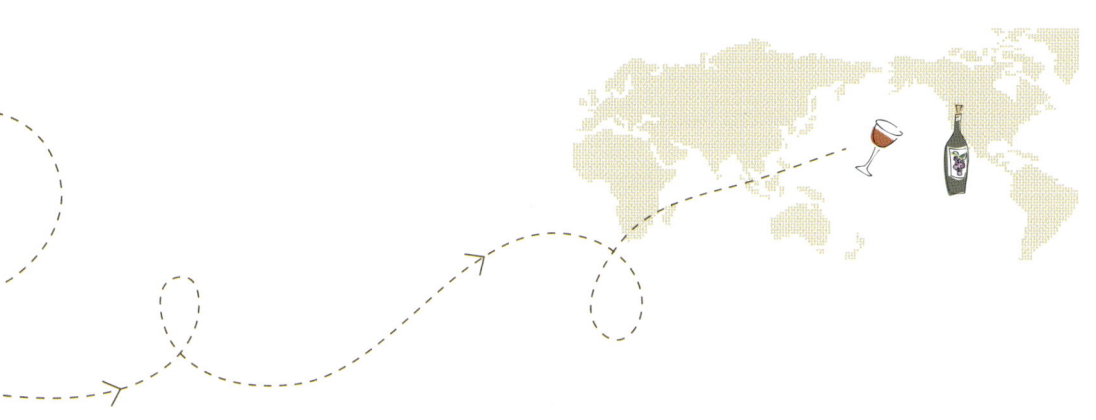

을 비우는 것으로 생각했던 것이다. 이를 나타내듯 괴테는 사망하는 날 마지막으로 와인 한잔을 시켜놓고 3모금을 마신 후 영원한 잠속에 빠졌다. 괴테는 이와 같이 생을 와인으로 시작해서 와인으로 마무리했다. 괴테가 즐겨 마셨던 와인은 '슐로스 폴라즈 리슬링 1881'로 현존하는 가장 오래된 독일의 와이너리로 1992년부터 괴테 에디션 리슬링 와인을 출시하고 있다.

알렉산드르 푸쉬킨(Aleksandr Sergeevich Pushkin; 1799~1837)은 누구나 다 아는 '삶이 그대를 속일지라도 슬퍼하거나 노하지 말라 슬픈 날엔 참고 견디면 즐거운 날이 오고야 말리니 마음은 미래를(후략)'이라고 말하기도 했다. 푸쉬킨의 아버지는 유서 깊은 대귀족 가문 출신이었고 어머니는 아브람 하니발의 손녀였다. 푸쉬킨은 19세기 낭만주의 문학가인 동시에 러시아 사실주의 문학의 선구자로 시, 소설, 희곡에 모두 능하며, 다양한 작품 활동을 통해 러시아 근대문학을 발전시켰다. 그는 러시아 국민의 한결같은 사랑을 받아온 최고의 국민 시인이다. 푸쉬킨은 '비가'에서 '지난날의 슬픔은 와인처럼 시간이 갈수록 진해지거늘'과 같이 슬픔이 깊어지는 감정을 시간

▲ 푸쉬킨이 사랑한 조지아 크베브리 와인

이 지날수록 맛과 향이 깊어지는 와인에 비유했고, '조지아 음식과 와인은 하나 하나가 시와 같다.'라고 하는 등 일상생활은 물론 푸쉬킨의 작품 속에 조지아 와인이 늘 존재하였다. 그 이유는 푸쉬킨이 작품활동을 할 때 조지아의 전통양조인 황토 항아리(Qvevri)로 만든 와인을 마셨기 때문이다.

대문호 어니스트 헤밍웨이(Ernest Hemingway; 1899~1961)는 신문 기자 생활을 하면서 글을 쓰기 시작했다. 1925년 첫 단편집을 냈고, 이듬해 '해는 또다시 떠오른다.'로 명성을 얻었다. 소설 '바다와 노인(1952)'으로 퓰리처상뿐만 아니라 노벨문학상도 받았다. 그 외 '무기여 잘 있거라', '누구를 위해 종은 울리나?' 등의 작품을 통해 인간의 비극적인 모습을 간결한 문체로 묘사한 20세기 대표적인 작가이다. 그는 '와인은 세상에서 가장 고상한 것'이라고 했던 와인 마니아였다. 그의 작품 속에는 스페인의 와인 스토리가 많지만, 헤밍웨이가 가장 사랑한 와인은 프랑스 보르도 5대 사토 중 하나인 '샤토 마고(Château Margaux)' 와인이었다. 헤밍웨이는 파란만장한 삶을 살았지만, 그런 그의 삶에서 변하지 않던 것은 손녀와 프랑스 보르도 '샤토 마고' 와인에 대한 사랑이다. 그는 프랑스 샤토 마고에 머물면서 마고 와인의 풍미에 푹 빠졌고, 자신의 손녀 이름을 '마고'라로 지었다.

▲ 헤밍웨이와 샤토 마고 와인

취미생활과 와인

일본의 주류문학의 대표 작가 무라카미 하루키(村上春樹; 1949~)는 장편, 단편 소설, 번역물, 수필, 평론, 여행기 등 다양한 집필활동을 하는 대표적인 일본 문학가이다. 2010년 이후로는 해마다 노벨문학상의 수상 후보르도 주목받고 있다. 대표작으로 '상실의 시대', 'IQ 84' 등이 있으며, '위스키 성지순례'에서 '어떤 여행이라도 많든 적든 간에 나름대로의 중심 테마 같은 것이 있다. 이탈리아 토스카나와 미국 캘리포니아 나파밸리에서는 인생관에 변화가 생길 만큼 엄청난 양의 맛있는 와인을 뱃속으로 밀어 넣었다.'라고 쓰기도 했다. 특히 그의 작품 '여자 없는 남자들'에서 이탈리아 '키안티 와인', '렉싱턴의 유령'에서는 이탈리아의 '몬테풀치아노 와인(Montepulciano wine)'이 소개되어 이탈리아 와인이 주는 영감이 작품에 반영되었다.

🍷 골프와 와인

귀족들의 사치스런 스포츠로 여겨지던 골프는 어느새 대중화되어 많은 사람들이 즐기는 스포츠로 자리잡게 되었다. 혼자서 칠 때는 자신과의 승부요, 상대방이 있으면 서로 긴 시간 자연과 더불어 대화의 장을 펼칠 수 있다. 이렇게 비즈니스의 장이란 점에서 골프와 와인은 아주 많은 공통점을 갖고 있다. 골프를 잘 치고 와인을 잘 선택하는 사람이 기업 경영도 잘 한다는 말이 있다.

와인을 위해 끝없이 펼쳐진 아름다운 포도밭이 와인 마니아의 마음을 사로잡고 마음의 휴식을 갖게 해준다면 자연 속에 평화롭게 펼쳐진 골프장은 골퍼들의 마음을 사로잡고 여유를 안긴다. 골프를 통한 비즈니스 역시 와인 커뮤니케이션처럼 상대방에 대한 배려와 오랜시간 운동을 하면서 비즈니스가 이루어지기 때문이다.

골프와 관련된 와인 중 칠레 마이포 밸리에서 생산되는 '산 페드로 1865 레세르바 카베르네 소비뇽(San Pedro 1865 Reserva Cabernet Sauvignon)'은 2002~2003년 세계 와인 품평회에서 금·은메달을 받으며 알려졌다. 1865년은 산 페드로 와인 회사의 창립년도이지만, 국내에서 1865는 18홀 65타를 상징하는 7언더, 싱글 꿈의 스코어를 갖고 있어 골

▲ 칠레의 산 페드로 1865

비즈니스와 와인

퍼들에게 널리 알려져 있으며 산 페드로의 완벽을 향한 끊임없는 도전의 의미를 갖고 있다. 세계적인 골퍼인 그렉 노먼(Greg Norman)은 호주 빅토리아에 위치한 자신의 와이너리에서 생산하는 와인에 백상어를 디자인하여 백상어 와인 노먼 시리즈를 출시하였고, 아놀드 파머(Arnold Palmer)는 미국 캘리포니아에 위치한 자신의 와이너리에서 아놀드 파머 샤르도네 시리즈 와인을 출시하여 골퍼들이 선호하는 와인이 되고 있다. 여성 프로골퍼인 애니카 소렌스탐(Annika Sorenstam)은 미국 캘리포니아에 위치한 와이너리에서 시라 애니카(Syrah Annika) 와인을 생산하고 있다. 국내에서는 2017년 골프의 여제 박세리가 3종류(Champion, Longest, Nearpin)의 와인을 '세리와인'으로 선보였다.

　골퍼와 와인의 공통점을 찾아보면 다음과 같다.

　첫째, 골프가 18홀 모두 난이도가 다르듯이 와인도 생산되는 지역별 떼루아에 따라 다양한 개성을 가진다.

　둘째, 골프채 14개로 다양한 비거리와 퍼팅을 연출하듯이 와인 역시 양조자의 기술에 의해 향과 맛의 차이를 보인다.

　셋째, 골프에도 해저드, 벙커 등의 방해물이 있듯이 와인에도 떼루아에 나타나는 천재지변이나 곰팡이, 코르키 같은 방해 요소가 따른다.

　넷째, 연습을 게을리한 골퍼들이 제 실력을 발휘하지 못하듯이 와인도 포도재배나 양조를 소홀히 하면 좋은 와인을 생산하지 못한다.

▼ 세계적인 골퍼 박세리의 와인

취미생활과 와인

▲ 중국 운남성 곤명에 위치한 춘성 골프장

　다섯째, 골프 실력은 시간과 노력을 투자한 만큼 늘어나듯이 와인의 참맛도 양조가의 오랜 경험과 열정 그리고 노력한 만큼 얻을 수 있다.

　그리고 골프장과 와인의 에티켓에서도 유사점을 엿볼 수 있다. 다른 사람이 플레이할 때는 조용히 예의를 지키듯이 와인을 마실 때도 서로 다른 맛과 향을 얘기하더라도 경청하는 자세를 갖춰야 한다. 또한 골프가 잘 되지 않더라도 스스로 마음을 다스려야 하듯이 와인의 맛이 기대한 맛이 아니더라도 소믈리에에게 화를 내지 않아야 한다. 좀 더 나은 점수를 위해 터치 볼의 유혹에 빠지지 말아야 하듯이 와인도 너무 급하게 많이 마시면 실수를 부를 수 있으며 동반자의 퍼팅 라인을 지켜주듯이 와인도 상대방을 배려하여 권유할 수 있어야 한다. 티샷에서 자기 공을 밝히고 끝까지 치듯이 와인도 자신의 글라스로 끝까지 마셔야 한다. 골프를 칠 때는 동반자를 격려하고 칭찬해야 하며, 와인을 마실 때도 상대방의 장점을 찾아 칭찬해야 분위기를 살릴 수 있다. 골프나 와인은 혼자 마시고 칠 수 있지만 동반자로 인해 더 즐거운 시간을 보낼 수 있다. 특히 좋은 친구는 골프나 와인 모두 기쁨을 배가시켜 줄 것이다.

영화 속의 와인

영화를 보면서 마실 수 있는 와인으로 박진감 넘치는 액션 블록버스터 영화에는 영화의 긴장을 고조시키는 스파클링와인, 소름이 끼치는 공포영화에는 타닌이 짙은 카베르네 소비뇽 레드와인, 반대로 공포감을 없애기 위해서는 평화의 수호와 흑기사로 불리는 프랑스 보르도 '마스카롱(Mascaron)' 레드와인, 코메디와 로맨틱 영화를 위해서는 달콤한 이탈리아 '모스카토 다스티(Moscato d'Asti)' 와인을 마시면 즐거운 영화 관람이 될 것이다. 존 밀턴(John Milton, 1608~1674)의 서사시 '실락원'이 모티브가 된 일본의 의사 출신 와타나베 준이치(渡辺淳一) 원작 모리타 요시미츠(森田芳光) 감독의 영화 '실락원'의 마지막 장면에서 남녀 두 주인공이 자살하기 위해 청산가리를 타서 마신 와인이 '샤토 마고(Château Margaux)'라 충격을 주었다. 또한 영화에 빠져 보고 싶다면 마를린 먼로의 와인을 마셔보면 어떨까?

007 영화에서 제임스 본드의 심정을 대변한 프랑스 샴페인 '동 페리뇽(Dom Perignon)'처럼 영화 속에는 주인공들의 기쁨과 슬픔, 사랑과 이별의 대변자 역할을 해주는 와인이 등장한다. 와인으로 탄생의 기쁨, 새 출발을 위한 희망 메세지, 와인 사랑 가득한 농부들의 철학, 우정과 사랑 이야기를 그린 영화 몇 편을 소개한다.

▲ 마를린 먼로 와인

조나단 드미 감독과 톰 행크스와 덴젤 워싱턴 주연의 "필라델피아(Philadelphia, 1993년)"는 동성애자와 AIDS환자의 애환을 그리고 있다. 여기서 덴젤 워싱턴은 딸의 탄생을 위해 미국 워싱턴 컬럼비아의 '도맨 생 미셸(Domain St-Michelle)' 스파클링와인을 들고 가서 축하하고 에이즈에 걸린 톰 행크스에게 문병갈 때는 '동 페리뇽' 샴페인을 들고 간다. 한낱 소품으로 등장하는 샴페인으로 무엇을 읽을 수 있을까 하겠지만 자신의 아내를 위해서는 값싼 스파클링와인을, 병든 의뢰인에게는 비싼 샴페인을 선물하는 주인공을 통해 힘들고 어려운 사람들을 위해 최선을 다하는 주인공에게서 영화의 주제를 엿볼 수 있다.

대학을 졸업하고 취직을 앞둔 자녀나 제자에게 희망을 줄 수 있는 프랑스 샴페인 '태탱저(Taittanger)'도 등장한다. 프랑스 뤽 베송 감독과 안

취미생활과 와인

느 파릴로(Anne Parillaud), 장-위그 앙글라드(Jean-Hugues Anglade)가 주연한 영화 "니키타(La Femme Nikita, 1990년)"에서 10대 문제아였던 니키타는 3년간의 고된 훈련을 마치고 요원으로 인정을 받는다. 그 자리에 상사 마이클은 그녀가 태어난 1978년을 가리키는 '태탱저 1978' 샴페인을 주문하여 "너의 장래를 위하여" 하고 건배한다. 주인공이 탄생한 해의 샴페인을 주문하여 성공을 축하했던 영화처럼 새롭게 출발하는 젊은이를 위해 그 사람이 태어난 해의 와인을 찾아 함께 마시면 좋은 축하의 자리를 만들 수 있다.

와인을 주제로 한 영화 "와인 미라클(Bottle Shock, 2008년)"은 미국 캘리포니아 와인 역사 70년을 되돌아보게 하는 영화로 '파리의 심판(Judgement of Paris)'이란 사건을 재구성한 것이다. 당시 파리에서 열렸던 '블라인드 테이스팅'에서 1위를 차지한 와인은 미국의 '스택스 립 와인 셀라스 1973(Stag's Leap Wine Cellars 1973)'였지만 이 영화에서는 화이트와인 부문에서 1위를 차지한 '샤토 몬텔레나 1973(Château Montelena 1973)'의 탄생 과정을 그리고 있다. 랜달 밀러(Randall Miller) 감독과 알란 릭맨(Alan Rickman), 레이첼 테일러(Rachael Tayor), 빌 풀만(Bill Pullman) 등이 주연한 와인 미라클은 포도농원 샤토 몬텔레나를 차린 짐 바렛의 열정과 뚝심, 그의 아들 보의 한결같은 열정, 와인 양조가 구스타보의 강인한 장인정신 등이 와인을 통해 무르익는다. 특히 보와 구스타보, 그리고 여성 인턴 샘이 펼치는 러브 스토리는 샤르도네 와인을 눈부신 황금빛으로 만드는 역할을

▲ '파리의 심판' 타임지 기사

비즈니스와 와인

▲ 일명 '파리의 심판'에 출품된 샤토 몬텔레나, 1976

한다.

오드리스 웰스 감독에 다이안 레인(Diane Lane), 라울 보바(Raoul Bova)가 주연한 영화 "토스카나 태양아래(Under The Tuscan Sun, 2003년)"에는 소박한 사랑을 확인하고 결혼식을 올리는 장면에서 이탈리아 롬바르디아(Lombardia) 지역의 '프란차코르타(Franciacorta)' 스푸만테를 축하주로 사용하였다.

프랭크 마샬 감독에 리차드 기어(Richard Gere)와 줄리아 로버츠(Julia Roberts)가 주연한 영화 "귀여운 여인(Pretty Woman, 1990년)"에는 캐비아와 어울리는 프랑스 샴페인 '모에 샹동 임페리얼 브뤼(Moet & Chandon Imperial Brut)'이 나온다. 이 샴페인은 모에 샹동의 창립자가 나폴레옹을 기념하여 이름 붙인 것으로 남성적이면서 연인들의 샴페인이기도 하다.

알폰소 아라우(Alfonso Arau) 감독과 키아누 리브스(Keanu Reeves), 아이타나 산체스-기온(Aitana Sanchez-Gijon) 주연의 "구름속의 산책(A Walk in the Clouds, 1995년)"은 와이너리에서 일어나는 가족사와 연애사를 담고 있다. 2차 대전을 끝내고 집으로 돌아온 젊은 군인 폴 셔튼은 아내와의 의견차이로 집을 나온다. 초콜릿 영업 사원인 그는 기차 안에서 우연히 만난 빅토리아가 위기에 처하자 빅토리아를 구하고자 동행하게 된다. 혼전 임신으로 고민하는 빅토리아를 위해 가짜 부부가 된 그들은 빅토리아의 고향, 포도 농장으로 향한다. 그리고 환영과 무시 속에서 갈등을

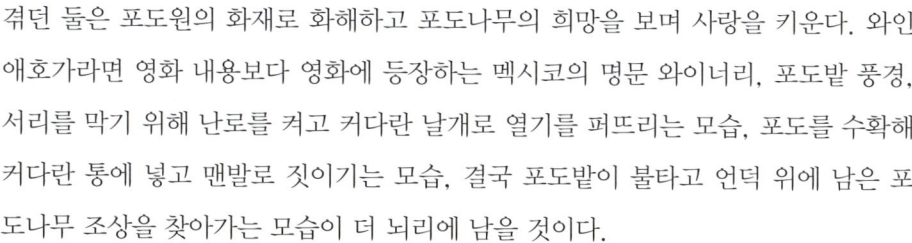

겪던 둘은 포도원의 화재로 화해하고 포도나무의 희망을 보며 사랑을 키운다. 와인 애호가라면 영화 내용보다 영화에 등장하는 멕시코의 명문 와이너리, 포도밭 풍경, 서리를 막기 위해 난로를 켜고 커다란 날개로 열기를 퍼뜨리는 모습, 포도를 수확해 커다란 통에 넣고 맨발로 짓이기는 모습, 결국 포도밭이 불타고 언덕 위에 남은 포도나무 조상을 찾아가는 모습이 더 뇌리에 남을 것이다.

알렉산더 페인(Alexander Payne) 감독과 폴 지아마티(Paul Giamatti), 토마스 헤이든 처치(Tomas Haden Church) 주연의 사이드웨이(Sideways, 2004년)는 2005년 골든 글로버 코미디 부문 작품상을 수상하고 오스카상 최우수 작품상 후보에도 올랐던 영화로 새로운 인생을 꿈꾸게 해주는 이야기이다. 와인 애호가이며 영어 교사인 마일즈는 이혼 후유증을 와인으로 달래는 남자로 소심하고 무미건조한 삶을 살지만 품질 좋은 와인을 만나면 180도 변모해 활기가 넘친다. 대학시절부터 단짝 친구인 잭은 주가가 폭락하는 바람에 마음고생이 심하지만, 여자만 보면 그냥 지나치지 못하는 타고난 플레이보이다. 소설 원고를 출판사에 보내고 출간 결정을 기다리던 마일즈는 결혼을 일주일 앞둔 잭과 미국 캘리포니아 산타 바바라(Santa Barbara) 지역의 와인농장으로 여행을 떠난다. 여행 도중에 프랑스 부르고뉴의 피노 누아 품종의 '포마르(Pommard)', '리쉬부르(Richebourg)', 미국 캘리포니아의 '시 스모크(Sea Smoke)', '화이트래프트(Whiteraft)' 와인을 마시고, 프랑스 보르도의 '샤토 슈발 블랑 1961(Château Cheval Blanc 1961)'은 특별한 날, 특별한 사람과 마시는 와인으로 소개하여 유명해졌다. 그리고 둘의 우정은 캘리포니아에 펼쳐지는 포도밭, 레스토랑과 와이너리에서의 시음, 와인 역사와 사랑의 대화 등을 통해 더욱 돈독해지며 자신의 삶을 돌아보고 싶다면 여행을 하라고 권하는 듯하다.

2018년에 세드릭 클라피쉬 감독이 만든 영화 '부르고뉴 와인에서 찾은 인생'은 와인의 고장 프랑스 부르고뉴를 배경으로 부르고뉴 와인에 대한 새로운 이미지를 주고, 가족의 사랑과 와인 양조를 절묘하게 교차시켜 감동을 주면서 많은 마니아를 탄생시켜 부르고뉴 와인의 붐을 일으켰다.

이 영화는 "인생도 와인처럼 숙성의 시간이 필요하다."라는 메시지를 준다. 이 영화는 아버지의 사망으로 10년 만에 집으로 돌아온 큰아들 '장'과 아버지의 와인 농장을 운영하는 둘째 '줄리엣', 결혼한 막내 '제레미' 삼남매가 와인을 함께 만들며 서로에 대한 애틋한 감정 속에 갈등과 화합을 통해 삶의 진리를 와인과 함께 풀어냈다. 영화는 세 남매가 역경을 이겨내는 성장담과 이들이 사계절 동안 정성을 들여 와인을 양조하는 과정 등을 두 축의 이야기를 교차해 엮으며, 인생의 의미를 잔잔하게 펼쳐내면서 감동을 준다. 와인도 가족처럼 정성과 사랑을 줄 때 위대한 와인이 탄생한다는 교훈을 준다.

프랑스 요리의 진수와 최상급 와인의 절묘한 조화를 보여주는 영화로 "바베트의 만찬(Babettes Gaestebud, 1987년)"이 있다.

▲ 부르고뉴 와인에서 찾은 인생

어느 바닷가 한적한 마을, 조용히 늙어가는 마르티나와 필리프 두 자매 앞으로 편지를 들고 바베트가 찾아온다. 가난한 목사의 딸이었던 자매는 일할 사람을 둘 형편이 못 된다며 거절하지만, 바베트는 침식만 해결되면 그만이라고 한다. 바베트는 자매의 집에 머물며 요리와 시중을 들게 되는데 몇 년 후 복권에 당첨된다. 자매는 복권에 당첨된 바베트가 당연히 떠나리라 생각하고, 바베트는 돌아가신 목사님의 탄생 100주년 기념 만찬을 준비하게 해달라고 부탁한다. 바베트는 12명의 만찬을 위해 프랑스에서 최고급 와인과 재료를 구해 요리를 시작한다. 여기에 프랑스의 3대 진미인 진주알만한 캐비아, 거위간 요리인 푸아그라, 송로버섯으로 만든 트러플 요리가 등장한다. 초대된 손님들은 그들이 먹는 요리의 진가도 모른 채 흥겹게 프랑스산 '클로 드 부죠 1846(Clos de Vougeot 1846)', '뵈브 클리코 퐁사르뎅(Veuve Clieqout Ponsarelin)', '뉘 생 조르주

(Nuit-St-Georges)', '아몬티야도(Amontillado)' 등의 와인을 마시며 즐긴다. 파티가 끝나고 이별의 순간이 되자 바베트는 복권 당첨금이 모두 만찬에 쓰였다고 고백한다. 놀라서 입을 다물지 못하는 자매에게 프랑스 최고의 수석 요리사이자 전쟁으로 남편과 아이를 잃은 바베트의 진심어린 말 한마디가 가슴을 찡하게 한다.

"예술가는 가난하지 않아요. 자신이 최선을 다하면 사람들을 행복하게 할 수 있으니까요."

그 밖에도 와이너리를 배경으로 한 영화로는 리들리 스콧 감독, 러셀 크로우와 마리안 코티아르 주연의 "어느 멋진 순간(A Good year, 2006년)"이 있으며, 스티븐 스필버그 감독의 "쉰들러 리스트(Shindler's List, 1993년)"에서는 유대인을 구하기 위해 독일 장교에게 와인을 선물하는 장면이 나오기도 한다. 브래드 버그 감독의 애니메이션 "라따뚜이(Ratatouille, 2007년)"에서는 최고의 요리사가 되고 싶어하는 생쥐와 함께 프랑스 보르도의 5대 샤토 와인이 등장한다. 매튜 본 감독, 콜린 퍼스와 태런 에저튼의 킹스맨(Kingsman; The Secret Service, 2015)에서는 와인을 통해 세상에서 가장 위험한 면접이 시작되며, 심리전이 펼쳐진다.

명화 속의 와인

예술가들에게 술이란 영감을 불러일으키는 좋은 벗이 될 수도 있다. 그래서 화가들의 그림에는 여러 종류의 술이 다양한 소재로 등장한다. 그림이란 단어에는 두 가지의 의미가 들어있는데 하나는 회화를 창조하는 행위를 말하고 또 다른 하나는 사람이 감상하는 작품 자체를 말한다.

인류는 1만여년 전부터 그림을 그리기 시작하였다. 최초의 그림은 1897년 고고학에 관심이 많은 지방 영주였던 '사우투올라(Don Marcelino Sautuola)'가 발견한 구석기 시대 유적인 스페인 북부 알타미라 동굴에 그려진 '상처 입은 들소'이다. 와인 제조 과정이 처음으로 등장한 그림은 기원전 3000~2500년경에 그려진 이집트 벽화이다. 이 벽화에는 포도를 커다란 통에 넣고 밟아 즙을 내고 옆에서는 악기를 연주하는 모습이 그려져 있다. 그리스 로마시대 권력자들의 만찬에는 항상 와인이 등장하는 그림이 있으며, 프랑스, 스페인, 이탈리아 등 구세계 와인국가에서도 포도밭

비즈니스와 와인

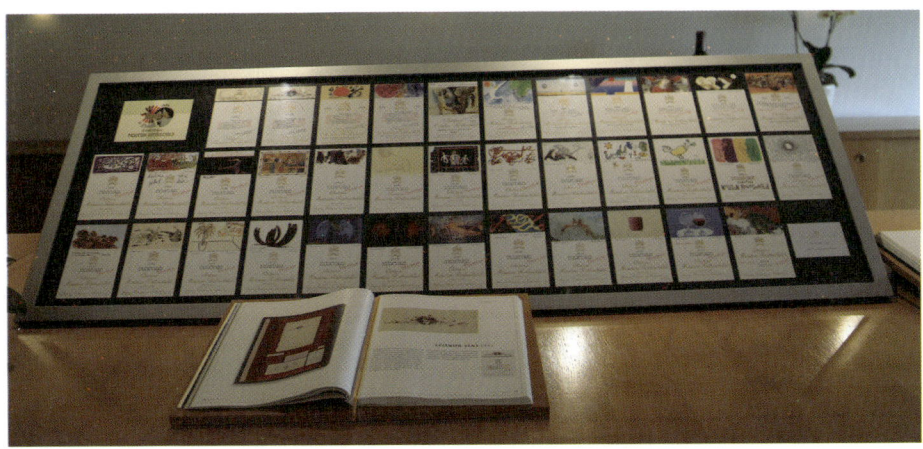

▲ 프랑스 보르도의 무통 로칠드의 명화 와인 라벨

전경, 포도송이, 양조장, 그리고 와인을 경매하는 모습 등이 그림이 있다.

'샤토 무통 로칠드(Château Mouton Rothschild)'는 와인 라벨에 명화를 넣음으로 예술과 와인을 연결시켜 기다리는 즐거움을 주고 있다. 1924년 쟝 까를뤼(Jean Carlu)가 시작하여 1945년 필립 로칠드 남작이 부활시켰고, 그 뒤를 딸이 전통을 이어갔으며, 현재는 손자인 필립과 줄리앙이 맡고 있다. 매년 누가 무통 로칠드의 라벨 그림을 그릴지, 어떤 그림인지 매년 이야기 거리가 되었다.

샤토 무통 로칠드 라벨에 등장하는 그림들은 세계 정상급 화가, 조각가, 디자이너들이 참여하였다. 시인이자 화가인 쟝 콕토(1947년), 조르주 브라크(1955년), 살바도르 달리(1958년), 헨리 무어(1964년), 세자르 발디치니(1967년), 호앙 미로(1969년), 마르크 샤갈(1970년), 바실리 칸딘스키(1971년), 파블로 피카소(1973년), 앤디 워홀(1975년), 키스 해링(1988년), 프랜시스 베이컨(1990년), 발튀스(1993년), 구간(1996), 주세페 페소네(2005), 베르나르 브네(2007), 제프 쿤스(2010), 다비드 혹네이(2014), 아네트 메세저(2017), 피터 도이그(2020) 등이 그렸다.

1993년 라벨에 등장한 발튀스(Balthazar Klossowski, 1908~2001, 프랑스화가, 초현실주의)의 소녀 누드화는 미국내 시장에서 큰 논란을 일으켰고 판매금지 처분까지 내려졌다. 이에 필립 드 로칠드 남작 부인은 미국에 수출된 1993년산 와인을 모두 수거하여 아무 그림도 없는 라벨을 붙여 판매하였는데 현재 그림이 없는 이 와

취미생활과 와인

▲ 발튀스의 소녀 누드화 라벨과 지워진 라벨

인이 오히려 애호가들의 수집 대상이 되고 있다. 2004년산 와인에는 1904년 프랑스·영국 화친 협정 100주년을 기념하는 와인으로 화친 주역인 에드워드 7세 직계 후손인 찰스 황태자의 그림을 넣어 세상을 놀라게 하였다. 2006년에는 루치안 프로이트(Luciam Freud, 1922~. 독일계 영국화가, 사실주의)의 작품이 선정되면서 와인 애호가들의 주목을 받기도 하였다. 정신분석학자 지그문트 프로이트(Sigmund Freud; 1856~1939)의 손자이기도 한 그는 2005년 5월에 뉴욕 크리스티 경매에서 'Benefits Supervisor Sleeping'이 3,360만 달러에 팔려 생존 화가 중 '그림 값이 가장 비싼 작가'로 알려져 있다.

'샤토 무통 로칠드' 와인은 1945년부터 2020년 12월 출시된 와인까지 모두 77개의 빈티지가 있는데 화가의 그림이 없는 빈티지를 빼면 모두 총 75명의 화가가 그림을 그렸다. 그 중 동양인 화가는 4명으로 1979년 일본화가 히사오 도모토, 1991년 발튀스의 부인인 일본화가 세추코, 1994년 중국화가 구관, 그리고 2013년 한국화가 이우환이 있다.

다음은 와인이 등장하는 명화들을 소개한다.

▲ 이우환 화가의 2013년 레이블 그림

비즈니스와 와인

▲ 피터 브뢰겔, 농부들의 결혼식(1568년)

　예수가 첫 기적으로 와인을 만들 당시 상황을 표현한 제나르 다비드(Gerard David; 1460~1523)가 그린 유화 '가나의 혼인 잔치'가 있으며, 이탈리아 바로크 대표 화가인 카라바조(Michelangelo da Caravaggio; 1571~1610)가 그린 '젊은 바쿠스 신'이 피렌체 우피치 미술관에 소장되어 있다.

취미생활과 와인

미국인 현존 화가인 로웰 에레로(Lowell Herrero, 1921년—캘리포니아)의 '하베스트 피크닉(Harvest Picinc)'에서는 푸짐한 몸매를 가진 부부가 과수원에서 휴식을 취하면서 와인을 마시고 여유를 즐기는 모습이 나온다.

'피터 브뢰헬(Pieter Brueghel; 1525~1569, 플랑드르파 화가)'이 목판에 유화로 그린 '농부들의 결혼식(1568년)'은 오스트리아 비엔나 박물관에 소장되어 있는데 왁자지껄한 결혼 피로연에 음식을 나르고 와인을 마시고 따르는 모습에서 성실하고 소박하고 익살스러운 분위기를 느낄 수 있으며 여기 등장하는 와인은 축하의 자리에서 잔치를 즐기는 농부들의 마음속에 기쁨을 주는 듯하다. '월터 S 기븐스'는 농부들이기에 그 당시 고가의 와인보다 맥주를 마셨을 거라는 해설도 있지만 잔칫날 손님을 접대하기 위해 와인을 준비했을 것이다.

마네(Edouard Manet; 1832~1883, 근대미술의 선구자)의 유화 '폴리베르제르 술집'에서는 거울 속에 비친 여인의 뒷모습과 분주한 사교장에서 잠깐 자기만의 공상에 빠져 서있는 여종업원의 모습이 대조적이다. 앞에 놓여 있는 샴페인처럼 화려한 분위기를 즐기는 사람이 있는가 하면 서비스하는 여자 종사원이 느끼는 비애감이 와인 글라스를 중심으로 그려지고 있다.

르네 마그리트(Rene Magritte; 1898~1967, 초현실주의 회기)가 캔버스에 유화로 그린 '초상(1935년)'은 잘린 팬케이크에서 눈알이 보이는 초현실적인 환상에 소름 끼치는 이미지를 보인다. 먹은 사람도 보이지 않고, 포크와 나이프도 그대로 있는 그림에 와인병과 글라스는 어쩌면 위로의 술이 될 수도 있다.

우리가 추구하는 미(美)의 세계는

▲ 제라르 다비드, 가나의 혼인잔치(1503년)

비즈니스와 와인

하나로 정의내릴 수 없다. 명화 속에 등장하는 와인은 보통 사람들에겐 그림의 작은 소품이지만 와인 애호가들에겐 또 다른 주인공이 될 수 있다. "사물이 아름다운 것은 그것이 진실일 때이고 진실 이외의 의미는 없다. 그리고 진실이란 완전한 조화를 말한다"는 로댕의 말처럼 명화 속에 등장하는 와인은 그 시대 사람들의 삶의 모습을 진실되고 소박하게 보여주고 있다.

🍷 음악과 와인

2007년 여름 오스트리아 빈 외곽에 위치한 호이리게(Heurige; 자가 생산한 와인을 판매하는 선술집)들이 즐비한 마을에서 집 주인이 직접 만든 와인과 소시지를 먹으면서 빈 대학의 음악교수로 은퇴한 아버지와 아들이 아코디언으로 연주하는 '아리랑'에 넋을 잃은 적이 있다.

2006년 와인 뉴스 기사에 그룹 "다섯손가락"의 이두헌이 와인과 음악을 접목시켜 음반을 냈다는 보도가 있었다. 음악과 와인을 접목시킨 컴플레이션 음반 '센트 오브 와인-로제타(Scent of Wine-ROSETTA)'를 출시했는데 단 한 번의 홍보도 없이 와인 애호가들 사이에 소문이 나면서 몇 만장이나 판매되었다고 한다.

▲ 오스트리아 호이리게 바이올린 아저씨

취미생활과 와인

세계적인 프랑스 샴페인의 명품인 '크리스탈(Cristal)'은 '루이 뢰더러' 명가에서 생산하고, 러시아 황제 알렉산드르 2세가 즐겨 마시던 것으로 힙합가수들이 가장 선호하면서 수많은 노래 속에서 빛을 발하고 있다.

벨기에 출신의 하모니카 거장 투츠 틸레망스와 다이애나 크롤의 협연으로 아름다운 샹송 'La Vie En Rose'는 칠레의 '쿠엔 마이포밸리(Kuyen Maipovalley)' 와인이 어울리며, 케이코리의 'Fly Me to the Moon'은 아르헨티나산 '아차발 페레-핀카 알타미라 멘도자(Achaval-Ferrer Finca Altamira Mendoza)' 와인과 어울린다. 사라 맥란클란의 'Angel'은 프랑스 보르도의 '샤토 보리(Château Baury)'와 '샤토 마고(Château Margaux)', 케니 G의 'Paradise'는 프랑스 보르도의 '샤토 라피트 로칠드(Château Lafite Rothscild)', 2005년 그래미상을 수상한 에타 제임스의 'I'll be seeing you'는 프랑스 프로방스의 '샤토 드 삐바르농(Château de Pibarnon)'과 어울리는 곡이다. 프랑스 보르도의 샤토 무통 로칠드(Château Mouton Rothschild) 와인 역사를 보면 베토벤 교향곡 5번 '운명'과 비슷한 운명을 지녔다. 이 와인을 마시면서 '운명'을 듣는다면 가슴이 아련하고 뭉클하게 와 닿을 것이다.

음악과 관련된 또 다른 와인은 우선 스페인 페네데스 지방의 '아트리움(Atrium)' 와인과 호주 바로사 밸리의 '이 마이너(E-minor)' 와인이다. 이 와인은 라벨에 높은 음자리표가 그려져 있으며, '피아니시모(Pianissimo)' 와인은 달콤한 화이트와인으로 '여리게'를 뜻하는 음표가 그려져 있다. 그러나 감미로운 음악 속에 와인의 조화를 생각하면 떠오르는 것이 바로 이탈리아 바바의 '스트라디바리오(Stradivario)' 와인이다. 피에몬트 몬페라토 지역의 언덕 위에 위치한 바바 와이너리는 목가적인 풍경 속에 피어오르는 감흥을 주체할 수가 없을 정도로 아름답다. 전통적인 이탈리아 와인의 최고 생산지인 피에몬트 지역은 네비올로 품종으로 만든 바롤로(Barolo)와 바르바레스코(Barbaresco)가 잘 알려져 있으며, 바바의 와인 라벨에는 최고 명기인 스트라디바리우스 바이올린이 그려져 있어 음악 와인으로 통한다. 소유주인 로베르토 바바는 메인 광장에 위치한 유명한 레스토랑인 '캐논 도르

비즈니스와 와인

▲ 이탈리아 바롤로 와인

(Cannon d'Ore)'에서 성대한 해물요리와 와인, 그리고 멋진 클래식을 공연한 후 유명세를 탔으며, 이후 해마다 포도밭에서 클래식 콘서트를 열어 와인 애호가들의 마음을 사로잡고 있다.

이탈리아 최고의 오페라 작곡가로 칭송받은 주세페 베르디(Giuseppe Verdi, 1813~1901)의 작품 중 "라 트라비아타(La Traviata)"에 나오는 '축배의 노래'를 들으면서 달콤하며 과일향이 풍부하고 알코올 도수가 낮은 피에몬트 아스티 지방의 '스푸만테' 와인을 음미해 보라. 여러분의 머리 속에 파리 사교계의 꽃 비올레타가 집에서 화려한 파티를 열고, 그녀를 둘러싼 숭배자 가운데 한 사람인 가스토네 자작이 오래 전부터 비올레타를 흠모해 온 알프레도 제르몽을 소개하는 장면이 떠오를지도 모른다. 알프레도는 그녀를 위해 축배의 노래 "벗이여, 밤새워 마시자!"를 부르며 사랑을 찬미한다.

발레 음악 '코펠리아(Coppélia)'로 유명한 프랑스 작곡가 들리브(Clement Philibert Leo Delibes; 1836~1891)의 오페라 "라끄메(Lakme)" 중 '꽃의 이중창'과 함께 프랑스 보르도 소테른의 달콤한 '샤토 디켐(Château d'guem)'을 마셔보자. 이국적인 정취가 물씬 풍기는 인도양의 실론 섬에 파견된 영국장교인 제라드와 라끄메의 은밀한 사랑 이야기가 들려올지도 모른다.

음악인들의 꿈의 고향 오스트리아에서는 모차르트, 베토벤, 요한 슈트라우스, 슈베르트, 브람스, 프란츠 폰 주페 등 이루 헤아릴 수 없이 많은 세계적 음악가들이 탄생하였다. 그 중에서도 위대한 작곡가이며, 고전주의에서 낭만주의의 전환기에 주요한 역사적 인물이었던 루트비히 반 베토벤(Ludwig van Beethoven; 1770~1827)은 와인이 술이기 전에 영감과 외로움을 달래주는 친구이자 사랑하는 여인이었다. 베토벤의 피아노 협주곡 5번 '황제(Emperor)'를 들으면서 헝가리 '로얄 토카이(Royal Tokaji)' 와인이나 프랑스 샹파뉴의 샴페인 '모에 & 샹동 동 페리뇽(Moët & Chandon Don Perignon)'을 마셔 보면 어떨까? 헝가리 로얄 토카이 와인을 마시면 '황제'란 이름에 걸맞게 위풍당당한 황제의 품격을 느낄 수 있을지도 모른다. 베토벤이 황제를 작곡하던 당시는 프랑스 나폴레옹 황제가 유럽을 침략하던 시기여서 어떤 사람들은

취미생활과 와인

▲ 가난했던 베토벤을 기념하여 생산된 오스트리아 비엔나의 베토벤 와인

베토벤의 황제가 나폴레옹이라고 생각할 수도 있다. 하지만 나폴레옹은 모에 샹동 샴페인을 즐겨 마셨으며, 오스트리아에 살았던 베토벤은 잃어가는 청력과 경제적 괴로움으로 나폴레옹을 미워했을 가능성이 더 크다.

오스트리아의 교향곡의 아버지 요제프 하이든(Joseph Haydn; 1732~1809)은 에스터하지(Esterházy) 궁에서 40년간 학장으로 있을 때 '에스터하지' 와인을 마시면서 작곡하여 특별한 인연을 갖고 있다.

이탈리아 바로크 시대의 독주곡과 합주곡 형식을 확립한 작곡가 비발디(Antonio Vivaldi; 1678~1741)의 '사계(四季)'를 감상할 때는 사계에 알맞은 와인이 있음을 잊지 말기 바란다. '봄'을 들을 때는 프랑스 루아르 지방의 소비뇽 블랑 와인을 통해 입안을 개운하게 생명의 환희를 맛보고, '여름'의 무더위 속에 시원하게 내리는 비와 천둥번개를 떠올리면서 지중해 연안 프로방스 로제와인을 마신다면 또 다른 여름의 정취를 느낄 수 있다. '가을'의 낭만과 쓸쓸함은 보르도 카베르네 소비뇽의 무거운 맛을 통해 성숙해짐을 느끼고, '겨울'의 어둡고 우울함 달래기 위해 독일 라인가우 지방의 달콤한 아이스바인을 마시면 사계의 추억을 만끽할 수 있다.

이탈리아의 작곡가 니노 로타(Nino Rota; 1911~1979)의 영화음악 '대부'를 들으면서 미국 캘리포니아 나파 밸리의 '오퍼스 원(Opus One)' 와인을 마셔 보자. 매우 흥겹고 아름답게 연출된 결혼 피로연이 떠오르고 부녀가 함께 춤추며 한때 행복했던 장면이 가슴 뭉클하게 다가올 것이다.

케니 G(Kenny G)의 로맨틱하고 밝은 발라드로 채워진 '리듬 앤 로맨스(Rhythm and Romance)'는 남아프리카공화국의 오뜨 카브리에르(Haute Cabriere) 와이너리에서 생산되는 '피에르 조르단(Pierre Jourdan)' 스파클링와인과 어울린다. 케니 G의 음악을 들으면서 스파클링와인을 마시면 낭만과 분위기가 무르익은 와인 저장고 안에 마련된 공연장에서 음악을 듣는 듯한 착각을 불러 일으킨다.

미국 워싱턴 컬럼비아의 샤토 생 미쉘(Chateau St. Michell)과 독일의 와인 명가 닥터 루센(Dr. Loosen)이 특별한 파트너쉽으로 미국 워싱턴 주에서 탄생시킨 신비한 리슬링 와인인 '에로이카 리슬링(Eroica Riesling)'은 베토벤 교향곡 3번을 의미하는 것으로 복숭아, 사과향이 나는 달콤함과 기분 좋은 산도가 어우러져 베토벤 교향곡이 머리 속을 떠나지 않는다.

칠레 몬테스 와인 회사는 포도품종에 어울리는 와인을 재미있게 소개해 놓고 있다. 카베르네 소비뇽은 기타리스트 지미 헨드릭스의 '올 얼롱 더 워치타워(All Along the Watchtower)'나 롤링 스톤스의 '홍키 통크 우먼(Honky Tonk Woman)'을 듣는다면 강한 무게감과 풍부한 타닌으로 우아한 질감을 제대로 느낄 수 있다. 시라는 푸치니의 '네숨 도르마(Nessum Dorma)'나 뉴에이지 가수 엔야의 '오리노코 플로(Orinoco Flow)'의 곡으로 더욱 개성 넘치고 고급스럽고 화려한 맛을 볼 수 있다. 메를로는 오티스 레딩의 '시팅 온 더 닥 오브 더 베이(Sitting on The Dock of The Bay)'이나 라이오넬 리치의 '이지(Easy)'의 감미롭고 로맨틱한 음악으로 더욱 부드럽고 풍성한 맛의 와인을 찾을 수 있다. 샤르도네는 블론디의 '아토믹(Atomic)'이나 티나 터너의 '왓츠 러브 갓 투 두 위드 잇(What's Love Got To Do with it)'의 템포 빠른 음악과 함께 마시면 기분 전환에도 도움되고, 특유의 신선함과 상큼함이 더해지는 것을 느낄 수 있다. 리슬링은 피아니스트 케빈 컨의 '댄스 오브 드래곤플라이(Dance of Dragonfly)'이나 피아니스트 유크 구라모토의 '어 송 오브 스완(A Song of Swan)'의 서정적이고 아름다운 뉴에이지 연주곡으로 더욱 세련되고 섬세한 느낌의 환상적인 분위기를 창출해준다.

미술관, 박물관이 있는 스페인 보데가스 온타뇽

예전에도 스페인 와인을 '잠자는 거인'이라고 했지만, 이제는 세계 와인시장에서도 무서운 돌풍을 일으키고 있다. 그 중 보데가스 온타뇽(Bodegas Ontañon) 와인은 1984년 리오하 지방의 작은 마을 쿠엘(Quel)에 있는 페레즈 쿠에바스(Perez Cuevas) 가문에 의해 양조되어 어느새 유명하게 되었다. 이 와인은 1999년 리오하 지방의 중심지 로그로노(Logrono)에 있는 보데가에 미술관 겸 박물관을 설립하면서 유명해졌다. 리오하의 천재적인 예술가인 '미구엘 앙겔 사인즈(Miguel Angel Signz)'의 그림과 조각 작품들을 바탕으로 와인을 양조하기 위한 아름다운 보데가를 만들었고, 현재 가장 아름다운 와이너리로 문화·예술 부문에서 세계 Top 5에 속한다. 보데가를 예술의 경지에 이르게 한 공로를 인정받아 '보데가스 뮤제오(Bodegas Museo; 미술관 와이너리)'라는 별명까지 얻었으며, 세계적인 성악가 플라시도 도밍고(Placido Domingo)가 예술 감독으로 있는 워싱턴 오페라의 공식 지정 와인으로 선정되기도 하였다.

리오하는 스페인 중북부에 있는 와인산지로 북쪽으로는 피레네 산맥, 서쪽으로는 코르딜레라 칸타브리카 산맥이 있어 거기서 뻗어 나온 구릉지에 포도밭이 산재해 있다. 19세기 중반 프랑스의 보르도인들이 필록세라를 피해 리오하 지역으로 건너오면서 형성되었으며 리오하를 종종 '스페인의 보르도'라고 하지만 와인의 성격은 오히려 부르고뉴에 가깝다.

보데가스 온타뇽은 짧은 역사 속에서도 리오하의 쿠엘, 로그로뇨, 알데아누에바 데 에브로와 리베라 델 두에로에 280헥타르의 포도밭을 일구고 보데가를 설립하였으며, 친환경 유기농법을 사용하여 자연의 깊이를 그대로 담은 훌륭한 와인을 양조하여 2009년 리오하 와인협회에서 리오하를 대표하는 크리안자 와인으로 선정되었다. 최근 국내외 국제와인박람회에서 금상을 수상하면서 최고의 와인으로 평가를 받고 있다.

보데가스 온타뇽에서 생산하는 와인 중, '온타뇽 크리안자(Ontañon Crianza)'와 '온타뇽 보얀테(Ontañon Boyante)'가 가장 많은 사랑을 받고 있는데 그 중에서도 온타뇽 크리안자는 리오하 DOC급으로 보데가스 온타뇽이 추구하는 차별화된 균형미를 보여주고 있다. 스페인의 대표적 포도품종인 템프라니뇨 90%와 가르나챠 10%를 블렌딩했으며 알코올은 13%, 블랙 체리 빛깔이 아주 아름다우며 아로마는 발사믹향과 스파이시하면서 풍부한 향을 과일, 버터, 가죽, 송로버섯 등의 향과 함께 느낄 수 있다. 스페인 와인이 보여주는 특징인, 입안을 가득 채우는 과일향이 부드러우면서도 섬세한 깊이와 함께 높은 산미로 예술적인 균형을 느낄 수 있다.

'프렌치 패러독스'

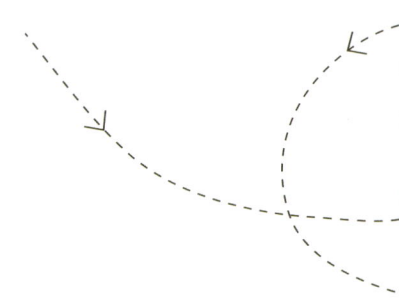

🍷 와인과 건강

'노인들의 우유'라는 별명을 가진 와인은 몇 년 전 국내에서도 "생로병사의 비밀"이란 프로그램에서 와인이 노인 건강에 유익하다고 방송을 한 적이 있었다. 그래서 젊은 사람들이 한때 부모님께 건강하게 장수하도록 와인을 많이 선물하기도 하였다.

BC 460년경 고대 '그리스 의학의 아버지'라고 불리는 히포크라테스(Hippocrates; B.C460?~B.C 377?)는 와인의 효능에 대해 "적절한 시간에 적당한 양의 와인을 마시면 질병을 예방하고 건강을 유지할 수 있으며, 소화가 잘되고 머리도 맑아지며 아름다워진다"고 했다. 이집트에서 발견된 파피루스(Papyrus; 고대 이집트 파라오 연대기)에서도 와인이 포함된 처방전이 발견되었다.

고대인들은 와인이 위장병과 비뇨기 질환에 효험이 있다고 믿고 있었으며, 성경 디모데전서(5:23)에는 사도 바울이 제자에게 "이제부터 물만 마시지 말고 위장병 치유를 위해 와인을 조금씩 마셔라"고 하였다. 고대 로마의 정치가인 카토(Marcus Porcius Cato; BC 234~149)는 "향나무나 도금양의 꽃잎을 와인에 띄워 마시면 뱀에 물린 상처, 변비, 통풍, 설사 치료에 좋다"고 하였다. 그리스 로마시대 와인은 종교와 일상생활뿐 아니라 의사나 수의사들의 처방전에 빠짐없이 들어가는 필수 요소였다.

14세기 프랑스 외과의사 앙리 드 몽드빌(Henri de Mondeville; 1260~1320)은 '와

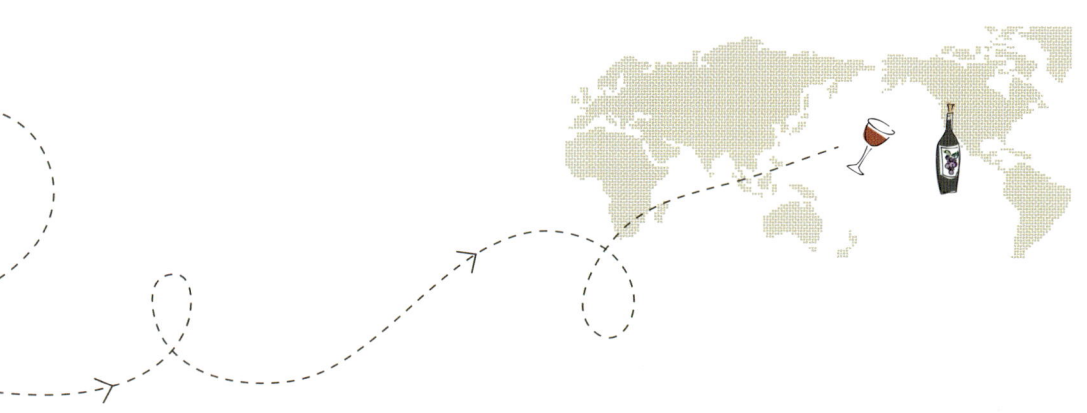

인이 피를 맑게 해준다.'고 주장하면서 환자들에게 와인 처방을 하였다. 루이 파스퇴르(Louis Pasteur; 1822~1895)는 '와인은 건강에 유익하고 위생적'이라고 하였으며, 1903년 프랑스 국회는 와인을 건강에 좋고 위생적인 음료로 공식 지정하였다.

1991년 미국 CBS의 와인과 건강 프로그램인 "60 Minutes"에서 "프렌치 패러독스(The French Paradox; 프랑스인들이 미국인과 영국인 못지 않게 고지방 식이법을 하고도 허혈성 심장병에 덜 걸리는 현상을 말한다. 그 원인이 레드와인 덕분이라고 보고되었다.)"를 시청한 소비자들이 와인을 구매할 때 얼마나 건강을 생각하는지 알아보기 위해 방영 전후의 판매를 시험하였다. 그 결과 방영 후 미국에서의 레드와인 판매는 방영 전과 비교하였을 때 44.5%가 증가한 것으로 나타났다.

그 동안 많은 학자들이 와인의 건강 효과를 규명하기 위해 연구하고 노력해 왔다. 와인에는 약 600여 가지의 성분이 들어있으며 레드와인의 포도껍질과 씨에 많이 함유된 페놀(phenol) 화합물은 항산화작용으로 동맥경화의 원인인 콜레스테롤을 억제해 심장질환 발병의 위험을 줄여준다. 또 발암물질의 형성이나 변경, 종양세포의 흡착 등을 감소시킴으로써 항암작용에도 효과적이며, 노년의 퇴행성 질환의 원인인 각종 질병을 예방해 주는 것으로 나타났다.

와인의 초산, 주석산, 타닌산 등의 유기산은 식욕을 촉진시키며, 젖산균과 글리

비즈니스와 와인

와인의 민간요법

계절이 바뀔 때, 업무과중으로 피부가 거칠어질 때, 세면기에 미지근한 물과 함께 와인 한잔 정도를 붓고 톡톡 두드리면서 세면을 하면 효과적이다. 피곤할 때 세숫대야에 따뜻한 물을 붓고 와인 두잔 정도를 넣어 30분 정도 발을 담그고 있으면 피로 회복에 도움을 준다. 유럽에서는 감기 예방 및 치료를 위해 와인을 이용하는데 냄비에 레드와인 1병을 붓고 중탕을 하면서 계피나무 껍질 2~3조각, 꿀, 오렌지껍질 또는 유자차를 넣은 후 5분 정도 약한 불에 데워 마시면 탁월한 효과를 본다. 이것을 '뱅쇼(vinchaud)'라고 하며 독일에서는 '글뤼바인(glühwein)', 미국에서는 '멀드 와인(mulled wine)'이라고 한다.

세린은 소화불량과 변비에 효과적이다. 위염과 위암의 원인을 제공하는 헬리코박터 위장균(Helicobacter Pylori)에 대한 살균력을 지녀 위장병에도 효과적이다.

무기질의 흡수를 도와 철분 결핍으로 생기는 빈혈에도 도움을 주고, 기억력과 기분 등을 조절하는 세라토닌(serotonin)의 수치를 높여 스트레스성 우울증 치료와 진정작용에도 효과적이다. 피부의 기미, 주름 등의 노화도 막아주며, 감정의 긴장 상태에서 오는 과식을 억제하고 신진대사를 도와 다이어트에도 효과가 좋다.

최근 연구에 따르면 와인을 마시는 사람들은 맥주를 마시는 사람들에 비해 올리브, 신선한 과일, 야채, 저지방 유제품 등 지중해 식단에 근접한 건강에 좋은 식품을 구매하는 경향이 있다는 결과가 나왔다. 와인과 연계된 식단도 건강에 부가적인 득을 가져다주며, 음식과의 조화는 건강한 삶을 유지시켜 준다고 할 수 있다.

미국에서는 와인병에 건강에 이롭다는 문구가 이례적으로 새겨져 건강효과를 입증하고 있으며, 국내의 한 개인병원에는 진료실에 와인 바를 설치하여 치료 전후 긴장된 심신을 이완시켜 주는 효과를 보고 있다고 한다.

장수의 대명사인 와인을 매일 1~2잔씩 마시면 심장병, 미용 등에 효과를 볼 수 있지만 와인은 술이므로 지나치게 많이 마시는 것은 오히려 건강을 해칠 수 있다.

'프렌치 패러독스'

🍷 와인과 섹스

　루이 파스퇴르(Louis Pasteur)는 "와인은 모든 술 가운데 건강에 가장 유익한 술이다"라고 했고, 영국의 와인 평론가 휴 존슨(Hugh Johnson)은 'Wine lovers are good looking, intelligent, sexy and healthy'라고 했듯이 와인은 여러 가지 효능을 갖고 있다. 그 중에서도 칼륨, 소디움, 마그네슘, 칼슘, 철분, 인, 비타민 B와 P등을 함유하고 있으며, 스트레스를 없애는 진정제 성분과 신장을 좋게 하는 등 다른 술과는 달리 산성 체질을 알칼리성 체질로 바꿔주는 유일한 술이다.

　고대 그리스 사람들은 와인을 마신 인간들의 모습을 다양하게 표현하고 있다. 한 잔을 마시면 건강에 유익하며, 두 잔을 마시면 사랑과 섹스에 유익하며, 세 잔을 마시면 숙면에 유익하며, 넉 잔을 마시면 나쁜 행동을 유발하게 되고, 다섯 잔을 마시면 고함을 지르게 되고, 여섯 잔을 마시면 건방진 태도와 욕설이 난무하게 되고, 일곱 잔을 마시면 싸움으로 이어지고, 여덟 잔을 마시면 집기를 부수고, 아홉 잔을 마시면 절망에 빠지고, 열 잔을 마시면 미쳐버리거나 무의식에 빠진다.

▲ 일본 고베 와이너리에 있는 동상

　고대 이집트 벽화에서는 와인을 사랑이나 섹스로 연결시켜 보여주기도 한다. 여성들이 속이 비치는 옷을 입고 사랑을 상징하는 연꽃잎과 맨드레이크(mandrake) 열매를 들고 있는 모습과 옷을 입지 않은 하녀들이 와인을 따르고 있는 그림이 보여진다. 이 시대 포도송이는 다산(多産)을 의미하므로 와인과 섹스를 연결짓고 있다.

　고대 로마 폼페이는 서기 79년 베수비오 화산이 폭발하여 매몰되기 전까지 환락의 도시로 유명하였다. 당시 폼페이는 작은 도시인데도 와인주점이 200

개가 넘을 정도였다고 전한다. 와인은 남녀 사이에 대화의 물꼬를 트고 서로의 정을 다지는 도구로 사용되었고 로맨스와 섹스의 상징이었다. 근대 이후 샴페인의 등장은 남녀의 로맨스에 활력소가 되었다.

가끔 음식을 먹는 것으로 섹스를 은유적으로 표현하기도 한다. 섹스(to have sex)를 음식의 섭취(to have eat)와 동일시하는 것으로 한쪽 성의 생식기가 다른 성을 음식으로 표현되고 있다. 식사와 섹스의 유사성을 찾아 보면 외부의 물질이 내부로 들어오는 것으로 생명과 성장에 필수적이며, 즐거움이 있어야 한다는 것이다. 먹을 때는 항상 마시는 것이 포함되어 있었기 때문에 그리스 로마시대는 와인도 음식으로 취급하였다.

인간의 식욕중추와 성욕중추는 뇌의 시상하부와 가깝게 있기 때문에 음식과 와인의 개체보존행위와 섹스라는 종의 보존행위가 밀접하게 관련된 것으로 여겨지기도 한다.

2017년 10월 'Business Insider'에서 레드와인과 섹스에 대해 발표하였는데 'Why red wine drinks may have the best sex, according to science'라는 제목의 글이다. 술을 마시는 사람들은 누구나 선호하는 술과 피하는 술이 있지만, '만약 섹스를 할려는 남녀가 와인 숍에서 술을 선택하는 것은 레드와인이다.' 라고 했다.

▲ 프랑스 샹파뉴 샴페인 모에 & 샹동 동 페리뇽 광고

2009년 이탈리아 피렌체 대학의 니콜라 몬다이니 박사(Dr. Nicola Mondaini)는 성의학 저널(Journal of Sexual Medicine)에 '적당량의 레드와인과 여성의 성 건강 사이의 관계'라는 제목의 논문을 통해 와인이 섹스에 미치는 영향을 발표했다. 건강한 여성 성인 18세~50세 798명을 대상으로 성욕, 성적 흥분, 질 내 건조도, 오르가슴, 섹스 후 만족도 등 6가지 지표 등으로 구성된 여성 성기능지수(Female Sexual

'프렌치 패러독스'

Function Index)로 실험을 했다. 하루에 매일 1~2잔씩 레드와인을 마신 여성 그룹, 레드와인이 아닌 다른 술을 마신 여성 그룹, 술을 전혀 마시지 않은 여성 그룹 간의 차이 분석을 했다. 레드와인을 마신 그룹이 다른 술을 마신 그룹에 비해 평균 2점, 술을 전혀 마시지 않은 그룹에 비해서는 평균 4점이 높은 결과를 도출했다.

2012년 영국의 킹스턴 대학교 연구팀이 'Jenkinson et al. Nutrition Journal'에 발표한 와인과 남성 섹스의 연구에 따르면 레드와인은 남성 호르몬인 테스토스테론(Testosterone)의 혈중 농도를 높여서 성적인 욕망을 증가시키는 것으로 나타났고, 그 이유는 레드와인에 많이 함유된 화합물 퀘르세틴(Quercetin)이 UGT2B17 유전자의 효소 작용을 막아서 테스토스테론이 소변을 통해 체외로 소실되는 것을 줄여주기 때문이라고 했다.

'사랑의 묘약'으로 불리는 와인으로 갈등 해결을 시도해볼 수도 있다. 먼저 부부를 위한 고급 와인글라스 2개를 구입하고 달콤한 화이트와인을 준비한다. 와인애호가라면 명품 레드와인을 준비하면 더욱 효과적이다. 저녁식사 후에 와인을 오픈하고 간단한 치즈를 준비하여 와인을 마시면서 하루의 일과를 얘기하다 보면 단절된 시간이 반전될 수도 있으며, 와인의 향기와 맛이 우아하게 성숙될 때 부부애를 확인할 수 있는 시간이 찾아오게 된다.

▲ 프랑스 루시옹의 바니울스 와이너리의 와인을 마시는 여자

우리나라 사람들은 대부분 와인을 식사 때 음식과 마시기보다 주로 잠들기 전 마시는 수면제로 사용하는데 이제는 부부간의 대화를 위한 와인으로 바꾸어보는 것도 좋을 듯하다.

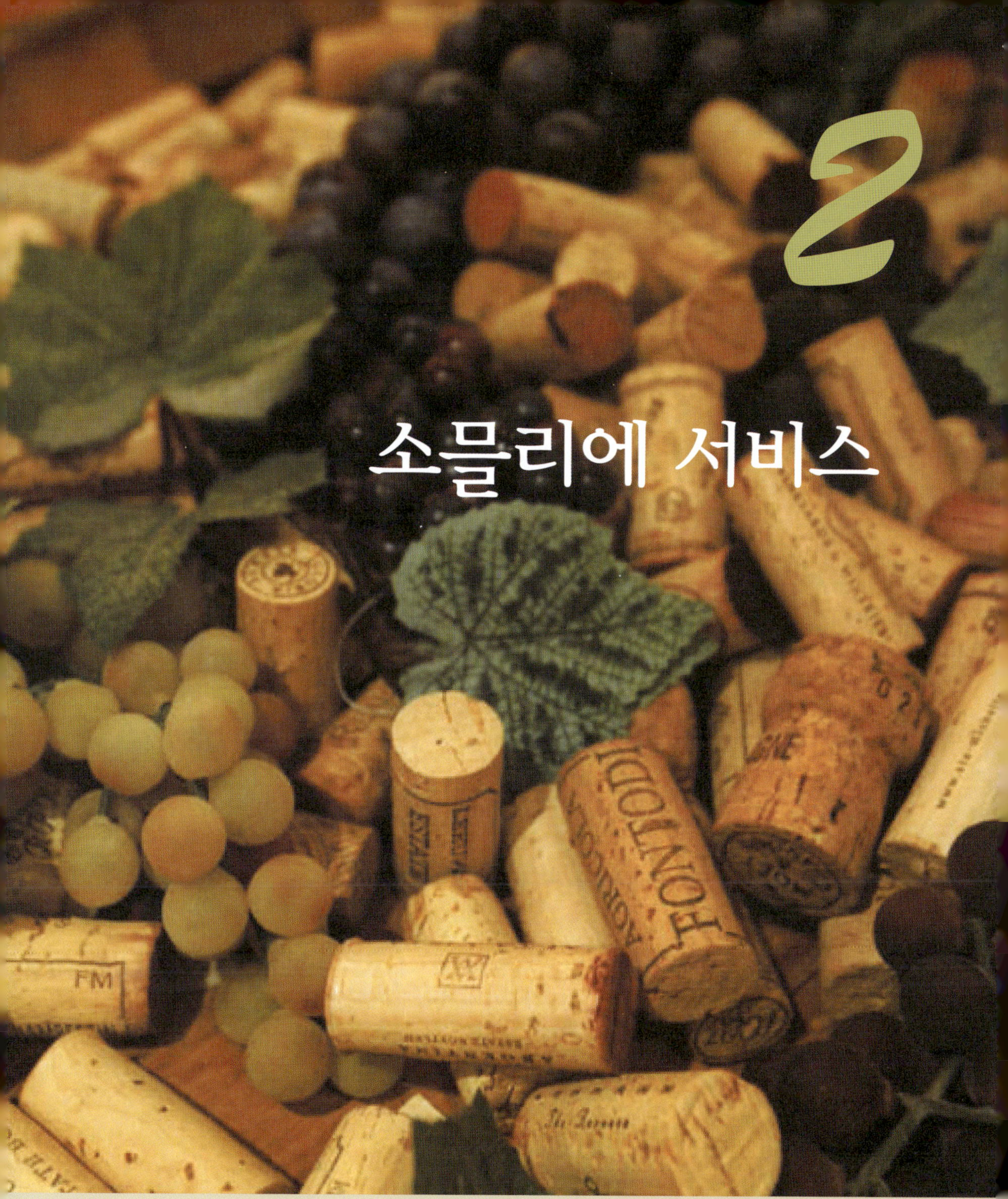

2

소믈리에 서비스

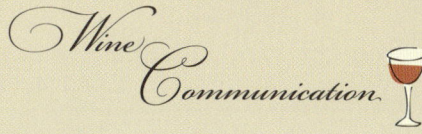

와인의 세계에서 품질 향상과 유지를 위한 3대 발명품이 있는데 그것은 바로 유리병과 유황, 그리고 코르크이다. 이 중에 하나라도 빠지면 와인보관과 장기 숙성에 막대한 지장을 초래하므로 위대한 와인의 탄생은 없었을 것이다.

소믈리에

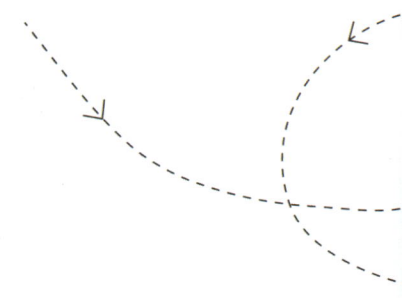

🍷 와인 바의 개념

    와인은 8,000년 전부터 양조되었지만 인류 역사상 최초의 술은 맥주로 8,500년 전에 양조되었다고 한다. 하지만 근대 술의 역사는 1944년 노르망디 상륙작전 이후 이뤄진 맥주양조사업을 시작으로 본다. 최초의 술집들은 도로와 운하를 따라 생겼으며 여행객들에게 숙식을 제공하던 수도원이 곧 지역 주민들의 사교와 사회생활을 위한 만남의 장으로 이용되었고 '바(bar)'의 유래도 여기서 시작되었다.

    바는 프랑스어 '바리에르(bariere)'에서 파생한 말로 손님과 바텐더 사이에 놓인 널빤지를 의미하다가 요즘은 분위기가 아늑한 술집, 바텐더가 고객에게 칵테일이나 음료를 제공하는 술집을 의미하게 되었다. 와인 바는 소믈리에에 의해 와인을 추천받거나 제공받고 간단하게 음식과 안주를 먹는 곳을 말한다.

    바의 종류는 매우 다양하고 복합적이어서 쉽게 구분하기 어렵지만 바의 특성에 따라 다음과 같이 분류해 볼 수 있다.

    와인 바는 서비스의 형태나 인테리어를 기준으로 나눈 것이 아니라 고객에게 제공하는 주류의 주종이 와인이라는 것을 말한다. 식사 자체에 중심을 두지 않고 간단한 안주와 함께 와인 자체를 즐긴다는 점에서 레스토랑과 구별된다.

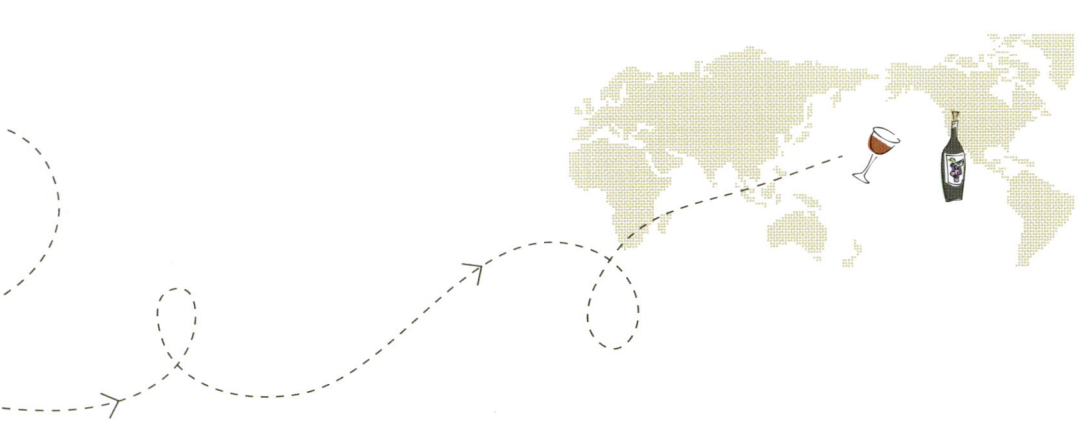

유형	특성
클래식 바	맥주보다는 위스키와 꼬냑과 같은 하드 리큐어(hard liquor)판매를 위주로 하고 각테일도 펀치류보다 전통적 레시피에 중점을 둔다.
재즈 바	바 분위기와 운영에 있어서 라이브 재즈 연주와 같이 음악이 차지하는 비중이 매우 높다.
시가 바	시가 마니아들을 위한 공간으로서 각종 고급 시가를 구비하고 있다.
엔터테인먼트 바	영업의 중심을 엔터테인먼트에 두고 흥미있고 재미있는 공연을 보여준다.
웨스턴 바	목조 위주의 인테리어로 미국 서부 개척 시대의 분위기를 낸다.
스포츠 바	바 안에 스크린, TV, 당구대 및 다트 등을 구비하여 고객이 직접 참여하고 즐길 수 있는 시설을 갖추고 있다.
피아노 바	피아니스트에 의해 노래와 피아노가 연주된다.
가라오케 바	가라오케 시스템으로 고객이 노래를 부를 수 있도록 반주와 조명이 제공된다.
비어 바	바 중앙에 비어 테이블을 설치하여 세계 각국의 맥주를 고객이 자유롭게 뽑아 마시도록 설치되어 있다.
퓨전 바	클래식 바와 엔터테인먼트 바의 분위기를 동시에 볼 수 있는 바이다.
모바일 바	이동하면서 서비스하는 바를 말한다. 호텔 로비나 비행기 안 음료 서비스가 여기에 해당된다.
와인 바	국내에서 선보인 와인 바로 세계 각국의 다양한 와인을 중심으로 판매되며, 소믈리에가 있다.

소믈리에 서비스

다음은 와인의 특성을 고려해 와인 바가 갖춰야 할 조건들이다. 이 기준을 충족시킨다면 와인 바를 찾는 고객들도 만족할 것이다.

첫째, 음식과 와인의 조화

와인은 궁합에 맞는 음식과 어우러질 때 한층 더 깊은 맛을 볼 수 있으며, 와인의 향과 맛도 그 진가를 발휘하게 된다. 따라서 와인 리스트와 음식 메뉴의 적절한 구성과 조화가 중요하다.

둘째, 소믈리에의 역할

와인을 즐길 때는 전문지식이 필요 없지만 수많은 와인 중에서 적절한 가격대의 좋은 와인을 선택하고 이를 최상의 상태로 보관하였다가 고객의 취향에 맞추어 서비스하기 위해서는 전문적인 지식이 필요하다. 와인 바는 와인에 대한 전문지식을 갖추고 수준 높은 서비스를 제공하는 소믈리에의 역할이 매우 중요하다.

셋째, 와인 리스트

와인은 다른 주류와 달리 같은 맛을 지닌 것이 하나도 없다. 국가별, 지역별, 등급별로 매우 다양하며, 빈티지에 따른 개성 또한 제각각이기 때문에 와인 바 최고의 프로모션 전략은 고객의 취향과 선호도에 맞는 와인 리스트의 구성이다.

▲ 스위스 보(Vaud) 지역의 와인숍 겸 테이스팅 룸

소믈리에

넷째, 와인 서비스를 위한 기물의 보유

와인은 오감을 충족시키는 기호식품이다. 글라스에 따라 맛도 달라질 수 있으므로 종류와 숙성년도에 따라 글라스를 선택하여 제공해야 한다. 와인의 특성에 따라 와인 바스켓, 와인 쿨러, 디켄터 등의 필요 여부도 판단해 서비스해야 하기 때문에 수준 높은 와인 서비스를 위해서는 적절한 기물의 보유가 중요하다.

🍷 소믈리에 역사와 정의

최근 레스토랑의 성공요인은 고객 만족(Customer Satisfaction; CS)이며, 고객 만족을 위한 주체는 CS(chef & sommelier)이다. 즉, 레스토랑의 차별화는 최고의 쉐프와 소믈리에의 채용에 있다. 소믈리에는 일반 레스토랑에서부터 고급 레스토랑, 와인 전문매장, 정통 와인 바에 이르기까지 와인 관련 업무(와인 선정, 구매, 관리, 음식에 맞는 와인 추천 등)에 책임을 지고 경영에도 참여하는 와인 전문가를 말하여, 사회적으로 인정받는 직업으로 성장하고 있다.

불어에서 나온 'sommelier'는 영어사전에 '레스토랑의 와인 담당 웨이터'라고 기술되어 있고, 불어사전에는 '큰 저택, 호텔, 기숙사 따위의 식료품 담당자', 혹은 '카페, 음식점 따위의 와인 담당 보이'로 기술되어 있다. 프로방스어인 'Bete de Somme'에서 'Sommellerie'가 되었으며 영어로는 'Beast of Burden' 즉 '짐을 나르는 동물'로 해석할 수 있다. 처음 'Sommelier'는 목부나 목동, 소(牛)를 이용하여 식음료를 나르는 마부, 혹은 동물들에게 짐을 지우는 사람'이었다. 과거, 와인 양조장에서는 오크통을 나르고 와인을 관리하는 사람을 지칭하였으며, 왕실에서는 공식적인 직책으로 짐을 운반하고, 식품을 저장하고, 지하 저장고를 관리하던 사람을 말한다.

14세기경 프랑스에서는 식음료 담당을 '에셩송(L'echanson; 술 따르는 사람)'이라고 불렀고, 그 후 '왕궁에서 와인과 음식을 준비해 식탁을 차리는 사람'이 되었다. 프랑스 르네상스 시대에는 귀족들의 자금을 확보하기 위해 와인과 식료품을 사고팔기도 했으며, 여행을 위한 식료품과 와인을 'Somme'라 불리는 저장소에 보관하고, 주인이 식사하기 전에 먼저 와인과 음식을 시식하여 안전 여부를 미리 확인하기

소믈리에 서비스

도 했다. 18세기 산업혁명과 증기기관차의 등장으로 마차를 끌던 사람들은 와인 양조장에서 와인을 관리하거나 오크통의 와인을 나르는 업무를 담당하게 되었다.

1800년대, 영국과 남아프리카공화국 사이에 와인 거래가 활발해지면서 긴 시간의 운송으로 상한 와인을 마신 병사들이 집단 사망하는 사건이 발생하였다. 이 사건으로 1811년 영국 정부는 소믈리에 및 컨설턴트 제도를 공식적으로 법제화하여 영국으로 수출하는 모든 와인은 소믈리에의 검사와 승인을 받도록 하는 절차가 시작되었다. 프랑스 파리에서는 18세기 말 왕정이 무너지고 공화정이 들어서면서 호텔 레스토랑과 함께 소믈리에가 등장했으며, 19세기에 들어선 레스토랑, 선술집 등에서 와인을 서비스하는 사람이 전문 직업인으로 인식되었다.

1900년경 프랑스 정부는 와인 수출과 활성화를 위해 소믈리에협회 조직을 추진하여 800명의 소믈리에들이 '파리소믈리에조합'을 결성하였으나 200명만 활동하다가 제2차 세계대전 이후 사라졌다. 그리고 다시 1967년 '프랑스소믈리에협회'가 재결성되어 10개의 지부를 두고 활동하게 되었다. 또한 '세계베스트소믈리에경기대회'를 개최하여 소믈리에 붐을 조성하고, '국제소믈리에협회(ASI; Association de la Sommellerie Internationale)' 탄생에도 기여하였다.

▼ 2019년 벨기에 안트워프에서 개최된 세계베스트소믈리에경기대회

소믈리에

ASI는 1969년 유럽 와인 생산국을 중심으로 탄생하여 2023년 현재 67개국이 가입하였으며, 우리나라는 1995년 '한국국제소믈리에협회(KISA; Korea International Sommelier Association)'가 정식으로 가입하였다. 아시아권에서는 일본, 한국, 홍콩, 호주, 뉴질랜드, 태국, 말레이시아, 필리핀, 대만, 카자흐스탄 등이 정회원국이다. 국제소믈리에협회(ASI)는 전문적인 소믈리에 양성에 목적을 두면서 3년마다 소믈리에의 올림픽인 '세계베스트소믈리에경기대회'를 개최하고 있다.

한때 미국의 소믈리에들은 '턱시도를 입고, 타스트뱅(tastevin; 둥근 모양의 은으로 된 와인 감정 도구로 와인 맛을 테이스팅하는 데 사용하였으나 최근에는 유리글라스로 대체)을 목에 걸고, 아치형 눈썹'을 하고 고객들에게 비싼 와인을 팔기 위한 '와인 어드바이서'로 풍자되었다. 그러자 1980년대, 미국의 소믈리에들은 이러한 이미지를 바꾸기 위해 프랑스어인 소믈리에 대신 영어인 'Wine Waiter', 'Wine Buyer', 'Wine Steward'라는 이름을 사용하다가 최근에 다시 소믈리에로 부르고 있다.

국내는 와인 생산이 많지 않아 와인관련 직업 중에서도 와인을 수입하여 유통하는 기업이 있지만 소비의 최종 단계인 와인을 고객에게 서비스하는 소믈리에라는 직업이 오히려 더 '와인전문가'로 취급받고 있다.

🍷 소믈리에 역할과 자질

소믈리에는 오랫동인 와인을 공부하고 맛에 대한 경험을 쌓아 와인을 평가하며 서비스에 전문지식을 갖춘 사람을 말한다. 와인 선택부터 저장, 재고현황 파악, 레스토랑 종사원들의 와인교육훈련은 물론, 고객에게 와인을 추천하고 서비스하는 역할까지 담당하면서 업무 영역도 확대되고 있다. 소믈리에는 와인전문가이면서 레스토랑 종사원이다. 그래서 고객이 주문한 음식을 서비스하고 와인을 추천해주는 역할과 함께 손님이 와인을 마시지 않아도 식음료 서비스를 해야 한다.

소믈리에 자질의 첫째, 음료지식이 해박해야 한다. 와인뿐 아니라 증류주, 미네랄 워터, 커피, 홍차, 사케, 전통주, 맥주 등 모든 음료에 대해 알고 있어야 한다. 둘째, 음식과 와인의 조화도 공부해야 하며 그러기 위해서는 음식의 역사와 유래, 조

소믈리에 서비스

▲ 2015년 홍콩에서 개최된 아시아·오세아니아 베스트소믈리에경기대회 이정훈, 김경환 국가대표 소믈리에와 KISA임원들

리방법, 소스 등의 정보도 필요하다. 셋째, 고객의 기호와 취향을 파악하여 고객이 원하는 음식과 조화가 되는 와인을 제공해야 한다. 넷째, 와인 블라인드 테이스팅 능력을 키워 전문가로 인정받아야 한다. 또한 전세계의 와인들을 시음하고 공부하여 각 와인별 특성을 고객들에게 설명할 수 있는 능력을 갖추어야 한다. 마지막으로 소믈리에는 와인 리스트를 작성하여 더 폭넓은 지식을 쌓으며, 레스토랑의 와인 프로모션과 이벤트를 통해 영업 활성화에 일익을 담당해야 한다.

　테이스팅을 할 때는 와인을 분석하면서 과학적으로 공부하되 주관적인 판단력도 갖춰야 한다. 객관적인 정보를 차단한 가운데 자신의 주관적 판단으로 가격대비 품질이 우수한 와인을 선택할 수 있어야 하기 때문이다. 레스토랑에서 이뤄지는 테이스팅은 고객 대신 와인을 미리 맛보는 일로 좋은 와인의 개성을 알기 위해 품종, 토양, 기후 등도 알아야 한다.

　또한 와인 테이스팅은 와인의 결점을 찾아내는 것으로 손님이 마시기 전 우선 코르크 냄새를 맡아 본다. 코르크에 이상한 냄새가 있는 와인을 제공할 수도 있는데 코르크가 변질된 것을 영어로는 코르키(corky), 불어로는 부쇼네(bouchonné)라고 한다. 소믈리에는 와인이 변질된 경우 이에 대처하는 능력도 갖추어야 한다.

소믈리에

🍷 소믈리에 자격 조건

소믈리에는 국가별로 자격증제도를 시행하고 있다. 프랑스에서는 소믈리에 자격증(Le Brevet Professionnel de Sommelier)을 취득하기 위해서 와인교육기관에서 400시간의 교육과정을 이수한 사람으로 프랑스 케이터링 디플로마 소지자 또는 레스토랑 관련 직업에서 2년 이상의 경력이 요구되며, 디플로마가 없을 때는 5년 이상의 레스토랑 전문경력을 응시 자격조건으로 하고 있다.

소믈리에로서 가장 영예로운 자격은 영국에 있는 코트 오브 마스터소믈리에 협회(The Court of Master Sommelier; CMS)에서 부여하는 마스터소믈리에(Master Sommelier; MS)이다. 코트 오브 마스터소믈리에협회는 호텔과 레스토랑에서 와인과 기타 음료에 관한 지식과 서비스 수준을 향상시키기 위해 1969년 영국에서 창설되었다. 그 해 첫 마스터소믈리에 시험이 실시된 이후 전 세계에 2023년 기준으로 220명이 마스터소믈리에 자격증을 보유하고 있다. 이들은 호텔과 레스토랑에서 주류 판매 업장의 전반적인 관리, 운영, 판매, 서비스에 필요한 지식과 기술을 서비스하고, 테이스팅 능력과 함께 현장 업무에 중점을 두는 와인전문가들이다. CMS는 4단계(Introductory Sommeliers Course, Certified Sommelier Exam, Advanced Sommelier Course, Master Sommelier Diploma)의 등급이 있으며, 각 단계별 시험(필기, 시음평가, 서비스 시험 등)을 통과해야만 MS를 부여받을 수 있다.

▲ 이탈리아 피에몬트 지방의 레스토랑에 있는 소믈리에 자격증

영국에서는 와인 양조업체와 와인·주류 협회의 후원아래 와인마스터협회(Institute of Masters of Wine; IMW)가 주관하는 마스터 오브 와인(Master of Wine; MW)이 시행되고 있다. 마스터소믈리에보다 이론적 성격이 강하며 네고시앙과 와이너리의 와인 메이커, 저널리스트, 와인 평론가 등을 대상으로 한다. 전 세계 와인에 대한 평가를 얼마나 정확하게 하는지를 보며 이를 표

현하는 능력 등에 중점을 두어 자격을 주는 제도이다. MW시험은 3단계(1년 교육과정, 2년 교육과정, 논술)로 구성된 IMW 교육 프로그램 중에서 2년 교육과정을 이수해야 자격조건이 주어지며 런던, 캘리포니아, 시드니에서 6월경 동시에 실시한다.

35년의 전통을 가진 영국의 WSET(Wine & Spirit Education Trust)는 대표적인 와인교육 및 디플로마 발급 기관으로 와인전문가 양성과 저변확대에 기여하고 있다. 교육과정은 초급부터 전문가 과정까지 5단계(Fundation Certificate, Intermediate Certificate, Advanced Certificate, Diploma, Honours Diploma)로 구성된다. 1969년에 창립된 국제소믈리에협회(ASI)에서 매년 'ASI 디플로마' 시험을 치르고 자격증(Gold, Silver 등급)을 발급한다. 'ASI 디플로마'는 '마스터 소믈리에' 자격증과 쌍벽을 이루고 있다. 2022년부터 ASI Sommelier Certificate Ⅰ, Ⅱ를 추가했다.

독일은 호텔전문학교를 비롯한 와인전문교육기관이 40개 이상이며, 소믈리에 자격은 국가공인소믈리에 자격, IHK(Industrie-und Handelskammer) 소믈리에 자격, 독일 소믈리에협회 자격으로 구분된다. 국가공인소믈리에 자격은 하이델베르크 호텔전문학교에서 1년 과정을 이수해야 취득가능하며, IHK 소믈리에 자격은 관련분야에서 최소 2년 이상의 경력을 갖춘 조건이면 시험에 응시할 수 있다. 또한 독일소믈리에협회 자격을 취득하기 위해서는 교육과정 이수, 실무경험, 협회시험에 합격하여야 한다.

오스트리아는 와인아카데미(Weinakademie Oesterreich)라는 대표적인 와인교육 기관이 있는데 호텔 레스토랑 분야의 직업교육을 이수하고, 실무경력 최소 2년 이상인 사람이어야 입학이 가능하다. 교육과정은 와인기초단계, 고급단계 1·2와 와인과 음식 디플로마 단계로 구분되며 독일과 비슷한 교육내용과 자격취득 조건을 갖추고 있다.

일본은 일본소믈리에협회(JSA; Japan Sommelier Association)에서 주관하는 소믈리에, 와인 어드바이저, 와인전문가 자격증 제도가 있으며, 일본소믈리에협회 회원과 일반인의 응시 자격조건이 다르다. 시험은 1차, 2차로 구성되며 1차 시험은 공중위생과 와인을 비롯한 기타 음료에 관한 필기시험이며, 2차는 구두로 시음평가를 하며 소믈리에의 경우 서비스 실기시험을 치른다.

소믈리에

▲ (사)한국국제소믈리에협회의 민간 마스터 소믈리에 자격증

　우리나라 소믈리에 공인교육기관으로는 국제소믈리에협회(ASI) 회원국인 (사)한국국제소믈리에협회(KISA; Korea International Sommelier Association)'와 '한국와인소믈리에학회(WASSOK; Wine and Sommelier Society of Korea)'가 있었다. 이 두 기관은 2002년 경희대학교 관광대학원에 와인 소믈리에 특별과정을 공동으로 개설하였고, 2003년부터 일반인들까지 확대하여 소믈리에자격증 시험을 엄격하게 치렀다. 2010년부터는 KISA와 WASSOK이 통합하여 한국직업능력개발원이 인증하는 민간 소믈리에 자격증 제도를 실시하며, 영소믈리에, 인터미디에이트 소믈리에, 어드밴스드 소믈리에, 마스터소믈리에로 4개 등급을 운영하고 있다.

　소믈리에 복장은 보통 하얀 와이셔츠에 검은 넥타이를 매고, 검정색 조끼에 검정색 상의와 바지를 입는다. 앞치마(대체로 검정색, 붉은색, 흰색)를 하고, 손에는 냅킨을 휴대하며, 주머니에는 항상 코르크스크루와 성냥을 가지고 다니며, 목에는 타스트뱅을 걸고, 상의에는 소믈리에를 상징하는 포도송이 배지를 부착한다.

소믈리에 서비스

🍷 와인 전문매장의 창업

　와인열풍이 불면서 너도나도 사설 와인아카데미에서 몇 개월 공부하고 와인 레스토랑이나 와인 바를 창업하겠다고 나서지만 생각만큼 쉬운 일이 아니다. 우리나라에 와인 붐이 시작된 것은 2002년부터이다. 이후 와인 바와 와인 전문점이 우후죽순 생겨났다가 2005년이후, 경쟁력을 잃은 와인 바 80% 정도가 문을 닫았다. 최근에 다시 와인 레스토랑으로 탈바꿈해 생겨났지만 차별적인 경쟁 우위를 점하지 못하고 어려움을 호소하는 곳이 많다.

　사실 와인을 위한 와인 바나 와인 레스토랑을 운영하는 국가는 우리나라 밖에 없다. 유럽이나 미국, 호주 어디를 가도 찾아보기 힘들다. 와인을 즐기는 다른 국가에서는 대부분 레스토랑에서 음식과 함께 하는 마리아주(mariage)로 와인을 판매하고 있으며, 와인을 마시면서 안주를 먹기 위해 찾는 사람은 드물기 때문이다. 미국이나 유럽에서는 가정에서 소비하는 와인이 52% 이상 되기 때문에 지역별 와인 전문점이 많으며 소믈리에들이 고객을 위해 정확한 와인 정보를 제공해주고 있다. 하지만 2020년 현재 우리나라는 가정에서 소비하는 와인이 15% 이하로 유럽, 미국과

▲ 와인숍에서 와인을 구입하는 사람들

소믈리에

▲ 레스토랑에 전시된 코르크 수집통

비교했을 때 와인 소비문화에 차이가 있다.

   와인 전문점을 창업하기 전, 최우선적으로 염두에 둬야 하는 것은 고객의 욕구가 항상 쉽게 변한다는 것이다. 그러므로 고객들이 원하는 와인, 서비스 그리고 분위기를 적절하게 파악할 수 있어야 한다.

   고객들이 와인 전문점을 선택하는 기준은 보통 소믈리에의 와인전문지식, 와인 다루는 기술, 차별화된 인테리어, 와인의 다양성과 전문성 등이다. 또 와인을 선택할 때 가장 중요하게 생각하는 것은 생산년도인 빈티지, 품질 등급, 생산국가, 포도품종 순서라고 한다. 가장 선호하는 국가와인은 프랑스, 미국, 칠레, 이탈리아, 호주 순서이며, 가장 선호하는 포도품종은 카베르네 소비뇽, 메를로, 시라, 피노 누아, 샤르도네, 리슬링 순서이고, 가장 선호하는 가격대는 30,000~50,000원선이다.

   와인 전문점을 창업하고 성공하기 위해서는 와인 전문지식은 필수이며, 고객만족 서비스는 창업성공의 열쇠이다. 가격 경쟁으로 고객을 확보하겠다는 생각보다 매장을 찾는 손님들에 대한 맞춤 전략으로 고객과 신뢰를 쌓아야 살아남을 수 있다.

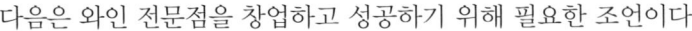

다음은 와인 전문점을 창업하고 성공하기 위해 필요한 조언이다.

첫째, 컨셉 정하기

크고 작은 와인 전문점이 많기 때문에 뚜렷한 색깔을 보여줄 수 있어야 한다. 예를 들어 특정 와인을 구하기 위해 찾는 곳, 보관상태가 가장 완벽한 곳, 최고의 글라스로 시음하는 곳 등의 독특한 아이디어로 고유한 개성을 보여줄 수 있는 전문점이어야 한다.

둘째, 위치와 시장 세분화

와인 전문점을 창업할 때는 첫째도 위치, 둘째도 위치이다. 장소에 따라 시장세분화도 달라지며, 컨셉과 인테리어도 달라야 한다. 사람이 많이 오가는 지하철역, 백화점, 대형마트 근처도 좋고, 사무실이 많은 상업지구도 좋지만 미래 지향적으로 생각한다면 대형 아파트 단지 근처도 고려해 볼 수 있다.

셋째, 차별화된 인테리어

인테리어에서 가장 중요한 조건은 직사광선을 피할 수 있어야 하며 와인은 모두 눕혀서 보관하고 온도 조절도 가능해야 한다. 또한 외관부터 고객을 유혹할 수 있어야 하는데 입구에는 와인 셀러를 두어 신뢰감을 주며, 별도의 공간에 고급와인을 전시하고 와인을 테이스팅을 할 수 있는 공간도 확보한다.

넷째, 자본금 확보

투자 금액을 고려해서 규모를 결정한다. 특히 임대비는 입지에 따라 천차만별이며 점포의 평수나 인테리어의 고급화 여부도 고려한다. 와인 구입비용과 함께 1년은 고객 확보 기간으로 생각하고 창업 자본금에 별도로 6개월 정도 운영할 수 있는 기본 자금을 확보하는 것이 바람직하다.

다섯째, 다양하고 정확한 와인 리스트

보통 와인 전문점은 700여종을 갖추고 있으며, 국가나 지역 그리고 특성별로 리스트를 구성한다. 고객을 위해 고가, 중가, 저가로 다양하게 갖추어야 하며, 너무 많은 와인을 미리 구비하면 재고 관리도 어렵고 비용 압박도 심해질 수 있다.

여섯째, 와인 공급처 정하기

공급처는 다양성과 가격 경쟁력, 공급 능력 등을 고려하여 선정한다. 도매상과

소믈리에

수입업체를 통해 적절히 공급 받는 것이 서로의 장단점을 보완할 수 있어 좋다. 해외 바이어를 통해 공급 받는다면 차별화 전략으로 경쟁우위를 점할 수 있다.

일곱째, 유능한 소믈리에 고용

소믈리에는 오랫동안 함께 믿고 일할 수 있는 사람이 좋으며, 필수적으로 전문 소믈리에 교육기관에서 수료증과 자격증을 취득하고 국내외 소믈리에경기대회에서 입상한 자일수록 고객들에게 홍보 효과뿐만 아니라 믿음을 준다. 여기에 현장 경험의 노하우가 더해지면 더욱 신뢰할 수 있다. 또한 고객들에게 친절하고 적절하게 와인을 추천할 수 있어야 하며 와인 전문지식과 탁월한 마케팅 능력을 갖추고 있어야 한다.

마지막으로 시 외곽에 주차장이 완비된 곳이나 정원이 있는 곳, 경치가 좋은 곳에 레스토랑과 함께 창업하는 것도 고려해 볼 수 있다. 와인 전문점을 운영하려면 수시로 고객 확보를 위한 이벤트를 기획하며, 시음회나 와인투어, 와인 엑스포 등을 다니면서 외식 및 와인산업의 흐름과 변모하는 소비자들의 욕구도 파악하고 운영해야 한다.

▼ 이탈리아 반피 와이너리 와인숍

소믈리에 서비스

🍷 와인 마케팅

고객을 위한 브랜딩 마케팅

와인 마케팅은 호텔, 레스토랑에서 궁극적으로 와인을 많이 팔아서 이윤을 극대화하는 것이다. 타 호텔, 레스토랑과 같은 와인을 1만원 낮게 판매하면서 단골고객을 확보하여 대량 구입을 통해 원가를 1만원 낮추면 성공한 마케팅이 되는 것이다. 호텔, 레스토랑의 마케팅은 크게 시장과 소비자의 변화추세에 따라갈 것인가 아니면 시장과 소비자를 리드할 것인가가 관건이다. 과거에는 시장과 소비자의 변화추세에 따라갔지만, 지금은 시장과 소비자를 끌고 가야 승산이 있다.

고객을 유도하는 브랜딩 마케팅 전략을 추구해야 한다. 최근 글로벌 마케팅 핵심으로 떠오르는 브랜딩 마케팅은 '호텔, 레스토랑의 브랜드 이미지'를 확립하는 것을 말하며, 홍보마케팅을 위한 핵심가치 활동으로 호텔, 레스토랑 고객을 위해 수행하는 호텔 외식산업 분야에서 핵심적인 마케팅 개념이다.

호텔, 레스토랑에서 치열한 경쟁과 불확실한 시장 환경 속에서 오랫동안 사랑받는 브랜드가 되기 위해선 브랜드 아이덴티티(brand identity)를 파악하고 그에 따른 능동적이고 진취적인 변화가 필수적이다. 호텔 레스토랑이 와인을 판매할 때 현재 만족한 수준의 브랜드 자산을 잃지 않고 지키기만 하려는 소극적 태도로 일관하다가는 고객 감성에 만족을 주지 못하고 경쟁우위에 밀려 대중적이고 가치가 없는 호텔, 레스토랑의 브랜드로 전락할 수 있다.

호텔, 레스토랑에서 와인 브랜딩 마케팅으로 성공하기 위해서는 고객들이 연상하는 이미지를 떠올리고 고객 스스로 호텔, 레스토랑을 방문하여 구매하도록 하는 차별적이고 경쟁우위의 와인 브랜딩 전략을 추구해야 한다.

예를 들면
1. 우리 호텔, 레스토랑은 '와인 스펙테이터(Wine Spectator)'가 해마다 정하는 '세계 100대 와인'만을 판매한다.
2. 우리 호텔, 레스토랑은 미국의 와인 평론가 '로버트 파커'가 평가한 90점 이상의 와인만을 판매한다.

소믈리에

3. 우리 호텔, 레스토랑은 유기농 와인만을 판매한다.
4. 우리 호텔, 레스토랑은 서울시내 백화점, 와인숍, 마트에서 판매되지 않는 와인만을 취급하고 판매한다.
5. 우리 호텔, 레스토랑은 프랑스 부르고뉴 혹은 이탈리아 베네토 지역의 와인만을 전문적으로 판매한다.
6. 우리 호텔, 레스토랑은 연도별 빈티지 와인을 모두 갖추고 있어 생일파티 고객들이 유일하게 찾게 되는 특정 빈티지의 와인을 판매한다.
7. 우리 호텔, 레스토랑은 세계적인 마스터 소믈리에들이 선별한 와인만을 판매한다.

즉, 호텔, 레스토랑 마케팅은 자신들이 목표로 한 고객의 특정 행동을 이끌어내기 위한 다양한 도구로 영향력을 행사하고 고객이 호텔, 레스토랑을 이용하도록 유도해야 한다. 이러한 브랜딩 마케팅의 효과는 호텔, 레스토랑이 리드하는 마케팅 전략의 방향대로 고객을 유인할 수 있도록 이미지를 연상시키도록 홍보, 광고해야 한다.

차별화된 브랜드 이미지를 가지고 고객이 차별적으로 갖고 있는 호텔, 레스토랑 브랜드의 의미를 수용하여 선택할 때 망설이지 않도록 각인되어야 한다.

호텔, 레스토랑의 브랜드 아이덴티티는 누구나 모방할 수 없는 와인 브랜딩으로 확대해석할 수 있는데 고객이 경쟁자인 타 호텔, 레스토랑과 자신의 호텔, 레스토랑을 분명하게 구분하여 인식할 수 있는 차별화 요인을 찾아야 한다.

▼ 와인 마케팅을 위한 친환경 바이오다이내믹 우즈베키스탄 샤마르칸트의 포도밭

소믈리에 서비스

역발상 와인 마케팅

호텔, 레스토랑의 경기불황과 더불어 불확실성 속에 숨겨진 성장 기회를 모색하는 역발상 마케팅이 필요한 시기이며, 이럴 때일수록 과감하고 선제적인 아이디어로 품질 경쟁력 제고와 고객들에게 신선한 충격을 주어야 한다. 즉, 기존 방식대로 마케팅을 해서는 고객의 시선을 끌 수 없기 때문에 타 호텔, 레스토랑의 경영자들이 시도해보지 못한 역발상 마케팅을 세상에 드러내 자신의 호텔, 레스토랑만의 '희소가치'를 만들어 내는 시도가 필요하다.

예를 들면 과거의 껌은 넓적하고, 은박지를 벗겨내고 씹으면 단물이 나는 것으로 고정관념을 갖고 있었는데 자일리톨 껌은 플라스틱 통에 사각모양으로 은박지도 없이 넣어 대박이 났다. 국민소득이 높아지면서 자동차가 많아지자 자동차 운전자들은 위험하지 않고 쉽게 즐길 수 있는 간편한 느낌의 껌을 선호했기 때문에 자일리톨 껌은 껌에 대한 고정관념을 깨고 마케팅에 성공할 수 있었다.

또한, 매일유업에서 나오는 "바나나는 원래 하얗다"는 색소를 첨가하지 않은 순수한 우유라는 공감대를 형성시켜 소비자의 고정관념을 공략, 1위 제품인 경쟁사의 '바나나 우유'에 도전하여 성공했다. 그 이유는 경쟁사의 바나나 우유는 노란색으로 '껍질을 포함한 바나나'로 인식도록 했지만, 바나나를 먹는 사람들에게 "노란 껍질 속에 흰 바나나가 있지." 라는 진실성을 이야기하기 때문에 공감대를 형성하게 되었고 고객이 "내가 여태껏 바나나에 대해 잘못 알고 있었구나." 하는 사고의 전환을 가져왔다.

한파에 대처하는 스마트한 자세인 "더 짧게, 더 얇게!"로 남성의 언더웨어가 역발상으로 고객들의 마음을 사로잡아 성공했다. 기능성 언더웨어의 대명사로 홈쇼핑 완판 행진을 펼쳐 온 라쉬반에서는 겨울에는 여러 겹 껴입어야 한다는 고정관념을 깨고, 5부 길이의 얇은 신개념 '뉴 히트'(new heat)를 출시해 화제를 모았다. '뉴 히트'는 무릎 위 5부 길이로 하체에서 추위를 가장 많이 타는 허벅지 부위를 고가의 내복 제작에 사용되는 '텐셀(tencel)' 소재로 완벽하게 감싸 추운 날씨에 효과적으로 대비할 수 있도록 도와주는 신 개념 남성 언더웨어 제품이기 때문이다.

와인 마케팅에서도 차별화와 경쟁우위가 핵심이지만 너무나 많은 와인 제품이

소믈리에

▲ 와인 전문점은 고객의 마음을 사로잡는 차별적 경쟁우위가 필수

출시되면서 평범한 것으로는 승부를 낼 수 없기 때문에 창의적이고, 역발상을 통해 고객들을 몰입시킬 수 있는 마케팅 전략이 필요하게 되었다.

와인산업에서도 역발상이 성공한 사례가 있다. 항아리 모양의 '컵 와인'은 와인의 변신은 무죄라는 타이틀로 기존에 병입 된 와인의 상식을 뒤집은 것이다. 와인 업계에서는 '와인용기=병'이라는 공식을 깨고 플라스틱 병, 종이팩, 컵 등에 와인을 담은 기발한 제품들이 등장하면서 와인 대중화를 한층 앞당기게 되었다. 한 사례로 편의점 세븐 일레븐에서 선보인 컵 형태의 캘리포니아산 와인 '스택와인 카리스마'는 항아리 모양의 컵(187ml) 4개로 구성되어 있어 와인 글라스를 별도로 준비할 필요 없이 집이나 야외에서 간편하게 즐길 수 있어 와인을 좋아하는 고객들의 마음을 간파하였다.

역발상 마케팅 측면에서 생각해 호텔, 레스토랑에 메뉴와 와인 리스트를 없애 보는 건 어떨까? 호텔, 레스토랑의 일반적인 서비스 프로세스는 레스토랑을 방문한 고객들을 지정된 좌석에 안내하고, 메뉴를 나누어 주고 식사 주문을 한 후에 음식에 조화를 이루는 와인을 추천해주거나 주문을 받는다. 그러나 역발상 마케팅 측면으로 상황에 맞는 와인과 음식을 제공하는 새로운 방법을 시도하는 것이다. 그러려면

소믈리에 서비스

가장 먼저 식사를 하러 온 고객들이 왜 왔는지를 파악을 해야 한다. 고객이 식사를 하러 온 목적을 분명하게 알고 난 후에, 식사 메뉴를 먼저 주문하는 것이 아니라 '아주 특별하고 자신 있게 추천할 수 있는 와인을 먼저 추천하고, 와인에 맞은 음식을 구성해주는 방법'을 적용하면 고객들에게도 신선한 충격이 될 수 있다.

몇 가지 성공한 사례를 설명하면 쉽게 이해할 수가 있다. 호텔, 레스토랑에서도 와인별 스토리텔링은 물론 와인에 맞는 세트 메뉴를 구성하는 지혜가 필요하며, 새로운 주문시스템(order system)으로 역발상 마케팅을 수행할 수 있다.

첫째, 할아버지 생일파티를 위해 온 가족이 호텔 레스토랑을 왔다. 테이블에서 할아버지, 아버지, 손자 그리고 가족들이 화목하게 담소를 나누고 있을 때, "오늘 할아버지 생신이신데 우선 축하드립니다. 아! 할아버지가 너무 젊어 보이시네요? 가족들도 너무 화목해보여 정말 부럽습니다. 이럴 때 보통 샴페인을 드시는데 저는 샴페인보다는 3대가 모여 화목한 가정을 꾸리고 있는 모습을 담은 호주 바로사 밸리의 '쉴드 에스테이트, 지엠에스(Schild Estate, GMS)' 와인을 먼저 추천해드리고 싶습니다. 이 와인의 라벨에 3대를 의미하는 할아버지, 아버지, 손자의 손이 보이시죠. 할아버지의 손이 화목한 가정을 만들었던 것이지요. 이 와인을 마시면서 할아버지의 생신도 축하하고 할아버지의 이야기도 들을 수 있는 시간을 통해 가족끼리 즐

▲ 와인 마케팅의 고객 차별화를 위해 혹독한 훈련중인 소믈리에의 와인 테이스팅 모습

소믈리에

거운 시간이 될 것 같습니다. 그리고 이 와인에 잘 어울리고 3대가 함께 즐길 수 있는 생신 축하 음식을 준비하도록 하겠습니다."

둘째, 창업을 하거나 새로운 비즈니스를 론칭(launching)하고 축하하기 위해 호텔, 레스토랑을 왔을 때 "안녕하세요. 우선 축하를 드려야겠습니다. 어제 신문을 보다가 사장님께서 새로운 사업을 시작한 뉴스를 보았습니다. 보통 샴페인을 터트리기도 하지만 이 사업 분야에 새로운 개척자로 사업이 성공적으로 이루어지도록 칠레 센트럴 밸리의 '모란데, 피오네로 메를로(Morande, Pionero Merlot)' 와인을 먼저 추천합니다. 이 와인의 레이블에는 홀로 삽을 들고 있는 남자가 그려져 있는데 개척자를 표현한 것으로 사장님께서 이 분야에 최고의 권위자이면서 개척자로 한그루 나무를 심어 울창한 숲을 만들겠다는 열정과 의지를 담은 와인을 통해 좋은 분위기에서 식사를 하시면 좋겠습니다. 또한, 이 와인에 어울리는 음식이면서 호텔 레스토랑에서 오픈할 때의 열정이 담긴 메뉴를 함께 준비하겠습니다."

셋째, 사업 파트너와 함께 호텔, 레스토랑을 찾아왔을 때 "안녕하세요. 저희 호텔 레스토랑을 방문해 주셔서 감사합니다. 오늘 고객님께서 특별한 분을 모시고 오셨습니다. 이 특별한 손님을 위해 영국의 여왕께서 직접 영접하고 환영하는 의미에서 호주 남동부 애들레이드의 '퀸 애들레이드 샤르도네(Queen Adelaide, Chardonnay)' 와인을 추천합니다. 이 와인 라벨에는 아름답고 고귀한 여왕의 모습이 담겨져 있습니다. 여왕께서 직접 영접하는 아주 귀한 고객이라는 의미를 갖고 있으며, 보석처럼 귀한 파트너와 함께 친근함을 오래도록 간직하겠다는 고객님의 마음을 전하는 와인입니다. 또한, 이 와인에 어울리는 음식이면서 영국 황실의 여왕께서 드시는 세트 메뉴를 준비하도록 하겠습니다."

호텔, 레스토랑에서 새로운 시각으로 역발상적인 생각을 마케팅에 적용하는 용기도 필요하고 자신감을 갖추어야 한다. 경기 불황 속에서 '현명한 모순'을 창조하는 사람의 역발상은 '모순'에서 출발하기 때문에 역발상 마케팅 측면에서는 모순 속에 진리가 담겨 있다는 것을 명심해야 한다.

와인 서비스 기술

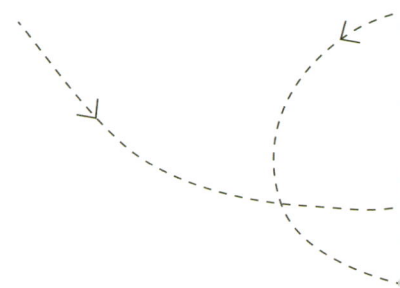

🍷 와인 오픈과 코르크스크루 사용법

와인을 우아하고, 세련되게 오픈하는 것도 예술이다. 소믈리에의 우아한 오픈은 마시는 즐거움을 배가 시키지만 함부로 다루어 실수라도 하게 되면 눈살을 찌푸리게 된다. 와인을 사랑하는 사람들은 코르크(cork)를 따는 불편함이 있어도 자연산 코르크를 선호하고 있다. 와인을 오픈하는 코르크스크루(corkscrews)는 '웨이터의 친구'라는 별명을 가진 소품이다. 다양한 재질과 디자인으로 소믈리에들의 필수품이며 가격도 10,000원대에서 1,000,000원대까지 천차만별이다.

와인을 오픈할 때는 고객이 상표를 볼 수 있도록 하고 병을 눕히거나 빙빙 돌리지 않도록 주의한다. 우선 코르크를 보호하고 있는 캡슐은 병 입구의 안전 턱 아래를 따라 좌우 두 번 칼집을 내어 벗겨낸 다음 냅킨으로 닦는다. 코르크스크루에는 보통 칼이 붙어 있지만 날카롭지 않아 쉽게 칼집을 내기 어렵다. 캡슐은 주석이나 플라스틱, 밀랍으로 만드는데 자르면 날카로워지기 때문에 손을 다치지 않도록 주의해야 한다.

코르크스크루의 나선을 이용하여 코르크를 오픈해야 하는데 나선모양을 세워서 삽입하면 코르크가 부서지기 쉽기 때문에 나선을 눕혀서 코르크 중앙에 대고 삽입한다. 삽입하다가 마지막 하나의 나선이 남으면 중지해야 한다. 그렇지 않으면 코르

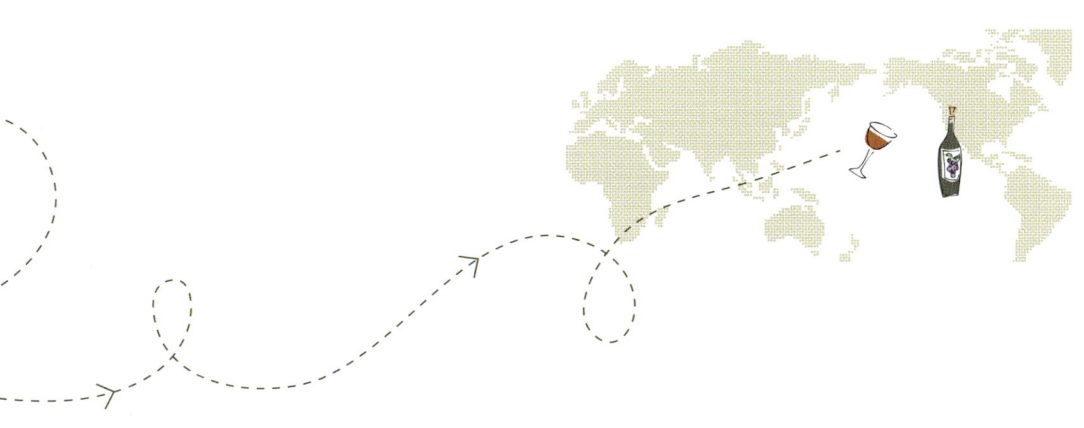

크 부스러기가 병 속으로 들어갈 수 있다.

코르크를 뺄 때는 코르크스크루 손잡이를 5시 방향으로 해야 가장 편하게 오픈할 수 있다. 코르크스크루는 2단 레버를 사용하는데 우선 1단 레버로 서서히 잡아당기고 다음에 2단 레버를 사용하여 잡아 올리면 코르크가 병 입구에서 멈추게 된다. 이때 코르크를 잡고 조금씩 돌리면서 오픈하고, 종이 냅킨이나 클로스 냅킨으로 병 입구를 다시 한 번 닦는다.

코르크는 냄새를 맡아보고 이상 유무를 확인한 후에 작은 접시 위에 얹어서 호스트 앞에 놓는다. 코르크 위에 곰팡이가 생겨도 당황할 필요는 없다. 깨끗한 냅킨으로 와인 병의 입구를 닦아주면 된다. 납 캡슐을 사용하던 시절 술병의 위쪽을 닦을 때에는 특히 주의를 기울여야 했는데 납이 와인에 닿으면 인체에 해로운 산성의 납으로 변하기 때문이다.

좋은 코르크스크루는 코르크를 조각내지 않고 큰 고생 없이 깔끔하게 뺄 수 있게 해준다. 나선 부분이 길고 뾰족하며 원주의 중심에 있는 것이 좋으며 나사 송곳 같이 생긴 것은 피한다. 이런 것은 잘 따지지도 않고 오래된 코르크 마개는 완전히 너덜너덜해지기 때문이다. 나선이 긴 디자인의 소믈리에용 2단 레버 와인 코르크스크루가 가장 안전하다. 코르크스크루를 구입할 때는 기능성, 강도, 내구성, 작동의 유연성, 동작부품 등을 고려해 전문가적인 입장으로 살피고 구입해야 한다.

소믈리에 서비스

▶ 다양한 종류의 코르크스크루

▲ 코르크스크루로 와인 오픈 서비스

와인 병의 캡슐

　와인 병 캡슐은 내부의 가스 유출과 외부의 공기 유입을 과학적으로 지연시켜 주며 코르크를 보호해 주는 역할을 한다. 또한 이 와인이 새것이며, 진품이라는 뜻도 포함된다.

　캡슐은 오래 전부터 납의 대체재로 사용된 주석으로 만들어져 왔다. 주석도 중금속이지만 납과 달리 인체에 무해하며, 부드럽게 구부러져 병목 부분에 단단히 부착시킬 수 있다. 강한 밀봉력이 장점이며 비싼 것이 단점이다. 알루미늄 캡슐은 코르크도 잘 보호하고 저렴하지만 주석만큼 고급스럽지 않고 커팅 부위가 날카로워 와인을 오픈할 때 손을 베는 경우가 있어 서비스에 차질을 줄 수 있다.

　와인전문가들은 1960년대부터 캡슐이 와인에 미치는 영향을 연구해 왔다. 숙성기간이 10년 이하의 와인은 캡슐의 납 성분이 와인에 녹아들지 않지만 숙성기간이 10년 이상 되면 처음보다 납 성분이 증가한 연구결과가 나왔다. 특히 코르크가 너무 짧아 완전히 젖어 있거나 납 캡슐이 부식되었을 때는 인체에 유해한 성분이 나오지만 순 주석으로 만든 캡슐은 전혀 영향을 주지 않았다. 주석은 산성이나 알코올 등에 부식되지 않아 독성이 없을 뿐 아니라 맛에도 영향을 미치지 않는다. 최근 오래 숙성해야 하는 와인들은 6cm 정도의 긴 자연산 코르크 마개를 사용하고 있어서 주석 성분이 와인에 전달될 가능성도 크게 줄어들었다.

와인 서비스 기술

🍷 와인글라스 선택

　와인 맛을 제대로 즐기기 위해선 글라스의 선택도 매우 중요하다. 고급와인에 볼품없는 글라스가 제공되면 와인 값이 아깝게 생각되며, 레드와인을 마시는데 화이트와인 글라스를 제공해도 품격이 떨어지게 되고 맛을 제대로 느낄 수 없다. 따라서 다양한 글라스를 준비하지 않으면 레스토랑은 고객의 신뢰를 잃는다.

　좋은 글라스는 민무늬로 투명해야 하며, 얇은 것이 좋고, 가벼워야 한다. 와인을 마실 때는 감각기관이 동시에 작용하여 향을 느낌과 동시에 맛을 받아들일 수 있도록 해야 하며 글라스는 향과 맛을 충분히 느낄 수 있게 만들어져야 한다. 일반적으로 와인글라스의 용량은 종류마다 조금씩 차이가 나며 화이트와인이나 레드와인 글라스는 10~12온스, 혹은 8~10온스이다.

　만약 레스토랑에서 제공되는 글라스를 유심히 봤다면 고급와인일수록 와인글라스가 크며, 와인 색깔을 잘 볼 수 있도록 투명하고 가벼운 것을 알았을 것이다. 레스토랑의 분위기를 위해 와인의 맛과 향을 느낄 수 있도록 기능적인 면을 충분히 고려한 서비스라 할 수 있다. 와인글라스의 두께도 대단히 중요하다. 투박한 글라스보다 얇은 글라스에 마시면 입술에 착 달라붙는 감도와 입안에 떨어지는 와인이 절묘한 조화를 이루며 혀에서 느끼는 와인의 감지가 우아하고 섬세하다. 그리고 적정온도에도 민감하게 반응하게 된다.

　1998년 쉐라톤 그랜드 워커힐 호텔의 프렌치 레스토랑을 리모델링하여 새롭게 오픈하면서 와인글라스를 수제 리델 글라스로 교체하여 호텔가의 화제가 된 적이 있다. 리델 글라스는 가벼우면서도 투명한 소리, 입술에 느껴지는 감촉과 디자인이 뛰어나 명품 반열에 오른 글라스이다. 하지만 글라스 하나의 가격이

▲ 미국 캘리포니아 나파밸리의 오퍼스 원 와이너리

호텔 레스토랑의 1인당 식사비용보다 비싸서 와인서비스를 할 때나 글라스를 다룰 때 매우 부담스러웠다고 한다.

과거 와인글라스는 유리 자체가 고급이어서 유리글라스로 와인을 마시는 사람들도 보통 귀족계급이었다. 베니스 상인들이 처음으로 동양에서 글라스 제조 기술을 가져왔으며, 400~500년 전에는 이탈리아 베니스에서 글라스를 투명하게 제조하는 기술이 개발되어 지금도 베네치안 글라스가 전통과 명성을 자랑하고 있다. 그 후 베니스와 교역을 하던 체코의 보헤미아 지방에서도 아름답게 조각되고, 색깔을 입힌 글라스가 만들어져 유럽 귀족들 사이에 유행하게 되었고, 와인을 마시는 사람들은 거의 모두 유리글라스를 찾게 되었다.

와인글라스는 Base/Foot, Stem, Bowl/Body, Rim으로 구성되며, 크게 화이트, 레드, 샴페인, 로제, 디저트 혹은 스위트 와인글라스로 구분한다. 국가나 지방에 따라 조금씩 다른 와인글라스는 전통적으로 지방색을 갖고 있다. 대표적인 것이 프랑스의 보르도, 부르고뉴, 알자스, 상파뉴, 이탈리아의 키안티이며, 소믈리에 전용 와인글라스는 모양과 크기도 다르다.

보르도 와인을 시키면 남성적인 면이 돋보이는 보르도 와인글라스를 준비해야 한다. 보르도 와인글라스는 와인의 부케가 와인글라스의 중심을 타고 오를 수 있도록 고안된 것이다. 부르고뉴 와인을 시키면 성숙된 부케를 위해 공기를 충분히 담을 수 있는 넓고 둥근 모양의 여성적인 면이 돋보이는 부르고뉴 와인글라스를 준비해야 한다. 알자스 와인글라스는 폭이 넓고 글라스 받침대가 긴 것이 특징인데 이것은 알자스 와인의 신선한 향취가 잘 퍼져나가도록 고안한 것이다. 샴페인 글라스는 바디가 길고 가는 것이 특징인데 시각적인 효과와 함께 샴페인의 기포가 빨리 날아가지 않고 오래 지속될 수 있도록 만든 것이다.

프랑스표준협회는 표준화된 INAO 와인글라스를 사용하도록 홍보했지만 테이스팅용 글라스로 사용되고 있다. 그 이유는 레스토랑마다 개성을 중시했기 때문에 글라스를 표준화시키는 데 어려움이 있었다. 와인글라스는 시각, 후각, 디자인 등을 만족시키지 않으면 가치가 떨어지므로 고객들은 외면하게 된다.

명품 와인글라스, 리델

세계적으로 유명한 와인글라스를 생산하는 회사로는 '리델(Riedel)', '슈피겔라우(Spiegelau)', '쇼트 츠비젤(Schott Zwiesel)', 잘토(Zalto), 가브리엘(Gabriel)', 시세캄(Sisecam) 등이 있다. 리델은 고급스럽고 보수적인 이미지를 갖고 있으며, 슈피겔라우는 현대적이고 세련된 이미지를 선보인다. 전통적이고 보수적인 중장년층은 주로 리델 글라스를 좋아하며, 디자인과 개성을 존중하는 젊은 층은 슈피겔라우 글라스를 선호한다. 쇼트 츠비젤은 저가격대의 고품질 글라스로 유명하다. 또한 가브리엘은 현대적인 디자인과 더불어 풍부한 와인의 향을 원하는 와인마니아들이 좋아하는 글라스이다.

'소믈리에'라는 명품 와인글라스를 탄생시킨 '리델'사는 크리스토프 J. 리델(Christoph J. Riedel)이 1756년 보헤미아에서 창업했다. 이후 11대를 거치면서 크라우스 J. 리델(Claus J. Riedel; 1925~2004)은 와인과의 상관관계를 고려해 와인의 특성에 따라 글라스도 달라져야 한다는 개념을 도입하며 와인글라스 발전에 기여하였다.

리델의 사인 로고는 19세기 말 처음 고안되어 1890년부터 1925년까지 보헤미아에서 제작된 리델 글라스에 사용되었다가 1996년 리델 창사 240주년을 기념해 입으로 불고, 손으로 만든 소믈리에 시리즈가 탄생하면서 다시 세상에 등장하게 되었다. 이 사인 로고는 수제품과 기계제품을 구분하는 표시이기도 하다.

리델은 기능성과 예술성을 고려한 최고의 와인글라스를 완벽하게 재현함으로 와인글라스 업계의 선구자로 자리 잡았다. 하지만 여기서 만족하지 않고 끊임없이 변모하여 리델의 상징이었던 긴 다리를 과감하게 버리고 볼 부분만 남긴 글라스를 제작하였다. 이 글라스는 젊은 층들을 겨냥하여 보통 사람들도 와인에 쉽게 젖어들 수 있도록 고안된 리델 'O' 시리즈로 2003년 말 출시되어 세계적인 선풍을 일으키기도 하였다.

리델 와인글라스 시리즈를 살펴보면 우선 뉴욕 현대미술관에 영구보관 중인 "Sommelier Bourgogne Grand Cru Glass"가 있으며 1973년 수작업으로 공을 들인 "Sommelier", 기계제품 중 가장 긴 스템을 가진 'Vitis'가 있다. 신세계와인을 위한 "Vinum Extreme", 1986년 조지 리델(Georg J. Riedel)에 의해 첫 기계로 제작된 "Vinum", 캐주얼 파티와 우아한 홈 파티를 위한 이상적인 모양의 "Tyrol", Vinum의 볼에 약간의 장식을 가미한 다리가 인상적인 "Wine", 2003년 Maximilian Riedel이 선보인 Riedel 'O', 1989년 출시된 와인 초보자들을 위한 "Ouverture" 등이 있다.

2004년 리델이 슈피겔라우의 모회사를 인수합병하였지만 브랜드는 이전처럼 유지되고 있다.

코르크 기능

와인의 세계에서 품질 향상과 유지를 위한 3대 발명품이 있는데 그것은 바로 유리병과 유황, 그리고 코르크(cork)이다. 이 중에 하나라도 빠지면 와인보관과 장기 숙성에 막대한 지장을 초래하므로 장기 숙성한 위대한 와인은 없었을 것이다. 코르크는 17세기 발명품으로 와인의 맛과 향을 유지하는 유리병과 함께 제대로 개발되기까지 몇 백 년의 세월이 걸렸다.

고대와 중세에는 가죽부대나 항아리, 유리병 등에 넣어서 와인을 보관하였고 헝겊 등으로 입구를 막고 촛농으로 밀봉하거나 올리브기름 등을 묻혀 보관하고 나무 마개를 사용하기도 하였다. 이렇게 보관기술이 부족하다보니 산화가 빨리되어 맛도 없고 위생도 문제가 되었다.

기원전 4~5세기경 그리스 로마인들은 항아리 마개를 코르크로 사용했다. 하지만 다른 재료인 지푸라기, 밀랍, 송진, 점토 등과 혼합하여 사용한 흔적을 볼 수 있다. 이집트 벽화에도 코르크스크루로 와인을 개봉하는 장면이 있으며, 18세기에는 와인의 병마개로 코르크를 사용했다는 기록도 있다. 그러나 코르크를 사용한 기원은 정확하지 않아 대략 17세기 경이라고 추측할 뿐이다.

코르크는 참나무과의 코르크 참나무에서 얻어진다. 학명은 '퀘르쿠스 수베르

▼ 포르투갈 코르크 참나무 표피

(Quercus suber)'이며, 유럽 남부나 아프리카 북부의 건조한 기후에서 잘 자라며 포르투갈, 스페인, 알제리, 모로코 등 지중해 연안에서 많이 생산된다. 20년 정도 자라서 직경 60cm에 이르면 약 3~5cm 두께의 균일한 판을 얻을 수 있다. 코르크는 6월초에서 8월말 사이에 껍질을 채취하는데 껍질이 떨어져 나간 나무는 다시 9년 정도의 표피성장기로 들어가 죽은 세포막들을 성장시켜 코르크 껍질을 만든다. 보통 100년 동안 10~15번 정도 채취할 수 있으며, 코르크 나무껍질 15kg으로 1,000개의 코르크를 만들 수 있다.

　코르크는 와인의 병마개로 최고의 조건을 갖추고 있다. 물에 닿아도 썩지 않으며 외부의 공기를 차단해 주고 병 속 와인이 오크향을 품도록 도와준다. 가볍고 깨끗하고 부드러우며 완벽에 가까운 불투과성으로 온도의 변화에도 수축하거나 쉽게 부풀어 오르지 않는다. 썩는 일도 거의 없고 쉽게 타지도 않으며 놀랄 정도의 수축력도 지니고 있다. 코르크는 $1cm^2$당 4,000만개의 아주 미세한 세포로 구성된 14면의 다면체로 85%가 질소와 맑은 공기의 기공으로 짜여 있다.

　장기보관용 고급와인은 최고 품질의 자연산 코르크를 사용하고 길이는 보통 4.5~5.3cm이며, 단기보관용 와인은 보통 3cm 정도로 짧다. 저가 와인은 코르크 부스러기로 만들거나 플라스틱 마개를 사용하기도 한다.

　최근 스크루 캡의 사용이 늘어나면서 저급와인으로 취급되기도 하지만 이것은 환경과 위생을 고려한 것이므로 선입관을 가질 필요는 없다. 하지만 고급 명품와인은 이미지와 브랜드 관리 차원에서 사용하지 않고 있다. 특히 전통을 중시하는 사람들은 와인과 어울리는 것은 코르크 마개뿐이라고 생각한다.

　코르크 표준 규격 길이는 38mm, 44mm, 49mm, 53mm 4종류이지만, 60mm도 있다. 코르크 길이는 와인 등급과 숙성기간에 따라 다르며, 숙성 시키지 않는 와이너리의 와인은 38mm정도이거나 44mm이다. 프랑스 보르도에서 고급와인을 양조하는 샤토는 장기 숙성을 위해 53mm의 긴 코르크가 사용되고, 부르고뉴에서는 45~50mm 코르크를 사용한다. 표준형 병목의 내부지름은 18.5mm±0.5mm이며, 코르크의 마개는 24mm이고, 스파클링와인의 코르크 길이는 31mm이다.

　코르크가 길수록 기밀성이 좋고 천천히 오래 숙성시키는 데 탁월한 효과가 있

소믈리에 서비스

▲ 다양한 코르크의 생산

다. 하지만 최근 코르크 값이 오르면서 부스러기 코르크를 압축하여 재생한 마개를 사용해 품질을 떨어뜨리고 있다. 품질 나쁜 코르크는 와인 악취의 원인이 되는 코르키(corky)를 발생시키는데 이러한 문제점을 방지하기 위해 밀(蠟)로 덮는 방법을 취하기도 한다. 그러나 품질 좋은 와인을 양조하는 와이너리에서는 코르크도 최상품을 사용하고 5.3cm의 전통적인 길이를 그대로 사용하고 있다.

코르크를 오픈하면 외피에 샤토명, 빈티지가 기록되어 있는데 이것은 와인 위조가 범람하던 20세기 초반, 와인 위조를 방지하기 위해 코르크에 양조자의 서명을 새겨 넣으면서 시작되었다.

와인 코르크는 원자재의 수급문제, 회사별 품질의 균일성 문제, 코르키의 문제 등으로 자연산 코르크 외에 부스러기를 재생한 코르크, 폴리에틸렌으로 만든 플라

와인 서비스 기술

스틱 코르크, 스크루 캡이 생겨나고 있다. 특히, 스크루 캡은 코르크보다 숙성을 더 천천히 진행시킨다는 장점 때문에 선호도가 높아지고 있으나 와인 마니아들은 와인의 품격을 실추시킨다고 기피하는 편이다.

소믈리에들은 와인을 오픈하고 제일 처음 코르크를 코에 대고 향을 맡아 본다. 와인을 마시기전 우선 코르크를 통해 와인의 모성애를 느끼면서 변질 여부를 확인하는 것이다. 조용하고 서늘한 곳에 와인을 눕혀 보관하는 이유도 병 속의 와인이 항상 코르크와 접촉해야 하기 때문이다. 좋은 코르크 마개는 25년에서 최고 50년까지도 변하지 않는다. 그러나 최적의 조건으로 저장하더라도 오래된 빈티지 와인은 25년마다 코르크를 교체해주어야 맛을 유지할 수 있다.

17세기 후반 프랑스 샹파뉴의 에페르네(Epernay) 지역 오빌레르 베네딕틴 수도원의 수도사이며, 셀러 마스터였던 동 페리뇽(Dom Perignon; 1638~1715)은 숙성을 위해 와인을 병에 넣고 코르크 마개를 하였다. 얼마 후 병 안에서 2차 발효가 시작되면서 탄산가스가 압력을 받아 와인이 분출하는 광경을 보게 되었다. 와인이 뿜어내는 황홀한 부케가 저장고를 가득 채우는 광경을 목격한 동 페리뇽은 2차 발효과정에서 생겨난 탄산가스를 통해 와인 양조기술을 개발했다. 이것이 바로 전 세계 축하와 축제의 장을 매료시키는 샴페인의 위대한 탄생이었다. 하지만 샴페인의 역사도 코르크가 있었기에 가능한 일이었다.

▼ 지하 와인 셀러에 장기숙성중인 와인들

리코르킹 클리닉

몇 년 전 경희대학교 관광대학원 와인마스터 전문과정을 다니던 치과병원장으로부터 문의가 왔다. 장인이 결혼기념 선물로 1890년산 포르투갈 포트와인을 선물받았는데 보관한지 30년이 넘어 코르크가 계속 부서져 리코르킹을 해야 하는데 어떻게 하면 좋은가 하는 내용이었다.

와인을 오랫동안 보관하면 와인 용량이 줄어드는데 이것을 '울라지(ullage)'라고 한다. 울라지 현상이 일어나면 코르크가 오래된 것으로 거의 수명을 다했기 때문에 코르크를 교체하는데 이것을 '리코르크(recork)', 혹은 '리코르킹(recorking)'이라고 한다. 이럴 때는 프랑스로 가서 리코르킹을 하거나 일 년에 한 번 일본으로 방문하는 프랑스 와인 전문가들을 만나야 리코르킹을 할 수 있지만 시간과 경제적인 면에서 너무 비효율적인 일이었다. 그래서 치과의사였던 원생 부부와 함께 100년이 넘은 포트와인을 와인과정의 다른 원생들과 함께 즐겁게 나눠 마신 추억을 갖게 되었다. 조용히 잠자던 와인이 깨어나자 작은 레스토랑은 100년의 향기로 가득해지고 모두들 생애 최고의 순간을 만끽하며 와인을 마셨다.

아무리 통기성과 밀봉력, 수축성과 방수성이 뛰어난 코르크도 와인과 만나 오래되면 노후되어 삭아버린다. 더 이상의 기능을 상실한 코르크는 교체해 주어야 하는데 대개는 자신이 구입한 와인 회사로 보내면 리코르킹 서비스를 해주는 것이 관례이다. 우리나라는 아직 리코르킹 서비스 제도가 없지만 일본은 워낙 와인마니아들이 많아 프랑스에서 전문기술자가 파견을 나와 리코르킹을 해주고 있다.

호주의 펜폴즈 그랜지 회사도 1991년부터 미국, 영국, 스위스, 뉴질랜드 등에 출장을 다니면서 리코르킹 서비스를 해주고 있는데 호주에도 장기 숙성하는 와인이 있다는 것을 알리는 홍보차원이라고 볼 수 있다. 프랑스의 유명한 샤토들도 자사의 와인을 장기보관하는 고객을 위해 출장 리코르킹 서비스를 수행한다. 마카오에 있는 리스보아 호텔 카지노 사장도 1961년 산 샤토 팔머(Château Palmer) 500병을 구입하여 장기보관하였다가 '샤토 팔머' 본사로부터 모두 리코르킹 서비스를 받아 화제를 모았다.

리코르킹하는 와인전문가들은 모두 흰색 가운의 의사가 된다. 그들은 와인의 생명 연장을 위해 아주 조심스럽게 와인병을 개봉하고 와인을 스포이드(spuit)로 조금 뽑아서 주인과 함께 맛을 보고 진단한다. 진단 결과 아직 생명을 더 이어갈 수 있으면 울라지로 줄어든 와인을 보충하고 새 코르크로 막은 다음 품질보증서에 사인하고 병 후면에 부착한다. 와인을 보충할 때는 보통 와인의 1~2%를 보충하는데 전문가에 따라 다른 와인을 보충한다. 샤토 팔머가 와인 500병을 리코르킹할 때는 모두 1961년 빈티지 와인으로 채워서 더욱 화제가 되었지만, 호주의 펜폴즈사는 새 와인을 넣었다.

와인 마니아 중에는 리코르킹은 더 이상 본래의 그 와인이 아니기에 절대 반대하기도 하지만 명품와인을 장기보관하기 위해선 어쩔 수 없는 선택이기도 하다. 또한 리코르킹을 원한다고 다 해주는 것도 아니다. 와인 상태가 안 좋으면 와인을 보충해 주지도 않으며 품질도 보증받을 수 없고 새 코르크만 끼워 준다. 이런 와인들은 장기보관해도 가치를 인정받지 못하기 때문에 생명이 다하기 전에 마시는 것이 좋다.

▲ 포르투갈 마데이라의 장기보관 중인 마데이라 와인

소믈리에 서비스

디켄팅

　와인 붐과 함께 인기를 모은 일본 만화『신의 물방울』을 보면 소믈리에의 마술 같은 디켄팅(Decanting) 기술에 먼저 압도 당한다. 주인공이 '샤토 무통 로칠드 2000(Château Mouton Rothschild, 2000)'의 향과 맛을 끌어내는 장면을 보고 많은 사람들이 호텔 레스토랑에서 디켄팅을 해 달라는 웃지 못할 일이 벌어졌다. 17세기 유리로 만든 디켄터(decanter)가 개발되면서 시각적인 즐거움도 더욱 커졌다. 1967년부터 매3년마다 국제소믈리에협회(ASI)에서 개최하는 '세계베스트소믈리에경기대회', 즉, 소믈리에올림픽이나 (사)한국국제소믈리에협회에서 해마다 개최하는 소믈리에경기대회의 하이라이트 역시 디켄팅 서비스이다. 소믈리에경기대회에서는 와인전문지식, 블라인드 테이스팅, 음식메뉴 및 와인 리스트의 오·탈자 교정하기, 음식과 와인의 조화능력을 보며 디켄팅 기술을 통해 자신이 최고의 와인전문가라는 것을 보여줄 수 있어야 한다.

　디켄팅이란, 간단히 말해서 5~10년 정도 숙성된 에이징 와인(aging wine)의 향과 맛을 피우고 침전물을 거르기 위해 디켄터에 옮겨 담는 과정이다. 옮겨 담는 과정에서 와인이 공기와 접촉하면 와인이 빠르게 살아나 향과 맛을 좋게 하면서 와인에 숨을 불어 넣고, 와인의 침전물을 제거하는 효과도 있다. 디켄팅이란, 한마디로 오래 잠들었던 공주인 와인을 달콤하게 깨우는 왕자인 소믈리에의 입맞춤 기술이다.

◀ 올드 빈티지의 와인 디켄팅

와인 서비스 기술

　디켄팅의 본래 목적은 침전물을 걸러주는 역할이었다. 특히 영국은 와인생산을 할 수 없어 프랑스, 이탈리아, 스페인, 포르투갈 등에서 수입하였다. 선박으로 운송된 와인은 오크통 속에서 흔들리며 침전물이 생기고 정제기술 부족으로 청정도가 떨어져 상품성이 떨어졌기 때문에 디켄팅이 꼭 필요했다. 오랫동안 잠들었던 올드 빈티지(old vintage) 같은 경우 처음 오픈했을 때 향과 맛을 느낄 수가 없으며 병 바닥에 침전물도 있다. 이런 와인도 공기와 접촉하여 약 2시간 정도가 지나면 부드러워지고 향과 맛이 살아난다. 올드 빈티지 와인을 마시려면 디켄팅하기 전 2~3일정도 와인병을 세워두어야 침전물이 병 아래로 모이게 된다.

　최근에는 영 와인(young wine)도 디켄팅하는 경우를 볼 수 있는데 거칠고 정돈되지 않은 것을 디켄팅하여 맛을 부드럽게 해주지만 추천하고 싶지 않다. 고객이 원하면 해 주되 고객이 원하지 않으면 디켄팅하지 않는 것이 올바른 서비스이다. 향이 너무 일찍 피어 오랫동안 두고 마시면 그 가치를 잃게 되기 때문이다. 디켄팅은 나무통을 와인의 용기로 사용하던 시대에는 반드시 필요한 작업이었다. 그러나 요즘

▲ 2018년 한국국가대표 소믈리에 왕중왕 우승자, SPC 수석 소믈리에 안중민, 2018년 일본 아시아·오세아니아베스트소믈리에경기대회, 2019년 벨기에, 2023년 프랑스 파리 세계베스트소믈리에경기대회에 한국대표로 출전

은 정제기술이 발달하여 침전물이 많이 나오지 않아 디켄팅 자체가 그다지 필요하지 않지만 레스토랑에서는 디켄팅으로 분위기를 고조시키며, 고객들에게 와인 전문성을 부각시키는 마케팅 도구로 사용하기도 한다.

에어레이션(aeration, 통기)은 와인이 '열리고' 부드러워질 수 있도록 와인을 일부러 산소에 노출시키는 과정을 말하며, 디켄팅과 차이가 있다. 디켄팅은 크게 두 가지로 구분하는데 첫 번째는 와인의 침전물을 거르는 의미의 디켄팅이다. 와인을 오래 숙성하여 빈티지가 오래된 와인은 침전물이 생기게 되는데 이 침전물은 숙성 과정에 자연스럽게 생기는 물질로 주로 레드와인에 많다. 두 번째는 와인의 잠재력을 일깨우는 것이다. 다시 말하면 와인을 공기와 접촉시켜 향을 피어오르게 하는 의미의 디켄팅이다. 이런 의미의 디켄팅은 브리딩(breathing)이라고 한다. 침전물이 있는 올드 빈티지의 와인은 산소와의 접촉을 최소화 시키면서 디켄팅해야 한다. 올드 빈티지 와인은 파워가 떨어진 상태이기 때문에 크기가 큰 디켄터(decanter) 보다는 작고 와인과 접촉면이 적은 모양의 디켄터를 사용하는 것이 좋다. 목이 좁고 짧은 디켄터가 좋으며 이런 디켄터는 산소를 차단하기 위해 뚜껑이 있는 경우도 있다. 반면 브리딩이 필요한 와인의 경우는 최대한 산소와 접촉할 수 있는 큰 디켄터를 사용하는 것이 좋다. 즉, 사이즈가 크고 목이 넓고 긴 것이 좋다. 여기에 더해서 와인이 산소와 더욱 많이 접촉할 수 있도록 높은 위치에서 가늘게 하는 것도 방법이다.

디켄팅을 하는 방법의 5가지 목적은 첫째, 오래된 와인에서 침전물을 제거한다. 둘째, 공기와 접촉시켜 향을 열리게 한다. 셋째, 공기와 접촉시켜 타닌을 부드럽게 한다. 넷째, 와인을 최적의 서비스로 제공하기 위함이다. 다섯째, 연출효과이다.

디켄팅은 아무 와인이나 하지 않는다. 때로는 디켄팅을 하면 와인의 향과 맛이 사라져 버리는 경우도 생긴다. 디켄팅을 하면 좋은 와인들은 첫째, 병에 침전물이 생길 수 있지만, 풍미가 좋아지는 레드와인으로 5년 이상 된 보르도 그랑 크뤼급 와인, 10년 이상 된 부르고뉴 그랑 크뤼, 프리미에 크뤼 와인, 5년 이상된 프랑스 론 지방의 샤토네프 뒤 파프, 에르미따지 와인, 5년 이상 된 이탈리아 바롤로, 수퍼 토스카나 와인, 7년 이상 된 스페인 페네데스 와인, 포르투갈의 빈티지 포트와인이다. 그러나 와인을 즐기는 마니아들은 프랑스 부르고뉴 와인을 디켄팅 하지 않고 마시는 경우가 많다. 둘째, 침전물은 없지만 시음 직전에 디켄팅 하면 풍미가 좋아지는 와인은 10년 이상 된 독일 모젤, 라인가우 리슬링 화이트 와인, 스페인 리오하 지역에서 오크 숙성한 고급 화이트 와인, 10년 이상 된 알자스 지방의 스위트 와인, 루아르 지방의 고급 화이트 와인, 프랑스 보르도의 그라브지역에서 생산되는 화이트 와인이다. 디켄팅을 하면 문제가 생기는 와인은 샴페인을 비롯한 스파클링와인, 오래 숙성하지 않은 화이트 와인, 값싼 레드와인이다.

디켄팅하는 방법과 서비스는 매우 우아하고 품격 있게 해야 한다. 고객이 주문한 와인을 호스트에게 보여주면서 와인을 설명한다. 그리고 소믈리에는 능숙하게 와인의 코르크 마개를 딴 후에 주문한 고객에게 코르크 마개를 확인시킨다. 와인을 테이스팅한 후 디켄팅 여부를 호스트에게 물어본다. 이 때 호스트의 허락이

▲ 와인 디켄팅의 서비스 모습

있어야 디켄팅을 할 수 있다. 소믈리에는 크리스탈로 만들어진 고급 유리 디켄터와 양초, 성냥을 준비한다. 촛불을 켜고 와인병을 45도로 비스듬히 세우고 디켄터에 와인을 조심스럽게 따른다. 와인병의 어깨에 침전물이 보이면 따르는 작업을 중단하고, 와인이 든 디켄터를 2~3번 크게 돌린다. 첫 잔을 호스트에게 테이스팅하게 한 후에 여성, 남성 순으로 서비스한다. 촛불을 끄고 정리정돈을 한 다음, 디켄터와 와인병을 고객의 테이블 위에 놓아두고 리필 서비스(refill service)를 한다.

과거에는 와인 병목의 캡슐을 완전히 제거한 후 디켄팅을 하면서 촛불을 이용해 찌꺼기나 침전물의 유무를 확인하였으나, 요즘에는 양초를 사용하기도 하지만 조명

디켄팅과 촛불

첫째, 촛불은 주변의 나쁜 냄새를 제거해 와인의 건강상태를 유지해주며 향을 맡기에 좋은 환경을 만들어 준다.
둘째, 초가 탈 때는 산소를 필요로 하기 때문에 주변 공기 흐름을 빠르게 해주며 와인을 디켄터에 따를때 공기 유입을 도와 향과 맛을 깨운다.
셋째, 와인 병 속의 침전물을 더 잘 볼 수 있게 해준다.
넷째, 자신을 태워 주변을 밝게 하듯 인내와 고통으로 탄생된 와인도 식사 분위기나 기분을 밝게 연출해 준다.

등이 발달하여 와인병 어깨로 침전물의 유무를 확인할 수 있어 병목의 캡슐을 제거하지 않고 디켄팅을 하고 있다. 와인을 개봉하고 공기와 접촉하면 와인에 따라 다소 다르게 자신의 개성을 나타내는데 보통 2시간 후면 최적의 아로마, 부케가 발산하며, 와인 맛이 나타난다. 와인을 디켄팅하면 30분 정도 지난 것과 같은 효과를 가져온다.

올드 빈티지 와인을 디켄터에 따르고 글라스에 부어 마시는 순간, 거기에는 포도밭과 발효, 숙성과정을 거친 와인의 오랜 역사와 응축된 신비로운 비밀도 함께 맛보게 된다. 소믈리에는 각고의 노력과 열정으로 디켄팅 기술을 익혀야 하며 진정한 프로 소믈리에라면 와인 맛을 최고로 유지한 채 고객에게 서비스해야 한다.

와인의 결점

최근에 와인 양조기술이 발달하고, 위생관념이 철저하여 결함이 있는 와인이 적지만 보관, 유통하는 과정에 발생할 수가 있다.

다음의 경우에는 와인의 결함이 아니다. 첫째, 일부 테이블 와인에 거품이 발생하는 경우, 가벼운 화이트와인과 일부 레드와인은 청량감을 유지하기 위해 고의로 CO_2를 남겨두는 경우가 있다. 둘째, 혼탁한 와인을 발견하는 경우, 일반적으로 숙성된 고급 와인은 침전물이 혼탁하게 뒤섞일 수가 있는데 와인을 운반할 때 어린아이처럼 조심스럽게 다루지 않아서 발생한 것으로 본다. 와인 글라스에 따랐으면 이미 늦었지만 코르크를 열지 않았으면 병을 세워 두어 침전물이 가라앉고 난 후에 디켄팅을 하면 된다. 셋째, 떠다니는 코르크 부스러기가 있는 경우, 일반적으로 코르키(corky)된 것으로 착각하는 경우가 많은데 와인병을 오픈할 때 떨어진 것으로 티스푼으로 골라내면 된다. 넷째, 흰색, 혹은 자주빛의 크리스탈 결정체가 보일 경우, 이것은 와인 성분 중의 주석산과 칼륨이 결합한 주석산염 결정체로 인체에 아무런 해가 되지 않는다.

와인의 결점은 산화 현상, 황, 코르크의 오염 등이 있는데, 일반적으로 열악한 보관, 유통 환경, 그리고 불량품의 코르크에서 발생한다.

코르크의 곰팡이 냄새

코르크와 오크통을 소독하는 염소계 용액이 곰팡이를 접하면 트리클로르아니솔(trichloranisole; TCA)이라는 물질을 만들어내는데 이것이 바로 코르키(corky)의 원인이다.

와인을 개봉해서 코르크 냄새를 맡았을 때 비오는 날이나 습도가 높은 날처럼 매캐한 곰팡이 냄새(moldy)나 퀴퀴한 나무 썩은 냄새가 나는 경우가 있는데 이것은 병입 시점에 이미 코르크에 균이 생겼기 때문이다. 와인병목의 캡슐이 돌아가지 않거나 끈적한 액체가 흘러 나왔으면 정상적인 와인이 아니라는 것을 알 수 있는데 이것을 부쇼네(bouchonné)라고 한다.

개봉 후 향이 짧고 약한 와인

와인은 저장과 보관이 중요하기 때문에 저장 상태가 좋지 않거나 숙성 후 오랜 시간이 지나면 신선함을 잃게 되고 차츰 밋밋하거나 한물간 냄새가 난다. 너무 오랫동안 보관된 와인은 향이 약하고, 살균된 맛이 나다가 결국은 불쾌한 맛을 낸다. 이런 경우 와인 셀러에 보관하지 않은 와인이며, 또한 장기간 방치하여 와인이 손상된 것이다.

소믈리에 서비스

휘발성 물질 냄새

와인을 개봉하였을 때 초산 냄새가 나거나 식초 비슷한 에틸 아세테이트 냄새가 나는 경우는 초산이 와인에 너무 많이 함유된 경우이다. 아니면 잘못 저장되었거나 보관 상태가 좋지 않아 시어서 식초 맛으로 변한 것이다.

썩은 과일 냄새

와인을 개봉하여 향을 맡았을 때 썩은 과일냄새가 난다면 와인을 양조할 때부터 신선하고 건강한 포도가 아닌 너무 익어 초가 된 포도를 사용한 와인이다. 화이트와 인은 숙성과정이 길거나 저장할 때 저장온도가 맞지 않아 산화된 경우도 있다.

황화수소(H_2S)의 원인

썩은 달걀 냄새, 고무 타는 냄새가 나는 와인은 수소와 결합한 황 성분 때문이다. 냄새가 강하지 않으면 공기 중으로 냄새를 날려 보낼 수 있지만 마늘, 양파, 오물 냄새가 날 정도로 심각하다면 먹을 수 없는 와인이다.

▲ 독일 베를린 와인 트로피의 와인 품평회 모습

▲ 다양한 와인

유황 냄새

SO2는 산소로부터 와인을 보호하는 역할을 하지만 너무 많이 함유되면 유황 냄새가 난다. 이때 성냥불을 갖다 대면 이상한 냄새가 날수도 있으며, 마실 경우 목이 따끔거리면서 불쾌한 느낌을 가질 수 있다. 디켄팅을 하거나 시간이 흐르면 냄새가 사라질 수도 있지만 마신 후 느낌은 좋지 않다.

기타

쉐리 냄새, 박테리아 냄새, 요오드팅크(Iodine Tincture) 냄새, 메주 냄새, 약간 탄 냄새가 난다면 산화된 증거이다. 지나친 공기와 산소는 와인의 맛을 변질시키는 주된 원인이 되며, 저장과 보관 상태가 잘못되어 산소가 과다하게 들어간 경우라고 할 수 있다.

와인병과 라벨, 그리고 등급

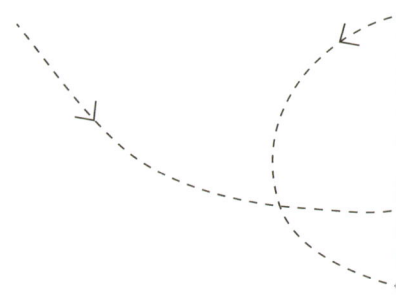

🍷 와인병 역사

와인병은 와인의 풍미를 그대로 보존해 주는 기능과 사람들로 하여금 감미로운 행복감을 선사하는 역할을 한다. 다양한 와인병은 구매욕을 일으키기도 하며 지역마다 다른 와인의 개성을 상징하기도 한다.

16세기 중반까지 와인은 나무통에 저장되어 1~2년만 지나면 변질되어 와인의 가치를 떨어뜨렸다. 하지만 유리병이 발명되면서 장기 숙성 보관이 가능해 숙성용 와인(vin de garde)의 수요도 증가하고 가치도 상승하기 시작하였다. 유리 용기가 있어도 코르크 마개가 없을 때는 산화방지용으로 와인 위에 올리브기름을 부어 기름층을 만들어 산소와의 접촉을 방지하였다. 왕실과 귀족들이 유리병을 사용하기도 했지만 워낙 값이 비싸 서민들이 사용할 수 있게 된 것은 산업혁명 이후였다.

코르크 마개가 없을 때는 항상 세워 보관했기 때문에 안정된 모양의 둥근 항아리 형태로 생산되었다. 초창기에는 양파모양이었으나 세월이 흐르면서 망치모양으로 변하였고 나중에는 실린더 형태로 바뀌었다.

요즘의 와인병은 녹색, 황갈색, 갈색, 검은색에 가까운 색까지 다양한 색깔을 갖고 있는데 길이의 2/3가 원통으로 되어 있고 1/3의 병목은 가늘고 작은 원형으로 만들어지는 것이 대부분이다. 병은 눕혀서 보관할 수 있도록 가늘고 긴 모양을 하고

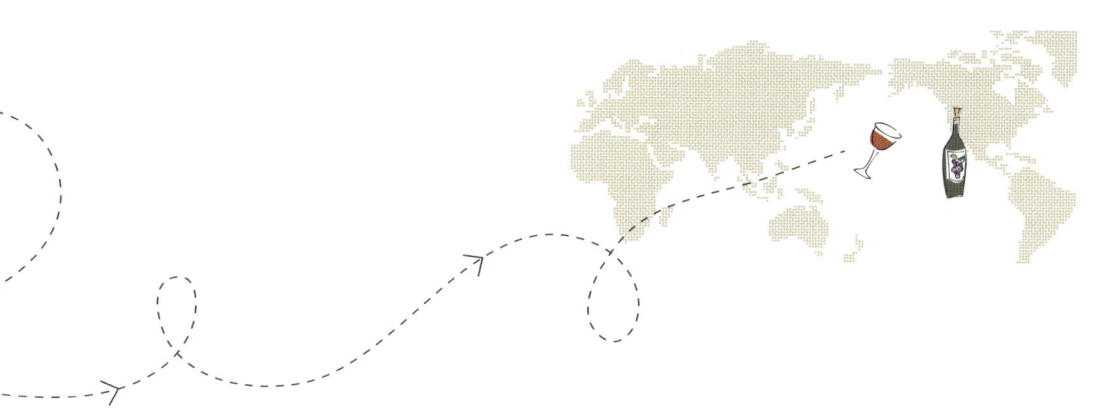

있으며 국가나 지역을 구분 짓는 기능적 역할과 동시에 생산자나 수입업체의 마케팅 전략에도 중요한 역할을 담당한다. 진한 녹색은 자외선을 차단하는 데 효과가 있어 화이트와인은 대개 연한 녹색 병에 담는다. 독일와인은 일반적으로 연한 녹색 병(모젤 와인)이나 갈색 병(라인가우 와인)에 담는다. 그러나 로제와인은 아름다운 장미색을 볼 수 있도록 투명한 병에 담아 소비자들을 유혹한다.

▲ 포르투갈 가이야 샌드맨 포트 와이너리에 소장된 초기의 유리 와인병

소믈리에 서비스

　1723년 프랑스 보르도에서 피에르 미쉘(Pierre Michel; 오크통 제조업자)이 만든 와인병이 가장 대표적이고 보편화된 디자인으로 프랑스 보르도의 와인병 모양이다. 보르도 와인병은 원통 모양의 전형적인 실린더형으로 남성적 이미지를 대변한다. 반면 부르고뉴의 와인병 모양은 여성의 이미지를 대변하여 어깨가 완만하고 볼륨감 있는 형태를 지니고 있다. 스파클링와인을 위한 샴페인 병은 내부 압력을 견디기 위해 밑 부분이 오목하며 두껍고 묵직한 형태를 띤다. 그 밖에 독일의 '라인가우'와 '모젤' 지역그리고 프랑스 '알자스' 지역처럼 가늘고 날렵한 스타일의 와인병도 있고, 짚으로 둘러싼 전통적 스타일의 이탈리아 '피아스코(fiasco)', 현대적 감각의 독특한 이탈리아 '코르몬스(cormons)' 병 모양 등이 있다.

　그러나 최근에는 이러한 전통적인 프랑스 보르도 또는 부르고뉴 스타일의 모양과 색상을 고수하지 않고 와인소비시장의 욕구에 따라 가늘고 길거나 납작하고 짧은 모양, 또는 양각의 무늬를 새긴 다양한 와인 병이 출시되고 있다.

　와인 병 용량은 보통 750㎖인데 그 유래는 다음과 같다. 프랑스 보르도는 영국이 가장 큰 수출국이었다. 영국의 용량 단위는 갤론(4.5ℓ)으로 750㎖ 와인병 6개로 나눠 담았다. 보르도 상인들이 225ℓ(50갤런에 해당)의 오크통을 배에 싣는 대신 300개의 와인병을 6개들이 박스에 넣어 50박스를 실어 보내는데서 시작되었다. 영국에서도 저장, 보관, 운반의 편리성 때문에 750㎖ 와인 병이 정착되었다.

　보통 용량인 750㎖ 외에 반 병(half-bottle, 375㎖) 크기와 매그넘(magnum, 1.5ℓ)으로도 판매되고 있다. 특히, 대용량 병들은 특별한 주문이 있거나 장기보관할 때 사용된다. 병 사이즈에 따라 붙여진 이름들은 잘 살펴보면 프랑스 샹파뉴와 보르도 지역에서 붙인 용어가 대부분이며 성경 속의 유명한 인물에서 유래되었다.

　와인생산자는 와인병의 디자인을 결정할 때 상품 타입과 가격, 소비자의 인구통계학적 특성 등을 고려해야 하며 시장에서의 반응과 효과, 경쟁사와의 차별성, 수익 측면 등을 분석하여 디자인의 지속여부를 판단하고 적절한 디자인을 개발해야 한다.

와인병과 라벨, 그리고 등급

▲ 사이즈 별 와인

병의 사이즈별 용어

병의 사이즈별 용어	용량	크기	비고
스프릿(Sprit)	187.5㎖	1/4병	샴페인/보르도
반 병(Half Size)	375㎖	1/2병	샴페인/보르도
한 병(Bottle)	750㎖	1병	샴페인/보르도
매그넘(Magnum)	1.5ℓ	2병	샴페인/보르도
마리잔느(Marie-Jeanne)	2.25ℓ	3병	보르도
여로보암(Jeroboam)*	3ℓ	4병	보르도
더블 매그넘(Double Magnum)	4.5ℓ	4병	보르도
르호보암(Rehoboam)	6ℓ	6병	샴페인
여로보암(Jeroboam)*	4.5ℓ	6병	샴페인
므두셀라(Methuselar)	9ℓ	8병	샴페인
살마나자(Salmanazar)	12ℓ	12병	보르도
발타자르(Balthazar)	15ℓ	16병	샴페인
네부카드네자르(Nebuchadnezzar)	15ℓ	20병	샴페인
솔로몬(Solomon)	20ℓ	28병	샴페인
프리마(Primat)	27ℓ	36병	샴페인

* 여로보암은 보르도에서는 3ℓ/4병, 샴페인에서는 4.5ℓ/6병으로 서로 다르게 쓰인다.

🍷 국가 지역별 와인병 모양

와인병은 국가나 생산지에 따라 모양이 조금씩 다르기 때문에 와인병만 확인하여도 어느 국가의 어느 지역 와인인지 쉽게 구별할 수 있다.

프랑스

- 보르도(Bordeaux) 형 : 남성적인 형태로 여러 종류의 와인에 많이 사용하며, 레드와인용은 강렬한 암녹색, 드라이한 맛의 화이트와인용은 엷은 녹색, 단맛의 화이트와인용은 무색투명한 것을 사용한다. 어깨 부분의 각이 아름다워 국내 소비자들의 와인병 선호도 2위를 차지하였다.
- 부르고뉴(Bourgogne) 형 : 여성스러운 형태로 레드와 화이트 모두 엷은 녹색이며, 어깨부문이 매끄러우면서 곡선미를 갖고 있는 것이 특징이다. 국내 소비자들의 와인병 선호도 1위를 차지하고 있다.
- 알자스(Alsace) 형 : 어깨 부분이 날씬하게 처진 전통적인 타입으로 프랑스 부르고뉴와 보르도 와인병 형태의 중간타입이며, 화이트와인용으로 많이 사용한다.
- 프로방스(Provence) 형 : 허리 부분이 잘록한 것이 특징이며, 이탈리아에서는 암포라(amphora)라고 하며, 이탈리아 베르디키오(Verdicchio) 와인에 사용된다.
- 크라베린(Clavelin) 형 : 사부아(Savoie), 쥐라(Jura) 지역에서 사용하며, 보르도 와인병보다 더 통통한 것이 특징이며, 용량이 620㎖이다.
- 샹파뉴(Champagne) 형 : 전형적인 스파클링와인을 위한 병으로 탄산가스 압력을 견딜 수 있도록 두껍고 튼튼한 유리로 만들어져 안정감을 주며, 국내 소비자들의 와인병 선호도 3위를 차지하고 있다.

독일

- 프랑켄(Franken) 형 : 옛날에 와인을 담았던 가죽 주머니 형태를 하고 있으며, 독일의 프랑켄 지방에서 많이 사용한다. 레드와인과 화이트와인에 사용되며 복스보이텔(bocksbeutel)이라고도 한다.

와인병과 라벨, 그리고 등급

- 라인가우·모젤(Rheingau·Moselle) 형 : 날렵한 형태로 알자스 와인병과 거의 비슷하며, 라인가우 와인병은 갈색이다. 모젤 와인병은 녹색이지만 최근에는 청색과 흰색도 사용한다. 독일은 거의 전통적인 형태를 많이 사용하고 있다.

이탈리아

- 피아스코(Fiasco) 형 : 실패작이라는 뜻을 가진 피아스코(fiasco)는 유리병의 실패작을 토스카나 키안티 지방 특산의 볏짚 꾸러미로 둘러싸서 성공한 둥근모양의 프라스크(flask)병이며, 수작업으로 하는 볏짚 꾸러미는 최근 단가 부담으로 사용량이 급속도로 줄고 손이 많이 가지 않는 바롤로 형을 많이 사용한다. 병목에 검은 닭이 그려진 검분홍빛 띠를 두르고 있다.
- 바롤로(Barolo) 형 : 어깨 부분이 각이 진 보르도 형이 많지만 어깨가 처진 부르고뉴 타입도 있다.
- 알베이사(Albeisa) 형 : 이탈리아의 알바, 피에몬트 지역에서 사용하는 병으로 원추형 모양을 하고 있으며, 최상급 레드와인에 사용되고 있다.

기타

- 마르살라(Marsala) 형 : 스페인의 마르살라 와인에 사용되며, 포트, 마데이라, 쉐리와인병과 비슷하다.
- 토카이(Tokaji) 형 : 헝가리 토카이 지역에서 사용되는 것으로 크라베린(Clavelin) 형이 축소된 느낌을 준다. 토카이 와인병은 용량이 0.5ℓ이다.

▲ 헝가리 토카이 와인병

기독교의 성인들과 와인 유리병이 얽힌 이야기

　백화점, 대형마트, 와인 숍에 가면 전 세계의 다양한 와인이 유혹한다. 와인을 구매할 때 가장 먼저 눈에 들어오는 것이 와인병과 레이블이다. 와인 병은 와인의 전설과 풍미를 그대로 보존해주는 기능과 와인을 즐기는 사람들에게 감미로운 행복감과 마음을 설레게 한다. 다양한 와인 병은 구매 욕구를 일으키고 와인생산지역마다 각기 다른 와인의 개성을 나타낸다. 16세기 중반까지 와인은 나무통에 저장되어 1~2년만 지나도 변질하여 와인의 가치를 떨어뜨렸다. 그러나 유리병과 코르크가 발명되면서 와인은 장기 숙성 보관이 가능해졌고, 수요 증가는 물론 와인의 가치도 높아졌다. 코르크 마개가 없을 때는 유리병을 항상 세워 보관해야 하므로 안정된 모양의 둥근 항아리 형태인 양파 모양이었지만, 코르크를 발견하고 난 이후 세월이 흐르면서 망치 모양으로 변하였고, 나중에는 실린더 형태로 바뀌었다.

와인 병의 사이즈 별 용어를 보면 성경 속의 성인들이 등장하는 것을 찾을 수가 있는데 와인이 기독교와 밀접한 관계가 있다. 일반적으로 와인 1병은 750㎖이며, 이것을 기준으로 할 때, 스플릿(sprit)는 1/4병, 하프 사이즈(half size)는 1/2병, 매그넘(magnum)는 2병 용량, 여로보암(Jeroboam)은 4병 용량으로 백성이 많다는 의미로 이스라엘 왕국의 초대 왕인 여로보암(BC922-901)의 이름에서 유래되었다. 르호보암(rehoboam)은 6병 용량으로 백성을 번성케 한다는 의미로 성경에 나오는 솔로몬의 아들 르호보암에서 유래되었으며, 므두셀라(methuselar)는 8병 용량으로 창 던지는 사람을 의미하며, 성경에 나오는 가장 오래 장수한 사람, 노아의 할아버지 므두셀라(969세 생존)에서 유래되었다. 살마나자(salmanazar)는 12병 용량으로 정복자를 의미하며, 건축가인 앗사리아 왕 살마나자(BC 859-824)에서 유래되었다. 발타자르(Balthazar)는 16병 용량으로 예수의 탄생 시 선물을 갖고 찾아온 동방박사 세 분 중 한 분으로 바빌론의 왕 발타자르(BC 555-539)에서 유래되었다. 네부카드네자르(nebuchadnezzar)는 20병 용량으로 내 왕위 계승자의 핏줄을 보호하라는 뜻으로 바벨탑을 재건한 바빌론의 왕 네부카드네자르(BC 605~562)에서 유래되었다. 솔로몬(Solomon)은 28병 용량으로 평화라는 의미로 사랑받는 자를 지칭하며, 고대 이스라엘 왕국의 제2대 왕인 다윗(David)의 아들 솔로몬에서 유래되었다. 프리마(primat)는 36병 용량으로 불어로 대주교를 뜻한다. 와인 병에 성경 속에 등장하는 인물을 와인병 명으로 사용한 것은 그리스도의 사랑을 받기 위한 것이며, 와인이 병입된 후에도 그리스도의 기적을 염원하는 기독교인들의 기도를 함축한 것이다.

와인 병은 와인을 보호하는 목적 외에도 판매를 목적으로 했기 때문에 와인 병의 역할에 관해 설명하면, 그리스도가 사랑하는 어린양으로 표현될 수가 있다. 와인 병의 색깔 중 진한 녹색은 자외선을 차단하는 효과 때문에 화이트 와인을 병입하게 되고, 로제 와인은 아름다운 장미색을 볼 수 있도록 투명한 병에 담아 와인 애호가들을 유혹한다. 가장 보편화된 와인 병이 프랑스 보르도의 와인병으로 원통 모양의 전형적인 실린더형으로 남성적 이미지를 대변한다. 그러나 부르고뉴 와인병은 여성의 이미지를 대변하여 어깨가 완만하고 볼륨감이 있는 형태를 하고 있다. 그 외 와인 병으로는 알자스형, 프로방스형, 크라베린형, 샹퍄뉴형이 있다. 독일은 프랑켄형, 라인 모젤형이 있으며, 이탈리아는 피아스코형, 바롤로형, 알베이사형이 있다. 기타지역의 와인 병으로는 스페인의 마살레스형, 헝가리의 토카이형이 있다. 이제 와인을 구입할 때 병 모양을 보면 크기, 지역의 와인의 개성 등을 통해 와인의 진정한 가치를 아는 것만큼 와인을 즐길 수가 있다.

라벨 역사

라벨(label)은 와인에 대한 정보를 거짓없이 알려주기 위해 노력해야 한다. 사람의 얼굴이 이력서라면 와인의 라벨은 디자인을 통해 와인의 개성을 담을 수 있는 와인의 얼굴이다. 라벨은 와인생산지역의 문화적, 정신적 가치를 상징하고 예술적인 기능과 마케팅의 결합을 의미한다.

와인을 구입할 때 가장 먼저 눈에 들어오는 것이 와인병 모양이며, 그리고 라벨을 보게 된다. 일반적으로 고급와인은 중후하면서 단순한 라벨이 많으며, 꽃, 새, 여인 등 화려하고 혼란스러운 모양의 라벨은 저렴한 와인일 경우가 많다.

'샤토 무통 로칠드(Château Mouton Rothschild)' 박물관에는 1924년부터 제작된 와인 라벨이 전시되어 있다. 그 라벨들은 모두 유명한 화가들에게 그림을 부탁하여 매년 다른 디자인으로 출시된 와인의 라벨이다. 화가들은 그림을 그려준 댓가로 와인 4박스를 선물 받았다고 하니 더욱 시선을 끌면서 흥미롭다. 이 후 와인 라벨하면 샤토 무통 로칠드 와인이 대명사가 되었고, 미국의 로버트 몬다비 와이너리(Robert Mondavi Winery) 회사와 제휴하여 탄생한 '오퍼스 원(Opus One)' 와인은 세상에서 보기 드물게 라벨에 두 회사의 주인공(로버트 몬다비와 필립 로칠드)들의 모습을 형상화하면서 유명해졌다.

▲ 미국 캘리포니아의 오퍼스 원

와인의 라벨은 프랑스어로 '에티케트(étiquette)'라 하며, 영어로 '에티켓(etiquette)'으로 라벨에는 와인의 이름뿐만 아니라 일정한 규정에 따른 여러가지 정보가 들어 있어야 한다. 언제, 어디서, 어떤 포도를 사용하여 누가 만들었으며, 어떤 등급인가 하는 것들이 표기되어 있으니 라벨은 그 와인의 신상명세서인 셈이다.

에티켓은 원래 공식석상의 자리 배열시 손님의 이름과 정보를 적어 놓은 종이를 일컫는 말이었으며, 와인 양조장에서는 와인의 정보를 기록하던 종이를 부르던 말이었다. 만찬에서 다른 사람의 신상명세를 미리 알아 실수를 범하는 일이 없게 배려

와인병과 라벨, 그리고 등급

한 에티켓은 시간이 흐르면서 다른 사람에 대한 예의나 배려의 의미가 더해져 사용되고 있다.

와인 생산국은 대부분 라벨 표기에 일정한 규칙을 적용하고 있으며, 국가에 따라 의무적 정보(compulsory information)와 선택적 정보(optional information)를 기재하도록 하고 있다. 위치에 따라 앞면 라벨(front label)과 병목 라벨(neck label), 후면 라벨(back label)로 구분되며, 각각 용도와 정보가 다르다.

특히 가장 많은 정보가 들어있는 앞면 라벨은 와인을 구입할 때 겪는 어려움과 혼동을 줄여주고, 그 와인을 마셔보지 않고도 품질을 가늠하게 하며 와인에 대한 이해를 높여주는 등 와인소비자에게 매우 중요한 역할을 한다. 기능적 측면에서는 제품 생산 기술의 발달과 향상, 취향에 따른 장식이나 활자체의 발달과 인쇄술에 따른 시각적 효과가 높아 강력한 마케팅 도구 역할을 하고 있다.

와인 라벨의 디자인이 담고 있는 의미는 생산자의 관점에 따라 다르며, 판매자는 와인시장에서 "Buy Me"를 전달하고자 한다. 와인 생산자는 라벨 디자인을 통해 샤토처럼 고전적인 건축미와 전통성을 강조하기도 하고, 역대 생산자의 인물초상화를 통해 와이너리의 역사와 전통, 신뢰와 자부심을 강조하기도 하며, 타이포그래피(typography)를 넣어 심플한 디자인으로 생산자의 이름을 각인시키기도 한다. 또한 유명한 예술가(artist)의 작품을 넣어 자유분방하게 표현하기도 하고, 금속성 라벨을 부착하여 세련되고 독특한 디자인으로 소비자의 눈길을 끌기도 한다.

와인 라벨은 국가별 다양한 디자인으로 다른 생산자와 차별성을 두기 위해 독특한 컬러를 사용한다. 유럽에 있는 국가들은 낭만적인 스타일로 부드럽고 따뜻한 느낌의 밝은 색상을 표현하며, 미국, 호주, 남아프리카공화국 같은 신세계국가는 강렬한 색상을 사용하여 시선을 끄는 특징이 있다. 라벨 디자인은 세계 와인시장에서 제품의 이미지를 함축하며 경쟁 우위를 위한 마케팅전략에 따라 끊임없이 변하고 있다.

프랑스 파리에 있는 한국 식당에서는 '남대문' 라벨이 있는 와인을 판매하여 한국 음식에 조화를 강조하고, 호주에서는 최근 생선 요리에 어울리는 물고기 그림이 있는 라벨의 '사시미 와인'을 출시하기도 하였다.

프랑스 보르도에서 생산하는 남대문 와인 ▶

161

소믈리에 서비스

🍷 라벨 정보 읽기

와인은 종류도 다양하고 국가마다 라벨에 적힌 정보도 조금씩 다르다. 하지만 라벨에 쓰인 내용만 제대로 이해한다면 어떤 와인인지 쉽게 알 수 있다. 대부분 영어, 프랑스어, 독일어 혹은 이탈리아어와 같은 외국어로 기재되어 있기 때문에 어학 실력이 없으면 쉽게 알아보기 힘들다. 전부 이해하는 것은 무리지만 포인트가 되는 것만 알고 있으면 와인 선택에 상당히 도움이 된다.

일반적으로 소비자가 알아야 할 정보는 포도수확 연도, 포도품종, 포도재배 지역, 와인 브랜드 또는 생산자, 와인의 품질 등급, 알코올 도수 등이다. 참고로 유럽에서 생산되는 와인에는 일반적으로 포도품종 표기를 하지 않으며, 신세계 와인은 포도품종을 표기한다.

다음은 국가별 라벨의 특징과 읽는 법을 간단히 소개하면 다음과 같다.

▲ 프랑스 보르도 샤토 무통 로칠드 와이너리 박물관에 전시된 라벨

와인병과 라벨, 그리고 등급

프랑스, 보르도 와인

프랑스 와인 라벨은 지역마다 차이가 있다. 하지만 와인 생산업자들은 대부분 자신이 만든 와인 정보를 라벨에 표시하기 때문에 내용은 거의 비슷하다.

프랑스 와인은 지역별로 등급이 정해지고 등급에 따라 표기하는 방법도 다르다.

1. 원산지 명칭 : 원산지는 와인에 사용된 포도가 재배된 지역으로 원산지는 포이약(Pauillac)이다. 참고로 라벨의 AOC에 보르도라는 지역명보다는 마을명이나 샤토명으로 적혀 있는 것이 고급와인이다.

2. 와인 품질등급 : 원산지를 통제하기 때문에 프리미어 그랑 크뤼 클라세(Premier Grand Cru Classe) 와인임을 기재하고 있다.

3. 와인 병입 장소 : 샤토 라투르(Château Latour)회사에서 병입했다는 것이 표시되어 있다.

4. 브랜드 이름 : 와인의 상표명이기도 하며 '샤토 라투르'라는 회사명을 나타내기도 한다.

5. 빈티지 : 포도가 수확된 연도(1982년)를 뜻하며, 와인 병입 연도와는 다르다. 프랑스에서는 밀레짐(millésime)이라고 한다.

6. 생산국가 : 와인을 생산한 국가가 프랑스임을 표시한다.

7. 용기 내의 와인 용량 : 일반적으로 75cℓ(750mℓ의 프랑스식 표기)이지만, 375mℓ의 미니 와인도 있으며 1.5ℓ, 3ℓ 짜리도 있다.

8. 알코올 도수 : 12.5%

163

소믈리에 서비스

부르고뉴 와인

1. 원산지 명칭 : 부르고뉴는 포도밭의 등급에 따라 다르며, 마을명도 함께 표기된다. 코르통(Corton) 마을 포도밭에서 포도를 수확하여 양조한 것을 의미한다.

2. 와인 품질등급 : 코트롱의 포도밭이 그랑 크뤼(Grand Cru)급으로 최고급 와인임을 표시하였다.

3. 와인 병입 장소 : 루 뒤몽(Lou Dumont)도메인에서 와인을 병입했다는 것이 표시되어 있다.

4. 용기 내의 와인 용량 : 일반적인 와인병 용량인 750㎖이다.

5. 알코올 도수 : 13.5%

6. 브랜드 이름 : 와인의 상표명을 나타내며 천지인(天地人) 코르통 와인이다.

7. 양조업체 : 루 뒤몽(Lou Dumont) 회사이다.

8. 빈티지 : 포도가 수확된 연도(2003년)를 뜻하며, 와인 병입 연도와는 다르다.

9. 생산국가 : 와인의 생산지가 프랑스 부르고뉴임을 표시한다.

이탈리아 와인

이탈리아는 프랑스의 AOC 제도를 참고하여 1963년부터 DOC제도를 시행하고 있으며, 다시 한 단계 더 위인 DOCG제도를 정비하여 와인의 고급화를 시도하고 있다.

1. 원산지 명칭 : 와인에 사용된 포도가 이탈리아 피에몬트 지방의 바롤로(Barolo)에서 재배되었음을 표시한다.

2. 와인 품질등급 : 이탈리아 와인 등급 중 최고품질인 DOCG 등급임을 나타낸다.

164

3. 와인 병입장소 : 현지에서 생산자가 직접 병입했다는 표시이다.
4. 용기 내 와인 용량 : 75cℓ(750mℓ)이다.
5. 알코올 도수 : 13.5%
6. 브랜드 이름 : 상표명은 폰타나프레다(Fontanafredda)이다.
7. 빈티지 : 포도가 수확된 연도(1967년)를 뜻하며 와인 병입 연도와 다르다.

신대륙, 칠레 와인

미국, 칠레, 호주 역시 와인 라벨 표기가 국가마다 조금씩 다르다. 일반적으로 생산자, 즉 양조 회사의 브랜드가 중시되며 포도 품종을 기재하고, 주로 단일 품종인 카베르네 소비뇽, 메를로, 시라즈, 샤르도네 등이 표시되며, 두 품종 이상을 블렌딩한 경우는 다른 품종들도 함께 표기한다.

1. 원산지 명칭 : 칠레의 마이포 밸리(Maipo Vally) 지역의 콘차 이 토로(Concha Y Toro)에서 생산된 와인이다.
2. 생산자 : 콘차 이 토로(Concha Y Toro) 알마비바 와이너리에서 바롱 필립 드 로칠드(Baron Phille de Rothchild)와 합작으로 생산한 와인이다.
3. 와인 병입장소 : 와인이 비냐 알마비바(Viña Almaviva)회사에서 병입되었음을 표시한다.
4. 용기내 와인 용량 : 750mℓ
5. 알코올 도수 : 14.5%로 유럽 와인보다 다소 높은 알코올 도수이다.
6. 브랜드 이름 : 알마비바(Almaviva)임을 표시한다.
7. 빈티지 : 포도가 수확된 연도(2006년)를 뜻하며 와인 병입 연도와 다르다.

리저브(Reserve)

레스토랑에서 와인을 주문하거나 와인 숍에서 와인을 구입하다 보면 라벨에 가장 많이 보이는 용어 중 하나가 '리저브(Reserve)'이다. 라벨에 리저브란 단어가 있으면 일단 비교적 품질이 괜찮은 와인이라고 생각해도 된다. 국가마다 약간의 차이는 있지만 리저브는 '이 와인은 일정기간 오크통 숙성이나 병입 숙성을 거친 와인'을 의미한다. 즉, 일정한 숙성을 거친 와인으로 품질이 한 단계 높아졌다는 것을 뜻하며, 특히 스페인 와인의 경우에는 더욱 중요한 의미를 포함한다.

스페인에서는 숙성시키는 기간에 따라 등급이 달라지는데 '레세르바(Reserva)'라고 쓰인 레드와인은 3년을 숙성시켰다는 뜻이며, 화이트와인은 2년간 숙성 시킨 후 출고하였음을 의미한다. '그란 레세르바(Gran Reserva)'는 레드와인은 5년을 숙성, 화이트와인은 4년을 숙성시킨 후 출고하였음을 나타낸다.

리저브는 영어권에서 사용하는 용어로 법률적인 의미는 없으며, 오랜 숙성을 거친 프리미엄급 와인(Premium Wine)을 의미한다. 특히, 미국에서는 이 용어를 사용할 때 와인법과 음료사업을 통제하는 감독청인 BATF(Bureau of Alcohol Tabacco and Firearms and Explosives)에서 포도의 종류와 수확년도를 함께 표시하도록 하고 있다.

'레제르브(Réserve)'는 불어로 표기유무에 법률적인 책임은 없지만 품질이 좀 더 나은 와인으로 볼 수 있으며 주로 저가 와인의 마케팅 수단으로 사용된다. '레세르바(Reserva)'는 스페인, 포르투갈, 칠레, 등에서 사용하며 품질이 좋은 와인으로 인식되고 있다. '리제르바(Riserva)'는 이탈리아어로 품질 좋은 와인인 DOC급에서 일정기간 숙성시킨 와인을 말한다. 예를 들면 '키안티 리제르바(Chianti Riserva)'는 3년 이상, '바르바레스코 리제르바(Barbaresco Riserva)'는 4년 이상, '바롤로 리제르바(Barolo Riserva)'는 5년 이상 숙성시킨 것을 의미하기도 한다.

와인병과 라벨, 그리고 등급

🍷 와인 품질 등급과 역사

프랑스

프랑스 와인이 와인의 대명사가 된 것은 품질관리체계를 확실히 시행하여 와인 품질을 최고로 유지하고 있기 때문이다. 프랑스는 1905년부터 1935년까지 30년간 AOC(Appellation d'Origine Contrôlée)제도를 확립하여 와인양조에 엄격한 규제를 실시하고 있다.

1905년, 혼란을 틈타 저급 와인과 위조 와인이 범람하자 이를 방지하기 위해 "와인 산지, 종류, 명칭 등을 속이는 와인 판매를 금지한다"는 법령이 발표되었다. 하지만 제1차 세계대전 당시 늘어난 소비량 때문에 다시 조잡한 와인, 위조 와인이 범람하게 되자 본격적인 조사와 통제가 시작되었고 마침내 1935년 7월 30일에 AOC제도가 법률로 제정되었고 INAOQ(Institut Natiônal des Appellations d'Origine Qualité)에서 세부내용을 정하고 관리하고 있다.

지방 행정 법률에 따르는 AOC제도는 '원산지 품질 통제명칭'이다. 포도가 생산되는 지역과 명칭을 지방별로 관리하는 제도로 전통 있는 고급와인의 명성을 보호하고 지속적인 품질을 유지 관리하기 위해 제정된 법이다. 지리적 경계와 명칭을 정하고, 사용되는 포도품종, 재배방법, 단위면적당 수확량, 제조방법과 알코올 농도 등에 이르는 규정을 법률로 정하고 있다.

이 규정에 직합한 AOC 와인은 포도재배지역의 명칭을 삽입하여 "아펠라시옹(Appellation)+오리진(Origine: 구체적인 지역이름)+콩트롤레(Contrôlée)"라고 표기한다. 예를 들어, 보르도(Bordeaux)라고 하면 'Appellation Bordeaux Contrôlée'라고 상표에 표기하여 보르도와 같은 광범위한 포도재배 지역을 표기하기도 하고, 더 작은 지역 단위나 포도원 명칭을 표기하기도 한다. 이를테면 'Appellation Bordeaux Contrôlée'는 보르도 지방에서 생산되는 포도만 사용한 것이며,

▶ 프랑스 보르도의 샤토 라투르 와인

'Appellation Médoc Contrôlée'는 보르도 지방의 메독 지역에서 생산된 포도만 사용한 것이며, 'Appellation Margaux Contrôlée'는 메독 지역의 마고 마을에서 생산된 포도만 사용한 것을 의미한다.

AOC제도에서는 보르도가 가장 큰 생산지명이고 마고가 가장 작은 단위지만, 와인 품질의 우선 순위는 넓은 지방보다는 작은 지역일수록 특색있고 좋은 품질의 와인이 생산되는 것을 의미한다. 보르도(Bordeaux) → 메독(Médoc) → 오 메독(Haut-Médoc) → 마고(Margaux)로 최소 마을 단위로 갈수록 더 좋은 와인이라고 생각하면 된다. 프랑스의 원산지 품질통제 명칭의 와인 등급체계는 2009년 8월부터 4등급 체계인 AOC(Vins d'ppellation d'Origine Contrôlée), VDQS(Vins Deliminites de Qualite Superieure), Vins de Table, Vin de Pays에서 3등급 체계인 AOP(Appellation d'Origine Protégée), IGP(Indication Geographique Protégée), Without IG(Sans Indication Geographique)로 변경되었다.

첫째, AOP는 기존 품질등급 중 최고 높은 단계인 AOC와 AOC급의 품질통제를 받으면서 AOC의 진입단계였던 VDQS와 통합하여 더욱 강화하였다.

와인이 생산되는 지역의 토양, 경작지 위치, 사용하는 포도품종, 재배관리와 양조 그리고 숙성을 엄격하게 관리하고 추가적으로 와인저장고의 최저규모를 준수해야 한다. 로제, 화이트와인의 경우 알코올 발효탱크 냉각조정 장치를 필수사항으로 발효온도관리 적정성, 와이너리 혹은 레스토랑 그리고 와인숍에서 무작위 품질검사를 실시하여 와인에 문제가 있을 시에는 감독기관의 검열 후에 AOP 박탈 등으로 고급이미지를 강화하고 있다. 현재 AOP는 470개 정도로 프랑스 생산량의 47%를 차지하고 있다.

둘째, IGP는 Vin de Pays를 변경한 것으로 AOP와 같은 규정의 의무사항과 생산조건을 강화하였다. 즉, 15%의 다른 빈티지 와인 혹은 다른 품종과 블렌딩이 허용된다. 현재 152개 정도로 프랑스 생산량의 25%를 차지하고 있다.

셋째, Without IG는 신세계 와인에 대한 시장 경쟁력을 강화하는 것으로 Vins de Table을 변경한 것이며, 품종과 빈티지 표시가 허용되고 Product of France 또는 VCN(Vin de la Communaute Europeenne/Wine of the European Commonunity)을 표

▲ 프랑스 부르고뉴 본 로마네 마을과 포도밭

기하는 것이 의무사항이다. 15%의 다른 빈티지 혹은 다른 품종과 블렌딩이 허용되고 프랑스의 여러 지방 혹은 유럽연합국가에서 생산된 빈티지 와인을 블렌딩하여 와인을 양조할 수 있다. 이 등급 와인은 프랑스 생산량의 28%를 차지하고 있다.

보르도의 와인 등급을 보면 복잡하게 보여도 사실은 간단한 구조이며, 와인품질 등급이 반드시 라벨에 표시되므로 선택에 오히려 도움을 받을 수 있다.

그러나 부르고뉴는 보르도와 근본적으로 다르며, 이해하는 데 많은 시간이 소비된다. 보르도는 '샤토(Château)'와 와인 등급이 구분되어 쉽게 알 수 있지만, 부르고뉴는 단 한 가지 '포도밭'으로 결정되기 때문에 지형과 밭의 성격을 모르면 이해하기 힘들다. 부르고뉴의 심장부, 코트 도르(Côte d'Or)는 황금의 언덕으로 산의 경사면을 따라 몇 개의 '와인마을'이 산재해 있으며 최고급와인을 생산하고 있다.

등급이 매겨진 포도밭에서 수확된 포도로 양조한 경우는 품질을 인증받기 때문에 특별히 품질 좋은 밭엔 '특등급 포도밭(Grand Cru)', '1등급 포도밭(Premiere Cru)' '빌라주(village)'의 마을 명칭 그리고 '제네릭(Generic)' 혹은 '레지오날(Régionales)'의 부르고뉴(Bourgogne)라는 명칭을 부여한다.

라벨에 등급이 표시된 와인은 품질도 가격도 일반 와인에 비해 수준이 다를 수

밖에 없다. 그리고 등급 명칭이 없는 포도밭 와인에도 등급은 존재한다. 등급이 붙은 와인은 '마을 단위'로 몇 가지 규약이 있다. 같은 마을의 포도끼리는 블렌딩할 수 있지만, 다른 마을의 포도와는 블렌딩을 할 수 없다. 그리고 마을 단위 와인보다 낮은 등급이 '지방단위(Régionales)'로 부르고뉴 전역에서 만들어지는 와인이다. 먼저 라벨에 '부르고뉴'라고만 표시해야 하는 와인이다.

부르고뉴의 특성 중 하나는 포도밭을 몇 백 개의 '도메인(Domain)'이 분할 소유하고 있으며, 같은 와인이라도 소유자나 양조하는 도메인에 따라 가격 차이가 많이 난다. 참고로 부르고뉴 5대 네고시앙(Negociant)은 메종 J.페블리(Maison J. Faiveley), 메종 조세프 드루앙(Maison Joseph Drouhin), 메종 루이 라투르(Maison Louis Latour), 메종 루이 자도(Maison Louis Jadot), 그리고 메종 르루아(Maison Leroy)이다. 같은 지역에 있으면서 로마네 꽁티는 수백만원 하지만 바로 옆 포도밭의 로마네 생비방(Romanée Saint-Vivant) 와인은 몇 십만원으로 상상할 수 없을 정도로 가격이 차이난다.

부르고뉴의 특이한 포도밭 구조와 양조자들의 제조법을 참고해 저렴하되 맛있는 부르고뉴 와인을 선택하는 비결은 두 가지로 압축된다. 첫째, 포도밭 등급이 높으면서 싼 가격에 와인을 파는 도메인을 찾으면 생각보다 품질 높은 와인을 만날 수 있다. 둘째, 고가의 고품질 와인을 만드는 도메인 중에서 낮은 등급 와인을 찾아 싸게 구입하는 것도 품질을 보증 받을 수 있다.

이탈리아

프랑스의 AOC제도가 정착되고 소비자들로부터 품질인정과 신뢰를 얻게 되자 이탈리아 정부와 와인 생산자들도 품질 관리를 위해 이탈리아 와인 품질등급 기준을 제정하였다. 1716년 메디치가의 코지모 3세(Cosimo III)가 토스카나 지역일대의 키안티 포도밭을 보호하기 위해 정한 적이 있지만, 국지적인 것이었다. 1963년 프랑스 AOC 기준을 모방하여 원산지에 따라 와인 이름을 붙이는 새로운 법이 채택되고 등급에 따라 관리하게 되었다. 세계적 경쟁력을 갖추고자 대중적인 와인 생산 포도원들도 고급 품질 등급을 받기 위해 노력하고 있으며 크게 4개의 등급으로 나누어

▲ 이탈리아 피에몬트 지역의 와이너리와 포도밭

관리하고 있다.

첫째, DOCG(Denominazione di Origine Controllata Garantita); 최고급 와인 등급으로, 전체 생산량의 8~10%가 이 등급에 속한다. 동일한 품질의 와인을 생산하기 위해 포도 산지가 원산지 통제법에 정해져 있어야 하고, 포도를 수확하기 전 와인 품질등급 조사기관의 인증을 받아야 하며, 최저 5년 이상 DOC를 유지한 생산자에게 자격이 주어지고 직접 병입해야 하며 2차례 이상 생산량과 품질검사를 통과해야 한다. 병목이나 입구에 레드와인은 핑크색, 화이트와인은 그린색 납세필증을 붙여야 한다. 이 등급에 해당되는 와인 산지는 15개 지역 74개이다. 이탈리아 4대 DOCG는 피에몬트의 바롤로, 바르바레스코, 토스카나의 브루넬로 디 몬탈치노, 비노 노빌레 디 몬테풀치아노(Vino Nobile di Montepulciano)이다.

둘째, DOC(Denominazione di Origine Controllata); 두 번째 고급 와인 등급으로 동일한 품질 와인 생산을 위해 포도산지 구역이 원산지 통제법대로 정해져 있는 경우이다. 유럽 규정에 따르면 DOC는 VQPRD(제한된 지역에서 생산된 와인) 범주

안에 들어가며, IGT를 3년 이상 유지해야 DOC 자격이 주어지고 1차례 이상 생산량과 품질검사를 통과해야 한다. 이 등급에 해당되는 와인은 332개, 전체 생산량의 10~12%를 차지한다. DOCG와 마찬가지로 푸른색 납세필증을 붙인다.

셋째, IGT(Indicazione Geografica Tipica); 세 번째 등급으로 중요한 생산지를 표시한 중급 테이블 와인을 나타낸다. 매우 넓은 생산지역의 이름을 표시하며 다른 포도품종을 추가할 수도 있다. IGT와인은 Vino da Tavola에서 3년 이상 경과해야 하며, DOC나 DOCG에 사용되는 지역명을 사용할 수가 없으며, 현재 118개가 있다.

넷째, VdT(Vino de Tavola) 테이블 와인(table wine)으로 각 지역에서 전통적으로 제조된 것도 있고, 지역에서 재배되는 포도를 자유롭게 임의로 섞어 만드는 와인이다. 품질에 대한 검사가 없으며 생산지, 빈티지, 품종 등을 라벨에 기재하지 않아도 된다. 참고로 고가의 슈퍼 토스카나 와인이 이 등급에 속해 있다. 이 등급은 품질이 좋아지면 심사를 거쳐 IGT나 DOC, DOCG 등급으로 올라갈 수도 있으며, 이탈리아 와인의 90%을 차지한다.

◀ 이탈리아 토스카나의 반피 와인

독일

1971년에 와인 품질등급을 제정하였으며, 1982년에 개정되어 3가지로 구분하고 있다. 연간 포도 수확량의 5% 미만을 차지하는 '도이처 타펠바인(Deutscher Tafelwein)'은 '테이블 와인'이다. 최하위 등급으로, 7개 지역에서 생산되며, 그냥 바인(Wein) 혹은 원산지 표기가 없는 와인이다. 이 와인보다 좀 더 우수한 '도이처 란트바인(Deutscher Landwein)'은 전국 26개 지역에서 생산되는데 컨트리 와인이다. 이 보다 더 높은 등급으로는 13개 특정지역에서 생산되는 우수 와인인 '크발리테츠바인(Qualitätswein)'은 품질 와인(Quality Wine)으로 정부기관의 품질 검사를 받

와인병과 라벨, 그리고 등급

고 공식적인 인증번호를 받는다. 이 등급은 2개의 등급으로 분류한다. 첫째, 크발리테츠바인 베슈팀터 안바우게비테(Qualitätswein bestimmter Anbaugebiete; QbA)는 특정 생산지역의 퀄리티 와인이라는 뜻으로 13개 생산지역이 지정되어 있다. 둘째, '크발리테츠바인 미트 프레디카츠(Qualitätswein mit Praedikats; QmP)'의 쿠엠페(QmP)급은 늦게 수확하거나 귀부 포도로 생산된다. 최고급 와인을 지칭하는 것으로 이 등급은 보당이 금지되어 있어서 양조 시 당분을 첨가할 수 없다. 고급와인 40개 지구가 지정되어 있다.

쿠엠페(QmP)는 품질, 가격, 포도 숙성 정도에 따라 다시 여섯 단계로 나누고 있다. 최소 당도 기준은 지역마다 다소 차이가 있다. 참고로 100왝슬레가 24브릭스(Brix) 정도이다.

▲ 독일 라인가우의 리슬링 와인

카비네트(Kabinett): 정상적인 시기에 수확한 포도로 만든 가볍고 세미 드라이한 와인으로 알코올 도수가 낮다. 최소 당도는 70~85 왝슬레(Öechsle)이다.

슈페트레제(Spätlese): 'spät'는 '늦은'이라는 뜻이며 'lese'는 '수확(picking)'을 의미한다. 카비네트보다 1주일 늦게 딴 포도로 양조하며 미디엄 와인이다. 햇볕을 더 많이 받은 포도로 양조하여 바디가 묵직하고 풍미도 깊다. 최소 당도는 76~95 왝슬레이다.

아우스레제(Auslese): '선택받은'이라는 뜻으로, 잘 익은 포도 중에서 특별히 선별된 포도송이로 만든 와인으로 미디엄보다 비교적 풀바디하다. 최소 당도는 83~105 왝슬레이다.

베렌아우스레제(Beerenauslese): '과숙한 포도'란 뜻의 'beeren'과 '수확'이라는 뜻의 'lese'가 합성된 말로, 포도알을 일일이 하나씩 따서 양조하고 생산한 와인이다. 이 달콤한 포도로 독일의 명성 높은 디저트 와인을 양조한다. 베렌아우스레제는 대체로 10년에 두세 번 밖에 생산되지 않는다. 최소 당도는 110~128 왝슬레이다.

트로켄베렌아우스레제(Trockenbeerenauslese): 베렌아우스레제보다 한 단계 높은 와인으로 건포도에 가까운 귀부포도를 이용해 만들어 드라이한 편이다. 풍부하고 달콤하며 꿀 같은 와인을 만들며 가장 값비싸게 판매된다. 최소 당도는 150~154 왝슬레이다.

아이스바인(Eiswein): 가장 건강하고 완숙한 포도송이를 남겨두었다가 겨울철 영하 7℃ 이하에서 얼 때 수확하여 만든 아주 희귀하고 달콤하며 농축된 와인으로 과즙도 얼어 있는 상태에서 압축한다. 1971년 제정된 독일양조법에 의하면 현재 이 등급에 속하는 와인은 적어도 트로켄 베렌아우스레제를 만들만큼 익은 포도로 만들어야 한다.

독일은 2003년부터 새로운 스타일의 와인을 위해 트로겐(Trocken; 단맛이 없는 드라이한 와인)과 할프트로겐(Halbtrocken; 단맛이 약

▲ 독일의 베렌아우스레제 이상의 포도송이

간 있는 와인)을 인정하면서 클래식(Classic)과 셀렉션(Selection)을 함께 표시할 수 없는 품질보증을 위한 드라이 와인(Qualitätswein b.A. dry)을 표시하는 제도를 만들었다. 클래식은 13개 생산지역을 정하고 의무표시로 지정 포도재배 지구명, 포도품종, 빈티지를 기재하며, 알코올 도수는 최저 12%(모젤-자르-루버 Moselle-Saar-Ruwer는 11.5%)로 하고 잔당이 15g/ℓ 이하로 총 생산량의 2배 이하로 규정하였다. 셀렉션은 생산지역을 13개 재배 지역내 단일 포도원으로 하며, 의무표시는 지정 포도재배 지구명과 단일 포도원명, 포도품종, 빈티지를 기재하며, 알코올 도수 12.2% 이상이며 잔당 12g/ℓ 이하로 총생산량의 1.5배 이하, 첫 포도 수확은 9월 1일에 하는 것 등을 규정하였다.

와인병과 라벨, 그리고 등급

 와인 등급이 와인의 전부를 나타내는 것은 아니다. 비싸다고 꼭 맛좋은 와인이라고 할 수도 없다. 등급이 높으면 품질을 보장해주긴 하지만 각국의 와인 등급은 우리가 와인을 고르는 데 도움을 받는 것이지 절대적인 기준은 아니다. 참고로 독일 우수와인양조자협회(VDP)는 1990년 창립된 단체로 독일내 생산량 4%을 차지하고 200개의 와이너리가 참여하고 있는데 독자적 품질기준과 와인 등급을 갖고 있다. 굿츠바인(Gutswein), 오르츠바인(Ortswein), VDP 에어스테 라게(VDP, Erste Lage), VDP 그로세 라게(VDP, Grosse Lage)이다.

▼ 아이스바인을 위한 겨울철 포도송이

샤토 라피트 로칠드

　세계적인 와인 생산지라고 하면 단연 프랑스 보르도가 꼽힌다. 보르도의 가론강과 지롱드강 왼쪽에 있는 메독의 포이약(Pauillac) 산지는 가장 힘차고 무게감 있는 장기 숙성형 풀 바디 스타일의 레드와인이 생산되는 지역으로 구조감, 균형감, 세련미 모두 나무랄 데가 없다. 포이약 마을의 대표적인 와이너리는 전통과 혁신의 '샤토 라피트 로칠드(Château Lafite-Rothschild)'로 자긍심이 대단하다.

　샤토 라피트 로칠드의 최초 이름은 '샤토 라피트'였다. '라피트'는 '작은 언덕'이며, 보르도는 '강가'라는 뜻으로 '샤토 라피트'는 '강가의 작은 언덕에 있는 와이너리'라는 의미이며, 즉, 보르도의 '최고의 떼루아에서 생산되는 최고의 와인'이라는 뜻이다.

　샤토 라피트 로칠드의 역사는 17세기부터 시작되었고, 1868년 제임스 마이어 로칠드(James Mayer Rothschild) 남작이 인수하였고, 현재는 5대손인 에릭 드 로칠드(Eric de Rothschild) 남작이 관장하고 있다. 금융업을 하던 제임스 마이어 로칠드 남작이 인수한 후에 자신의 이름을 넣어 '샤토 라피트'에서 '샤토 라피트 로칠드'로 변경했다. 샤토 라피트 로칠드는 대대로 금융으로 가문을 이어 왔지만, 에릭 드 로칠드 남작은 보르도대학에서 양조학과 포도재배학을 전공한 와인 전문가이다.

▼ 프랑스 보르도의 샤토 라피트 로칠드 전경과 포도밭

샤토 라피트 로칠드 입구의 팻말과 함께 웅장한 포도밭을 보면 그 위용을 알수 있다. 포도밭 표시판에 5개의 화살이 그려진 로고를 보는 순간 제임스 로칠드 남작과 5명의 아들에 얽힌 유명한 일화가 떠올랐다. 그는 죽기 전에 해외와 파리에 사는 다섯 아들을 불렀다. 아들에게 1개의 화살을 꺾게 하자 쉽게 부러졌다. 다시, 아들에게 5개의 화살을 한꺼번에 주고 꺾으라고 했지만 아무도 꺾지 못했다. 그는 5명의 아들에게 "한 개의 화살은 쉽게 꺾이지만 여러 개를 뭉치면 꺾을 수 없다."라는 탈무드 이야기를 유언으로 남기며 형제간의 우애를 강조했다. 이런 교훈이 담긴 '5개의 화살'이 와인 병에 새겨져 샤토 라피트 로칠드 와인의 상징적인 문양이 되었다.

나폴레옹 3세는 1855년 파리 만국박람회를 개최하며 보르도 와인에 등급을 부여했는데, '샤토 라피트 로칠드'는 그랑 크뤼 1등급으로 지정한 4개 샤토 중 하나였다. 그러나 그중에서도 최초로 1등급에 지정되었고, 등급 발표 시에 첫 번째로 발표되면서 '1등급 와인 중의 최고'라는 명칭이 붙여졌다. 일본의 와인 만화 '신의 물방울'도 6권, 7권, 34권에서 5대 샤토 중에 최고 와인으로 치켜세웠다. 또한, 중국에서 2009년에 가짜 샤토 라피트 로칠드 와인이 10,000병 이상 팔리고 난 후부터 2012년 2월에 출시된 '샤토 라피트 로칠드'와 '카뤼아드 드 라피트(Carruades de Lafite)' 와인 병부터는 모두 정품 인증번호와 '버블 코드' 정보가 있는 인증택을 부착한 후에 유통시키고 있다.

'샤토 라피트 로칠드' 와인이 유명세를 타게 된 일화는 1985년 12월 5일 런던 크리스티스 경매장에서 제3대 미국 대통령 토마스 제퍼슨의 것으로 추정되는 'Th.J'라는 이니셜이 새겨져 있는

▼ 프랑스 보르도의 샤토 라피트 로칠드 전경

 1787년산 샤토 라피트 와인이 23만 달러에 팔리면서 세상을 놀라게 했다. 1787년은 토마스 제퍼슨이 미국 독립선언문에 서명한 해이기 때문에 더욱더 의미가 있었다. 그는 프랑스에서 대사활동을 하면서 보르도 와인에 심취하였고, 1784년 프랑스 보르도를 방문하면서 '샤토 마고'와 '샤토 디켐'을 구입한 기록도 있지만, 샤토 라피트 로칠드에 와인을 주문한 메모지가 발견되면서 경매 와인의 진실성에 무게가 실렸지만, 나중에 이 와인이 가짜로 판명 나면서 '억만장자의 식초'라는 이름으로 회자되었다.
 또한, 프랑스 루이 15세 황제는 식사할 때마다 샤토 라피트 로칠드 와인을 마셔 '황제의 와인'으로 인기를 끌었고, 세계적인 미국의 와인 평론가 로버트 파커로부터 1982년, 1996년, 2000년, 2003년 빈티지에 100점 만점을 받으면서 최고의 와인으로 인정받았다. 수석 마케팅이사는 2016년 빈티지가 최고의 와인이 될 것이라고 귀띔을 해주었다.
 그날 안내한 수석 마케팅이사는 와인메이커 샤를 슈발리에(Charles Chevalier)의 와인 철학인 떼루아를 강조하였다. "포도밭의 떼루아가 중요한데 토양층이 자갈과 석회석, 진흙 등으로 구성돼 있고, 지롱드강의 영향으로 습도도 적당해서 포도 재배에 최적의 조건을 갖추고 있어 최고의 와인이 생산되는 것은 당연하다"고 하면서 전통을 지키기 위해 도전과 혁신도 필요하다고 하였다. 샤토를 중심으로 그 유명한 포도밭이 드넓게 펼쳐져 있는데, 70%는 카베르네 소비뇽, 25%는 메를로, 2%는 카베르네 프랑 품종을 심어 필드 블렌딩의 기초로 한다.

◀ 프랑스 보르도의 샤토 라피트 로칠드 지하 와인 셀러

　국내외로 진출한 샤토 라피트 로칠드는 보르도 지역에는 포이약의 4등급 그랑 크뤼인 '샤토 뒤아르 밀롱(Château Duhart Milon)', 포므롤의 '샤토 레방질(Château L'Evangile)', 소테른 지역의 '샤토 리외섹(Château Rieussec)'이 있으며, 프랑스 남부 랑그독 지방에는 '도메인 도시에르(Domaine d'Aussieres)'가 있다. 칠레의 '비냐 로스 바스코스(Vina Los Vasocos)', 아르헨티나의 '보데가스 카로(Bodegas Caro)'에는 도메인 바롱 드 로칠드가 있으며, 2009년 중국 산동성 연태지역 봉래산지에 도메인 롱다이(Domaine de Long Dai Shandong)을 설립한 후, 8년 동안 와인생산을 준비하였으며, 2019년에 拢岱 롱다이 2017(Long Dai 2017)를 출시했다. 수석 와인메이커 샤를 슈발리에가 각각의 와이너리의 와인메이커와 논의해 와인을 양조하는데, 지역의 떼루아를 반영한 와인을 만들고, 특히, 아르헨티나에서는 도메인 바롱 드 로칠드의 자존심을 지키기 위해 최선을 다하고 있다.
　저자는 지하 셀러에서 '샤토 라피트 로칠드 2004' 와인을 시음하였는데 분위기에 압도되었다. 와인은 매우 은은하면서 섬세한 향이 일품이었다. 짙은 자줏빛이 감도는 루비색에 섬세하고 절제된 타닌, 단단한 바디감을 자랑하고, 체리, 아몬드, 초콜릿, 자두, 블랙베리, 미네랄, 스파이시 등이 복합적으로 어우러진 향과 풍미가 우아한 자태를 보였지만, 쉽게 마음을 열지 않아 인내심이 필요했다. 결코, 향이 진하지 않고 은은했으며, 우아하고 강렬한 응축미를 보였다. 여운이 매우 길고 아마도 15~30년 이상 장기 숙성한 후에 마셔야 진가를 발휘할 수 있을 것 같았다. 음식과의 조화는 쇠고기 스테이크, 양고기 구이, 양념갈비 등과 잘 어울린다.

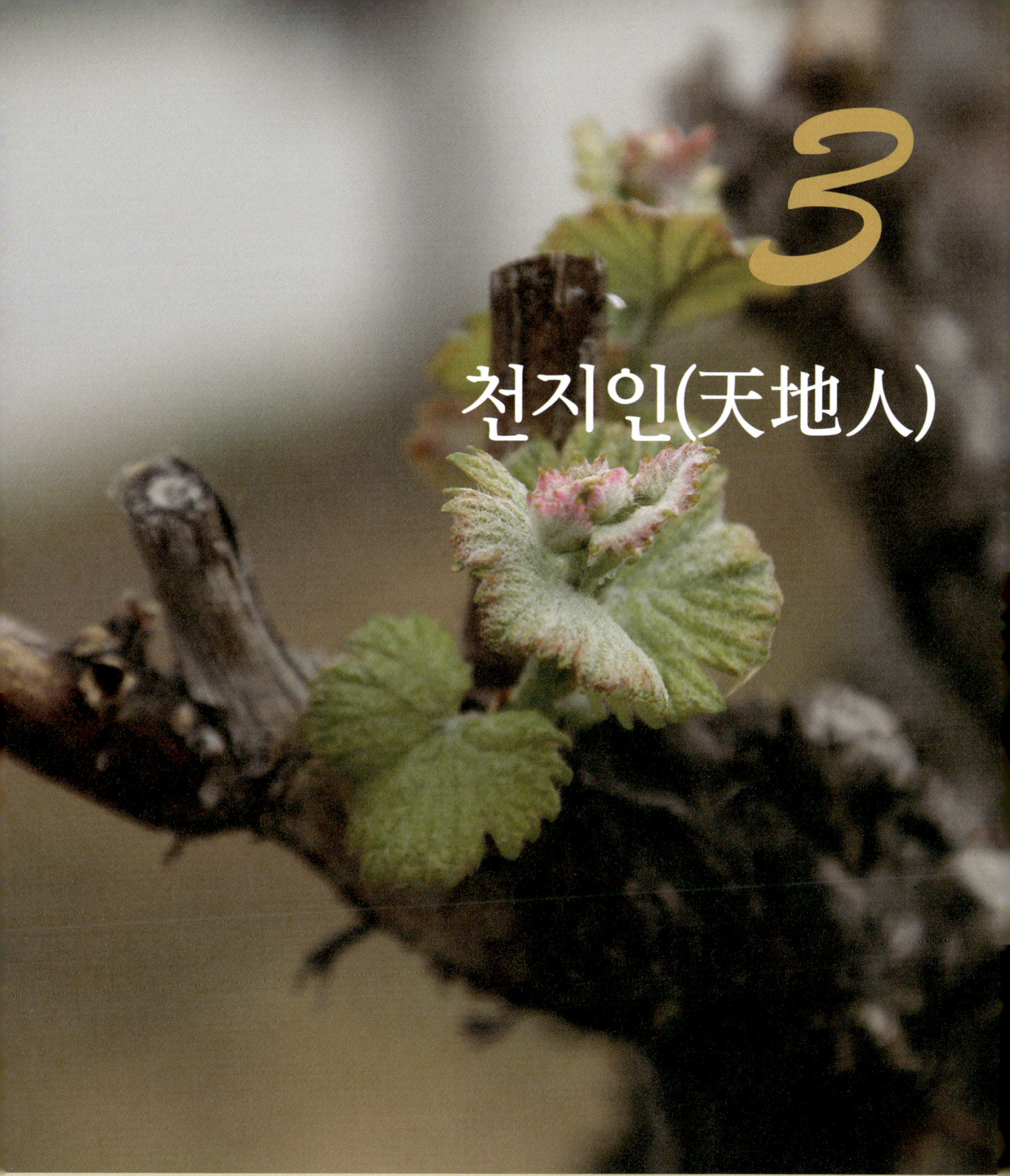

3

천지인(天地人)

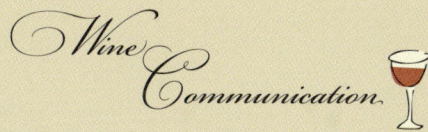

명품와인은 훌륭한 떼루아에서 나온 포도로 만든다. 떼루아란 단순히 토양이기보다 포도를 만들어내는 자연 환경, 토질, 일조량, 양조가의 기술 등이 포함된다. 한마디로 떼루아란 '하늘(天)과 땅(地), 사람(人)'의 삼위일체이다

역사 속의 와인

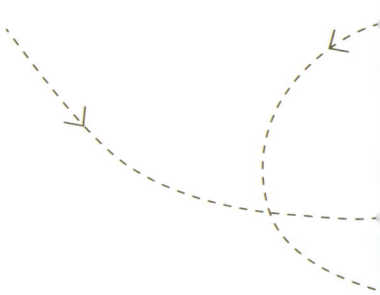

🍷 와인 역사

누가 최초로 쌀을 솥에 넣고 밥을 지었는지 알 수 없는 것처럼 누가 최초로 포도즙을 발효시켜 와인을 만들었는지도 알 수 없다. 구석기 시대 돌 웅덩이에 괸 포도즙을 마시고 취한 원숭이를 보고 발견했다는 설과 보졸레 누보처럼 어느 게으른 주부가 포도를 방치했다가 발견했다는 설이 있을 뿐이다.

와인의 역사는 기록보다 더 오랜 옛날로 거슬러 올라간다. 조지아-아르메니아-터키 동북부 지역, 이른바 중앙아시아 코카서스에서는 약 8,000년 전에 등장했으며, 약 8,000년 전에 와인을 양조한 증거로 출토된 항아리에서 포도씨, 타르타르산(tartaric acid), 송진, 주석산 등이 발견되었으며, 또한 와인 만드는 기구 등 유물이 조지아(옛 그루지야)에서 발견되었다. 이는 메소포타미아, 이집트, 그리스, 에트루리아, 로마, 켈트 문명 등을 거쳐 광범위하게 전파되었다. 또한 약 7,000년전의 유물이 발견된 '핫지 피루즈(Haji Firuz)'를 보면 와인이 존재했다는 증거가 남아 있지만 누

◀ 조지아 와인 양조 유물 발굴 모습

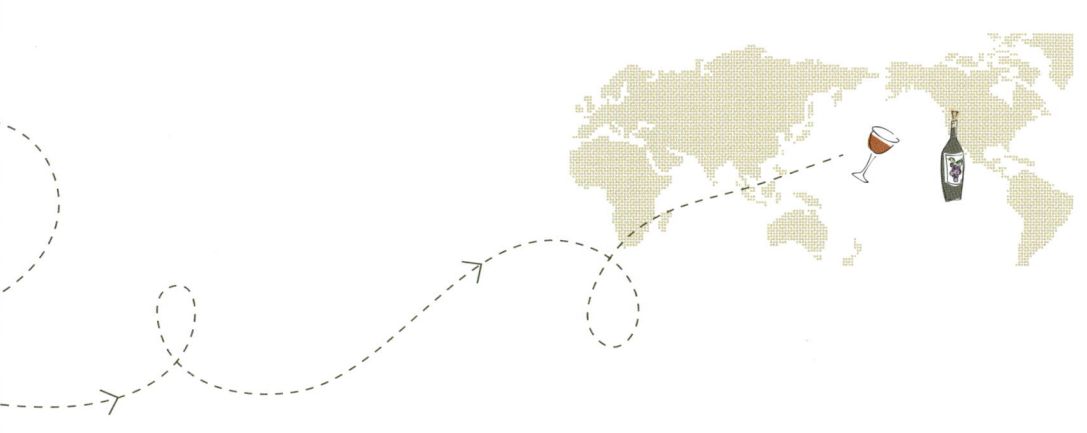

가 어떻게 만들었는지, 누가 마셨는지에 대한 것은 알려져 있지 않다.

인간이 지구에서 활동을 시작한 것은 약 200만년 전이다. 하지만 포도처럼 당분을 함유한 식물은 3,000만년 전부터 널리 분포되어 있었다. 또한 당분을 알코올과 탄산가스로 분해하는 효모 같은 미생물은 더욱 더 옛날, 수억 년 전에 이미 존재하고 있었다고 한다. 알코올을 함유한 액체는 인류 이전에 이미 지구에 존재했으며 사람들이 우연히 마시기 시작하면서 그 역사가 시작되었다고 할 수 있다.

그리스 신화에서 와인의 신(酒神)인 디오니소스는 포도나무를 심고 와인을 양조했으며, 알렉산더 대왕도 디오니소스가 만든 와인을 즐겨 마셨다고 전한다. 로마신화에서는 '디오니소스'가 '바쿠스'로 바뀌었으며 바쿠스는 인간으로 변했을 때 농부에게 신세를 지게 되고 그 은혜를 갚고자 마시코 산(Massico Mt.)을 온통 포도나무 밭으로 바꾸어 주었다. 이런 신화 덕분에 이탈리아 로마의 캄파니아(Campania) 와인이 어쩌면 최고의 명성을 유지하고 있는지 모른다. 당시의 와인은 당분이 현재의 절반 정도였고 알코올 도수도 낮아 대부분 허브, 꿀 등을 첨가하여 양조되었다.

고대 바빌로니아의 오래된 문헌인 『기르가메슈

▶ 바쿠스 신

▲ 와인을 양조하는 모습의 벽화

(Gilgamesh)』서사시를 보면 바빌로니아의 왕인 기루가메슈가 홍수를 대비하여 배를 건조할 때 조선공들에게 흰색과 붉은색의 와인을 대접했다는 기록이 있다. 현존하는 기록 중, 술에 대한 기록으로 가장 오래된 것이며 와인의 첫 등장이라 할 수 있다. 기원전 1400년경 고대 이집트 피라미드 벽화에는 포도재배와 와인양조 그림이 있는데 포도나무 재배와 압착, 나무통에 빚어 넣기, 와인 양조 등을 보면 현재와 큰 차이 없이 양조되어 왔음을 짐작할 수 있다. 기원전 2200년경의 유물로 보이는 크레타 섬 (Creta island)의 토기 안에는 포도씨와 줄기, 껍질의 흔적이 남아 있으며, 팔라이카스트로(Palaikastro; 크레타 섬 동부 북안의 유적)에서도 포도 압착기가 발견되었다.

기원전 1700년경 바빌론 왕조의 함무라비 법전에는 "술버릇이 나쁜 자에게는 와인을 팔지 마라"는 와인 상인에 관한 규정이 기록되어 있다. 당시 술로 인해 사회적인 문제가 빈번했음을 짐작케 한다. 이때부터 와인은 어느 음료와도 비교할 수 없는 맛과 향으로 연회나 왕의 식사에 빠질 수 없는 대상이 되었다. 와인은 신과 왕족의 음료였고 황궁과 사원에서 마시는 술이었으며, 맥주를 마시던 서민들에게는 동경의 대상이 되었다.

고대 그리스시대에서는 3번의 헌주를 하였는데 첫잔은 국가에서 정한 신에게,

역사 속의 와인

둘째 잔은 영웅과 조상들에게, 셋째 잔은 자신이 좋아하는 신들에게 바치는 것이었다. 와인을 암포라(Amphora, 토기)에 보관하였고, 일상의 음료로 그냥 마시는 것이 아니라 크라테르(Krater)라는 커다란 단지에 물을 부어 마셨다. 와인은 그리스어로 오니오스(onios), 즉 혼합을 의미하며, 물과 와인의 비율을 3:1로, 진하게 할 경우 2:1로 하였다. 와인과 물을 혼합할 때는 규정이 엄격해 물을 타지 않고 마시면 주정꾼이나 야만인으로 취급하였고, 와인을 전혀 마시지 않는 사람은 와인을 그대로 마시는 사람만큼 무식한 사람으로 여겼다. 기원전 168년 로마가 그리스를 정복하면서 그리스에서 로마로 와인이 전파되었다. 로마인들은 하루에 0.5~3리터를 소비하여 와인산업을 발전시켰으나 와인의 수요 폭증이 품귀현상을 낳아 가격이 폭등하고 다시 과잉생산으로 가격 폭락을 가져오는 시대를 경험하기도 했다.

로마제국에서는 사회적 부와 지위의 상징으로 와인을 차별화해서 마셨다. 지위가 높으면 품격 있는 와인을 제공하였고, 투명하고 깨끗한 화이트와인은 귀족들이 마셨고, 레드와인은 노비들이 마시는 술로 인식되었다. 이탈리아 남부 캄파니아(Campagna) 지방의 화이트와인 '파레느리안(Falernian)'은 "신이 만든 와인"으로 귀

▲ 조지아 와인 산지 유적에서 발견된 황토 항아리 크베브리

천지인(天地人)

▲ 호주 와인 박물관에 소장중인 "암포라"

족들이 즐기는 최고의 와인이었다. 특히 시음회를 통해 '카에쿠반(Caecuban)'과 '서렌틴(Surrentine)' 와인이 최고의 와인으로 선정되기도 하였다. '포스카(Posca)'와인은 신맛이 날 때 물을 섞어 만든 것으로 로마 병사들에게 지급하였으며, '로라(Lora)'는 노예들에게 지급한 최하급 와인으로 포도껍질, 씨, 포도줄기까지 전부 압착, 양조한 것으로 오늘날의 레드와인이라고 볼 수 있다.

로마제국의 음주관습을 보면 남성들의 전용물로 여성이 마시는 것은 터부시하였다. 와인은 남성의 피를 상징하면서 포도나무의 피로 생각하였고, 여성이 와인을 마시면 다른 남자의 피를 마시는 것으로 간주하여 간통을 저지른 것처럼 생각하기도 하였다. 정치권력을 가진 여성이 만찬에 참석하여도 와인제공은 금지될 정도였다.

와인이 일반화된 것은 기원전 1500년경 크레타 섬과 에게해의 여러 섬으로 퍼져나간 후라고 추정된다. 기원전 264~146년에 걸쳐 약 120년 동안 로마와 카르타고(Carthago)가 포에니 전쟁(Punic Wars)을 치루지만, 로마가 승리한 후에 전리품으로 카르타고 최고의 농업학자 마고(Mago)가 쓴 '농업교과서'를 얻은 후부터 로마에서는 생산량이 늘어 서민의 술로 발전되었다. 기원전 600년경에는 페니키아인이 현재의 남프랑스 마르세유에 전하였으며, 그 후 로마제국이 세력을 확장해 로마인에 의해 프랑스 북부지방으로 포도재배와 와인양조방법이 퍼져 나갔다. 로마제국은 인류 문명을 발전시키는 데 커다란 영향을 주었으며, 와인은 그리스도의 미사의식, 종교개혁, 전염병, 전쟁 등을 겪으면서 화려하게 변신하였다.

프랑스 와인의 주요 산지가 되었던 론, 부르고뉴, 샹파뉴, 루아르 지방은 '줄리어스 시저(Julius Caesar; B.C 102~44)'에 의해 와인이 보급되었으며, 또한 보르도 지방과 남서지방은 로마 집정관이었던 '마르쿠스 루시니우스 크랏슈(Marcus Licinius Crassus; B.C. 114~53)'에 의해 보급되었다. 로마 제국이 영토를 확장하면서 포도재배와 양조 기술은 프랑스, 독일, 스페인, 포르투갈로 퍼져나갔다.

예수가 처음 행한 기적도 '가나의 혼인잔치'에서 물을 와인으로 바꾼 것이다. 최후의 만찬에서도 "이 빵은 나의 몸이요, 이 포도주는 내 피다"는 말을 남기면서 와인은 그리스도의 피와 눈물 그 자체로 탈바꿈하였고, 교회 의식에는 필수불가결의 존재가 되었다. 476년 로마제국이 멸망하고 프랑크 왕국이 들어서자 와인 양조는 점점 수도사들의 몫이 되었다. 프랑크 왕국은 종교를 국교로 정하고, 십자군 전쟁을

천지인(天地人)

하면서 기독교의 와인은 '성스러운 물'로 상징되었다. 각지의 수도원에서는 포도밭 개간이 이뤄졌고 재배와 양조기술도 활발하게 진행되었다. 샴페인과 여러 가지 약초와 엑기스를 첨가한 가향 와인도 와인 양조의 시행착오 속에서 탄생하게 된 것이다.

16~18세기는 유럽의 궁정문화가 가장 번성한 시대이고 궁정식사에는 호화로운 요리에 맞는 품질 높은 와인이 요구되었다. 포도밭을 소유한 왕후, 귀족들과 수도원에서는 와인양조에 투자하였고 양조기술도 빠른 속도로 발전하였다. 17세기 말부터 18세기를 거치면서 와인은 유리병에 담겨지고 코르크 마개도 등장해 숙성에 의해 품질, 맛, 보관, 운반, 유통 등에도 큰 영향을 주게 되었다.

유럽의 강국들이 식민지를 넓혀가면서 와인 양조는 신세계 지역으로 확장되어 갔다. 특히 남아프리카공화국, 알제리, 호주, 칠레, 아르헨티나, 캘리포니아 지역은 포도재배에 적합하여 유럽과 어깨를 겨루는 와인 생산지가 되었다. 그리하여 이제 유럽을 중심으로 하는 구세계 와인과 미국, 호주, 남아프리카 공화국, 칠레 등의 신세계 와인으로 나뉘게 되었다.

그러던 중 와인 역사상 가장 주목할 만한 사건이 일어났다. 19세기 후반 1862년 유럽에서 '필록세라(Phylloxera vastatrix; 1mm 내외의 포도뿌리 유충)'가 발생한 것이다. 프랑스 론 지방의 로크모어(Roquemaure) 마을에 사는 와인상인 보보티(Borty)는 북미 자생포도나무(Vitis Labrusca; 콩코드 포도계열)를 선물받고 집 앞마당에 재배하였는데 이때 필록세라가 함께 유입되었다. 이 해충으로 포도나무는 거의 전멸상태가 되고 와인 양조에도 큰 타격을 받게 되었다. 그러나 다행

▲ 필록세라 병을 일으키는 유충과 포도나무 잎

히 1884년 해충에 면역이 있는 미국산 포도나무에 유럽 포도종을 접목시키면서 소생하게 되었다. 대표적인 품종은 비티스 루페스트리스(Vitis Rupestris), 비티스 리파리아(Vitis Riparia), 비티스 베를란디에리(Vitis Berlandieri)이다. 이후 유럽은 포도재배가 부활하여 다시 황금기를 맞게 되었다.

역사 속의 와인

🍷 예수님의 최후의 만찬; 오렌지 와인

예수께서 최후의 만찬 때 12사도를 불러 자신의 살과 피를 상징하는 빵과 포도주를 제자들에게 나누어 준 것을 기리는 것이 오늘날 성찬의 전례이다. 이러한 성찬의 전례는 가톨릭 미사 예식의 핵심이다. 예수께서 '이는 새롭고 영원한 계약을 맺는 내 피의 잔이니, 죄를 사하여 주려고 너희와 많은 이를 위하여 흘릴 피다. 너희는 나를 기억하여 이를 행하여라.'라고 하셨다. 이 때 성찬의 마사주, 와인은 예수의 성혈이었다.

몇 년 전 영국의 와인저널 디켄터의 크리스 머서(Chris Mercer)씨가 자신의 칼럼에서 레오나르도 다 빈치(Leonardo da Vinci; 1452~1519)의 '예수님의 최후의 만찬' 테이블 위에 놓인 와인이 '오렌지 와인(Orange Wine; 오렌지 색깔의 와인)'일 것이라는 추측을 하여 세간에 관심을 모았다. 2,000년이 지난 현재, 예수가 마셨던 와인, 실제 피만큼 진하고 끈적끈적한 와인은 지금의 와인과 사뭇 달랐을 것이다. 이는 고고학자들이 발굴한 이집트인의 무덤에 그려진 그림들과 로마 시대의 학자인 플라이니 디 엘더(Pliny the Elder; 서기 23~79년)의 저서 『자연사(Encyclopaedia of Natural History)』에서 추측할 수 있다.

고대 이집트인들은 와인을 만들 때 포도를 발로 밟아 즙을 얻고 진흙 항아리에 와인을 숙성시켰다. 그 당시 양조시설이 기계화되지 않고 화학 보존제가 없어 산화

◀ 예수님의 최후의 만찬

189

작용을 해결하는 것이 숙제였다. 자연발효를 할 때 빠른 시간 내에 숙성시키는 작업이 필요했고 여과작업도 문제가 있었다. 과거에는 현재처럼 포도의 껍질을 분리해 포도즙만으로 와인을 만드는 기술이 없었다. 청포도를 껍질째 으깨어 만든 와인은 산소와의 접촉으로 붉은 호박빛깔을 띠고, 진하고 끈적끈적한 맛이 되었는데 이러한 와인은 물에 타서 마셨다. 플라이니 디 엘더(Pliny the Elder)는 자신의 책에 와인별로 물로 희석하는 비율을 기술하였다.

예수님이 마신 와인이 오렌지 색깔을 띤다고 해서 붙여진 오렌지 와인(일명 앰버 와인, Amber Wine)은 마케팅 차별화에 성공하여 최근 유행하고 있다. 약 8,000년 전에 고대 조지아는 황토 항아리 크베브리(Qvevri)에서 포도의 껍질, 씨, 줄기 등이 오랜 발효 침용 과정을 거쳐 와인을 생산하였는데, 필터링(filtering; 여과 정제 과정)을 하지 않아 와인의 색깔이 오렌지색이기 때문에 후에 오렌지 와인이라고 부르게 되었다. 오렌지 와인은 청포도의 껍질을 벗기지 않은 채로 으깨서 레드와인을 만드는 방식으로 양조한다. 껍질째 발효되는 과정에서 공기와의 접촉으로 옅은 붉은 빛의 오렌지 색깔을 띠게 되고, 발효 숙성시킨 용기는 크베브리(Qvevri)였다. 화이트 품종으로 만드는 오렌지 와인은 발효와 숙성 과정에서 포도 줄기와 씨를 공기와 오랜 기간 접촉시켜 타닌감과 진한 색깔이 만들어지는 양조방식으로 자몽과 오렌지 색깔의 중간쯤 되는 진한 빛깔이 난다.

오렌지 와인의 종주국은 조지아이며, 약 8,000년 전부터 오렌지 와인을 만들었다. 오렌지 와인의 거장은 프랑스인 와인메이커 장 미쉘 모렐(Jean Michel Morel)이다. 그는 양조공부를 하다가 아내 카트자 카바이(Katja Kabaj)를 만나서 1989년에 결혼하고, 부인의 고향인 슬로베니아에 정착하여 1993 빈티지로 첫 오렌지 와인을 출시하였다. 이 와인이 8천년 전 고대 조지아 오렌지 와인을 재현한 것이다.

현재는 슬로베니아, 이탈리아 북부, 조지아 (옛 그루지야) 등이 오렌지 와인으로 유명하며, 매년 오렌지 와인 축제도 개최한다. 오렌지 와인은 유기농 포도를 사용하지 않는 경우도 있지만 이럴 경우 발효숙성과정에서 변질될 경우가 있다. 즉, 좋은 품질의 오렌지 와인을 양조하기 위해서는 유기농 포도를 사용한다.

오렌지 와인의 혁명, 슬로베니아 카바이 와이너리

아드리해 근처에 있는 이탈리아 북부 트리에스테(Trieste) 공항에 내려 이탈리아와 슬로베니아의 국경을 몇 번인가 오가며 처음 도착한 곳은 고리스카 브르다(Goriška Brda)의 야산언덕에 위치한 슬로베니아 카바이(Kabaj) 와이너리로 천혜적인 자연환경에 매료되었다. 봄비가 주룩주룩 내리는 카바이 와이너리에서 바라보는 포도밭은 한 폭의 풍경화처럼 매우 목가적이면서 평온하고 다른 국가의 포도밭 풍경과 사뭇 달랐다. 와인의 역사 속에서 빼놓을 수 없는 유럽 동남부 발칸 반도에 위치한 와인의 소국 슬로베니아는 역사를 거슬러 올라가면 로마시대 때부터 와인을 생산했고, 구소련 통치 하에서 침체기를 겪었지만 1991년 6월 25일 유고연방에서 독립을 한 후부터 활기를 되찾았지만, 양질의 와인이 생산되는 것을 알고 있는 사람은 거의 없을 정도로 생소하고, 심지어 와인 애호가들에게도 거의 알려지지 않았다.

▲ 슬로베니아의 카바이 와이너리

북쪽에는 오스트리아와 알프스 산맥을 병풍처럼 끼고, 서쪽에는 이탈리아, 동쪽에는 헝가리, 남쪽에는 크로아티아와 아드리아 해가 맞닿아 있는 작고 아름다운 국가로 사람들이 산 좋고 물 좋은 '유럽의 금수강산'이라고 부른다.

　슬로베니아가 유구한 와인의 역사와 뛰어난 품질에 비해 세계적으로 인기를 끌지 못하는 이유는 구소련의 영향으로 유고슬로베니아 연방이었던 시절, 오랜 기간 전통적인 가족단위의 와인생산 방식을 고수하면서 침체기를 겪었다. 그러나 현재에는 자연 친화적인 유기농 포도농사법과 가족이 운영하는 전통방식의 수작업 와인 양조가 새롭게 주목을 받기 시작하면서 미국을 중심으로 수출 붐이 일어나고 있다.

　조지아 크베브리를 사용한 친 자연주의 오렌지 와인으로 세계적으로 유명한 카바이(Kabaj)와인을 만날 수 있었던 것은 나에게는 매우 의미가 있는 추억거리였다. 카바이 와이너리의 역사는 프랑스 파리에서 태어난 장 미셸(Jean Michel)이 1989년 슬로베니아의 미인 카트자 카바이(Katja Kabaj)를 만나 결혼하면서 카트자 카바이의 고향인 고리스카 브르다(Goriska Brda) 마을로 내려와 정착하면서 부인의 이름을 와인 브랜드로 정하였다.

▲ 카바이 와이너리의 장 미셸(Jean Michel) 양조가

장 미셸은 프랑스 보르도, 랑그독, 이탈리아 피에몬트, 베네토 등에서 와인 양조가로 일하면서 자신의 와인 양조 세계를 열고자 끊임없는 노력을 하였다. 그는 1993년 처음으로 카바이 와인을 프랑스 보르도 스타일로 선보였으며, 이후 8,000년 역사의 조지아 크베브리 와인 양조에 푹 빠져 고대의 전통적인 포도재배와 양조를 실현하고자 모험을 한 끝에 최고의 포도품종(Ribolla, Malvasia, Sauvignon Vert, Tokai)을 재배하고 직접 손 수확하여 암포라(Amphora) 와인, 즉 오렌지 와인을 출시하여 조지아를 놀라게 하였다. 그는 '슬로베니아의 떼루아는 자신이 일했던 이탈리아와 프랑스의 것과는 차이가 있다는 것을 찾았다. 와인을 양조할 때 떼루아를 반영한 자신의 양조 철학과 영감을 통해 명품의 와인을 만든다.'라고 하였다.

카바이 와이너리는 2개 지역(Šlovrenc, Belo)에 12 헥타르의 포도밭을 경작하며 화이트와인(Ribolla Gialla, Tokai Friulano, Pinot Blanc, Pinot Gris, Sauvignon, Malvasia)을 80%, 레드와인(Merlot, Cabernet Sauvignon, Cabernet Franc, Petit Verdot)을 20% 생산하는데 포도나무의 수령은 30년 정도이다.

저자는 13개 와인을 와인셀라와 점심을 함께 먹으면서 테이스팅을 하였는데 가장 인상이 깊게 느껴졌던 와인은 화이트와인 '리볼라 2012(Ribolla, 2012)' 와인이었다. 리볼라 포도 품종은 서유럽 포도 품종 중 하나로 그리스에서 유래했으며 이탈리아를 통해 슬로베니아에 온 토착 품종으로 1256년에 재배했다는 기록이 있다. 오렌지 칼라인 호박색을 띤 아름다운 빛깔이 매우 유혹적이며, 푹 익는 과일향이 코끝을 감싸고, 우리나라의 묵은 간장 향이 올라왔다. 그리고 바닐라, 백도 향이 매우 우아하게 올라오고, 농익은 과일 맛, 리볼라 특유의 포도 맛, 미네랄이 인상적이었다. 산도가 매우 뛰어나고 강렬하며, 풀 바디하면서 여운이 매우 오랫동안 지속이 되었다. 음식과 조화는 닭고기, 오리고기, 돼지고기와 어울리며, 야채 요리도 완벽한 조화를 이룬다.

▲ 노아의 술취한 모습

🍷 성경, 노아의 첫 와인

　기독교에서 와인의 중요성은 예수님의 '최후의 만찬'과 성경책을 통해 널리 알려진 사실이다. 성경 창세기를 보면 "노아(Noah)가 농업을 시작하여 포도나무를 심었더니 와인을 마시고 취하여 천막 안에서 벌거벗은지라"라고 창세기(9; 20, 21)에 기록되어 있다. 대홍수가 끝나고 아라랏산(Ararat Mt.)에 정착한 노아가 농사를 시작할 무렵이었다.

　고대 히브리인들에게 포도나무는 하느님이 내리신 축복과 풍요의 상징이었으며 선택받은 민족임을 의미하기도 했다. 존경받는 의인이었던 노아는 흠잡을 데 없는 사람으로 성경에서 포도밭을 일구고 포도나무를 처음 심은 사람이었다. 노아에게는

역사 속의 와인

세 명의 아들이 있었는데 셈(Shem), 함(Ham), 야벳(Japheth)이었다. 어느 날, 둘째 아들 함은 노아가 와인을 마시고 취하여 벌거벗은 채 천막 안에 누워 있는 것을 보았다. 밖으로 나온 함은 형제들에게 이 사실을 알렸다. 그러나 셈과 야벳은 아버지의 취한 모습을 보지 않으려고 뒷걸음질로 들어가 옷을 덮어드렸다. 노아 이전에 고대 인류도 포도나무를 재배하고 와인을 마셨으며, 신앙생활에서 필수적으로 와인을 마시거나 특정한 사람들이 마셔 귀한 술이라고 추측해 볼 수 있다.

와인은 한두 잔을 마시면 분위기를 좋게 하고 건강을 지켜주는 보약 같은 역할을 하지만 너무 많이 마시면 자신을 주체할 수 없어 남에게 피해를 주고, 다음날 후회를 부르기도 한다. 노아가 와인을 마시고 술에 취해 발가벗고 누워 있는 모습은 과음하는 현대인들에게 "술 취하지 말라. 이는 방탕한 것이니 오직 성령의 충만함을 받으라"는 창세기(99장, 18~19절)의 내용을 에베소서(5장 18절)에서 예수의 사도 바울은 신앙인으로서 술에 취해 방탕하기보다 덕을 쌓으라는 교훈을 주고 있다.

기름진 땅에 사는 신앙인들에게는 곡식을 재배하여 생활에 윤택함을 주고, 척박한 땅에 사는 신앙인들에게는 포도나무를 심게 하여 오히려 정신적인 윤택함을 주시면서 인류의 평화를 바란 것이 아닐까 생각해 본다.

▲고대 신석기 시대, 와인을 담은 항아리

와인 역사로 보는 금주

술은 적당하게 마시면 건강에 도움을 주지만, 지나치게 마시면 신체 모든 부분에 나쁜 영향을 미친다. 적당하게 술을 마신다는 경계가 매우 애매하다. 와인은 고대 그리스·로마시대의 종교, 식생활, 의학, 문학, 사회, 경제 등의 중요한 위치를 점하였고, '와인 속에 진실이 있다(in vino varitas).'라는 로마의 격언은 곧 '와인 속에 사회가 있다.'라는 의미로 일상생활에 일부였다. 기독교 초창기는 일부 국가에서 맥주가 금지되는 대신 와인을 마시는 것이 개종의 상징으로 받아들여졌다. 이교도와 야만족은 맥주를 마시고 독실한 기독교 신자는 교양인으로서 와인을 마셔야 하는 종교적인 신앙심이 한몫했다. 와인은 기독교의 교리와 제례 의식에서 특별하게 귀한 술로 대우받았다.

이집트, 그리스로부터 와인 문화를 도입한 로마제국은 기독교를 국교로 채택하면서 사회문화·정치·종교적인 흐름에 큰 영향을 끼쳤다. 예수의 성혈인 와인을 마시면 기분이 좋아지고 특히 와인이 건강에 좋다는 믿음 때문에 과신하였다. 와인은 고대 그리스·로마시대부터 위장병과 비뇨기 질환에 효험이 있다고 믿었다. 성경에도 사도 바울(Paul)이 제자 디모테오(Timotheus)에게 보낸 편지에 '이제부터는 물만 마시지 말고 위장과 자주 앓고 있는 병을 고치기 위해 와인을 조금씩 마셔라.'라는 구절이 있다. 1991년 우리나라도 프렌치 패러독스(French Paradox)의 역설로 와인이 건강에 유익하다는 것을 일반인에게도 알려졌다. 그러나 와인이 건강에 유익한 것은 적당하

▼ 중세시대의 대형 오크통

게 마시고 즐기는 경우이며, 과음하면 부작용도 심각하다. 구약성서 창세기에 노아의 방주가 첫 번째 사건으로 신에게 바치는 고귀한 와인에 대한 과음 주의보였다.

와인에 너무 열광하는 기독교인이 이교도로부터 낙인이 찍히고, 교양인으로서 대접받지 못한 것은 술에 취한 여성은 여자답지 못하고, 남성은 과음하여 추태를 부리는 광경이 많이 목격되었기 때문이다. 성경에 와인은 사람을 거만하게 하고, 잠언에서 독주는 사람이 떠들어 대니 술에 취하는 사람들은 지혜롭지 못한 자라고 폄하했다. 제사장도 와인을 과음하여 옆걸음치며, 독주로 인하여 비틀거리고 와인 독에 빠지는 일이 많았다. 기독교 수도원과 교회에서는 성직자들에게 매일 와인을 마시는 것을 정례화하였지만, 성직자도 와인에 취해 수도자로서 신앙생활에 문제가 발생하였고, 신도에게 품위를 지키지 못하는 경우가 발생했다.

이런 이유로 8세기 초에 참회 규정서를 만들었다. 규정서는 이성이 마비되고, 혀가 꼬이고, 눈동자가 돌아가고, 어지럽고, 배에 가스가 찬듯하며, 아플 정도로 와인을 마신 신도는 3일, 일반 성직자는 7일, 수도사는 2주, 부제는 3주, 사제는 4주, 주교는 5주 동안은 고기와 와인을 먹지 말도록 엄격하게 통제했다. 스페인의 실로스 산토도밍고 수도원(Santo Domingo de Silos Monastery)은 와인에 취한 성직자의 경우 20일, 와인으로 인해 구역질하면 40일, 성체를 삼키지 못하고 토하였으면 60일 동안 회개 기도를 하도록 했다.

아무리 좋은 와인도 과음을 하게 되면 자신을 스스로 통제할 수가 없으므로 실수도 하고 건강도 해치므로 적당하게 하루에 2잔 정도 마시면서 건강도 지키면서 일상생활을 하는 것이 건전한 사회, 국가를 함께 만드는 시민의식이 아닐까?

▼ 벨라스케트의 주정뱅이 그림, 1629년

와인의 개념과 포도품종

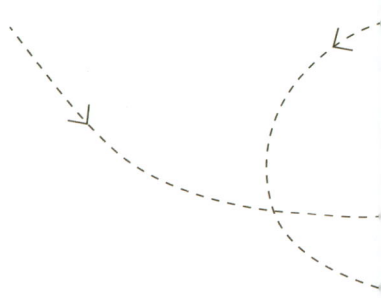

🍷 와인 개념

플라톤(Platon, BC 428~348; 그리스 철학자)은 '와인이야 말로 신이 인간에게 내려준 최고의 선물'이라고 하였다. 와인의 정의는 다른 재료의 단어가 덧붙여지지 않은 채 '와인' 한 단어만으로 사용될 때는 포도로 만든 알코올 음료만을 가리킨다. 넓은 의미에선 과일로 발효시켜 만든 알코올 음료를 의미하는 것으로서 사과로 만들면 애플 와인, 복분자로 만들면 복분자 와인, 머루로 만들면 머루 와인이라 부른다.

와인은 포도즙을 발효시켜 만든 양조주를 말하며 원료인 포도나무는 라틴어로 비티스(vitis)라고 하며, 비티스로부터 만든 술 비늄(vinum)이 어원이다. 이 비늄에서 파생된 와인은 조지아어로는 그비노(Ghvino), 이탈리아와 스페인어로는 비노(vino), 포르투갈어로는 비뇨(vinho), 프랑스어로는 뱅(vin), 영어로는 와인(wine), 독일어로는 바인(wein), 러시아어로는 비-노(bi-ho)라고 부르게 되었다.

포도를 사용한 최고의 예술품이 와인이다. 즉, 포도즙 100%를 발효시킨 와인의 주요성분은 수분, 당분, 알코올이지만, 400가지 이상의 합성물이 맛과 향, 색깔을 좌우한다. 다른 술과 달리 물이 한 방울도 첨가되지 않으며 알코올 함량이 적고

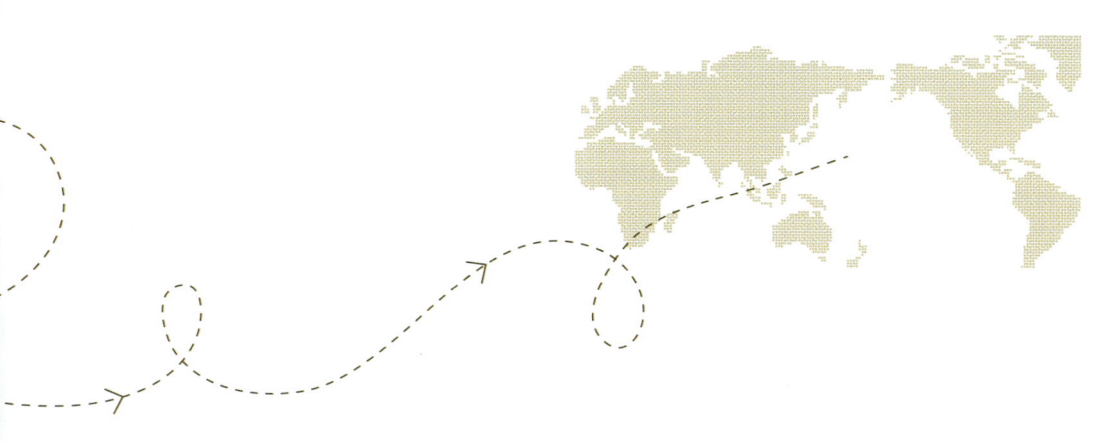

유기산, 무기질, 폴리페놀 등이 파괴되지 않은 채 그대로 살아 숨쉬는 술이다. 원료인 포도품종은 8,500여 종이며, 양조용으로 인기있고 널리 알려진 것은 50여종이다. 양조용 포도는 매우 세심한 관리와 엄격한 통제 기준을 거쳐 와인 750㎖ 한 병에 1,000~1,200g의 포도가 사용된다. 또한, 와인의 알코올 도수는 일반적으로 14% 이내라고 정의하고 있지만, 최근 기후 이상 변화로 포도당도가 30브릭스(Brix) 이상이 넘어 알코올 도수 15% 이상의 와인도 있다. 와인에는 단일 포도품종 와인과 블렌드 와인(Blend Wine)이 있다.

현재 와인 생산국은 65개국 이상이며 재배면적은 전 세계 8,700,000ha나 된다. 재배면적이 넓은 국가는 스페인, 프랑스, 이탈리아, 터키, 중국, 미국, 이란, 포르투갈, 아르헨티나, 루마니아 순이다. 수확량은 재배방법과 풍토에 영향을 받아 차이가 나며, 생산량이 많은 국가는 이탈리아, 프랑스, 스페인, 미국, 아르헨티나, 호주, 중국, 남아프리카공화국, 독일, 칠레 등의 순서이다. 수확된 포도의 75.3%는 와인양조용, 23.0%는 식용, 1.7%는 건과용으로 사용되고 있다. 이 중 이탈리아와 프랑스에서 총생산량의 41.3%를 차지하고 있다.

▼ 프랑스 부르고뉴의 본 로마네 마을과 포도밭

    포도재배 최적지는 연평균 기온 10~20℃의 등온선(等溫線) 범위이며, 북반구에서는 북위 30~50도, 남반구에서는 남위 20~40도이다. 포도재배의 평균기온은 10~20℃이지만 양조용 포도는 10~16℃가 가장 적합하다. 일조량은 1,250~1,500시간이며, 강우량은 연간 500~800mm이고, 토양은 배수가 잘 되는 척박한 땅이 좋다. 또한 더위와 추위의 차이가 많이 나는 지역, 낮과 밤의 일교차가 큰 지역일수록 포도가 더 좋은 품질의 와인을 생산하게 한다.
    와인을 즐기는 데 특별한 왕도는 없다. 와인의 맛과 향에 빠져 맛있게 마시면 그것이 가장 좋은 방법이다. 하지만 모르고 마시는 것보다 알고 마시면 더 많이 느끼고 깊은 맛을 음미할 수 있으며, 매너를 무시하기보다 지키는 것이 주변 사람들과 즐거움을 나눌 수 있는 방법이다.

와인의 개념과 포도품종

🍷 척박한 땅

포도나무는 땅속 비밀을 우리에게 전달하기 위해 힘겨운 생존을 한다. 그리고 그 성과물로 다양한 맛과 향의 와인을 선물해 준다. 와인은 척박한 환경 속에서 자신을 희생하면서 탄생시킨 포도로 양조하기 때문에 그 가치를 더욱더 인정받는다. 포도나무 평균 수명은 80~100년 정도이며, 어린 포도나무가 자라 최상급의 포도송이를 맺기까지 거의 20년이 걸리며, 긴 세월의 풍파를 견뎌야 완벽한 성년이 된다. 성년이 되면 미네랄 등의 성분을 흡수하여 아로마가 풍부한 그랑 크뤼 와인(Grand Cru Wine)을 생산할 수 있다. 하지만 60년이 지나면 노쇠하여 그랑 크뤼 와인에서 멀어지게 되며 수명을 다한다.

일반적으로 농작물은 비옥한 땅에서 자라야 맛있고 풍성한 열매를 맺을 수 있다. 하지만 포도나무는 옥토에서 자라면 줄기와 잎이 너무 무성해져 종속번식의 기

▲ 프랑스 보르도 그라브 지역의 자갈 토양 포도밭

천지인(天地人)

▲ 프랑스 보르도, 부르고뉴의 명품 와인의 포도밭 갈이

능을 망각하고 포도알의 양분이 적어지고 빈약해져 양조용으로 가치를 잃어버리게 된다. 포도나무는 다른 작물이나 과수의 경작지로 적당하지 않아 버려진 척박한 땅에서 자라며, 가뭄과 강렬한 태양을 극복하고 오직 포도송이를 잉태시키기 위해 필사적으로 몸부림치며 살아가고 있다.

　포도나무 뿌리는 물속에 함유된 나트륨, 마그네슘, 칼륨 등의 영양소를 빨아들이는 역할을 한다. 하지만 포도나무가 오래되면 척박한 땅 때문에 스트레스를 받으면서 더 좋은 미네랄 성분을 찾아 점점 더 땅 속으로 들어가 15피트(약 4.57m)의 땅 속에 있는 다양한 흙, 암석, 돌의 기(氣)를 지상으로 끌어올린다. 그리고 지상에서는 우박과 폭풍우, 서리, 햇볕의 고통을 견디면서 지역 특성과 개성을 포도송이에

와인의 개념과 포도품종

그대로 담는다. 포도송이는 거친 풍파 속에 껍질이 단단해지고 두꺼워지며 작고 알찬 송이로 좋은 색깔과 영양 많은 주스를 생산하려고 몸부림치게 된다.

세계적인 프랑스 와인 양조가 '미셸 롤랑(Michel Rolland)'은 "최상의 와인 양조가는 없으며, 최상의 포도만 있을 뿐이다. 명품와인은 훌륭한 떼루아(terroir)에서 수확한 최상의 포도가 만든다"라고 하였다. '떼루아'는 '지방 특유의 개성'으로 단순히 토양이라기 보다 포도를 만들어내는 자연 환경, 토질, 일조량, 기후, 위치 등이 포함된 용어로 프랑스 농부들의 와인 철학이 담겨 있는 천지인(天地人)의 조화이다.

▼ 수령이 100년 된 포도나무

천지인(天地人)

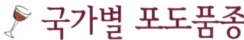

🍷 국가별 포도품종

 레스토랑에서 와인을 주문하거나 전문매장에서 구입할 때 가장 많이 부딪히는 것이 포도품종과 지역명을 구별하지 못하는 일이다. 와인은 명품을 제외하고는 일반적으로 품종과 생산지를 알고 구입하는 게 좋다. 지구상에는 수많은 포도나무 종류가 있으며, 국가와 지역에 따라 자라는 포도품종도 다르다. 어떤 포도나무는 뛰어난 맛과 향을 유지하기 위해 특정 지역에서만 재배되며 귀족포도라는 명칭을 얻기도 한다. 와인 전문가들은 9개 품종(청포도; 샤르도네, 리슬링, 세미용, 소비뇽 블랑, 슈냉 블랑, 흑포도; 카베르네 소비뇽, 메를로, 피노 누아, 시라)을 고급품종이라고 한다.

 와인의 주요 생산지에서 많이 재배되는 대표 품종과 지역을 알아 둔다면 "리슬링 와인이나 독일 와인 주세요"라는 말로 웨이터를 당황하게 하거나 품종과 상표를 헷갈리는 일이 줄어들 것이다. 유럽은 산지별로 특정 품종이 재배되고 있으므로 유럽산 와인을 살 때는 '지역명'으로 구입하고, 신세계 와인을 살 때는 '포도품종'으로 구입하는 것이 좋은 방법이다.

 사실 와인을 즐겨 마시는 사람들조차 와인에 사용된 포도품종에 대해 별로 관심을 갖지 않는다. 하지만 포도는 품종마다 고유한 맛과 향을 가지고 있으며 와인의 개성은 포도품종과 지역에 좌우된다. 포도품종은 와인의 개성을 결정짓는 가장 큰 요소이다.

 포도품종은 유럽계 양조용 포도품종인 비티스 비니페라(Vitis Vinifera), 미국계 식용포도품종인 비티스 라브루스카(Vitis Labrusca)가 있다. 또한 크게 레드와인과 포도품종은 유럽계 양조용 포도품종인 비티스 비니페라(Vitis vinifera), 미국계 식용포도품종인 비티스 라브루스카(Vitis Labrusca)가 있다. 또한 크게 레드와인과 화이트와인용으로 나뉘지만, 우선 지역에 따라 재배되는 품종이 다르다는 것을 확실히 알아야 한다. 예를 들어 카베르네 소비뇽 포도품종으로 프랑스 보르도에서 생산된 와인이라면 저 멀리 칠레에서 생산된 와인 맛과 향이 거의 비슷할 수 있지만 떼루아 때문에 차이가 난다. 즉, 기후(해양성, 대륙성, 지중해성), 토양(석회질, 점판암, 점토질, 자갈, 모래 등), 강우량, 일조량 등에서도 품질, 맛 등의 차이가 있다.

와인의 개념과 포도품종

국가별 와인의 주요 생산지역과 대표 포도품종

국가	지역	포도품종
프랑스	보르도 부르고뉴 보졸레 샤블리 론 루아르 알자스	카베르네 소비뇽, 메를로, 세미용 피노 누아, 샤르도네, 알리고떼 보졸레 가메 샤르도네 시라, 그르나슈 슈냉 블랑, 소비뇽 블랑 게뷔르츠트라미너, 리슬링
독일	전지역	리슬링, 슈페트부르군더
이탈리아	토스카나 피에몬트	산지오베제 네비올로, 브라케토, 돌체토
스페인	리오하 쉐리	템프라니뇨 팔로미노
포르투갈	전지역	알바리뉴(Alvarinho), 토우리가 나씨오날(Touriga Nacional), 바가(Baga)
오스트리아	전지역	그뤼너 펠트리너, 츠바이겔트
헝가리	토카이	푸르민트, 하르슈레벨루
미국	오리건 나파밸리	피노 누아 카베르네 소비뇽, 진판델
칠레	마이포 밸리	메를로, 카베르네 소비뇽
아르헨티나	전지역	말벡
남아프리카공화국	전지역	피노 타지
호주	전지역	시라즈
뉴질랜드	전지역	소비뇽 블랑
일본	야마나시	고슈(甲州), MBA
한국	영천, 영동, 대부도	리슬링, 캠벨 얼리, MBA, 청수
중국	연태, 봉래, 닝샤	카베르네 게르니쉬트 (Cabernet Gernischt), 카베르네 소비뇽, 메를로

천지인(天地人)

    상큼한 맛의 화이트와인은 천의 얼굴을 가지고 있다. 포도품종에서부터 초록, 분홍, 갈색까지 여러 색깔을 가지고 맛 또한 놀랄 만큼 자극적인 향에서 아주 달콤한 향, 이국적인 향까지 아주 다양함을 자랑한다. 레드와인은 타닌의 정도, 색깔 그리고 숙성기간, 보관년도가 품종별로 차이가 난다.

다양한 포도품종을 전시한 호주 와인 박물관 ▼

와인의 개념과 포도품종

화이트와인 청포도품종

샤르도네 Chardonnay

세계에서 가장 많은 사랑을 받는 화이트와인의 대표 품종이다. 한번 맛본 사람은 그 맛에 흠뻑 빠져 헤어나지 못한다.

포도알이 작아 껍질과 알맹이 분리가 잘 되지 않는다. 황록색과 호박색을 띠고 서늘한 기후를 좋아한다. 와인 빛깔은 지역과 양조방법에 따라 무색에서 황금색까지 천차만별이다. 향은 사과와 감귤류 같은 과일 향뿐만 아니라 오크통에서 숙성된 것은 바닐라 향이 나며, '부싯돌'이라 불리는 미네랄 성분이 가득한 향도 난다. 신맛과 감칠맛이 조화를 이루며 숙성에 의해 더욱 맛이 깊어지며 산뜻한 것에서 부드러우면서 감칠맛나는 것까지 여러 타입이 있다. 오크통 숙성에 의해 보다 풍부한 맛과 향이 더해진다. 최근에는 스테인리스 스틸 통에서 숙성시킨 와인이 오크통에서 숙성된 것보다 오히려 더 신선하고 열대과일의 상쾌함이 살아있어 인기를 얻고 있다. 대표적인 아로마는 청사과, 버터, 감귤류, 특유의 상큼하고 톡 쏘는 듯한 시트러스, 그레이프푸르트, 멜론, 오크, 파인애플, 토스트, 복숭아, 호두, 견과류, 버터 향이다.

샤르도네의 상큼한 맛이 살아 있는 화이트와인으로 '몽라셰(Montrachet)'를 최고로 뽑을 수 있다. 샤블리 지방의 주품종이며, 부르고뉴 지방의 코트 드 본, 샹파뉴 지방 샴페인, 프랑스 남부지방 외에 호주, 캘리포니아, 뉴질랜드, 칠레의 아콘카구아(Aconcagua) 지역에서도 훌륭한 와인을 생산한다.

▲ 샤르도네

천지인(天地人)

리슬링 Riesling

▲ 리슬링

독일 와인의 대표 품종이다. 비교적 추위에 강하며 알맹이는 작은 편이다. 재배하기 까다로운 품종으로 토양에 따라 변화가 심하다. 높은 고지대나 햇빛이 잘 들지 않는 경사면, 마른 토양에서는 양질의 열매가 자라기 힘들어 남향의 일급 토양지에서 잘 자란다. 껍질이 얇아 세균에 의한 귀부병을 일으키기 쉬우며, 귀부병에 걸린 포도를 사용하여 달콤한 디저트 와인을 생산하고 추운 겨울철에는 아이스바인도 생산한다.

빛깔은 화이트에서 골드까지 다양하며, 아로마는 푸른 사과, 리치, 꿀, 석류 그리고 감귤 향이 있으며, 숙성 정도에 따라 복합적인 향으로 변한다. 과일 향을 충분히 느끼고 싶을 때 가장 적합한 와인이라고 할 수 있다. 산지에 따라 단맛, 신맛 정도가 상당한 차이를 보이며 양질의 리슬링은 싱싱한 과일의 풍미를 한껏 느낄 수 있는 우아한 맛을 낸다. 숙성이 덜 됐을 때는 신맛, 숙성되면 복합적으로 변모해 신맛과 단맛의 조화가 절묘하게 이루어진다. 최고의 리슬링 와인은 독일 모젤지역의 '에곤 밀러(Egon Müller)' 와인이다.

주요산지는 독일의 라인강, 모젤강 유역이며, 프랑스의 알자스, 미국의 캘리포니아, 뉴욕, 호주, 남아프리카공화국 등에서도 많이 재배하고 있다.

소비뇽 블랑 Sauvignon Blanc

이제 막 깎아낸 '잔디밭 향기'가 나는 인기 품종이다. 약간 온난하면서 서늘한 기후를 좋아하며, 와인의 빛깔은 푸른빛을 띠는 담황색이 많지만 양조자와 생산지에 따라 빛깔이 약간씩 다르게 나타난다.

와인의 개념과 포도품종

▲ 소비뇽 블랑

와인의 아로마는 신선하고 상쾌한 향료와 같은 향도 있지만 풀 냄새와 아스파라거스, 구스베리, 쐐기풀, 푸른 피망, 허브, 올리브, 흙 향도 어우러져 나타난다. 맛은 적당한 신맛의 과일 풍미도 느낄 수 있고, 쌉쌀한 것부터 단맛이 나는 것까지 종류가 다양하다.

지역에 따라 와인 향을 여러 가지로 표현하고 있는데, 루아르 지방에서는 일명 '식물의 향'이라고 부르며 이제 막 깎아낸 잔디밭 향의 독특한 맛을 충분히 살리기 위해 오크통 숙성을 하지 않는다. 다른 품종과 혼합해서 오크통 숙성을 시키면 재배지의 온난함을 간직한 채 굉장히 섬세하고 풍부한 맛과 향기를 지닌 와인을 만들어낼 수 있다. 특히 프랑스 루아르 지방에서는 소비뇽 블랑만을 사용한 '상세르(Sancerre)', '푸이-퓌메(Pouilly-Fume)' 와인을 생산한다. 보통 숙성이 덜된 와인일수록 포도가 지닌 맛을 더욱 확실하게 느낄 수 있다.

구스베리와 쐐기풀 향이 풍기는 뉴질랜드의 '클라우디 베이(Cloudy Bay)'가 가장 인기있다. 원래 프랑스 루아르 지방과 보르도 지방을 중심으로 재배되며, 스페인에서는 다른 품종과 혼합해 사용하는 경우가 많다. 미국 캘리포니아와 호주에서도 인기 품종으로 '퓌메 블랑(Fume Blanc)'이라고 부른다. 최근 뉴질랜드 말보로 지역에서 전통 스타일의 와인을 많이 생산하고 있다.

세미용 Semillon

껍질이 얇아 귀부병에 걸리기 쉬우며, 와인이 숙성됨에 따라 황색이 황금색으로 변하고, 귀부와인은 숙성됨과 동시에 갈색에 가까운 색을 갖는다. 쌉쌀한 맛이 나는

천지인(天地人)

▲ 리슬링

경우는 감귤과 복숭아 향이 나고, 귀부와인이 될 경우 벌꿀과 보리엿 향이 난다.

주요산지로는 호주 시드니에 있는 헌터 밸리의 세미용이 유명하며, 오크 통 숙성을 거치지 않아 덜 숙성된 와인은 레몬 향과 라이트한 맛이 일품이다. 프랑스 보르도 소테른 지방의 귀부포도로 만든 스위트 와인은 농축력이 뛰어나 감미로운 특성을 지니며 세계적으로 가장 유명한 황금빛 와인인 '샤토 디켐(Chateau d'Yquem)'이다.

프랑스 보르도의 소테른, 바르삭, 그라브 지역과 호주 등에서 재배되며, 프랑스 소테른에서는 소비뇽 블랑과 혼합해서 사용하기도 하고, 호주에서는 샤르도네와 혼합해서 사용하기도 한다.

뮈스카 Muscat

포도 그 자체 향과 맛으로 좋은 와인을 생산하는 품종이다. 껍질은 녹색을 띠며 얇은 편이고, 주정강화와인의 원료가 되기도 한다. 와인의 빛깔은 청색에 가까운 황색을 띠고 있다. 식용 머스킷 향이 강하며, 주정강화와인에는 건포도 향이 난다. 오렌지, 건포도, 장미향의 과일 맛과 상쾌한 단맛이 난다. 천연 감미 와인을 만들며 가볍고 아로마가 풍부한 것이 특징이다. 다양한 스타일로 초보자들이 주로 마시며 매우 달콤해서 입안 가득히 기분 좋은 맛을 전달해 준다.

주요산지는 프랑스 알자스와 론, 남부의 봄므 드 베니즈(Beaumes de Venise)이다. 약간 품종의 차이는 있지만 이탈리아에서는 '모스카토(Moscato)'라 부르며, 거의 전 지역에서 재배되고 있으며, 스페인에서는 '모스카텔(Moscatel)'이라고 한다. 뮈스카는 꿀, 아카시아, 레몬향 등의 아로마가 강하여 이탈리아 지중해에서 많이 재배되는데 일명 '모스카토 비앙코(Moscato Bianco)'라고도 하며, 이 품종으로 생산되는 와인은 약간 감미로우면서 순하고 향이 강하여 와인 초보자들과 여성들이 좋아하는 와인의 특성을 지니고 있다.

전세계적으로 상업적 특성을 살려 성공한 이탈리아의 대표적 스파클링와인은 '아스티 스푸만테(Asti Spumante)', '모스카토 다스티(Moscato d'Asti)' 와인이다. 그리고 호주 빅토리아의 '루더글렌(Rutherglen)' 와인, 스페인의 '모스카텔 드 발렌시아(Moscatel de Valencia)' 와인도 이 품종으로 양조한다.

▲ 게뷔르츠트라미너

게뷔르츠트라미너 Gewürztraminer

황색에 연한 녹색을 띠며, 장미꽃 같은 감미로운 향기와 함께 향신료 향기를 품어내는 와인을 만드는 품종이다. 신맛이 적어 부드러운 감촉에 진하고 농축된 느낌의 맛을 내며 드라이한 맛부터 스위트한 맛까지 다양하다. 특히 추운 지방에서 자라기 때문에 늦수확이 가능하다. '게뷔르츠(Gewürzt)'는 향신료라는 뜻을 의미하며, 개성있는 장미향에 낮은 산도, 잘 짜인 짜임새에 약간 기름진 것이 특징이다. 아로마는 리치, 장미, 꿀 향이다.

원래 이탈리아의 티롤(Tirol) 지방에 있는 테르메노(Termeno) 마을에서 자연적으로 발생한 트라미너(Traminier) 변종이며, 가장 좋은 포도 재배지역은 프랑스 동북부 알자스로 명품 와인을 생산한다. 독일, 프랑스 알자스, 미국 캘리포니아, 호주, 뉴질랜드 등에서 재배되고 있다. 최고의 게뷔르츠트라미너 와인은 프랑스 알자스 지역의 '진트 훔브레히트(Zind Humbrecht)' 와인이다.

천지인(天地人)

▲ 피노 블랑

▲ 슈냉 블랑

피노 블랑 Pinot Blanc

유명한 흑포도 피노 누아의 화이트 변종이며, 샤르도네와 비슷한 품종으로 '가난한 자의 샤르도네'라는 애칭을 갖고 있다. 황색을 띤 엷은 녹색의 껍질은 두꺼우며 포도에 과즙이 많다. 강한 느낌의 크림, 꽃, 배, 모과, 풋사과, 감귤 향을 내며, 신맛이 섬세하면서 쌉쌀한 것이 특징이다. 특히 드라이하며 부드럽고, 입안에서의 느낌이 꽉차고 풍부하다. 최근 프랑스 알자스에서 크레망(Cremant)에 많이 사용한다.

주요산지는 프랑스 알자스, 이탈리아 북부, 독일, 미국 캘리포니아 등이다.

뮐러 투르가우 Müller Thurgau

리슬링과 실바너를 독일에서 교배해 개발한 품종으로 중급의 독일 와인을 대표한다. 빨리 숙성해 생산량도 많으며, 옅은 황색을 띠고, 머스킷과 비슷한 향기를 갖고 있다. 부드러운 신맛과 달콤한 맛을 느끼게 해주며, 장기 숙성용이 아니므로 숙성이 덜된 상태에서 마시는 것이 좋다.

독일 외에 동유럽, 뉴질랜드, 이탈리아 북부에서도 재배된다.

실바너 Silvaner

오스트리아에서 태어나서 17세기 중반 독일로 넘어온 프랑켄 지역의 대표 포도품종이다. 머스킷과 비슷한 향기를 지니고 있지만 개성이 없고 신맛도 약한 편이다. 와인의 색은 투명에 가까운 황색을 띠며, 와인의 향기는 약한 것이 특징이다. 사과, 감자 같은 향이 나며, 가볍고 경쾌한 맛을 낸다.

주요산지는 독일 프랑켄, 오스트리아, 프랑스 알자스 지방, 미국 캘리포니아, 이탈리아 북부 등이다.

슈냉 블랑 Chenin Blanc

프랑스 루아르 밸리 앙주(Anjou)에서 태어난 포도품종으로 투명에 가까운 색깔로 독특한 향을 풍기며 빨리 숙성되는 특징이 있다. 벌꿀이나 멜론, 만다린, 구아바, 모과, 오렌지 같은 달콤한 향기가 나며, 가볍고 상쾌한 느낌의 산도와 과일향의 달콤한 맛을 낸다. 슈냉 블랑은 다양한 스타일로 드라이한 와인부터 스위트 와인까지 양조가 가능하다.

약간 단맛에서 신맛까지 다양한 맛을 내며 갈증 해소에 좋은 와인으로 남아프리카공화국에서 대량 생산되고 있다. 프랑스 루아르에서는 매우 오래된 '본죠(Bonnezeaux)', '꼬트 드 레옹(Coteaux du Layon)' 와인이 있으며, 환상적으로 풍부한 향미를 가진 '사브니에르(Savennières)' 같은 산뜻한 와인을 생산한다.

레드와인 흑포도품종

카베르네 소비뇽 Cabernet Sauvignon

레드와인의 포도품종으로 가장 널리 알려져 있으며, 프랑스의 보르도 지방 특히, 메독과 그라브 지역에서 많이 재배된다.

특징을 보면 블랙커런트 스타일로 푸른빛을 띤 작은 알이 두꺼운 포도껍질에 싸여 있으며, 씨에는 강한 타닌이 포함되어 약간 떫은맛이 나며 색이 진하고 장기 숙성 보관이 가능하다. 숙성이 덜 되면 떫은맛이 바로 전해지기 때문에 마

▲ 카베르네 소비뇽

천지인(天地人)

시기 거북하지만 숙성됨에 따라 타닌과 산의 밸런스가 조화를 이루어 절묘한 맛으로 변한다. 아로마는 카시스(블랙 커런트), 블랙 초콜릿과 같은 향기 외에 연필 깎는 냄새, 시가상자, 삼목 향이 난다.

프랑스 보르도에서는 카베르네 프랑과 메를로 같은 품종을 혼합시켜 보다 조화로운 와인을 만들며, 숙성 기간이 긴 와인을 생산하고 있다. 프랑스 보르도의 레드와인 중 '샤토 라피트 로칠드(Châteaux Lafite Rothschild)', '샤토 라투르(Châteaux Latour)', '샤토 무통 로칠드(Châteaux Mouton-Rothschild)', '샤토 마고(Châteaux Margaux)', '샤토 오브리옹(Châteaux Haut-Brion)'이 유명하지만 카베르네 소비뇽 그 자체 맛을 즐기려면 칠레 센트럴 벨리(Central Valley)의 와인이 더 좋다. 칠레산은 다른 품종과 혼합하지 않고 양조하는 경우가 많기 때문이다. 최근 미국 캘리포니아, 남아프리카공화국, 호주 등에서도 재배하여 좋은 품질의 와인을 생산하고 있다.

▲ 피노 누아

피노 누아 Pinot Noir

피노 누아는 프랑스 부르고뉴 와인을 대표하며 촘촘하게 붙어있는 포도알의 모양이 솔방울과 비슷하여 피노(pineau)라는 이름이 붙여졌다. 기후에 매우 민감한 포도품종으로 서늘한 지역을 선호하며, 타닌과 산도도 카베르네 소비뇽보다 많지 않다. 작황이 좋은 해의 피노 누아는 비단처럼 매끄러운 맛으로 사람들의 마음을 흔들어 놓지만 작황이 좋지 않은 해에는 바디가 너무 진하거나 별다른 맛을 느낄 수 없다. 그러나 이상적으로 숙성된 피노 누아는 과일 맛이 강하고 라즈베리, 딸기, 체리 등의 과일향은 숙성함에 따라 야금류, 부엽토, 송로 버섯 등으로 변모해 흙냄새를 느낄 수 있는 향기가 생겨난다. 와인의 명품 '로마네 콩티(La Romanèe-Conti)'는 피노 누아의 최고 걸작품이며, 피노 누아로 양조한 와인은 품질이 좋아 다른 품종으로 만든 와인보다 가격대도 높다.

피노 누아는 자라는 토양에 따라 품질이 달라진다. 주요 산지인 부르고뉴 지방은 메마른 땅으로 석회질과 점토질, 규산토와 같은 토양이 1미터씩 파이 껍질처럼 겹쳐 있는 구조를 하고 있다. 석회질의 토양에서는 향기가 좋은 와인을, 점토질 토양에서는 진한 와인을 양조할 수 있는 포도가 자란다. 그리고 규산토의 토양에서는 가벼운 타입의 와인을 만들어낼 수 있다. 각각의 토양에 의한 요소가 복잡하게 서로 얽혀 있기 때문에 맛과 향기, 그리고 장기적으로 숙성된 와인도 개성이 달라진다.

포도를 재배하고 양조하기 까다로운 품종이기도 하다. 껍질이 얇아서 일찍 익으며 무르거나 썩기가 쉽다. 대체로 온화한 기후에서 잘 자라며 충분히 따뜻한 기후여야 자연스러운 산도를 갖게 된다. 하지만 태양볕이 너무 강렬하면 알코올 함량이 높아지면서 딸기나 체리 향과 같은 훌륭한 아로마를 잃기 때문에 서늘한 기후를 선호한다.

샹파뉴 지방에서는 피노 누아로 샴페인을 만들고 있다. 피노 누아로 만든 샴페인은 깊은 맛과 신선한 자극을 준다. 미국 캘리포니아(California)의 카네로스(Caneros), 산타 바바라(Santa Barbara), 오리건의 윌라메트 밸리(Oregon's Willamette Valley), 남아프리카공화국의 워커 베이(South Africa's Walker Bay), 호주의 야라 밸리(Australia's Yarra Valley)에서는 충분히 익어 진하면서 자극적이지 않은 피노 누아를 생산해 다른 생산자들의 밤잠을 설치게 하며, 칠레에서는 남부지역 비오비오(Bio-Bio), 마예코(Malleco)에서 생산되는 와인이 유명하다.

피노 누아는 독일에서는 '스패트부르군더(Spätburgunder)', 이탈리아에서는 '피노 네로(Pinot Nero)', 오스트리아에서는 '블라우부르군더(Blauburgunder)'라 부른다.

메를로 Merlot

타닌의 떫은맛이 적고 과일향이 풍부하며 매끄러운 감촉에 감칠맛이 뛰어나고 알코올 성분이 높은 와인을 만드는 품종이다. 특히 프랑스 보르도 지방의 생 떼밀리옹과 포므롤 지역에서 재배되고 있는 고급와인용 품종이라는 사실을 알게 되면 확실히 기억될 것이다.

메를로라는 이름은 "지빠귀"를 뜻하는 프랑스어 멜르(Merle)에서 유래되었으며, 유난히 달콤하고 과즙이 많은 이 포도를 종달새들이 즐겨 먹었다고 해서 붙여진 이름

천지인(天地人)

▲ 메를로

이다. 알맹이가 작은 흑포도이며 열매의 성숙도 빠르고 와인의 숙성도 빠른 편이다. 독특하면서 진한 레드와인을 만들고 그 감촉은 마치 비단처럼 매끄럽다. 진하면서도 부드러운 맛을 지니고 있어 마시기 좋으며 블랙 커런트, 블랙 체리, 민트향이 난다.

보르도 지방에서는 다른 품종과 혼합하는 것이 일반적인데 메를로는 와인에 부드러운 맛을 더해 준다. 메를로 품종 와인 애호가가 늘어나면서 보르도 지방에서도 점점 재배면적이 늘고 있다. 1980년대 프랑스 랑그독 루시옹의 더운 지역에서 포도가 재배되면서 가장 성공적으로 품질이 향상되었다. 프랑스 보르도 포므롤에서 생산되는 '르팽(Le Pin)', '페트뤼스(Petrus)', '샤토 슈발 블랑(Château Cheval Blanc)', '샤토 오존(Château Ausone)' 등이 유명하다.

캘리포니아 서쪽 지역에서는 타닌이 강하지 않은 컬트 와인을 생산하기도 한다. 메를로로 만들어진 소노마의 '스택스 립(Stag's Leap)', 마탄자스 크릭(Matanzas Creek)의 '쉐퍼(Shafer)' 와인은 섬세한 즐거움을 선사하고 있다.

호주, 남아프리카공화국, 뉴질랜드, 슬로베니아에서도 많이 재배되며, 칠레 센트럴 밸리(Central Valley)는 메를로의 천국으로 마시지 않으면 후회할 정도로 아주 상큼하고 과일향이 진한 심홍빛의 와인을 생산하고 있다.

▲ 시라

와인의 개념과 포도품종

와인용 포도의 농약 시비

　유럽이나 호주, 남아프리카공화국의 와이너리를 방문하면 주인이 직접 나와 환영 인사를 하고 와인양조시설을 둘러보기 전에 먼저 보여주고 설명하는 곳이 바로 자신의 포도밭이다. 주인은 포도밭의 지형과 토양, 그리고 떼루아를 설명하면서 탐스럽게 익은 포도를 따서 주기도 한다. 우즈베키스탄에 갔을 때는 농약을 구입할 돈도 없고 인력도 부족해 자연 그대로 포도나무를 키우고 수확하는 것을 본 적도 있다. 하지만 대부분 먹지 않고 서로 쳐다보며 씻지 않은 포도를 어떻게 먹을까 하며 만지작거린다. 포도의 향과 당도를 맛보라고 주는 친절을 거부할 수도 없어 처음엔 망설였지만, 몇 번의 경험으로 익숙해져서 포도송이를 받아들면 이 포도는 과연 어떤 맛의 와인을 탄생시킬까 상상하며 맛있게 먹게 되었다. 로마네 콩티, 페트뤼스, 오퍼스 원, 안티노리, VIK 등 새로운 와이너리를 찾을 때마다 제일 먼저 포도밭에서 직접 따서 포도를 맛보는 것이 어느새 취미가 되었다.

　보통 사람들은 와인을 양조하기 전에 포도를 깨끗이 씻고 물기를 뺀 후 으깨고 압축하는 것으로 알고 있다. 하지만 와인 양조에 물기는 치명적인 품질저하를 가져온다. 그래서 비가 온 뒤나 습도가 많은 날은 포도수확도 미루고 아주 맑고 쾌청한 날을 선택하여 수확한다. 수확한 포도는 주로 바구니에 담아 옮기며 한꺼번에 압착기에 넣어 으깬다.

　최근 프랑스의 루시옹, 오스트리아, 슬로베니아, 칠레 등 국가에서 화학 비료나 농약을 사용하지 않는 유기농 포도재배자들도 늘어가고 있다. 하지만 농약을 4~5회 사용하는 포도밭도 있는데 정부로부터 허가를 받아야 하며, 정부기관에서 인증한 농약만 사용하게 되어 있다. 그리고 수확하기 한 달 전에는 농약을 칠 수 없도록 법으로 정해져 있어 농약으로 인한 큰 피해는 없으리라 생각한다.

　유명한 와이너리를 방문해 주인이 직접 따서 주는 포도라면 포도의 위생상태를 생각하기보다 갓 딴 포도에서 풍기는 떼루아의 맛과 포도가 와인으로 변신하는 과정을 미리 음미하는 그 자체로 만족할 일이다.

시라 Syrah

　시라즈(Shiraz)라고도 하고, 원산지는 서아시아로 추정하며, 시라는 와인계의 황태자로 불리는 포도품종이다. 향은 카베르네 소비뇽보다 강하며 완전히 숙성되면 피노 누아만큼 부드럽고 야생 동물적인 향을 느낄 수 있다. 타닌맛이 강렬한 와인으로 감칠맛이 뛰어나고, 매콤하며 달콤한 과일향을 풍기기도 한다. 가죽향으로 표현되는 야성적인 향기와 함께 알코올 도수가 높은 향신료를 넣은 듯 거친 맛도 탐닉할 수 있다. 또한 와인 빛깔은 전체적으로 검은빛을 띠는 진한 적색이다.

천지인(天地人)

프랑스의 코트 뒤 론과 프로방스 지방에서 재배되며 블랙베리, 제비꽃, 스파이스, 동물 가죽향과 더불어 후추향과 허브향이 강하게 나는 '코트 로티(Cote-Rotie)' 와인이 유명하다. 호주에서는 시라즈(Shiraz)로 부르며 향신료, 가죽 냄새, 초콜릿 향이 강하게 나는 것이 특징이며, 호주 에델레이드시 근교에 위치한 바로사 밸리의 '펜폴즈 그랜지(Penfolds Grange)' 와인이 유명하다. 그 밖에 미국, 남아프리카 공화국에서 많이 재배된다.

카베르네 프랑 Cabernet Franc

▲ 카베르네 프랑

카베르네 소비뇽과 비슷하지만 확실한 차이가 있다. 포도송이는 크지 않고 비교적 성글며 약간 푸른 빛을 띠는 검정색 작은 알갱이로 껍질이 얇아 회색 곰팡이에 약하다. 신맛과 떫은맛은 적으며, 약간 검은빛의 적색을 띤다. 싱싱한 야채, 피망과 감자 껍질 등의 향기가 나며, 떫은맛과 신맛이 적어 부드러운 느낌을 준다.

카베르네 프랑은 프랑스 보르도의 우안 지역인 생 떼밀리옹과 포므롤 지역 같은 서늘한 토양에서 재배되는 품종이다. 카베르네 소비뇽보다 가볍고 더 빨리 익는데 라즈베리와 유사한 과일향을 느낄 수 있으며, 양조시 카베르네 소비뇽에 약간의 카베르네 프랑을 혼합하면 보르도의 전통적인 블렌딩 스타일의 매력을 느낄 수 있다.

주요산지는 프랑스의 보르도와 루아르 지방이며, 보르도 지방에서는 카베르네 소비뇽 등과 혼합하여 사용하며, 루아르 지방 '시농(Chinon)' 와인의 주요 품종으로 사용된다.

와인의 개념과 포도품종

그르나슈 Grenache

원래는 스페인이 원산지로 '그르나슈 누아(Grenache Noir)'였는데 간단하게 그르나슈로 부른다. 지중해의 찌는 듯이 무겁고 뜨거운 태양열을 좋아하는 그르나슈는 푹 익기 때문에 알코올 도수가 높고 진하다. 또 스위트하면서 부드러우며 허브, 향신료, 나무딸기향 그리고 매콤한 후추향이 나기도 한다. 와인 빛깔은 진한 색조를 띠고 있으며, 오렌지빛의 진한 적색을 띠기도 한다.

그르나슈는 양적인 측면에서 세계에서 두 번째로 중요한 품종이다. 스페인 전 지역과 프랑스 남부지방의 론, 루시옹, 랑그독에서 재배되며, 스페인에서는 이 품종을 '가르나차 틴타(Garnacha Tinta)'라 하며, 리오하 지방의 템프라니뇨 품종과 블렌딩하여 향을 더 강화시킨다. 프랑스 론 지방에서는 '샤토네프 뒤 파프(Chateauneuf du Pape)'와 '지공다스(Gigondas)' 같은 훌륭한 와인을 만드는 데 사용된다.

프랑스 남부 론 지역과 스페인, 캘리포니아와 호주에서 주로 재배되고 있다. 프랑스의 남부 지방에서는 로제와인에도 사용되고 있으며, 복잡 미묘하면서 스위트하다. 유명한 로제와인 양조용으로 잘 알려져 있는 품종이다.

가메 Gamay

기원은 확실하지 않지만 13세기 이전부터 재배되었고 프랑스 보졸레 지역이 원산지이다. 포도 껍질이 얇아 상처나기 쉽고 타닌이 적은 편이며 산도가 높다. 자색이 섞인 적색을 띠고 있으며, 체리나 라스베리 캔디같은 향이 나며, 상큼한 과일향이 풍부한 것이 특징이고 여름철에 마시기 좋다.

프랑스 부르고뉴의 보졸레 지역과 미국 캘리포니아에서 재배되지만 사실상 보졸레 와인 포도품종이라고 할 수 있다. 프랑스 보졸레 지방의 화강암 언덕이 아니면 잘 자라지 않는다. 가메 품종으로 양조한 '보졸레 누보'는 과일향이 풍부하지만 와인의 수명이 6~9개월이며, 보졸레 크뤼 와인 중에서 고급와인인 '보졸레 빌라주'는 숙성해야 더 깊은 맛을 느낄 수 있다.

천지인(天地人)

네비올로 Nebbiolo

이탈리아에서는 로마시대부터 이미 피에몬트(Piemonte) 지역에서 재배되는 가장 훌륭한 품종 중의 하나이며 수명이 긴 레드와인을 생산한다. 숙성이 덜 되었을 때는 타닌과 산도가 높고, 맛이 아주 거칠고 억세다. 타닌과 신맛이 강하기 때문에 숙성하는 데 많은 시간이 걸리며 갈색 빛에 진한 적색을 띠고 있다. 제비꽃과 장미꽃 같은 향기, 건포도, 건자두, 가죽, 감초 등 향과 함께 쓴 초콜릿이나 타르라고도 표현되는 개성있는 향기가 나며, 신맛과 떫은맛이 어울려 감칠맛이 나고 장기 숙성 와인으로 기름진 요리에 어울린다.

주요산지는 이탈리아 피에몬트 지방으로 최고급 와인인 '바롤로(Barolo)'와 '바르바레스코(Barbaresco)'의 와인 양조에 쓰인다. 토양에 민감하기 때문에 몇 년 전만 해도 이탈리아 피에몬트와 북동쪽을 제외하고는 재배하기가 어려웠다. 네비올로라는 말은 이탈리아어 '네비아(nebbia; 안개)'에서 나왔는데, 이 안개는 바롤로나 바르바레스코 지역에 자주 나타나 성숙하는 시기를 늦춘다. 최근 캘리포니아, 호주에서도 재배하여 와인을 생산하고 있다.

▲ 네비올로

산지오베제 Sangiovese

이탈리아를 대표하는 포도품종으로 주로 토스카나 지역에 재배된다. '제우스의 피(Sanguís

▲ 산지오베제

Jovis)'라는 뜻을 가지고 있으며, 뜨거운 태양에 잘 견디고 높은 생산량을 갖고 있으며, 붉은빛을 띠고 약간 신맛이 있다. 다른 품종과 혼합되는 경우가 많으며, 숙성기간에 따라 선명한 적색에서 약간 검은빛을 띤 적색까지 여러 가지 빛깔을 가진다.

껍질이 얇아서 와인의 색깔은 진하지 않은 붉은색과 높은 산도와 타닌이 있다. 아로마는 야생 버찌, 체리와 자두를 혼합한 과일향, 향신료와 허브 등의 향기가 나며 떫은맛은 약하고 알코올 도수가 높으며, 약한 신맛을 느낄 수 있지만 입안에 군침이 돌게 할 만큼 새콤달콤한 맛을 가진 전형적인 이탈리아의 포도품종이다.

이탈리아 중부지역의 토스카나 지방을 중심으로 어느 지역에서나 재배되는 품종이며 품질도 꽤 다양하다. 피노 누아처럼 돌연변이가 쉽게 발생하며 다양한 복제종과 변종이 있다. 크게 '산지오베제 그로쏘(Sangiovese Grosso)'와 '산지오베제 피콜로(Sangiovese Piccolo)'로 구분한다. 토스카나 지역 그로쏘에서 가장 훌륭한 와인이 생산되며 브루넬로 디 몬탈치노(Brunello di Montalcino)에서는 블렌딩하지 않은 순수하고 오랜기간동안 숙성시켜 묵직한 와인을 만들어낸다. 이 포도품종을 브루넬로(Brunello) 혹은 프루뇰로(Prugnolo)라고도 부른다.

템프라니뇨 Tempranillo

템프라니뇨는 스페인 대표적인 포도품종으로 조생종이다. 타닌이 적어 약간 떫은맛이 나며, 갈색을 띤 진한 적색의 빛깔을 가진다. 숙성함에 따라 꽃향기가 나며 숙성이 덜되면 약하다. 이 품종으로 양조한 와인의 가장 두드러진 특징은 딸기향이 가득한 것이며, 숙성되면 딸기향이 자두와 블랙베리향으로 바뀌고, 바닐라, 레드 커런트, 정향, 오크향이 가득해진다. 입안에 스미는 알코올 도수가 높은 편이고 감촉이 부드러우며 약한 신맛을 느낄 수 있다.

스페인 최고급 와인 생산지인 리오하의 주품종이고, 소몬타노(Somontano), 발데페냐스(Valdepenas),

▲ 템프라니뇨

천지인(天地人)

라 만차(La Mancha) 등에서는 오크 숙성을 거치지 않은 과일향이 진한 미성숙와인으로 생산된다. 포르투갈 국경에 근접한 지역에서는 '틴토 로레즈(Tinto Rorez)'라 불리며, '리베라 델 두에로(Ribera Del Douro)'에서 '베가 시실리아 우니코(Vega Sicilia Unico)' 와인을 만들며, 포트와인의 주요 품종이다.

진판델 Zinfandel

▲ 진판델

미국 캘리포니아에서 가장 많이 재배되는 품종으로 이탈리아에서는 '프리미티보(Primitivo)'라고 한다. 포도알이 굵고 검푸른 색이며 달콤하고 즙이 많다. 성숙이 늦어 착색이 천천히 드문드문 되기 쉬우며, 붉은 장밋빛부터 적흑색까지 여러 가지 빛깔을 띤다. 블루베리 같은 과일향, 체리, 블랙체리, 나무딸기, 향신료향이 나며 가벼운 과일맛으로부터 장기숙성의 진한맛에 이르기까지 여러 가지 맛이 나는 것이 특징이다. 알코올 도수가 높고 드라이한 와인을 만든다.

미국의 대표 포도품종이며, 이탈리아의 나폴리에서 재배되고 있다. 미국 캘리포니아 소노마지방의 드라이 크릭 밸리(Dry Creek Vally)에서는 주품종으로 레드와인뿐 아니라 로제와인에도 사용된다.

피노타지 Pinotage

1925년 남아프리카공화국 스틸렌보쉬(Stellenbosch)에 있는 스틸렌보쉬대학교 포도재배학과 교수로 재직중인 아브라함 이작 페롤드(Abraham Izak Perold)가 177종 포도품종으로 실험하였는데, 피노 누아와 쌩소(Cinsaut)의 교배로 탄생한 품종이다. 피노타지 품종은 피노 누아의 장점과 쌩소의 토지학적 합성이 좋아 가벼운 와인부터 무거운 와인까지 다양하게 양조할 수 있다. 피노타지는 '여설사심주(女舌獅心酒)'

와인의 개념과 포도품종

로 사자의 심장과 여인의 혀를 의미한다. 이 지역의 토양과 기후에 적합한 품종으로 남아프리카공화국 와인 생산량의 1/5을 차지한다. 빛깔이 깊고 짙은 감홍색으로 숙성하면 벽돌색을 띠며 바나나, 체리, 카시스향을 풍기고 오크통 숙성시 초콜렛 향에 풀바디한 스타일의 와인으로 20~30년 숙성할 수 있다. 본고장 남아프리카공화국의 '리차드 커쇼 와인즈(Richard Kershaw Wines)' 와인이 유명하며, 뉴질랜드, 칠레, 호주에서도 실험 재배를 하고 있다.

▲ 피노타지

와인과 숙취

와인을 마시면 숙취가 오래가고, 두통 때문에 고생하는데 왜 마시는지 모르겠다고 투덜대는 사람이 있다. 와인 때문일까? 전혀 아니다. 어떤 종류의 술이든 섞어 마시고 과음한다면 숙취와 후유증에 시달린다. 와인을 섭취하면 알코올은 간에서 '아세트알데하이드'라는 성분으로 바뀌는데 숙취의 원인이 되며, 사람에 따라 분해 속도가 달라 증상이 달라진다. 또한 컨지너(Congener)는 발효중에 생기는 에탄올 이외에 메탄올, 퓨젤 알코올, 아세톤, 에스테르, 타닌 등의 미량성분을 포함한다. 이 성분은 술의 향미에 관여하지만 숙취의 원인이 된다. 또한 알코올 섭취는 탈수현상과 두통을 일으키는데 레드와인의 경우는 히스타민 성분이 있어 많이 마시면 불쾌감과 두통을 일으킬 수 있다. 식품 첨가제 티라민 역시 혈관을 팽창시켜 두통을 유발할 수 있다. 여성이 남성보다 혈액에서 더 많은 알코올을 흡수하기 때문에 숙취가 더 오래 갈 수도 있다. 어떤 전문가들은 와인을 급속도로 냉각시켜 마시면 마비현상을 가져와 부작용이 있다고 하지만 신빙성은 없으며, 와인 맛에는 확실히 영향을 준다.

고대 페르시아 왕 잠시드는 포도를 너무 좋아한 나머지 제철이 지난 포도를 먹기 위해 단지를 지하 창고에 보관하였다. 어느 날 포도를 먹어보니 맛도 변하고 식초가 되어가고 있어 상했으려니 생각하고 단지에 '독약'이라고 써 붙였다. 왕의 하녀가 항상 두통에 시달리자 독약을 먹고 죽는 것이 차라리 낫겠다고 생각한 후 평소에 창고에서 본 독약을 마셨다. 그녀는 오랜 시간 술에 취해 잠을 자게 되었고 깨어나자 두통도 사라지고 기분도 좋은 것을 왕에게 말씀드렸다. 이에 왕은 독약의 효험을 신의 계시라고 믿고 와인을 대량 생산하게 되었다는 전설이 있다.

와인을 마시고 두통에 시달렸다면 과음을 하였기 때문이며 본인들이 느끼는 자아 두통일 수도 있다. 와인이든 아니든 술은 적당히 마셔야 기분도 좋고 두통에도 시달리지 않는다.

와인 양조와 종류

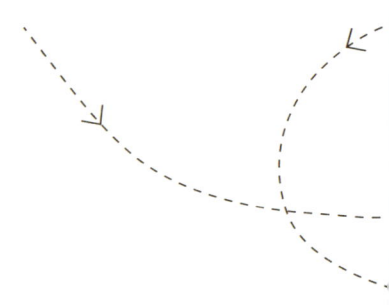

🍷 와인 분류 방법

와인은 크게 색에 따라 레드나 화이트로 나누는 분류 방법도 있고, 당분 함량에 따라 스위트, 미디엄, 드라이로 나누기도 한다. 또한, 디저트나 테이블용 식사용도, 입안에서 느껴지는 무게감, 알코올 도수, 향신료 첨가 여부, 발포성 유무에 따라 분류하기도 하고, 구세계와인과 신세계와인으로도 구분한다.

와인은 국가, 지역, 포도품종, 와이너리, 품질등급, 빈티지 등에 따라 다양한 종류가 있으며, 저장 조건이 다르면 같은 와이너리에서 같은 날짜에 병입된 와인이라도 색깔과 향, 맛이 달라질 수가 있다.

색

- 레드와인(red wine) : 흑포도로 양조하며 짙은 자주색에서 루비, 체리, 붉은색, 붉은 벽돌색, 적갈색 등을 갖고 있다.

◀ 바다속에서 건져올린 프랑스 보르도 와인(1902년 빈티지)

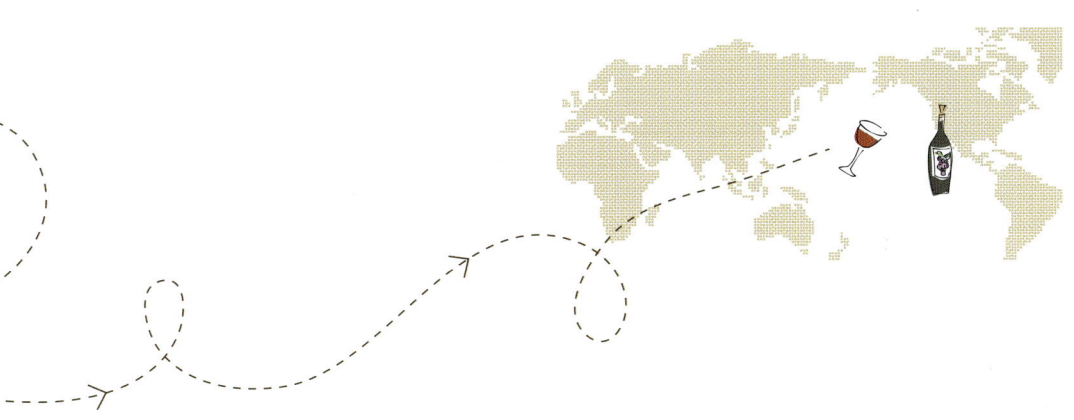

- 화이트와인(white wine) : 청포도나 흑포도의 껍질을 벗겨낸 후 양조하며, 투명하며, 아주 엷은 노란색, 연노란색, 연초록색, 초록색을 띤 노란색, 볏짚색, 짙은 노란색, 황금색, 호박색 등을 갖고 있다.
- 로제와인(rose wine) : 흑포도나 청포도를 블렌딩하거나 흑포도를 압착하는 방법으로 양조하며, 연한 핑크색, 분홍색, 분홍 장미색, 연한 장미색 등의 색을 띤다.

당분 함유량

- 본 드라이(bone dry) : 당도가 2g/ℓ 이하로 단맛이 거의 없다.
- 드라이 와인(dry wine) : 당도가 10g/ℓ 이하로 달지도 않고 쌉쌀하지도 않으며, 단맛이 별로 느껴지지 않는다.
- 미디엄 드라이 와인(medium-dry wine) : 당도가 10~20g/ℓ으로 약간의 단맛이다.
- 미디엄 스위트(medium sweet) : 당도가 20~30g/ℓ로 중간 단맛을 느낄 수 있다.
- 스위트 와인(sweet wine) : 당도가 30-50g/ℓ 이상으로 단맛이 강하다.

무게감

- 풀바디 와인(full-bodied wine) : 마셨을 때 입안에 느껴지는 무게감이 가득하며 보통 오래 숙성시켰을 때 나는 특유의 맛으로 진한 것이 특징이다.

▲ 와이너리 지하 셀러에 보관 중인 와인들

- 미디엄 바디 와인(medium-bodied wine) : 마셨을 때 중간 정도의 무게감을 느낄 수 있다.
- 라이트 바디 와인(light-bodied wine) : 마셨을 때 입안의 무게감이 가볍고 경쾌하다.

식사 용도

- 식전 와인(aperitif wine) : 입맛을 돋우는 드라이하고 신맛이 나는 소비뇽 블랑으로 양조한 화이트와인이나 쉐리, 샴페인 등이 있다.
- 테이블 와인(table wine) : 알코올 도수 14% 미만으로 음식과의 조화를 생각해 레드와 화이트와인 중에 선택한다. 최근 온난화 현상과 이상 기온으로 알코올 도수가 14%를 초과한 테이블 와인이 양조되어 업계에서 테이블 와인의 정의를 놓고 논의 중에 있다.
- 식후 와인(dessert wine) : 디저트나 단맛이 나는 음식과 함께 먹는 와인으로 토카이, 소테른 귀부와인, 아이스와인, 포트와인, 쉐리와인, 마데이라 와인 등으로 입안을 개운하게 해 준다.

알코올 도수

- 강화와인(fortified wine) : 알코올 도수 14% 이상의 와인을 말하며, 브랜디 등을 넣어 알코올 도수를 높인 스페인의 쉐리, 포르투갈의 포트나 마데이라 등이 있다.
- 일반 와인(unfortified wine) : 알코올 도수 14% 미만인 테이블 와인을 말하며 별도의 브랜디 첨가 없이 만들어졌다.

향의 첨가 유무

- 가향 와인(flavored wine) : 와인에 과일즙이나 천연향을 첨가하여 독특한 과일향이 난다. 참고로 이탈리아의 베르무트(Vermouth), 스페인의 상그리아(Sangria) 등이 있다.
- 일반 와인(natural wine) : 향을 첨가하지 않은 테이블 와인이다.

발포성 유무

- 스파클링와인(sparkling wine) : 포도즙의 발효가 끝나고 병입된 와인에 다시 설탕과 효모를 추가적으로 첨가하여 2차 발효하면서 발생한 탄산가스가 용해되어 있다.
- 스틸 와인(still wine) : 스파클링이 아닌 일반 와인이다.

저장 기간

- 영 와인(young wine) : 발효가 끝난 후 숙성을 거치지 않은 와인을 병입하거나 단기숙성한 와인을 말하며, 고급와인의 경우 3년미만으로 숙성된 와인이다.
- 올드 와인(old wine) : 발효가 끝난 후 지하저장고에서 5년이상 숙성된 와인으로 장기보관이 가능하다.
- 그레이트 와인(great wine) : 발효가 끝난 후 지하저장고에서 10년 이상 숙성시켜, 최고급 와인으로 장기보관이 가능하다.

🍷 와인 양조법

와인 양조는 '포도의 죽음으로 인한 재탄생'이라고 할 수 있다. 알자스 지방을 대표하는 최고의 양조가 '장 위겔(Jean Hugle)'은 "죽음으로 재탄생하는 발효의 미덕은 바로 포도 알에 있는 장점을 하나도 잃지 않고 새롭게 탄생시키는데 있다"고 하였다. 와인의 정체성 중 가장 중요한 것은 발효주라는 것이다. 포도당이 효모의 작용으로 알코올과 이산화탄소로 변하는데 효모는 포도의 당분을 먹어 새 생명 와인을 만들고 장렬히 전사하게 된다.

천지인(天地人)

레드와인

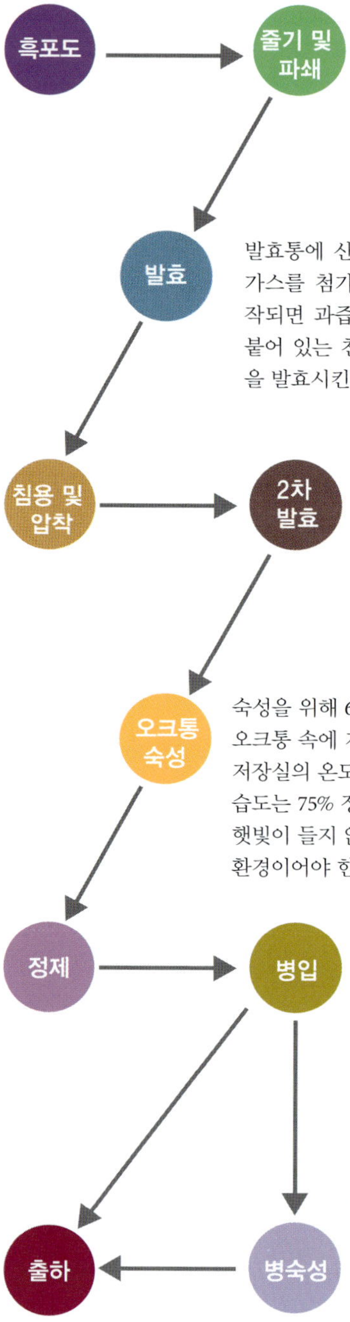

성숙한 흑포도의 과육과 껍질 그리고 씨를 통째로 사용한다. 다른 색의 포도를 섞어도 최종적으로 붉은빛을 띤다. 수확 후 12시간이 경과하면 좋은 품질이 와인을 얻기 힘들다.

흑포도 → 줄기 및 파쇄

성숙한 흑포도의 과육과 껍질 그리고 줄기부분을 제거하고 과육을 으깨면 포도주스가 된다. 부르고뉴 지역에서는 와인의 골격과 타닌을 많이 추출해 내기 위해서 줄기의 전부 혹은 일부를 제거하지 않는다.

발효

발효통에 산화 방지와 살균을 위해 아황산가스를 첨가하고, 18~30℃에서 발효가 시작되면 과즙이 붉은색으로 변한다. 껍질에 붙어 있는 천연 효모와 순수 배양한 알코올을 발효시킨다.

발효 후 4~7일 정도가 지나면 과즙을 압착하여 껍질과 씨를 제거하고 2~3주간 침용을 거친다. 껍질과 씨를 넣은 채 발효시키는 기간과 온도는 와인의 맛에 영향을 준다. 발효가 끝나면 자연 유출 와인(vin de goutte)과 압착 와인(vin de presse)을 잘 혼합하여 찌꺼기를 거른다. 침용시간을 늘리면 타닌, 색소가 더 많이 추출된다.

침용 및 압착 → 2차 발효

감산발효 혹은 유산발효라고 하며, 발효액을 탱크로 옮겨 15일 정도 계속 발효시키면 신맛 성분인 사과산이 유산으로 변하는 말로락틱(Malo-lactic) 발효 후에 부드러운 맛을 더한다.

오크통 숙성

숙성을 위해 6개월에서 2년 정도 오크통 속에 저장한다. 저장실의 온도는 10~15℃, 습도는 75% 정도를 유지하며 햇빛이 들지 않는 조용한 환경이어야 한다.

앙금분리와 안정을 위해 와인을 그대로 두면 침전물이 생긴다. 윗부분의 맑은 와인만 다른 오크통으로 옮긴다. 정제에 계란 흰자, 젤라틴, 벤토나이트, 규조토 등이 사용된다.

정제 → 병입

숙성시키지 않는 와인은 2~6개월, 숙성시키는 와인은 2년 후 병입한다.

병숙성

병입상태에서 3~6개월 정도 저장실에서 숙성 저장한다. 국가에 따라서는 1~5년간 숙성하는 지역도 있다.

출하

와인 양조와 종류

화이트와인

일반적으로는 엷은 녹색의 청포도를 사용하지만 흑포도를 사용하는 경우도 있다. 껍질은 필요하지 않기 때문에 과육만을 사용한다.

청포도 → 줄기 및 파쇄: 레드와인을 만들때와 마찬가지로 포도줄기 부분을 제거하고 과육만을 으깬다.

압착: 포도의 과육을 빠르게 압착시켜 껍질과 씨를 제거한 다음 포도주스를 발효시키는 것이 기본이다. 어떤 양조가는 풍미를 위해 일정기간 껍질을 담그지만 빠르게 압착한다.

발효: 12시간 정도 지나 침전되어 머스트가 투명해지면 아황산가스를 첨가함과 동시에 순수 배양한 효모를 넣어 발효시킨다. 약 20일동안 낮은 온도(10~18℃)에서 발효하여 아로마의 휘발을 방지한다.

압착 발효: 레드와인은 유산발효가 필수지만 화인트와인은 선택이다. 화이트와인은 유산 발효과정을 거치면 산도가 낮아질 수도 있다. 하지만 장기숙성용은 2차 발효 과정을 거쳐 균형과 안정을 찾는다.

오크통 숙성: 과일향을 그대로 유지하기 위해 오크통 숙성을 하지 않고 스테인리스 스틸 통을 사용하는 경우도 있지만 오크통에 넣은 방법이 최근에 다시 등장하고 있다.

정제: 앙금분리를 위해 와인을 그대로 두면 침전물이 생긴다. 윗부분의 맑은 와인만 다른 오크통으로 옮긴다. 정제에 사용되는 것은 계란 흰자, 젤라틴, 벤토나이트, 규조토 등이다. 독특한 맛과 향기를 내기 위해 정제를 하지 않을 때도 있다.

병입: 신선도 유지를 위해 수확하고 나서 3~6개월 사이에 저온 상태에서 병입한다.
* 보틀쇼크(Bottle shock) : 적변(Pinking) 현상이며, 아황산부족, 발효 초기에 산소부족, 와인 병에 공기노출로 발생한다.

병숙성: 장기숙성용 화이트와인은 오크통 숙성의 저장실과 같은 환경에서 숙성·저장한다.

출하: 일반적으로 화이트와인은 레드와인보다 음미하는 시간이 빠르기 때문에 출하 시기도 빠르다.

▲ 미국 근대의 와인 양조 모습

로제와인

와인 중 가장 아름다운 빛을 내는 로제와인은 세 가지 양조법이 있다.

첫째, 세니에(Saigniée) 양조법은 가장 일반적인 양조법으로 레드와인과 같이 흑포도를 원료로 하며 양조과정도 레드와인과 동일하다. 발효 도중 빛깔이 알맞게 착색되었을 때 압착하고 발효된 주스를 추출한다. 다음은 화이트와인과 같은 방법으로 발효 후에 병입하고 보통 1년 이내에 출하한다.

둘째, 직접 압착(Pressurage Direct) 양조법은 화이트와인과 같은 양조법으로 흑포도를 파쇄, 압착할 때 로제와인 빛을 내면 발효, 숙성을 거쳐서 병입한다.

셋째, 블렌딩(Blending) 양조법은 흑포도와 청포도를 알맞게 혼합하여 발효과정에서 색상을 맞추고 주스를 추출한 후 화이트와인을 양조하는 방법을 따른다. 유럽 연합에서는 프랑스 샹파뉴 지방을 제외하고 나머지 지역에서 레드와인과 화이트와인을 혼합하는 것을 금지하고 있다.

▲ 로제와인

스파클링와인

일반적으로는 1기압 이상의 가스압을 가진 발포성 와인을 말하는데 스파클링와인은 보통 3기압 이상을 가진 것이며 그 이하는 약발포성 와인으로 분류한다. 약발포성 와인에는 프랑스의 '페티앙(Pétillant)', 독일의 '페를바인(Perlwein)', 이탈리아의 '프리잔테(Frizzante)' 등이 있다.

스파클링와인의 양조법에는 다음과 같은 방식이 있다.

첫째, 전통적인 양조법(Méthode Traditionnelle), 일명 '샴파뉴 양조법(Méthode Champenoise)'은 완성된 화이트와인을 병에 담고, 소량의 당분과 효모를 가하여 밀폐하면 병안에서 2차 발효가 일어나는데 리퀘어 드 티라주(Liqueur de Tirage) 방식이다. 주둥이를 아래로 비스듬히 기울이고 3주간 매일 1/4바퀴씩 돌려주면 발효과정에서 생긴 효모 등의 찌꺼기가 주둥이 쪽으로 모이게 된다. 이것을 40초 동안 영하 20~30℃의 초저온 냉동장치에 넣어두면 찌꺼기가 얼어붙은 덩어리가 되는데 순간 개봉하면 와인 속에 녹아있던 탄산가스가 압력으로 튀어 나오면서 깨끗한 스파클링와인이 탄생된다. 최근에는 자동화시스템으로 찌꺼기를 제거한다.

▲ 디아디카 샴페인

둘째, 샤르마 양조법(Méthode Charmat)은 양조한 화이트와인을 탱크에 넣어 밀폐하고 2차 발효를 일으키는 양조방법으로 일명 '밀폐 탱크 방식(Méthode Cuve Close)'이라고도 한다. 단기간에 상품화하거나 포도의 아로마를 남기고 싶은 발포성 와인, 예를 들어 머스킷과 리슬링을 사용하여 와인을 만들 때 쓰인다. 샤르마는 이 양조방법을 개발한 사람의 이름으로 한번에 많이 만들 수 없으며 가스압을 억제한 발포성 와인을 만드는 경우에 널리 쓰이고 있다. 대표적인 것이 이탈리아 '스푸만테(Spumante)'이다.

셋째, 트랜스퍼 양조법(Method Transfer)은 병 속에서 2차 발효된 와인을 가압 탱크로 옮겨 냉각, 정화한 다음 새로운 와인병에 다시 담는 방식이다. 프랑스, 미국 등에서 시도하고 있는 새로운 양조방식으로 샴파뉴 방식을 간단하게 줄인 것이라고 말할 수 있다. 전세계적으로 감소하는 추세이다.

기타 양조방법으로 발효 중에 있는 와인을 병에 담아 밀폐하고 남은 발효를 병 안에서 하는 루랄 양조법(Méthode Rural)이 있으며 병입한 와인 속에 탄산가스를 불어넣는 탄산가스 주입 양조법(Gazéifié Carbonated Sparkling Wine)이 있다.

천지인(天地人)

현대의 혁신적인 양조방법

오랜 역사 속에서 포도재배, 와인의 양조가 진화되고 있지만, 세계적으로 와인의 환경문제가 대두되고 있다. 기후 온난화로 인한 기후의 변화로 자연이 위협에 직면해 있고, 화학 물질(농약, 제초제, 화학비료 등)에 노출될 수 있는 환경 속에서 유기농, 바이오다이내믹 농법 등에 의해 포도 농사를 짓는 농가가 약 8%에 머물고 있다. 환경오염을 예방하고 천연자원 활용이 가능한 포도재배법이 확산되고 있다. 즉, 친환경적인 건강한 와인, 와인 양조법의 녹색혁명시대가 왔다. 포도농사와 와인양조법에 대한 새로운 변화 물결을 짚어본다.

첫째, 와인 양조 시에 1차 발효 방식의 용기가 바뀌고 있다. 현대적인 양조법에서의 발효는 오크 발효통, 스테인리스 스틸통, 에나멜 탱크를 사용하는 것이 필연적이라고 생각되었다. 그러나 프랑스 보르도, 칠레, 아르헨티나 등의 명품 와이너리의 새로운 변신으로 콘크리트 발효통 혹은 달걀모양의 콘크리트 통을 사용하며, 또한, 대형 크베브리(Qvevri) 항아리의 사용이 점차 늘어나고 있다.

둘째, 각 포도가 가진 개성을 살리는 발효과정을 엄격하게 적용하고 있다. 대부분의 와이너리에서는 포도를 수확하여 구분 없이 한 발효조에 차례로 채워나가는 방법을 사용한다. 그러나 최근 프랑스 론, 보르도, 이탈리아 피에몬트, 칠레 등의 명품 와이너리에서는 포도밭 별로 각각의 발효통을 사용하여 미세한 떼루아를 가진 포도밭의 특징을 보존한다. 예를 들면 30개의 포도밭이면 30개의 발효통을 사용하는 것이다.

셋째, 필드 블렌딩(field blending)기법을 사용한다. 일반적으로 와인 블렌딩은 발효 혹은 숙성 과정이 끝난 와인으로 같은 포도품종 혹은 다른 포도품종 간에 수행한다. 그러나 프랑스 론(Rhône) 지방을 중심으로 이탈리아의 피에몬트, 토스카나, 칠레, 호주 등의 명품 와이너리에서는 포도밭에 블렌딩할 와인의 포도나무를 비율별로 재배하여 와인양조에 적용한다. 예를 들면, 한 포도밭에 시라 80%, 비오니에 포도 품종 20%를 재배한다. 즉, 같은 포도밭의 포도를 수확한 후에 발효시키는 방법을 사용하는데, 동일한 환경조건에서 자란 포도나무는 같은 환경 때문에 와인이 상호 조화하는데 친화적이다.

넷째, 떼루아의 과학적인 관리 시스템을 구축한다. 와인은 태어날 때부터 타고난 운명이 있다. 프랑스 보르도, 독일 모젤, 미국 캘리포니아, 칠레 등의 명품 와이너리에서는 매일 매일 포도밭에서 일어나는 현상들을 데이터화하면서 최적의 포도를 수확하여 와인을 양조한다. 예를 들면, 포도밭 토양을 5m 정도 파서 포도나무의 나이별로 뿌리가 어느 지층을 통과하는지 과학적으로 분석하고, 지층에 따라 미네랄 함유량, 돌, 자갈, 진흙, 사암, 배수 등에 영향을 받은 포도의 상태를 와인 양조에 도입시켜 개성을 살린다.

다섯째, 유기농와인(Organic Wine)과 바이오다이내믹 와인(Biodynamic Wine)을 생산하기 위해 많은 노력을 한다. 포도밭에 일체의 화학비료나 살충제, 살균제, 제초제를 사용하지 않은 포도로 만든 와인은 건강하고 인체에 이롭다고 한다. 프랑스의 보르도, 부르고뉴, 루시옹, 이탈리아의 토스카나, 칠레, 아르헨티나 등의 명품 와이너리에서는 말(馬)로 포도밭을 갈고, 포도밭 사이에 동식물을 함께 서식시키며, 다양한 특수 식물(고추냉이풀, 허브, 유채 등)을 심어 지속 가능한 자연으로 살아 숨 쉬는 와인을 생산한다. 또한, 2~3년간 미생물에 토양을 발효시켜 포도밭에 뿌려 숨을 쉬게 하면서 최초의 토양으로 환원하여 매력적이고 우아한 아로마가 포도나무에 영향을 주는 기법을 사용한다.

여섯째, 와인을 숙성시키는데 차별화 된 오크통을 사용한다. 오크통은 와인을 발효하고 숙성하는 과정에서 풍부한 맛과 향에 많은 영향을 준다. 즉, 오크의 원산지, 나뭇결의 크기, 참나무의 나이, 참나무통이 그을린 정도, 통의 크기와 사용 기간, 와인의 오크통 속의 숙성기간 등이 와인의 맛과 향에 영향을 미친다. 일반적으로 2~3년 동안 햇빛과 비, 습도에 노출시켜 자연 건조한 참나무를 사용해 만든 오크통을 사용한다. 그러나 프랑스 보르도, 이탈리아 피에몬트, 토스카나, 미국 캘리포니아, 칠레, 아르헨티나 등의 명품 와이너리에서는 5~8년 이상 자연 건조한 오크나무를 사용해 만든 오크통을 사용하여 더욱 섬세하고 우아한 와인의 풍미와 아로마를 창출하여 와인 품질의 차별화를 하고 있다.

독일 젝트의 거장 SMW

독일 모젤-자르-루버(Moselle-Saar-Ruwer)지방 중에서도 자르-루버(Saar-Ruwer)지역의 모젤(Moselle)강 지류인 루버(Ruwer)강이 갈라져 나오는 지점에 있는 트리어는 로마시대 때부터 번성한 도시이기도 하지만 와인 생산지로도 유명하고 특히 독일 최고의 젝트 와인을 생산하는 SMW(Saar-Moselle-Winzersekt 자르-모젤-빈쩌젝트)가 위치하고 있다. SMW는 한국에도 몇 차례 방문하고 친한파인 모젤와인협회 전회장 아돌프 슈미트(Adolf Schmitt)가 대표이사로 있으며, 그는 독일 젝트 양조기술의 최고로 인정받고 있다. 트리어는 BC 3세기경에 사람이 정착해서 살기 시작한 독일에서 가장 오래된 도시라고 한다. 이후 AD 16년경에 로마 황제 아우구스투스가 로마의 도시로 만들었다고 한다. AD 3세기말에는 로마 황제가 행궁을 만들고 서로마제국의 수도로 정하면서 알프스 북쪽 유럽에 로마 가톨릭을 전파하는 전진기지로써 그 명성을 크게 얻게 됐다. 5세기에는 프랑크 왕국에 점령됐으며 이후 동프랑크-게르만 제국 아래에 있다가 14세기에는 트리어의 대주교가 신성로

▲ 독일 모젤지역의 SMW 아돌프 슈미트 와인 양조가,
전 모젤와인협회 회장

마제국을 통치하였지만, 18세기 말에는 세력이 확대된 프랑스의 영향권에 놓이게 됐다. 제1차 세계대전 이후까지 프랑스 땅이었지만 제2차 세계대전 이후 지금의 독일 땅이 됐다.

발포성 와인하면 프랑스의 샹파뉴를 떠올리는 사람들이 많다. 그러나 각국의 발포성 와인을 살펴보면 프랑스 샹파뉴의 샴페인(Champagne)과 대적하는 독일 샤르마 방식의 젝트(Sekt), 이탈리아 샤르마 방식과 샴페인 방식의 스푸만테(Spumante), 스페인 샴페인 방식의 카바(Cava), 미국과 호주의 스파클링와인(Sparkling Wine)이 있다. 그 중 독일의 젝트는 드라이한 맛이 일품으로 정평이 나 있다. 많은 와인 애호가들이 즐겨 마시는 트리어의 SMW는 독일 모젤 지역을 대표하는 젝트(Sekt) 회사이다. 크게는 두 가지 일을 수행하는데 첫째는 모젤 지역 약 123개의 와이너리들의 젝트 생산을 대행해 주는 것이고, 둘째는 자체 브랜드 젝트를 만드는 것이다.

저자가 그곳을 갔을 때 2개의 젝트를 시음했는데 하나는 1989년에 동독과 서독의 독립을 기념

하기 위한 1989 젝트였다. 리슬링 포도품종으로 양조한 1989년 빈티지를 시음하면서 우리나라도 남북통일이 이루어져 기념할 수 있는 스파클링와인이 빨리 나왔으면 하는 희망을 품게 됐다. 또 하나는 독일 토착품종 중 모젤 지역의 엘블링(Elbling)으로 양조한 '시인의 꿈'이라는 이름의 디히터트라움 2010(Dichtertraum; 괴테가 그린 '자유의 나무'를 레이블에 담아서 '괴테의 와인'이라는 별명을 가지고 있음)으로 독일에서 생산되는 최고의 젝트라는 명성을 얻고 있다.

SMW는 1983년에 모젤과 자르지역의 와이너리들이 모여서 빈쩌젝트(Winzersekt; 와인메이커의 젝트라는 의미로 공장에서 대량으로 생산되는 와인과 구별되어 쓰이는 개념)를 공동으로 생산하자는 아이디어를 기반으로 세워졌다고 한다. 처음에는 여러 가지 시행착오도 있었지만, 1990년대를 기점으로써 독일의 젝트 생산자협회에 합류했다. 2006년에는 독일 최고 젝트 생산자로 선정이 됐으며, 최근 4년 동안 금메달을 받았던 젝트들 중에서 다시 블라인드 테이스팅을 통해 최상품을 가리는 어워드에서 디히터트라움이 3번이나 베스트 젝트로 뽑히기도 했다. 이 젝트는 드라이하면서 아주 미세하게 당도를 느낄 수 있으며 정말 놀라울 정도로 다양한 면을 보여주었다. 캐비아와 잘 어울리고, 식전와인으로도 제격이며 한국 해물요리와 함께 마신다면 신선한 즐거움을 맛볼 수 있는 최고의 젝트라고 자부할 수 있다.

▲ 독일 모젤지역의 SMW 건물

▲ 독일 모젤지역의 SMW 젝트

천지인(天地人)

▲ 조지아의 근대 와인 양조

🍷 샴페인 양조, 축배의 와인!

　수도사 동 페리뇽(Dom Pérignon; 1639~1725)이 처음 양조하여 마시면서 '마치 별을 마시는 느낌'이라고 자화자찬한 샴페인은 와인산업에 아주 커다란 변화와 혁신을 가져왔다. 현재 프랑스 샹파뉴의 중심 도시인 랭스(Reims)와 에페르네(Epernay)에는 유명한 샴페인 와이너리가 300여개 있으며, 년간 3억병 이상을 판매하고 있다.

　와인제조 책임자였던 동 페리뇽은 샹파뉴 지역의 추운 날씨 때문에 병입된 와인이 발효를 멈추었다가 봄에 다시 발효가 시작되면서 터져 버리는 '악마의 와인', '미친 와인'을 보고 스파클링와인 연구를 시작했다. 그 후 본격적으로 샴페인을 생산하여 상품화할 수 있었던 것은 최대한 밀폐된 개별적인 유리병 안에서 와인의 발효가 가능했기 때문이며 코르크의 개발 덕분이다.

　동 페리뇽이 샴페인과 유리병, 그리고 코르크까지 모두 발명한 것은 아니지만 다른 사람이 만든 유리병과 코르크를 적절히 사용하여 하늘에서 떨어지는 별의 맛과 같은 샴페인을 양조한 것이다. 18세기 말 27세의 미망인 뵈브 클리코 퐁샤르댕(Veuve Clicquot Ponchardin)여사가 퓌피트르(pupitre ; 2차 발효가 끝난 후에 병을 거

와인 양조와 종류

꾸로 세워서 걸어 놓을 수 있는 나무선반)와 르 르뮈아쥬(Le Remuage; 침전물을 제거하기 위해 와인병을 눕히고 조금씩 돌려 침전물을 병목으로 모으는 작업) 기술을 개발하여 샴페인 산업에 더 큰 발전을 가져오게 된다.

스파클링 와인의 국가별 명칭

프랑스
- 샴페인(Champagne) ; 샹파뉴 지방에서 생산되는 발포성 와인을 말하며, 병 속에서 2차 발효를 한다. 가스압력은 5~6기압이다.
- 크레망(Cremant) ; 부르고뉴와 알자스 지방에서 샴페인 방식으로 만들어지는 발포성 와인, 과거에는 샴페인보다 가스 압력이 낮은 것을 일컫는 말이었다.
- 뱅 무쏘(Vin Mousseaux) ; 프랑스에서 만들어진 것으로 샴페인도 크레망도 아닌 발포성 와인을 지칭하며, '기포'라는 뜻을 지녔다.
- 페티앙(Petillant) ; 프랑스산 약 발포성 와인으로 2.5기압 이하이다.

독일
- 젝트(Sekt) ; 독일의 고급 발포성 와인으로 발효통에서 2차 발효시키는 '샤르마 방식'이며, 드라이한 맛이 일품이다. 최근 샴페인 방식으로 양조를 하며, 가스 압력은 5~6기압이다.
- 샤움바인(Schaumwein) ; 독일산의 일반적인 발포성 와인을 말한다.
- 페를바인(Perlwein) ; 독일산 약발포성 와인으로 2.5기압 이하이다.

이탈리아
- 스푸만테(Spumante) ; 이탈리아산으로 대부분 샤르마 방식으로 양조한다. 그러나 롬바르디아(Lombardia)와 트렌티노(Trentino)에서는 샴페인 방식으로 양조하며, 가스 압력은 5~6기압이다.
- 프리잔테(Frizzante) ; 이탈리아산 약 발포성 와인으로 2.5기압 이하를 말한다.

스페인
- 카바(Cava) ; 카탈루냐 지방에서 샴페인 방식으로 양조하는 발포성 와인으로 가스 압력은 5~6기압이다.
- 에스푸모소(Espumoso) ; 카바 이외의 발포성 와인을 말한다.

미국 및 호주
- 스파클링와인(Sparkling Wine) ; 탄산가스가 들어간 것은 모두 스파클링와인이라 부른다. 프랑스, 이탈리아, 스페인처럼 양조법이나 가스압 그리고 생산지역이 다르다고 해서 명칭이 달라지는 일은 없다.

천지인(天地人)

어느 음식에도 잘 어울리는 와인으로 각광받기도 하고, 일요일 브런치에서도 빼놓을 수 없는 샴페인, 특별한 행사나 파티에서 건배할 때 반드시 사용되고 식전 와인으로도 각광받는다. 플루트(flute) 샴페인 글라스 안에서 피어오르는 작은 거품은 사람들의 마음을 설레게 하며, 평범한 식탁을 순식간에 화려한 축제로 바꿔놓는다.

샴페인의 제조과정은 흑포도 품종인 피노 누아(Pinot Noir), 피노 뫼니에(Pinot Meunier)나 청포도 품종인 샤르도네(Chardonnay)를 수확하여 압착(프레쉬라주; pressurage)하고, 주정 발효시키며, 청정하게 한 후 블렌딩(아쌍블라주; assemblage)을 한다. 블렌딩 방법에는 논 빈티지 샴페인(non vintage champagne; 다른 지역, 다른 수확연도를 혼합), 빈티지 샴페인(vintage champagne; 포도 작황이 좋을 때 다른 지역, 같은 수확년도를 혼합), 논 빈티지 로제(non vintage rosé; 다른 지역, 다른 수확년도의 로제와인과 혼합), 빈티지 로제(vintage rosé; 포도 작황이 좋을 때 다른 지역, 같은 수확년도의 로제와인과 혼합)가 있으며, 화이트와인은 1차 발효가 끝난 와인을 병입한 후 당분과 효모를 첨가하는 리쾨르 드 티라주(liqueur de tirage)를 하고, 수개월동안 10~12°C에서 보관한다.

▲ 르 르뮈아주(Le Remuage), 샴페인 제조 과정 중 하나이며, 샴페인 병을 거꾸로 세워서 걸어 놓을 수 있는 나무선반은 퓌피트르(pupitre)이다.

와인 양조와 종류

병 속에서 2차 발효가 끝나면 효모의 찌꺼기가 남는데, 병을 거꾸로 세워 여러 번 돌려 병목에 찌꺼기가 쌓이게 하는 작업을 르 르뮈아주(le remuage)라고 한다. 다음으로 병을 거꾸로 해서 영하 20~30°C의 냉각 소금물에 병목을 잠기게 하여 얼린다. 그 후 찌꺼기를 병 밖으로 빼내기 위하여 충격을 가하게 되면 병 속에 남아있는 가스의 힘으로 찌꺼기가 병 밖으로 튕겨나가는데 이를 르 데고르주망(le degorgement)이라고 한다. 다음으로 일정량의 와인과 당분으로 부족한 양을 채우는 르 도자주(le dosage)를 한다. 마지막으로 고리가 달린 병마개로 봉인하고 병 속의 탄산가스가 압력을 견딜 수 있게 병입 과정을 마치면 샴페인이 완성된다. 샴페인은 각각의 병에서 2차 발효를 하기도 하는데 스테인리스 스틸통이나 오크통에서 발효시키는 것보다 더 고급이라고 할 수 있다. 알코올 도수는 9~14%이고 소화를 돕고 식욕을 촉진시키기도 하며, 로제 샴페인은 같은 등급의 일반 샴페인보다 양조 공정이 까다로워서 가격도 더 비싸다.

샴페인은 지역과 국가에서 양조하는 방법과 사용하는 명칭이 조금씩 다르며, 프랑스 내에서도 지역에 따라 다르게 부르고 있다. 알다시피 오직 프랑스 샹파뉴지방에서 양조하는 것만을 샴페인이라고 하지만 스파클링와인을 가리키는 일반 명사로 사용되기도 한다. 본래 프랑스어인 샹파뉴(Champagne)라고 불렀지만, 영어식으로 굳어져 샴페인이 되었다. 샴페인은 양조에 쓰인 포도품종과 양조방법에 따라 분류하고 있는데 블랑 드 블랑(Blanc de Blanc)은 청포도 품종인 샤르도네 100%로 양조할 때 명칭을 사용한다.

반대로 레드와인 포도품종인 피노 누아 혹은 피노 뫼니에 100%를 사용하여 빚으면 블랑 드 누아(Blan de Noir)라고 한다. 로제 샴페인은 레드 계열 두 가지 포도품종으로 양조한 것을 말하며, 프레스티지 샴페인(prestige champagne)은 샹파뉴 지방의 고급와인으로 프레스티지 뀌베(prestige cuvée)라고 하는 샴페인을 한정 생산하고 있다. 샹파뉴 지역에는 3개의 AOC 명칭(Champagne, Coteaux Champagne, Rosé des Ryceys)이 있으며, 샹파뉴 AOC에는 그랑 크뤼(Grand Cru), 프르미에 크뤼(Premier Cru)의 포도밭 등급이 있다. 화이트 포도품종 샤르도네는 꼬뜨 드 블랑(Cotes de Blanc), 레드 포도품종 피노 누아는 몽타뉴 드 랭스(Montagne de Reims), 피노 뮈니

▲ 샴페인의 아버지 '동 페리뇽' 동상

에는 발레 드 라 마른(Valleé de la Marne) 마을에서 주로 생산된다.

샹파뉴 지방은 연평균 기온이 매우 낮아 포도를 재배하기에 그리 좋지 않은 기후조건이다. 하지만 이러한 기후조건 때문에 신맛도 강하면서 세심하고 예리한 맛의 와인이 양조될 수 있었다. 이 지역에는 300개가 넘는 작은 포도재배 마을들이 있는데 각 마을 별로 생산하는 포도에 80점부터 100점까지 등급이 매겨지고 이 등급에 따라 수확된 포도의 수매 가격이 정해진다. 프랑스의 다른 지역에서 제조된 스파클링와인은 크레망(Crement), 뱅 무쏘(Vin Mousseux)라고 하여 샴페인과는 차별화를 둔다.

샴페인은 보통 애피타이저 와인으로 많이 사용되고 칵테일의 베이스로도 많이 사용된다. 붉은색의 로제 스파클링와인은 약혼, 결혼 등의 행사에 사용되고 화이트 스파클링와인은 은혼식, 금혼식 등 격조있는 행사에 사용되는 것이 일반적이다.

샴페인은 단맛이 없는 것부터 브뤼 네이처(brut nature; 잔류당분 0~3g/L) → 엑스트라 브뤼(extra brut; 잔류당분 0~6g/L 이하로 매우 드라이하다) → 브뤼(brut; 잔류당분 12g/L 이하로 드라이하다) → 엑스트라 드라이(extra dry; 잔류당분 12~17g/L 정도로 거의 단맛이 없다) → 섹(sec; 잔류당분 17~32g/L 정도로 거의 단맛이 없다) → 드미 섹(demi-sec; 잔류당분 32~50g/L 정도로 달콤한 맛이다) → 두(doux;

▲ 프랑스 샹파뉴의 모에 & 샹동 동 페리뇽 샴페인

잔류당분 50g/L 이상으로 달콤한 맛이다)로 분류되어 라벨에 표기된다.

샴페인 글라스는 용도에 따라 달라지는데 전통적으로 가늘고 긴 플루트 글라스(flute glass)에 따라 마시며 식전용으로 또는 찬 에피타이저 요리를 먹을 때 주로 마신다. 글라스에 따라 마실 때 일반 스틸 와인처럼 스월링(swirling)하지 않고 기포가 부서지지 않게 향을 음미하기 위하여 빠르게 비틀어 돌리는 트월링(twirling)을 한다. 샴페인은 기포가 작고 지속적으로 올라오는 것이 좋은 샴페인으로 평가받는다. 길쭉한 모양의 플루트 글라스는 샴페인의 거품이 가능한 한 오래 남을 수 있도록 해주며 거품이 위쪽으로 올라가는 모습을 가장 잘 즐길 수 있도록 해준다. 결혼식에서는 주로 납작한 모양의 쿠페 글라스(coupe glass)를 많이 사용한다. 쿠페 글라스는 마리 앙뜨와네트(Marie Antoinette; 프랑스 왕 루이 16세의 왕비)가 자신의 젖가슴을 금형으로 만든 후 그 모양대로 만들어 샴페인을 마셨던 글라스라고 한다. 그러나 현대에 와서 축하, 파티, 손님 초대를 위해 샴페인을 마실 때에는 튤립형으로 생긴 조금 더 깊은 화이트와인 글라스를 샴페인 글라스로 가장 많이 사용한다. 실제로 샴페인의 특성을 가장 잘 살릴 수 있는 글라스는 플루트가 아닌 튤립 글라스라고 한다. 그리고 샴페인 한 병에서 뿜어져 나오는 기포는 5,600만개 정도이다.

샴페인은 글라스에 따를 때 6~8°C 정도가 최적의 온도이고, 입에 들어갈 때는 10°C 정도가 가장 좋다. 그래서 샴페인을 즐기기 위해선 얼음 통이 필요하다. 물과 얼음을 채운 통에 30분 이상 담가 두어 차갑게 한 후 마시는 게 좋다.

최근 로제 샴페인은 특별한 날 기쁨과 행복, 그리고 축하의 술로 와인 마니아들을 사로잡고 있다. 신선한 붉은 과일의 향기가 후각을 자극하고 뒤이어 아몬드, 살

프랑스, 샴페인 뵈브 클리코 퐁사르당

봄이 오는 길목에 희망과 낭만을 주는 노란색은 사람들에게 따스함을 주고 활력을 넘치게 하면서 풍요로운 미래를 이끄는 원동력을 준다. 입학, 새롭게 출발하는 기업 CEO 등을 축하하기 위한 샴페인들은 여러 종류가 있지만 그 중 황금색 레이블로 희망과 풍요로움을 전해주는 프랑스 샴페인 '뵈브 클리코 퐁사르당(Veuve Clicquot Ponsardin)'을 추천한다. 샴페인은 프랑스 샹파뉴 지방에서 생산되는 스파클링와인의 대명사로 동 페리뇽이 '샴페인의 아버지'라면 뵈브 클리코 퐁사르당은 '샴페인의 어머니'이다.

뵈브 클리코 와이너리는 1772년 필립 클리코-뮤롱(Philippe Clicquot-Muiron)이 설립하였고, 1775년에 레드와인을 블렌딩하여 로제 샴페인을 최초로 양조하여 유럽지역의 왕족, 귀족, 부유한 상인들이 즐겨 마시는 샴페인으로 유명세를 탔다. 더욱 명성을 떨치게 된 것은 1805년 바브 니콜 퐁사르당(Barbe-Nicole Ponsardin)의 남편 프랑수아 클리코(Francois Clicquot)가 장티푸스로 사망하면서 바브 니콜 퐁사르당(Barbe-Nicole Ponsardin)이 27세 나이에 여성 최초로 은행, 섬유, 와인사업을 물려받으면서 부터이다. 그녀는 샴페인에 새로운 양조기법을 도입했다. 즉, 효모 찌꺼기를 효율적으로 모을 수 있는 도구인 퓌피트르(Pupitre)를 이용하여 병목 주변으로 효모를 모으는 방법인 르 르뮈아주(Le Remuage), 그리고 병속에 효모 찌꺼기를 제거하는 방법인 르 데고

◀ 프랑스 샹파뉴의 뵈브 클리코 퐁샤르뎅 샴페인

르주망(Le Degorgement)을 개발하여 샴페인의 품질과 효율성을 개선했다.

바브 니콜 퐁사르당은 프랑스 샹파뉴 도시인 랭스에서 섬유제조업체 경영인이자 정치가였던 부친 퐁스 진 니콜라스 필립 퐁사르당(Ponce Jean Nicolas Philippe Ponsardin)의 사랑을 받으면서 부유하게 자랐다. 그 당시 그녀의 부친은 나폴레옹과의 상당한 친분 덕분에 샹파뉴 랭스의 시장으로 활동했고, 나폴레옹과 조제핀은 그의 호텔에 자주 투숙하면서 좋은 관계를 유지했다. 그 결과 나폴레옹이 점령한 지역은 물론 프랑스 제품의 수입을 금지했던 러시아에서도 샴페인 판매권을 획득했다.

그녀는 1818년에 완벽한 로제 샴페인을 양조하는 방법도 개발했다. 또한 그 당시에는 샴페인을 찾을 때 레이블이 없어 코르크를 보고 구별했는데 당시 전기불이 없고 촛불을 사용했기 때문에 밤에 샴페인을 구별하는데 어려움이 있었다. 뵈브 클리코는 밤에도 식별이 쉬운 노란색 레이블을 사용하였고 이것이 뵈브 클리코의 특별한 아이덴티티가 되었다. 그녀는 노란색 레이블을 특허 등록해 뵈브 클리코에서만 사용할 수 있게 하여 차별화를 시도했고 후에 영국 엘리자베스 여왕 2세로부터 영국황실의 인증서를 받았다.

1866년 뵈브 니콜 퐁사르당이 사망한 후 그녀의 위대한 업적을 기리기 위해서 샴페인의 이름을 '뵈브 클리코 퐁사르당'으로 사용했으며, 1972년 창립 200주년을 맞아 '라 그랑 담(La Grand Dame; 위대한 여성)'을 출시하여 샴페인의 새로운 이정표를 남겼다. 그리고 2008년 7월 스코틀랜드의 아일 오브 맬의 토로세이 성(Torosay Castle)에서 1893년도에 생산된 뵈브 클리코의 미 개봉된 샴페인이 발견됐는데 현존하는 가장 오래된 와인으로 박물관에 전시중이다.

1987년에 뵈브 클리코 샴페인은 Louis Vuitton Moët Hennessy에 인수되어 명품 브랜드 중 하나로 전 세계 와인 애호가들로부터 사랑을 받고 있다.

저자는 2015년에 뵈브 클리코를 방문하여 다양한 샴페인을 시음했는데 그 중에 '뵈브 클리코 퐁사르당 2004(Veuve Clicquot Ponsardin, 2004)'가 매우 인상 깊었다. 품종은 피노 누아 62%, 샤르도네 30%, 피노 뮈니에 8%로 블렌딩하였는데 매력적인 황금색에 미세한 기포, 잘 익은 시트러스, 청매실, 이스트, 사과, 배의 향이 독특하며, 부드럽고 짜릿한 탄산가스와 함께 잘 익은 과일의 풍미, 무겁지 않고 적절한 산도가 매우 매력적이었다. 음식과 와인의 조화는 캐비아, 명란, 생선초밥, 오드블 등과 잘 어울린다.

천지인(天地人)

구, 브리오슈 등 말린 과일과 비엔나 페스트리의 비스킷을 연상시키는 향기로 항상 추억을 되살려 준다. 명품 샴페인을 사랑한 명사들을 보면 윈스턴 처칠의 '오데트 폴-로저(Odette Pol-Roger)', 드골 대통령의 '로랑 페리에 그랑 씨에클(Laurent Perrier Grand Siécle)', 토마스 제퍼슨의 '라 그랑 아네(La Grande Année)', 패션계 거장인 독일 출신 칼 라거펠트(Karl Lagerfeld)의 '동 페리뇽(Dom Perignon)', 세계적인 유리 공예가인 에밀 갈레(Emile Galé)의 '페리에-주에(Perrier-Jouét)', 007 제임스 본드의 '볼링저(Bollinger)' 샴페인이 있다.

🍷 스위트 와인 양조, 아이스바인과 귀부(貴腐)와인

스위트 와인의 종류에는 언 포도로 만드는 아이스바인, 귀부병에 걸린 포도의 당분을 농축시켜 만드는 귀부와인, 수확한 포도를 말려 수분이 날아가면 당분만 응축시켜 만드는 건조와인 아파시멘토(Appassimento)가 있다. 스위트 와인은 입안에서 녹아내리는 감미로움과 순수한 향을 지닌 황금색의 화이트와인이다.

세계 3대 스위트 와인 혹은 디저트 와인이라면 당연히 독일의 모젤·라인가우 지역의 트로켄베렌아우스레제(Trockenbeerenauslese, 혹은 아이스바인(Eisbein)), 프랑스 보르도의 소테른(Sauternes) 와인, 헝가리의 토카이(Tokaji) 와인의 명성이 높지만, 최근에는 캐나다의 아이스 와인, 중국 길림성의 아이스 와인도 인기를 끌고 있다.

▲ 캐나다의 스위트 와인

귀부와인

와인 마니아라면 누구나 한번쯤 귀부포도로 만든 귀부와인을 마셔 보고 싶을 것이다. '귀하게 부패했다'는 뜻의 귀부와인은 잿빛곰팡이 즉, 보트리티스 시네레아(Botrytis Cinerea, Pouriture Noble, Noble Rot, 貴腐菌)라는 곰팡이균의 힘을 빌려 양조한다. 곰팡이가 피어 포도껍질을 갉아 먹으면 포도알은 쭈글쭈글 흉측스럽게 변하지만 대신 순수한 당분과 향기는 높아진다. 이 못난이 포도알들은 2년 이상의 숙성

와인 양조와 종류

을 거쳐 애호가들을 흥분시키는 황금색 고급 스위트 와인으로 재탄생한다. 만약 귀부와인 한 병에 들어가는 포도알의 양으로 일반 와인 25병을 만들 수 있다는 사실을 알게 된다면 비싸다고 쉽게 외면하지 못할 것이다.

껍질이 비교적 얇은 리슬링이나 세미용 같은 포도 껍질에 생기는 보트리티스 시네레아라는 곰팡이는 성숙 중인 포도 열매에 붙으면 부패, 완숙한 포도에 붙으면 균사(菌絲 : hypha)가 들어가서 껍질에는 눈으로 보이지 않을 만한 상처를 낸다. 그 상처로 인해 열매 안의 수분이 증발하고 포도는 말라서 쪼글쪼글하게 된다. 그리고 그 주위에 세균이 번식하여 곰팡이 투성이인 상태로 변하게 된다. 겉모양만 보면 버릴 수밖에 없지만 실제로 알맹이 속에는 곰팡이에 의해 다양한 반응이 일어나 건강한 포도에서는 맛볼 수 없는 성분이 만들어지고 단맛과 신맛을 농축시키면서 황홀한 맛을 연출한다.

▲ 아이스와인을 위한 겨울철의 포도송이

프랑스 보르도의 소테른지역 귀부포도 ▶

천지인(天地人)

▲ 프랑스 소테른 지방의 스위트 와인 시음장

    귀부포도는 기후적인 영향을 많이 받는데 여름에는 맑은 날씨가 계속되고, 수확기까지는 아침 안개가 끼고, 오후에는 쾌청하게 맑아 포도의 수분을 증발시켜야 하는 등 까다로운 조건으로 만들어지기 때문에 더욱 귀한 와인으로 사랑받는다.

    귀부와인은 프랑스 보르도 지방의 소테른(Sauternes)과 바르삭(Barsac)에서 생산되는 스위트 와인을 최고의 명품으로 손꼽을 수 있다. 특히 '샤토 디켐(Château d'Yquem)'은 소테른 지역의 대표적인 스위트 와인으로 복숭아와 파인애플, 버터, 스카치, 벌꿀 등의 진한 향이 신맛과 조화를 이루고 꿀처럼 상쾌한 점도를 느낄 수 있다. 푸아그라(Foie Gras; 거위간 요리)와 황금빛 소테른 귀부와인은 미식가들에 의해 최고의 궁합으로 꼽힌다. 2004년 5월 뉴욕경매시장에서 샤토 디켐(1899년) 1병이 5,265달러, 1784년 빈티지는 55,800달러에 거래되었다.

    가벼운 스위트 와인을 찾는 사람들이라면 프랑스 남서부의 '몽바지약(Monbazillac)', 보르도의 '세롱스(Cerons)'와 '루피악(Loupiac)'을 추천한다. 독일의 '트로켄베렌아우스레제(Trockenbeerenauslese)'는 귀부병에 걸린 리슬링 포도만을 엄격하게 골라서 양조한 아주 단맛의 와인으로 독일 Qmp의 '최고 등급 지위'가 붙어 있다. 헝가리의 '토카이(Tokaji)'는 푸르민트 품종으로 만든 귀부와인으로 새콤달콤

와인 양조와 종류

▲ 귀부포도로 양조한 헝가리 토카이 와인

하며, 그을음 냄새가 나는 것이 특징이다. 특히 '토카이 아수 에센시아(Tokaji Aszu Essencia)'는 세계에서 가장 오래된 귀부와인으로 '와인의 왕, 왕의 와인'으로 불리고 있다.

아이스바인

아이스바인(Eisbein)은 18세기 독일에서 개발 양조한 대표적인 스위트 와인이다. 독일은 척박하고 추운 기후를 극복하기 위해 끊임없이 연구하고 노력해 딘맛의 화이트와인 중에서도 색다른 아이스바인을 탄생시켰다. 독일 아이스바인 대중화에 기여한 최초의 생산자는 힐레브랜드(Hillebrand)이며, 최고의 생산자는 캐나다의 이니스킬린(Inniskillin)이다.

독일 모젤과 라인가우 계곡에는 겨울철에도 포도송이가 하얀 눈을 뒤집어 쓴 채 주렁주렁 매달린 풍경을 볼 수 있다. 11월에 가장 건강한 포도송이를 남겨서 숨구멍을 낸 비닐로 덮어 새들이 먹지 못하도록 하며, 포도의 고전적인 늦따기 기법으로 자연 상태에서 얼고 녹으면서 수분 증발과 함께 포도알에 미묘한 영향을 주게 되는데 이렇게 어느 정도 얼고 바람으로 마른 포도는 동결된 상태 그대로 수확된다. 포

▲ 중국 길림성의 아이스와인을 위한 포도

도 수확은 보통 연속적으로 8시간 동안 영하 7°C(캐나다에서는 영하 8°C)일 때 하며, 그 이하가 되면 너무 얼어서 품질에 영향을 미치기 때문에 기후 변화에 따라 12월 말에 수확을 하기도 한다. 수확한 포도는 얼음을 제거하고 압착하는데 보통 포도즙의 1/3 정도이며 당도와 산도에서 굉장히 강하고 알코올 도수는 5.5 이상이어야 한다. 그 다음 특별한 발효 방법과 특별한 효모를 사용하며 양조하는데 아이스바인의 당도는 지역에 따라 다르며, 독일의 트로켄베렌아우스레제(Trockenbeerenauslese)의 규정에 준하고 있다.

독일인들의 아이스바인에 대한 사랑과 열정은 대단하다. 어디서 무슨 일을 하든 날씨가 추워져 포도가 얼게 되면 모든 일을 제쳐두고 포도밭으로 향한다. 10여 년 전, 크리스마스이브에 갑자기 추워져 포도가 얼자 미사에 참가하고 축제를 즐기던 모든 농부들이 포도밭으로 나가 하느님이 주신 귀한 선물이라며 포도를 수확했다고 한다.

아이스바인은 적당한 알코올과 입안을 매끄럽게 하는 단맛, 강한 신맛이 절묘하게 어우러져 조화를 이룬다. 처음 와인을 접하는 사람이나 사랑하는 연인과 함께 마시기 좋으며 싱싱한 제철 과일과도 잘 어울리고 초콜릿이나 아이스크림과 함께 마셔도 일품이다.

최근 중국 길림성에서 생산되는 아이스와인 '화란덕(華蘭德)로제' 와인은 친환경 유기농와인으로 아시아와인을 대표한다.

와인 양조와 종류

스위트 와인의 매력

1997년 독일와인협회 초청으로 독일와인아카데미에 갔을 때 라인가우 지방의 어느 와이너리에서 테이스팅용으로 나온 와인 중에 입안에서 녹아 감미롭게 스며들면서 달콤한 향이 온몸을 감싸고, 촉촉한 감촉이 정신을 놓게 만들었던 와인이 바로 말로만 듣던 '아이스바인'이었다. 2006년 여름에 마셨던 2001년산 '샤토 디켐' 또한 그 맛을 잊지 못하게 만들었고, 2007년 여름 헝가리 토카이에서 마셨던 '오레무스 에센시아 2001년산'도 마음을 몽땅 빼앗은 와인이다.

미국의 캘리포니아와 호주에서는 프랑스 방식의 귀부와인을 생산하고 캐나다에서는 독일방식의 아이스 와인을 생산하되 영하 8℃에 수확하는 온도 차이가 있으며 와인 마니아로부터 품질도 인정받고 있다. 캐나다 아이스 와인은 독일 이민자들이 정착하면서 빚어냈으며 상업적으로도 성공을 거두었다. 최근 중국 연태 지역의 장유와인회사 뿐만 아니라 길림성의 화란덕 와이너리에서 아이스 와인을 생산하고 있으며 스페인의 모스카델 드 발렌시아(Moscatel de Valencia)의 깔끔한 '뮈스카'는 가격에 비해 품질이 우수한 스위트 와인이다.

▲ 중국 길림성 화란덕의 쉬진보 회장과 아이스와인

로제와인 양조, 유혹과 낭만의 와인

프랑스어로 장미를 지칭하는 핑크색의 로제와인(Rosé wine)은 매혹적인 색깔과 가볍고 신선한 맛이 매력 포인트이며, 타닌의 함유량이 적어 달콤한 것이 특징이다. 여름 와인의 대명사인 로제와인은 포도밭에 장미를 심어 병충해를 미리 알아본 농부들의 지혜와 장미의 아름다움이 느껴지는 와인이다. 몇 년 전만 해도 우리나라에서는 이름조차 생소했는데 최근 연인들을 중심으로 인기가 오르고 있다.

2008년 여름, 프랑스의 프로방스를 찾았을 때 일이다. 레스토랑에서 많은 사람들이 레드와인을 차게 마시거나 심지어 얼음을 띄워 마시고 있는 모습을 보고 의아하게 생각했었는데 차게 해서 마시던 그 와인이 바로 로제와인이었다. 여름에 시원하게 마시는 로제와인은 무더위와 갈증을 해소해주고 사랑과 추억을 찾게 해준다. 레드와인은 꼭 실내온도로 마셔야 한다는 고정관념에서 벗어나 영 레드와인이나 로제와인은 차게 해서 마실 수 있다는 사실도 알게 되었다.

천지인(天地人)

프랑스의 샹파뉴 지방에서 생산되는 '로제 샴페인'만은 청포도인 샤르도네 품종으로 만든 와인에 흑포도인 피노 누아 품종으로 만든 와인을 블렌딩해서 양조하는 방법이 정식으로 인정되고 있다.

대체로 로제와인은 레드와인 양조방식을 따르지만 포도즙이 껍질과 섞여있는 시간을 줄여서 색소와 타닌의 양을 감소시키는 방법으로 양조한다. 프랑스 론 지방에서 주로 사용하며 드라이한 맛에 알코올 도수가 낮은 '따벨 로제(Tavel Róse)' 와인이 대표적이다. 흑포도를 압착해 껍질과 씨를 제거하고 그 과즙을 발효시키는 화이트와인 양조방식도 있는데, 프랑수아 1세(François I, 1494~1547; 16세기 프랑스 왕)가 애용했다고 전해지는 프랑스 루아르 지방의 '로제 당주(Rosé d'Anjou)'와 '상세르 루즈(Sancerre Rouge)' 와인이 대표적이다.

프랑스 프로방스 방돌(Bandol)과 랑그독-루시옹(Languedoc-Roussillon) 지방은 대중적인 로제와인을 많이 생산하는 지역이다. 1942년부터 생산된 포르투갈의 '마테우스(Mateus)'는 우리나라에 정식 수입되기 전부터 장식용으로 인기를 끌었으며, 세계 와인 시장의 베스트셀러가 되었다. 젊은 여인의 발그레한 볼을 연상시키는 캘리포니아 산 '블러쉬 와인(Blush Wine)', 스페인의 '리오하(Rioja)' 로제와인도 유명하며, 호주, 남아프리카공화국, 칠레에서도 로제와인이 생산된다.

▲ 로제와인들

기원전 6세기경 페키니아인들이 처음으로 포도나무를 남프랑스로 가져와 재배해서 만든 와인이 바로 최초의 로제와인이다. 로마인들은 포도나무 재배 전문가들로 하여금 새로운 재배지를 개발하고 와인 양조기술을 발전시키면서 프랑스에서 스페인, 이탈리아, 포르투갈 등으로 넓혀갔다. 중세에는 프랑스 아키텐(Aquitaine) 출신 엘레오노르(Eléonore) 왕비가 영국 헨리 2세와 결혼하여 왕비가 된 후 런던 궁정에서도 즐겨 마시면서 프로방스 와인의 명성이 국경을 넘어서게 되었다. 17~18세기에는 프랑스 왕들이 즐겨 마시는 와인 반열에 오르게 되었고, 19세기부터 꼬뜨 드 프로방스(Cotes de Provence)로 불리기 시작했으며, 20세기에 이르러서야 일반인에게 그 명성이 알려지게 되었다.

고급 로제와인은 향긋하고 상큼하며, 입안을 즐겁게 할 만큼 드라이해서 와인 전문가들이 즐겨 마시기도 한다. 시원한 맛에 가벼우면서 달콤하기 때문에 생선요리, 어패류, 돼지고기, 가금류에도 잘 어울리고 특히 디저트와 향이 약한 치즈요리에도 제격이다. 화이트와인보다 약간 높은 10~12°C에서 마시는 것이 좋다.

로제와인을 처음 마시는 사람이라면 다음과 같은 와인으로 시작하는 것이 무난하다. '진판델(Zinfandel)'은 알코올 10도 정도이며 잘 익은 과일 향과 딸기 향, 소다 맛이 나기도 한다. 스위트한 맛이 강하고 라이트해서 파티용으로 어울린다. '로제 앙주(Róse Anjou)'는 카베르네 프랑(Cabernet Franc)에 가메(Gamay), 그롤로 누아(Grolleau Noir)를 블렌딩하며, 품종으로 만들며 보통 알코올이 11.5도이다. 덜 익은 산딸기 맛과 발효 포도 맛이 나며 화이트와인에 가까운 산도로 연인들이 즐겨 마신다. '따벨 로제(Tavel Rosé)' 와인은 보통 알코올이 13.5도이며, 그르나슈(Grenache) 포도품종과 쌩소(Cinsault) 포도품종에 몇 가지 다른 품종을 블렌딩(blending)하여 압착한 것으로 레드와인 성격을 띠고 있으며 알코올 도수가 높은 편이다.

쉐리와인 양조, 입맛을 돋우는 식전주

영어인 쉐리(Sherry)는 기원전 5~6세기에 생긴 스페인의 한 마을, 헤레스 데 라 프론테라(Jerez de la Frontera)의 'Jerez'에서 나온 말이다. 프랑스에서는 세레스(Xérèz)로 쓰이다가 다시 쎄-레스가 되고 나중에 쉐리(Sherry)가 되었다. 그래서 Jerez, Xérèz, Sherry 모두 D.O로 허가받고 있다.

쉐리와인의 향기는 품질이 보장된 오크통에서 숙성된 오래 묵은 곰팡이에서 나온다. 달짝지근한 갈색 와인은 진정한 쉐리와인이 아닌 수출용으로 만든 것이라고 생각하면 된다. 스페인 사람들은 드라이하고 아로마가 매우 진하며, 빵 효모와 사과

천지인(天地人)

속심, 나무열매, 건자두, 커피, 등의 냄새가 나는 강화와인을 마시기 때문이다. 과거에도 스페인은 리오하의 부드럽고 딸기향 나는 레드와인과 커스터드(Custard; 우유, 설탕, 계란, 밀가루를 섞어서 만든 과자) 냄새를 풍기는 오크 숙성의 화이트와인, 세계를 놀라게 한 고급 쉐리와인의 명성을 지니고 있었다. 현재 스페인에서는 레드와인이 35%, 화이트와인이 31%, 로제와인이 15% 정도 생산되며, 쉐리와인을 포함한 주정강화와인이 19% 정도 생산되고 있다. 활기없고 곰팡이 냄새 나던 스페인 와인은 어느새 현대적 감각에 맞추어 세련되어지면서 유행을 앞서가기 시작했다.

기원전 1100년경 스페인에 최초로 포도나무를 들여와 재배를 시작한 사람은 말라가(Málaga) 지역과 헤레스(Jerez) 주변에 식민지를 구축한 페니키아인이었다. 그 후 켈트인, 이오니아인, 카르타고인에 이어서 기원전 197년에는 로마인들이 타라고나(Tarragona; 스페인 동북부 항구도시)에 들어와서 판매를 목적으로 한 와인을 본격적으로 생산하였다. 다음엔 서고트족이 들어왔고 711년에는 무어인이 침입하여 자신들의 기호에 맞추어 포도재배를 허락하였으며 이때 와인 생산은 잠시 정체기를 맞게 되었다. 그러나 11세기 초에 레온 왕국(Kingdom of León)이 무어인을 두에로 강까지 몰아내자 와인 생산은 다시 본격적으로 재개되었다. 1230년에는 카스틸리아 레온과 아라곤 왕국이 통일되고 가톨릭 양 왕(Los Reyes Católicos; 부부왕)은 무어인을 스페인에서 완전히 추방했다. 이후 1492년에는 아메리카 대륙의 발견과 함께 '태양이 지는 날이 없다'고 할 만큼 번영했으며 와인생산도 따라서 번성하게 되었다.

스페인 와인이 성장할 수 있었던 배경은 프랑스 포도재배지역이 필록세라의 피해로 포도밭이 전멸되면서 프랑스 와인양조 기술자들이 스페인까지 들어왔기 때문이다. 18세기에는 영국과 아일랜드의 주도로 근대적인 쉐리와인 생산이 헤레스(Jerez)에서 시작되었다. 헤레스는 희랍어 'Zera'에서 유래된 것으로 추측하고 있으며, '마르고 척박한 땅'이란 뜻을 가지고 있다. 스페인 남부에 위치한 '헤레스 이 만사니야(Jerez y Manzanilla)'가 공식적인 명칭이다.

쉐리와인은 이베리아반도 최남단의 가디스현 헤레스 데 라 몬테라 마을을 중심으로 생산되고 있다. 삼각지대를 이루는 헤레스 데

▲ 스페인 쉐리와인

라 프론테라(Jerez de la Frontera), 산루카 데 바라메다(Sanlúcar de Barrameda), 엘 페르토 데 산타 마리아(El Puerto de Santa Maria)라는 3개 마을에서 1등급 쉐리와인을 생산한다.

대부분 팔로미노(Palomino) 포도품종을 사용하며, 비강화와인은 단조로운 맛을 갖지만 발효시킨 후 2차 증류를 하고 블렌딩하면 효모에서 특유한 아로마를 얻어 거짓말처럼 근사하게 변모한다. 페드로 시메네스(Pedro Ximenez)와 모스카델(Moscatel) 품종은 스위트한 쉐리와인으로 변신한다.

포도밭은 보통 2~150m 높이의 언덕에 위치하며 아열대성 기후로 덥지만 대서양 바람으로 생육기에는 평균 18~22°C이며, 겨울에는 10~12°C 정도이다. 일조량은 3,000시간 정도이며, 연평균 강우량은 630mm이다. 특히 알바리사(Albariza)라고 부르는 백악질 토양은 석회를 많이 포함하고 있으며, 봄비를 몰래 가두었다가 포도가 익는 무더운 계절이 되면 뿌리에 돌려주는 훌륭한 역할을 하는 토양의 특성으로 쉐리와인의 일등공신이다.

쉐리와인의 가장 큰 특징은 오래 묵은 와인과 새로운 와인이 블렌딩된다는 것이다. 이것을 솔레라 시스템(Solear System)이라고 하는데 이런 방법으로 쉐리와인은 빈티지 표시가 없으며 맛과 향기도 오묘하여 모든 사람들의 입맛을 충족시킨다.

와인을 만들기 위해 압착된 포도즙은 발효가 끝나면 오크통에 옮겨져 숙성 저장고에 보내진다. 저장고는 지면보다 높아 통풍이 잘 되는 곳에 위치하며 제일 밑에 있는 오크통이 어머니 역할을 하는 '솔레라'이다. 현재 사용되고 있는 솔레라 중에는 19세기에 만들어진 것도 있다. 이 솔레라에서 아들 격인 두 번째 오크통인 크리아데라(criadera)로 증류되어 옮겨지고, 그 다음 손자 격인 그리아데라로 증류되어 옮겨진다. 오크통에는 항상 2/3 정도의 와인이 들어있으며 증류되어 옮겨질 때마다 사라지는 와인을 '천사의 몫'이라고도 한다. 솔레라 시스템으로 인해 젊은 와인은 늙은 와인을 만나 균일하면서도 특징있는 쉐리와인을 생산한다.

피노, 만사니야, 아몬티야도 같은 경우는 15~15.5°, 오로로소(Oloroso)는 17.5° 정도로 알코올이 강화된 와인이다. '피노(Fino)'는 가볍고 빛깔이 엷으며, 시원하고 드라이하다. 생산지는 헤레스(Jerez), 푸에르토 데 산타 마리아(Puerto de santa Maria)이다. '만사니야(Manzanilla)'는 산루카 데 바라메다(Sanlucar de Barrameda)

에서 만들어지며 바다에 가까워 약간의 소금기를 느낄 수 있다. '아몬티야도(Amontillado)'는 플로르(flor; 플라워라고도 하는 와인 위에 생기는 흰막)가 죽어버리면 산화되고, 솔레라에서 활성화되면 호박색에 너트와 같은 향과 맛이 나며, 5~60년 숙성시키는 것도 있다. '오로로소(Oloroso)'는 플로르가 발달하지 않은 와인에 알코올을 강화하고 산화시켜서 강렬한 향과 미묘하고 섬세한 맛을 넣은 금빛 와인이다. 매운 맛이 들어 있어 추운 아침 식사에 잘 어울리며, 최고품 경우는 100년까지 숙성시킨다. 그리고 '만사니야 파사다(Manzanilla Pasada)'는 더 오래 숙성시킨 만사니야 와인이며, '페일 크림(Pale Cream)'은 질감을 높이기 위해 농축된 포도즙을 첨가하여 당도를 높인 와인이며, '팔로 꼬르타도(Palo Cortado)'는 피노와 오로로소의 중간 제품으로 오로로소와 비슷하나 피노의 맛을 가지고 있다.

16~20℃가 마시기 적당한 온도이며 꼭 마셔야 할 유명한 와인으로 '바바딜로 만사니야(Barbadillo Manzanilla)', '도메크 라 인아(Domecq La Ina)', '히달고 라 기타나(Hidalgo La Gitana),' '아몬티라도 오로로소(Amontillado Oloroso)', '히달고 나폴레옹(Hidalgo Napoleon)', '발데스피노 코리소(Valdespino Coliso)', '윌리엄 & 험버트(William & Humbert)', '곤잘레스 비아스(Gonzallez Byass)' '크로프트(Croft)', '에밀리오 루스타우(Emilio Lustau)', '하베이스(Harveys)', '오스본(Osborne)', '페드로 도멕(Pedro Domeq)', '샌드맨(Sandeman)', '세이보리 앤 제임스(Savory and James)' 등이 있다.

🍷 포트와인 양조, 포르투갈의 토종 와인

포트와인(Port Wine)은 진한 빛깔의 정통 스위트 레드와인으로 입안에서 녹아내리는 감미로움과 활기찬 향, 복잡미묘한 맛은 타의 추종을 불허한다. 특히 '마데이라(Madeira)'는 놀라운 생존력의 영원불멸한 와인으로 와인 시장에 100년, 200년 된 마데이라가 등장했다 하면 와인 애호가들은 잠을 설친다.

스페인과 이웃해 이베리아 반도에서 대서양을 마주보고 있는 포르투갈은 바다의 영향을 많이 받는 국가이며 가장 먼저 떠오르는 것도 알코올 도수 높은 주정강화와인인 포트와인이다. 포르투갈이란 이름 또한 포트와인이 많이 생산되는 도우르

(Douro)강 하구에 위치한 'Portucale'이라는 지명에서 유래되었다.

포트와인의 발전은 영국에 의해 주도되었다. 1386년 포르투갈과 영국 사이에 맺어진 '윈저조약(Treaty of Windsor)' 이후 수출이 확대되었고, 17세기 '영불전쟁(Hundred Years' War;1337~1453년)'으로 프랑스 와인 대신 포트와인 수입을 늘리면서 발전하였으며, 1703년 영국-포르투갈 관세 특혜(Methuen Treaty)가 체결된 후 급속도로 성장하게 되었다.

포트와인이 유명세를 타기 시작한 것은 세계 최초로 와인 원산지 관리법을 제정하고 1756년에는 포트와인에 적용, 1907년에는 일반 와인에 대한 품질관리를 실시하고 나서부터이다. 카베르네 소비뇽, 샤르도네 등 프랑스산 품종과 자국의 토종 품종인 토우리가 나시오날(Touriga Nacional), 세르시알(Sercial), 베르델로(Verdelho) 등도 재배하고 있다. 독자적인 품종 개발과 1936년부터 외국에 선보이기 시작한 가볍고 산뜻한 맛의 소그라페사의 '마테우스(Mateus)' 로제와인도 인기가 있다. 그리고 세계에서 유일하게 생산되는 살구와 월계수향을 풍기는 드라이하고 톡 쏘는 신맛의 '비뉴 베르드(Vinho Verde)' 즉, '그린와인(Green Wine)'도 유명하다. 참고로 그린와인은 녹색와인의 의미가 아니라 와인을 숙성시키지 않고 바로 마시기 때문에 붙은 이름으로 '어린와인'을 의미한다. 다소 덜 익은 포도를 수확한 후에 오크통에 넣지 않고 3~6개월 안에 병입하여 출고한다.

포르투갈을 대표하는 와인으로 포트와 마데이라를 손꼽을 수 있다. 둘 다 유명한 주정강화와인이지만 서로 전혀 다른 성격을 가졌다. 포트는 스위트하고 나무 열매향이 나고, 마데이라는 스위트하면서 갈색빛을 띠며 탄 냄새가 나면서 끝맛이 강한 신맛으로 드라이한 것이 특징이다. 그 외 빈티지 포트(Vintage Port)는 검은 빛깔에 과일향과 후추향이 난다.

▲포트와인

포트와인

포트와인은 주로 도우르강 상류의 아르토 도우르 지역에서 재배된 흑포도와 청

천지인(天地人)

포도로 만들어지며, 발효 도중에 브랜디를 첨가하여 알코올의 도수를 높인다. 기본적으로 빈티지(vintage)와 논 빈티지(non vintage)로 구별하는데 빈티지는 특정 연도에 생산된 것으로서 작황이 아주 좋은 해의 포도만을 가지고 양조한다. 해마다 빈티지를 발표하는 것이 아니라 작황이 좋은 해의 빈티지를 발표함으로서 포트와인의 품질관리와 장인정신을 보여주고 있다. 주목할 빈티지는 1834년, 1912년, 1927년, 1945년, 1948년, 1960년, 1963년, 1966년, 1970년, 1975년, 1977년, 1980년, 1983년, 1985년, 1991년, 1992년, 1994년, 1997년, 2000년, 2003년, 2007년, 2011년이다.

대표적인 빈티지 포트와인 중에 '테일러 싱글 퀸타(Taylor Single-quinta)'는 특정 해에 생산되었지만 전통적인 비여과 방식으로 늦게 병입한 와인이며 빈티지 포트보다 가격이 저렴하다.

논 빈티지라고 해서 품질이 떨어지는 것도 아니고 특별히 차이나는 것은 아니다. 황갈색을 의미하는 '타우니(Tawny)'는 논 빈티지 중 가장 뛰어난 포트와인이다. 10년 된 타우니는 신선하고 원숙한 향을 내며 20년 된 타우니는 나무 열매향과 더 원숙한 향을 내고, 40년 된 타우니는 나무향이 그윽하게 느껴진다. 대표적인 것이

▼ 포르투갈의 포트와인 중심지 가이아

'라모스 핀토(Ramos Pinto)'이다. '크러스티드 포트(Crusted Port)'는 논 빈티지 블렌딩 와인으로 빈티지 포트를 대신하는 저렴한 와인이다.

포트와인은 기본적으로 양조방법이 동일하나 품종과 숙성기간 등에 따라 몇 가지 형태로 나뉘며, 빛깔과 맛의 종류가 다양하다. 청포도를 원료로 하는 화이트 포트는 4~5년간 숙성하면 황금색이 되며, 단맛과 드라이한 맛이 혼재되어 있어 차게 하여 식전주로 마신다. 흑포도로 만드는 루비포트는 숙성이 덜된 와인을 혼합하여 4~5년간 오크통 숙성을 한 다음 출하하는 것으로 아름다운 루비 색을 띠기 때문에 인기가 많으나 오히려 가장 평범한 포트와인이다.

특히 인기있는 포트와인을 소개하면 '그라함스(Graham's)', '테일러스(Taylor's)', 'A. A. 페헤이라(A. A. Ferreira)', 'C. 다 실바(C. Da Silva)', '처칠(Churchill)', '콕번(Cockburn)', '크로프트(Croft)', '카우(Cow)', '폰세카(Fonseca)', '라모스 핀토(Ramos Pinto)', '로버트슨(Robertson)', '샌드맨(Sandeman)' 등이 있다.

마데이라

유네스코가 지정한 세계유산이며, '대서양의 진주'라고 불리는 태고의 대자연이 숨쉬는 산, 숲, 계곡, 바다가 완벽한 조화를 이루며 상호 공존하는 섬, 마데이라(Madeira)는 연평균 16~22℃로 연중 온난하고 쾌적해 계절에 따라 봄은 꽃의 섬, 여름은 열정의 섬, 가을은 성숙의 섬, 겨울은 온화한 섬으로 변신한다. 누구에게나 쉽게 허락하지 않은 섬으로 모로코 앞바다 약 640km에 떠 있는 세 개의 화산섬(포트산토; Porto Santo, 디저타스; Desertas, 그리고 셀바젠; Selvagens)으로 이루어진 제도로, 면적은 778km^{2}이고 인구는 25만명이 사는 포르투갈 본토의 일부이다. 로마시대에 그 존재가 알려져 '피플 아일랜드'라고 불렸으며, 450년에 베네치아 항해사 알비세 다 모스토(Alvise da Mosto)가 서술한 역사적 기록에 의하면 마데이라의 포도 재배는 포르투갈 민호(Minho)지역에서 가져온 말바시아 캔디다(Malvasia Candida)를 심었으며, 그 후 25년이 지나서야 해외로 와인을 수출하면서 명성을 얻었다고 한다. 그 명성을 확인할 수 있는 대표적인 사례로 1478년 대영제국의 왕이었던 에드워드 4세(Edward IV)가 자신에게 반항한 클라렌스(Clarence)의 공작이며 동생이었

천지인(天地人)

▲ 포르투갈 마데이라 섬의 포도밭

던 조지(George)를 사형 선고를 하였을 때, 조지는 마데이라 와인 통에 빠져 죽기를 원하였다고 한다. 그리고 1776년 7월 4일 미국 독립선언을 축하하고 최초의 대통령인 조지 워싱턴(George Washington)의 취임식 때 마데이라 와인이 공식적인 축배주로 선정되었고, 미국 건국의 아버지라고 불리는 토머스 제퍼슨(Thomas Jefferson)이 사랑한 와인도 마데이라 와인이었다고 한다. 또한, 1950년 영국의 윈스턴 처칠(Winston Churchill)은 마데이라 와인에 푹 빠져 마데이라를 방문하면서 새로운 역사를 만들기도 하였다.

마데이라 와인 양조법은 17세기에 발견된 것으로 무역선이 마데이라 와인을 싣고 무더운 적도 지역을 지날 때, 변질된 와인의 맛이 더 좋아진 것을 발견하고 아예 열을 가해서 맛을 내는 '에스투파젬(Estufagem)'과 '칸테이로(Canteiro)'라는 양조법을 개발했다. 에스투파젬은 스테인레스통에 구리관을 삽입하여 열을 가하여 와인을 숙성시키는 방법이고, 칸테이로는 숙성시킨 와인을 와인 저장고에 해가 비치도록 함으로써 상대적으로 온도가 높은 최상층에 보관하는 방식이다.

마데이라 와인은 품종별로 와인종류를 구분하는 특징이 있다. 드라이(Dry) 혹은 엑스트라 드라이(Extra Dry)는 세르시알(Sercial) 포도품종, 미디엄 드라이(Medium

Dry)는 베르델호(Verdelho) 포도품종, 미디엄 리치(Medium Rich)는 부알(Boal) 포도품종, 리치(Rich)는 말바시아(Malvasia) 포도품종 만을 사용하여 양조하며, 틴타 네그라(Tinta Negra)는 거의 블렌딩용으로 사용한다. 포도품종별 4가지의 와인은 다양한 상황에 맞추어서 즐길 수 있다.

첫째, 세르시알 혹은 드라이 와인(Sercial or Dry Wine; 해발 600~800m, 당분 2~3%)은 밝은 루비 색깔, 풀바디하면서 달콤한 열대과일 향이 좋아 식전주로 좋으며 올리브, 구운 아몬드, 캐비아, 연어 카나페, 마요네즈가 들어간 전채요리뿐만 아니라 연어와 같이 훈제 생선요리, 황새치, 참치, 갈치, 갑각류, 회, 생선 무스에 어울린다. 또한, 토닉 워터와 슬라이스 레몬, 그리고 얼음을 곁들인 마데이라 와인은 산뜻하게 즐길 수 있다.

둘째, 베르델호 혹은 미디엄 드라이 와인(Verdelho or Medium Dry Wine; 해발 400~600m, 당분 8~10%)은 구조감이 탁월하며, 황금빛을 띤 와인으로 식전주로 적합하며, 올리브, 구운 아몬드, 말린 과일 향으로, 콩소메 수프, 생선 크림수프, 양파 수프를 즐길 수 있다. 특히 햄, 훈제 야생고기, 치즈, 마늘이 들어간 버섯요리, 거위 간 요리에도 추천한다.

셋째, 부알 혹은 미디엄 리치 와인(Boal or Medium Rich Wine; 해발 300~400m, 당분 8~10%)은 풀바디하며, 열대 과일향이 풍부하고 열대과일, 말린 과일, 케이크, 과일 타르트와 탁월한 조화를 이룬다. 영한 부알 와인은 부드러운 치즈와 잘 어울리고, 올드 빈티지 부알 와인은 숙성된 치즈와 잘 어울린다. 치즈와 버터가 들어간 야생 과일 수플레와도 잘 어울리는 이 와인은 밀크 초콜릿, 단 과자, 생크림 케이크와 환상적인 궁합을 자랑하며, 파이프담배나 시가에도 완벽한 조화로 시가 마니아들에게 인기를 끌고 있다.

넷째, 말바시아 혹은 리치 와인(Malvasia or Rich Wine; 200~300m, 10~14%)은, 어두운 색상

▲ 포르투갈 마데이라 섬의 마데이라 와인

을 띄고, 풀바디하고, 아로마가 풍부하며, 열대과일, 마른 과일, 호두와 땅콩, 헤이즐넛과 잘 어울린다. 또한 과일 케이크, 과일 타르트, 버터 비스킷, 밀크 초콜릿, 단 과자, 포르투갈 치즈, 블루치즈에도 잘 어울리며, 특히 쿠바의 하바나 시가와 함께하면 진가를 맛볼 수 있다.

마데이라 와인 용어를 풀어보면 첫째, Frasqueira는 빈티지와 관련이 있는 것으로 품질이 좋은 와인이며, 병입하기 전에 최소 20년 동안 숙성을 하는 와인이다. 둘째, Colheita는 그해 수확한 포도로 양조하며, 빈티지 표시법에 의해 좋은 품질을 유지하기 위해 최소한 5년 이상 숙성기간이 필요하다. 셋째, Colheita with Designation of Variety는 그해 수확한 단일 포도품종 100%로 양조하며, 빈티지 표시법에 의해 좋은 품질을 유지하기 위해 최소한 5년 이상 숙성기간을 가져야 한다. 넷째, Canteiro는 양조과정에서 발효이후 알코올 과정을 거친 후 배럴에 보관되는 와인으로 최소 2년 동안 숙성시킨 후에 다시 캐스크 통에서 3년 이상 보관한 후에 병입한 와인이다. 다섯째, Designation of Age는 숙성 기준에 의해 마데이라 와인이 규정한 특정한 품질을 유지하고 빈티지 표시법에 의해 5년, 10년, 15년, 20년, 30년, 40년으로 구분한다. 여섯째, Reserve or Mature는 특정 기준에 의해 5년 숙성된 와인이며, Old Reserve or Very Mature는 특정 기준에 의해 10년 숙성된 와인을 말하며, Special Reserve는 특정 기준에 의해 10년 숙성된 와인이며, Selected Wine-Sample-Standard는 와인양조협회로부터 사전 승인을 받고 3년 숙성한 와인이다. 일곱째, Solera-Batch는 빈티지 와인 10%와 나머지는 품질이 좋은 다른 와인과 블렌딩 한 후에 병입한 와인이며, 마지막으로 Rain Water는 황금색을 띠고 대중적인 테이블 와인을 말한다.

마데이라섬에는 8개의 와이너리가 있으며, 그중에 브랜디스(Blandy's), 자스티노(Justino), 엔리끄 & 엔리끄(H&H), 데오리베이라스(D'Oliveiras), 바베이토(Barbeito)가 유명하다. 1795년부터 1894년, 1898년, 1957년, 2001년 등 다양한 빈티지까지 보관된 저장실을 보고 나면 와인의 보고라는 표현이 저절로 나오며, 오랜 역사의 흔적을 더듬어 볼 수가 있고, 빈티지 마데이라는 세월이 아무리 흘러도 '꺾이는 일'이 없을 듯하다. 참고로 마데이라 와인은 냉장보관도 하지만, 실내온도(18~20℃)에서 세워서 보관하는 것이 좋다.

포르투갈, 마데이라 브랜디스 와이너리

　포르투갈령 마데이라섬은 와인의 섬으로 많이 알려졌지만 그 외에도 꽃의 섬이자, 뜨거운 여름의 섬이며, 부드러운 겨울의 섬으로 빼어난 자연경관으로 유네스코 세계유산으로 지정된 섬으로 '울창한 나무'라는 의미가 있다. 또한, 마데이라섬을 더욱 유명하게 한 것은 가난한 울보에서 세계 최고의 축구 선수가 된 호날두(Cristiano Ronaldo)의 고향이기 때문이다. 지구에는 수만 개 섬이 있지만, 그중에서 와인으로 유명한 섬은 단연 포르투갈의 마데이라섬이며, 아름답고 신비로운 절경에 한 번 더 놀라움을 금치 못하는 제주도의 절반 크기의 화산섬이다. 로마 시대에 그 존재가 알려져 '피플 아일랜드'라고 불렸으나 1419년 포르투갈의 왕자이자 항해 왕 헨리(Henry)의 명을 받아 주앙 곤살레스 자르코(Joao Goncalves Zarco)가 재발견하였고 초대 총통이 되었으며, 콜럼버스가 마데이라 섬에서 영주의 딸과 결혼해 항해술을 배웠던 장소로도 유명하다. 그 후 동인도 회사들이 인도, 아시아를 갈 때 식량과 식수 등을 조달하는 중간 기착지로 포르투갈의 통치를 받아왔으며, 모로코 서쪽 640km 대서양에 있는 제주도 절반 크기인 $742.5km^2$의 마데이라 섬의 인구는 25만여 명이며, 1976년 7월 1일 포르투갈 정부로부터 자치권을 부여받았다.

▲ 포르투갈 마데이라 브랜디스 와이너리

▲ 포르투갈 마데이라 브랜디스 와이너리

　　1450년에 베네치아 항해사 알비세 다 모스토(Alvise da Mosto)의 역사적 기록에 의하면 말라바시아(Malavasia) 포도품종이 포르투갈에 식민지화된 첫해에 마데이라 섬으로 전해 들어왔다고 한다.
　　스페인의 쉐리, 포르투갈의 포트와인과 함께 세계 3대 주정강화 와인으로 마데이라 와인은 와인 이름에 포도품종이 명기되는데 품종이 곧 와인의 성격을 나타낸다. 마데이라는 발효과정이 끝난 후 외부로 햇볕이 유리창으로 들어오도록 한 셀러에서 3개월 이상 45~50℃ 정도의 높은 온도에 노출시켜 와인을 완전히 산화, 숙성시켜 캐러멜처럼 끈적끈적해지는 당분, 많은 타닌, 높은 산도를 만들어내는데 이러한 양조법을 칸테이로(Canteiro)라고 한다.
　　마데이라 섬에는 8개의 와이너리가 있는데 그중에서 역사도 오래되고 유명한 마데이라 브랜디 와이너리를 처음으로 방문하게 되었다. 마데이라의 주도 푼찰(Funchal)시내에 위치한 와이너리의 입구는 매우 평범해 보였는데 입구를 따라 죽 들어가면서 숨바꼭질을 하는 것처럼 숨겨진 비밀들이 방문자를 놀라게 한다. 1800년대부터 현대까지 와인이 역사를 말해주고 있으며, 와인 숙성실에서 익어가는 와인 향기가 나의 발걸음을 멈추게 하고 유혹했다. 브랜디 와이너리의 역사는 군대의 병참장교였던 존 블랜디(John Blandy)에 의해 시작되었다. 존 블랜디는 나폴레옹 전쟁

중인 1807년 마데이라 섬에 처음 발을 디뎠으며, 그 후 4년 후에 다시 마데이라섬으로 돌아와 자신의 이름을 딴 와인회사를 설립하였다. 이 회사는 19세기에 성공가도를 달리며, 석탄 공급, 선박, 금융으로 그 영역을 넓혀 나갔고 현재는 와인을 전세계에 수출하고 있다. 양조할 포도는 푼찰 도심에서 약 50km 떨어진 북쪽 해안 산타나(Santana)에서 공수한다. 산타나는 화산지대로 해발 1,800m의 피코 도 융칼(Pico do juncal)산을 중심으로 아름다운 급경사에 길이 위험스럽게 꼬불거리며 이어지는 계단식 포도밭이다. 특히 와이너리 옆의 경사진 골목길이 너무 아름다워 보였는데 옛날에 마데이라 와인을 넣은 오크통을 선적하기 위해 오크통을 굴리던 길이라고 하니 더욱더 신기했다.

저자는 10개의 와인을 테이스팅하였는데 다양한 향과 맛으로 다양한 경험을 하게 해주었다. 그중 '1969년 부알 마데이라' 와인은 연한 호박색이 압권이었으며, 풍부한 과일, 캐러멜, 꿀 향 등이 매우 부드러우면서도 입안을 감싸 돌며, 단맛으로 인해 19도의 알코올을 전혀 느낄 수가 없었다. 식후 디저트로 케이크, 과일, 아이스크림 등과 함께 마시거나 가볍게 한잔할 수 있는 와인으로 여성들에게 권하고 싶은 와인이다.

▼ 브랜디스 부알 1969년 빈티지 마데이라 와인

천지인(天地人)

🍷 보졸레 누보 양조, 새로운 희망

11월에 가장 먼저 떠오르는 와인은 보졸레 누보(Beaujolais Nouveau)이다. '와인과 친구는 오래 될수록 좋다'는 말이 있지만 보졸레 누보는 예외이다. 햇과일의 신선한 맛을 즐기듯이 와인을 사랑하는 사람이라면 햇와인을 기다리는 설렘을 경험해 보았을 거라 생각한다. 신선한 과일향이 가득한 보졸레 누보는 전 세계를 와인 축제의 장으로 만든다. "르 보졸레 누보 에 따리베!(Le Beaujolais Nouveau est arrive!)"는 "보졸레 누보가 방금 도착했다!"는 축제의 장을 의미한다.

보졸레 누보는 매년 11월 셋째 주 목요일 0시에 출시된다. 햇와인을 좋아하는 사람들은 6~9개월 동안 경제적인 부담을 안고서라도 보졸레 누보를 마신다. 햇와인이라 신선하고 부드러우며 생기있고 과일향이 풍부해 많은 인기를 누리고 있다. 1951년부터 시작된 축제는 2007년 장밋빛의 특별한 보졸레 누보 로제와인이 나오면서 새로운 개척에 나섰다. 2007년에 출시된 한국판 샤토 마니 누보도 보졸레 누보를 벤치마킹하여 와인 애호가들에게 신선한 충격을 주었다. 하지만 2000년 후반부터 고급와인에 밀려 보졸레 누보 축제의 본래 목적이 왜곡되면서 인기도 시들해지고 있다.

보졸레 누보는 제2차 세계대전 직후 와인에 굶주렸던 보졸레 지방 사람들이 그 해 수확한 포도로 만들어 마시면서 시작되었다. 그 해에 수확한 포도로 양조하여 그 해에 마시는 햇와인으로 서로의 정을 나누고 그 동안 소홀했던 친구와 가족을 초대하여 회포를 푸는 축제의 장이며, 서로 용서하고 화해하는 마당이었다. 그러나 햇와인의 생명은 6~9개월 정도이므로 구입 즉시 마시는 것이 좋으며, 가장 맛있게 마실 수 있는 시기도 크리스마스와 새해쯤이다.

B.C 1세기 로마의 시저 군대는 알프스를 넘어 골 지방으로 들어가 교회, 수도원, 원형경기장을 세우고 길을 만들었다. 이 길을 따라서 포도나무를 심었기 때문에 지금도 브루일리(Brouilly)와 모르공(Morgon)에는 로마의 포도밭이었다는 흔적이 남아있다. 로마군이 떠난 후 바바리안과 아랍인이 들어와 포도나무를 가꾸고 와인을 즐겼던 역사도 있다.

10세기에는 강력한 세력을 가진 보쥬(Beaujeu)대공이 공국을 건설하여 보졸레 서

와인 양조와 종류

▲ 2009년 아시아·오세아니아 지역 소믈리에경기대회 중 "보졸레 누보 행사"

쪽 언덕을 보쥬라는 이름으로 명명하고 이곳을 통치하였으며 1400년부터는 부보네(Boubonnais) 대공이 통치를 하였다. 1395년 6월에는 이 지역을 통치하던 필립 더 볼드(Phillppe the Bold) 공이 법령을 만들었는데 버건디 공국 의식에서는 가메 포도 사용과 경작을 금지하는 것이었다. 그래서 버건디에서는 피노 누아를 경작하고 보졸레에서는 가메를 경작하였다. 법령은 그 당시 재배자들을 불편하게 했지만, 시간이 지나면서 두 가지 품종이 그 지역에서 재배하기 좋은 것으로 입증되었다. 지금도 보졸레 지역은 행정적으로 부르고뉴에 속해 있지만 토양이 화강암과 석회암으로 배수가 뛰어나고 약산성을 띠고 있어 부르고뉴의 대표 품종인 피노 누아 대신에 이 토양에 적합한 가메품종을 재배하고 있다.

보졸레 지역의 등급에는 보졸레(Beaujolais), 보졸레 슈페리에(Beaujolais Superieur), 보졸레 빌라주(Beaujolais Village), 보졸레 크뤼(Beaujolais Crus)가 있으며 보졸레 크뤼는 10개의 명칭(Saint-Amour, Régnié, Moulin-à-Vent, Morgon, Juliénas, Fleurie, Côtes de Brouilly, Chiroubles, Chénas, Brouilly)을 갖고 있다.

보졸레 누보가 보졸레 지방을 대표하긴 하지만 사실 품질 좋은 고급 와인과는

천지인(天地人)

거리가 멀다. 1950년대까지만 해도 리옹의 값싼 레스토랑이나 파리의 작은 술집, 비스트로에서 유리 물병인 카라프(carafe)에 담겨져 팔리던 대중적인 와인이었다.

김장 김치나 묵은지가 아닌 '겉절이'인 보졸레 누보는 햇 포도주라는 상큼한 이미지와 품질 개선으로 유명해졌으며, 기본 철학을 상업적으로 성공시켜 전 세계로 공급하게 되었다. 축제의 장을 만든 보졸레 누보의 황제 조르주 뒤뵈프(Georges Dubeuf)는 Mr. Beaujolais 혹은 Star Beaujolais라는 별명을 갖고 있다.

뒤뵈프 가문은 18세기부터 포도 농장을 운영한 가문의 하나로 조르주 뒤뵈프는 마콩(Mâcon)에서 6km 떨어진 샹트레(Chaintre)에서 태어나 5세부터 포도 인생을 시작하여 19세 때부터는 오직 보졸레 누보의 품질 향상과 비즈니스에 노력하였다. 1951년 프랑스 정부로부터 보졸레 누보를 인정받고 1964년 9월에는 오랜 꿈이었던 자신의 이름을 붙인 조르주 뒤뵈프를 생산하였으며 1968년 몬트리올 만국 박람회에 참가하여 세계적인 명성을 얻었다.

▲ 2009년 보졸레 누보

갓 수확한 포도의 신선함을 충분히 살리면서 깊은 맛을 내는 와인을 만들기 위해서는 많은 노력이 필요하다. 보졸레 누보는 마셀라시옹 카르보닉법(CO_2 침출법)으로 양조하고 있는데 수확한 포도를 으깨지 않고 그대로 커다란 밀폐 탱크에 넣고 탄산 가스를 채워 3~6일간 침용한 다음, 껍질이 부드러워지면 압착을 한다. 그러면 껍질의 색조와 향기가 충분히 침출되고 타닌도 적으면서 과일향이 풍부하고 신선하며 젊은 레드와인이 탄생하게 된다.

보졸레 누보는 추수감사절부터 크리스마스 또는 새해까지 마시며, 출하된 지 1~2개월에 가장 많이 소비되지만 이듬해 부활절까지도 마신다. 이때는 신선한 맛도 적고 변질되기 때문에 생명력이 없어진다. 보졸레 누보는 레드와인이지만 화이트와인의 특성을 갖고 있어 10~13°C로 약간 차게 해서 마시는 것이 좋으며, 가벼운 음식과 잘 어울린다.

보졸레 누보라는 명칭은 엄격한 검사를 거쳐 일정 기준을 충족시킨 보졸레 지역

와인 양조와 종류

의 햇와인에만 붙일 수 있다. 라벨에 AOC가 표기되며 전체 양의 2/3가 보졸레 명칭 토양에서 나며 1/3은 보졸레 빌라주 명칭으로부터 온다. 햇와인은 맑은 붉은색, 까막까치밥 나무 열매 혹은 체리색 등의 빛나는 색깔을 뿜는다.

1999년 8월 말 보르도를 거쳐 샤온강을 따라 프랑스 동남부 부르고뉴 지방의 남단에 위치한 조그마한 마을 보졸레와 보졸레 빌라주를 찾아간 적이 있다. 플뢰리(Fleurie)에서 언덕 하나를 넘어서자 물랭 아 방(Moulin-A-Vent)의 푯말이 보이고 곧이어 작은 집들이 이어진 언덕 위로 풍차가 보였다. 몇백 년 전에는 샤온 강을 따라 수많은 풍차들이 있었다고 하는데 지금은 일부만 남아 우리 일행을 마중하고 있었다. 끝없이 펼쳐진 포도밭 사이로 아주 가끔 인간이 존재함을 알려주는 모습이었다. 보졸레 마을, 그 곳에는 서민적 향기가 충만한 보졸레 누보와 보랏빛 향으로 충만한 보졸레 빌라주가 자연의 커다란 혜택과 더불어 살아가는 소박한 인간들의 열정과 노력이 숨쉬고 있었다.

▲ 프랑스 보졸레 지역 포도밭

떼루아, 오크통

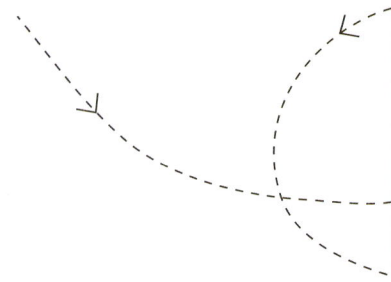

🍷 와인의 개성을 좌우하는 4가지 요소

그리스 비극작가 아이스퀼로스(Aischylos, 기원전 525~456)는 '청동이 겉모습을 비추는 거울이라면 와인은 영혼을 비추는 거울'이라고 하였고, 독일의 종교 개혁자 마틴 루터(Martin Luther 1483~1586)는 '사람은 맥주를 만들었고 신은 와인을 만들었다'고 하였다. 시중에 나와 있는 와인을 보면 '같은 향과 맛을 가진 와인은 하나도 없다.'고 할 정도로 각각 독특한 개성이 있다. 와인을 이것저것 마셔보는 것도 각기 다른 와인을 맛보기 위한 것이며 동시에 '와인을 제대로 알고 마시기가 어렵고 까다롭다.'고 생각하기 때문이다. 와인의 비밀과 맛을 알기 위해서는 와인의 개성과 품질을 결정하는 다음과 같은 요소를 알아두어야 한다.

와인의 개성을 결정하는 가장 중요한 4가지 요소는 포도품종, 재배지역, 떼루아, 양조장이다. 같은 품종이라도 포도가 자란 토양이 다르면 와인의 맛도 달라지며, 품종과 생산지역이 같은 곳이라도 그 해의 기후에 의해 포도의 품질이 결정되기도 한다. 또한 와인의 맛을 결정하는 것은 양조자의 기술이다. 양조자는 보통 전통에 따른 엄격한 기준으로 와인을 생산하며 새로운 와인을 개발한다. 하지만 경영방침에 따라 고급와인을 생산할 것인지 중저가 와인을 생산할 것인지도 결정하고 기술에 따라 품질의 차이를 가져올 수 있다. 와인의 맛을 결정짓는 중요한 요소들은 대체로 다음과 같다.

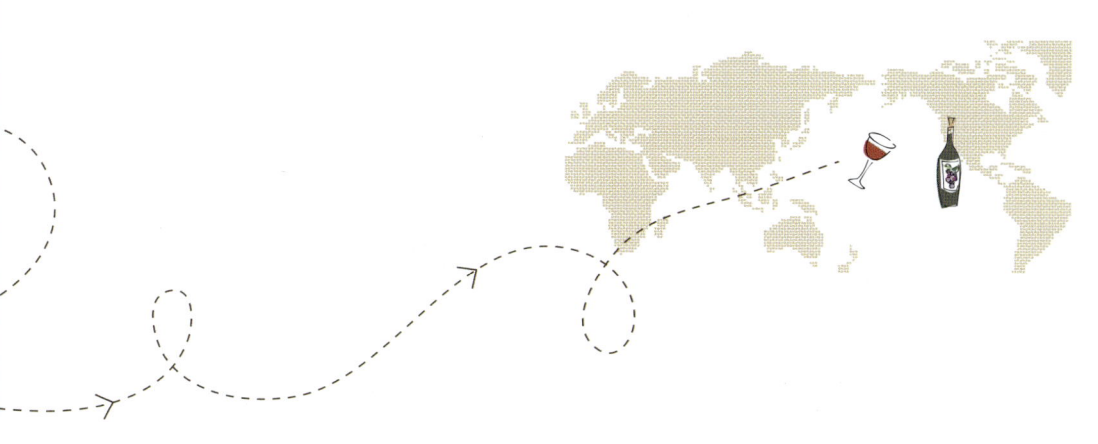

▲ 독일 모젤 지역의 포도밭

첫째, 포도나무는 인류 탄생 전부터 자생하여 역사도 깊고 종류도 8천 5백여 종으로 많다. 와인양조용으로 사용되는 유럽종 비티스 비니페라(Vitis Vinifera)계통은 300여 종이 있으며, 특히 와인양조에 적합한 품종은 50여 종이다. 와인 750㎖ 1병에 1,000~1,200g 포도가 사용되고 있다. 포도의 성질과 개성을 알아볼 수 있는 품종은 토양과 기후에 따라 적응력이 달라서 생육과 당도가 달라진다. 1차적인 맛은 포

▲ 프랑스 쥐라 와인 산지의 포도밭

도 품종이므로 장기 숙성할 것인지 단기 숙성할 것인지도 따라서 결정한다.

둘째, 와인의 품질은 70%가 포도밭 환경에서 결정된다. 해저의 융기 그리고 수만 번의 퇴적과 풍화작용을 거친 흙이 품은 자양분과 뜨거운 햇빛, 비와 바람을 먹고 자란 포도는 약간의 공정을 거쳐 술로 빚어지기 때문이다. 잘 자란 품질 좋은 포도를 사용하지 않으면 양조과정에서 아무리 정성을 들인다 해도 뛰어난 와인이 될 수 없다. 포도나무는 토양이 척박한 돌밭, 자갈밭, 석회암 지역에서 잘 자라며, 포도의 양과 품질에 영향을 미치고, 아로마 형성에도 영향을 준다.

셋째 포도나무의 가지치기는 수확량을 조절하고, 좋은 포도품질로 양질의 와인을 얻기 위해 한다. 즉, 포도나무재배방법에 따라 포도수확시 포도의 양과 품질에 영향을 미치는데 재배방법은 프랑스 보르도, 부르고뉴에서 많이 사용하는 트레이닝 시스템(Training system)의 귀요 트레이닝(Guyot Training), 더블 귀요(Double Guyot), 싱글 귀요(Single Guyot), 강한 바람이 많이 부는 지역, 그리스 산토리니 등에 사용하는 바스켓 트레이닝(Basket Training), 뜨거운 햇볕에서 포도를 보호하는 것으로 프랑스 론 지방 등에서 사용하는 고블렛 트레이닝(Goblet Training), 가지치기의 기계화가 쉽도록 하는 것으로 프랑스 샹파뉴 지방 등에서 사용하는 코르동 스퍼 트레이닝(Cordon Spur Training) 등이 있다.

넷째, 품종과 생산지가 같더라도 그 해의 기후에 의해 품질이 좌우되기도 한다. 토양과 품종이 아무리 좋아도 기상조건이 나쁘면 그 해 와인은 어쩔 수 없이 제 맛과 향기를 내지 못한다. "떼루아(terroir)"는 햇빛과 일조량, 강우량, 바람, 습기, 서리, 우박 등 포도 성숙에 중요한 요소들을 일컫는 것으로 천지인(天地人)이라고 한다. 프랑스 같이 해마다 기상조건이 달라지는 생산국가에서는 빈티지가 아주 중요하다. 빈티지는 와인의 품질과 성격을 예측하고 마시기 적당한 시기 등을 판단하는 참고자료가 된다.

다섯째, 양조장의 양조기술로 와인의 맛을 결정하고 품질을 좌우한다. 같은 해, 같은 토양에서 나온 같은 품종이라도 양조자의 기술과 경영방침에 따라 현저하게 차이가 나기 때문에 라벨에도 명기된다. 양조자의 기술은 품질뿐만 아니라 양조장의 명예와 자존심을 나타내기도 한다. 양조자는 포도의 종류를 선택하고 품종을 개량하며, 수확시기, 수확량을 결정한다. 그리고 오랫동안 축적한 양조기술과 숙성 노하우로 와인 속에 자신의 개성을 깊이 스며들게 만든다.

그 밖에 와인의 숙성 정도이다. 와인의 숙성은 위에서 언급한 품종, 생산지의 떼루아, 양조기술 등을 골고루 균형 있게 잘 섞어 놓은 것이라고 할 수 있다. 숙성 정도는 와인의 나이로 오래되었다고 전부 품질이 좋다고 할 수는 없으며, 너무 과다한 숙성은 와인의 품질에 치명적인 영향을 미칠 수도 있다. 그래서 와인은 탄생하는 순간 이미 자신의 수명이 결정된다고 할 수 있다.

기후의 중요한 3가지 조건

첫째, 풍부한 일조량으로 연간 최소 필요량이 1,250~1,500시간이며, 와인의 빛깔, 당분, 산, 타닌에 좋은 영향을 준다. 광합성은 10°C 이하, 35°C 이상일 때 활동량이 떨어지고, 20~30°C에서 가장 활발하다.

둘째, 포도재배의 적당한 온도로 연평균 기온이 10~20°C이지만, 양조용 포도재배는 10~16°C가 생장과 숙성에 좋은 영향을 준다.

셋째, 강우량으로 연간 500~800mm 내외가 적당하며, 포도 수확의 양과 질에 좋은 영향을 미친다. 지나치게 많으면 나무의 가지가 너무 자라서 과즙을 묽게 만들고, 곰팡이 등이 발생한다. 강우량이 너무 적으면 포도나무의 갈증현상이 나타나 관개를 실시해야 한다.

그 외 조건으로 강의 물, 습도, 풍량, 구름, 밭의 경사도, 통풍, 고도, 밭의 지형, 토양에 따라 포도나무의 생육조건에 영향을 미친다.

프랑스, 루시옹 샤토 루

 지중해의 이글거리는 태양이 작열하는 무더운 여름, 2월에 다녀온 프랑스 루시옹 와인투어의 향수를 못 잊어 다시 찾았다. 많은 사람이 무더운 여름을 피하려고 푸른 해변이나 물줄기가 시원한 계곡으로 훌쩍 떠나 휴가를 즐기는 7월에 남프랑스 루시옹은 나를 반겨주었다. 지중해의 낭만을 즐길 수 있는 로제 와인 한잔으로 더위를 달래보는 것도 어쩌면 사치일 수가 있다. 루시옹은 스페인 바르셀로나에서 북쪽으로 200km나 떨어진 남프랑스의 소도시이다. 피레네 산맥 동쪽 끝자락에 지중해를 끼고 바위 절벽과 산이 병풍처럼 에워싸고 있는 천혜의 와인 떼루아를 갖고 있다.

 남프랑스 루시옹 와인을 '르 미디 와인(Le Midi Wine)'이라고 부르는데, '한낮의 태양이 작열하는 땅에서 탄생한 와인'이란 뜻으로 어느 지역보다 당도와 산도가 높고 매력 있는 와인을 생산한다. 루시옹 와인의 역사는 그리스·로마 시대부터 시작되어 2,700년의 역사를 갖고 있다. 루시옹에 포도를 전파한 사람들은 기원전 7세기에 그리스인이며, 로마시대 지배하에 와인을 생산했다. 그러나 한동안 보르도, 부르고뉴의 와인 때문에 빛을 보지 못하다가 1990년대 젊은 와인 양조가들이 자연의 떼루아를 살리고 천연 그대로의 품질 좋은 유기농 와인을 생산하면서 옛날의 명성을 되찾았다. 즉, 연간 300일 정도가 햇빛이 나며, 강우량도 연간 400mm이며, 다양한 토양(화강암,

▼ 루시옹 샤토 루 건물 전경

▲ 샤토 루의 와인들

▲ 프랑스 샤토 루에서 명예대사 수여때 받은 계란모양의 조각물

석회암, 편암, 모래, 자갈 등)과 다양한 23개 종류의 포도품종, 지중해의 해풍이 새로운 와인 세계를 바꾸었다.

특히, 포도밭에 '가리그(Garrigue)'라고 부르는 낮은 덤불과 야생 허브, 잡초들이 풍부해 자연적이고 독특한 향을 품은 매혹적인 유기농 와인을 만들었다. 로즈마리, 라벤더 등의 허브 향이 어우러진 들꽃 같은 와인이 탄생하게 되었고, 프랑스 와인 중에 상대적으로 가성비가 높아 인기를 끌었다.

'샤토 루(Château l'Ou)'는 역사가 매우 짧지만 와인 품질 면에서는 타의 추종을 불허할 만큼 개성 있는 와인을 생산한다. 세베린(Séverine; 고생물학자)과 필립(Philippe; 브라질 농업경제학자) 부부는 오랫동안 무역상을 하던 도중에 세베린의 고향인 프랑스 보르도에 고생물학을 연구하러 왔다가 필립이 보르도 와인에 심취되면서 새로운 꿈을 갖게 되었다. 세베린과 필립 부부는 프랑스에서 와인을 만들기에 천혜의 포도재배 조건을 타고난 지역이 루시옹이라는 것을 발견하였다. 특히 다른 지역보다 포도밭을 매입하는데 저렴하다는 사실에 정착하기로 결정하고, 유기농 와인 양조에 열정을 쏟아부었다. 와이너리의 이름인 '루(l'Ou)'는 스페인 카탈루냐어와 프랑스어를 조합해 만든 단어로 '달걀'을 뜻한다. 새로운 시작과 부활의 의미를 함축하는데, 공교롭게도 와이너리를 지은 터 앞에 달걀모양의 연못이 브랜드 이미지와 일치한다.

1998년 샤토 루 와이너리를 설립한 세베린과 필립 부부는 처음부터 자연 그대로의 떼루아를 와인에 표현하고자 자연 친화적인 유기농법으로 포도를 재배했고, 포도의 품질을 높이기 위해 포도나무 한 그루당 10송이 이내로 선별하여 손수확했다. 와이너리를 방문하는 사람들에게 꿈과 희망을 주기 위해 발효통과 오크통에는 무지개 색깔로 7개의 빛의 띠를 둘렀는데, 아름다운 오크통과 발효통은 이 와이너리의 상징이 됐다. 이곳 와이너리에서는 오크통에 직접 포도를 넣어 발효시키면서 매일 수작업으로 발효되어 가는 포도를 휘저어 순환시키며, 한국 김장 독처럼 공기가 순환될 수 있게 도자기 재질의 암포라 통에서 와인을 발효·숙성하는 새로운 방식을 도입했다. 이렇게 자신들만의 독특한 와인 세계를 구축한 결과, 루 와이너리는 국제적인 와인품평회에서 서서히 인정을 받기 시작했다. 미국의 와인평론가 로버트 파커가 88점을 주었고, 와인 스펙테이터에선 94점, 한국와인챌린지에선 금상을 받으며 세계적인 와인 반열에 올랐다. 현재 필립은 루시옹와인협회 회장을 맡고 있으며, 저자는 이곳에서 루시옹 샤토 루의 홍보대사로 임명 받고 달걀 모양의 조각상을 선물 받았다.

저자는 '샤토 루'에서 6종류의 화이트, 로제, 레드와인을 시음했는데 와인마다 독특한 개성을 갖고 있었다. 시음한 와인 중에 '시크리트 드 쉬스터 2014(Château de l'Ou Secret de Schistes, 2014)'는 '편암의 비밀'이란 뜻의 와인으로 루시옹 와인의 비밀을 간직한 대표적인 와인으로 매우 품질이 우수했다. 나의 입맛에는 시라 포도품종 100%로 만든 '인피니먼트 시라 2014(Infiniment Syrah 2014)'가 인상적이었다. 프랑스 뉴오크통을 사용하여 깊고 진한 보라의 붉은색을 띠며 신선하고 개성적인 아로마를 느낄 수 있고 검붉은 과실 향과 다양한 향신료 향이 일품이다. 그 중에서도 로즈마리, 바이올렛, 카시스, 토스트 향이 기분 좋게 코를 자극한다. 마셔보면 입안을 가득 채워주는 미네랄과 함께 지중해 해풍의 맛을 풍기는 미세한 소금 맛과 더불어 풀바디의 우아한 맛, 검붉은 과실 향과 묵직한 타닌의 조화도 인상적이며, 장시간 지속하는 여운이 일품이다.

음식과의 조화는 쇠고기 스테이크, 로스트비프 스테이크, 양고기, 장작불에 구운 소시지, 전형적인 양념을 곁들인 동양 음식, 돼지 불고기, 삼겹살 구이 등을 추천한다.

▼ 루시옹 샤토 루의 세베린, 필립 부부

떼루아, 오크통

🍷 떼루아, 프랑스 농부 철학

태초에 자연이 있었기에 와인이 존재할 수 있었으며 자연과 인간의 최고 걸작품은 떼루아(terroir; 지방 특유의 개성으로 구성요소는 토양, 기후, 지형, 사람)이다. 하늘, 땅, 바람, 물, 햇볕 등의 자연 조건 뿐 아니라 인간의 열정과 혼이 함께 할 때 천지인(天地人)의 와인은 완벽한 모습으로 태어난다.

프랑스 부르고뉴 지방에서 십자가 푯말이 있던 축구장 크기의 '로마네 콩티' 포도밭에서 떼루아 철학을 경험한 적이 있다. 폭 3~6m가량의 고랑을 건넜을 뿐인데 로마네 콩티와의 가격 차이는 10배 이상 나고 있었다. 흙 색깔과 돌 모양 크기도 별 차이가 없어 보였으며, 포도나무는 같은 포도품종인 피노 누아(Pinot Noir)였지만 포도나무 잎이 로마네 콩티는 조금 엷은 적황색을 띠었고, 옆의 밭은 힘차고 진한 녹색이었다. 부드러운 경사면을 따라서 포도나무 줄이 멀리까지 뻗어있었다. 흙 빛깔은 상상했던 것보다 붉은 점토질이었는데 떼루아의 비밀은 지표토 아래 중층과 하층 그리고 경사면에 있었다.

포도 묘목이 최상의 상태가 되기 위해서는 20년 정도가 필요하며, 포도재배지의 토질을 파악하는 데는 50년 이상 걸린다. 그리고 서로 다른 양조 연도들을 얻기 위해서는 한 세기가 걸리며 완벽한 떼루아를 위해 최소한 400~500년을 거쳐야 된다.

시토회 수도사들은 부르고뉴 지방 포도밭의 토양 성질을 파악하기 위해 수 십년 동안 흙을 입으로 직접 맛보고 다녔다고 한다. 그 차이를 구별해 담장의 뜻인 크뤼(cru) 개념을 정리했으며, 떼루아를 바탕으로 체계적인 포도밭 관리와 와인 사업의 초석을 다졌다.

▲ 프랑스 부르고뉴의 포도밭의 토양

천지인(天地人)

떼루아는 원래 '토양'을 뜻하는 프랑스어지만 최근에는 포도밭의 특징을 결정짓는 자연적 요소의 전반을 의미한다. 자연환경, 토질 구조, 방향, 위치, 지정학적 조건, 포도밭이 속해있는 기후인 습도, 강수량, 일조량, 바람 등, 포도재배에 영향을 미치는 모든 자연 조건을 포함하는 것이다. 특히, 프랑스나 이탈리아에서는 떼루아를 중심으로 포도밭의 AOC 등급을 매긴다.

토양은 암석과 입자, 환경, 기후, 지형적인 위치, 성분, 일조량, 풍량과 풍향, 토양수질, 계절적인 기후 등의 복합적인 작용으로 이루어진다. 예를 들면 프랑스 보르도 그라브지역은 자갈과 모래, 포므롤 지역은 진흙과 석회질 토양, 부르고뉴는 석회암질, 점토질, 샴파뉴는 백악질 그리고 독일 모젤은 슬레이트(slate) 토양으로 땅의 개성이 들어있는 와인을 생산한다.

좀 더 세분화하여 같은 지역, 특정한 명칭, 같은 형태의 토양, 기후 조건, 포도재배와 와인을 만드는 방법까지 공유하는 포도원(또는 포도밭)에서 와인에 특별한 개

▼ 프랑스 부르고뉴의 라타쉐 포도밭

떼루아, 오크통

성을 주는 것을 말한다. 지역과 포도밭의 통제 명칭, 포도품종과 품질, 포도나무 전지법(Gobelet, Guyot, Gordon, Basket, Mosel 등), 양조법도 포함한다. 떼루아는 '하늘(天)과 땅(地), 그리고 사람(人)'의 삼위일체이다.

손자병법에 도(道)는 기업의 목표이며, 천(天)은 외부환경의 변화를 조종하는 것이며, 지(地)는 산업 구조와 경쟁자이며, 장(將)은 경영진의 리더십이며, 법(法)은 조직과 경영 프로세스라고 하였다. 떼루아도 품질 좋은 와인을 만들기 위한 손자병법에 속한다고 볼 수 있다. 특히 천(天)과 지(地)가 외부환경이라면 인(人)은 장(將)과 법(法)으로 기업의 역량을 통해 경쟁자보다 더 많은 가치와 희소성을 가져야 경쟁 우위에 설 수 있다는 것을 보여준다.

와인에서 떼루아는 생명처럼 소중하고 희비가 엇갈리며 떼루아로 인해 빈티지가 탄생하게 되었다. 구세계 와인은 떼루아에 많은 영향을 받고 와인의 품질도 결정되지만, 신세계 와인은 매년 같은 기후조건의 떼루아로 인해 별로 영향력이 없으며, 와인의 생산기술이 와인의 품질을 결정한다고 보면 된다.

▼ 이탈리아 피에몬트 랑게지역의 말비라 와이너리

와인 양조의 숨은 공로자, 수도사

최고의 명품 와인의 조건은 떼루아, 포도품종, 양조가이다. 현재 세계적으로 명성이 높은 양조가는 미쉘 롤랑(Michel Rolland), 파울 홉스(Paul Hobbs), 알베르토 안토니니(Alberto Antonini), 스테판 드농쿠르(Stephane Derenoncourt) 등이 있다. 그러나 와인 양조의 역사 속에 숨은 양조가가 수도원의 수도사라는 사실을 아는 사람은 거의 없을 것이다. 그 대표적인 수도사가 프랑스 샹파뉴에서 샴페인을 개발한 동 페리뇽(Dom Pérignon)이다.

와인은 그리스·로마 시대 이후부터 예수 그리스도의 성혈로써 교회 의식에 필수 불가결한 음료이며, 신이 인간에게 내려준 최고의 선물이었다. 그리스도 신앙으로 살아가는 수도사 하면 대부분 사막의 동굴에서 기도하는 은둔 수도사, 인간들의 죄에 대해 속죄하기 위해 기도하는 수도사 등 다양했다. 그러나 수도사의 궁극적인 목적은 하느님을 알현하기 위해 기도하는 수행자이다. 수도원에는 품질 좋고 맛있는 와인을 양조하는 수도사가 가장 존경받았다. 유럽 중세시대의 와인 산업은 가톨릭교회가 보호해주었지만, 중세시대 이전의 와인 산업은 로마 장군들이 지켜주었다. 그러나 로마가 패하면서 장군들이 권좌에서 물러났고, 가톨릭교회의 주교가 와인 양조를 담당하면서 고품질의 와인 생산으로 확고한 위치를 잡았다. 특히 910년에 창설된 클뤼니 시토(Cluny Citeaux) 수도회는 프랑스 부르고뉴 지역의 포도밭을 등급화하고, 와인 양조 기술을 발전시키는 데 지대한 공헌을 했다. 중세 가톨릭교회는 무엇보다도 교회의 제반 의식에 필요한 와인을 양조한다는 명분으로 포도 재배와 와인 양조에 전폭적으로 지원한 결과, 와인 산업에 획기적인 변화를 가져왔다. 수도사는 인내심이 크고, 근면으로 무장된 계몽적인 와인 양조자로 포도 재배, 와인 양조에 탁월한 능력을 발휘했다.

프랑스는 예절이 없고 음식에 문외한이었던 프랑크(Franks)족의 침공으로 한때 수도원의 위기가 있었지만, 후에 프랑크족은 가톨릭교로 전환했고, 북유럽의 게르

▲ 포도나무 재배법 연구, 시토 수도원의 수도사들

만(German)족도 침략할 때 가톨릭교회의 위엄 때문에 수도원을 보호해주었으며, 특히 서고트(Visigoths)족은 교황 성 베네딕트(Sanctus Benedictus de Nursia)의 위엄에 감히 수도원은 공격할 수가 없었다. 그러나 로마제국의 몰락과 함께 침체 일로에 있었던 이탈리아는 가톨릭교회의 위엄이 따라 주지 않았다. 롬바르드(Lombard)족은 480년에 설립된 몬데카시노(Montecassino) 수도원을 약탈하고, 포도밭을 가차 없이 짓밟아 결국 다음 세기에 복구되었다. 약탈자로 부터 식량과 와인을 숨길 필요성 때문에 지하의 벙커에 술통을 몰래 감추는 관습이 생겼고, 이때 와인이 이상적 공간인 지하 저장실(cellar)에서 숙성되고 맛있게 익는다는 것을 알게 되었다. 이전에는 다락방에 와인을 저장했는데 와인 맛에 전혀 도움이 되지 않았고, 와인의 빠른 노화로 수도사들을 괴롭혔다. 와인을 보관 숙성하는 지하 저장실의 발견은 와인 산업에 혁명적인 사건이었다. 서유럽 문명의 수도원에서 하는 가장 위대한 봉사는 와인 양조와 증류주인데, 유럽에서는 지금도 독일 라인강, 모젤강 주변의 베네딕트(Benedictus) 수도원, 프랑스 프로방스, 랑그독 지방의 시토(Citeaux) 수도회가 와인을 생산하고 있다. 칼뱅과 헨리 8세는 스위스와 영국에서 프로테스탄트 개혁할 때 와인 양조를 금지했고, 공산주의가 지배했던 시절에도 수도사는 예수 그리스도의 성혈인 와인만은 포기할 수가 없었다. 현재 우리가 즐겨 마시는 와인 중에 와인병 라벨을 자세히 살펴보면 수도원의 흔적을 찾을 수가 있다. 라벨에 클로(clos), 클로스터(kloster), 에르미타주(hermitage), 셍 아베(St. Abbaye), 프리외르(pheure), 코망드리(commandrie)등은 와인 생산지가 수도원이라는 뜻이다.

▼ 와인을 양조한 수도원

프랑스, 샤토 샤샤뉴 몽라셰 바데르-미뮈르

프랑스 와인의 양대 산맥은 프랑스 보르도(Bordeaux)와 부르고뉴(Bourgogne)이다. 그 중 '부르고뉴 와인에서 찾은 인생'은 부르고뉴를 배경으로 한 영화로, 부르고뉴의 아름다운 포도밭과 아직 소박한 농부의 삶을 그렸다. 더 나아가 프랑스 최상급 와인 제작과정은 물론 와인 농장의 사계절이 눈부시도록 아름다운 영상미로 그려지고 가족의 사랑이 담겨 있어 부르고뉴가 더욱 더 아름답게 느껴졌다. 부르고뉴는 포도밭 등급을 중심으로 가족 중심의 소규모로 양조하는 전통성이 돋보인다. 아침 일찍 '부르고뉴 와인에서 찾은 인생'의 배경이 된 포도밭을 들러서 화이트와인의 명산지인 몽라셰(Montrachet), 샤샤뉴 몽라셰(Chassagne Montrachet)를 찾았다. 그중에 샤샤뉴 몽라셰 포도밭의 98%를 소유하고 있는 '샤토 샤샤뉴 몽라셰 바데르-미뮈르(Château Chassagne-

▼ 프랑스 부르고뉴 샤샤뉴 몽라셰 와이너리와 포도밭

Montrachet Bader-Mimeur)'를 방문했다. 이 샤토에서 황금의 언덕을 바라보면 끝없이 펼쳐지는 아름다운 포도밭은 내가 부르고뉴에 와 있다는 것을 실감시켜줬다.

'샤토 샤샤뉴 몽라셰 바데르-미뮈르'의 마케팅 담당자의 안내로 샤토를 둘러봤다. 프랑스 보르도에서는 샤토라고 하고, 부르고뉴에서는 도메인이라고 하는데 샤토라는 명칭이 낯설기만 했다. 역사를 거슬러 올라가면 1270년 장 데 크루스(Jean de Crux)가 처음 사샤뉴 몽라셰에 정착했고, 14세기에는 장 데 사샤뉴(Jean de Chaissaigne)가 소유했다. 1577년에 샤를 드 라 부티에르(Charles de la Boutière)가족이 프랑수아 데 페리에르(François de Ferrieres)의 후손들로부터 구입했다. 샤를 드 라 부티에르는 1706년 자신의 외동딸 마거리트(Marguerite)와 장 프랑수아 앙투안 드 클레르몽 몬토이손(Jean-François Antoine de Clermont Montoison)이 결혼을 하자 1710년 자신의 전재산을 사위에게 상속했다. 1919년 8월에 찰스 미뮈르(Charles Mimeur)는 사샤뉴 몽라셰 지역의 클

▲ 프랑스 부르고뉴 샤샤뉴 몽라셰 포도밭의 자갈

로스 두 샤토 사샤뉴 몽라셰(Clos du Château de Chassagne Montrachet)를 인수하면서 도메인 두 샤토 데 사사뉴 몽라셰(Domaine du Château de Chassagne Montrachet)라고 명칭을 변경했다. 1920년에 찰스 미뮈르의 딸 엘리스 미뮈르(Elise Mimeur)가 파리의 와인 유통상인 필리페 바데르(Philippe Bader)와 결혼을 했다. 부부는 프랑스 파리에서 와인 유통상을 한 경험과 거래처를 중심으로 파리에 자신의 와인을 홍보하고 마케팅 활동을 한 결과, 1930~40년에 파리 와인 유통업계와 시장에서 가장 주목받은 도메인으로 성장하고 부를 축적했다. 그리고 부부의 이름을 사용하여 샤토의 이름을 샤토 사샤뉴 몽라셰 바데르-미뮈르(Château Chassagne-Montrachet Bader-Mimeur)로 변경하여 브랜드 마케팅을 강화했다. 부부는 모터사이클을 구입하여 포도밭을 누비고 다녔고, 이를 매우 소중한 자산으로 취급하여 현재 로비에 전시되어 있다. 현재는 후손인 마리에 피에르(Marie-Pierre)와 장 피에르(Jean-Pierre)가 물려받아 운영하고 있다. 1980년부터 부르고뉴 지방의 토양 및 재배조건 즉 떼루아를 연구해온 마리에의 남편 아라인 포씨에르(Alain Fossier)가 경영과 생산을 총괄하면서 와인의 품질이 향상됐다.

부르고뉴의 대표적인 석조 건물로 인정받고 있는 아름다운 샤토 건물은 19세기 석조로 설계 건축한 인상적인 건물로 경매에서 구입했다. 부르고뉴에서 채석한 돌로 샤토를 건축하여 더욱더 분위기를 자아낸다. 최근에 건물을 증축하여 지속적으로 포도 발효실, 숙성실, 저장실 등이 현대

화 시스템을 갖추었다. 샤토 소유의 포도밭은 샤토에서 1km 이내에 위치하여 직접 관리를 할 수 있고, 운송시간을 단축할 수 있어 포도품질관리에 최선을 다해 최고의 와인을 생산한다. 포도밭은 해발 240~320m에 위치하여 남쪽에서 불어오는 지중해, 대서양 바람과 육지에서 불어오는 대륙성 바람의 영향을 받고 있다. 특히, 변덕스러운 악천후에도 나지막한 산의 자연적인 돌 장벽이 있어 포도밭을 보호해주기 때문에 피해가 거의 없다. 부르고뉴의 화이트와인을 대표하는 마을은 몽라셰로 특등급 포도밭이지만 사샤뉴 몽라셰도 화이트와인을 생산하는 대표적인 1등급 포도밭이다. 1937년에 샤샤뉴 몽라셰의 포도밭 등급이 결정됐고, 주 생산 포도품종은 샤르도네이며, 일부 포도밭에서는 피노 누아를 재배한다. 바데르-미뮈르의 와인 총 생산량의 78%가 샤르도네 화이트와인으로 그랑크뤼(Grand Cru), 프리미에 크뤼(Premiérs Crus/1er Cru)등급의 와인을 생산한다. 바데르-미뮈르의 경영철학은 최대한 자연그대로 상태에서 포도나무를 재배하고, 자연현상에 특별히 대비하지 않으며 자연이 주는 포도만을 고집하는 데 있다. 토양은 샤르도네의 최적 토양인 자갈, 점토, 규석, 석회석, 산화철이 혼합되어 개성 있는 와인을 만들고, 포도를 수확하기 2주 전부터 매일 포도의 샘플을 분석하여 최적의 수확 날짜를 결정하고 포도선별 후에 손수확한다.

저자가 샤토를 모두 견학하고 시음실에서 시음한 5종류의 와인 중에 '사샤뉴 몽라셰 루즈 2012(Chassagne Monarchet Rouge 2012)'가 가장 인상 깊었다. 사샤뉴 몽라셰의 화이트와인은 국내에서도 많이 마셔봤기 때문에 크게 감동을 주지 못했지만, 화이트와인이 생산되는 포도밭 중에서 한정적으로 재배한 피노 누아 100%로 만든 루즈 2012 와인은 특별했다. 맑고 깨끗한 루비 빛깔, 잘 익은 블랙베리, 체리, 야생 딸기, 구스베리 향과 복합적인 향신료의 터치가 일품이다. 특히, 맑고 깨끗한 미네랄과 잘 익은 과일의 풍미가 풍부하고 균형감이 뛰어나며, 긴 여운이 매력적이었다. 음식과 와인의 조화는 쇠고기 안심구이, 양고기, 로스트치킨, 가금류 샐러드와 잘 어울린다.

떼루아, 오크통

떼루아의 영향과 피해

포도의 성장과 수확시기에는 날씨가 가장 큰 변수다. 혹한이나 우박이 내리면 수확량이 감소하고 과도한 비와 부족한 일조량은 설익어 당을 보충해야 하며, 과도한 일조량은 너무 익어 와인양조에 어려움을 준다.

1800년대 유럽은 필록세라로 포도밭이 황폐화되어 많은 고생을 하였고 캘리포니아 포도원들은 1980년대에 큰 피해를 입었다. 보르도는 1991년 4월에 엄습한 혹한으로 수확이 50% 이상 줄었고, 2001년 4월 캘리포니아 중부는 꽃샘추위로 피해를 입었다. 샹파뉴에서는 9월에 비가 많이 내려 1873년 이후 가장 묽은 수확물을 거두었다. 2002년 9월 이탈리아 피에몬트의 바롤로, 바르바레스코에 우박이 내려 피해를 보았으며, 토스카나 지방은 악천후로 그 해 '빈티지 키안티 클라시코 리제르바'를 한병도 출시하지 못하였고, 샹파뉴 지방에는 꽃샘추위로 포도의 80%가 손해를 입었다. 2003년 유럽에 예상치도 못했던 폭염으로 전통적인 와인 스타일을 찾지 못하였으며, 고급와인 생산에도 실패하였다. 2004년 6월과 8월, 부르고뉴 지역은 우박을 동반한 폭풍우로 40%의 포도밭이 피해를 보았다. 2004년 8월 부르고뉴 본 로마네 지방을 방문하였을 때 갑자기 구름이 몰려오고 어두워지면서 천둥·번개가 치고 추워지면서 소나기와 함께 우박이 떨어지는 것을 우연히 목격하게 되었고 그 이후에도 부르고뉴를 방문할 때마다 이러한 현상을 자주 목격했다. 포도송이가 우박을 맞게 되면 "피멍"이 들어 마치 사람처럼 고통스러워하는 것을 보고 떼루아의 중요성을 다시 한번 경험하게 되었다.

▼ 프랑스 부르고뉴 지역의 우박으로 피멍들은 포도송이

천지인(天地人)

🍷 포도밭, 와인 품질 좌우

영화 "시네마천국"에 출연하고, "위대한 비행"을 감독한 프랑스의 쟈크 페랭(Jacques Perrin, 1941년생)은 "보르도 와인은 인간이 만든 창조물이지만 부르고뉴 와인은 신의 은총이 깃든 와인이다"라고 하였다. 품질 좋은 와인은 토양에 적합한 품종, 척박한 토양에서 자신을 극복할 수 있는 노력, 강렬한 태양 빛을 수용하는 자세, 농부의 순수한 마음, 신의 은총을 받아 탄생하는 것이다.

와인의 품질을 좌우하는 가장 큰 요인은 두 가지로 대별된다. 하나는 독특한 개성을 가진 포도품종이며, 또 다른 하나는 포도품종의 특징을 보다 더 독특하게 만들어 주는 포도밭 환경이다. 물론 둘 다 중요하지만 전 세계 포도밭을 분석해보면 맛있는 와인이 탄생하는 배경에는 항상 뛰어난 어머니 품 안 같은 포도밭이 존재하였고, 오랫동안 그 토양에 적합한 포도품종이 선택되어 재배되었다는 사실이다.

명품와인의 대표라고 불리는 지역은 카베르네 소비뇽의 포도품종으로 양조하는 프랑스의 보르도 지방, 피노 누아, 샤르도네를 고집하는 부르고뉴 지방, 리슬링으로 대표되는 독일의 라인가우, 모젤 지방 등이다. 이 지역은 국제적인 포도품종의 개성을 보다 특징적으로 와인에 반영시키는 포도밭이 있고 농부들의 피땀어린 노력이 있다. 위대한 레드와인 생산지인 프랑스의 보르도 포도밭은 지롱강, 가론강, 도루도뉴강 하구에 펼쳐져 있다. 이 지역은 사력질, 점토질, 백악질 등의 토양이며, 자갈과 모래가 섞여 있는 공통점을 지니고 부르고뉴처럼 경사지는 없지만 배수가 좋은 특징을 갖고 있다. 보르도의 그라브 지역은 아름다운 자갈돌과 모래, 그리고 점토 등의 혼합으로 와인의 품질에 미묘한 영향을 준다. 특히 부르고뉴의 포도밭은 보르도 이상으로 와인의 개성을 부른다.

독일의 라인가우, 모젤 지역은 농부들의 알뜰한 지혜가 돋보인다. 북위 50도라는 상대적으로 어려운 포도재배 환경 속에서 태양의 혜택을 조금이라도 더 오래 받고자 강을 따라 남면 경사지에 포도나무를 심어 포도가 자라기 좋은 환경을 만들었기 때문이다.

포도가 재배되는 토양은 물론이고, 포도밭에 포도나무가 몇 그루 심어져 있느냐에 따라서도 차이가 있으며, 햇볕의 조건에 따라 가지치기, 잎의 그늘, 포도송이의

▲ 프랑스 루시옹 지방 포도밭

노출 조건도 다르다. 포도는 거짓말을 하지 않는다. 포도나무가 뿌리내리고 있는 토양과 환경, 재배자의 부지런한 발걸음을 그대로 반영해 성장하고 개성을 가지면서 와인으로 탄생하게 된다. 와인의 품질을 좌우하는 포도밭 환경에는 여러 가지가 있다. 그 중 가장 핵심적인 5가지는 다음과 같다.

첫째, 포도밭은 적당한 고도에 자리잡아야 한다. 포도나무는 척박한 땅에서도 토양을 원망하지 않고 생명의 의지로 겸손함을 배우며 공존하는 법을 터득하고 성장한다. 포도밭의 고도에 따라 생육 조건이 달라지며 고도가 1백미터 높아지면 기온은 0.5~1°C 내려간다. 밭이 저지대 혹은 고지대냐에 따라 적응할 수 있는 품종을 선별하여 심어야 하며, 품질도 달라지고 와인에도 영향을 미친다.

둘째, 적당한 경사의 포도밭이어야 한다. 포도의 성장에는 태양의 역할이 중요하다. 햇빛은 포도의 당도에 영향을 미치며, 당도는 와인의 품질과 직결되면서 양조에 영향을 주기 때문이다. 햇볕을 충분히 이용하기 위해서 위도가 높은 지역에서는 급경사 지역에 포도밭을 일구는 일이 많다. 급경사면에 포도밭을 가꾸는 경우 높은 위치에 있는 나무가 강렬한 태양빛을 많이 받으며 밤에도 지열을 뿜어낸다. 또한 배수도 잘 되어 포도재배에 적합한 환경을 만든다. 하지만 고도가 너무 높으면 기온이 급하게 내려가는 문제가 생긴다.

셋째, 일조량이 충분해야 한다. 포도밭의 태양은 무한한 우주의 힘, 불의 힘을 응축하고 있다. 목마름이 없으면 물의 중요성을 느끼지 못하고, 삶의 가치를 느끼기

▲ 독일 모젤 지역 포도밭

힘들다. 포도나무도 기온이 너무 올라가지 않고 일조량이 많으면 많을수록 좋은 포도를 만들어낸다. 북반구에서는 당연히 동쪽에서 남쪽 방향으로 향한 위치에 포도밭을 만들어 많은 일조량을 받게 하고 있다.

넷째, 주변에 강이나 호수가 있어야 한다. 포도밭 주변에는 항상 강이 함께 하고 있다. 강은 포도밭의 젖줄이며, 금방 차가워지지도 또 금방 더워지지도 않는 성질을 지니고 있다. 따라서 가까운 곳에 하천이 있는 포도밭은 기온의 변화에 큰 영향을 받지 않으며, 밤낮의 기온 차이에 의해 적당한 습도와 미네랄을 제공해준다. 강이 근처에 있는 포도밭에서는 좋은 스위트 와인을 양조하는데 독일의 라인가우, 모젤 지방과 프랑스의 소테른, 헝가리 토카이 지방 같은 곳에서는 귀부균의 번식을 촉진시켜 스위트와인을 양조하는 장점도 있다.

다섯째, 숲의 유무이다. 숲은 강풍으로부터 포도나무를 보호해주는 방풍림 역할을 한다. 그리고 적당한 비를 가져다주기도 하면서 포도의 목마른 갈증을 해소시켜준다. 숲은 포도밭의 수호신과 같은 존재이다.

▲ 프랑스 보르도 그라브 지역의 샤토 스미스 오 라피트 포도밭

수퍼 토스카나의 시초 이탈리아 안티노리

안티노리 와이너리(Antinori Winery)는 입구에서부터 그 웅장한 모습에 감탄한다. 2017년에 피렌체의 건축사 그룹 아르체아 어소시에트스(Archea Associates)가 설계한 와이너리는 매우 아름답다. 와이너리의 단순한 기능을 넘어 작게는 키안티(Chianti), 크게는 피렌체의 역사적, 사회적 가치 표현뿐만 아니라, 피렌체가 감내했던 몇 세기동안 땅의 역사를 담아 사람과 자연환경을 표현한 건물이다.

기네스북에는 1385년에 세워진 이탈리아 안티노리 와이너리가 세계에서 가장 오래된 와인 양조장으로 등재되어 있다. 600년이 넘는 세월 동안 와인에 열정을 쏟아온 한 위대한 가문, 지오반니 디 피에로 안티노리(Giovanni di Piero Antinori)가 본격적으로 와인 사업을 시작하여 성공한 안티노리가는 오늘날 프레스코발디(Frescobaldi), 가야(Gaja)와 함께 이탈리아의 3대 와인 명문가문이다. 안티노리 가문은 1180년부터 피렌체 교외 지역의 토지를 매입하여 포도나무를 심고 양조를 하였으며, 1202년 전쟁으로 인해 피렌체로 이주했고, 당시 상업도시였던 피렌체에서 비단직공 조합에 가입하며 이곳에 뿌리를 내렸다. 그리고 1293년 피렌체의 와인 생산자들이 모여 와인생산 조합을 결성했는데, 안티노리는 1385년 이 조합에 가입하면서 공식적으로 와인생산가문을 인정받았다. 17세기 후반부터는 유럽지역에서 와인 품질을 인정받았고 명성이 높아졌으며, 1729년 교황 클레멘스(Clemens) 12세는 안티노리 와인을 교황청 선물로 지정하였다. 16세기 초에 선조들이 남긴 3P 경영철학(열정; Passion, 인내; Patience, 끈기; Perseverance)은 니콜로 안티노리(Niccolo Antinori) 후작에 이어 피에로 안티노리(Piero Antinori)도 지켜왔다. 현재 가문을 29세에 상속받은 26대손 큰딸 알비에라 안티노리(Albiera Antinori)노 3P 경영철학을 지키면시 항상 '품질 제일주의'를 지향하고 있으며, 둘째 딸과 셋째 딸은 와인마케팅과 와인양조를 책임지고 있다.

이탈리아 와인이 전 세계적으로 품질이 알려지기 시작한 것은 1960년대 초로 원산지 명칭 보호에 관한 법규(DPR 930/63)가 제정되면서부터이다. 그러나 안티노리 와이너리는 법규가 허용한 품종과 양조방식에서 벗어나 새로운 도전을 시도하여 테누타 산 귀도(Tenuta San Guido) 지역에서 티냐넬로(Tignanello) 와인을 양조했는데 이것이 수퍼 토스카나(Super Toscana)의 시초가 되었다.

2004년에 삼성 이건희 회장이 추석선물로 삼성 임원들에게 이 와인을 선물로 돌려 한때 한국 내에서 품절되기도 했으며, '이건희 와인'으로 불리면서 가치를 인정받았다. 그 후 1978년에 티냐넬로 포도원에서 가장 좋은 포도밭을 선별해 양조한 것이 솔라이아(Solaia; 태양을 담은) 와인이다. 세계적인 와인 잡지 '디켄터'와 '와인 스팩데이터'에서 100대 와인 중 1위로 선정되어 품질을 인정받았다.

안티노리 와이너리가 추구하는 최고 와인의 핵심요소는 첫째, 일조량이 풍부하고 일교차가 크고 척박한 토양, 둘째, 토양에 알맞은 포도품종의 선택, 셋째, 잘 익은 포도를 일일이 선별하여 손으로 수확하여 포도 개성에 맞은 와인을 양조하는 것이라고 했다. 그리고 마지막으로 지속 가능한 기업을 위해 전통과 환경의 가치를 존중한다는 것이다. 대대로 내려온 2개의 가치는 첫째, 전통으로 '땅과 그 산물을 사랑하는 것'이며, 둘째, 환경은 '새로운 일에 투자하거나 시작할 때 경영환경을 고려하고, 지속가능한 자연환경을 생각하여 조심스럽게 한 걸음씩 접근하는 것'이다.

안티노리 와이너리는 이탈리아 토스카나(Toscana)의 키안티 클라시코(Chianti Classico), 몬탈치노(Montalcino), 수퍼 토스카나의 성공신화를 실현한 볼게리(Bolgheri)에서 피에몬트(Piemonte), 풀리아(Puglia), 프란치아코르타(Franciacorta)로 사업을 확장했고, 미국의 나파밸리

▼ 이탈리아 수퍼 토스카나의 효시 안티노리 와이너리 셀러 숙성실

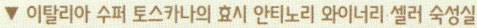

에 안티카(Antica), 샤토 생 미쉘(Chateau St. Michelle)과 합작으로 콜 솔라레(Col Solare), 스택스 립 와인 셀러(Stag's Leap Wine Cellars)를 설립하였으며, 또한 칠레에 하라스 데 피르께(Haras de Pirque)를 설립했다. 헝가리, 몰타(Republic of Malta), 루마니아 등에서도 와인을 생산하고 있다. 각 지역마다 최고의 와인을 생산하고, 국제와인품평대회에서 수상을 하면서 이탈리아의 대표적인 와인으로 명성을 얻게 되었다.

저자는 4개의 와인을 시음하였는데 그중에 티냐넬로(Tignanello) 포도원의 '마르케제 안티로리 키안티 클라시코 리세르바 2015(Marchese Antinori Chianti Classico Riserva 2015)' 와인이 인상 깊었다. 산지오베제 90%, 카베르네 소비뇽 10%을 블렌딩한 와인으로 짙은 붉은 자주 빛이 아름다우며, 풍부하고 농익은 과실, 야생 산딸기, 자두, 체리, 감초, 삼나무, 화이트 계통의 향신료 등의 향이 올라오고, 신선함을 느낄 수 있을 정도로 산미도 잘 절제되어 있으면서 부드러운 느낌이 좋았으며, 숙성을 통해 형성된 우아한 타닌이 긴 여운 속에 기분을 업그레이드 시켜준다. 중간 정도의 바디감에 전체적인 밸런스도 매우 탁월했다. 음식과 와인의 조화는 쇠고기 안심 스테이크, 양념 돼지고기구이, 불고기, 어린 양고기 등과 어울린다.

▼ 이탈리아 안티노리 와인

천지인(天地人)

🍷 빈티지, 와인 탄생의 비밀

빈티지(vintage)는 프랑스어로 밀레짐(millesime), 라틴어로 밀레지모(millesimo)에서 파생한 것으로 특별한 건축물이나 화폐가 만들어진 것을 기념하여 년도를 새긴 것에서 유래되었으며, 와인의 원료인 포도를 수확한 연도를 말한다. 와인 앞면 라벨(front label)에 2018년이라고 표기되어 있으면 와인을 병입한 연도가 아닌 2018년에 수확한 포도로 만들었다는 것을 의미한다. 다시 말하면 와인을 만든 포도의 수확연도를 의미하며, 빈티지에 따라 와인의 품질과 개성을 판단하는 기준이 되기도 한다.

1922년에 발굴된 고대 이집트 투탕카멘(Tutankhamen)왕의 묘에 36개의 와인 항아리가 발견되었다. 그 중 진흙으로 밀봉된 26개의 항아리에서 와인의 양조연도와 양조자명이 쓰여 있었다. 투탕카멘의 즉위 4년(기원전 1345년), 5년(기원전 1344년), 9년(기원전 1340년) 등이 기록되어 있었고 내용은 '즉위 4년, 생명, 번영, 건강을 상징하는 아톤신전에서 달콤한 와인, 양조인 아페르에르숍(Aperershop)'이었다. 이것이 가장 오래된 빈티지의 기록이라고 볼 수 있다. 그리고 최근 문헌에 나타나는 와인 빈티지 기록 중 가장 오래된 와인의 빈티지는 프랑스 보르도 지역에서 발견된 228년 전인 1771년산 보르도 와인이다.

◀ 와인 화석

떼루아, 오크통

영국의 유명한 와인경매전문가 마이클 브로드벤트(Michael Broadbent)가 1952년부터 50년간 작성한 노트 133권을 간추려 2002년도에 발간한 저서인 "더 그레이트 빈티지 와인 북(The Great Vintage Wine Book)"에서는 연도별 기후의 특성을 설명하면서 자신이 마셨던 빈티지 와인 중에 "클라렛 1771(Claret,1771) 와인은 흠잡을 데 없는 향을 가졌다."고 기술하였다. 마이클 브로드벤트는 오히려 짧은 문장 속에 오래 가질 수 없는 맛에 대한 욕망을 잘 기술하고 있다. 와인 마니아들은 '샤토 슈발 블랑(Château Cheval Blanc) 1947년', '샤토 마고(Château Margaux) 1961년', '샤토 라투르(Château Latour) 1982년' 와인의 이름만 들어도 흥분할 정도로 역사상 최고의 빈티지로 손꼽히고 있다.

유럽의 기후는 변덕스럽다. 프랑스 부르고뉴 와인 투어를 갔을 때 8월의 맑은 하늘이 갑자기 추워지고 우박이 내려 포도가 멍드는 걸 본 적도 있다. 기후 조건도 해마다 달라져 품질 차이를 가져온다. 포도가 자라는 동안 햇볕은 많이 받고 강우량은 적어야 하며 서리도 피해야 한다. 특히 수확기에는 일조량이 풍부하고 밤낮의 기온차가 클수록 좋다. 그래야 포도의 단맛과 신맛이 적당하고 떫은맛도 강화되며 색과 향이 풍부해진다. 매년 똑같은 자연의 혜택을 볼 수 없기 때문에 더욱더 농부들의 마음을 졸이게 하는 것이다.

와인 애호가들은 와인 산지에 풍년이 들면 그레이트 빈티지(great vintage)라고 좋아하지만 풍년이 들었다고 다 좋은 와인이 생산되는 것은 아니다. 평범한 해의 빈티지에 생산된 포도도 좋은 품질의 와인이 될 수도 있다. 2003년 프랑스 보르도와 부르고뉴는 50년 만에 최고의 빈티지가 되었지만 포도의 작황이 너무 좋아 오히려 경험없는 몇몇 양조자들은 와인 양조에서 실패를 맛보았다.

빈티지 정보는 매년 빈티지 일람표에 지역별로 작성되는데 기온, 일조시간, 강우량 등이 포함되며, 빈약한 해, 평균적인 해, 우수한 해, 아주 우수한 해, 예외적으로 좋은 해로 구분한다. 작가 레

▲ 미국 루이엠 마티니 올드 빈티지

천지인(天地人)

▲ 프랑스 보르도의 샤토 라피트 로칠드 와인

옹 도데(Alphonse-Marie-Léon Daudet; 1840~1897)는 "오래된 빈티지 와인병 속에는 훌륭한 와인이 과거를 숨기고 잠을 자고 있다. 누군가 병을 오픈하면 태양광선이 환생하며 감동없이는 경험할 수 없는 세계에 빠진다"고 하였다. 빈티지는 와인 선택에 유용한 자료가 되기도 하지만 와인품질평가에 절대적인 기준은 아니다. 와인의 빈티지는 와인을 양조하는 포도에 대한 정보이다. 좋은 빈티지에는 최상의 포도로 최고의 와인을 만들고자 노력하는 양조자의 열정도 함께 들어있음을 기억했으면 한다.

🍷 오크통, 숙성 비밀

　오크통을 사용한 와인은 라벨에 보통 "New French Barrique Aged"라고 기재되어 있다. 이것은 프랑스 보르도의 225ℓ용 혹은 부르고뉴의 228ℓ용 프랑스산 오크통을 사용한 것이며 고급와인이라는 뜻이다. "New Oak Aged" 경우 프랑스라는 말이 없으므로 값이 싼 미국산이나 슬로베니아산일 경우가 많다. "Oak Aged"도 프랑스산이 아닌 오크통을 사용했다는 뜻이며, "New Oak Aged"보다 저렴한 와인에 사용된다. 오크통 대신에 오크칩을 사용한 와인은 가격이 저렴하며, 품질이 낮은 와인으로 평가받는다.

　세상에서 가장 큰 오크통은 독일의 아름다운 고성(古城) 하이델베르그성 박물관에 소장된 것으로 당시 하이델베르그성 성주가 세금 대신 징발한 와인을 저장하기 위해 만들었다. 와인 양조용 오크통은 옆으로 눕혀진 형태로 제작됐는데 용량이 무

떼루아, 오크통

▲ 중국 연태장유와인 박물관의 오크 발효통

려 221,726ℓ이고 높이는 8m, 길이가 9m이다. 중국의 연태 장유박물관에 보관된 발효 오크통은 15톤을 저장할 수 있는 것으로 아시아 지역에서는 가장 큰 것으로 알려져 있다.

오크통은 5~6세기에는 와인, 맥주, 곡물을 운반하고 저장하는 통으로 사용되었으며, 18세기에는 와인 발효와 숙성용으로도 사용되었다. 동양에서는 전통적으로 항아리에 술을 숙성시켰지만 서양의 경우 그리스 로마시대는 항아리에 보관하고 가죽부대로 운반하다가 고대 이집트인들이 오크통을 개발하여 사용하였고, 프랑스 마르세이유 지역의 골족(Gauls; 갈리아인 혹은 켈트족)에 의해 전수되어 와인뿐만 아니라 위스키, 코냑 등을 숙성시키는 데 사용하고 있다.

오크통은 참나무(학명 Quercus, 떡갈나무, 오크나무라고도 함)로 많이 만들어지는데 굵은 나무토막은 깎아서 그릇을 만들고 단판(端板)과 환판(丸板)은 타원형의 물통을 만드는 데 사용되었다. 그 후 운반에 편리하도록 뚜껑을 고안했고 다음은 오크통의 중심부를 굵게 부풀려서 상하에 같은 바닥판을 끼우는 기술도 개발되면서 요즘의 오크통이 탄생하였다.

◀ 오크 발효통

천지인(天地人)

　오크통은 항아리와 비교하여 파손될 염려도 적고 단열성도 뛰어나서 와인 양조장으로 널리 보급되어 갔다. 세계 제1차 대전 후에는 발효, 저장, 수송, 숙성 등의 용도로 널리 사용되었으나 대규모 와이너리의 출현으로 대용량의 콘크리트 탱크와 스테인리스 스틸 탱크가 개발되어 오크통의 사용은 주로 숙성하는 데 한정되었다.
　현대의 양조법에서는 발효 중의 온도조절이 대단히 중요한 위치를 차지하게 되어 화이트와인의 저온 발효와 레드와인의 유산 발효 등에는 컴퓨터 온도 관리 시스템이 달려있는 스테인리스 스틸 탱크를 선호하고 있는 추세이다. 그러나 발효 후의 저장, 숙성 단계가 되면 스테인리스 스틸 탱크에서는 다양한 부케를 생성하는 향과 페놀이 없기 때문에 오크통에서 색과 향, 타닌의 효과를 볼 수 있어 다양한 맛의 효과를 선사하고 있다.
　떡갈나무로 제작된 오크통은 다른 재질보다 산소의 흡수가 많아서 알코올과 유기산의 결합을 촉진시킨다. 이 통은 에스테러(ester)의 형성을 높여주고, 통에서 우러나온 바닐린(vanillin), 타닌, 폴리페놀 등 60여 가지의 물질이 에스테러(ester)과 결합하여 와인의 부케인 바닐라, 커피, 구운 토스트, 새 가죽 냄새 등을 형성한다. 타닌 성분은 와인의 바디와 골격 형성에 도움을 주며 오크통의 제작과정에서 그을린 정도에 따라 와인의 색깔과 풍미에도 영향을 준다.
　오크통은 양조자가 결정하는 중요한 사항으로 뉴 오크통의 사용률, 오크통에서의 와인 숙성 기간, 오크통의 형태 등을 정해야 한다. 특히 새 오크통에 와인을 숙성하면 훨씬 더 좋은 효과를 볼 수 있기 때문에 명품와인을 생산하는 와이너리에서는 프랑스산 뉴 오크통을 고집하고 있다. 카베르네 소비뇽과 피노 누아 포도품종을 사용하는 고급 레드와인이나 샤르도네, 세미용 포도품종을 사용하는 화이트와인 등은 프랑스산 뉴 오크통으로 숙성해야 품종의 특성이 잘 드러난다.
　숙성 정도는 오크통의 크기, 재질, 통이 놓인 환경 등에 따라 달라진다. 일반적으로는 200~400ℓ 가량의 작은 나무통을 많이 사용하는데 작은 통일수록 접촉 면적이 커져서 숙성이 빨리 진행된다.
　오크통은 프랑스 보르도에서는 전통적으로 바리크(barrique; 225ℓ), 부르고뉴는 피에스(piece; 228ℓ), 이탈리아는 전통적으로 보테(botte; 3,000ℓ), 브루넬로에서는

떼루아, 오크통

오크통의 효과를 줄이기 위해 살비오니(salvioni ; 2,000ℓ)를 사용한다. 프랑스 와인 중개상들은 바리크 4개 크기인 900ℓ가 들어가는 토노(tonneau)라는 오크통을 사용한다. 재질은 여러 가지가 있는데 일반적으로는 떡갈나무를 많이 사용한다. 밤나무도 사용가능하지만 파라핀 계통의 물질이 많아서 사용량이 적다.

떡갈나무 목재는 프랑스, 미국, 포르투갈, 슬로베니아, 동유럽 산 등이 있다. 오크통의 종류는 크게 2개로 프렌치 오크와 아메리칸 오크로 구분한다. 가장 유명한 곳은 프랑스의 리무쟁(Limousin), 알리에(Alier), 느베르(Nevers), 트롱세(Troncais) 지역으로 토스트나 향신료 같은 향이 특징이다. 신세계 와인 산지에서는 미국산 오크통을 많이 사용하였지만, 현재에는 프랑스산을 사용하는 곳이 많아졌다. 미국산 오크는 버지니아(Virginia), 미주리(Missouri), 오리건(Oregon) 그리고 오하이오(Ohio)주의 산지가 유명하며, 코코넛 풍미, 거친 쓴 맛이 난다. 떡갈나무 한그루로 2개의 오크통을 만든다. 나무결의 방수효과를 위해 톱을 사용하지 않고 1m의 미랭(murrain) 널빤지를 만들어 사용하기 때문에 나무의 20%를 사용하고 80%는 땔감으로 사용한다.

▲ 독일 라인가우 지역의 오크 발효통

한랭지에서 자란 나무 재질은 조직이 세밀하고 단단하여 와인의 증발은 적지만 용출성분도 적은 것이 특징이다. 오크통 저장에서 가장 중요한 것은 항상 가득 채워야 한다는 것이다. 와인은 위스키와 브랜디 등 알코올 도수가 높은 술과 달리 저장 관리에 세심한 주의가 필요하다. 오크통 속의 와인을 위해 랙킹(racking)을 일 년 동안, 일주일에 한번을 해야 하므로 게을러서도 안된다. 오크통 속 상부에 공기가 남겨진 채 저장되면 산화가 과하게 일어나거나 레드와인은 효모에 문제가 일어나기도 한다.

오크통은 가격이 비싸기 때문에 재사용하거나 저장고의 공간 부족 문제 등으로 사용하지 않는 경우도 있다. 하지만 고급와인을 생산하는 와이너리에서는 오크통

▲ 프랑스 보르도의 샤토 마고 프렌치 오크통

▲ 이탈리아 토스카나 반피 와이너리 프렌치 오크통

특유의 풍미있는 향을 위해 오크통 숙성을 고집한다. 구세계 명품와인이나 신세계에서도 중후한 형태의 와인양조를 위해 사용하며, 장기 숙성하여 고부가가치의 와인을 생산하는데 절대적인 것이 오크통이다.

🍷 발효통 종류

발효통으로 많이 사용하는 것은 조지아의 전통적인 발효통인 크베브리(Qvevri), 구세게(프랑스, 독일, 이탈리아 등)에서 사용하는 오크통, 스테인리스 스틸통, 콘크리트통이 있지만, 최근 콘크리트통은 거의 사용하지 않고 역사의 뒤안길에 사라졌다가 최근에 다시 부활하고 있다.

오크통

오크통의 수요가 높아지던 1980년대 중반부터 세계적으로 유명세를 탄 프랑스의 리무쟁(Limousin), 느베르(Nevers), 알리에(Alliers), 트롱세(Troncais), 보주(Vosges) 숲은 오크통 산업으로 활성화되었다. 와인 양조에 새로운 오크통은 요리할 때 소금과 후추 같아서 소량이라면 요리에 맛을 더하지만, 너무 많으면 최악의 사태가 발생할 수도 있기 때문에 오크통의 선택과 사용여부는 아주 중요하다.

① 프렌치 오크통(French Oak Barrel) : 리무쟁, 트롱세, 느베르, 알리에, 보주 오크통 등이 있다. 각각 오밀조밀하고 구조가 단단한 나뭇결과 향기에 특징이 있어

▲ 프랑스 보르도의 샤토 슈발 블랑의 달걀 모양의 콘크리트 발효통   ▲ 샤토 퐁테 카네 스테인리스 발효통

포도의 종류에 따라 구분해 사용되고 있다. 일반적으로 고급와인은 향기가 잘 스며드는 프렌치 오크통을 많이 사용하고 있다.

② 아메리칸 오크통(American Oak Barrel) : 나뭇결은 섬세하고 규칙적이지만 프랑스 오크통만큼 구조가 단단하지 못하여 와인용보다는 버번위스키의 숙성용으로 사용되고 있다. 그러나 프렌치 오크통보다 가격이 저렴해서 고급와인을 생산하지 않는 양조장에서 많이 사용하고 있다. 하지만 요즘은 오크통의 제조 과정에 특별한 공법을 사용하여 양질의 와인을 만들 수 있는 오크통으로 자리잡아가고 있다. 특히 쉐리의 숙성용으로 많이 애용되고 있다.

스테인리스 스틸통

오크통은 재질과 통의 완성 상태에 따라 와인 맛에 상당한 영향을 미친다. 그러나 스테인리스 스틸통은 맛과 향에 영향을 주지 않기 때문에 오히려 순수하고 균일한 맛의 와인을 양조하는 데 최적의 조건을 갖추고 있다. 특히 첨단 컴퓨터 시스템을 부착하여 숙성 중인 와인의 화학적 반응을 과학적으로 관리할 수 있다는 장점도 있다. 계속 사용이 가능한 경제적 이점도 있기 때문에 대량 생산에 많이 이용하고 있지만 와인에 복잡 미묘한 맛을 더하는 오크통과 차이가 있다. 최근 화이트와인을 양조할 때 와인의 고유한 맛과 향을 위해 점점 더 많이 사용하고 있다. 또한 최근에 프랑스 보르도의 고급 샤토를 중심으로 칠레,아르헨티나 등에서 스테인리스 스틸통을 개량한 콘크리트를 사용하여 계란 모양의 발효통도 사용한다.

샤토 무통 로칠드

와인을 공부하다 보면 '샤토 무통 로칠드(Château Mouton Rothschild)'만큼 파란만장한 이야기도 없다. 일본 만화 '신의 물방울'에서 "밀레의 '만종'이 눈 앞에 펼쳐진다."라고 표현했고, 와인 애호가들이 "죽기 전 꼭 마셔봐야 할 와인", 그리고 프랑스 보르도에서 유일하게 2등급에서 1등급으로 바꾼 역사적인 와인으로 유명하다. 샤토 무통 로칠드 CEO의 양조 철학에서 '와인은 오랫동안 참고, 교만하지 않아야 神의 물방울이 되는 것처럼 포도에서 고통과 인내로 재탄생되는 와인에 대한 사랑과 열정이 없으면 불가능하다.'라는 것에서 많은 시사점을 얻을 수가 있다.

세계 금융업계에서 글로벌 금융 제국의 주인이자 세계 와인업계에서 상징적인 보르도의 로칠드 가문의 시조인 '마이어 암셸 로칠드(Mayer Amschel Rothschild)'는 1744년에 신성로마제국(800/962~1806)에 속한 프랑크푸르트의 가장 큰 유태인 집단 거주지에서 무역상과 환전상을 하는 아버지 밑에서 자랐다.

해외 무역과 환전업무를 배운 그는 1763년 19세에 프랑크푸르트로 돌아와 희귀 동전 딜러가 되고 1769년 25세가 되던 해, 신성로마제국하에 있던 왕국의 귀족과 왕족을 대상으로 공식 금융업자가 됐다. 프랑스 대혁명 이후에 사업이 크게 확장되고, 19세기 초반에 영주들에게 대출해주는 국제금융가로 성장했다.

그의 5형제 중 영국으로 이주하여 런던에 은행을 설립하였던 셋째 아들 네이든의 슬하에 넷째 아들이었던 나다니엘 드 로칠드(Baron Nathaniel de Rothschild; 1812~1870)가 보르도의 샤토 무통 로칠드를 1853년에 구입했다. 2년 후인 1855년 파리 만국박람회를 앞두고 니폴레옹 3세가 보르도 상공회의소에 보르도 메독 지방의 샤토들을 5개 등급으로 지정할 때, 샤토 무통 로칠드는 1등급 4개 안에 들지 못하고 2등급으로 지정되었다가, 1973년도에 118년의 기다림 끝에 프랑스 전 대통령 자크 시라크(Jacques Chirac; 1932~2019)가 농무장관시절에 보르도 와인 등급 역사상 유일하게 2등급에서 1등급으로 승격시켜주었다. 그 당시 삼촌인 제임스(James Mayer Rothschild)는 '샤토 라피트 로칠드(Château Lafite Rothschild)'를 구입했다. 현재 프랑스 보르도 그랑 크뤼 특1등급 5대 샤토 중 2개를 동일한 가문이 보유하여 와인 제국이 됐지만, 경쟁이 심했다. 그러나 샤토 무통 로칠드의 역사적인 와인스토리는 세계 유명 예술가들의 그림이 망라된 와인 라벨, 무통의 과거와 현재를 지배하는 카리스마 넘쳤던 그랑프리 카레이서이자 영화제작자 고(故) 필립 바롱 드 로칠드(Baron Philippe de Rothschild; 1902~1988)남작과 그의 무남독녀 외동딸 영화배우 출신 고(故)필리핀 드 로칠드(Philippine de Rothschild; 1933~2014)가 있었기에 가능했다.

고(故)필립 바롱 드 로칠드는 혁신과 창조 경영을 하였는데 1973년에 재평가를 받아 1등급으로 승격하는 이변을 일으켰다. 그는 재평가 전에는 항상 "나 자신은 2등급이라고 하지 않으며, 나는 다만 무통일 뿐이다."에서 재평가 후에는 "지금은 1등급이며, 과거엔 2등급이었으나 무통은 변하지 않을 것이다."라고 자신의 좌우명을 바꿨다. 그리고 또 다른 업적은 첫째, 샤토 병입의 효시이다. 1924년 불과 22세의 나이였던 필립 바롱 드 로칠드 남작은 자신의 양조장에서 직접 병입하여 판매했다. 둘째, 와인에 예술을 접목한 최초의 와인이다. 그는 1924년 샤토 병입과 동시에 라벨의 독창성을 발휘했고, 제2차 세계대전 후인 1945년부터 매년 세계적인 화가(피카소, 발튀스, 이우환 등)의 작품을 라벨로 사용했다. 셋째, 1930년에 프랑스 보르도 특1등급 샤토 중 최초로 세컨드 와인 브랜드인 '무통 까데(Mouton Cadet)'를 만들었다. 통상 보르도의 특1등급 샤토들은 작황이 좋지 않은 해에는 1등급 와인을 만들지 않았는데, 이후부터 세컨드 와인을 생산하게 된 계기를 만들었다. 넷째, 신대륙의 와인회사와 협업을 통해 최고의 프리미엄 와인을 탄생시켰다. 1979년 미국 '와인의 아버지'인 로버트 몬다비와 합작해 미국 컬트와인의 효시인 와인 '오

▼ 프랑스 보르도 샤토 무통 로칠드 전경

▲ 샤토 무통 로칠드 양의 문양

퍼스 원(Opus One)'을 출시하고, 두 얼굴(바롱 필립 남작과 로버트 몬다비)의 레이블을 사용했다. 또한 이런 국제적 경영 마인드를 이어받은 그의 딸 필리핀 드 로칠드는 1997년 칠레의 콘차 이 토로(Vina Concha y Toro)와 함께 칠레 프리미엄 와인의 효시인 '알마비바(Almaviva)'를 출시했다.

현재는 샤토 무통 로칠드는 6대손인 필립 세레이 드 로칠드(Philippe Sereys de Rothschild) 회장이 맡고 있다. 그의 아버지는 프랑스 유명 배우인 자끄 세레이(Jacques Sereys)이고, 어머니는 필리핀 드 로칠드이다.

저자는 2001년부터 5차례 샤토 무통 로칠드를 방문했는데 갈 때마다 새로운 역사를 만든 와인을 시음했다. 그중에 특별히 잊지 못하는 와인은 미국의 와인 평론가 로버트 파커가 97점을 준 '샤토 무통 로칠드 2000(Château Mouton-Rothschild 2000)' 와인이었다. 병의 라벨 디자인 또한 금장의 양(수 세기 전에 만들어진 금장의 양은 박물관에 소장된 것을 모델)으로 병 안에 담긴 와인만큼이나 빛나는 역작으로 평가되고, 21세기를 여는 2000년 새로운 시작을 의미하는 독특한 디자인으로 차별화되었다. 진한 체리 빛깔에 바디감은 있었으나 샤토 무통 로칠드의 고유한 개성인 실크 같은 섬세함이 부족하게 느꼈다. 시간이 지나면서 카시스, 구운 커피, 감초, 견과류, 블랙 과일의 향이 매우 매력적이었으며, 긴 여운에서 소박한 성향의 타닌과 함께 잠재성이 풍부한 와인이었다. 너무 일찍 오픈하여 자신의 모든 것을 보여주지 못한 아쉬움이 남았다. 향후 20~40년간 추가적으로 숙성해야 더욱더 가치를 발할 것 같았다. 음식과 와인의 조화는 사슴고기, 양 등 심구이, 쇠고기 안심스테이크와 육류와 잘 어울린다.

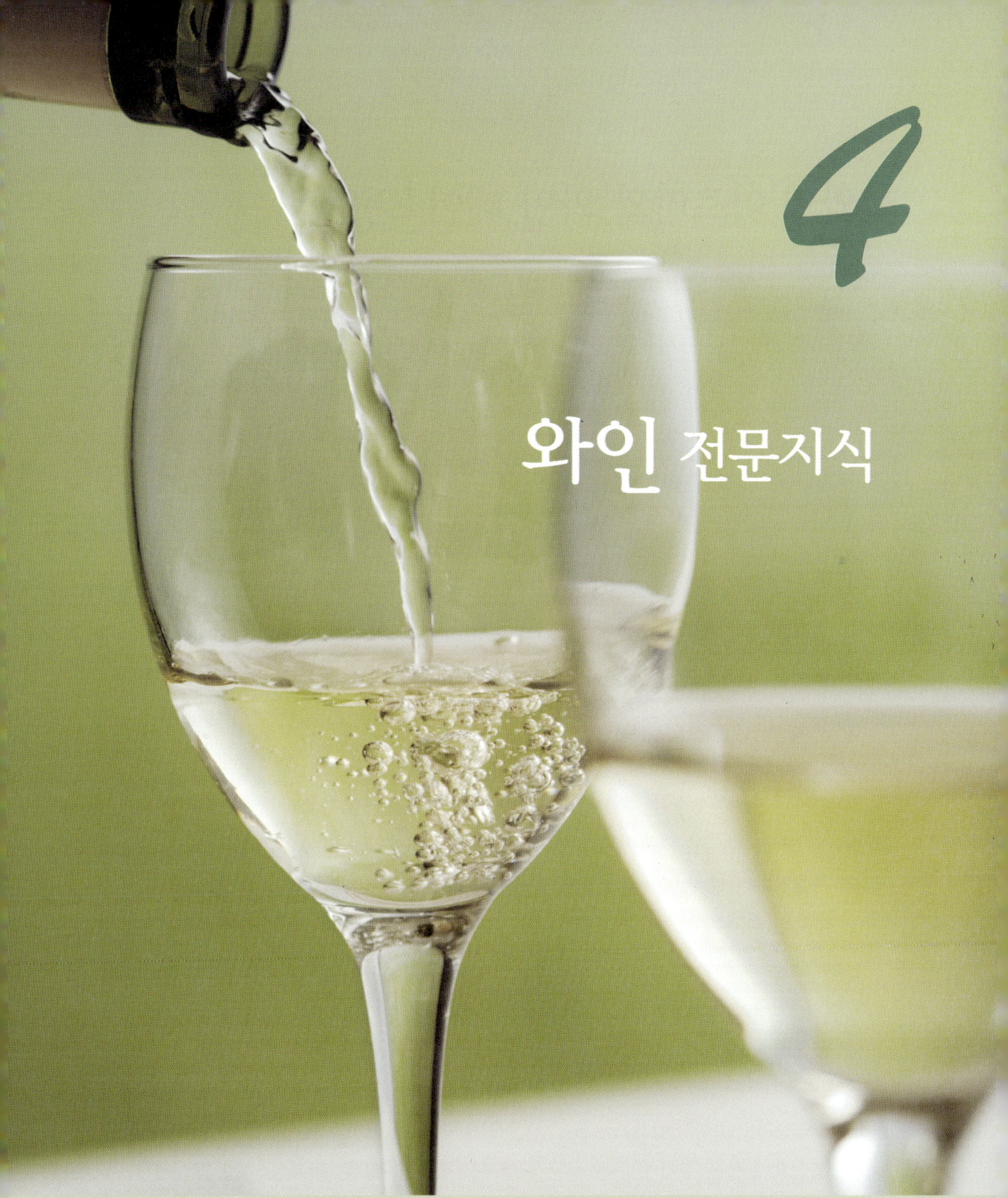

4

와인 전문지식

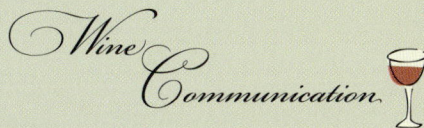

와인은 딱 한번 환희의 눈물 혹은 슬픔의 눈물을 흘린다.
와인을 개봉한 후 글라스에 따르면 오랜 시간 잠들어 있던 와인은
기지개를 켜고 와인 속에 배어 있던 향은 살며시 피어오른다.

와인 아로마와 와인 테이스팅

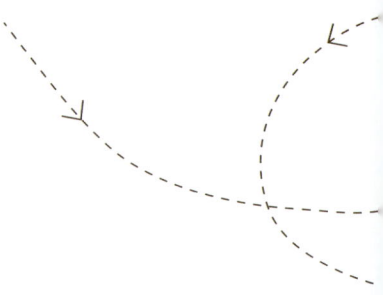

🍷 와인 눈물

와인은 일생에 딱 한번 환희의 눈물 혹은 슬픔의 눈물을 흘린다. 와인을 개봉한 후 글라스에 따르면 오랜 시간 잠들어 있던 와인은 기지개를 켜고 와인 속에 배어 있던 향이 살며시 피어오른다. 인고의 세월 끝에 태어나 자신의 고향을 떠나서 머나먼 이국에서 사랑해주는 연인을 만난다면 환희의 눈물을 흘리지만, 와인 맛을 모르고 '와인보다 소주가 좋아'하면서 상처를 주면 서러움의 눈물을 흘리게 된다. 글라스를 흔들면 와인이 출렁이고 공기와 접촉하면 마음껏 향을 발산하게 되는데 잠시 가만히 두면 와인은 흔들기 전 상태로 돌아간다. 이때 와인글라스 속의 벽을 자세히 살펴보면 흐느끼듯 와인의 점성이 일정하게 흘러내리는 것을 볼 수 있는데 이것이 바로 와인의 눈물(tear)이다. 어떤 와인은 끈적끈적해서 아주 천천히, 어떤 와인은 흐름이 좀 더 빠르게 진행되는 등 와인별로 다양한 눈물을 보인다. 어떤 이들은 와인글라스 벽에서 액체가 마치 걸어다니는 것처럼 보인다고 해서 와인의 다리(legs)라고도 한다.

와인의 눈물을 흘리게 하는 성분은 알코올 함유량, 당분, 발효와 숙성 과정에서 미량 생성되는 글리세린(glycerin) 등을 들 수 있다. 알코올 함유량과 당분이 많은 와인은 그렇지 않은 와인보다 점성이 높으며, 따라서 눈물도 많이 흘린다고 보면 된

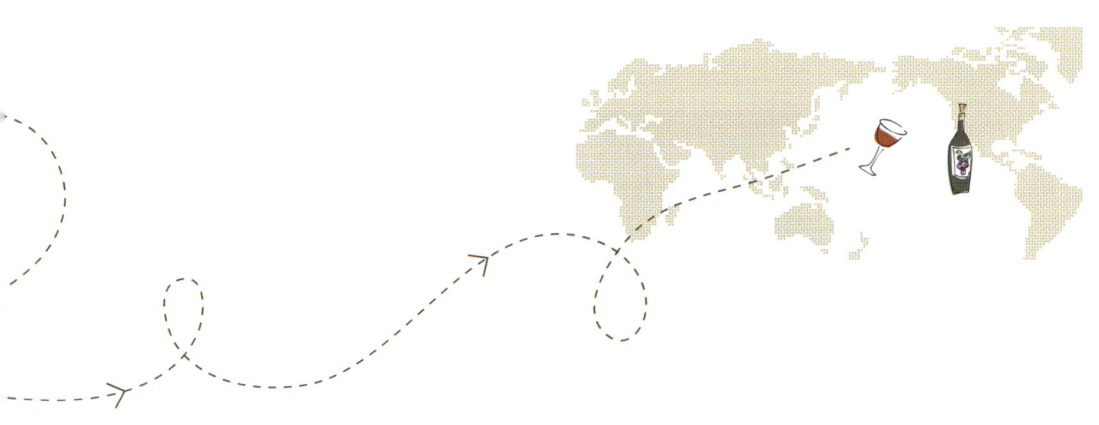

다. 글리세린은 보통 와인 1병당 5~12g이 들어 있으며, 스위트 와인은 이보다 많은 25g 정도가 함유되어 있다. 글리세린은 희랍어의 '달다'라는 뜻을 가진 "글리케로스(glykeros)"에서 유래되었다.

와인의 눈물을 과학적인 용어로 '마랑고니(marangoni)효과'나 '모세관 현상(capillary phenomenon)이라고 한다. 와인의 눈물이 형성되는 원리인 표면장력과 계면장력 현상에 의한 것을 '마랑고니'라고 한다. 그리고 와인이 글라스 벽에 막을 형성하면 주성분인 알코올과 물 중에서 알코올이 빨리 증발한다. 이럴 때 물의 표면장력과 굴절률이 증가하면서 미세한 물방울 형태를 띠게 되고, 이 물방울이 모이면 무게를 견디지 못하고 중력에 의해 글라스 벽을 따라 흘러내리는데 이것을 '모세관 현상'이라고 한다.

와인의 눈물을 알고 나서 글라스에 눈물이 없으면 상한 와인이 아니냐고 물어보기도 하는데 상한 것이 아니고 글라스의 세척에 문제가 있는 것이다. 와인글라스는 미지근한 물로 깨끗이 세척하고 마른 수건으로 닦는 것이 원칙으로 세심한 관리가 필요하다. 화학 세척제를 사용하면 글라스에 표면장력이 생기지 않는다.

▲ 테이스팅을 위해 글라스에 담긴 다양한 아로마

와인의 눈물은 와인의 슬픔과 기쁨만 보여주는 것이 아니라 가늘고 굵은 줄기를 통해 알코올 함유량이나 당도를 짐작하게 하며 숙성 정도와 개성도 엿볼 수 있게 해준다.

아로마와 부케

미국의 정치가 벤자민 프랭클린(Benjamin Franklin; 1706~1790)은 "와인은 긴장을 풀어주고 참을성을 길러주며, 하루하루의 삶을 느긋하고 여유롭게 해 준다"고 하였다. 와인을 만나 첫인사를 나누고 대화의 문을 여는 것이 바로 와인의 향기를 맡는 것이다. 와인은 오픈하는 순간 최상의 향기를 발산하며 호기심은 즐거움으로, 기대는 행복으로 탈바꿈한다. 이 와인의 향기가 바로 '아로마'와 '부케'이다.

'아로마(aroma)'는 희랍어로 양념, 향료라는 의미를 지니고 있으며, 세월이 흐르면서 기분을 좋게 해주는 향기의 의미를 갖게 되었다. '부케(bouquet)'는 프랑스어로 '작은 나무'라는 뜻이며 '신부를 위한 작은 꽃다발'의 의미도 지니고 있다. 와인의 세계에서는 와인의 향기를 묘사하는 용어로 사용되고 있다. 즉, 향의 하나 하나를 아로마라 하며, 이것이 다발을 이루어 복합적인 향을 내면 부케가 된다.

보통 와인을 처음 접하고 가장 먼저 매료되는 것이 아로마와 부케를 맛보는 것이다. 처음 만난 연인도 사귀는 동안 티격태격 싸우고 사랑하며 서로를 알아가듯이 와인의 맛과 향기도 시간과 함께 익어가면 더 깊이 사랑을 느낄 수 있다. 와인을 마

와인 아로마와 와인 테이스팅

시고 아로마와 부케의 다양한 향을 이해하기 시작했다면 예술적 감각을 발휘하여 아로마와 부케에 대한 표현능력도 기를 수 있도록 해야 한다.

미합중국 독립선언서를 초안하고 와인 애호가로 유명한 미국 3대 대통령 토머스 제퍼슨(Thomas Jefferson; 1743~1826)은 "와인의 맛은 법률로 규제할 수 없다"고 하였다. 캘리포니아에서 와인양조를 시도하고 실패도 경험한 토머스 제퍼슨은 와인의 맛을 이야기할 때 '단순히 입 안에서의 맛을 말하는 것이 아니라 색상, 글라스 안에서 시시각각으로 변하는 방향(芳香), 목을 넘어갈 때의 향기로운 여운, 그리고 음식과의 조화 등 여러 가지 복잡함이 있다'고 하였다.

아로마를 결정짓는 주요 성분은 알데히드(aldehyde), 에스테르(ester) 그리고 캐톤(ketone)이다. 와인이 발산하는 후추향이나 자두향 같은 것은 와인 안의 성분들이 화합한 향으로 실제로 후추성분과 자두성분은 없지만 와인의 전체적인 맛에 영향을 준다.

레드와인은 안토시아닌(anthocyanin)의 영향으로 pH가 낮은 와인은 채도가 높고 짙은 색을 띠며 카테킨(catechin)과 아세트알데히드(acetaldehyde)는 자색으로 바꾼다. 숙성이 진행되면 안토시아닌은 분자의 복합체인 앙금이 되어 침전하고 적갈색의 엷은 색으로 변한다. 화이트와인의 흰색은 후라보놀(flavonnol)이라는 황색 성분이다. 알코올, 산 등이 숙성하면 더욱 복잡한 향을 연출한다.

▲ 와인의 아로마, 부케를 찾고 와인 품질 평가를 위한 테이스팅

와인 전문지식

맛은 크게 잔당(殘糖)과 알코올 감미, 여러 가지 산이 이뤄낸 신맛, 그리고 포도 줄기와 껍질, 씨에 들어있는 페놀류에 의한 쓴맛 등으로 나눌 수 있다. 와인을 구성하는 것은 알코올, 유기산, 색소, 미네랄, 수분 등이 있다.

- 알코올성분 : 메틸 알코올, 글리세린, 에틸 알코올 등
- 유기산 : 주석산, 사과산, 구연산, 호박산, 유산, 초산 등
- 색소 : 안토시아닌
- 미네랄 : 칼륨, 마그네슘, 칼슘, 나트륨, 철, 알루미늄, 인산 등
- 수분 : 포도과일 주스와 조성분자

와인의 향기는 포도품종과 자라는 자연환경, 와인을 양조하는 사람들에 의해 다르게 나타난다. 아로마는 1차, 2차, 3차로 구분하며, 1차를 아로마(aroma)로 부르며, 2·3차는 부케(bouquet)라 한다.

향기의 종류와 용어

acetic	신맛	earthy	흙냄새가 나는	off odors	나쁜 냄새
aftertaste	뒷맛	finish	여운	oxidized	산화된
aroma	아로마	flat	부족한 신맛	petillant	영롱한
astringent	떫은맛	fresh	신선한 맛	rich	감칠맛
austère	거친	grapey	포도과일향	seductive	고혹적인
baked-burnt	빵 태운 맛	green	풋풋한	short	짧은
balanced	균형 잡힌	hard	강한 맛	soft	부드러운
big-full-heavy	중후한	hot	타는 듯한	stalky	넝쿨 냄새
bitter	씁쓸한 맛	legs	와인의 다리	sulfury	유황맛
body	바디	light	가벼운	tart	시큼한
bouquet	부케	maderized	갈변	thin	깊이가 엷은
bright	빛나는	mature	숙성된	tired	기운 없는
character	개성	metallic	금속성의 맛	vanilla	바닐라향
corky	코르크향	moldy	곰팡이 냄새	woody	나무향
delicate	섬세한	noise	번잡한 맛	yeasty	갓 구운 빵 냄새
developed	숙성된 맛	nutty	견과류 맛	young	어린

1차 아로마는 포도품종을 알아볼 수 있는 꽃향기가 나며, 레몬, 그레이프, 아카시아, 바이올렛, 장미, 체리향이 대표적이다. 2차 아로마는 발효과정에서 생기는 향으로 꿀, 모과, 배, 망고, 바나나, 건과, 버터, 후추향이 대표적이다. 3차 아로마는 숙성하면서 생기는 향으로 건포도, 마멀레이드, 꽃향기, 올리브 오일, 카카오, 초콜릿, 삼나무, 바닐라, 가죽, 타르, 감초향 등이 난다.

아로마나 부케를 느끼기 위해 와인을 테이스팅하게 되면 와인을 따른 후에 처음에는 흔들지 말고 자연스럽게 향을 맡는다. 그 다음으로 와인글라스를 잘 흔들어 향을 발산시켜 맡으면 잠에서 깬 향기를 느낄 수 있다. 1~2시간 후에 다시 향을 맡아보면 아로마와 부케의 신비스러운 향에 도취된다.

와인의 숙성 정도에 따른 아로마

구분	야채향	꽃향	과일향	동물향	광물향	기타
영 와인	• 감초 • 향신료, 풀 • 까치밥나무 • 배, 호프 • 나무 • 목질	• 장미, 모란 • 제비꽃 • 라일락 • 레몬 • 식물 • 금작화	• 너트맥 • 아몬드 • 바나나 • 오디 • 사과 • 파인애플	• 고기 • 고양이 오줌	• 먼지	• 유제품 • 자극적인 것
숙성 와인	• 피망 • 건초 • 까치밥나무 • 코코아 • 담배 • 버섯, 린덴(linden : 유럽 참피나무) • 계피, 후추	• 장미 • 보리수 • 아카시아 • 포도나무 꽃 • 자스민 • 들장미 꽃 • 인동덩굴 • 접시꽃	• 건포도 • 체리 • 자두 • 살구 • 배 • 개암	• 불치(사냥한 짐승이나 새) • 가죽 • 해물 • 내장	• 총탄 • 흙 • 땅	• 베이클라이트 (bakelite : 페놀수지)
묵은 와인	• 커피, 생강 • 향, 건초 • 서양삼나무 • 정향 • 송로버섯 • 묵은 와인	• 시든 장미 • 꽃잎 • 꽃 무우 • 국화 • 카모마일(chamomile: 국화과 풀) • 오렌지꽃	• 절인포도 • 버찌 • 건무화과 • 곶감 • 호두 • 검은 올리브	• 사냥한 짐승고기 • 땀 • 사향	• 휘발유 • 부식토 • 로스팅	• 농익은 과일

와인 전문지식

🍷 아로마 킷과 휠

챈들러 버(Chandler Burr; 1963~)는 『향기의 제왕(The Emperor of Scent)』이란 책에서 치즈 냄새에 반응하는 사람들의 특성을 국가별로 설명하고 있다. 프랑스인들은 어디서 빵 냄새가 난다고 하며, 미국인들은 이 냄새가 치즈라고, 일본인들은 구린내가 지독하다고 말한다는 것이다. 서양인들은 버터 냄새가 묻어나고, 중동인들은 양고기 냄새, 한국인에게서는 김치·마늘 냄새가 나는 것도 음식 문화의 차이라고 볼 수 있다. 이런 차이는 아로마(aroma)와 부케(bouquet)를 받아들이고 향과 맛을 느끼고 설명하는 차이로 이어진다. 그래서 어느 정도의 훈련과 학습이 필요하지만, 특히 맛보지 못한 향을 유추하기란 쉽지 않은 일이다.

와인의 아로마는 프랑스의 와인 제조자인 장 르누아르(Jean Lenoir)에 의해 개발된 총 54개의 아로마 킷(aroma kit)인 'Le Nez du Vin'을 기초로 사용하며 일반적으로 야채향, 꽃향, 과일향, 동물향, 광물향, 기타로 분류되어 표현된다.

우리나라에서도 프랑스의 아로마 용어를 받아들여 사용하고 있으나 소비자뿐 아니라 와인수입업체, 교육생, 소믈리에 및 감정가들에게도 생소하고 어려우며 와인을 표현하는 데 장애요인이 되기도 한다. 장 르누아르가 제작한 아로마 킷과 국내에서 제작된 아로마 킷을 비교했을 때 같은 레몬향이라도 조금씩 차이를 보이며, 같은 아로마 향이라도 영국 사람들은 구즈베리(gooseberry; 서양 까치밥나무) 향이라

◀ 프랑스 와인 박물관의 아로마 체험장

고 말하지만 미국인들은 무슨 향인지 이해를 하지 못한다. 우리나라의 와인문화와 전통주 문화를 계승발전시키기 위해서는 우리나라에서 흔히 볼 수 있는 야채향, 꽃향, 과일향, 동물향의 새로운 아로마 킷(kit)과 아로마 휠(wheel)의 정립이 필요하다.

와인의 향과 맛을 볼 때는 생리적 조건이나 살아 온 환경, 음식과 음료의 습관, 그리고 학습과 지식 정도에 따라서도 달라지며, 특정 냄새에 대한 호감과 비호감, 냄새를 표현하는 언어적 한계성도 한몫한다.

와인을 처음 접하는 사람들은 아로마와 부케를 제대로 표현하지 못해 스트레스

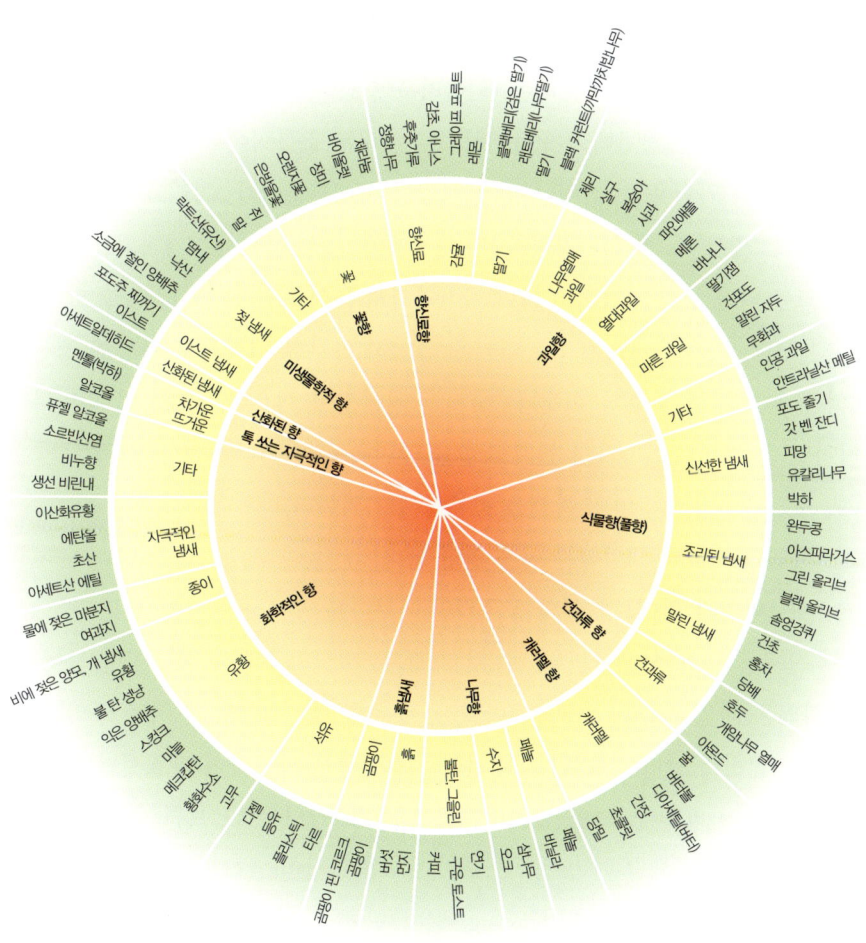

▲ 와인의 향을 구분하는 아로마 휠

를 받기도 하는데 오감을 통해 느껴지는 대로 솔직하게 표현하면 된다. 와인의 향과 맛에 대해 상대방이 이야기하면 긍정적인 반응을 보이는 것이 매너이며, 와인의 향과 맛을 제대로 찾고자 한다면 와인 리스트와 아로마 킷을 준비하고 와인을 마실 때 마다 비교해 보는 것도 좋은 방법이다.

기본적인 '향'과 '맛'

화이트와인은 한 가지 품종으로 양조되기 때문에 경험 많은 와인 애호가들은 쉽게 그 맛과 향을 구분한다. 그러나 레드와인은 여러 포도품종을 블렌딩하여 양조하는 경우가 많아서 향과 맛을 구분하는 데 어려움이 있다.

세계베스트소믈리에경기대회에 출전하여 우승하는 소믈리에들을 보면 어릴 적부터 포도밭 가까이 와인을 벗 삼아 생활한 사람들이 대부분이다. 그리고 최소한 3~4년 이상 레스토랑에서 근무한 경력자이며, 세계베스트소믈리에경기대회를 앞두고 2~4년 정도는 와인 생산 국가별로 다니면서 와인의 특성을 공부한 사람들도 있다.

블라인드 테이스팅을 했을 경우 와인을 열심히 공부한 사람들도 품종과 생산국가, 지역을 30% 이상 맞추기 힘들다. 하지만 기본적인 아로마는 개성이 뚜렷하여 쉽게 알아낼 수 있으므로, 3가지 원칙 사항을 알면 도움이 된다.

첫째, 포도품종별 아로마의 특색을 공부하여 기억한다.

둘째, 와인의 지역별 개성있는 맛을 알아 둔다.

셋째, 레드와인과 화이트와인의 공통적인 아로마를 공부하여 기억한다.

일반적으로 화이트와인은 과일, 오크, 스모크, 바닐라, 레몬, 복숭아향 등이 나며, 레드와인은 과일, 오크, 스모크, 바닐라, 후추향 등이 난다. 스위트 와인은 잘 익은 복숭아, 꿀향이 난다. 그러나 스테인리스 스틸통을 사용하여 발효시키면 오크, 스모크, 초콜릿, 커피, 바닐라향은 없다. 오크통은 오크나무를 그을려 만드는데 이 때 생기는 스모크향이 오크통 속에서 포도가 발효되면서 바닐라, 초콜릿, 커피 향도 함께 생성된다. 오크통의 토스팅(toasting)에는 3단계가 있는데 라이트 토스팅(light toasting), 미디엄 토스팅(medium toasting), 헤비 토스팅(heavy toasting)이다. 이중에 미디엄 토스팅＋가 사용되며, 토스팅 정도에 따라 아로마 형성도 차이가 있다. 하지만 스테인리스 스틸통은 포도 그 자체의 향만을 살려주기 때문에 스모크향과 바닐라향이 생성되지 않는다.

한 가지 포도품종으로 만들어지는 화이트와인은 순수한 맛이 나야 하기 때문에 최근에는 오크통 발효보다 스테인리스 스틸통을 선호하게 되었다. 떼루아(terroir)도 와인 맛에 커다란 영향을 주는데 같은 포도품종이라도 자연환경에 따라 아로마가 달라질 수 있고, 경우에 따라 큰 차이를 보일 수도 있다. 무더운 기후에서 자란 포도로 만든 와인은 열대과일, 잘 익은 과일, 열매향이 나며, 서늘한 기후에서 자란 포도로 만든 와인은 덜 익은 과일, 풀, 식물 향이 난다. 예를 들어 샤르도네 포도품종이 프랑스 샤블리(Chablis) 지역에서 생산되는 경우 레몬 향과 그레이프 향이 나지만, 프랑스 부르고뉴 마꼬네(Maconnais) 지역의 푸이 퓌세(Pouilly Fuisse) 마을에서 생산되는 경우에는 건과류 향과 꿀 향이 난다.

화이트 와인, 청포도 품종별 기본적인 아로마

샤르도네(Chardonnay)	헤이즐넛, 멜론, 레몬, 파인애플, 바나나향
샤슬라(Chasselas)	사과, 데이지(daisy; 국화과 여러해살이 풀) 꽃향
슈냉 블랑(Chenin Blanc)	사과, 헤이즐넛, 만다린 오렌지향
게뷔르츠트라미너(Gewürztraminer)	장미, 리치, 야자열매, 모과, 빵향
그뤼너 펠트리너(Gruener Veltliner)	피망, 콩, 후추향
뮈스카데(Muscadet)	그레이프, 레몬 껍질, 아니스 열매향
피노 블랑(Pinot Blanc)	배, 모과 잼, 차향
피노그리(Pinot Gris)	감자, 빵, 살짝 튀긴 헤이즐넛, 베이컨향
리슬링(Riesling)	복숭아, 살구, 레몬, 페트롤향
소비뇽 블랑(Sauvignon Blanc)	피망, 녹색 토란향
실바너(Silvaner)	사과, 감자, 셀러리향
푸르민트(Furmint)	사과, 보리수 꽃향
트레비아노(Trebbiano)	사과, 갓 구운 빵향
비오니에(Vionnier)	살구, 배, 레몬풀, 건과류, 꿀향
세미용(Sémillon)	복숭아, 파인애플, 꿀, 샤프란향

와인 전문지식

레드와인, 흑포도 품종별 기본적인 아로마

알리아니코(Aglianico)	매실, 바이올렛, 엽맥(vein) 향
바르베라(Barbera)	신 체리, 정향, 잼, 담배향
블라우어 츠바이겔트(Blauer Zweigelt)	체리주스, 정향, 엘더배리향
카베르네 프랑(Cabernet Franc)	블루베리, 피망, 고추, 풀향
카베르네 소비뇽(Cabernet Sauvignon)	건포도, 삼나무, 검은 후추, 정향, 유칼립스향
카리냥(Carignan)	과일 잼, 블루베리, 월계수, 로즈마리향
가메(Gamay)	라즈베리, 정향, 바나나향
그르나쉬(Grenache)	블랙베리 잼, 건포도, 담배향
말벡(Malbec)	신 체리, 매실 잼, 후추, 시나몬향
메를로(Merlot)	블랙베리, 삼나무, 익힌 매실, 송로버섯향
무르베드로(Mourvédre)	과일 잼, 가죽, 동물향
네비올로(Nebbiolo)	체리 잼, 시나몬, 마른 꽃, 타르향
피노 누아(Pinot Noir)	라스베리, 체리 잼, 정향, 매실향
피노타지(Pinotage)	신 잼, 매실, 바나나, 후추, 시나몬향
시라 혹은 시라즈(Syrah or Shiraz)	블랙베리, 송로, 육포, 바이올렛향
따나(Tannat)	오디, 블루베리, 삼나무, 후추, 육포향
템프라니뇨(Tempranillo)	블랙베리, 건포도, 머스크향
진판델(Zinfandel)	블랙베리, 익힌 매실, 바나나, 후추향
산지오베제(Sangiovese)	블랙베리, 푸른 나무, 가죽, 바닐라향

▲ 프랑스 보르도의 생떼밀리옹에 있는 올드 빈티지 와인병 장식

와인 아로마와 와인 테이스팅

🍷 와인 테이스팅

와인을 마신 후 느낌을 말할 때 단순히 입안에서 느껴지는 맛과 향을 이야기한다면 와인의 깊은 맛과 품질을 평가했다고 할 수 없다. 오픈하기 전의 설렘, 코르크에서 코를 대고 미리 맛보는 기대감, 와인글라스에 따르며 느끼는 황홀감, 시간이 지남에 따라 다양하게 변모하는 향과 맛의 신비로움 등을 이야기할 수 있어야 제대로 맛보는 것이다.

와인의 참맛을 느끼는 데는 타고난 재능이 필요 없다. 와인테이스팅을 통해 계속해서 훈련하고 계발하는 사람과 그렇지 않은 사람만 있을 뿐이다. 책을 통한 간접지식이 아닌 와인시음을 통해 얻은 직접경험이 가장 바람직하다. 인간에게 주어진 오감을 최대한 활용하여야 와인의 참맛을 즐길 수 있다. 눈으로, 코로, 입으로, 귀로 그리고 촉감으로 느끼는 와인의 맛은 인간의 감각에 의해 예리하게 전달되고, 표현능력이 풍부해지면 예술적인 경지에 이를 수도 있다. 와인에 깊이 빠져들면 와인이 인간의 마음속까지 스며드는 마력을 경험하게 되며 이것이 바로 와인의 참맛을 즐기는 것이다.

와인을 마시는 방법에는 정도가 없지만 단계별로 정복해 보면 진실된 묘미를 느낄 수 있다. 참맛을 찾아나서는 첫걸음은 후각 기관인 코로 와인의 아로마와 부케를 찾아 나서는 것이다.

영국 와인전문가 잰시스 로빈슨(Jancis Robinson)이 DVD로 제작한 와인시음 장면을 보면 코를 막은 세 사람이 각각 아몬드, 참치, 양배추를 먹고 이름을 맞추는 장면이 나오는데 아무도 알아맞히지 못하였다. 와인수업시간에 코를 막고 오렌지 주스를 마시게 하는 실습을 했는데 아무도 그 맛을 알아내지 못해 신기하기도 했다. 요리를 먹을 때 다른 어떤 감각기관보다 후각이 가장 먼저 반응하며 자극에 민감하다는 것을 알 수 있었다.

와인의 병 모양에서부터 라벨 읽기, 와인 품종, 빈티지, 양조장 등을 하나하나 알아가면서 마시는 것도 호기심을 자극한다. 와인 또한 사람처럼 조금씩 알아나가는 과정이 중요하다. 너무 빨리 친해지면 어딘가 탈이 나듯이 와인 역시 급하게 단계를 넘어 접근하면 오히려 알기도 전에 싫증을 느낄 수 있다.

와인 테이스팅은 주변 환경에 쉽게 좌우되고, 전문성이 떨어질 때 불안이 객관성을 떨어뜨리게 한다. 소믈리에나 와인 전문가처럼 와인 테이스팅을 잘할 수 있는 비결은 와인 시음을 토대로 연습을 끊임없이 많이 하되 체계적인 방법이 필요하다.

와인전문가인 소믈리에처럼 와인 테이스팅을 잘하기 위해서는 다음과 같은 순서에 의해 하는 것이 좋다.

1단계 : 와인을 시음용 전용 글라스에 1/4 정도 따른다.

2단계 : 눈으로 관찰한다. 흰색의 표면 위에 와인 글라스를 대고 유심히 살펴보면서 어떤 스타일인지 유용한 단서를 찾아낸다. 빛깔의 정도, 숙성의 정도, 갈변의 징후를 찾는다.

3단계 : 1차 아로마를 찾는다. 스월링(swirling)하지 말고 와인 글라스에 코를 갖다 대면서 깊이 들여 마셔본다. 우선 와인의 변질 상태를 확인하고, 포도 자체가 가진 아로마를 찾아낸다.

4단계 : 원을 그리듯 와인글라스를 돌려본다. 조심스럽게 스월링(swirling)을 하여 와인의 아로마(aroma)나 부케(bouquet)를 찾아낸다. 스월링은 스테레오 오디오의 볼륨을 높이는 원리로 와인 글라스 안에 방향을 모아 와인의 향을 강렬하게 만들어 평가에 도움이 되도록 한다.

5단계 : 와인의 향을 깊이 들여 마셔본다. 와인 테이스팅에서 가장 중요한 것이 후각으로 와인의 품질을 평가하는 단서가 된다. 와인 글라스에 코를 깊이 대고 2~3번 정도 향을 깊이 들여 마시면서 연상되는 꽃, 과일, 채소, 나무, 광물질 등의 아로마와 부케를 찾아 평가한다.

6단계 : 와인을 한 모금 마셔 머금어 본다. 평상시보다 조금 더 많은 양을 들어 마신다. 입안에 골고루 덮이도록 혀, 볼 안쪽, 입천장 등의 표면에 3~5초 정도 머금고 미각(단맛, 신맛, 쓴맛, 짠맛)의 느낌을 평가한다.

7단계 : 입안에서 와인을 굴려 미각을 깨어나게 한다. 공기를 입안으로 불어 넣으면서 입안을 헹구는 것처럼 입안에서 굴리면 미각이 극대화된다. 입안

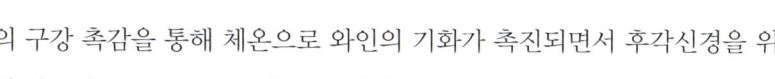

와인 아로마와 와인 테이스팅

의 구강 촉감을 통해 체온으로 와인의 기화가 촉진되면서 후각신경을 위해 아로마를 모아주는 향을 평가한다.

8단계 : 와인의 참맛을 찾아본다. 와인의 풍미는 삼키고 난 뒤에도 바로 사라지지 않는다. 1분 정도 뒷맛이 남아 있는 동안 구강 촉감으로 감각의 특징을 평가한다.

9단계 : 와인 테이스팅의 총체적인 평가를 한다. 와인의 당분, 알코올, 산미의 균형을 느껴보고, 레드와인은 타닌, 스파클링와인은 탄산 등의 균형감, 여운을 평가한다.

10단계 : 총체적인 품질을 평가한다. 와인의 테이스팅은 총체적인 품질로 점수화한다. 그리고 와인 자체의 평가 외에 음식과 함께 마실 것인가에 대한 것도 고려하는 것이 전문가다운 자세이며, 품평 내용을 남들에게 표현하는 어휘 능력도 중요하다.

시각으로 느끼기

와인의 외관은 와인이 전체적으로 조화를 이루는데 핵심적인 요소이며 와인을 마시고 만족감을 주는데 상당히 중요하다. 와인의 아름다운 빛깔과 광택은 순식간에 입안에 침이 고이게 한다.

첫 번째 단계는 투명도와 색깔을 알아보는 방법으로 시각을 통해 와인의 상태, 숙성 정도, 특성 등을 알 수 있다. 투명도는 매우 중요하며 와인이 탁하다는 것은 맛을 잃었다는 첫 번째 신호로 볼 수 있으며, 병 속에서 다시 발효되었거나 박테리아

와인 빛깔로 알아보는 숙성 정도

레드와인 : 짙은 자주색(유년기) → 루비색 → 붉은색 → 붉은 벽돌색 → 적갈색 → 갈색
화이트와인 : 엷은 노란색 → 연초록빛을 띤 노란색 → 볏짚색 → 짙은 노란색 → 황금색 → 호박색 → 갈색
로제와인 : 투명한 흰색에 약간의 바이올렛과 장밋빛이 도는 색 → 밝은 장밋빛→ 진한 장밋빛 → 양파 껍질빛의 분홍색 → 오렌지색 → 갈색

315

의 영향을 받았다는 증거도 될 수 있다. 또한 색깔을 통해 포도의 종류와 지역도 미루어 짐작할 수 있다.

화이트와인은 숙성되면 엷은 초록빛에서 짙은 노란 금색을 띠게 되고 주변으로 갈수록 옅어진다. 어린 레드와인인 경우 보라색, 심홍색, 블랙체리, 레드, 루비색을 띠다가 오래 숙성될수록 마호가니, 레드 계통의 오렌지색이나 갈색을 띤다. 일반적으로 양조된지 얼마 되지 않으면 전체적으로 일정한 색을 띠지만, 오래되면 중심부에서 테두리로 갈수록 옅어지면서 오렌지색을 띤다.

다음은 색을 관찰하는 여러 가지 방법이다.

첫째, 와인글라스의 다리나 받침을 잡고 밝은 불빛을 향해 눈높이만큼 들고 색상의 밝기 강도를 관찰한다.

둘째, 다시 테이블 위에 내려놓고, 흰색 클로스 위에서 색상의 강도를 비교하며, 표면 위에 생긴 두께, 반짝거리는 광택, 즉 윤기 정도를 관찰한다.

셋째, 흰색 클로스 바탕 위에 글라스를 45도 정도 기울여 와인 주변에 넓게 퍼지는 색상과 투명도를 관찰하면서 숙성연도를 체크해 본다.

넷째, 글라스 받침이나 다리를 엄지와 검지로 잡은 다음 부드럽게 글라스를 안쪽으로 돌린 후 글라스의 내벽을 타고 흘러내리는 눈물을 관찰하면서 점도를 통해 굵기와 줄기들의 조화로움과 속도 등을 관찰한다.

후각으로 느끼기

두 번째 단계는 후각을 통한 향기 맡기로 상태와 맛을 가늠해 볼 수 있는 기준이 되고 있다. 와인은 향기가 복합적이기 때문에 초보자들은 제대로 식별하기 어렵지만 그렇다고 실망할 필요가 없다. 테이스팅을 하다 보면 익숙해지고 자신도 모르게 향을 찾게 되며 맡으면 맡을수록 오묘해지는 와인의 향기에 빠져들게 된다. 테이스팅을 통해 품종별로 독특한 향기를 기억해두고 국가와 지역의 토양을 알게 되면 때와 장소, 분위기에 맞는 와인 선택은 물론 한층 더 깊이 있게 즐길 수 있다. 후각적인 관찰 방법은 다음 4가지이다.

와인 아로마와 와인 테이스팅

첫째, 향기 직접 맡기로 와인글라스가 흔들리지 않도록 아주 천천히 들어 코로 가져가며, 글라스와 코의 거리를 10cm 다음은 5cm 그리고 더 깊숙이 코를 묻고 향을 맡는다. 그리고 가장 강하게 나타나는 대표적인 향의 종류에 대해 생각해 본다.

둘째, 향기 띄워 맡기로 향기의 발산을 촉진시키기 위해 글라스를 두세 번 충분히 흔들어 돌린 후 맡는다. 이것을 스월링(swirling)이라고 하는데 글라스를 흔들고 2~8초 사이가 향이 선명하고 강하게 된다. 셋째, 와인을 한모금 입안에 넣고, 와인을 혀로 굴린 후 입안 전체에 퍼지도록 목구멍으로 넘기기 전에 공기를 "후루룩" 들이 마신다. 이때, 첫 번째 맡았던 향을 재확인하면서 구체적인 종류를 생각하며, 자신이 아는 향을 통해 풍미를 찾도록 노력한다. 와인을 테이스팅할 때 후루룩 소리를 내는 것은 실례가 되지 않는다.

넷째, 향이 주는 여운을 찾는 것으로 적은 양의 와인이 목젖을 넘어가 0.5초 정도가 지나면 도로 뱉고, 입안에 남은 향과 맛의 여운이 얼마나 오래 지속되는지를 마음속으로 하나 둘 세어본다. 여운이 길수록 좋은 와인이다.

다섯째, 와인 글라스를 비운 후에 향을 맡으면 가장 무거웠던 향 분자와 가장 진한 향은 아주 적은 와인 양에 아주 많은 공기가 접해서 비로소 향이 발산한다. 이것을 퐁 드 베르(fond de verre) 즉, 잔향이라고 부른다.

▲ 2018년 일본 교토에서 개최된 ASI 아시아 오세아니아 베스트 소믈리에경기대회 블라인드 테이스팅

미각으로 느끼기

입안에서 느끼는 와인의 맛은 생리적인 측면과 심미적인 측면을 고려해야 한다. 생리적인 측면은 맛을 통해 단맛, 신맛, 짠맛, 쓴맛, 감칠맛, 즉 오감(五感)을 느끼는 것이며, 심미적인 측면은 맛을 통해 기호도, 가치 등을 판단한다. 미각의 첫 단계는 기본적인 와인의 정보(바디, 알코올, 산도, 타닌, 농축도 등)에 집중하고 후속 단계에서는 공기를 흡입해서 입안에서 굴린 다음 풍미, 향을 느껴보고, 강도, 밸런스, 질감, 여운 등의 정보로 해석한다.

와인을 테이스팅 할 때 마지막 단계인 미각을 통해 느끼는 방법은 다음 4가지로 설명할 수 있다.

첫째, 가장 기본적으로 단맛의 정도를 통해 알아보는 방법이다. 단맛을 감지하는 혀의 앞부분에 남아있는 당분의 함량에 따라 단맛의 정도를 결정하고 감미로운 순서에 따라 스위트, 미디엄, 드라이로 표현한다.

둘째, 신맛은 혀의 양쪽 가장자리에서 느끼는 것으로 산도가 강하면 입안에 침이 절로 고이게 된다. 산도가 부족한 와인은 힘이 없고 매력도 없으며 산도는 높거나 낮다로 표현한다.

셋째, 쓴맛을 느끼게 하는 타닌은 혀와 잇몸을 건조하게 하는 수렴성을 가지고 있으며 타닌이 적당할수록 고급와인이다. 타닌 성분이 적으면 오래 숙성시킬 수 없어 깊은 맛을 낼 수 없으며, 특히 타닌이 없는 화이트와인에서는 느낄 수가 없다.

넷째, 짠맛을 내는 와인은 별로 없지만 호주 서부 해안에서 재배한 포도로 만든 와인은 약간의 짠맛을 느끼게 해주는데 전문가가 아니면 쉽게 알 수 없다.

끝으로 감칠맛은 거의 찾아볼 수가 없으며, 또한 맛의 균형과 조화를 터득해야 하는데 와인의 모든 맛과 향들은 각각의 상태로만 존재하는 것이 아니라 서로 상호 작용하며 종합적인 맛을 느끼게 한다.

화이트와인은 산, 부드러움, 단맛, 알코올 등이 균형적으로 어우러져야 맛의 긍정적인 상승효과를 볼 수 있으며, 레드와인은 산도, 부드러움, 타닌, 알코올 등이 균형적으로 어우러져야 맛의 긍정적인 상승효과를 찾을 수 있다.

와인을 배울 때는 항상 시음카드를 가지고 다니면서 맛과 향, 특징 등을 기록하여 계속 비교 평가하는 자세가 필요하다.

와인을 맛보는 5가지 구강촉감

와인을 테이스팅할 때 시각이 10%, 후각이 20%, 미각이 30% 그리고 마지막 단계인 페아이(PAI, Pérsistance Aromatique Intense)가 40%를 차지한다. 와인을 맛보는 5가지 구강촉감(mouthfeel)을 프랑스에서는 PAI라고 하며 와인을 일깨워주는 역할을 한다.

1. 바디(body)

와인을 마시고 난 후 혀로 느끼는 전체 맛의 무게를 바디라고 한다. 와인이 갖고 있는 농도 즉 진한 정도를 말한다. 바디가 있는 와인은 당분이나 다양한 미네랄 성분 및 알코올 도수를 모두 충분히 함유하고 있다. 포도품종, 지역, 양조방법과 숙성기간에 따라 차이가 있으며, 맛이 진한 장기 숙성 타입의 와인은 풀바디, 가벼운 타입의 와인은 라이트 바디, 그리고 그 중간의 와인을 미디엄 바디라고 한다.

2. 밸런스(balance)

와인을 마시고 느끼는 전체적인 맛의 조화 즉, 균형을 말한다. 단맛, 신맛, 떫고 쓴맛, 알코올 도수 등이 각각 균형을 잘 이루고 있으면 전체적인 맛이 부드럽고 섬세하고 감미롭게 느껴진다. 와인의 밸런스 중 어느 한쪽이 깨져 신맛이 강하거나, 떫은맛이 너무 강하면 불쾌한 느낌을 받게 되는데 대부분 양조과정과 저장과정에 따라 차이가 난다. 이런 경우에는 '밸런스가 나쁜 와인'으로 평가한다.

3. 감촉(touch)

혀로 느끼는 거칠고 매끄러움의 정도를 말한다. 와인의 여러 가지 성분은 발효, 숙성 그리고 블렌딩 과정을 거치면서 다양하게 나타나는데 사과산에서 젖산으로 바뀌는 과정에서 젖산이 많을수록 부드럽고 매끄럽게 느껴져 감칠맛을 더한다. 최상급 와인은 '벨벳 혹은 실크 같은 느낌'으로 표현될 정도로 감촉이 뛰어나다.

4. 끊는 맛(cut)

산도가 날카로우나 훌륭한 맛을 낼 때 사용되는 표현 방법으로 쏘는 맛이 있는 화이트와인에서 입안이나 목으로 넘길 때 단절되는 맛을 말한다. 양질의 화이트와인에 '끊는 맛이 상쾌하다'는 표현을 사용한다.

5. 여운(length & finish)

와인을 마시고나서 입 안에 남아 있는 아련한 풍미의 길이를 length라고 하며 와인을 목으로 삼켰을 때의 여운을 finish라고 한다. 여운이 짧은 것은 좋은 와인이라 할 수 없으며, 기분 좋은 향이 오래 지속되는 것이 좋은 와인이다. 품질이 좋으면 깊이 있는 풍미를 오래도록 즐길 수 있다. 그러나 오래 지속되더라도 불쾌한 경우에는 좋은 와인이라 볼 수 없다. 평범한 와인은 보통 2~3초 정도지만 품질이 좋으면 10초 이상 지속된다.

와인의 품질

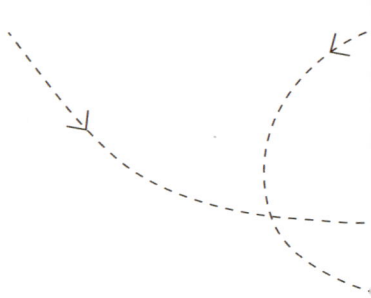

🍷 타닌, 레드와인의 핵심역량

타닌(tannin)은 식물의 줄기, 잎, 뿌리 등에 널리 분포되어 있으며, 미성숙한 과일과 식물의 종자 등에 상당량 함유되어 있다. 식품의 떫은맛과 쓴맛을 형성하는 타닌은 물에 녹지 않으며 짙은 갈색, 흑색, 또는 홍색을 지니고 있으며, 산화나 중합(重合)으로 변하면 떫은맛이 없어진다.

와인에서 느껴지는 떫고 텁텁한 맛이 바로 타닌 성분이다. 타닌은 와인의 성숙을 더해 주는 여러 성분 중에 하나로 포도의 껍질이나 씨, 줄기에서 나온다. 일반적으로 타닌은 포도씨 속에 가장 많이 함유되어 있지만 일부는 숙성이나 발효에 사용되는 프랑스산 오크통에서 생성되기도 한다.

타닌을 흔히 '떫은맛'으로 표현하지만 타닌은 미각에서 느끼는 맛이 아니라 구강촉감에서 느끼는 것이다. 타닌은 감, 밤 그리고 차(茶)에도 함유되어 있으며, 차에 우유를 타서 마시는 이유도 우유 속의 단백질과 지방이 타닌을 완화시켜 주는 역할을 하기 때문이다. 와인도 치즈 같은 유제품과 함께 먹으면 타닌이 매우 옅어진 느낌을 받으며, 크림소스를 곁들인 쇠고기 스테이크와 함께 먹으면 매우 부드러워진 타닌을 경험하게 된다.

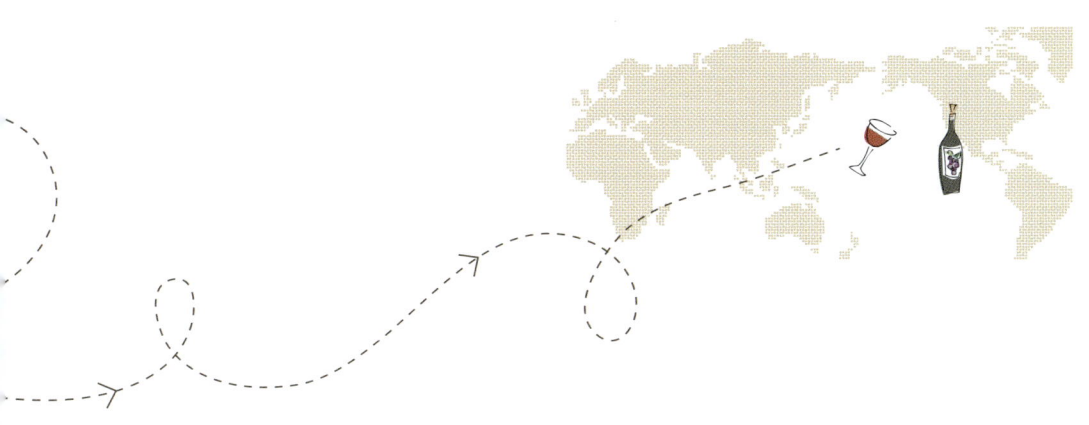

와인을 오래 두면 타닌끼리 결합하여 떫은맛이 감소하므로 부드럽게 느껴진다. 타닌 중에 떫은맛을 내는 것은 수용성 타닌이라고 하며, 떫지 않은 타닌은 불용성 타닌이라고 한다. 수용성 타닌은 덜 익은 열매에 많이 있으며 익어갈수록 완숙되면서 불용성 타닌으로 변하지만 그 양은 동일하다.

타닌과 같이 함유돼 있는 폴리페놀(polyphenol)은 혈관에 쌓여있는 콜레스테롤 지방산이나 노폐물 등을 녹여주는 작용을 함으로써 심장과 혈관 계통(뇌졸중, 관상동맥, 혈전, 협심증, 심근경색)의 질환 예방과 치료 작용을 하는 것으로 밝혀졌다. 폴리페놀은 산소 중의 유해산소를 소거하는 SOD(superoxide dismutase), 즉 항산화제로 작용하기도 한다.

포도나무 잎사귀는 광합성 작용으로 당분 및 타닌을 생성시켜 포도송이로 전달한다. 이때 지면에 자갈이 많으면 태양광선을 반사해 포도송이를 더욱 뜨겁게 하므로 과실의 성숙이 촉진되고, 껍질

▲ 남아프리카공화국 더반빌 힐 와인

에 타닌과 당분이 많이 축적된다. 그리고 포도잎의 일부는 타닌의 구성 성분인 페놀(phenol) 성분으로 변해 포도송이로 전달한다. 포도송이에 도착한 페놀 성분은 프로시아닌(procyanin; 타닌의 일종)으로 바뀌어 포도씨에 축적되는데 이것은 카테킨(catechin)의 일종으로 떫은맛, 쓴맛이 대단히 강하다. 포도송이가 성숙되면 프로시아닌이 포도씨에서 껍질로 이동하고, 프로시아닌은 안토시아닌(anthocyanin)과 다시 섞여 떫은맛과 쓴맛이 부드러우면서 단단한 구조를 지닌 타닌으로 바뀌게 된다.

발효가 끝난 레드와인은 오크통에 저장 숙성되는데 여러 가지 타닌은 포도즙의 다당류와 오크통으로부터 생성된 타닌과 함께 혼합되며 다른 성분들과 조화를 이뤄 감칠맛 나는 와인이 된다. 병입된 레드와인은 포도와 효모 세포벽으로부터 유출된 다당류와 오크통에서 우러나온 타닌 등, 여러 종류와 함께 혼합과 침전을 거치면서 복잡한 형태의 성분을 형성하고 다시 중후하고 실크같이 부드러운 향취를 풍기는 와인으로 탄생한다. 타닌은 뉴오크통에서 잠을 자면서 긴 휴식을 취하는 동안 거칠고 불안전한 모습에서 성숙하고 우아한 모습으로 바뀌게 된다.

와인의 발암물질 시비

인류가 8,000년 동안 마셔 온 와인이 심장병, 식중독, 위궤양, 전립선 암, 구강질병, 변비 등에 탁월한 효과가 있다는 것과 달리 2007년 10월 KBS 9시 뉴스에서는 수입 와인에 발암물질인 에틸 카바메이트(ethylcabamate)성분이 과다하게 함유되어 인체에 유해할 수 있다는 보도로 소비자들을 혼란에 빠트린 적이 있었다. 이때 와인의 발암물질 뉴스 사건으로 국내 와인 소비량이 20% 감소하였다.

자연에서 재배한 식품 중 아미노산 아르기닌(arginine)과 시트룰린(citruline)은 발효과정 중에 생성되고, 이 효모는 요소(urea)를 방출하게 되고, 방출된 요소가 알코올과 만나 반응이 일어나 생기는 것이 에틸 카바메이트이다. 발암물질이라는 에틸 카바메이트는 청주, 맥주, 위스키뿐 아니라 발효식품인 김치, 된장, 요구르트, 치즈 등에도 함유되어 있다.

와인을 계속해서 많이 마시면 알코올 중독이라는 부작용이 일어나는 것은 당연하다. 하지만 하루 2~3잔씩 마시는 와인은 스트레스를 해소하고 즐거움을 선물한다. 약에도 독이 들어있듯이 와인이 완벽한 식품 일 수는 없다. 하지만 와인이 발암물질을 생성해 건강에 치명적이라는 보도는 와인을 폄하한 것이 아닌가 한다.

유기농 와인

최근 유기농 와인(organic wine) 혹은 바이오다이내믹 와인(biodynamic wine)이 주목을 받고 있다. 1981년 프랑스 유기농소비자협회(Organic Farmers and Customer organization)에서 정의한 바에 의하면 유기농 와인이란 일체의 화학비료나 살충제, 살초제, 전초제를 쓰지 않고 생산한 와인을 말한다.

일반적으로 포도밭에도 화학비료를 주고 와인에 산화방지제 같은 첨가물을 넣는다. 하지만 건강에 대한 관심이 증가하면서 자연 친화적인 퇴비, 두엄 같은 "원시적인 농법"으로 재배하고 양조한 와인이 소비자들에게 인기를 얻어가고 있다. 유기농와인의 기준은 나라마다 조금씩 다르지만 대체로 포도나무 재배부터 유기농법을 사용한 포도로 양조한 와인을 말한다. 즉, 화학비료나 살충제, 제초제 등을 사용하지 않고 재배하여 수확된 포도를 사용해 이산화황, 인공 이스트 등을 첨가하지 않고 양조한 와인이다.

유기농 와인의 역사는 19세기 농약과 화학비료가 등장하기 전까지의 역사라고 할 수 있다. 농약과 화학비료로 인간의 건강과 환경에 영향을 끼칠 수 있다는 위험에 대한 경고는 무시되면서 유기농 와인은 생산량에 밀려 주목받지 못했다. 그러나 유기농 와인은 21세기 초가 되면서 웰빙 문화가 확산되고, 건강한 식품에 대한 소비자들의 관심이 증가하면서 유기농 와인의 희소성으로 인해 점차 각광을 받았다. 친환경적이고 지속 가능한 유기농 와인 산업이 성장 발전하면서 자연 친화적인 포도밭 관리를 통해 유기농 와인이 생산되었다. 2010년 프랑스 파리, 미국 뉴욕, 네덜란드 코펜하겐 등 고급 레스토랑에서 유기농 와인을 판매하면서 유기농 와인이 활성화되었고, 와인 전문매장에서도 유기농 와인 코너가 따로 마련되어 있다. 2012년 유럽은 유기농 와인에 사용할 수 있는 아황산염의 최대 허용치를 법률로 제정하였지만, 미국은 아황산염의 사용을 허용하지 않고 있다. 유럽을 중심으로 국제유기농연맹탄생과 더불어 국가별 유기농인증기관이 탄생하면서 인증 로고, 규제사항이 강화되었다. 현재 ECOCERT, IFOAM, AB, Bio-Siegel, NASAA, Demeter 등이 있으며, 우리나라도 농림수산식품부에서 유기농 인증 제도를 실행하고 있다.

대표적인 유기농 와인 회사는 1808년 창립된 프랑스 론 지방의 '엠 샤푸티에(M.

와인 전문지식

Chapoutier)' 와이너리이다. 경영주 미셸 샤푸티에(Michel Chapoutier)는 유기농법을 고집하는 이유에 대해 "자연보호와 인간의 건강을 위해서"라고 하였다. 또 다른 유기농 와인 회사는 1920년부터 와인을 생산해온 이탈리아 피에몬트 바롤로 지역의 '마렝고(Marengo)' 와이너리이다. 와이너리의 경영주이며, 알렉산더 대학교수인 에밀리오 마렝고(Emilio Marengo)는 후세에 더 좋은 자연환경을 물려주기 위해 유기농의 필요성을 강조하였다. 또한 1990년대부터 미국의 갤로(Ernest & Julio Gallo)회사, 호주의 펜폴즈(Penfolds) 회사가 유기농에 관심을 보이면서 확산되었다.

칠레 남쪽에 위치한 '코노 수르(Cono Sur)' 와이너리도 최적의 조건을 갖추고 유기농 와인을 생산하고 있으며, 1999년에는 콜차구아 밸리(Colchagua Valley)에 있는 '침바롱고(Chimbarongo) 빈야드'와 '알티플라노(Altiplano)' 와이너리에서도 유기농 재배에 성공하였다. 아직 유기농 와인이 많이 생산되진 않지만 미국 캘리포니아의 '벤지거(Benziger)', '아라우조 와인즈(Araujo Estate Wines)', 프랑스 부르고뉴의 '도메인 르플레티브(Domain Leflaive)', '도메인 르로이(Domain Leroy)', 알자스의 '진트 훔브레히트(Zind Humbrecht)' 등이 있다. 세계에서 유명한 와이너리들이 유기농 와인 생산을 하고 있으므로 더 많은 유기농 와인을 맛볼 수 있을 것이다. 세계적으로 유기농 와인을 생산하는 국가는 조지아로 크베브리(Qvervri)로 양조하는 오렌지 와인(Orange Wine)이 대표적이다.

우즈베키스탄 사마르칸트 포도밭에서 생산된 와인은 유기농 와인의 대명사이다. 포도밭을 가꿀 일손도 부족하고 화학비료, 농약, 살충제 등을 구매할 여력이 없으므로 방치에 가까운 포도밭에서 자란 포도는 수박처럼 땅 위에서 익어가고, 자연 친화적인 자생 포도로 와인을 양조한다.

▲ 유기농 포도밭의 흙

슬로바키아 스트레코브 1075(Strekov, 1075) : 유기농 와인

    국내에서 생소했던 슬로바키아 와인이 유기농 와인으로 서서히 부상했다. 1993년 체코와 분리 독립한 슬로바키아는 다른 유럽의 와인역사처럼 긴 역사를 자랑하지만 빛도 보지 못했고, 헝가리 지배하에서는 토카이 와인으로 유명했지만 헝가리에 명성을 넘겨주었다. 슬로바키아의 와인 산지는 주로 서부와 동남부에 자리하고 있으며, 모두 6개의 권역(Small Carphatian, Malokarpatska, 5359ha; South Slovakia, Juznoslovenska, 5345ha; Central Slovakia, Stredoslovenska, 1071ha; Nitra, 3903ha; Eastern Slovakia, Vychodoslovenska, 1071ha; Tokaj, 908ha), 40개 소구역 와인산지, 603개의 마을이 와인 산지로 지정됐다.

    저자는 슬로바키아의 수도 브라티슬라바에서 동남쪽, 남부 슬로바키아(South Slovakia)의 작은 마을 스트레코브(Strekov) 중앙에 위치한 '스트레코브(Strekov)' 와이너리를 찾았다.

    스트레코브 와인의 역사는 2002년 옛 곡물 창고를 개조하여 양조실, 숙성실, 시음실 겸 전통음식 레스토랑을 갖춘 와이너리를 오픈하면서 시작되었다. 이 와이너리는 졸트 슈토(Zsolt Sütó) 부부가 경영하는 소규모의 가족형 와이너리로 슬로바키아에서 새롭게 떠오르고 있다. '스트레코브 1075'의 브랜드명은 스트레코브(Strekov)마을이 처음 생겼던 최초 년도를 사용했다. 이는 조상 대대로 스트레코브 마을에서 천혜적인 떼루아에 포도나무를 심고, 전통적인 와인 양조방법을 고수

▲ 슬로바키아의 스트레코브 와이너리

▲ 슬로바키아의 스트레코브 와인들

해온 조상의 깊은 양조철학을 반영한 것이다. 졸트 슈트는 이곳에서 공무원생활과 곡물상을 운영하다가 부친이 물려준 포도밭에서 수확한 포도로 집에서 빚어 마시던 와인을 상업화하는데 성공했다.

마을에서 약 20분정도를 가면 야산 언덕에 자리 잡은 자연 친화적인 포도밭 12헥타르를 바이오다이내믹 유기농법으로 토착 포도품종(Rizling Vlašský, Veltlínske Zelené, Modrý Portugal, Frankovka Modrá and Svätovavrinecké)을 관리한다. 포도재배에 적합한 풍부한 일조량, 다뉴브 강의 퇴적토, 주변의 연못과 습지에서 오는 미세한 기후 그리고 배수가 좋은 사력토양층, 큰 일교차 등이 최적의 떼루아를 만든다. 조상 대대로 전수해오는 전통적인 수작업 농법에 의해 포도밭을 관리하고, 포도를 손 수확하여 발효나 숙성도 전통적인 고대 양조 방법을 통해 포도송이 스스로 양조하는 스킨 컨택(skin contact)을 한 오렌지 와인, 그리고 인위적인 방법(방부제 유황)을 모두 배제하고 자연적인 포도 침전물을 사용하여 숙성시킨 와인은 떼루아를 그대로 반영하면서 와인의 향과 맛에 차별화를 가져왔다. 졸트 슈토는 자신들이 생산하는 와인(Heion, Porta, Nigori)은 과학적이고 인위적으로 와인의 풍미를 만든 현대적인 양조 와인과는 다르다는 것을 강조했다. 유기농 와인을 마시면 마음이 편안하고 힐링이 될 수 있다는 것에 초점을 맞추고, 자신들의 목표를 '인류가 최초로 만든 고풍스럽고 청량한 와인 맛을 재현하는 것'이라고 했다. 그리고 와이너리의 입구에 아주 크게 표시된 '방부제는 일체 사용하지 않습니다.'라는 표지판은 유기농 와인 그

▲ 슬로바키아의 스트레코브 포도밭

자체라는 자신의 와인철학을 크게 부각시키고 있다. 저자는 졸트 슈토 부인이 2시간에 걸쳐 손수 요리한 전통음식(순대, 곱창, 소시지, 야채 등)을 맛보았는데 정말 맛있고 자연식이었다. 음식과 함께 가벼우면서 청량감이 있는 유기농 와인을 거의 2병 정도를 마셨는데 기분도 매우 좋았고, 신체적으로 부담이 없었다. 그래서 유기농 와인의 진가를 직접 체험하게 되었다.

저자는 6종류의 유기농 와인을 시음했는데 매우 인상 깊었다. '동 졸트 2017(Don Zsolt, 2017)'은 샴페인의 아버지 동 페리뇽처럼 자신이 개발한 스파클링와인이라는 의미를 부여한 것으로 약간 노란색을 띤 화이트 컬러에 흰색 거품이 밤하늘의 별처럼 올라오는 모습이 아름답다. 풍부한 열대과일, 복숭아, 레몬, 귤 향이 많고, 마시면 마실수록 마음이 편해지는 와인 맛으로 오랫동안 기억에 남았다. '벨트린 2017(Veltlín 2017)'은 다양한 얼굴을 보여주는 와인으로 그루너 벨트리너(Grüner Veltliner) 포도를 사용하고, 오렌지색의 컬러, 뚜껑은 크라운 캡으로 진짜 왕관처럼 보이며, 아로마는 허브, 향신료, 다양한 꽃, 오렌지 꽃, 레몬, 건과류 등이 나타나며, 마셔보면 청량한 미네랄, 청사과, 싱싱한 배, 살구, 신선한 오렌지 껍질, 아주 미세한 캐러멜 맛이 입맛을 자극하고 마신 후에는 긴 여운 속에 긍정적인 에너지를 가슴으로 스며들게 하는 묘한 매력 때문에 유기농 와인의 장점을 금세 파악할 수 있다. 음식과 와인의 조화는 소시지, 곱창요리, 닭고기 요리, 오리고기, 파스타 등과 잘 어울린다.

주석산염, 와인 다이아몬드

레스토랑에서 와인을 디캔팅(decanting)하면 일부 고객들은 상업적인 기술이라고 일축하기도 하고 찌꺼기를 발견하면 디캔팅을 원하기도 하지만 상한 와인이니 교체해 달라는 고객도 있다.

정제 기술이 발달한 요즘 와인에는 거의 침전물을 찾아 볼 수 없으며, 화이트와인도 타닌과 안토시아닌(anthocyanin)이 매우 적기 때문에 침전물이 거의 생기지 않는다. 그러나 오래 숙성시킨 고급 레드와인은 보관한지 5~10년이 지나면 침전물이 생긴다. 와인에 함유된 타닌과 안토시아닌이 시간이 흐를수록 화학적으로 결합해 입자화되면서 병 밑에 가라앉기 때문이다. 와인병 밑이 오목하게 들어가 있는 것도 침전물이 바닥에 쉽게 가라앉도록 고안한 양조인들의 지혜라고 할 수 있다.

식사 후 마시는 디저트 와인은 침전물이 많이 보이는데 포르투갈의 포트와인, 헝가리의 토카이 와인이 여기에 속한다. 침전물은 고급와인일수록, 좋은 빈티지일수록 많이 보인다.

매우 드문 경우이긴 하지만 병 밑바닥에 수정 같이 맑은 와인 빛 결정체를 발견할 수 있는데 장기간 낮은 온도에서 보관할 경우 와인에 함유된 주석산이 칼륨 등과 결합해 생기는 것으로 주석산염이라고 하며 인체에는 아무런 해가 없다. 주석산염을 '와인의 다이아몬드'라고 하며, 와인 애호가들은 와인병 속의 다이아몬드를 찾기 위해 주의 깊게 들여다보기도 한다.

◀ 우즈베키스탄 사마르칸트의 1938년산와인과 주석산염

와인의 품질

2005년 프랑스 부르고뉴의 샤토 포마르(Château Pommard)를 방문했을 때 1978년산 빈티지 피노 누아 와인을 시음하면서 경험한 적이 있으며, 우즈베키스탄의 사마르칸트 와이너리에서 1938년산 그레이트 빈티지 와인(Great Vintage Wine)을 테이스팅하면서 글라스에 밤알 크기의 와인 빛깔 찌꺼기가 둥둥 떠 있는 것을 보고 '나에게도 와인의 다이아몬드를 마실 수 있는 행운이 왔구나' 하면서 감탄을 한 경험이 있다.

오래 숙성된 김치의 매력은 톡 쏘는 신맛이다. 와인 역시 향과 함께 숙성된 산미를 가장 큰 매력으로 여긴다. 산미는 와인의 중요한 구성인자 중 하나이며 산미가 부족한 와인은 맛이 없어서 매력이 떨어진다. 와인의 산미는 발효주 중에서 와인만이 갖고 있는 특징이라고 할 수 있다. 30여 년 전 일본은 산미가 강한 와인을 외면했지만, 최근에는 소비뇽 블랑의 산미에 맛들이면서 와인에서 긴장된 산미를 찾는 사람들이 많아졌다.

일반적으로 수용액 중에서 수소 이온을 생성하는 물질을 산이라고 한다. 산에는 무기산도 있고 유기산도 있다. 와인 속에 포함된 산은 포도에서 나오는 것과 발효 중에 생성된 것들을 포함하여 약 30종이며 산미의 주체가 되는 것은 주석산과 사과산이다.

포도 과즙 양의 함량은 포도품종과 성숙도, 생산지와 작황에 좌우되며 와인의 성격에 지역적인 특성을 만든다. 기후의 차이로 서늘한 기후를 가진 지방의 포도는 산이 많고 당분은 적으며 따뜻한 기후를 가진 지방의 포도는 당분은 높지만 산이 적은 경향이 있다.

주석산은 0.2~1.0%, 사과산은 0.1~0.8% 가량으로 주석산이 사과산보다 약간 많다. 비율로 보면 사과산의 1.5배~2배 정도이다. 그러나 산의 일부는 미네랄에 의해 중화되며 과즙에서 와인이 될 때는 산이 감소하므로 와인 중의 유리산은 보통 0.4~0.1% 정도로 안전한 편이다.

▶ 프랑스 부르고뉴 샤토 포마르, 1978년산 피노 누아 와인

와인 전문지식

　사과산은 발효 중 효모에 의해 일부가 소실되고 또 숙성할 때는 유산균에 의해 분해되어 탄산가스와 유산으로 변한다. 이 현상을 말로락틱 발효(Malo Lactic Fementation; MLF)라고 부른다. 오래된 와인은 거의 다 MLF에 의해 사과산이 소실되어 유산으로 되는 일이 많다. 유산이 사과산보다 약한 산이므로 MLF가 일어나면 와인의 산미는 부드러워진다. 그래서 MLF는 천연 와인 감산법으로 알려져서 서늘한 기후를 가진 지방의 산미가 강한 포도에 좋은 영향을 준다.

　주석산은 사과산과 달리 발효 중 미생물에 의해 분해되는 일이 없다. 대신 주석산의 모노칼륨은 알코올에 녹지 않으므로 결정체로 석출되어 침전된다. 이 결정을 주석이라고 말하며 주석산의 일부는 제거된다.

　MLF는 또 하나의 색다른 효과가 있는데 MLF가 일어나면 유산과 함께 탄산가스가 생성되는데 밀폐된 병 속에서 탄산가스가 녹아 들어가면 기포가 만들어진다. 그러나 탄산가스의 양은 적어 프랑스 샹파뉴의 샴페인만큼 강한 발포성이 없으며, 포르투갈에서 생산되는 그린와인(Green Wine)으로 불리는 '비뉴 베르드(Vinho Verde)' 와인이 대표적이다.

▼ 우즈베키스탄의 사마르칸트 1938년산 와인 테이스팅

와인의 품질

와인 보관과 수명

　와이너리에 있는 저장고의 오크통과 와인병을 보면 조용한 숲속에 잠자는 공주처럼 느껴질 때가 많다. 하지만 공주도 나이를 먹는 것처럼 와인도 나이를 먹는다. 와인은 살아 숨쉬는 식품이고 나이를 먹어 생명을 다하면 가치를 잃게 된다. 그러나 와인의 생체리듬을 지연시켜주고 자연 상태 그대로 유지할 수 있게 해 주는 것이 바로 셀러이다.

　생물들은 탄생부터 생을 마감할 때까지 여러 단계를 거치면서 자라고 늙고 병들게 되는데 와인도 마찬가지다. 와인의 수명은 최소 6개월에서 수십 년까지 천차만별이며, 포도품종, 떼루아, 양조방법, 수확년도, 보관 장소와 유통 방법에 따라 건강한 삶을 누리기도 하고 수명을 연장하기도 하고 단축시키기도 한다.

　와인의 수명을 알기 위해서는 먼저 그 와인을 시음해 보아야 하지만 일반적으로 영 와인은 1년 이하이며, 로제와인은 1~4년, 스파클링와인은 4년이며, 드라이한 화

▲ 프랑스 쥐라의 대표적인 화이트와인 뱅 존

와인 전문지식

이트와인은 2~5년이며, 오크통에서 숙성한 화이트와인은 5~10년이며, 유연성이 있는 레드와인은 5~8년이며, 타닌 구조가 강직하고 조화로운 레드와인은 10~50년이지만, 고급 소테른 와인이나 독일의 트로켄베렌아우스레제(Trockenbeerenauslese)급 와인은 10~15년, 혹은 50~100년 이상도 가능하다.

화이트와인 중에서도 프랑스 쥐라(Jura) 지방의 대표적인 화이트와인 '뱅 존(Vin Jaune)'은 몇 십 년 보관이 가능하다. 청포도 품종인 '사바냥(Savagnin)'으로 특별히 양조한 '뱅 존'은 오크통에서 최저 6년간 줄어드는 양을 보충하지 않고 숙성시키면 와인 표면에 하얀 효모막(flor)이 생기고, 병입하여 50년 이상 보관하여도 그 개성이 사라지지 않는다.

와인은 살아 있는 온실 속의 화초처럼 섬세한 관리와 정성이 필요한 식품이며 보관하고 관리하기가 매우 까다로운 술이다. 위스키처럼 몇 십 년을 보관하여도 변하지 않는다면 좋겠지만 와인의 생명은 상대적으로 짧다. 와인의 생명을 유지하기 위해선 정기적으로 시음해 보는 것이 최선의 방법이다. 고가의 명품와인은 코르크의 교체주기가 25년 정도이므로 저장할 때 음용연도를 와인 전문가에게 진단받아야 상품가치를 인정받을 수 있다. 까다로운 보관 조건을 따를 수 없다면 구입한 후 적정시기에 마시는 게 가장 현명한 방법이다.

와인을 건강하게 보관하려면 빛, 온도, 습도, 보관 장소 등에 유의해야 한다.

▼ 다양한 와인을 숙성 보관하는 것이 와인의 생명

▲ 지하 와인 저장고의 그레이트 빈티지 와인들

첫째, 와인은 빛을 싫어하며 매우 민감하게 반응한다. 오랜 시간 빛에 노출되면 산화가 빠르게 일어나 맛도 변질되고 색깔도 변한다.

둘째, 와인은 높은 온도를 싫어하고 서늘한 온도를 좋아한다. 최적의 보관 온도는 7~15°C(화이트와인 7~13°C, 레드와인 13~18°C) 사이이며, 그늘에 보관하는 것이 좋다. 온도가 조금 다르다고 쉽게 상하지는 않지만 온도가 많이 올라가면 산화가 가속화되어 코르크 마개가 병목 위로 볼록하게 올라온다.

셋째, 습도는 약 70~80%가 적당하다. 75% 정도의 습도에서 코르크 마개는 가장 단단하게 와인을 막는다. 습도가 60% 이하로 건조해지면 코르크 마개가 수축되고 부스러질 수도 있으며 공기가 와인 속으로 들어가면 급속히 산화된다. 공기 중에 수분이 너무 많아도 와인 맛이 묽어진다. 습도 조절에 실패하면 와인병 입구에 곰팡이도 생긴다. 적정한 습도 유지를 위해 습도계도 준비해야 한다.

넷째, 보관 장소는 지하 와인 셀러가 적당하지만 장소 제약에 따른 비용이 많이 든다. 특히 우리나라처럼 사계절의 기후 변화가 심하면 보관하기도 힘들다. 와인 전용 셀러가 갖춰진 집이 아니라면 와인 전용 냉장고가 가장 이상적이다. 와인을 오래 보관하기 위해 특별히 고안된 와인 전용 냉장고는 습도와 온도를 적정하게 유지할

와인 전문지식

수 있으며 온도별로도 보관이 가능하다. 하지만 모터의 진동에 노출된다는 단점이 있다. 유명한 와인 셀러는 삼성, LG, 캐리어, 유로카브(EuroCave), 빈디스(Vindice), 비노 뷰(Vino View), WIB 등이 있다.

와인 냉장고에서 그랑 크뤼급 와인을 보관할 경우도 5년 이내에 마시는 것이 좋으며, 장기보관을 할 경우 품질과 맛을 보장 받기 어렵다. 이유는 문을 자주 열고 닫으면 온도가 달라질 수도 있고, 전기 모터의 진동에 의해 와인이 물리적으로 스트레스를 받을 수도 있기 때문이다.

와인별 숙성보관기간

1. 화이트와인

국가	지역	포도품종	숙성보관기간
프랑스	부르고뉴 소테른	샤르도네 세미용	2~10년 이상 3~30년 이상
독일	라인가우, 모젤, 팔츠	리슬링	3~30년 이상
미국	캘리포니아	샤르도네	3~8년 이상

2. 레드와인

국가	지역	포도품종	숙성보관기간
프랑스	보르도 부르고뉴 론	카베르네 소비뇽 피노 누아 시라	5~30년 이상 3~8년 이상 5~25년 이상
아르헨티나	라인가우, 모젤, 팔츠	말벡	3~15년 이상
이탈리아	바롤로 및 바르바레스코 브루넬로 디 몬탈치노 키안티 클라시코 리제르바	네비올로 람브르스코 산지오베제	5~25년 이상 3~15년 이상 3~10년 이상
스페인	리오하(그란 레세르바)	템프라니뇨	5~20년 이상
미국	캘리포니아 캘리포니아/오리건	진판델 메를로 카베르네 소비뇽 피노 누아	5~15년 이상 2~10년 이상 3~15년 이상 2~5년 이상
포르투갈	가이야(포트 빈티지) 마데이라	틴따 등 블렌딩 세르시알, 베르데호	10~40년 이상 10~40년 이상

와인의 품질

▲ 와이너리에서 장기보관중인 와인

아파트에 와인 셀러 만들기

　와인은 냄새나는 음식물과 함께 보관하면 안되는데도 김치냉장고에 보관하는 사람들이 종종 있다. 김치냉장고에 보관할 경우 아무리 랩으로 싸도 장기보관하면 김치 냄새가 코르크로 스며들어 와인 고유한 향과 맛이 떨어지게 된다.

　아파트에서 생활하는 분들 중에 와인을 장기적으로 보관하고 싶다면 거실쪽 화장실을 개조하여 와인 보관대를 만들고 습도를 유지할 수 있도록 욕조에 물을 받아두면 훌륭한 와인 셀러가 될 수 있다.

　또한 단기간 보관하였다가 마시려면 서늘한 장소에 단열효과가 높은 스티로폼 상자나 나무박스에 눕혀서 보관하면 좋다. 부엌이나 거실은 온도 변화가 심하고 빛도 많이 들어오기 때문에 피하는 것이 좋다.

가정용 와인 셀러의 조건

와인을 즐기는 사람들이 늘어나면서 집안에 와인 셀러를 장만하는 것이 유행처럼 번졌다. 와인 셀러는 한번 구입하면 오랜기간 사용하기 때문에 선택할 때 세심한 주의를 해야 한다.

1995년 와인 셀러가 우리나라에 처음 도입되었을 당시에는 5성급 관광호텔, 레스토랑에서 사용한 붙박이 업소용 대형 와인 셀러가 대부분이었다. 주로 유럽산 고가 브랜드 가게나우(Gaggenau), 유로까브(Eurocave), 빈디스(Vindis), 리페르(Liebhwerr), 비노 뷰(Vino View), 빈텍(Vintec), WIB 등이었다. 최근에 우리나라도 삼성, LG, 캐리어 등의 와인 셀러가 유럽산 고가 브랜드와 치열한 품질경쟁을 하고 있다.

일반적으로 몇 개월 안에 마실 와인을 구입하거나 가정에서 보관하는 와인이 평균 10병을 넘지 않을 때, 장기 숙성 보관용 와인이 없는 경우는 비싼 와인 셀러가 필요 없다. 가정용 냉장고나 김치냉장고의 한 칸을 할애해 사용하는 것이 경제적이다. 그러나 중장기 숙성 와인을 소장하는 경우, 저장 환경에 따라 와인의 향, 맛 그리고 품질에 영향을 미치므로 와인 셀러 구입은 필수이다.

고대 유럽에서는 와인을 양조하고 장기 보관을 위해 진동이 없고 햇볕이 없는 지하를 선택하여 습도 70~80%, 온도 7~18℃를 유지할 수 있도록 했다. 기본적으로 와인 셀러가 갖추어야 하

▼ 지하 와인 셀러

는 조건(온도, 습도, 진동, 소음 등)을 완벽하게 갖춘 공간이자 와인의 숙면 장소였다. 그러면 와인 셀러를 구입하는데 기본적인 조건을 알아보자.

첫째, 최적의 보관 온도는 몇 도가 좋을까? 세계적으로 저명한 와인 평론가 로버트 파커(Robert M. Parker Jr.)는 최적 와인 보관 온도를 12.8℃로 제시하면서 12.8℃~18.3℃ 사이가 적당하며, 저장 온도가 높을수록 숙성이 빨라진다고 하였다. 그리고 잰시스 로빈슨(Jancis Robinson)은 최적 보관 온도는 10℃로 온도에 너무 민감할 필요가 없으며, 7~18℃ 사이가 적합하다고 했다. 저자는 해외 와인 투어 시에 유명한 양조가들에게 최적 보관 온도를 질문했다. 유명 양조가들의 의견을 종합하면 화이트 와인은 7~13℃이며, 레드 와인은 13~18℃였다. 화이트, 레드 와인을 동시에 보관할 때 최적 온도는 13℃라는 해답도 찾았다.

둘째, 최적의 습도는 몇 %가 좋을까? 로버트 파커, 잰시스 로빈슨 등이 최적의 습도를 50~80%이라고 공통적인 의견을 제시하였다. 그 이유는 와인 병의 코르크가 건조하는 것을 방지하는 것이라고 했다. 습도 80%가 넘으면 코르크와 와인에는 문제가 없지만, 레이블이 곰팡이 등으로 손상될 우려가 있다. 저자는 해외 와인 투어시에 지하 와인 셀러의 습도를 측정해보니 평균적으로 75%였다.

셋째, 진동과 소음이 미치는 영향은 무엇일까? 양조가 끝난 와인은 깊은 잠을 통해 숙성되는데, 미세한 진동과 소음이 있으면 깊은 숙면 대신 심한 스트레스로 빠른 노화가 진행되며, 색상, 향, 맛에 영향을 주고 침전물이 생기므로 백해무익하다.

넷째, 햇빛과 자외선이 미치는 영향은 무엇일까? 와인은 햇빛이나 조명에서 나오는 자외선 역시 온도만큼이나 악영향을 받는다. 즉, 와인의 산화를 촉진하는 햇빛을 포함한 강한 광선은 치명적이다.

가정용 와인 셀러를 구입할 때 중요하게 고려해야 할 사항은 가격 대비 품질이겠지만, 모터에서 발생하는 미세한 소음, 와인을 넣을 수 있는 수납공간, 선반의 재질, 공간의 온도조절, 온도 차이에 따른 앞 유리의 김 서림 방지, 햇볕과 자외선 차단 시스템, 주방 가전제품과 조화로운 인테리어 가능성, 싫증 나지 않은 현대적 감각의 디자인, 사후 서비스(After Service) 등이다.

▶ 가정용 와인셀러

마리아주

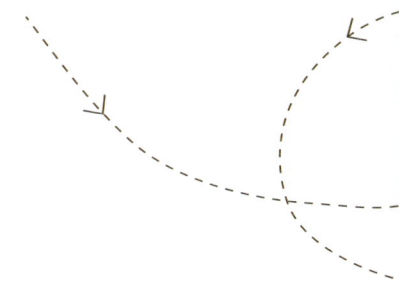

🍷 음식과 와인의 조화 기본원칙

즐거운 식사를 위해선 테이블 매너를 알고 지키는 것이 좋다. 음식을 주문하고 와인을 고르는 순서가 있는데 테이블 매너는 고사하고 음식에 조화를 이루는 와인을 선택하지 못해 당황하는 모습을 볼 때가 종종 있다. 음식과 함께 마시는 와인을 정하는 일은 즐거워야 하는데도 불구하고 스트레스가 되고 있는 것이다.

"와인 없는 식사는 태양 없는 낮과 같다"는 루이 파스퇴르(Louis Pasteur; 1822~1895, 프랑스 생화학자)의 말이나 "와인 없는 정찬은 조찬에 불과하다"는 몰리(Edward Williams Morley; 1838~1923, 미국의 물리학자)의 말을 빌리지 않더라도 정찬에 와인이 없거나 개성 없는 와인을 선택한다면 대화없는 식사처럼 지겹고 활력도 사라지게 된다.

프랑스에서는 '와인과 음식의 조화'를 '결혼'이란 뜻을 가진 '마리아주(marriage)'라고 표현한다. 프랑스 사람들이 와인을 얼마나 사랑하는지 또한 음식과 와인의 궁합을 얼마나 중요하게 생각하는지 결혼에 비유한 것만 보아도 쉽게 알 수 있다. 이처럼 와인과 음식의 짝 찾기는 인간의 만남처럼 미묘하고 섬세하기 때문에 경험의 힘을 빌려야 실패하지 않는다. 그리고 이 경험의 힘을 가지고 있는 사람이 바로 소믈리에이다.

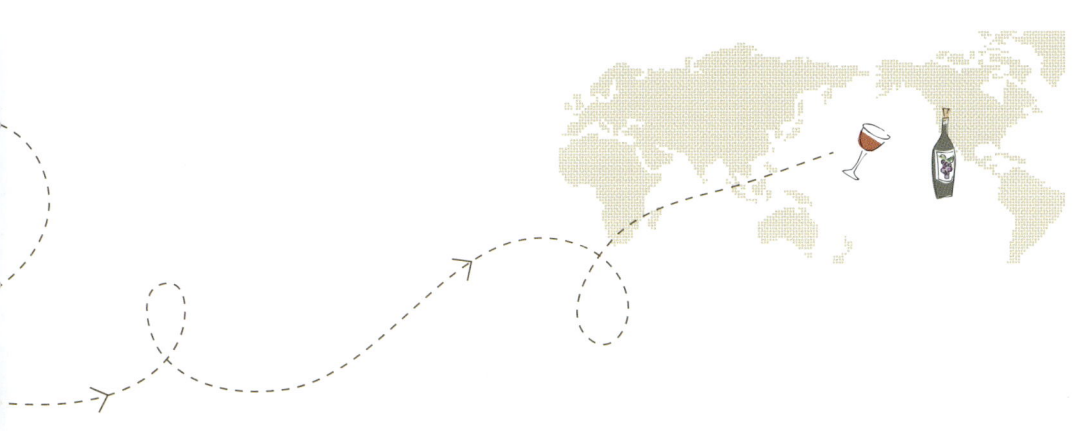

우리가 느끼는 맛은 음식이 입안의 침에 녹아서 혀의 유두(乳頭, Papillae linguales; 미뢰세포)를 자극하고 이것이 신경섬유를 거쳐 중추에 전달되면서 일어난다. 음식과 와인을 선택할 때는 물론 맛과 함께 개인의 취향이 중요하지만 기본적으로 와인이 음식보다 지나치게 강하거나 음식이 와인보다 너무 자극적이지 않은 선에서 고른다면 별 무리는 없을 것이다.

이 음식엔 꼭 이 와인을 먹으라는 강제성은 없지만 음식과 조화를 이루는 와인을 선택하는 일은 음식의 궁합처럼 과학적인 사실에 근거를 두고 있다. 때로 음식을 선택하고 그에 어울리는 와인을 고르는 일은 각국의 문화도 이해하면서 좀 더 창조적이고 예술적인 세계를 경험할 수도 있다.

▲ 남아프리카공화국의 전통음식과 와인

음식과 와인의 조화를 알기 위해서는 먼저 지역별 포도품종과 특성에 대한 전문지식이 많을수록 좋다. 그리고 음식과 궁합을 이루는 와인선택에 대한 기본적인 원칙 몇 가지만 알고 나면 자신감을 얻을 수 있다. 일반적으로 화이트와인은 생선류,

▲ 남아프리카공화국의 와이너리에 있는 고급 레스토랑

레드와인은 육류, 로제와인은 가벼운 음식, 스위트 와인은 디저트류가 적합하다.

저자는 20년간 와인 학문을 연구하고 강의를 하면서 8가지 음식과 와인의 조화 기본원칙을 정립하였다.

첫째, 신토불이 원칙이다.

그 지역 음식에는 그 지역에서 생산되는 와인을 선택하는 것이 좋다. 와인은 음식과 함께 발전해 왔기 때문에 현지의 음식에 보완 역할을 하도록 만들어졌다. 프랑스의 거위간 요리와 소테른 스위트 와인, 부르고뉴의 달팽이 요리와 샤르도네 몽라셰 와인, 스페인의 하몽하몽 요리와 리오하의 템프라니뇨 와인, 이탈리아 파스타 요리와 네비올로 와인, 러시아의 캐비아 요리와 보드카, 중국의 오리고기와 화주, 일본의 사시미와 사케, 한국의 두부김치요리와 막걸리 등의 예를 들 수 있다.

국내에서도 미국산 쇠고기이면 캘리포니아산 와인이 좋으며, 호주산 쇠고기면 호주산 와인이 적격이다. 한우면 국산 와인이 잘 어울린다는 것도 잊지 말기 바란다.

둘째, 유사성 원칙이다.

붉은색의 음식은 레드와인, 흰색 음식은 화이트와인이 좋다. 붉은색의 쇠고기, 사슴고기, 양고기는 타닌이 풍부한 레드와인과 어울리며, 돼지고기, 닭고기, 오리고

마리아주

기는 흰색이므로 드라이한 화이트와인이나 영 레드와인이 적격이다. 생선은 일반적으로 화이트와인인 리슬링, 소비뇽 블랑, 피노 그리, 샤르도네 와인 등이 좋지만 참치, 연어, 도미 등 붉은색의 생선은 영 레드와인이나 보졸레 와인 혹은 로제와인이 적당하다. 생선 요리에 화이트와인이 어울리는 이유는 화이트와인의 산미가 생선의 맛과 조화를 이루기 때문이다. 야채는 일반적으로 화이트와인과 함께 마시는 것이 좋지만, 두부는 단백질이 많아 영 레드와인이나 로제와인이 더 잘 어울린다.

셋째, 패밀리 원칙이다.

음식에 와인 소스가 들어갔다면, 소스용 와인과 같은 지역이나 품종을 선택하는 것이 좋다. 프랑스 부르고뉴 피노 누아 와인을 소스로 사용했다면 부르고뉴 피노 누아 와인을 선택하는 것이다. 더 좋은 방법은 조리용 와인보다 한 등급 높은 와인을 주문하여 마시면 최상의 궁합이다. 2년 전 부르고뉴의 고급 레스토랑에 갔을 때 내가 선택하고 주문한 와인이 내가 주문해서 나온 요리의 소스로 사용된 것을 알고 깜짝 놀란 적도 있다. 참고로 '소금은 와인의 타닌과 알코올을 부각시키는 일'을 한다.

▲ 쇠고기 스테이크와 피노타지 레드와인

▲ 양고기와 카베르네 소비뇽 와인

와인 전문지식

넷째, 당도·산미의 원칙이다.

음식이 달면 와인도 음식보다 단 것을 선택하는 것이 최상의 궁합이다. 디저트류인 파이, 케이크, 아이스크림 등은 귀부와인이나 아이스바인 와인이 잘 어울린다. 예외로 프랑스 대표적인 음식인 거위간 요리는 프랑스 보르도 소테른(Sauternes) 지방의 귀부와인과 잘 어울린다. 산미가 있는 음식에는 산도가 있는 소비뇽 블랑(Sauvignon Blanc) 와인을 함께 마시면 좋다. 그러나 음식의 산미가 너무 강하면 어떤 와인도 어울리지 않는다.

다섯째, 상호보완 원칙이다.

와인의 단맛은 음식의 짠맛을 누그러뜨리며, 와인의 신맛은 음식의 기름기를 완화시켜 주는 역할을 한다. 와인의 타닌은 구운 고기나 스튜요리를 부드럽게 하며, 육질이 강한 음식은 타닌이 풍부한 와인을 선택하는 것이 좋으며, 향이 강한 음식에는 향이 강한 와인을 선택하는 것이 좋다. 또한 매운 음식을 먹을 경우 화이트와인은 매운맛을 중화시켜준다.

여섯째, 오찬과 만찬에 따른 와인 원칙이다.

오찬에서는 오후의 업무가 있기 때문에 가볍게 즐기는 것이 원칙이며, 음식을 보조하는 역할로 강한 와인은 피하는 것이 바람직하다. 무겁고 스위트한 것보다 가

▲ 프랑스 샤블리 화이트와인에 어울리는 생굴

법고 드라이한 것을 선택하는 것이 좋다. 만찬에서는 코스별 여러 와인을 선택해도 무리가 없지만 와인 값이 만만치 않게 청구될 수 있다.

일곱째, 지역별 치즈와 와인 만남의 원칙이다.

와인과 치즈의 궁합이 마치 천상에서 맺어진 연인이라도 되는 것처럼 생각하는 것은 지나친 칭찬이다. 향이나 맛이 너무 강한 치즈는 오히려 레드와인의 훌륭한 맛을 빼앗아 갈 수 있다. 단단한 즉, 하드(hard) 치즈일수록 타닌 맛이 풍부한 레드와인과 어울리며, 크림이 많은 소프트(soft) 치즈는 산도가 강한 와인과 잘 어울린다. 치즈 역시 그 지역 와인에 그 지역 치즈가 잘 어울리는 신토불이 원칙을 벗어날 수 없다는 것을 명심해야 한다.

치즈는 보통 껍질의 구조와 특성에 의해 분류되는데 연성 치즈는 가볍게 톡 쏘는 화이트와인이나 프랑스의 앙주(Anjou)나 론(Rhone) 지역의 로제와인이 좋으며, 프랑스 보르도의 가벼운 영 레드와인, 부르고뉴의 보졸레(Beaujolais), 남서부의 베르주락(Bergerac), 이탈리아 베로나의 바르돌리노(Bardolino), 포르투갈 민호(Minho)의 비뉴 베르드(Vinho Verde) 와인이 좋다. 경성 치즈는 어떤 와인이 좋다고 콕 집어 말하기 어렵지만 스페인과 영국 치즈는 양질의 보르도 레드와인 혹은 카베르네 소비뇽(Cabernet Sauvignon), 시라(Syrah/Shiraz) 와인이 어울린다.

여덟째, 후회의 원칙이다.

와인과 어울리지 않은 것으로 식초, 그레이프 푸르트, 오렌지, 레몬 등은 신맛이 많이 나므로 와인 맛을 느낄 수 없다. 또한 고등어 같은 기름기가 많은 생선, 캔에 들어 있는 통조림, 계란이 많이 들어간 요리 등은 강한 기름 때문에 와인이 수용할 수가 없다. 쓴맛이 나는 채소(아티초크, 엔다이브, 시금치 등)는 품질이 좋은 와인의 풍미를 떨어뜨리는 역할을 한다. 전통적으로 적절하지 않은 마리아주는 어패류, 갑각류의 음식은 고급 레드와인과 어울리지 않고, 붉은 고기, 가금류의 음식은 고급 화이트와인과 부적절한 조화이다. 커피, 담배도 와인과 잘 어울리지 않으니 와인을 마실 때 삼가는 것이 좋다.

끝으로 와인과 음식의 조화를 지속적으로 평가하고 싶다면 지금 마시는 와인으로 인해 좀 전에 마셨던 와인의 맛을 평가절하하지 말아야 한다는 것이다.

와인 전문지식

🍷 10가지 와인에 어울리는 음식

우리나라 호텔, 레스토랑의 소믈리에들에게 음식과 잘 어울리는 와인을 추천해 줄 것을 요청하면 거의 모든 소믈리에들이 레드와인은 카베르네 소비뇽, 시라, 메를로, 네비올로 등을 추천하고, 화이트와인은 샤르도네, 리슬링, 소비뇽 블랑 등을 추천한다.

그리고 음식과 와인의 조화에 있어서 소믈리에라면 누구나 스토리텔링을 만들어 고객들에게 어필하는데 일반적으로 와인의 품질은 좋으나 가격이 높아서 고객들이 만족하면서도 가격에 부담을 느껴 매출액에 영향을 끼치게 된다. 와인 가격도 저렴하면서 음식과 궁합을 이루는 차별화 전략으로 레스토랑 매출액을 올리고 원가를 낮추어야 한다.

호텔, 레스토랑에 오는 고객의 요구와 수요에 부응한 친근하고 가격 대비 가치가 높은 10가지 와인과 이에 어울리는 음식을 소개하고자 한다.

첫째, 오크 숙성을 하지 않은 샤르도네(Unoaked Chardonnay)

화이트와인의 주품종으로 가장 순응적인 포도품종 중 하나이며, 가볍고 산도, 바디감이 약한 것부터 다양한 청사과, 감귤, 버터의 향이 풍부한 스타일의 와인이다. 프랑스 부르고뉴, 샤블리 지역의 샤르도네는 가벼울수록 다양한 음식과 어울리는 와인 스타일로 샐러드, 해산물, 조개류, 가금류, 돼지고기 등과 매우 잘 어울린

◀ 스테이크에 어울리는 카베르네 소비뇽 와인

마리아주

다. 프랑스 부르고뉴, 샤블리 지방 외에 미국의 소노마, 오리건, 칠레의 남부해안 지역의 샤르도네도 추천한다.

둘째, 소비뇽 블랑(Sauvignon Blanc)

화이트와인을 만드는 품종으로 식전주로 인기를 끌고 있으며, 신선하고 상쾌한 맛으로 아스파라거스, 푸른 피망, 올리브 향이 난다. 프랑스 루아르 밸리의 상세르처럼 서늘한 기후를 가진 지역의 소비뇽 블랑은 신선하고, 상쾌하며, 신맛이 나는 풋사과 같아 마치 음식에 레몬을 뿌린 듯한 느낌을 준다. 훈제연어, 새우 칵테일, 송아지 파테, 오드블 등에 매우 잘 어울린다. 프랑스 루아르 지방 외에 뉴질랜드의 말보로, 칠레의 해안지역의 소비뇽 블랑도 추천한다.

셋째, 피노 그리(Pinot Gris, Pinot Grigio)

화이트와인을 만드는 품종으로 이탈리아에선 '피노 그리지오'라고 부르며, 벌꿀, 열대과일, 스모키한 향이 난다. 프랑스 알자스의 피노 그리 스타일은 리슬링이나 게뷔르츠트라미너보다는 무게감이 있고 향긋하고 달콤한 맛이 풍부하며, 풀 바디의 무게감을 느낄 수 있다. 중국의 음식 중 달콤하면서 신맛이 있는 탕수육이나 매운맛의 사천요리, 동남아시아의 매운 커리와 잘 어울린다. 또한 더 무거운 스타일의 피노 그리는 해산물, 돼지고기, 가금류 등에 잘 어울린다. 프랑스 알자스 외에 미국의 소노마, 뉴질랜드의 말보로에서 생산하는 피노 그리를 추천한다.

◀ 서양 전통음식에 어울리는 피노 누아 와인

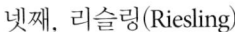

넷째, 리슬링(Riesling)

화이트와인을 만드는 천의 얼굴을 가진 리슬링은 독일 모젤, 라인가우를 대표하는 와인으로 리슬링을 좋아하는 고객과 싫어하는 고객으로 구분된다. 드라이 와인부터 스위트 와인까지 양조가 가능하며, 푸른 사과, 리치, 꿀향이 있다. 특히 아시아 음식이나 퓨전 스타일의 달고-시고-짜고-매운 스타일의 음식에 리슬링의 단맛과 높은 산도는 최고의 조화를 이루며, 미묘한 맛의 음식까지도 매력있게 살려내며, 신맛을 사라지게 한다. 또한 스위트 리슬링 와인은 약간 단맛의 디저트, 초콜릿, 과일 등과 조화가 일품이다. 독일의 모젤 지역, 미국의 캘리포니아 소노마, 호주의 야라 밸리, 캐나다의 나이아가라에서 생산되는 리슬링을 추천한다.

다섯째, 샴페인(Champagne)

모든 음식과 잘 어울리는 친근한 할아버지같은 와인으로 프랑스 샴파뉴 지방에서 생산한다. 음악의 불협화음처럼 12개의 다른 식재료로 음식이 차려졌다면, 프랑스 샴페인은 그 모든 것과 다 조화를 이룰 수 있다. 샴페인의 가벼운 맛과, 가벼운 바디감, 낮은 알코올, 그리고 높은 산도, 그리고 이스트와 토스트 향의 강한 맛이 독특하게 다양한 음식과도 완벽한 조화를 이루는 위대한 와인으로 통한다. 그러나 샴페인은 매운맛이 아주 강한 음식과는 어울리지 않는데 샴페인에 함유된 이산화탄소가 매운 맛을 더욱더 자극하기 때문이다. 샴페인이 고가이므로 스페인의 카바, 이탈리아의 스푸만테, 기타 신세계 국가의 스파클링와인도 추천한다.

여섯째, 피노 누아(Pinot Noir)

레드와인의 대표적인 포도품종으로 소믈리에들이 가장 선호하고 추천하는 와인으로 라즈베리, 딸기, 체리 등의 향과 맛이 있다. 지역의 떼루아 차이로 스타일은 매우 다양하지만, 생산지역이 중요하지 않으며, 피노 누아가 갖고 있는 개성 중 낮은 타닌과 높은 산도의 매력성이다. 프랑스의 부르고뉴는 가벼운 맛과 바디감으로 피노 누아의 성지라고 부르며, 생선, 닭요리, 쇠고기 스테이크 등에 잘 어울린다. 프랑스 부르고뉴 와인이 고가이므로 미국의 캘리포니아 카네로스, 오리건, 호주의 야라 밸리, 남아프리카공화국의 워커베이 등에서 생산되는 피노 누아를 추천한다.

마리아주

일곱 번째, 가메(Gamay)

레드와인 중 영와인을 대표하며 프랑스 보졸레 지방에서 생산된다. 타닌이 적고 산도가 높으며, 체리, 라스베리의 향과 맛의 특성을 갖고 있다. 이는 보졸레의 포도주라고도 불리는 가메는 10개의 크뤼(Moulin-a-Vent, Morgon, Juliénas 등)에서 생산되는 와인은 믿을 수 없을 만큼 음식과의 조화를 이루는 와인으로 생선, 샐러드, 가금류, 붉은 고기 등이 특히 잘 어울린다.

여덟째, 바르베라(Barbera)

레드와인을 만드는 품종으로 이탈리아 북부 피에몬트 지방에서 많이 생산되는 와인으로 과즙이 많고, 풍미가 강하며, 블랙체리, 스파이스의 향과 맛으로 모든 음식에 바르베라 한병이면 가능하다고 한다. 바르베라의 낮은 타닌과 높은 산도는 음식과의 조화를 완벽하게 만드는데 독특한 역할을 하며, 이탈리아 피에몬트 아스티의 와인은 특별히 더 과즙이 많고, 약간 차갑게 마시면 어떤 음식과도 더 잘 어울린다. 그 외 미국의 캘리포니아 소노마 지역에서 생산되는 바르베라를 추천한다.

아홉째, 발폴리첼라(Valpolicella)

레드와인을 만드는 품종으로 이탈리아 베네토의 대표품종으로 색이 밝고, 과일향과 쉽게 마실 수 있는 개성이 있어, 경우에 따라 소믈리에가 붉은색 육류 요리에 무기같이 사용한다. 일반적으로, 와인 양조자들의 다양한 레시피를 통해, 코르비나(Corvina), 론디넬라(Rondinella), 그리고 몰리나라(Molinara) 포도품종과 블랜딩하여 와인을 양조하는데 어느 음식과도 조화가 가능한 와인이다.

열번째, 드라이 로제(Dry Rose)

화이트와인과 레드와인의 장점만을 가진 드라이 로제와인은 상쾌하고, 풍부한 과일 향으로 음식과의 조화에 가장 많은 변화를 줄 수 있다. 특히, 남프랑스 프로방스의 로제와인은 베리향, 신맛, 사과 맛, 허브의 느낌이 아주 독특하게 조합되어 마치 지중해의 향수를 느낄 수 있게 한다. 로제와인은 비네그레트 드레싱을 뿌린 샐러드, 약간 매운 인도 음식, 서인도의 커리 요리, 아시아 음식, 라틴 아프리카의 붉지 않은 음식과 아주 잘 조화를 이룬다. 프랑스 프로방스의 로제와인이 없다면 미국 캘리포니아의 나파, 호주의 바로사 밸리, 남아프리카공화국의 로제와인도 훌륭하다.

음식과 와인의 조화 사례

뷔페 레스토랑

뷔페 레스토랑에서는 다양한 음식때문에 적절한 와인을 선택하기가 매우 어렵다. 그렇다고 메뉴별로 와인을 선택하기도 불가능하다. 그래서 일단 뷔페에 가면 자신이 먹을 메뉴를 코스별로 정하고 와인을 선택하는 것이 좋다. 예를 들어 차가운 전채요리, 수프, 뜨거운 전채요리, 메인요리, 특별요리, 샐러드, 디저트, 커피 순으로 정하면 와인을 선택하는 데 도움이 된다.

뷔페 레스토랑 음식에 잘 어울리는 와인은 생선, 육류, 샐러드 등에는 프랑스 보졸레 지방의 가메 포도품종으로 만든 영 와인, 프랑스 남부 론 지방의 그르나슈 포도품종으로 만든 로제와인, 미국 캘리포니아의 진판델 포도품종으로 만든 로제와인도 추천한다. 그러나 육류 위주의 음식을 선택하면 신·구대륙의 카베르네 소비뇽, 메를로, 시라, 네비올로, 템프라니뇨 포도품종으로 만든 레드와인을 추천한다.

마늘양념의 음식과 와인

마늘은 우리나라 음식에 빠지지 않고 들어가는 대표적인 양념이다. 마늘이 들어간 음식과 와인이 조화를 이루려면 음식의 재료도 중요하지만 마늘 양념을 고려하여 와인을 선택해야 한다.

마늘이 세계적인 관심과 주목을 받고 있는 이유는 4500년의 역사와 의학적으로도 건강에 매우 유익한 식품이라는 것이 밝혀졌기 때문이다. 물론 와인과 마늘 음식의 조화는 그리 쉬운 일이 아니다. 와인은 우리나라의 알코올 음료가 아니기 때문에 우리나라 음식과는 잘 어울리지 않지만 조화를 찾다보면 괜찮은 조합을 이룰 수도 있다.

특히 우리나라의 '해물탕'은 온갖 해물을 넣고 푹 끓여 만든 프랑스 음식 중 '부야베스(bouillabaisse)' 요리와 비슷하여 로제와인을 곁들이면 훌륭한 맛을 볼 수 있다.

와인을 즐겨먹는 이탈리아 사람들도 음식에 마늘을 많이 사용한다. 그러므로 한국과 자연조건이 비슷한 이탈리아 음식재료를 사용하거나 마늘을 사용한 우리의 음

마리아주

식에도 적절히 조화를 시킨다면 새로운 음식문화를 맛볼 수 있다.

마늘 숯불갈비는 마늘과 야채 등으로 조리해 맛이 강하지 않고 부드러워 카베르네 소비뇽, 메를로 와인과 잘 어울리며, 상추에 마늘이나 고추 등과 싸먹는 삼겹살은 프랑스 남부의 꼬뜨 드 프로방스(Côtes de Provence), 루아르의 상세르(Sancerre) 와인이 어울린다. 마늘

▲ 마늘 양념을 한 숯불구이

오리숯불구이는 부드러운 육류와 잘 어울리는 피노 누아, 혹은 메를로 와인과 함께 마시면 좋다. 마늘 닭불고기 같은 경우는 마늘과 양념이 많이 사용되므로 풍미가 다양한 프랑스 남부 론의 샤토네프 뒤 파프(Chateauneuf du Pape), 보르도의 생떼밀리옹(Saint-Emilion) 와인이 잘 어울린다. 또한 마늘이 많이 들어간 육회와 같이 상큼한 육류 요리에는 향이 뛰어난 풀바디의 프랑스 부르고뉴 화이트와인 '몽라세(Montrachet)', '뫼르소(Meursault)' 와인과 잘 어울린다. 양념이 많이 들어가고 육질이 풍부한 마늘갈비찜 요리는 타닌 성분이 많고 뒷맛이 담백한 호주 시라즈나 프랑스 보르도의 카베르네 소비뇽(Cabernet Sauvignon)으로 양조한 '샤토 마고(Château Margaux)' 와인, 혹은 이탈리아 피에몬트의 '바롤로(Barolo)' 와인이 잘 어울린다.

새콤달콤한 마늘탕수육은 약간의 감미와 신맛이 나는 프랑스 알자스 지방의 게뷔르츠트라미니(Gewürztraminer) 와인, 루아르의 '로제당주(Rose d'Anjou)' 와인이 잘 어울리며, 단맛이 강한 불고기는 감칠맛이 나는 프랑스 보르도의 '생떼밀리옹(Saint-Emilion)', 부르고뉴의 '뉘 생 조르쥬(Nuits Saint Georges)' 레드와인이 잘 어울린다. 마늘과 고추장이 들어간 매운탕과 같은 음식을 와인과 즐기고 싶다면 로제와인으로 프랑스 남부 론의 '따벨(Tavel)', 프랑스 루아르의 '로제당주(Rose d'Anjou)'의 단맛이 나는 와인이 좋다. 마늘파전과 같이 마늘과 파의 향미가 짙고 기름기가 많은 음식에는 상쾌하게 마실 수 있는 프랑스 루아르의 '소뮈르 샹피니(Saumur-Champigny)' 와인이 잘 어울린다. 마늘샐러드와 같이 가볍고 상쾌한 음식은 과일향이 풍부한 화이트와인인 상큼한 소비뇽 블랑, 샤르도네가 좋다. 돼지고기 보쌈과 같

이 육질이 부드러운 요리와는 가벼운 느낌을 전해줄 수 있는 프랑스 보졸레 지방의 가메(Gamay) 포도품종으로 만든 '물랭 아 방(Moulin A Vent)' 와인이 좋으며 메기찜과 같은 해산물 요리에는 샤르도네(Chardonnay), 세미뇽(Sémillon) 와인이 잘 어울린다.

스시와 샤르도네 화이트와인

생선요리에 꼭 화이트와인만 고집하란 법은 없다. 흰살 생선은 화이트와인인 소비뇽 블랑(Sauvignon Blanc), 샤르도네, 리슬링(Riesling) 품종의 와인이 잘 어울리지만 붉은살 생선에는 그르나슈(Grenache) 로제와인, 가메 품종의 보졸레 와인이 오히려 입맛을 돋운다.

생선 초밥인 스시는 생선회와 쌀밥, 자극적인 고추냉이가 어우러져 담백하면서 톡 쏘는 맛을 낸다. 스시는 위에 얹는 생선회의 종류에 따라 크게 세 가지로 나눌 수 있다. 광어나 도미 같은 흰살 생선, 참치나 연어와 같이 붉은색 육질을 보이는 생선, 그리고 새우나 전복 등과 같이 갑각류의 해물이다. 하지만 한 가지 종류의 스시만을 먹지 않기 때문에 와인 선택에 어려움이 있다.

스시와 와인의 조화를 위해선 자신이 좋아하는 생선에 초점을 맞추는 것이 가장 적절하다. 흰살 생선과 갑각류에는 어느 정도 숙성되어 향과 농도가 짙은 샤르도네 품종의 샤블리 지역 와인이나 호주나 칠레의 샤르도네 화이트와인을 추천한다. 그리고 강한 향과 맛을 지닌 뉴질랜드 소비뇽 블랑 품종의 와인도 자극성 있는 고추냉이와 잘 어울릴 수 있다. 그러나 연어, 참치와 같은 붉은색을 띤 생선이라면 영 레드와인이 잘 어울리므로 가메 품종의 보졸레 와인을 추천한다. 어느 스시에도 무리 없이 조

▲ 롯데호텔이 주최한 스시와 와인 이벤트

마리아주

화를 이루는 로제와인은 그 자체가 화이트와인의 특성을 지니고 있어 찬 음식에 잘 어울린다.

호주 로즈마운트의 '쇼 리저브 샤르도네(Show Reserve Chardonnay)' 와인은 노란색을 띠며 맑고, 세련된 중간 정도의 무게감에 레몬, 복숭아, 그리고 잘 익은 살구 향을 가지고 있다. 뛰어난 미감과 풍부한 향, 균형 잡힌 산도는 오크통 속에서 정제되고 복합되어 질감이 뛰어나다. 이 와인은 특히 신선한 생선류와 조화를 이루며 스시와 함께 마셨을 때 진가를 발휘한다. 또한 호주의 '사시미(Sashimi)' 와인도 추천한다.

코크 오 뱅과 쥬브레 샹베르탱 와인

프랑스에서는 집 마당에서 키우던 닭을 잡아 자신들의 마을에서 생산하는 와인을 넣어 졸인 것을 '코크(coq)'라고 한다. 프랑스어 코크는 '수탉'을 뜻하나 실제로는 암탉, 수탉 가리지 않고 영계를 일컫는 말로 사용되고 있다. 프랑스 부르고뉴 지방에 가면 닭고기를 와인에 졸인 소박한 음식을 먹을 수 있다는 말을 듣고 한국의 삼계탕과의 차이를 맛보기 위해 코크 오 뱅(coq au vin)요리를 먹었던 기억이 있다.

▲ 브루고뉴 와인과 닭요리

프랑스 보졸레 지방이나 부르고뉴 지방에서는 그 지역에서 나는 레드와인을 닭고기와 함께 양파, 마늘, 토마토, 햄, 버섯, 샐러리, 월계수 잎 등을 넣고 끓인 것으로 고급 음식으로 생각하지는 않는다. 프랑스 리옹의 북동쪽에 있는 브레스(Bresse) 지방에서 생산되는 세계 최고급의 닭을 사용한다면 달라질 수 있다. 프랑스뿐만 아니라 유럽 전역에서도 명성이 자자한 최상급의 브레스 닭이면 가격이 몇 곱절 비싸질 수 있다. 프랑스 정부는 와인을 비롯해 여러 식품을 AOC로 분류하여 품질을 엄격히 관리하는데, 가금류 중에서는 유일하게 브레스 닭이 AOC품목에 속한다. 프랑스 AOC

▲ 프랑스 부르고뉴 부샤르 페레 에 피스 쥬브레 샹베르탱 화이트와인

품질규정에 의거, 양계장의 면적(닭 한 마리당 최소한 10m²의 초원이 확보)도 제한하며 영계용은 9주, 암탉 성계용은 11주, 거세된 수탉인 샤퐁은 23주 정도 자라게 한 다음, 다시 닭장에 가두어 맛있는 피하 지방층이 발달케 하고, 닭털을 뽑아 우유로 목욕시켜 상품화한다.

코크 오 뱅 요리에 곁들일 와인으로는 재료에 쓰인 프랑스 보졸레나 부르고뉴 와인 종류가 무난하지만, 혹시 브레스 닭과 부르고뉴 와인으로 요리한 코크 오 뱅을 먹을 기회가 있다면 와인도 격을 높여 부르고뉴산 '샹베르탱(Chambertin)' 와인을 추천하고 싶다. 그 중에서도 프랑스 부르고뉴의 꼬뜨 드 뉘(Côte de Nuits) 지방에서 피노 누아 포도품종으로 생산되는 '쥬브레 샹베르탱(Gevrey Chambertin)' 와인이 코크 오 뱅 요리와 절묘한 조화를 이룬다. 이 와인은 붉은 과일이 마치 입안에서 씹히는 듯한 풍부한 질감을 보여주며, 기운차면서도 조화로운 맛들이 빼곡히 들어차 있는 느낌을 준다.

그 외에 부르고뉴 본 로마네(Vosne-Romanée), 부조(Vougeot), 포마르(Pommard) 등 와인을 추천한다.

이탈리아 오소부코와 몬탈치노 와인

신이 키스한 곳, 이탈리아 토스카나 지방은 이탈리아 사람뿐 아니라 유럽인들도 별장이 있었으면 하고 소원하는 곳이다. 프랑스 요리의 원조격인 메디치가로 유명

마리아주

한 피렌체도 토스카나 지방의 중심에 있다. 지평선 멀리 펼쳐지는 끝없는 포도밭과 중세시대의 역사와 향기를 그대로 간직한 풍요로운 마을, 그리고 세계 제일의 와인과 어울리는 송아지 요리는 새로운 맛의 세계를 선사한다. 이탈리아는 수많은 와인만큼이나 다양한 음식을 선보이고 있는데 맛도 진하고 감칠맛도 강한 소스를 사용한 송아지요리가 가장 유명하다.

 3~14주 된 송아지 고기는 연한 회색을 띠며, 부드러운 질감, 고운 결로 오히려 마블링이 없고, 얇게 덮여 있는 지방은 단단하고 하얗다. 현대의 가축농장에서는 양질의 고기를 얻기 위해 송아지를 실내에서 조절된 온도(16~18°C)로 우유와 고단백의 사료를 먹여 사육한다. 청초(青草; 싱싱하여 아직 마르지 않은 풀)를 사료로 주지 않기 때문에 결과적으로 철 결핍이 생겨 고기는 보기에 좋은 연한 색깔이 된다. 15주에서 1년 된 송아지에서 얻은 고기는 전문용어로 캐프(calf)라고 하며, 보통 송아지 고기라고도 한다.

 이탈리아에서는 생후 몇 개월도 안 된 송아지를 화이트 빌(white veal)이라고 부르며 요리에 잘 이용하는데, 로마풍의 살팀보카(saltimbocca)는 송아지 고기를 얇게 저민 후 버터 두른 팬에 살짝 익혀 그 위에 생 햄과 소시지를 얹고 화이트와인과 쇠

◀ 이탈리아 전통음식과 키안티 와인

와인 전문지식

▲ 양고기 스테이크에는 풀바디의 레드와인을 추천

고기 국물을 이용해 만든 소스를 뿌려낸 것이다.

 밀라노 및 롬바르디아 지역의 특미인 오소부코(Ossobucco)는 주황색과 노란색이 어우러져 시각적으로 화려한 것이 특징이다. 송아지 뒷다리와 뼈를 포함하여 옆으로 약 3~4cm로 토막을 내고 마늘, 양파, 토마토, 샐러리, 등과 함께 드라이한 화이트와인을 넣고, 약한 불에 1시간 30분에서 2시간 정도 졸이듯 끓이는 요리로 파슬리, 레몬즙, 생마늘을 뿌린 후에 밀라노풍 리조토(Risotto)와 같이 나온다. 특히 뼈 부분의 살은 나이프와 포크를 이용하며, 뼈 속의 '메둘라(medula)'라는 골수는 작은 스푼이나 길쭉한 전용 스푼으로 떠서 소스에 넣거나 리조토에 얹어 먹는다. 한입 베어 물면 부드러운 송아지 정강이 살이 느껴진다. 나이프를 사용할 필요도 없이 진한 육즙과 함께 새콤달콤한 소스의 맛이 밀려온다.

 일반적으로 송아지고기는 닭고기, 돼지고기처럼 흰색 계통의 육류로 분류되어 화이트와인과 영 레드와인이 제격이며, 이탈리아 와인문화의 르네상스를 이끌어 왔던

마리아주

토스카나의 몬탈치노 지방 와인 중에 산지오베제 그로쏘(Sangiovese Grosso) 포도품종으로 양조한 '부르넬로 디 몬탈치노(Brunello di Montalcino)' 와인을 추천한다. 부드러운 질감이 압권이며, 자두, 체리향을 느낄 수 있고, 특히 스파이시한 향과 간결하고 깊은 맛이 오소부코 요리와 어울리며, 음식의 풍미가 상승하면서 풍부하여 오랫동안 기억에 남을 것이다. 또한 이 지역에서 산지오베제 포도품종으로 양조한 '키안티 클라시코(Chianti Classico)' 와인도 기대 이상으로 어울린다.

참고로 한식과 어울리는 와인을 추천하면, 생선회는 리슬링, 샤르도네, 청수, 소비뇽 블랑, 피노그리 화이트와인, 해물요리는 로제와인, 빈대떡은 드라이한 피노그리, 샤르도네 화이트와인, 돼지삼겹살 구이는 풀바디한 샤르도네 화이트와인, 로제와인, 갈비찜과 한우 숯불구이는 풀바디한 카베르네 소비뇽, 메를로, 시라, 네비올로 등 레드와인이 좋다.

와인과 김치

일본의 인기 와인 만화 『신의 물방울』 작가인 아기 타다시(Agi Tadashi)가 에세이집 『와인의 기쁨』을 펴 낸 적이 있다. 이 책에서는 김치와 가장 환상을 이루는 마리아주를 이탈리아의 '그라벨로(Gravello)'와 '듀카 산펠리체(Duca Sanfelice)' 와인이라고 하였다. 모두 이탈리아 칼라브리아(Calabria)에서 생산되는 와인이다. 이 지역은 포도밭을 조성하기 전 고추밭이어서 포도에 스파이시한 맛이 배어 있다고 하면서 여기서 생산되는 와인은 모두 스파이시한 맛으로 유명하다고 하였다. 그리고 김치의 맵고 시고 짠맛과 묘하게 조화를 이룬다고 소개하고 있다. 이야기가 터무니없기도 하거니와 요리가 아닌 반찬인 김치를 와인과 더불어 먹고 마신다니 취향이 독특해도 별나게 독특하다. 작가인 '아기 타다시'가 정말 김치와 그라벨로와 듀카 산펠리체 와인을 마셔보았을까? 궁금하기도 하다. 그러나 김치와 잘 조화된다는 그라벨로, 듀카 산펠리체 와인은 우리나라에서 인기를 끌지 못하고 자취를 감추고 말았다. 저자는 돼지고기가 많이 들어간 김치찌개를 프랑스 알자스의 게뷔르츠트라미너 와인, 칠레 마이포 밸리의 카베르네 소비뇽, 메를로 와인을 함께 마셨는데 3종류 와인 모두 환상의 궁합이었다. 김치찌개 속의 돼지고기가 김치 양념에 푹 익어 숙성된 김치 특유의 향미와 돼지고기 맛이 어울려져 와인의 풍미에 쏙 빠져서 들어가는 느낌을 경험했다.

이탈리아, 알레그리니 와이너리

　와인의 땅 이탈리아의 3대 와인 산지는 피에몬트의 바롤로, 토스카나의 브루넬로 그리고 베네토의 아마로네이다. 이 중에 아마로네 와인은 코르비나(Corvina), 론디넬라(Rondinella), 오셀레타(Oseleta) 등 3종류의 토착 포도품종을 블렌딩한 와인으로 아주 잘 익은 포도를 손 수확으로 선별하고, 3~4개월 간 아파시멘토(Appassimento; 자연 건조)를 하여 40~45%의 수분을 날려 보내고 당도만을 응축시킨 포도로 양조하여 풍미, 당도, 알코올, 타닌 등의 균형감이 뛰어나고 희소성이 높아 교황, 귀족들만이 마실 수 있었다. 베네토는 로마시대부터 와인을 생산하였고, 기원전 3세기경부터 양조한 아마로네 와인의 유명 생산자는 토마시(Tommasi), 알레그리니(Allegrini), 마지(Masi)이지만, 저자는 현대적인 양조방법을 혁신한 알레그리니 와이너리(Allegrini Winery)를 소개한다.

　1920년 포도농사를 짓던 지오반니 알레그리니(Giovanni Allegrini)가 베네토 발포리첼라의 푸마네(Fumane) 지역에 와이너리를 설립하면서 새로운 역사를 만들었다. 그는 1983년 작고하였지만 베네토 와인산업의 선구자였다. 그는 1960년대부터 1970년대까지 품질 지향적인 양조가로 도약하기 위해 토착 포도품종에 대한 사랑과 집착이 대단하였고, 대대로 내려오는 전통적인 양조방식에 현대적인 오크통 숙성방식을 처음 도입하여 모던 클래식(modern classic) 스타일로 발전시켰다. 1979년에 포도밭에 프랑스식 기요(Guyot)방식을 도입했고, 싱글 빈야드(single vinyard) 개

▼ 이탈리아 베네토의 알레그리니 와이너리

▲ 이탈리아 베네토의 알레그리니 와이너리의 오너 메릴리사(Marilisa)

념을 적용하고 토착포도품종을 사용하여 라 그롤라(La Grola), 라 포야(La Poja), 팔라초 델라 토레(Pallazzo della Torre) 와인을 생산하였으며, 1990년 리파소(Ripasso; 9월에 수확한 포도로 아마로네를 만들고 난 후에 압착한 포도를 스틸와인에 첨가하여 재발효시킨 와인으로 일명 '가난한 자의 아마로네' 혹은 베이비 와인)를 최초로 개발하여 가성비가 좋은 대중와인 시대를 열었다. 아마로네(Amarone) 와인의 아파시멘토(appassimento)는 전통적인 건조 대나무발에서 플라스틱 박스로 교체하여 고질적인 곰팡이를 제거하고 건강하게 말린 포도로 고품질의 와인을 생산했다. 특히 자신이 소유한 포도밭 100헥타르에서 생산되는 우수한 포도만을 선별하여 와인을 만들면서 겨울철의 눈 녹은 물, 비가 적은 여름, 건조한 가을 기후, 석회질 토양 등 미세한 떼루아를 적용했다.

그 결과 와인 스펙테이터가 선정하는 세계 100대 와인에 '알레그리니 팔라조 델라 토레(Allegrini Palazzo della Torre)'가 5년 이상 연속 랭크되었고 이탈리아를 대표하는 와인 가이드 '감베로 로쏘'에서 선정한 최고 등급 트레 비키에리(Tre Bicchieri)를 무려 31차례나 수상했으며, '감베로 로쏘 2016'에서는 '올해의 와이너리'로 선정되고, 2010년 와인 스펙테이터에 현재의 오너인 메릴리사(Marilisa)는 표지 인물로 선정되었다. 국제품평회에서 금상을 수상하고, 미국의 와인 평론가 로버트 파커의 점수를 93~94점 이상 연속 받았다. 알레그리니 와이너리는 그동안의 축적한 와인 양조지식과 경험을 바탕으로 발폴리첼라를 넘어 토스카나 지역까지 진출하여 2001년에 '수퍼 토스카나'로 전 세계적으로 명성을 얻고 있는 볼게리(Bolgheri)지역의 65헥타르 포도밭에 포지오 알 테소로(Poggio al Tesoro)를, 2007년에 몬탈치노(Montalcino) 지역의 16헥타르 포도밭에 산 폴로(San Polo)를 설립했다.

저자는 5개의 와인을 시음하였는데 국내 소비자들에게 소개해주고 싶은 와인은 '알레그리니 라 그롤라(2013)'이다. 코르비나 90%, 오셀레타 10%를 블렌딩한 것으로 짙고 농밀한 루비 레드색, 잘익은 자두, 꽃감, 시가, 커피, 베리 향에 섬세하고 파워풀한 타닌과 바디감이 좋으며, 여운이 길다. 음식과 와인의 조화는 양고기 스테이크, 쇠고기 등심 스테이크, 양념한 쇠갈비 구이 등이 어울린다.

와인 교육과 와인투어

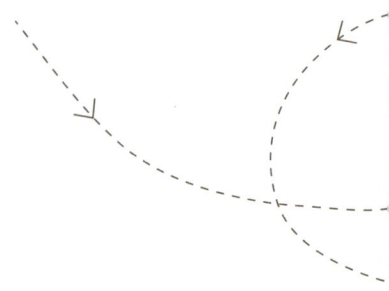

🍷 와인 교육, 선도하는 와인 문화!

전 세계적으로 유명한 와인교육기관이라면 캘리포니아대학교 데이비스분교와 호주의 로즈워디농업대학, 프랑스 보르도대학교, 디종대학교 등이 있다. 여기서는 포도재배부터 와인양조, 와인경영과 마케팅 등을 가르쳐 와인 전문가들을 양성하고 있다.

우리나라 역시 와인 동호회나 와인 카페가 활발하며 와인 애호가들이 늘어나면서 수많은 와인 이벤트도 열리고 있다. 또한 소펙사의 한국소믈리에경기대회도 개최되었고, 2006년부터는 ASI(Associationale Sommelier Internationale)회원국인 (사)한국국제소믈리에협회(KISA)에서 개최하는 한국국가대표소믈리에경기대회 역시 와인소비문화에 큰 역할을 하고 있다.

국민소득 5,000불이 되면 커피문화가 태동하고, 국민소득 10,000불이 되면 저 칼로리 음식과 저 알코올 와인을 마시게 되며, 20,000불이 되면 먹는 샘물, 즉 생수에 관심을 갖고, 30,000불 이상이 되면 차(茶)문화에 눈을 뜨게 되고, 40,000불 이상이 되면 보이차에 푹 빠지게 된다.

2006년도 상반기에 우리나라 국민소득은 14,000불이 되면서 당시 와인 바와 레스토랑이 거의 매일 생겨나는 현상을 보였다. 하지만 와인소비는 가정에서 가족과

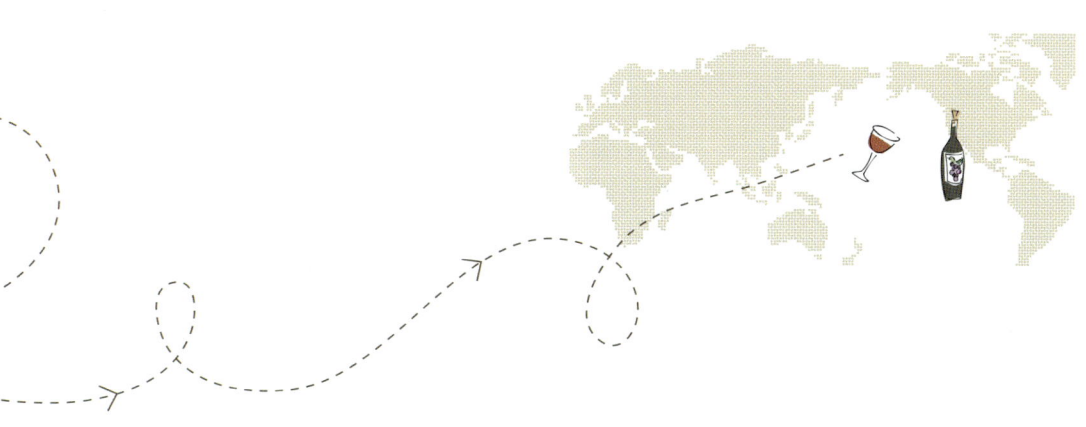

함께 식사하면서 마시는 술로 인식되는 것이 가장 바람직하다. 와인문화가 정착되기 전 초창기에는 와인을 술로 인식하는 사람이 많았다. 그러나 와인에 대한 전문지식과 상식이 많은 사람이 늘어나고 와인소비가 폭넓어지면서 와인을 술이 아닌 음식으로 생각하는 사람이 많아졌고 최근에는 문화로 인식하게 되었다. 건전한 와인문화정착에는 와인전문교육의 힘이 크다고 볼 수 있다.

2023년 기준 (사)한국국제소믈리에협회(KISA) 소속 와인소믈리에 자격증을 가진 전문가들은 2,800명 정도이며 프랑스, 이탈리아, 독일, 오스트리아 등의 국가공인 자격증을 가진 전문가들도 60명 이상이 된다. 일본에서는 ASI 소속의 일본소믈리에협회(JSA)에서 주관하는 와인소믈리에 자격증을 가진 전문가만 20,000명에 이르고 있다.

1990년대까지만 해도 국내 특 1·2급 관광호텔에서만 와인이 취급되었다. 서울시내 레스토랑에서도 와인에 대한 관심이나 전문성이 있는 소믈리에는 거의 없었다. 그러나 1997년 국내 최초로 독일상공회의소와 두산그룹 그리고 독일와인협회가 독일 현지에서 한국소믈리에를 위한 독일와인아카데미를 오픈하여 국내 와인교육의 초석을 다졌다.

저자도 쉐라톤 그랜드 워커힐 식음료부장으로 재직 중이던 1997년 가을에 독일 현지 와인아카데미 교육을 1주간 마치고 돌아와 호텔내 레스토랑에서 와인의 중요

▲ ASI총회, 와인투어에서 만난 세계적인 소믈리에 신야 타사키

성을 인식하고, 마주앙을 개발한 와인전문가인 이순주씨를 초빙하여 지배인, 직원들을 대상으로 국내 최초로 1주간 와인교육을 실시하였다. 또한 한국에서는 처음으로 1998년, 레스토랑 지배인 2명을 선발하여 2개월간 프랑스 보르도에 있는 CAFA의 와인소믈리에과정에 유학을 보내 보르도 CAFA와 인연을 맺게 되었다. 그 인연으로 국내 최초로 CAFA의 프랑크 쇼세(Frank Chaussé)씨를 쉐라톤 그랜드 호텔로 초빙하여 지배인과 음료 담당 직원들을 대상으로 1주간 강도 높은 특별 와인교육을 실시하였다. 당시 프랑스 유학을 갔다 온 2명 이후 CAFA로 유학간 한국인들이 100여명 이상 되었다. 2005년 CAFA는 와인나라 아카데미와 제휴하여 한국과 인연을 맺고 한국에 프랑스 보르도의 와인교육을 시켰으며, 2007년에는 CAFA의 피에르 메틀랑(Pierre Mettelin) 교수를 경희대학교 호텔 관광대학에 초빙하여 우리나라 와인교육에 새로운 장을 열었다. 또한 프랑스 부르고뉴의 국립농업대학 와인소믈리에 정규학사과정과 석사과정과 연계하여 장 피에르 흐나르(Jean-Pierre Renard) 교수를 초빙하기도 하고, 여름·겨울방학 동안에는 프랑스 보르도 혹은 부르고뉴 현지에서 와인교육을 받으면서 와인투어를 할 수 있는 프로그램을 개발하였다.

2001년 중앙대학교 산업교육원에 와인강좌가 개설되었고, 2002년 세종대학교 사회교육원, 2003년 경희대학교 관광대학원, 그리고 연세대학교 사회교육원에 와인소믈리에 전문가 과정이 개설되었지만 현재는 경희대학교 관광대학원에서만 운영되고 있다. 정규 대학과정인 대구보건대학교, 대경대학교, 마산대학교, 유원대학교

▲ 보르도 CAFA의 현지 와인교육

등이 잇따라 와인소믈리에학과를 개설하였으며, 사설 교육기관인 와인나라 아카데미, 보르도 와인아카데미, 서울와인스쿨, WSET, WSA 등에서도 와인교육을 담당하였다. 경희대학교 관광대학원에서는 (사)한국국제소믈리에협회, 한국와인소믈리에학회와 함께 2004년부터 매년 여름과 겨울에 해외의 와인 전문가들을 초빙해 국제와인학술대회를 개최하여 와인의 교육과 저변확대를 위해 노력해왔다. 특히 2007년부터 여름방학과 겨울방학 기간 동안에는 대학생을 위한 (사)한국국제소믈리에협회의 소믈리에 자격증과 미국 AHLA(American Hotel Lodging Association)의 소믈리에 자격증을 동시에 취득하는 10일 과정의 교육과정을 운영하였다. 또한 2010년부터 정규 석사과정인 와인·소믈리에학과를 개설 운영하여 와인의 학문적인 연구가 본격적으로 시작되었고, 와인 논문들이 많이 발표되었다.

이제는 호텔·레스토랑의 CEO들도 많은 관심을 갖게 되었으며, 레스토랑을 찾는 고객들도 와인에 대한 지식이 많아 와인을 모르면 서비스 종사원들이 레스토랑에서 근무할 수 없을 정도가 되었다. 앞으로 우리나라 와인교육을 책임지고 있는 전문가들은 세계적인 와인 생산국처럼 전문가를 위한 와인교육은 물론 와인연구의 불모지인 우리나라의 와인연구를 체계화하고, 일반 대중을 위한 와인문화교육을 선도

하여 건전한 와인문화 정착에 노력해야 하며, 와인이 국민들의 건강과 함께 생활을 윤택하게 해 줄 수 있어야 한다.

🍷 와인 관광

아직 국내에서는 와인관광에 대한 이해와 와인에 대한 학문적인 접근이 드문 편이다. 경희대학교 관광대학원의 와인·워터·티 마스터소믈리에 전문가과정은 와인 연구와 이론을 정립하는 데 앞장서고 있으며 국내에서 가장 많은 국가별 와인생산 지역으로 와인투어를 다녀왔다.

학기마다 중국 산동성 연태지역으로 와인투어를 떠나는데 처음에는 부정적인 반응을 보이다가 연태에 도착하여 유럽식 와이너리를 보는 순간 대부분 긍정적인 시각으로 변한다. 연태지역은 프랑스, 미국의 와이너리를 모방한 근현대적인 장유, 군정 와이너리가 유명하며 중국해물음식과 중국와인의 궁합은 환상적이다.

현재 와인관광은 와인 생산국을 중심으로 세계적인 여행 테마가 되고 있다. 와인관광은 여행을 목적으로 하되, 세계 여러 와인 생산국의 와이너리를 방문하여 와인을 시음하고 교육을 받거나 와인 축제나 이벤트에 참여하는 일련의 활동을 말한다.

와인투어에서 가장 인상적인 것은 끝없이 펼쳐지는 포도밭, 와이너리 지하 저장고의 오크통에서 숙성중인 와인을 바로 뽑아 테이스팅 해 보는 신선한 와인시음 경험, 와인 양조가가 직접 설명해주는 와인의 최신정보와 지식, 그들의 고집스런 양조철학, 와이너리 지하 저장고에서 와인과 함께하는 오찬과 만찬 등이 있다. 특히 주인이 기분좋을 때 특별히 아쉬워하면서 내어놓은 올드빈티지 와인을 시음할 수 있는 행운은 와인과의 황홀한 만남을 오랫동안 기억 속에 남겨 주는 추억이 된다.

특히 프랑스 거위간 요리와 함께 먹는 프랑스 보르도의 소테른(Sauternes) 와인, 달팽이 요리와 부르고뉴 샤르도네(Chardonnay) 와인의 조화, 스페인 하몽 요리와 리오하 템프라니뇨(Tempranillo) 와인, 독일의 고성을 바라보며 마주하는 학센 요리와 리슬링 와인, 로마의 유적과 함께하는 이탈리아의 스파게티와 네비올로(Nebbiolo), 산지오베제(Sangiovese) 와인, 헝가리의 굴라쉬와 토카이(Tokaji) 와인의

▲ 2019년 프랑스 와인투어, 부르고뉴 로마네 콩티 밭

조화, 스페인의 페레데스에서 리오하 지역까지 펼쳐지는 하몽 요리에 카바 와인과 템프라니뇨 와인, 뉴질랜드의 친자연주의 속에서 마주하는 해산물, 양고기에 소비뇽 블랑(Sauvignon Blanc), 피노 누아(Pinot Noir) 와인의 조화, 남아프리카공화국에서의 사파리 투어와 함께하는 피노타지 와인 시음 등도 우리의 삶을 끝없이 풍요롭게 한다.

세계 최대 관광기업 'Trip Advisor'가 선정한 세계 10대 와인관광지를 보면 세계에서 가장 맛있는 명품와인뿐만 아니라 가장 품격 높은 호텔, 고급 레스토랑, 와인 관광 루트가 개발된 곳을 뽑고 있다.

10대 와인관광지는 우선 프랑스 샤토(Château)의 중심이며 역사와 고성이 있는 보르도 지역, 샴페인으로 명성이 높은 샹파뉴-아르덴 지역, 미국 캘리포니아의 드넓은 지평선을 수놓는 나파 밸리와 소노마 밸리 지역, 이탈리아의 나지막한 산 주변으로 펼쳐지는 수 천년의 역사가 숨 쉬는 토스카나 지역, 호주 애들레이드의 목가적인 바로사 밸리 지역, 스페인의 보르도라고 불리며 유적이 잘 보존된 리오하 지역, 칠레 와인의 중심지인 센트럴 밸리 지역, 남아프리카공화국 산자락에 숨어있는 자연과 도시의 환상이 숨쉬는 스텔렌보쉬 지역, 뉴질랜드 소비뇽 블랑의 대명사인 말보로 지역이다.

와인은 약 8,000년 전의 역사 속에서 관광지가 되었지만, 1980년 와인관광에 대한 인식과 개발이 시작되었다. 와인관광이 뒤늦게 시작된 이유는 와이너리가 대부

와인 전문지식

▲ 2018년 이탈리아 와인 투어, 피에몬트 말비라 와이너리

분 개인의 소유지여서 일반인들에게 개방하지 않았기 때문이다.

와인관광은 19세기 중반 교통수단의 발달과 함께 품질 높은 와인을 찾아 유럽을 여행하는 소수 귀족들에 의해 발달하였다. 처음엔 생산지의 배타적인 주민들에 의해 상업적인 성공을 거두지 못했으나 프랑스 보르도 와인생산업자들이 와인관광을 자신들의 마케팅 수단으로 이용하면서 본격적으로 시작되었다.

프랑스는 1980년대 경기 침체로 와인 거래량이 크게 줄어들자 와이너리들이 직접 소비자들에게 판매하는 방법을 찾게 되었고, 와이너리 개방으로 이어졌다. 주인들은 소비자들의 시선을 사로잡기 위해 시설과 건물에 투자하였고, 숙박시설과 요리, 와인 프로그램을 개발하였다. 이후 보졸레 지역의 보졸레 누보 와인관광이 개발되었고, 부르고뉴는 '와인경매', '음식과 와인의 조화'라는 와인관광 프로그램을 만들었다. 알자스 지역은 182개의 와이너리와 12개 와인 박물관을 상품화하여 와인관광에 성공하였으며, 특히 알자스는 프랑스 와인관광의 선두주자로 60년의 역사를 가지고 있다.

스페인은 1990년에 리오하 지역에서 음식과 와인을 상품화하여 미식가 관광 프로그램을 개발하여 성공하였고, 이어 헤레즈 지방 등으로 확대되었다. 1996년에는 포르투갈 도우르 지역의 와인생산업자가 포트와인 생산공정을 관광상품화 하였다. 독일은 1990년에 『독일의 와인』이라는 책을 발간하여 와인관광객들에게 자세한 정보를 제공해주면서 와인관광이 활성화되었다. 그러나 이미 1995년부터 팔츠 지역 와인관광 루트에는 13개 타운과 마을이 연결되어, 27개의 전통 호텔에서 전통음식과 와인을 제공하고 있었다.

미국은 캘리포니아를 중심으로 1990년에 1,000개 이상의 소규모 연회 와이너리를 설립하였으며, 특히 몬다비 와이너리가 나파 밸리의 와인관광 상품화에 성공하여, 2001년에는 와인, 음식, 예술, 세미나, 전시 등을 할 수 있는 다목적 시설도 개관하였다. 캐나다는 1989년부터 나이아가라 지역으로 와이너리를 확장하면서 와인과 향토 음식을 접목시키는 와인관광 루트를 개발하고, 미국의 나파 밸리와 경쟁을 하고 있다.

호주는 1980년 중반부터 1990년까지 국가 차원에서 와인관광이 시작되었다. 호주 정부는 해외 관광객들에게 호주 와인의 이미지를 개선하고자 와인의 품질 개선과 다양성으로 상품화시키는데 성공하였다. 1998년에는 와인관광개발전략을 중요한 국가적 과제로 인식하고 와인관광의 중요성을 알렸으며 지금은 와인관광의 선두 주자를 달리고 있다.

그리고 최근 남아프리카공화국도 와인관광과 사파리 체험을 여행상품으로 묶어서 활성화하였고, 일본도 130년의 와인역사를 갖고 있는 야마나시 지역을 중심으로 와인관광이 활발하게 이루어지고 있다. 중국은 130년의 와인역사가 숨쉬는 산동성 연태지역을 중심으로 와인관광이 자리잡아가고 있다. 우리나라는 2000년부터 영동 와인투어 열차 운행과 영천, 대부도의 와인투어 프로그램을 운영하고 있다.

▲ 호주 와인투어시 다양한 와인시음과 와인교육

5

국가별 와인

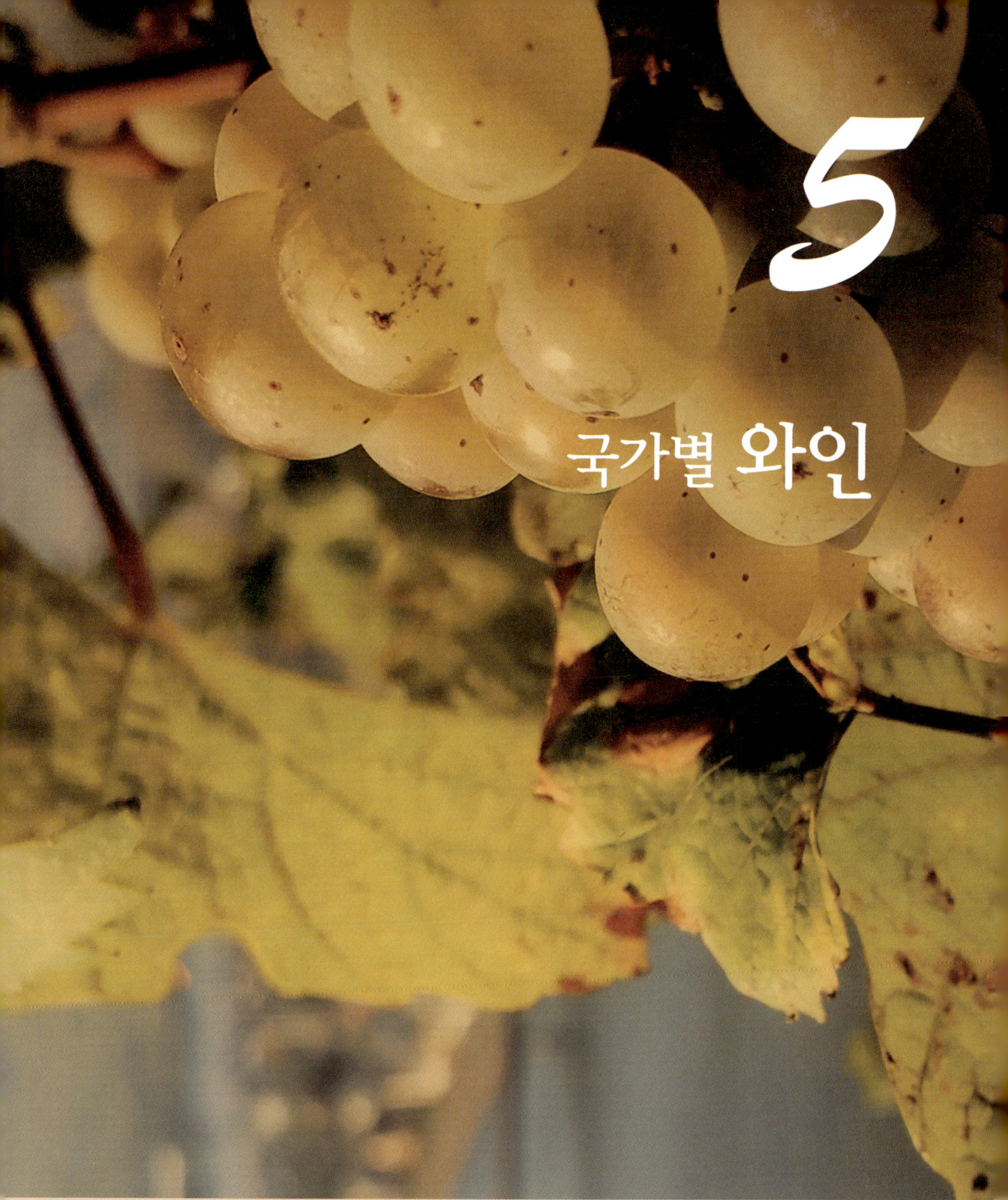

와인과 가깝게 지내면서 얻은 음식 철학 중 하나는
프랑스 음식에는 프랑스 와인이,
이탈리아 음식에는 이탈리아 와인이,
중국 음식에는 중국 와인이 환상적인 궁합을 이룬다는 것이다.
물론 우리나라 음식에도 분명히 환상적으로 어울리는 국산 와인이 있다.

구세계 와인

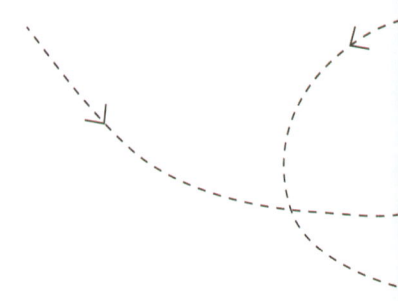

🍷 프랑스 와인

프랑스는 국제적인 명품 와인을 많이 갖고 있으며, 다양한 와인을 생산하는 나라이다. 세계적으로 사랑받는 전통 고급 요리와 함께 고품질의 와인 또한 많은 사람들이 선호하고 있다.

프랑스 와인은 BC 500년경에 그리스인들이 프랑스 남부 마르세유 지역으로 건너와 포도재배를 시작했다. 로마제국 시대에 부흥기를 맞이하였고, 1세기경에는 론, 랑그독-루시옹을 시작으로 2~3세기경에는 부르고뉴, 보르도, 샹파뉴 지역으로 전파되었으며, 5세기경에는 전역으로 확대되었다. 로마제국이 멸망한 후에 프랑크 왕국은 기독교를 국교로 정하고 수도원을 중심으로 수도사들이 포도재배와 양조법을 크게 발전시켰다. 1152년

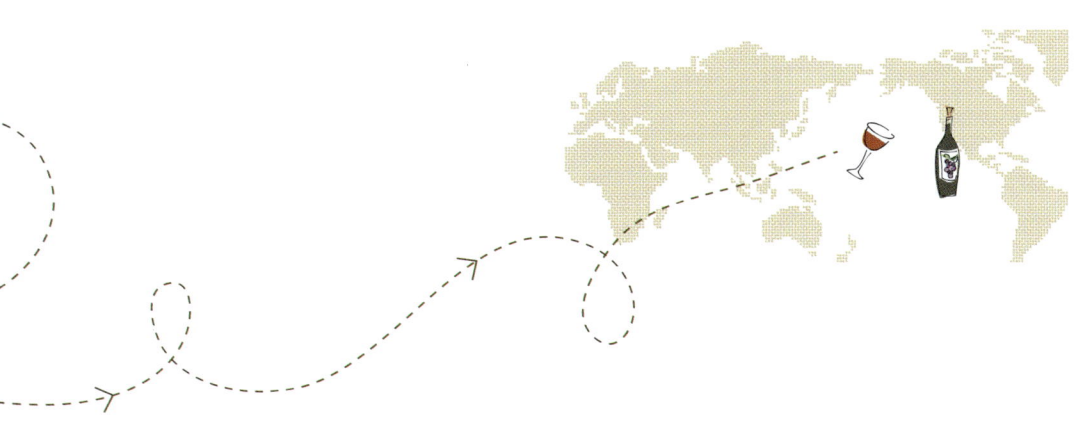

아키텐공국이 영국으로 귀속되면서, 와인으로 백년 전쟁(1337~1453)를 치루었고, 1789년 나폴레옹의 '프랑스 혁명'으로 와인산업에 큰 변화를 가져왔다. 1855년 '파리 박람회'로 보르도의 와인등급체계, AOC가 정립되었으나, 1864년부터 20년간 '필록세라(phylloxera Vastatrix)'로 인해 프랑스 와인 산업이 황폐화되었다. 1309~1377년까지 70년간 '아비뇽 유수' 사건으로 부르고뉴 와인이 급성장하고, 론 지방의 샤토네프 뒤파프 와인을 탄생시켰다. 1976년 미국 독립 200주년을 기념해 개최된 '파리의 심판(Judgment of Paris)'은 프랑스 와인의 굴욕을 맛보게 하고 신세계 와인 산업을 촉진 시키는 계기를 만들었다.

샹파뉴 Champagne

샴페인은 17세기 말, 오빌레르 수도원의 동 페리뇽(Dom Perignon)과 수도사들이 만들었다고 전해진다. 이후 샴페인은 사랑, 결혼, 탄생, 생일, 세례식, 축제와 향연, 축하의 대명사가 되었다.

법적으로 '샴페인'이라고 이름을 붙일 수 있는 와인은 발레 드 라 마른(Valleé de la Marne), 몽타뉴 드 랭스(Montagne de Reims), 코트 데 블랑(Côte des Blancs) 지역에서만 생산되는 것에 한정한다. 그리고 이 법에 따르면 오직 프랑스 샹파뉴 지방에서 양조한 와인만을 '샴페인'이라 부르며, 프랑스에서는 '샹파뉴'라고 명칭을 그대로 사용한다. 브랜드를 보호하기 위해 다른 와인, 담배, 향수, 패션 등에 사용할 수 없도록 조치를 취하고 있지만 지금은 탄산이 들어간 모든 와인을 일컫는 대명사가 되었다.

샴페인은 청포도 품종인 샤르도네(Chardonnay), 흑포도 품종인 피노 누아(Pinot Noir)와 피노 뫼니에(Pinot Meunier)로 양조한다. 샤르도네로 만든 샴페인은 블랑 드 블랑(Blanc de Blanc)이라 표기하고, 거품이 미세하고 상큼한 향과 맛이 난다. 피노 누아와 피노 뫼니에 2가지 품종으로 만든 것은 블랑 드 누아(Blanc de Noirs)라고 표기하며, 적당한 타닌에 조화로운 향과 맛을 내고, 아주 미세한 로제색을 띠고 있으며, 샹파뉴 지방에서 만든 레드와인을 블렌딩하여 색을 내는 와인을 로제 샹파뉴(Rosé Champagne)라고 한다.

▲ 볼링저 샴페인

프랑스의 보르도 지방에서 생산된 스파클링와인을 크레망(Crémant de Bordeaux)이라 부르며, 알자스 지방에서는 크레망 알자스(Crémant d'Alsace), 그 외 지역에서는 뱅 무쏘(Vin Mousseux)라고 한다. 그리고 미국은 스파클링(Sparking), 독일은 젝트(Sekt), 이탈리아는 스푸만테(Spumante), 스페인은 카바(Cava), 포르투갈은 에스푸만테(Espumante)라고 부른다.

대부분 샴페인의 와이너리는 랭스(Reims)와 에페르네(Epernay)에 있다. 가장 유명한 샴페인은 '모에 샹동의 동 페리뇽(Moët & Chandon, Dom Perignon)', '니콜라 페이얏트(Nicholas Feuillatte)', '루이 뢰더러 크리스탈 로제(Louis Roederer Crystal Rose)', '뵈브 클리코 퐁샤르뎅(Veuve Clicqout Ponsardin)', '볼링저(Bollinger)', '랑송(Lanson)', '포메리(Pommery)', '폴 로저(Pol Roger)', '태탱저(Taittanger)', '동 루이나(Dom Ruinart)', '크뤼그(Krug)' 등이 있다.

구세계 와인

알자스 Alsace

알자스 지방은 1871년부터 1919년까지 독일에 점령되었다가 1945년 프랑스가 되찾은 지역으로 '알퐁스 도데(Alphone Daudet; 1840~1897)'의 동화, 『마지막 수업』이 탄생된 곳이다. 토양은 화강암, 석회석, 모래, 진흙, 화산토로 구성되어 있다. 포도의 다양성이 그대로 숨쉬는 산뜻하고 신선한 그리고 과일 같은 화이트와인으로 유명하다. 주로 이용되는 포도품종은 리슬링(Riesling), 게뷔르츠트라미너(Gewurztraminer), 피노 블랑(Pinot Blanc), 피노 그리(Pinot Gris), 뮈스카(Muscat), 그리고 실바나(Sylvaner) 등이다. 생산지역은 오 라인(Haut-Rhin)와 바 라인(Bas-Rhin)이다.

리슬링 포도품종으로 만든 화이트와인은 아주 산뜻하고 우아하고 섬세한 향기를 가진 드라이한 맛으로 알코올 도수는 11~12%이다. 독일에선 8~9% 알코올로 좀 더 스위트하다. 알자스 와인은 프랑스 AOC 규제를 받는 다른 지역과 라벨 표기 방법이 조금 다르다. 포도품종을 와인명칭으로 사용하는데 그러기 위해선 꼭 그 포도품종으로 양조해야 한다.

알자스 와인을 고를 때는 다음 두 가지를 꼭 확인하는 것이 좋다. 우선 포도품종, 그리고 와이너리의 명성 및 스타일이다. 가장 신뢰할 만한 와이너리 몇 곳을 소

◀ 알자스 지역의 포도밭 전경

개하면 다음과 같다. 도메인 마르셀 다이스(Domaine Marcel Deiss), F. E. 트림바흐(F. E. Trimbach), 도메인 바인바흐(Domaine Weinbach), 위겔 에 피스(Hugel & Fils), 도메인 진트 훔브레히트(Domaine Zind-Humbrecht), 레옹 베예(L'eon Beyer), 돕프 오 뮬랭(Dopff Au Moulin) 등이다.

루아르 Loire

프랑스 중심을 가로질러 대서양을 향해 장장 1,020km를 흐르는 루아르 강은 비옥한 농경지를 형성하며 동화 속에 나올 듯한 고성들과 왕족들의 여름 휴양지로 유명해졌다. 특히 레오나르도 다빈치(Leonardo da Vinci)가 즐겨 마신 와인, 마지막 안식처이다.

루아르는 포도재배 지역을 크게 두 곳으로 나눈다. 하나는 하부에 위치한 앙주(Anjou), 소뮈르(Saumur), 부브레(Vouvray), 뚜렌(Touraine)과 뮈스카데 드 세브레 에-멩(Muscade de Sèvre et-maine)으로 구성된 바-루아르(Bas-Loire) 지역이고 또 다른 하나는 푸이-퓌메(Pouilly-Fumé)와 상세르(Sancerre)로 구성된 오예-루아르(Hauye-Loire)의 상부 루아르 지역이다. 4개 생산지구로 구분하면 페이 낭테(Pays-Nantais)지구, 앙주-소뮈르(Anjou-Saumur)지구, 투렌(Touraine)지구, 중앙 니베르네(Centre Nivernais)지구이다.

▲ 루아르 지역의 와이너리

주로 사용하는 포도품종은 소비뇽 블랑(Sauvignon Blanc)과 슈냉 블랑(Chenin Blanc)이며, 토양은 상세르, 푸이 퓌메는 백악질과 해양화석 토양이며, 뚜렌과 부브레이는 화산 석회암이며, 앙주, 소뮈르는 백악질 석회암으로 이뤄져 있고, 낭뜨는 화강암과 혈암으로 이루어져 와인의 특성도 각기 다르다.

양조방법 중 특색적인 것은 발효가 끝난 후 효모 침전물과 함께 숙성하는 쉬르-리(Sur-Lie) 방법을 사용한다.

구세계 와인

루아르 밸리 와인은 품종과 와이너리보다는 스타일과 빈티지를 보고 선택해야 한다. 대부분 신선하고, 연하고, 미묘한 과일맛이 나며, 완전히 숙성되었을 때 풍미가 깊어진다. 그러나 달콤한 화이트와인만 숙성이 잘 되고 오랜 기간 유지된다. 루아르 밸리 와인 중 푸이 퓌메(Pouilly-Fumé)와 소뮈르(Saumur)는 가장 풀바디의 드라이한 화이트와인이다. 소뮈르는 톡 쏘는 풍미의 달콤한 화이트와인으로 100% 소비뇽 블랑으로 양조한다. 뮈스카데(Muscadet)는 라이트하고 드라이한 와인으로 100% 믈롱 드 부르고뉴(Melon de Bourgogne) 포도로 만든다. 상세르(Sancerre)는 풀바디의 푸이 퓌메와 라이트 바디의 뮈스카데 중간쯤 되는 밸런스로 100% 소비뇽 블랑으로 만든다. 부브레는 '카멜레온(Chameleon)'처럼 드라이하거나, 약간 달콤한 스파클링와인이며 100% 슈냉 블랑으로 만든다. 또한 앙주(Anjou)의 화이트와인 또는 달콤한 로제와인을 만든다. 유기농 와인으로 유명한 니콜라 졸리(Nicolas Joly)를 추천한다.

론 Côtes du Rhône

론 밸리는 북부 론과 남부 론으로 확연히 구분되어 있으며 와인 생산지역은 보졸레 지역부터 론 강을 따라 남쪽으로 아비뇽(Avignon)까지 200km가 이어진다.

▼ 프랑스 북부 론의 코트 로티 포도밭

▲ 프랑스 남부 론의 샤토 네프 뒤 파프 마을과 포도밭

긴 여름 덕분에 포도알맹이에서 이미 좋은 맛과 알코올 속성을 지닌다. 풍부하고 깊은 색에 여름의 활기가 느껴지는 와인을 생산한다. 가장 좋은 와인 생산지역은 코트 로티(Côte-Rotie), 콩드리유(Condrieu), 에르미타주(Hermitage), 코르나스(Cornas), 생 페래(St-Peray), 생 조셉(St-Joseph), 리락(Lirac) 그리고 따벨(Tavel)과 샤토네프 뒤 파프(Châteauneuf-du-Pape)이다. 매우 품질 좋은 화이트, 레드, 로제 와인을 생산한다.

북부 론 지방은 화강암 토양에 시라(Syrah)가 대표품종이며 '마르산느(Marsanne)' 그리고 '비오니에(Viognier)'가 유명하다. 남부는 돌과 잡목이 많은 토양에 지중해식 기후로 그르나슈(Grenache) 품종이 대표적이며, 시라(Syrah), 쌩소(Cinsaut), 무르베드르(Mourvèdre) 등의 품종도 사용하고 특히 따벨(Tavel) 지역은 로제와인으로 유명하다.

샤토네프 뒤 파프(Châteauneuf-du-Pape)는 1305년 이 지역 주교였던 클레망 5세(Clément V)가 교황이 되면서 와인도 덩달아 유명세를 타게 되었다. 토양은 자갈과 큰 돌로 이루어져 있으며 장기 숙성용 와인이다.

특히 론 지방은 필드 블렌딩(field blending)을 시도한 와인이 와인시장에서 주목을 받았고, 포도밭 별로 개별 발효통에 발효숙성하는 과정을 거쳐 블렌딩하는 와인은 독특한 개성있는 와인으로 인기를 끌고 있다.

구세계 와인

유명한 와이너리는 E.기갈(E.Guigal), 폴 자블레 애네(Paul Jaboulet Aîne), 앙리 보노(Henri Bonneau), M.샤푸티에(M.chapoutier), 메종 부아숑(Maison Bouachon), 장루이 샤브(Jean-Louis Chave), 샤토 당퓌(Château d'Ampuis), 샤토 보쉔느(Château Beauchêne) 등이 있다.

북부와 남부 지역의 비교

북부 지역 와인	남부 지역 와인
꼬트 로티(Côte Rôtie) 에르미타주(Hermitage) 크로제 에르미타주(Croze-Hermitage) 생 조셉(St. Joseph) 코르나(Cornas)	샤토네프 뒤 파프(Châtetanuses-du-Pape) 타벨(Tavel) 코트 뒤 론(Côte du Rhône) 코트 뒤 론 빌라주(Côte du Rhône-Village) 코트 뒤 방투(Côte du Ventoux) 지공다스(Gigondas)
포도품종	주요 포도품종
시라(Syrah) 마르산느(Marsanne)* 비오니에(Viognier) 루산느(Roussanne)* * 남부지방에도 재배 되는 포도품종	그르나슈(Grenache) 시라(Syrah) 쌩소(Cinsault) 무르베드르(Mourvèdre)

교황의 와인

몇 년 전에 프랑스 보르도 페삭 지역의 샤토 파프 클레망(Château Pape-Clément)을 방문하였을 때 샤토 정문과 와인 라벨에 교황을 상징하는 모자와 황금의 천국 열쇠가 그려져 있었고, 지하 박물관에는 아비뇽 유수의 첫 번째 교황의 클레망 5세의 유물들이 전시되어 매우 경건한 마음으로 둘러본 적이 있다.

'샤토뇌프 뒤 파프(Chateauneuf du Pape)'는 프랑스어로 '교황의 새로운 성'을 의미한다. 또한, 교황의 굴욕을 의미하는 '아비뇽 유수(Avignonese Captivity)'라고 부른다. 이 사건의 배경은 11세기 프랑크(Franks) 왕권이 종교전쟁을 위해 교황의 템플기사단(Knights Templar : 십자군, 즉 성전기사단)을 전폭적으로 지지하면서 성공했지만, 후에 템플기사단이 이슬람교에 패배하면서 그 책임이 교황에 전가되고 권위가 약해지면서 상대적으로 왕권이 강해진 결정적 사건이었다. 아비뇽 유수 사건 이전, 이곳에 포도나무를 재배하고 와인 양조를 발전시킨 분은 2대 교황인 요한 22세이다. 그는 아비뇽에서 북쪽으로 약 11마일 떨어진 샤토뇌프 뒤 파프 마을에 교황의 여름 별장을 짓고, 포도나무를 심고 와인을 양조했다.

역사를 거슬러 올라가면, 프랑크 국왕 필리프 4세는 1309년 신임 교황으로 선출된 보르도 지역 클레망 5세 추기경의 로마 입성을 막고, 교황을 68년간 프랑스 남부 아비뇽 지방에 유폐시켰다. 그 당시 주교였던 클레망 5세를 초대 아비뇽 교황으로 임명했다. 와인을 사랑했던 파프 클레망 5세는 자신이 소유한 샤토를 '교황 클레망의 샤토' 의미를 담아 '샤토 파프 클레망'으로 변경했다. 파프 클레망의 본래 이름은 베르트랑 드 고트(Bertrand de Goth)이며, 13세기 프랑스 보르도 지

▼ 샤토네프 뒤 파프 와인마을과 포도밭

▲ 아비뇽 유수

롱드 지역에서 출생했다. 그는 클레망 포도원을 소유하고 있었지만, 교황 5세로 임명되자 1309년 보르도 대주교에게 포도원을 양도한 후에 1789년 프랑스 대혁명 때까지 포도원을 주교 관리 속에서 운영하도록 하였다.

'샤토네프 뒤 파프(Chateauneuf du Pape)'는 프랑스 남부에서 아름다운 전원풍경의 대명사로 알려진 프로방스 지역에 있는 작은 마을에서 생산되는 와인이다. 당시 권력자인 프랑스 왕국의 필리프 4세는 주변국들과의 십자군 전쟁으로 인하여 재정난에 처하자 성직자에게도 세금을 부여하면서 교황청의 격렬한 반발을 받았지만, 곧 잠재우고 당시 보르도 대주교인 프랑스인 클레망 5세(Pape Clement V)를 교황으로 즉위시켰다. 로마에 있는 교황청을 프랑스로 옮길 것을 명령하면서 시작된 사건으로 1309년부터 1377년까지 68년 동안 이곳을 거쳐 간 7명의 교황은 로마로 돌아가지 못하고 이곳에서 교황업무를 집행하였다. 교황권을 꺾어버린 필리프 4세는 두 번째 계획을 실행하였다. 클레멘스 5세에게 '템플기사단'을 해체하도록 명령했다. 성전기사단은 제1차 십자군 전쟁에서 십자군이 승리를 거두고 세운 예루살렘 왕국을 지키고, 성지순례를 온 그리스도 교도들을 보호하기 위해 프랑스 출신 기사들이 주축이 되어 만든 군대였지만, 결국 해체되었다.

샤토네프 뒤 파프는 당시 교황의 여름 별장으로 인기가 높았는데 아비뇽 유수 사건으로 망명자 생활하던 교황들에게 몸과 마음을 위로해준 마을이 되었다. 특히 이곳에서 생산된 와인은 그 맛과 품질이 뛰어나 늘 교황의 식탁에서 떠나지 않았고 교황들에게 로마로 돌아갈 수 있다는 희망을 준 위안의 와인이었다. 또한, 예수님의 성혈인 언약의 피로써 교황에게 마음의 평화를 가져다준 와인이 되었다. 특히, 아비뇽 유수의 역사를 배경으로 지명이 생긴 이곳에서 생산되는 와인 라벨에는 교황의 갑옷 무늬가 들어 있으며, 샤토네프 뒤 파프 와인은 짙은 루비 컬러와 다양한 향으로 역대 교황을 비롯해 오랜 시간 동안 와인 마니아의 입맛을 사로잡아왔다.

국가별 와인

부르고뉴 Bourgogne

부르고뉴는 로마가 정복하였을 때부터 와인을 양조하기 시작했다. 세계 최고의 와인 생산지인 보르도 지역과 경쟁 상대이다. 부르고뉴 지역은 디종(Dijon)과 리옹(Lyon), 두 도시 사이에 위치해 있으며 세계 최대의 화이트와인 생산지인 샤블리(Chablis) 역시 이 지역에 있다. 부르고뉴는 남북으로 샤블리를 포함하여 330km이다.

부르고뉴에서도 중요한 와인 생산지역은 다음의 네 곳이다. 첫째는 샤블리(Chablis), 두 번째는 코트 도르 뉘(Côte d'Or Nuits)와 코트 드 본(Côte de Beaune)이 포함된 코트 도르(Côte d'Or), 세 번째는 샬로네즈(Chalonnaise)와 마꼬네(Mâconnais), 그리고 네 번째는 보졸레(Beaujolais)가 포함된 남쪽 부르고뉴이다. 부르고뉴의 AOC는 일반명, 지구명, 마을명, 포도밭명 AOC로 범위와 좁을수록 등급이 높다.

첫째, 샤블리 지역은 부르고뉴의 북쪽에 위치한 세계 최상급의 화이트와인 하나로 유명해진 곳이다. 토양은 키메르지안(kimmerridgian, 쥬라기시대 바다 화석 성분)점토와 석회암이 섞여 있으며, 포도품종은 대부분 샤르도네(Chardonnay)이지만, 소비뇽 블랑(Sauvignon Blanc), 피노 누아(Pinot Noir)도 재배된다. 샤블리 화이트와인은 상큼한 향기와 부드러운 신맛이 살아 톡톡 튀는 느낌에 과일향이 숨어 있는 매

▼ 프랑스 부르고뉴의 라트리시에레스 샹베르탱 포도밭

우 드라이한 와인이다. 와인 빛깔은 전형적인 녹색에 엷은 노란빛을 띤다.

샤블리 와인은 AOC에 의해 4개의 품질로 구분된다. 첫째, 프티 샤블리(Petit Chablis)는 가장 평범한 와인이며 우리나라에서는 좀처럼 보기 힘들다. 둘째, 샤블리(Chablis)는 샤블리 지역에서 재배된 포도로 만든 와인이다. 셋째, 샤블리 프리미에 크뤼(Chablis Premier Cru)는 특정한 지역의 포도원에서 만든 아주 우수한 품질의 와인이다. 넷째, 샤블리 그랑 크뤼(Chablis Grand Cru)는 샤블리 와인 중에서도 최고 등급으로 한정 생산되기 때문에 값이 매우 비싸다. 샤블리에는 '그랑 크뤼' 1개에 포도밭이 7곳(블랑쇼; Blanchots, 레 프뢰즈; les Preuses, 부그로; Bougros, 발뮈르; Valmur, 그르누이; Grenouilles, 보데지르; Vaudesir, 레 클로; Les Clos)이 있으며, 최고의 프리미에 크뤼급 와인은 코트 드 볼로렝(Côte de Vaulorent), 몽멩(Montmains), 푸르숌(Fourchaume), 몽 드 밀리우(Monts de Milieu), 레 리스(Les Lys), 레 바이용(Les Vaillon), 몽테 드 톤네르(Montée de Tonnerre), 보쿠팽(Vaucoupin), 보그로(Vosgros), 레 푸르노(Les Fournaux), 보드베(Vaudevey) 10개의 포도원에서 생산된다.

▲ 프랑스 부르고뉴의 뫼르소 와인

샤블리 와인을 선택할 때는 도메인(Domaine)과 함께 빈티지를 꼭 살펴야 한다. 샤블리 와인으로 유명한 도메인(domaine)은 A. 흐나르 에 피스(A. Regnard & Fils), 소셉 드루앵(Joseph Drouhin), 알베르트 픽 에 피스(Albert Pic & Fils), 라 샤블리지엔(La Chablisienne), 도메인 라로슈(Domaine Laroche), 루이 자도(Louis Jadot), 루이 미셸(Louis Michel) 등이다. 또한 AOC 등급별로 마시는 시기도 염두에 둬야 하는데 샤블리는 빈티지로부터 2년 이내, 프리미에 크뤼는 빈티지로부터 2~4년, 그랑 크뤼는 빈티지로부터 3~8년 안에 마시는 것이 좋다.

둘째, 코트 도르(Côte d'Or) 지역은 북쪽의 코트 드 뉘(Côte de Nuits)와 남쪽의 코트 드 본(Côte de Beaune)으로 구분하며, 토양은 이회토가 섞인 석회석이며, 포도 품종은 피노 누아, 샤르도네, 알리고떼(Aligote)이다.

국가별 와인

코트 도르는 산과 타닌이 환상적인 균형을 이루는 최고의 레드와인을 생산하여 명성을 유지해 왔다. 사실 명품 레드와인은 병 속에서 10년 정도 숙성되기 전까지 완전하지 않지만 이 지역 레드와인은 짙은 부케와 기품을 동반한 부드러운 향을 자랑하고 있다.

코트 도르의 와인 등급을 보면 그랑 크뤼(Grand Cru), 프리미에 크뤼(Premier Cru), 마을명칭(Village), 지역명칭(Régional)으로 구분되며, 그랑그뤼 33개(샤블리 1개), 프리미에 크뤼는 684개가 된다.

그랑 크뤼 와인들은 마을 이름에 단독 포도원(Vinyard; 개인 소유의 특정 포도밭) 이름의 상표를 사용한다. 쥬브레 샹베르탱(Gevery-Chambertin)에는 9개, 모레 생 드니(Morey-saint-Denis)에는 5개, 샹볼 뮈지니(Chanbolle-Musigny)에는 2개의 그랑 크뤼가 있다. 클로 드 부조(Clos de Vougeot)는 부조의 작은 마을에 위치한 그랑 크뤼 포도원(교황, 황제, 수도자의 밭으로 구분)으로 80여 명이 공동소유하고 있다. 프리미에 크뤼 와인은 포도원 이름이나 'Premier Cru'라는 등급 표시를 종종 함께 사용한다. 마을 명칭 와인은 '포마르(Pommard)'처럼 마을이름을 상표로 사용한다. 예를 들어 와인의 이름이 '샹볼 뮈지니(Chambolle-Musighy)'라고 한다면 Chambolle이 포도밭의 지명을 지칭하는 것도 아니고 Musighy가 포도원을 의미하지도 않는다.

부르고뉴 지방의 마을과 포도원(레드와인)

마을명	프리미에 크뤼급 포도원	그랑 크뤼급 포도원
알록스 코르통 (Aloxe-Corton)	푸르니에르(Fournières) 샤이오트(Chaillots)	코르통(Corton) 코르통 클로 뒤 루아(Corton Clos du Roi) 코르통 브레상드(Corton Bressandes) 코르통 르나르(Corton Renardes) 코르통 마레쇼드(Corton Maréchaude)
본(Beaune)	그레브(Grèves) 페브(Fèves) 마르코네(Marconnets) 브레상드(Bressandes) 클로 데 무슈(Clos des Mouches)	없음
포마르 (Pommard)	에페노(Épenots) 뤼지앙(Rugiens)	없음

구세계 와인

볼레 (Volnay)	카이유레(Caillerets) 상트노(Santenots) 클로 데 셴느(Clos des Chênes) 타이피에(Taillepieds)	없음
쥬브레 샹베르탱 (Gevrey-Chambertin)	클로 생 자크(Clos St-Jacques) 레 카제티에(Les Cazetiers) 오 콩보트(Aux Combottes)	샹베르탱(Chambertin) 샹베르탱 클로 드 베즈 (Chambertin Clos de Bèze) 라트리시에르 샹베르탱 (Latricières-Chambertin) 마지 샹베르탱(Mazis-Chambertin) 마주에르 샹베르탱 (Mazoyères-Chambertin) 뤼쇼트 샹베르탱 (Ruchottes-Chambertin) 샤펠 샹베르탱(Chapelle-Chambertin) 샤름 샹베르탱(Charmes-Chambertin) 그리오트 샹베르탱(Griotte-Chambertin)
모레 생 드니 (Morey-St-Denis)	뤼쇼(Ruchots) 레 주느브리에르(Les Genevrières) 클로 데 오름(Clos des Ormes)	클로 데 람브레(Clos des Lambrays) 클로 드 타르(Clos de Tart) 클로 생 드니(Clos St-Denis) 클로 드 라 로쉐(Clos de la Roche) 본 마르(Bonnes Mares; 일부 지역만 해당됨)
샹볼 뮈지니 (Chambolle-Musihny)	레 자무뢰즈(Les Amoureuses) 레 자무뢰즈(Les Amoureuses)	뮈지니(Musigny) 본 마르(Bonnes Mares; 일부 지역만 해당됨)
부조(Vougeot)		클로 드 부조(Clos de Vougeot)
플라지 에세조 (Flagey-Échézeaux)		에세조(Échézeaux) 그랑 에세조(Grands-Échézeaux)
본 로마네 (Vosne-Romanée)	보 몽(Beaux-Monts)	라 그랑드 뤼(La Grande-Rue) 그랑 에세조(Grands Echézeau) 에세조(Echézeau) 로마네 콩티(Romanée-Conti) 라 로마네(La Romanée) 라 타쉐(La Tâche) 리쉬부르(Richebourg) 로마네 생 비방 (Romanée-St-Vivant)
뉘 생 조르주 (Nuits-St-Georges)	레 생 조르주(Les St-Georges) 보크랭(Vaucrains) 포레(Porets)	없음

381

본 로마네(Vosne-Romanée) 마을은 세계 최고급 와인 로마네 콩티를 생산하며, 8개의 그랑 크뤼, 1개의 프리미에 크뤼가 있는 지역이다. 뉘 생 조르주(Nuits-Saint Georges)에서는 3개의 프리미에 크뤼를 생산하며, 포마르(Pommard)는 8개의 프리미에 크뤼를 생산하고, 알록스 코르통(Aloxe-Corton)은 화이트와인 그랑 크뤼 2개 포함하여 7개의 그랑 크뤼, 2개의 프리미에 크뤼에서 와인을 생산한다.

본(Beaune) 서쪽에 위치한 포마르(Pommard)와 볼네(Volnay)는 기품 있고 부드러운 맛의 레드와인을 생산하고, 뫼르소(Meursault)와 사샤뉴 몽라셰(Chassagne Montrachet)는 고품질의 화이트와인을 생산하지만, 품질 좋은 레드와인도 생산한다. 본(Beaune)에서도 중요한 위치를 차지하고 있는 상트네(Santenay)는 가벼운 바디감, 우아한 맛의 레드와인을 생산하고 가성비가 좋으며, 최근에 화이트와인도 일부 생산한다.

코트 드 본은 코트 도르 와인 생산량의 20% 정도이지만 맛좋은 화이트와인으로 유명하다. 알록스 코르통 마을에는 최고급 그랑 크뤼 와인인 '코르통 샤를마뉴(Corton-Charlemagne)'와 '샤를마뉴(Charlemagne)'가 있다. 몽라셰(Montrachet)는 감미롭고 부드러운 향기, 속이 꽉 찬 느낌의 화이트와인을 생산한다.

퓔리니 몽라셰(Puligny-Montrachet)는 향기와 맛이 드라이하면서도 풍부한 느낌의 화이트와인을 생산하며 4개의 그랑 크뤼의 와인을 자랑한다. 사샤뉴 몽라셰(Chassagne-Montrachet)는 3개의 그랑 크뤼에서 화이트와인을 생산한다.

셋째, 코트 살로네즈(Côte Chalonnaise)와 마꼬네(Maconnais)는 코트 도르의 레드와인보다 향기가 적으며, 맛과 향이 가벼운 특징을 갖고 있다. 대표적인 코트 살로네즈 AOC지역은 부즈롱(Bouzeron), 륄리(Rully), 메르퀴레(Mercurey), 지브리(Givry), 몽타니(Montagny)이다. 부즈롱 루주(Bouzeron Rouge)는 3년간 숙성한 훌륭한 와인으로 부르고뉴에서도 유일하게 마을 단독으로 알리고떼 화이트와인 명칭을 수여 받았다. 몽타니(Montagny)는 11.5%의 알코올을 함유한 프리미에 크뤼 등급의 화이트와인을 생산한다. 마꼬네의 레드와인도 신선하고 좋은 향을 가지고 있지만 화이트와인이 더 훌륭하고 많이 알려져 있다. 마꼬네 화이트와인은 대부분 드라이하고 순수하지만 높은 신선도와 조화, 매혹적인 향 때문에 좋은 와인으로 평가받고

구세계 와인

있다. 풍부한 향과 옅은 빛깔의 금색으로 유명한 푸이 퓌세(Pouilly-Fuiss)를 생산하며, 다른 우수한 화이트와인들은 생 베랑(Saint-Véran), 푸이 뱅젤(Pouilly-Vinzelles)과 푸이 로쉐(Pouilly-Loché)의 작은 마을에서 생산된다. 또한 마꽁(Mâcon)은 소량의 품질 좋은 로제와인도 생산한다.

부르고뉴 지방의 마을과 포도원(화이트와인)

마을명	프리미에 크뤼급 포도원	그랑 크뤼급 포도원
알록스 코르통 (Aloxe-Corton)		코르통 샤를마뉴(Corton-Charlemagne) 샤를마뉴(Charlemagne)
본(Beaune)	클로 데 무슈(Clos des Mouches)	없음
포마르 (Pommard)	레 페리에르(Les Perrières) 레 주느브리에르(Les Genevrières) 라 구트 도르(La Goutte d'Or) 레 샤름(Les Charmes) 블라니(Blagny) 포르조(Poruzots)	없음
퓔리니 몽라셰 (Puligny-Montrachet)	레 콩베트(Les Combettes) 레 카이유레(Les Caillerets) 레 퓌셀(Les Pucelles) 레 폴라티에르(Les Folatières)	몽라셰(Montrachet) 바타르 몽라셰(Bâtard-Montrachet) 슈발리에 몽라셰(Chevaliet-Montrachet) 비앵브뉘 바타르 몽라셰 (Bienvenue-Bâtard-Montrachet)
사샤뉴 몽라셰 (Chassagne-Montrachet)	클라바이옹(Clavoillons) 레 르페르(Les Referts) 레 뤼쇼트(Les Ruchottes) 모르조(Morgeot)	몽라셰(Montrachet) 바타르 몽라셰(Bâtard-Montrachet) 크리오 바타르 몽라셰 (Criots-Bâtard-Montrachet)

넷째, 보졸레(Beaujolais)는 부르고뉴에서도 최고의 와인 생산지역이다. 토양은 충적토에 모래가 많은 것이 특징이며, 가메(Gamay) 포도품종이 유명하다. 보졸레 레드와인은 크뤼 보졸레(Cru Beaujolais), 보졸레 빌라주(Beaujolais Villages), 보졸레 슈페리어(Beaujolais Supérieur), 보졸레(Beaujolais) 4개의 등급으로 품질을 구분 짓는다. 크뤼 보졸레는 북쪽으로 10개(253p 참고) 생산지가 있으며, 보졸레 빌라주는 35개의 생산지가 있다. 보졸레 와인의 1%는 보졸레 블랑(Beaujolais Blanc)의 화이트와

국가별 와인

인으로 출시되고 생 베랑(Saint-Veran) 화이트와인처럼 향기 있고 신선하며, 젊은이들에게 인기가 많다.

보졸레 AOC에서는 레드와인의 경우 9% 알코올, 화이트와인은 9.5%의 알코올을 함유해야 하며, 보졸레 슈페리어는 레드와인과 화이트와인 모두 10% 알코올, 크뤼 보졸레는 10%의 알코올 함유량을 요구한다.

부르고뉴의 유명한 도메인을 소개하면 화이트와인은 부샤르 페르 에 피스(Bouchard Pere & Fils), 샹송(Chanson), 조셉 드루앵(Joseph Drouhin), 라브레 로이(Laboure-Roi), 루이 자도(Louis Jadot), 루이 라투르(Louis Latour), 몸므생(Mommessin) 등이다. 레드와인은 도메인 클레르제(Domain Clerget), 도메인 콩뜨 드 보그(Domain Comte De Vogue), 도메인 드 라 로마네 콩티(Domain De La Romanée-Conti), 도메인 뒤작(Domain Dujac), 도메인 르로이(Domain Leroy), 도메인 피에르 다무아(Domain Pierre Damoy), 도메인 자이에(Domain Jayer) 등이 있다. 보졸레 지역은 부샤르(Bouchard), 조셉 드루앵(Joseh Drouhin), 조르주 뒤뵈프(Georges Duboeuf), 자도(Jadot), 몸므생(Mommessin) 등이다.

▲ 보졸레 빌라주

▼ 프랑스 부르고뉴 샤샤뉴 몽라쉐 마을과 포도밭

▲ 프랑스 보르도의 샤토 퐁테 카네 전경

보르도 Bordeaux

보르도는 물길이 얕은 지롱강과 도르도뉴 강 주변, 두 강이 만나는 곳에 위치한 57개 지역에서 AOC 등급 와인을 생산한다. 레드와인, 로제와인, 화이트와인을 생산하는데 레드와인이 84%, 화이트와인이 16%이다.

습도가 낮아 안개도 거의 없는 짧은 겨울 기후는 포도나무 성장에 아주 유리한 환경조건을 갖고 있다. 포도는 레드와인 품종인 카베르네 소비뇽(Cabernet Sauvignon)과 카베르네 프랑(Cabernet Franc)을 사용하며 매력적인 활기가 넘쳐 오래 지속되는 향, 충분한 산과 타닌을 제공한다. 메를로(Merlot) 포도품종은 말벡(Malbec)과 쁘띠 베르도(Petit Verdot)를 블렌딩한 것처럼 와인에 적당한 균형감을 주며 부드러운 맛을 낸다. 화이트와인의 주요 품종은 소비뇽 블랑(Sauvignon Blanc), 무스카델(Muscadelle), 그리고 세미용(Sémillon)이다.

국가별 와인

보르도의 샤토(Château)에서는 포도나무를 재배하고 직접 와인을 생산, 병입, 라벨이 붙여진 채로 판매하고, 네고시앙(Négoiant)들은 다른 양조주를 구매 병입하여 자신의 라벨을 붙여 판매하기도 한다. 와인 라벨은 메독(Médoc), 그라브(Grave)로 간단하게 붙이거나 보르도 같은 지역이나 공동의 이름을 붙이기도 한다. 보르도 와인 중 모노폴(monpole)이란 명칭은 한 포도밭에서 생산된 와인을 말한다.

보르도는 AOC지구가 20개 있으며, 특히 유명한 지역은 메독(Médoc), 그라브(Graves), 소테른(Sauternes), 생떼밀리옹(St-Emilion), 포므롤(Pomerol)이다. 지역별로 유명한 곳은 메독(Médoc)은 바 메독(Bas-Médoc)과 오 메독(Haut-Médoc)이 있으며, 그라브(Graves) 지역은 그라브와 페삭 레오냥(Pessac-Léognan), 리부르네(Libournais) 지역은 생떼밀리옹(St-Emilion), 포므롤(Pomerol), 프롱삭(Fronsac), 소테른(Sauternes) 지역은 소테른, 세롱(Cérons), 바르삭(Barsac)이 있다.

메독(Médoc) 지역은 1855년 나폴레옹 3세가 파리만국박람회(Paris EXPO)때 프랑스 와인을 알리기 위해 지정한 61개의 샤토가 있으며, 가장 유명한 지역은 생 떼스테프(St-Estéphe), 포이약(Pauillac), 생 쥬리앙(St-Julien) 그리고 마고(Margaux)이다. 메독은 아름다운 적색과 기품있는 향기와 감미로움을 맛볼 수 있으며 향이 부드

▼ 프랑스 보르도 생떼밀리옹의 샤토 오존 전경

구세계 와인

럽고 오래 지속된다. 와인 전문가들이 가장 많이 장기 저장하는 빈티지 와인이다.

생 떼스테프(St-Estéphe) 지역은 오 메독(Haut-Médoc) 최북단에 위치하며, 충적토와 자갈 토양이다. 짙은 붉은색에 향이 오래 지속되는 와인을 생산한다. 다른 지역의 와인보다 더 천천히 숙성시켜 수분이 많고, 풀바디하며, 감칠맛이 난다. 서양배, 복숭아, 살구, 사과향이 나며, 타닌이 상당히 많아 꽤 오랫동안 지속된다.

포이약(Pauillac) 지역은 색과 향기가 깊은 레드와인을 생산하며, 장기보관이 가능하다. 숙성할 때는 전통적인 양조기술을 사용해 향기가 풍부해지도록 돕는다. 세계적으로 유명한 샤토 라피트 로칠드(Château Lafite-Rothschild), 샤토 라투르(Château Latour), 샤토 무통 로칠드(Château Moutin-Rothschild)가 있다.

생 쥬리앙(St-Julien) 지역은 자갈과 진흙 석회암 토양으로 우수한 조화와 균형을 가진 부드러운 레드와인을 생산한다. 유명한 레오빌-라스카즈(Léoville-Lascases) 와인이 있다.

마고(Margaux) 지역은 오 메독 남단에 위치하며, 깊은 자갈층 토양으로 풍부하고 풀바디한 레드와인을 생산한다. 마고 지역 와인은 오랫동안 지속되는 매우 부드러운 향기와 기품 있는 맛으로 정상에 올랐다. 샤토 마고(Château Margaux)는 세계 최정상의 와인을 생산하며, 샤토 팔머(Château Palmer) 역시 와인 애호가들이 즐겨 찾는 와인이다.

1855년도 등급분류

마을	1등급	2등급	3등급	4등급	5등급	합계
마고(Margaux)	1	5	10	3	2	21
포이약(Pauillac)	3	2	0	1	12	18
생 쥬리앙(St-Julien)	0	5	2	4	0	11
생 떼스테프(St-Estéphe)	0	2	1	1	1	5
메독(Médoc)	0	0	1	1	3	5
그라브(Graves)	1	0	0	0	0	1
총계	2	14	14	10	18	61

국가별 와인

메독 지방의 등급(Grand cru classe)

1등급 - 프리미에 크뤼(Premiers Crus)

포도원	AOC
샤토 라피트 로칠드(Château Lafite-Rothschild)	포이약(Pauillac)
샤토 라투르(Château Latour)	포이약(Pauillac)
샤토 마고(Château Margaux)	마고(Margaux)
샤토 오브리옹(Château Haut-Brion)	페삭 레오냥(그라브)(Pessac-Léognan)
샤토 무통 로칠드(Château Mouton-Rothschild)	포이약(Pauillac)

2등급 - 드지엠 크뤼(Deuxièmes Crus)

포도원	AOC
샤토 로장 세글라(Château Rausan-Ségla)	마고(Margaux)
샤토 로장 가시(Château Rausan Gassies)	마고(Margaux)
샤토 레오빌 라스 카스(Château Léoville-Las-Cases)	생 쥬리앙(St-Julien)
샤토 레오빌 푸아페레(Château Léoville-Poyferré)	생 쥬리앙(St-Julien)
샤토 레오빌 바르통(Château Léoville-Barton)	생 쥬리앙(St-Julien)
샤토 뒤르포르 비방(Château Durfort-Vivens)	마고(Margaux)
샤토 라콩브(Château Lascombes)	마고(Margaux)
샤토 그뤼오 라로스(Château Gruaud-Larose)	생 쥬리앙(St-Julien)
샤토 브랑 캉트냑(Château Brane-Cantenac)	마고(Margaux)
샤토 피숑 롱그빌 바롱(Château Pichon-Longueville-Baron)	포이약(Pauillac)
샤토 피숑 롱그빌 라랑드(Château Pichon-Longueville-Lalande)	포이약(Pauillac)
샤토 뒤크뤼 보카이유(Château Ducru-Beaucaillou)	생 쥬리앙(St-Julien)
샤토 코스 데스투넬(Château Cos d'Estournel)	생 떼스테프(St-Estéphe)
샤토 몽로즈(Château Montrose)	생 떼스테프(St-Estéphe)

3등급 – 트르와지엠 크뤼(Troisièmes Crus)

포도원	AOC
샤토 지스쿠르(Château Giscours)	마고(Margaux)
샤토 키르완(Château Kirwan)	마고(Margaux)
샤토 디상(Château d'Issan)	마고(Margaux)
샤토 라그랑주(Château Lagrange)	생 쥬리앙(St-Julien)
샤토 랑고아 바르통(Château Langoa-Barton)	생 쥬리앙(St-Julien)
샤토 말레스트 생텍쥐페리(Château Malescot-St-Exupéry)	마고(Margaux)
샤토 캉트냑 브라운(Château Cantenac-Brown)	마고(Margaux)
샤토 팔머(Château Palmer)	마고(Margaux)
샤토 라 라귄(Château La Lagune)	오 메독(Haut-Médoc)
샤토 데스미라일(Château Desmirail)	마고(Margaux)
샤토 칼롱 세귀르(Château Calon-Ségur)	생 떼스테프(St-Estéphe)
샤토 페리에르(Château Ferriére)	마고(Margaux)
샤토 달렘므(Château d'Alesme) (이전의 마르퀴 달렘므; Marquis d'Alesme)	마고(Margaux)
샤토 보이드 캉트냑(Château Boyd-Cantenac)	마고(Margaux)

4등급 – 카트리엠 크뤼(Quatrièmes Crus)

포도원	AOC
샤토 생 피에르(Château St-Pierre)	생 쥬리앙(St-Julien)
샤토 브라네르 뒤크뤼(Château Branaire-Ducru)	생 쥬리앙(St-Julien)
샤토 딸보(Château Talbot)	생 쥬리앙(St-Julien)
샤토 뒤아르 밀롱 로칠드(Château Duhart-Milon-Rothschild)	포이약(Pauillac)
샤토 푸제(Château Pouget)	마고(Margaux)
샤토 라 투르 카르네(Château La Tour-Carnet)	오 메독(Haut-Médoc)
샤토 라퐁 로셰(Château Lafon-Rochet)	생 떼스테프(St-Estéphe)
샤토 베이슈벨(Château Beychevelle)	생 쥬리앙(St-Julien)
샤토 프리외레 리쉰(Château Prieuré-Lichine)	마고(Margaux)
샤토 마르퀴 드 테름(Château Marquis de Terme)	마고(Margaux)

5등급 – 생퀴엠 크뤼(Cinquièmes Crus)

포도원	AOC
샤토 퐁테 카네(Château Pontet-Canet)	포이약(Pauillac)
샤토 바타이에(Château Batailley)	포이약(Pauillac)
샤토 그랑 푸이 라코스테(Château Grand-Puy-Lacoste)	포이약(Pauillac)
샤토 그랑 푸이 뒤카스(Château Grand-Puy-Ducasse)	포이약(Pauillac)
샤토 오 바타이에(Château Haut-Batailley)	포이약(Pauillac)
샤토 랭쉬 바주(Château Lynch-Bages)	포이약(Pauillac)
샤토 랭쉬 무싸(Château Lynch-Moussas)	포이약(Pauillac)
샤토 도작(Château Dauzac)	오 메독(Haut-Médoc)
샤토 다르마약(Château d'Armailhac) (1956~1988년에는 '샤토 무통 바롱 필립 Château Mouton-Baron-Philippe')	포이약(Pauillac)
샤토 뒤 테르트르(Château du Tertre)	마고(Margaux)
샤토 오 바주 리베랄(Château Haut-Bages-Libéral)	포이약(Pauillac)
샤토 페데스클로(Château Pédesclaux)	포이약(Pauillac)
샤토 벨그라브(Château Belgrave)	오 메독(Haut-Médoc)
샤토 카망삭(Château Camensac)	오 메독(Haut-Médoc)
샤토 코스 라보리(Château Cos Labory)	생 떼스테프(St-Estéphe)
샤토 클레르 밀롱 로칠드(Château Clerc-Milon-Rothschild)	포이약(Pauillac)
샤토 크로와제 바주(Château Croizet Bages)	포이약(Pauillac)
샤토 캉트메를르(Château Cantemerle)	오 메독(Haut-Médoc)

그라브(Graves) 지역은 1959년에 등급을 지정받은 16개의 샤토가 있다. 생산한 와인의 1/3을 장기 숙성 보관하며 레드와인은 독특한 맛과 향이 일품이며, 화이트와인은 톡 쏘는 맛이 신선하며 순수한 맛을 가지고 건조함과 신맛 사이에서 묘한 조화를 이룬다. 페삭-레오냥(Pessac Léognan) 마을에 1855년 등록된 '샤토 오브리옹(Château Haut-Brion)' 와인이 유명하다. 그랑 크뤼 클라세 등급을 받은 우수 레드와인 생산 지역의 유명한 샤토는 다음과 같다.

- 샤토 부스코(Château Bouscaut)
- 샤토 오 바이(Château Haut-Bailly)
- 샤토 카르보니유(Château Carbonnieux)
- 도메인 드 슈발리에(Domaine De Chevalier)

- 샤토 드 피유잘(Château De Fieuzal)
- 샤토 올리비에(Château Olivier)
- 샤토 라투르 마르티악(Château Latour-Martillac)
- 샤토 스미스 오 라피트(Château Smith-Haut-Lafitte)
- 샤토 파프 클레망(Château Pape-Clément)
- 샤토 라 미숑 오브리옹(Château La Mission-Haut-Brion)
- 샤토 라투르 오브리옹(Château Latour-Haut-Brion)
- 샤토 말라르틱 라그라비에르(Château Malartic-Lagravière)

포므롤(Pomerol) 지역은 공식적 등급 분류가 없으며, 보르도에서도 생산규모가 가장 작아 생떼밀리옹(Saint Emillon)의 15%정도이다. 철분 점토질 토양으로 주로 메를로(Merlot) 포도품종이 재배되며, 와인은 매끄럽고 부드러워 가장 맛있는 크림 맛이 나며, 색깔도 짙고 맛도 진한 특성을 갖고 있으며 와인 애호가들은 샤토 명성을 믿고 구입한다. 포므롤 지역은 '페트뤼스(Petrus)', '르 팽(Le Pin)'이 특히 유명하고 그 외 유명한 샤토는 다음과 같다.

- 페트뤼스(Petrus)
- 르 팽(Le Pin)
- 샤토 라 콩세이앙트(Château La Coneillante)
- 샤토 보르가르(Château Beauregard)
- 샤토 프비 빌라주(Château Petit-Village)
- 샤토 네냉(Château Nénin)
- 샤토 트로타누아(Château Trotanoy)
- 샤토 라투르 아 포므롤(Château Latour- À-Pomerol)
- 샤토 레방질(Château L' Évangile)
- 샤토 부르뇌프(Château Bourgneuf)
- 비유 샤토 세르탕(Vieux Château-Certan)
- 샤토 클리네(Château Clinet)
- 샤토 라 푸앵트(Château La Pointe)

국가별 와인

- 샤토 레글리즈 클리네(Château L'Église Clinet)
- 샤토 라플뢰르(Château Lafleur)
- 샤토 플렝스(Château Plince)
- 샤토 가쟁(Château Gazin)
- 샤토 라 플뢰르 페트뤼스(Château La Fleur-Pétrus)

생떼밀리옹(St-Emilion) 지역은 자갈과 석회질 점토의 토양에 메를로가 주품종이며, 카베르네 소비뇽, 말벡이 보조 품종으로 사용된다. 특히 블렌딩을 통해 균형미, 섬세함, 특이한 개성이 어우러지는 것이 특징이다. 1955년에 AOC 등급이 제정되었고, 10년마다 재심사한다. 그 결과 2022년에 샤토 피작(Château Figeac), 샤토 파비(Château Pavie)만 1등급이 되었으며, 나머지는 2등급이 되었다. 유명한 샤토는 다음과 같다.

- 샤토 피작(Château Figeac)
- 샤토 파비(Château Pavie)
- 샤토 오존(Château Ausone)
- 샤토 슈발 블랑(Château Cheval Blanc)
- 샤토 앙젤뤼스(Château A'angélus)
- 샤토 벨레르(Château Belair)
- 샤토 카농(Château Canon)
- 샤토 막들렌느(Château Magdelaine)
- 클로 푸르테(Clos Fourtet)
- 샤토 라 가플리에르(Château La Gaffelière)
- 샤토 트로프롱 몽도(Château Troplong Mondot)
- 샤토 트로트비에유(Château Trottevieille)
- 샤토 파비 마캥(Château Pavie Marquin)
- 샤토 보세주르 베코(Château BeauSéjour-Bécot)
- 샤토 보세주르 뒤포 라가로스(Château BeausSéjour-Duffau-Lagarrosse)

▲ 프랑스 보르도의 소테른 샤토 디켐 전경

소테른(Sautérnes)과 바르삭(Barsac) 지역은 햇볕이 강하고 생육기간이 길어서 포도가 오래 나무에 매달려 있어도 썩지 않고 자란다. 이 때문에 와인은 잘 빚어져 달콤하고 감미로우며 황금빛을 띤다. 세계적인 스위트와인의 대명사로 유명한 샤토 디켐(Château d'Yquem)이 있으며, 유명한 샤토는 다음과 같다.

특등급 – 프리미에 크뤼 슈페리에(Premier Cru Superieur)
- 샤토 디켐(Château d'Yquem)

1등급 – 프리미에 크뤼(Premier Cru)
- 샤토 쉬뒤로(Château Suduiraut)
- 샤토 클리망(Château Climens; 바르삭)
- 샤토 리유섹(Château Rieussec)
- 샤토 라 투르 블랑쉬(Château La Tour Blanche)
- 샤토 라포리 페이라게(Château Lafaurie-Peyraguey)
- 클로 오 페이라게(Clos Haut-Peyraguey)
- 샤토 드 렌느 비뇨(Château de Rayne-Vigneau)
- 샤토 시갈라 라보(Château Sigalas-Rabaud)
- 샤토 쿠테(Château Coutet; 바르삭)
- 샤토 기로(Château Guiraud)
- 샤토 라보 프로미(Château Rabaud-Promis)

국가별 와인

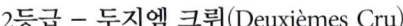

2등급 - 두지엠 크뤼(Deuxièmes Cru)

- 샤토 다르슈(Château d'Arche)
- 샤토 브루스테(Château Broustet; 바르삭)
- 샤토 카이유(Château Caillou; 바르삭)
- 샤토 드 말르(Château de Malle)
- 샤토 라모트(Château Lamothe)
- 샤토 미라(Château Myrat; 바르삭)
- 샤토 드와지 다엔(Château Doisy-Daëne; 바르삭)
- 샤토 드와지 베드린(Château Doisy-Vérines; 바르삭)
- 샤토 드와지 뒤브로카(Château Doisy-Dubroca; 바르삭)
- 샤토 필로(Château Filhot)
- 샤토 네락(Château Nairac; 바르삭)
- 샤토 쉬오(Château Suau; 바르삭)
- 샤토 로메 뒤 아요(Château Romer du Hayot)
- 샤토 라모트 기냐르(Château Lamothe-Guignard)

보르도의 뛰어난 세컨드 라벨 레드와인

샤토	세컨드 라벨
샤토 라피트 로칠드 (Château Lafite-Rothschild)	카뤼아드 드 라피트 로칠드 (Carruades de Lafite Rothschild)
샤토 라투르 (Château Latour)	레 포르 드 라투르 (Les Forts de Latour)
샤토 오브리옹 (Château Haut Brion)	바앙 뒤 샤토 오브리옹 (Bahans du Château Haut-Brion)
샤토 마고 (Château Margaux)	파비용 루즈 뒤 샤토 마고 (Pavillon Rouge du Château Margaux)
샤토 무통 로칠드 (Château Mouton-Rothschild)	프티 무통 (Petit Mouton)
샤토 레오빌 바르통 (Château Léoville-Barton)	라 레제르브 드 레오빌 바르통 (La Réserve de Leoville Barton)

구세계 와인

샤토 레오빌 라스 카스 (Château Léoville-Las-Cases)	클로 뒤 마르퀴 (Clos du Marquis)
샤토 피숑 라랑드 (Château Pichon Lalande)	레즈르브 드 라 콩테스 (Réserve de la Comtesse)
샤토 피숑 롱그빌 (Château Pichon Longueville)	레 투렐 드 피숑 (Les Tourelles de Pichon)
샤토 팔머 (Château Palmer)	레제르브 뒤 제네랄 (Réserve du Général)
샤토 랭쉬 바주 (Château Lynch-Bages)	샤토 오 바주 아베루 (Château Haut Bages-Averous)

보르도와 부르고뉴의 차이점

프랑스는 대표적인 와인 산지가 10개 이상 되지만 크게 보르도와 부르고뉴 지역으로 나눌 수 있다. 이 두 지역은 세계적으로 유명한 와인이 많으며 포도품종과 와이너리의 형태 등이 판이하게 다르기 때문에 프랑스에서도 흥미로운 양대 산맥이다.

보르도는 일찍부터 지롱드 강을 통해 영국, 네덜란드 등과 무역을 활발히 했던 지역이며, 100년 전쟁을 거치면서 샤토에서 여러 품종을 블렌딩하여 와인을 양조하는 특징을 갖고 있다.

부르고뉴는 내륙에 위치하고 있으며, 수도사들이 포도밭을 세분화하여 와인에 등급을 매긴 것과 달리 샤토(Château)가 아닌 도메인(Domain)에서 와인을 생산한다. 소박한 농부들이 와인을 생산하는 소규모 와이너리가 많으며, 와인을 양조할 때 블렌딩을 하지 않는 경우가 대부분이다.

첫째, 마케팅 스타일에서도 보르도는 적극적이며 귀족적인 샤토가 많은 반면 부르고뉴는 소규모 생산자가 많고 서민적이다.

둘째, 보르도는 화이트와인에 세미용, 소비뇽 블랑 포도품종을 사용해 블렌딩하는 경우가 많으며, 레드와인은 카베르네 소비뇽, 메를로, 카베르네 프랑 등의 여러 품종을 블렌딩하는 경우도 많다. 반면 부르고뉴의 화이트와인은 샤르도네 단일 품종을 사용하고, 레드와인은 피노 누아, 알리고떼, 가메 등의 단일 품종을 사용한다.

셋째, 보르도는 일반적으로 개별 샤토에 따라 등급이 부여되지만 부르고뉴는 포도밭 별로 등급을 매긴다.

넷째, 보르도와 부르고뉴 명품 와인을 보면 보르도는 샤토 이름이, 부르고뉴는 포도밭 이름이 많은 편이다.

가장 섹시한 르 팽

　프랑스어 르 팽(Le Pin)은 '소나무'라는 뜻으로 르 팽은 '포도원 옆에 서 있는 한그루의 소나무'라는 의미를 지니고 있다. 르 팽 와인은 보르도에서 가장 명성있는 페트뤼스(Petrus)에 도전장을 내민지 30년 만에 가라주(garage) 와인의 원조로서 명성을 되찾았다. 그리고 마담 루비(Madam Ruby)가 5에이커 남짓한 작은 포도밭에서 와인을 양조하다가 1979년 사망하면서 자끄 티엥퐁(Jacques Thienpoint)이 인수하였다. 와인 양조가로 유명한 티엥퐁 가문(Thienpoint family)이 르 팽 와인을 양조하면서 새로운 전기를 맞게 되었다. 세계적인 와인 컨설턴트인 미셀 롤랑이 무명

▼ 프랑스 보르도의 르 팽 전경

시절 르 팽 와인을 컨설팅해 성공을 거두면서 더욱 유명세를 타게 되었고, 한국에는 1년에 24병 정도 수입되고 있다. 1995년 독일에서 개최된 페트뤼스와 비교 시음 결과 페트뤼스 와인보다 더 우수한 와인으로 평가 받기도 했다.

포도밭은 매우 척박한 땅으로 자갈, 모래가 섞인 점토질 토양에서 평균 수령 28년 이상 된 포도나무에서 수작업을 통해 양조한다. 프랑스산 뉴오크통에서 32℃ 정도의 높은 온도에서 발효되고, 공급되는 포도는 바디와 향이 뛰어나고, 조화로운 균형감이 있으며, 품질이 뛰어나지만 산출량은 적어 연간 평균 생산량은 전 세계 시장에서는 아주 적은 수준인 600박스 정도이다. 보르도에서도 가장 짙은 루비색상이며, 최초로 출시된 1979년 빈티지가 최고라고 할 만큼 클래식한 등급이다. 와인 전문가들이 강한 오크향이 와인의 향을 압박한다는 평가를 내리기도 했지만 르 팽 와인의 차별화된 가격에 질투하는 경쟁자들의 소문에 불과하였다.

르 팽 와인의 초기 빈티지들도 현재까지 우아하고 아름다움을 그대로 유지하고 있으며, 세련된 복잡함을 간직한 1982년, 아름답게 균형을 갖춘 1983년, 그리고 매우 이국적인 1989년 빈티지가 사랑을 받고 있다. 1990년과 1996년 빈티지는 최근 20년 동안 가장 뛰어난 와인으로 주목 받았으며, 1990년 빈티지는 도발적이고, 부드럽고 매력적인 맛, 1996년 빈티지는 매우 농축된 맛을 보여준다. 2000년, 2003년 빈티지도 기대를 저버리지 않는 매력적인 품격을 갖춘 와인이다.

저자는 르 팽 1995년 빈티지(Le Pin, 1995)를 시음하였는데 주 포도품종인 메를로(Merlot) 92%, 카베르네 프랑(Carbernet Franc) 8%로 블렌딩하여 양조한 와인은 짙은 루비색과 풍부한 장미향, 허브향, 에스프레소를 연상시키는 부드러운 커피향, 토스트향, 설탕에 절인 과일의 향긋하고 달콤한 향이 황홀감을 주며, 실크처럼 부드럽게 감기는 듯한 섬세한 타닌과 균형감 그리고 신선한 여운이 말로 표현하기 어려운 화사 발랄한 여성을 만난 기분이었다. 이 와인은 쇠고기, 양고기, 야생고기와 특히 잘 어울린다. 그러나 너무 일찍 개봉한 것이 후회될 정도로 와인이 쉽게 열리지 않아 5년 후에 개봉하였으면 하는 아쉬움이 있었다.

▲ 프랑스 루시옹 지역 포도밭

기타 프랑스 와인

프랑스의 그 밖에 유명한 와인 산지는 쥐라(Jura), 사부아(Savoie), 프로방스(Pronence), 랑그독-루시옹(Languedoc-Roussillon)이 있다.

쥐라(Jura)는 부르고뉴 동쪽, 스위스와 국경지대 쥐라산맥 기슭에 펴져 있는 지역이며, 포도품종은 흑포도 품종의 풀사르(Pousard), 트루소(Trousseau), 청포도 품종의 사바냉(Savagnin), 피노 블랑(Pinot Blanc)을 재배하며, 최근에 유기농 와인 생산에 주력하고 있다. 대표 와인으로는 뱅존(Vin Jaune : 사바냉 단일 품종으로 만들며, 최저 6년간 오크 숙성한 드라이한 와인)과 뱅 드 파이으(Vin de Paille; 늦게 수확한 사바냉, 풀사르 등의 포도품종을 3~4개월 동안 짚 위에 말려 농축, 1년 이상 발효, 18개월 오크통에 숙성, 압착일로부터 3년 이후에 출고)가 있다. 유명한 AOC는 아르부아(Arbois), 아르부아 푸피앙(Arbois Pupillin), 샤토 샬론(Château Chalon), 코트 뒤 쥐라(Cótes du Jura), 레투아르(L'etoire), 크레망 뒤 쥐라(Crémant du Jura), 막뱅 뒤 쥐라(Macvin du Jura)이다.

사부아(Savoie)는 스위스 국경에 있는 레만호 남쪽기슭에서 이제르강까지 산악지대에 걸쳐있고, 풍경이 아름답다. 포도품종은 흑포도 품종의 몽되즈(Mondeuse), 가메(Gamay), 피노 누아(Pinot Noir), 청포도 품종은 알테스(Altesse), 알리고떼(Aligote), 자퀘르(Jacquére), 샤슬라(Chasselas)를 재배한다. 유명한 와인 산지는 뱅

▲ 프랑스 사부아 지역 포도밭 전경

드 사부아(Vin de Savoie), 크래피(Crepy), 세셀(Seyssel), 뱅 뒤 뷔제(Vin du Bugey) 등이 있다.

프로방스(Pronence)는 프랑스에서 로마인들이 최초로 포도나무를 재배한 생산지역으로 특히 로제와인이 유명하며, 로제 와인이 와인 총생산의 70%를 차지한다. 참고로 프랑스에서 3대 로제와인은 프로방스의 방돌 로제(Bandol Rosé), 남부 론 지방의 타벨 로제(Tavel Rosé), 루아르 지방의 로제 당쥬(Rosé d'Anjou)이다. 포도품종은 흑포도 품종의 그르나슈(Grenache), 생소(Cinsaut), 무르베드르(Mourvédre), 시라(Syrah) 등이며, 청포도 품종은 클레레트(Clairette), 우니블랑(Ugni-Blanc), 그르나슈 블랑 등이 재배된다. 프로방스의 유명한 와인 산지는 카시스(Cassis), 방돌(Bandol), 팔레프(Palette), 벨레(Bellet), 코트 드 프로방스(Cotes de Provence), 코트 덱셍 프로방스(Coteaux d'Aix-En-Provence), 레 보 드 프로방스(Les Baux-de-Provence), 코트 바루아(Coteaux Varois) 등이 있다.

랑그독-루시옹(Languedoc-Roussillon)은 프랑스에서 가장 넓은 포도재배 면적을 갖고 있으며, 스페인 국경에 인접하고 지중해 연안에 있다. 랑그독-루시옹은 프랑스 최대 저그(jug) 와인 생산지로 알려졌으나 최근에는 품질 높은 와인 생산으로 서서히 부상하고 있다. 포도품종은 흑포도 품종의 카베르네 소비뇽(Cabernet Sauvignon), 메를로(Merlot), 까리냥(Carignan), 그르나슈(Grenach), 시라

(Syrah), 생소(Cinsaut), 무르베드르(Mour védre) 등이 있고, 청포도 품종은 샤르도네(Chardonnay), 소비뇽 블랑, 클레레트(Clarette), 위니 블랑(Ugni Blanc), 부르블랭(Bourboulenc), 마카베오(Maccabeu), 모작(Mauzac)등이 재배된다. 이 지역의 특별한 주정강화 스위트 와인은 VDN(Vins Doux Naturels; 뱅 두 나튀렐은 천연 감미 와인으로 과즙 발효 중, 후에 5~10%의 알코올을 첨가시켜 만든 달콤한 와인), VDL(Vin de Liqueur; 리큐르 와인으로 과즙의 발효 전에 알코올을 첨가시켜 만든 와인), VDN Rancio(랑시오는 30L 글라스 통에 넣고 햇볕에 두어 산화시켜 풍미를 첨가하여 견과의 풍미가 좋은 와인)이 있으나 특히 VDN은 루시옹에서 바뉼스(Banyuls) 지역이 가장 유명하다.

VDN은 몽펠리에 대학의 학장이자 마이요크(Majorque) 왕실의 의사였던 아르노 드 빌라노바(Arnau de Vilanova)가 1285년 루시옹의 중심도시 페르피냥(Perpignan)에서 뮈타주(Mutage) 방식을 발견하면서 높은 알코올 와인을 얻기 위해 포도를 건조하거나 나무에 매달린 채로 과숙시키는 방식을 벗어나 VDN을 탄생시켰다.

최근 루시옹 지역은 자연 친화적인 유기농 와인 생산에 주력하고 있으며, 유명한 와인 산지는 콜리우르(Collioure), 바뉼스(Banyuls), 모리(Maury), 리브잘트(Rivesaltes), 코트 드 루시옹(Côtes de Roussillon), 코트 드 루시옹 빌라주(Côtes de Roussillon Villages) 등이 있다.

랑그독 지역은 '기회의 땅'으로 불리며, 보르도, 부르고뉴 와인 때문에 빛을 보지 못하고 있다가 1980년부터 고품질 와인을 생산하면서 가성비가 높은 와인으로 부상하고 있다. 유명한 와인 산지는 블랑케트 드 리무(Blanquette de Limoux), 클레레트 드 벨가르드(Clairette de Bellegarde), 클레레트 드 랑그독(Clairette de Languedoc), 코르비에르(Corbiéres), 코르비에르 드 님(Corbiéres de Nimes), 포제르(Faugéres), 피투(Fitou), 미네르부아(Minervois), 생 쉬니앙(St. Chinian), 프롱티냥(Frontignan), 뮈스카 드 뤼넬(Muscat de Lunel), 뮈스카 드 미르발(Muscat de Mireval), 뮈스카 드 생정 드 미네르부아(Muscat de St.Jean de Minervois) 등이 있다.

구세계 와인

프랑스 와인 생산지

지방명	품종	지역명	대표적인 코뮌 및 와인명	유명 생산자
보르도 (레드와인/ 화이트와인)	소비뇽 블랑, 세미용, 메를로, 카베르네 소비뇽, 카베르네 프랑	메독(Médoc)	생 떼스테프 (St-Estéphe), 포이약(Pauillac), 생 줄리앵(St-Julien), 마고(Margaux)	* 보르도 유명 와인은 유명 네고시앙이 주로 취급한다. * 코르디에(Cordier), 바롱 필리프 (Baron Philippe), 드루스 프레르 (Drouthe Frères)
		그라브(Grave), 소테른(Sauternes), 생떼밀리옹 (St-Émilion), 포므롤(Pomerol)		
부르고뉴 (레드와인/ 화이트와인)	피노 누아, 가메, 샤르도네, 알리고떼	샤블리(Chablis)		J. 모로(J. Moreau)
		코트 도르 (Côte d'Or) 코트 드 뉘 (Côte de Nuits),	코트 드 뉘 주브레 샹베르탱 (Gevrey-Chambertin), 샹볼 뮈지니 (Chambolle-Musigny), 본 로마네 (Vosne-Romanée), 부조(Vougeot)	루이 자도(Louis Jadot), 루이 라투르(Louis Latour), 조셉 드루앵 (Joseph Drouhin), 부샤르 페르 에 피스 (Bouchard Père et Fils), 알베르 비쇼 (Albert Bichot), 앙트닌 로마네 콩티
		코트 드 본 (Côte de Beaune)	코트 드 본 알록스 코르통 (Aloxe-Corton), 포마르(Pommard), 뫼르소(Meursault), 퓔리니-몽라셰 (Puligny-Montrachet)	
		코트 샬로네즈 (Côte Chalonnaise)	메르퀴레(Mercurey) 지브리(Givry)	
		마꼬네 (Mâconnais)	마콩(Mâcon), 푸이 퓌세 (Pouilly-Fuissé)	
		보졸레(Beaujolais)		조르주 뒤뵈프 (Georges Duboeuf), 모메상(Hommesin)

국가별 와인

지방명	품종	지역명	대표적인 코뮌 및 와인명	유명 생산자
알자스 (주로 화이트와인)	리슬링, 게뷔르츠트라미너, 피노 그리, 피노 블랑	오랭(Haut-Rhin) 바랭(Bas-Rhin)		도메인 마르셀 다이스 (Domain Marcel Deiss), 레옹 베에(Le'on Beyer), 트림바흐(Trimbach), 위젤 에 피스(Hugel & Fils), 도메인 진트 훔브레이트 (Domain Zind Humbrecht), 파펜하임(Pfaffenheim)
론 (주로 레드 와인)	시라, 그르나슈	샤토네프 뒤 파프 (Châteauneuf-du-Pape), 따벨(Tavel), 에르미타주 (Hermitage)		폴 쟈블레 (Paul Jaboulet), 샤푸티에(Chapoutier), E. 기갈(E. Guigal), 장 루이 샤브 (Jean-Louis Chave)
루아르 (주로 화이트와인)	소비뇽 블랑, 카베르네 소비뇽, 샤르도네, 뮈스카데	뮈스카데 (Muscadet), 앙주(Anjou), 부브레이 (Vouvray), 푸이-퓌메 (Pouilly-Fumé), 상세르(Sancerre)		라두세트 (Ladoucette), 파스칼 졸리베 (Pascal Jolivet)
프로방스 (레드, 화이트, 로제와인)	쌩소, 무르베드로, 클레레트	카시스(Cassis) 방돌(Bandol) 팔레트(Palette) 벨레(Bellet) 등		도메인 오트 (Domaline Ott)
샹파뉴 (발포성 와인)	피노 누아, 피노 뮈니에, 샤르도네	랭스(Reims) 마른(Marne) 블랑(Blancs) 리세이(Riceys)		모에 에 샹동 (Moët et Chandon), 볼링저(Bollinger), 태탱저(Taittinger)

* 루아르(Loire)의 뮈스카데(Muscadet)는 포도품종이면서 지역명이다.

구세계 와인

🍷 이탈리아 와인

이탈리아는 프랑스, 스페인과 함께 와인 최대 생산국이며, 프랑스 와인에 비해 맛은 조금 거칠지만 윤기가 흐르고 깊은 맛을 지닌 것이 특징이다. 특히 남쪽 지방 특유의 와인 맛을 갖고 있으며 전통적인 양조법을 고수하고 있지만 최근 수퍼 토스카나로 불리는 사시까이야(Sassicaia) 와인이 현대적인 양조법으로 탄생해 와인 세계를 놀라게 하고 있다.

이탈리아는 19C 중반까지 통일된 국가를 이루지 못하고 도시국가로 분열된 채 지내왔기 때문에 범국가적으로 와인정책을 수립하지 못하였다. 전통적인 양조방법에 가내수공업 형태를 탈피하지 못해 프랑스와 독일에 밀렸다가 최근 원산지 통제에 품질 향상을 시키는 등 많은 노력을 기울여 예전 이탈리아 와인의 명성을 되찾고 있다. 이탈리아 와인의 특징은 기후적인 영향으로 당분이 많고 산도가 낮으며 주로 레드 와인을 양조하여 장기간 숙성하므로 텁텁한 남성적 풍미를 지니고 있다.

이탈리아에는 모두 1,000여개의 토착 포도품종이 있으며 가장 유명한 지역은 피에몬트(Piedmonte)의 바롤로(Barolo)와 바르바레스코(Barbaresco), 토스카나(Toscana)의 키안티 클라시코, 베네토(Veneto)의 아마로네(Amarone)이다. 이탈리아의 정부는 DOC(Denominazione di Origine Controllata)제도로 20개의 와인 생산지구를 설정하였다. 이 중에 피에몬트(Piedmont), 롬바르디아(Lombardy), 베네토(Veneto), 토스카나(Toscana), 라티움(Latium), 캄파니아(Campania), 시칠리아(Sicilia) 등은 와인 생산량과 품질의 우수성 때문에 주요 와인 생산지역으로 평가되고 있다.

1963년에 이탈리아의 와인 등급이 제정되었는데 DOCG는 원산지 통제 보증으로 DOC급이 요구하는 모든 사항을 통과하고, 양조된 곳에서 병입해야 하며, 농림부의

국가별 와인

시음을 통과해야만 한다. DOC는 가장 오래된 등급체계로 지역, 품종, 수확량 등 엄격한 품질기준을 통과한 와인으로 이탈리아 와인의 중심 등급이며, IGT는 1992년도 와인법이 개정되면서 생긴 등급으로 원산지 표기 와인으로 생산지만 명기하고 있으며, 'Vino da Tavola'는 DOC의 등급 규제를 받지 않는 와인에 사용된다.

피에몬트 Piedmonte

이탈리아 북서쪽의 피에몬트 지역은 토리노시를 중심으로 북쪽 알프스 산맥에서 비옥한 포강 평원까지 이른다. 주요 생산지역은 고대부터 포도가 재배된 몬페라토(Monferrato), 랑게-로에로(Langhe-Roero)가 있으며, 유명한 레드와인과 훌륭한 화이트와인을 생산하는 피에몬트 지역은 '신의 포도밭'이라고 부르며, 클레오파트라(Cleopatra)가 사랑했던 와인이다. 이탈리아의 샴페인으로 불리는 아스티 스푸만테(Asti Spumante)도 여기서 생산된다.

피에몬트 레드와인 중 가장 좋은 품질 와인은 DOCG(Denominazione di Origine Controllata e Garantita)급이며, 네비올로(Nebbiolo) 포도품종으로 만든 최상급 바롤로(Barolo)와 바르바레스코(Barbaresco)와인이다. 바롤로 와인은 이탈리아 와인의 왕이며, 호박빛에 루비 계통의 붉은색을 띤 레드와인으로 드라이하고 매끄러우며 순

▼ 이탈리아 피에몬트 세레토 와이너리

구세계 와인

한 맛에 제비꽃향과 장미의 풍미를 느낄 수 있게 해주며 6~20년 숙성되었을 때 최고의 와인이 된다. 그러나 침전물이 많이 생기므로 마시기 전에 디캔팅을 하는 것이 좋다. 바롤로를 생산하는 지역에서는 와인병의 목 부분에 그들의 상징인 황금 사자 머리 모양을 부착한다.

바르바레스코 와인은 피에몬트 지역 중 최상의 와인으로 바롤로의 라이벌이다. 쉽게 맛볼 수 없는 매끄러움을 지녔으며 빨리 숙성하지만 품질이 유지된다면 6~15년 숙성되었을 때 최고의 와인이 된다. 이 와인을 생산하는 지역협회는 병의 목 부분에 청색 바탕에 황금의 바르바레스코의 고대 탑을 상징으로 사용하고 있다. 바롤로와 바르바레스코는 알코올 함량이 12.5%가 넘는다.

바르베라 달바(Barbera d'Alba), 바르베라 다스티(Barbera d'Asti), 바르베라 델 코스티 토르토네시(Barbera dei Colli Tortonesi), 바르베라 델 몬테로(Barbera del Monterro)는 모두 DOC 와인이다. 그리고 돌체토 다퀴(Dolcetto d'Aqui), 돌체토 다스티(Dolcetto d'Asti), 돌체토 달바(Dolcetto d'Alba) 와인이 있다. 키에리(Chieri)와 알레산드리아(Alessandria), 아스티(Asti), 쿠네오(Cuneo) 일부 지역에서는 프레시아(Freisa) 포도품종으로 양조한 프레이사 디 키에리(Freisa di Chieri)와 프레이사 다스티(Freisa d'Asti) 와인을 생산하고 있다. 네비올로 달바(Nebbiolo d'Alba) 와인은 유쾌한 향과 맛을 가지고 있으며 드라이한 것이 특징이다.

이탈리아의 샴페인인 아스티 스푸만테는 모스카토(Muscato) 포도품종으로 양조한 전형적이고 풍부하고 섬세한 향을 자랑하는 와인이다. 투린(Turin; 토리노-Torino 또는 그란 토리노-Gran Torino)의 베르무스(Vermouth; 향을 첨가한 화이트와인)는 향기로운 식전주 와인으로 유명하며 화려한 빛깔에 밝은 황금빛 노란색 또는 어두운 오렌지색을 띠고 있다.

이 지역의 명성있는 와이너리를 소개하면 가야(Gaja), 피오 체사레(Pio Cesare), 미켈레 키아를로(Michele Chiarlo), 브루노 지아코자(Bruno Giacosa), 지아꼬모 콘테르노(Giacomo Conterno), 쥬세페 마스카렐로(Giuseppe Mascarello), 세레토(Ceretto), 카델 보스코(Ca'del Bosco), 말비라(Malvirà) 등이 있다.

▲ 이탈리아 베르가

말비라 와이너리

이탈리아 피에몬트의 토리노에서 남쪽으로 아름다운 산언덕을 따라 1시간 정도를 가면 랑게(Langhe)지역 서쪽의 알바(Alba)가 있다. 여기서 20분정도 가면 로에로(Roero)의 카날레(Canale) 시 외곽 산언덕에 말비라 와이너리(Malvira Winery)가 보인다. 2006년 이탈리아 토리노 동계올림픽 때 미국의 빌 게이츠(Bill Gates, William Henry Gates III; 1955~, 마이크로소프트 창업자) 회장이 말비라 와이너리에서 운영하는 13개 객실 규모의 작은 부티크 호텔 티볼디(Villar Tiboldi)에서 한 달 동안 묵으면서 최고급 이탈리아 음식과 말비라 와인을 즐겨 마셔 유명세를 치렀다. 호텔에서 바라보면 저 멀리 아름다운 바롤로(Barolo)와 바레바레스코(Barbaresco)가 한눈에 들어온다.

1,300년 정도 전부터 이 지역에서 거주했던 다몬테(Damonte) 가문이 와인생산을 했지만, 1950년부터 본격적으로 와인을 양조해 60여 년의 전통을 자랑하며, 품격 있는 와인으로 인정받았다. 지형적 특성으로 인해 섬세하고 예리하며 미네랄 성분이 풍부한 와인을 생산하는 것으로도 유명하다.

'말비라(Malvira)' 와이너리는 1,300년 전부터 이 지역에서 거주했던 다몬테(Damonte) 가문이 1989년에 카날레 시내 중심에서 외곽지역인 카노바(Canova)로 이전하면서 붙인 이름으로, 그 유래는 와이너리의 정원이 남쪽이 아닌 북쪽을 향하고 있어 지역 마을 주민들이 정원의 위치가 잘못되었다고 항상 말하고 다녔는데, 이탈리어로 '잘못된(Mal) 위치(Vira)'라는 의미이다. 로베르토(Roberto)와 마시모(Massimo)형제는 브랜드명처럼 와인의 잘못된 가격의 거품을 바로 잡겠다며 항상 고품질에 가성비 좋은 와인을 소비자에게 제공하는 것을 경영철학으로 정했다.

▼ 이탈리아 말비라 와인 CEO 로베르토

피에몬트 지역의 2개 화이트와인 DOCG 중, 하나는 남서부의 가비(Gavi)이고, 또 하나는 중남부 산지인 랑게의 서쪽에 위치해 있는 로에로 지역이다. 로에로는 옛날 이 지역의 영주였던 로에로 가문에서 유래된 지명이고, 피에몬트에서는 가향주를 처음으로 생산한 지역이기도 하다. 이 지역은 수만 년전 바다가 융기된 지역으로 모래와 석회질 점토(calcareous clay)로 구성되어 있어 와인이 매우 섬세하고 예리한 특성이 있으며 아카시아향 등 꽃향이 풍부하고 특히 미네랄이 풍부하다. 이 지역은 최근 꾸준하게 전통적인 포도의 보존과 육성, 포도밭 관리, 와인양조법을 개발해 명품 와인으로 손색이 없을 정도로 인정받아 2005년 늦게 DOCG 등급을 수여 받았다.

로에로 지역은 유네스코에 지정된 지역으로 네비올로 포도품종이 대표적이며, 귀족적이고 정제된 느낌을 주며, 색상이 진하지 않고 타닌 함유가 높은 것이 특징이므로 초보자들이 마시기에는 약간 부담스럽다고 한다. 모래와 석회질 점토토양 영향으로 매우 섬세한 바디에 과일향, 꽃향이 일품이고 특히 미네랄이 풍부한 최고급 와인을 만들면서 바롤로와 바레바레스코 와인을 위협하고 있다.

2009년 이탈리아 베스트 와인을 수상하였고, 2010년 국제소믈리에협회(ASI)에서 우수한 와인으로 선정되면서 두각을 나타냈다. 세계적인 와인 전문가 휴 존슨이 저술한 죽기 전에 마셔야 할 1001개 와인에 선정되어 차세대 와인으로 주목을 받았다. 우리나라에서는 (사)한국국제소믈리에협회가 처음으로 공식와인으로 인정하였고, '부자되는 빌게이츠 와인'으로 인기를 끌고 있다.

▲ 이탈리아 말비라 와인

저자는 12개의 와인을 시음했는데 화이트와인 '말비라 랑게 트레우베 2009 DOC(Malvira Langhe Treuve DOC 2009)'는 소비뇽, 샤르도네, 아르네이스 포도품종을 각각 수확 후에 바로 압착시켜 스테인리스 통에서 발효시켜 12개월 동안 프렌치 오크통에서 숙성시킨 후에 최적으로 블렌딩한 와인으로 꿀향, 파인애플, 사과, 배, 과일향이 풍부하고 바디와 산도 사이의 훌륭한 조화는 우아하며, 생선회, 야채요리 등과 좋은 궁합을 이룬다. 또한, 레드와인 '말비라 로에로 DOCG 2009(Malvira Roero DOCG 2009)'는 네비올로 포도품종 100%를 사용하여 스테인리스 통에서 발효시키고 프렌치 오크통에서 20개월 동안 숙성시켜 루비색으로 밝고 맑으며, 향신료를 뿌린 듯한 라스베리, 체리 향이 일품이다. 가벼운 파스타, 송아지고기, 닭고기 등과 잘 어울리는 완벽한 와인이었다. 그리고 '비르벳 브라케토(Birbet Brachetto)'는 스파클링와인 스타일로 남녀노소 부담 없이 즐길 수 있는데 엷은 붉은색이 아주 미세한 기포에 물결친다. 아로마는 복숭아, 블랙베리, 건포도, 말린 딸기, 체리향, 마셔보면 우아한 자태로 맛과 산도가 어울리면서 사과, 꽃, 장미, 딸기향에 매료된다. 마치 포도주스를 마시는 듯 알코올은 6.5%로 전혀 느낄 수 없을 정도로 가볍고 상쾌하여 입맛을 돋웠고, 디저트, 과일, 케이크, 초콜릿에 잘 어울린다.

국가별 와인

토스카나 Toscana

토스카나 지방의 주요 도시는 피렌체(Firenze)와 시에나(Sienna)이다. 이곳의 포도품종은 산지오베제(Sangiovese)이며, 유명한 와인 생산지는 키안티(Chianti), 부르넬로 디 몬탈치노(Brunello di Montalcino), 최초로 DOCG 등급을 받은 비노 노빌레 디 몬테풀치아노(Vino Nobile di Montepulciano) 지역이다. 특히 최초로 수퍼 투스칸 와인으로 유명한 사씨카이아(Sassicaia) 지역도 주목할 만 하다.

키안티 지역은 고대부터 와인을 생산해 왔으며 병목 부분의 라벨에 흰색의 델라 로비아(Della Robbia)의 천사, 또는 검은 수닭을 그리고 안쪽에 검은 바다표범을 금색으로 디자인하여 개성을 강조한다. 키안티라는 이름은 1404년 처음으로 사용되었으며, 1932년 법령으로 클라시코 지역으로 선포되었다. 이 와인은 다소 거친 타닌 향을 부드럽게 하기 위해 흑포도에 약간의 청포도를 첨가하여 양조하며, 풍부한 바디의 와인으로 매력적이다. 키안티 와인은 DOCG로 인정받으려면 10%의 청포도를 첨가하여 양조해야 한다. 청포도를 첨가하지 않고 오직 흑포도만으로 만든 와인도 개발되고 있다.

티냐넬로(Tignanello) 와인은 안티노리(Antinori) 가문이 양조하기 시작한 와인으로 청포도를 첨가하는 대신에 산지오베제(Sangiovese) 90%와 카베르네 소비뇽(Cabernet Sauvignon) 10%로 양조한다. 그러나 이런 와인은 법적으로 키안티 라벨을 붙일 수 없다.

키안티 와인은 깊이에 변화를 느낄 수 있는 밝고 활기찬 루비빛 붉은색을 가지고 있다. 향은 유쾌하며, 풍미는 드라이하고, 강하고, 매끄러우며 부드럽고 균형이 잘 갖춰져 있다. 덜 숙성한 채로 판매해도 잘 팔린다.

키안티 지역은 와인병을 보호하기 위해 밀짚으로 만든 피아스코(Fiasco)로 잘 알려져 있다. 유리가 비싸던 시절에 병이 깨지는 것을 막기 위해 개발되었으나 요즘은 비용이 많이 들어 점차 사라지고 있다. 최고의 키안티 와인은 이제 손잡이가 있는 휴대용 호리병이 아닌 와인 병에 병입하여 출고하고 있다.

▲ 키안티 루피노

구세계 와인

좋은 키안티 와인을 구입하려면, 우선 자신이 좋아하는 스타일의 와인을 찾아야 한다. 그 이유는 키안티 와인은 아주 다양하기 때문이다. 그리고 반드시 신뢰할 수 있고 명성 있는 와이너리에서 구입해야 하는데 키안티의 우수 생산자를 소개하면 안티노리(Antinori), 바디아 아 콜티부오노(Badia A Coltibuono), 브롤리오(Brolio), 카스텔로 반피(Castello Banfi), 카스텔로 디 아마(Castello Di Ama), 폰토디(Fontodi), 프레스코발디(Frescobaldi), 멜리니(Melini), 몬산토(Monsanto), 노졸레(Nozzole), 바론 리카솔리(Baron Ricasoli), 루피노(Ruffino), 비온디 산티(Biondi Santi), 산 펠리체(San Felice), 아비뇨네지(Avignonesi) 등이다.

몬탈치노(Montalcino)의 브루넬로 디 몬탈치노(Brunello di Montalcino)가 최고의 와인이며, 산지오베제 포도품종을 브루넬로(Brunello)라고 부르며, 매우 잘 숙성된 풍만한 바디를 가진 향기로운 와인으로, 4~6년의 숙성 기간을 거친 후에 최고 품질로 팔린다. 이 지역의 또 다른 DOC 와인으로 빈 산토(Vin Santo 일명 Holy Wine)는 포도품종 트레비아노(Trebbiano), 말바지아(Malvasia), 그레케토(Grechetto)를 사용하여 만든 높은 알코올 도수를 가진 꿀, 아몬드 향이 나는 스위트 와인으로 쉐리주와 맛이 비슷하다. 이탈리아 최고의 빈 산토는 아비뇨네지(Avignonesi) 와이너리에서 생산된다. 갈레스트로(Galestro)는 특색 있는 향을 가진 섬세한 화이트와인이며 비안코 토스카노(Bianco Toscano)는 가벼운 바디와 드라이한 화이트와인으로 섬세한 과일의 향기로움을 가지고 있다. 그리고 토스카나가 자랑하는 비노 노빌레 디 몬테풀치아노(Vino Nobile di Montepulciano)도 품격있는 와인이다.

피에몬트와 토스카나 지역의 DOCG 등급 와인

토스카나	피에몬트
베르나치아 디 산 지미냐노 (Vernaccia di San Gimignano) 키안티(Chianti) 키안티 클라시코(Chianti Classico) 비노 노빌레 디 몬테풀치아노 (Vino Nobile di Montepulciano) 카르미냐노 로소(Carmignano Rosso) 브루넬로 디 몬탈치노 (Brunello di Montalcino) 모렐리노 디 스칸사노(Morellino di Scansano)	모스카토 다스티/아스티 (Moscato d'Asti/Asti) 가티나라(Gattinara) 바르바레스코(Barbaresco) 바롤로(Barolo) 아퀴 또는 브라케토 다퀴 (Acqui or Brachetto d'Acqui) 겜메(Ghemme) 가비 또는 코르데제 디 가비 (Gavi or Cortese di Gavi) 로에로(Roero) 돌체토 다스티/알바(Dolcetto d'Asti / Alba)

국가별 와인

롬바르디아 Lombardia

　롬바르디아 와인이 꾸준히 좋은 품질로 평가받는 이유는 DOCG급 와인을 많이 생산하기 때문이다. 도시 근처 가르다(Garda) 호수 주변에 있는 산이나 남쪽 롬바르디아 언덕에서 생산되는 발테리나(Valtelina)는 레드와인이 최고의 품질로 인정받고 있다.

　롬바르디아를 대표하는 와인은 단연코 스파클링와인인 프란치아코르타(Franciacorta)이며, 품질이 뛰어나다고 알려진 롬바르디아 와인은 다음과 같다.

　손드리오(Sondrio) 지역의 포도밭에서 수확한 포도로 양조하는 사쎌라(Sassella)는 밝은 루비빛의 붉은색을 띠며, 드라이하고 부드럽고 조화로운 풍미를 갖고 있다. 스푸르사트(Sfursat)와 스포르자토(Sforzato) 와인은 네비올로 포도품종으로 양조하며, 약 14.5%의 알코올을 위해 포도를 일정 기간동안 건조시킨다. 이 와인은 풍부하고, 깊고, 다소 쓴 향을 갖고 있으며 무거운 풍미를 지니고 있다. 브레스시아(Brescia) 지역은 DOC 등급을 받은 2종류의 와인을 생산하는데 로제와인 리비에라 델 가르다 브레스시아노 키아레토(Riviera del Garda Bresciano Chiaretto)와 화이트와인 루가나(Lugana)이다. 롬바르디아 DOCG 와인은 프란치아코르타(Franciacorta), 발텔리나 수페리오(Valtellina Superiore), 스포자토 디 발텔리나(Sporzato di Valtellina), 올트레포 파베세 메토도 클라시코(Oltrepo Pavese Metodo Classico) 등이 있다.

▼ 이탈리아 베네토 와인산지

베네토 Veneto

좋은 와인을 많이 생산하는 베네토는 유명한 관광 해양도시 베네치아가 있으며, 카사노바(Casanova)가 즐겼던 와인이다. 특히 베로나(Verona) 지역은 검은빛을 드리운 화산 언덕과 몬테 그라파(Monte Grappa) 지역을 우회하는 발도비아데네(Valdobbiadene) 언덕, 레비소(Reviso) 지역의 코넬리아노(Conegliano) 언덕에서 많이 생산된다.

베로나 도시 주변 포도밭에서 생산되는 와인 중 가장 잘 알려진 화이트와인은 청포도 품종 가르가네가(Garganega), 트레비아노(Trebbiano)로 양조한 DOCG등급의 소아베(Soave) 와인이다. 소아베는 단테(Dante Alighieri; 1265~1321, 시인)가 푹 빠졌고, 로미오와 줄리엣이 마셨던 초록색을 띤 밝은 짚 색깔로 섬세하고 독특한 과일향, 적당한 산도와 정교하고 균형 잡힌 향을 가진 드라이한 화이트와인이다. 비안코 디 쿠스토자 감벨라라(Bianco di Custoza Gambellara)와 베르두조 델 피아베(Verduzzo del Piave) 또한 DOCG 등급의 화이트와인이다.

베로나 지역의 DOCG급 레드와인 중에 세계적으로 유명한 '바르돌리노(Bardolino)'와 '발폴리첼라(Valpolicella)' 와인은 둘 다 섬세하고 독특한 향, 매끄럽고 부드러우며 약간 쓴 향을 가지고 있으며, 바디가 가벼운 드라이한 와인이다.

레치오토(Recioto) 라벨이 붙어 있는 와인은 알코올 도수가 높고, 달콤한 감촉을 느낄 수 있다. 레치오토 베로네세(Recioto Veronese)는 매혹적인 붉은색에 섬세한 향, 달콤하고 부드러우며 아름다운 풍미로 디저트 와인으로 마신다. 아마로네(Amarone)는 어두운 루비색을 띠고, 건포도를 가미해 풍부한 향과 부드럽고 향긋한 풍미를 가지고 있으며 10년 이상 숙성시켜야 제 맛을 느낄 수 있다. 프로세코 디 코넬리아노(Prosecco di Conegliano)는 트레비소(Treviso)에서 생산되며, 황금색을 띠고 따끔따끔 독특하게 쏘는 맛과 타닌의 약간 쓴맛이 느껴지는 드라이한 와인이다.

베네토 DOCG 와인은 소아베 수페리오레(Soave Superiore), 레치오토 디 소아베(Recioto di Soave), 아마로네 델라 발폴리첼라(Amarone della Valpolicella), 레시오토 델라 발폴리첼라(Recioto della Valpolicella), 바르돌리노 수페리오레(Bardolino Superiore), 몬텔로 콜리 아솔라니(Montello Colli Asolani), 레치오토 디 감벨라라(Recioto di Gambellara) 등이 있다.

에밀리아-로마냐 Emilia-Romagna

중부 이탈리아 중심부로 알프스 북부와 지중해 남부의 분기점에 있는 미식의 고장이며, 수퍼 자동차의 고장으로 유명하다. 최상급은 람부르스코(Lambrusco) 포도품종으로 양조한 와인이다. 대부분의 와인이 프리잔테(frizzantes)이며, 나머지도 완전한 스파클링와인인 스푸만테(spumantes)이다. 람부르스코 지역은 달콤하고 약간의 거품이 있는 레드와인으로 유명하며, 21개의 DOCG 등급 와인이다.

DOC급 와인 중, 소르바라(Sorbara)와 봄포르토(Bomporto) 지역에서 생산되는 람부르스코 디 소르바라(Lambrusco di Sorbara)는 개성 있는 루비색의 레드와인으로 약간의 달콤함과 신맛, 과일의 신선함과 풍미가 느껴지는 가벼운 바디의 드라이한 와인이다. 레지아노(Reggiano) 지역의 람부르스코 레지아노(Lambrusco Reggiano)와 람부르스코 그라스파로싸 디 카스텔베트로(Lambrusco Grasparossa di Castelvetro) 와인도 유명하고 또한, 콜리 피아센티니(Colli Piacentini) 와인이 유명세를 타고 있다.

또 다른 DOC급 와인은 레드와인인 구투르니오(Gutturnio)와 로마냐 언덕의 산지오베제 디 로마냐(Sangiovese di Romagna)가 있다. 트레비아노 디 로마냐(Trebbiano di Romagna)는 화이트와인으로 유명하다. 산지오베제 디 로마냐(Sangiovese di Romagma)는 에밀리아 로마냐(Emilia-Romagna) 지역에서 생산되는 것보다 알코올 도수가 약간 높다. 가메(Gamey) 포도품종을 사용해 붉은색을 띠고 있으며 섬세한 향과 약간 쓰고 드라이한 풍미, 좀 더 숙성시키면 와인의 품질을 향상시킨다. 특히 화이트와인 알바나 디 로마냐(Albana di Romagna)는 이탈리아 최초로 화이트와인 DOCG 등급을 받았다.

라티움 또는 라지오 Latium or Lazio

라티움 또는 라지오 지역은 로마에 위치하고 있다. 트레비아노 디 아프릴라(Trebbiano di Aprilla) 지역은 DOC 등급의 화이트와인으로 유명한 프라스카티(Frascati), 콜리 알바니(Colli Albani), 마리노(Marino) 같은 달콤하거나 드라이한 와인이 생산된다.

DOC 등급이 아닌 와인은 카스텔리 로마니(Castelli Romani) 라벨을 달고 병입되기도 한다. 카스텔리 로마니(Castelli Romani)는 DOC 규정에 맞추기 위해 오히려 맛이 제한되는 것에 반대한 이탈리아 와인 양조자 중 한 사람의 이름이다.

라티움 지역은 그 유명한 에스트(Est! Est!! Est!!!) 와인의 원산지로 독일의 푸거 주교(Bishop, Baron Johannes de Fugger)가 로마로 가는 도중에 디 몬테피아스코네(di Montefiascone) 마을에서 묵게 되었을 때 시종이 준비한 "Est! Est!! Est!!!(It is!)" 와인을 맛보고 너무나 맛있어 과음을 하고 사망했다는 전설에서 유래되었다.

시칠리아 Sicilia

천혜적인 포도재배 환경으로 아주 특이한 개성을 가진 와인을 생산하게 해준다. 가장 유명한 와인 산지는 마르살라(Marsala), 리에시(Riesi), 비토리아(Vittoria), 멘피(Menfi) 등이 있으며, 마르살라 와인은 호박빛에 향이 독특하고 풍부하면서, 따뜻하고 부드러운 맛을 느낄 수 있고 스위트하여 디저트 와인으로 적당하다. 오래 숙성시킨 것은 섬세하고 세련되며, 5~10%의 당도와 제법 높은 18%의 알코올 도수를 가지고 있다. '향기로운 마르살라(Marsala)' 와인은 향을 첨가하기 위해 장미과의 교목, 계란, 그 밖의 다른 성분으로 정화시키고 있다.

와인의 숙성 정도에 따라 세 종류로 나눈다. 파인(fine)은 숙성이 보통, 수페리어 드라이(superior dry) 또는 수페리어 스위트(superior sweet)는 숙성이 좀 더 오래 진행된 것, 버진(virgin) 또는 소레라스(soleras)는 매우 오래 숙성시킨 와인이다.

코르비노(Corvino or Corvo) 와인은 에트나 산(Mount Etnat; 해발 3,350m의 활화산으로 유네스코 등재)의 비탈에서 자란 청포도로 양조한다. 다소 불같은 개성을 가진 드라이한 화이트와인으로 뛰어난 품질을 자랑하며, 좋은 레드와인이나 스파클링 화이트와인은 라벨 위에 코르비노 명칭을 사용한다.

시칠리아의 DOCG에는 체라수올로 디 비토리아(Cerasuolo di Vittoria), DOC에는 마르살라(Marsala), 모스카토 디 판텔레리아(Moscato di Pantelleria), 모스카토 디 노토(Moscato di Noto), 말바시아 델레 리파리(Malvasia delle lipari), 파로(Faro), 에트나(Etna)가 있으며, 유명한 와이너리는 돈나푸카타(Donnafugata), 플라네타(planeta) 등이 있다.

플라네타 와이너리

추억의 영화 '대부', '시네마 천국', '일 포스티노', '레오파드'는 모두 시칠리아를 배경으로 한 영화들인데, 이 영화들을 관람하면 시칠리아의 와인이 그리워진다. 그중에 기억에 남는 플라네타 와이너리(Planeta Winery)는 1995년에 알레시오 플라네타(Alessio Planeta)가 조상들의 유지를 받들어 창립했다. 알레시오 플라네타의 조상들은 1412년 스페인이 시칠리아를 점령하고 통치하던 시대에 스페인에서 건너왔다. 1800년 후반에 시칠리아 남작이었던 할아버지는 시칠리아 서쪽 멘피(Menfi)에 포도밭을 구입하여 포도를 생산하여 협동조합에 판매했다. 그 후 멘피 지역의 포도밭 사이로 시칠리아의 동서를 잇는 길목이 생기면서 그 곳을 오가는 여행자들에게 호텔, 음식, 와인을 판매하는 명소로 바뀌었다. 플라네타는 스페인어로 '행성', '여행자' 혹은 '길목'이라는 유서 깊은 의미를 담고 있다.

80년대까지 시칠리아의 와인은 90%가 토착품종으로 양조한 벌크형태의 화이트와인이었다. 그때까지만 해도 이 화이트와인들의 품질수준이 매우 낮아 인기가 없었다. 알레시오 플라네타는 1980년부터 시칠리아의 떼루아를 연구하면서 자신이 찾고자 하는 소지역별로 토착품종 중에 가장 우수한 품질의 포도품종과 소지역별 떼루아에 적합한 국제 포도품종을 심었다. 그는 '시칠리

◀ 이탈리아 시칠리아
'플라네타 와이너리' 소유자

아 와인의 재조명'이라는 경영목표를 갖고 수퍼 투스칸처럼 혁신과 변화를 실천하면서 시칠리아 와인의 현대사를 바꾸었다. 그의 양조방식은 국제적인 포도품종과 시칠리아 토착품종을 블렌딩하기도 하고 단일 품종 100%로 양조한 와인을 프렌치 오크통을 사용하는 실험적인 도전을 했다.

그 결과 플라네타 와인은 '와인 스펙테이터'가 선정한 '세계 100대 와인'에 3년 연속(2000년 96위, 2001년 30위, 2002년 19위) 수상하면서 국제 와인시장에 혜성처럼 등장했고, 이에 따라 시칠리아 와인 품질은 세계적으로 인정받았다. 한때는 전 세계 와인 전문가와 애호가들의 입맛을 사로잡으면서 와인 품귀현상을 가져오기도 했다. 플레네타는 현재 시칠리아에 멘피를 비롯한 노또(Noto), 카스틸그리오네 디 시칠리아(Castiglione di Sicilia), 비토리아(Vittoria), 카포 밀아쪼(Capo Milazzo)지역에 350헥타르의 포도밭을 갖고 토양, 기후, 해발 등 지역별 떼루아를 살린 6개의 부티크 와이너리를 운영한다.

멘피 지역에 울모(Ulmo), 디스펜사(Dispensa) 2개 와이너리를 운영하며, 아란시오(Arancio) 호수를 끼고 있는 포도밭에 샤르도네, 메를로, 카베르네 소비뇽, 시라 등 국제 포도품종을 재배하였고, 최초로 샤르도네 화이트와인을 생산했다. 1997년 문을 연 빅토리아 지역의 도릴리(Dorilli) 와이너리는 네로 다볼라(Nero d'Avola), 프라파토(Prappato) 토착 포도품종을 재배하여 시칠리아에서 유일하게 DOCG등급을 받았다. 1998년 문을 연 나토지역의 부오니비니(Buonivini) 와이너리는 아프리카 기후의 영향을 받고 있는 지역으로 네로 달볼라, 산타 실리카(Santa Cilica), 모스카토(Moscato) 토착품종을 재배하여 현대적인 양조기술에 전통방식을 접목했다. 1998년에 카스틸그리오네 디 시칠리아 지역에 페우도 디 메쪼(Feudo di Mezzo) 와이너리는 네렐로(Nerello), 카리깐테(Carricante) 토착 포도나무를 재배하고, 2012년에 개장했다. 2015년 카포 밀아쪼 지역에 라 바로니아(La Baronia)는 가장 작은 규모 8헥타르의 포도밭을 갖고 설립했는데 이탈리아에서 유명한 여성 양조가 줄리우스 캐샤(Julius Caesar)의 지속가능한 유기농법을 적용한 와인 생산으로 유명세를 탔다.

저자는 5개의 와인을 시음한 것 중에 가포 밀아쏘의 '마메르티노 2015(Mamertino, 2015)' 레드와인이 마음에 들었다. 네로 달볼라 60%, 노세라 40%을 블렌딩한 것으로 체리 레드 칼라에 잘 익은 과일향, 체리, 레드 베리, 향신료, 흰 후추 향이 은근히 올라오며, 붉은 꽃향의 풍미가 입안 가득하며, 타닌이 부드러우면서 우아하고, 산도가 적당하여 전체적인 균형감이 탁월했다. 음식과 와인의 조화는 양고기, 쇠고기 갈비살구이, 안심 스테이크 등과 어울린다.

독일 와인

AD 2세기에 로마인들이 모젤 강 유역의 니우마겐(Neumagen)과 피스포트(Piesport)부근에 처음으로 포도를 재배했다. 13개의 와인 산지를 가진 독일은 5개 지역만이 명성을 얻고 있다. 모젤 자르 루버(Mosel-Saar-Ruwer), 라인가우(Rheingau), 라인헤센(Rheinhessen 혹은 Hessen), 라인팔츠(Rheinpfalz 혹은 Palatinate), 그리고 나에(Nahe) 지역이다. 최근에 각광을 받고 있는 프랑켄(Franken), 바덴(Baden) 지역도 있다.

모젤-자르-루버 Mosel-Saar-Ruwer

이 와인 산지는 모젤 강변 언덕 주변의 점판암과 돌로 이뤄진 산악언덕 지대로 낮에 열을 가뒀다가 밤 동안 천천히 방출하는 특징을 지녔다. 리슬링 포도를 재배하여 8~10%의 알코올 함량으로 가볍고 산뜻한 바디, 향기로운 풍미를 가진 굉장히 뛰어난 드라이한 화이트와인을 생산하고, 엘블링(Elbling) 포도품종은 로마시대부터 재배되었다.

최상의 와인 산지는 모젤 지역 중앙에 위치한 피스포트(Piesport), 베른카스텔(Bernkastel), 젤팅엔(Zeltingen), 에르데너 트렙헨(Erdener Treppchen), 에르덴(Erden) 등이다. 이 지역의 와인은 유명세를 얻으면서 근처 포도밭에서 생산된 거의 동일한 수준의 와인보다 훨씬 고가로 팔린다. 몇 년전에 모젤-자르-루버를 하나의 모젤로 통합하여 모든 와인병에는 '모젤(Mosel)'로 표기하고, 길고 가는 플루트(flute) 녹색병을 사용한다. 모젤의 유명한 와이너리는 에곤 뮐러(Egon Müller), 프

구세계 와인

리츠 하그(Fritz Haag), 베른카스텔러(Bernkasteler), 닥터 루젠(Dr. Loosen), 조셉 프륌(Joseph Prüm), SMW 등이 있다.

라인가우 Rheingau

이 와인 산지는 라인강의 북서쪽, 강에 인접한 서쪽 언덕에 자리하고 있다. 독일 최고의 리슬링 화이트와인 80%, 슈페트부르군더(Spätburgunder) 레드와인 20%를 생산하며, 토양이 황토층, 점탄질, 풍화된 점판암이다. 길고 가는 플루트 갈색 병에 담아 판매되고 있는 라인가우 와인은 섬세하고 가벼운 바디와 풍미, 향기로운 향과 화려한 광택을 지니고 있다. 그러나 어떤 면에서는 약간 엄격하고 딱딱한 느낌을 주기도 한다. 알코올 함량은 낮으며 계절이나 기후상태에 따라 해마다 품질이 변한다. 라벨은 보통 쉴로스(Schloss)라는 이름을 가진 지구나 마을, 포도밭의 이름을 사용한다. 최상의 와인 산지는 엘트빌레(Eltville), 에르바흐(Erbach), 가이젠하임(Geisenheim), 할가르덴(Hallgarten), 하덴하임(Hattenheim), 호크하임(Hochheim), 요안니스베르그(Johannisberg), 키트리히(Kiedrich), 외슈트

▲ 모젤 자르 루버 지역의 리슬링 1937 올드 빈티지

▼ 독일 최고의 와인 모젤 지역의 에곤 뮐러 와이너리 전경

▲ 모젤 조셉 프룸의 장녀 Katharina 박사와 저자

리히(Oestrich), 리우엔탈(Rauenthal), 루데쉬아임(Rudesheim), 빈켈(Winkel) 마을이다. 유명한 와이너리는 쉴로스 요하니스베르그(Schloss Johannisberg), 쉴로스 볼라드(Schloss Vollarads), 루데쉬아이머 쉴로스베르그(Rudesheimer Schlossberg), 마르코 브룬(Marco Brunn), 슈타인베르그 바인(Steinberg Wein) 등이다.

라인헤센 Rheinhessen

이 와인 산지는 라인강이 굽어진 반대편에 위치하고 있으며, 독일내 재배면적이 가장 넓다. 라인가우 와인과 비슷하지만 좀 더 부드럽고 풍부한 맛을 준다. 약간 높은 알코올에 보다 무거운 향과 풍미를 갖고 있다. "립프라우밀히(Liebfraumilch; 신의 은총을 받은 어머니의 우유)"라 불리는 헤센(Hessen) 와인은 전통적인 생산 방법을 고집했으나 요즘은 라인가우, 라인헤센, 라인팔츠, 나에 와인으로 블렌딩하는 것을 허용하고 있다. 합법적인 QbA급 립프라우밀히는 위에서 말한 4개 지역에서 재배되는 3가지 종류의 포도품종인 리슬링(Riesling), 실바너(Silvaner), 뮐러 트라가우(Müller-Thurgau; 리슬링과 실바너의 교배종)로 양조한 와인이다. 립프라우밀히라는 이름은 지역 이름보다 크게 라벨에 표기할 수 없으며, 일반적으로 유명한 포도밭 이름을 표기해 판매하고 있다. 예를 들어 포도밭 이름인 립프리우엔(Liebfrauen),

슈티프트(Stift), 키르헨슈투크(Kirchenstuck)를 사용하는 것이다. 주요산지는 빈겐(Vingen), 니르슈타인(Nierstein), 본네가우(Wonnegau) 등이 있다.

가장 좋은 헤센 와인은 라인강 주변에서 실바너 혹은 리슬링 포도품종으로 양조되고 있다. 라인헤센의 유명한 와이너리는 켈러(Keller), 비트만(Wittmann) 등이 있다. 라인헤센의 최상급 와인을 구매하기 위해서는 지역 이름과 함께 포도밭 이름도 미리 알아 두는 것이 좋다.

라인 팔츠 Rheinpfalz

이 와인 산지 중에 헤시아(Hessia) 남쪽은 드라이한 독일 와인답지 않게 높은 당도의 포도를 재배해 알코올 함량도 높은 와인을 생산하고 있다. 노이슈타트(Neustadt)와 바드 뒤르카임(Bad Durkheim) 사이에 있는 미텔 하르트(Mittel-Haardt) 지역은 가장 좋은 와인을 생산한다. 바헨하임(Wachenheim), 포르스츠(Forst), 다이데쉬하임(Deidesheim), 루페르츠베르그(Ruppertsberg), 바드 뒤르카임(Bad Durkheim), 칼슈타트(Kallstadt), 라이슈타트(Leistadt), 그리고 코니크슈바크(Konigsbach)가 해당된다. 라인팔츠 와인들은 라인가우 와인에 비해 비교적 덜 거칠고 부드럽다. 포도가 좋은 해에는 많은 양의 베렌아우스레제(Beerenauslese)와 트록켄베렌아우스레제(Trokenbeerenauslese) 와인이 생산된다. 최하 등급의 와인은 거칠고 향도 부족하며, 무거운 흙 맛이 느껴진다. 라인 팔츠의 유명한 와이너리는 렙홀츠(Rebholz), 시에르지스트(Siergist) 등이 있다.

나에 Nahe

이 와인 산지는 라인팔츠와 알자스 사이에 위치하고 있으며, 모젤보다 덥지 않고 건조하지 않은 기후를 갖고 있으며, 황토층과 점판암 토양이다. 라인가우 와인과 닮았으나 약간의 흙향을 가진 풍부한 과일향의 풍미를 지니고 있다. 가장 좋은 와인은 바드 크로이츠나흐(Bad Kreuznach), 니더하우젠 안 데어 나에(Niederhausen an der Nahe), 쉴로스 보켈하임(Schloss Bockelheim)으로 마을 안에 위치한 포도밭에서 생산된 것이다.

▲ 독일 모젤 베른카스텔 와인산지

독일의 리슬링은 1720년 처음 재배되었고, 아이스바인은 1794년 독일 프랑코니아(Franconia)에서 시작되었다. 독일 아이스바인의 아버지는 한스 게오르그 암브로시 박사(Dr. Hans Georg Ambrosi; 1966~1990)로 아이스바인 양조 시스템을 재정립하였다. 나에의 유명한 와이너리는 엠리히 쉔레베르(Emrich-Schönleber), 테쉬(Tesch), 샤퍼 프롤리히(Schafer-Frohlich) 등이 있다.

프랑켄 Franken

이 와인 산지는 독일 포도재배지역 중에서 가장 동쪽에 위치하고 있으며, 대륙성 기후로 겨울은 춥고, 봄에는 안개가 많으며, 여름은 따뜻하다. 이 지역의 토양은 황토층, 사암, 석탄암으로 이루어져 있고 밀러 트루가우(Müller Thurgau), 실바너(Sylvaner), 케머(Kemer) 포도품종이 재배되고 있다. 대부분 드라이한 와인을 생산하며, 특히 40% 이상은 유명한 복스보이텔(Bocksbeutel) 와인병에 병입되어 판매된다. 중심도시인 뷔르츠부르그(Würzburg)에 있는 유명한 포도밭은 슈타인(Stein)인데, 프랑켄 와인의 대명사로 사용하고 있는 슈타인바인(Steinwein)은 여기에서 유래되었다.

구세계 와인

프랑켄의 유명한 와이너리는 퓌르스트(Fürst), 뷔르거슈피탈(Bürgerspital), 율리우스슈피탈(Juliusspital), 디비노(Divino) 등이 있다.

바덴 Baden

이 와인 산지는 독일 와인 생산지역 중에 가장 최남단에 위치하고 있으며, 가장 무더운 기후를 갖고 있다. 신선한 방향성, 약초향의 화이트와인 뿐만 아니라 가벼운 것부터 진한 맛을 내는 레드와인을 생산한다. 북쪽의 하이델베르크(Heidelberg)에서 남쪽 콘스탄스(Constance)의 바덴호수(Badensee)까지 길게 이어지는 포도밭은 테라스식 경사면에 많은 포도를 재배한다. 바덴의 토양은 황토층, 점토질, 미립사토의 화산암으로 이루어져 있다. 포도품종은 실바너(Silvaner), 뮐러 트루가우(Muller Thrugau), 슈페트부르군더(Spätburgunder; Pinor Noir), 피노 그리(Pinot Gris)가 재배된다. 특히 슈페트부르군더 와인이 20%를 차지하고, 바이스헵스트(Weissherbst)라는 로제 와인을 생산한다.

바덴의 유명한 와이너리는 번하드 후버(Bernhard Huber), 헤르거(Herg) 등이 있다.

샤음바인(Schaumwein)

1986년 제정된 규정에 의하면 독일 지역에서 재배된 포도로 독일 사람들이 만든 샴페인과 비슷한 발포성 와인을 말한다. 독일에서는 라벨에 '도이처 젝트(Deutscher Sekt)'라고 붙이고 미국에서는 '독일 젝트'라고 붙이고 있다. 라벨엔 A.P 숫자가 있어야 하며 그 와인이 어디서 생산되었는지, 또 어떤 포도품종으로 만들어졌는지 알 수 있게 B.A 문자를 발견할 수 있어야 한다. 만약 'Deutscher Sekt'라는 글자가 보이면 그 와인은 독일에서 생산된 포도로 만들어졌다는 뜻이다. 과거에는 많은 젝트 와인이 이탈리아나 프랑스에서 수입된 포도로 만들어졌으며, 지금도 여전히 많은 양을 수입해 와인을 생산하고 있다. 스파클링 혹(Sparkling Hock)과 스파클링 모젤(Sparkling Moselles)은 젝트 와인 중에서도 뛰어난 편이다. 그러나 대부분의 독일 스파클링와인은 프랑스 샴페인보다 더 달콤하며 더 싸게 판매되고 있다.

슈페트레제(Spätlese)-최초의 늦 수확 와인

독일 라인가우 지역에 있는 쉴로스 요한니스베르그(Schloss Johannisberg) 와이너리를 방문하면 성 중앙에 있는 말을 탄 전사가 손님들을 맞이한다. 이제는 동상이 된 그 전사는 독일의 와인 양조기술을 혁명적으로 발전시킨 공로를 기념하여 세워졌다. 전사의 동상 앞에 서면 슈페트레제(Spätlese)를 마실 수 있는 고마움에 성스러움마저 감미로울 것이다.

라인가우 지역에 전해오는 전설에 따르면 쉴로스 요한니스베르그(Schloss Johannisberg)성의 포도원에 있던 베네딕트 수사들은 150km 떨어진 풀다(Fulda) 지역에 거주하고 있는 대수도원장의 허가를 받아야 포도를 수확할 수 있었다. 그러던 1775년 포도 수확기 때 대수도원장이 타지역으로 회의에 참석하러 가고 없었다. 그 해는 유난히 포도가 빨리 익어 일부는 이미 나무에 매달려 썩어가고 있었지만 대수도원장은 돌아오지 않았다. 수확을 하지 못해 애가 타던 수사들은 더 이상 기다릴 수 없어 대수도원장이 머물고 있는 곳으로 칼(Karl) 전령을 보냈다. 전령은 말을 타고 전속력으로 달려 겨우 대수도원장의 허가를 받고 돌아왔지만, 포도는 이미 너무 익어버린 뒤였다. 보통 1주일이면 돌아오던 전령이 2주나 걸려 돌아오는 바람에 늦게 포도 수확을 하게 되었다. 수사들은 다 틀렸다고 걱정을 하면서 수확한 포도로 와인을 양조하였다. 그리고 다음해, 너무 익어버린 포도로 만든 와인은 지금까지 맛 본 와인 중 최고의 맛으로 수도사들을 즐겁게 해 주었다. 이런 탄생 전설을 가진 것이 바로 위대한 와인 슈페트레제(Spätlese=Late Harvest)이며, 늦수확 와인의 시초가 되었다. 이후, 이 경험을 바탕으로 더 늦게 수확해서 와인을 양조하는 실험이 이어지고 투철한 양조 정신으로 1787년에는 아우스레제(Auslese)를 생산하게 되었고, 1858년에 드디어 아이스바인(Eisbein)이 탄생하게 되었다.

▲ 독일 라인가우 요한니스베르그 와이너리 전령 동상

구세계 와인

🍷 스위스 와인

스위스의 포도나무는 신석기 시대부터 재배되어 왔는데, 뇌샤텔(Neuchâtel)에서는 이 시대에 이미 포도를 압축한 증거도 나왔다. 그러나 이것으로 포도를 발효시켜 와인으로 만들었는지 아닌지는 확인할 수 없다. 세라믹으로 만든 첫 번째 와인 병은 기원전 2세기경에 발레(Valais) 근처에 있는 여성의 무덤에서 발견되었다. 기원전 150년경에 켈트족시대에 발레에 거주하는 사람들은 죽은 자에게 와인을 넣어 주었는데, 이 때부터 와인을 양조한 것으로 추측한다. 1세기 후에 로마의 암포라에 와인을 담은 것이 발견됐다. B.C 100년경 로마 시대에 들어서면서 스위스도 와인 생산을 시작하였고, 제네바(Geneva), 취리히(Zürich), 뇌샤텔(Neuchâtel), 비엔느(Bienne), 콘스탄스(Constance), 라인(Rhine) 밸리, 아르가우(Aargau), 샤프하우젠(Schaffhausen)을 포함하여 스위스 남쪽지방의 발레, 티치노(Ticino) 등의 호숫가에 포도밭이 생겨났다. 스

▼ 스위스 보(Vaud) 지역의 데자레 그랑 크뤼 포도밭과 와이너리

▲ 스위스 제네바 지역의 와이너리와 포도밭

위스에서 재배되는 포도의 종류는 약 30여종에 이르며 그들 중 몇몇은 이미 존재하는 종을 교배해서 만든 것이다.

　스위스는 프랑스와 마찬가지로 AOC(Appellation d'Origine Contrôlée)를 기준으로 와인 등급을 분류하는데, 이 AOC는 지역별로 와인과 재배조건에 따라 차이가 있다.

　스위스는 프랑스 북쪽이고, 알프스 산악지대로 대부분 산의 테라스(terrace)를 이용하여 포도밭을 개간하기 때문에 재배조건이 쉽지 않아 생산비가 많이 들고, 또한 스위스의 높은 물가 때문에 품질대비 와인 가격이 비싸다. 스위스에서 생산되는 와인은 대부분 자국 내에서 소비되기 때문에 수출이 제한적이다. 따라서 세계적으로 잘 알려지지는 않았지만, 스위스 와인의 품질과 맛은 스위스 내에서 정평이 나 있다. 스위스의 와인 산지는 대부분 호수 부근에 모여 있다.

　스위스의 포도재배 지역은 9개의 주요지역으로 나누어지는데 발레(Valais) 33%, 보(Vaud) 25%로 전체 58%를 차지하며, 제네바(Geneva), 뇌샤텔(Neuchâtel), 프리부(Fribourg), 쥐라(Jura), 베른(Bern), 동부 스위스(14개 주의 작은 부분 포함), 이탈리아 국경에 있는 티치노(Ticino)에서 소량 생산된다.

　스위스의 최대 와인 산지로 유명한 발레, 보, 제네바 등의 떼루아는 서늘한 기후대와 레만 호수로 인해 좋은 산도를 가진 신선한 과일향과 드라이한 맛의 화이트와인을 만드는데 적합하며, 레드와인은 색이 엷고 우아하며 가벼운 영와인 스타일이다.

　스위스의 와인 생산지역은 동부와 서부로 나누어 볼 수 있다. 서부 지역은 발레(Valais), 제네바(Geneva), 보(Vaud), 뇌샤텔(Neuchâtel), 프리부르그(Fribour), 베른(Bern), 쥐라(Jura)로 구성되어 있다. 이 지역들은 스위스 내에서 가장 와인 생산량이 많은 산지이다. 특히, 발레는 스위스 와인 생산지역에서 가장 건조한 기후와 온화한 바람으로 포도의 작황에 좋은 떼루아를 갖고 있다. 보(Vaud)의 라보(Lavaux)는 유네스코 문화유산으로 등재되어 있고 테라스에 포도밭이 형성되어 있으며, 그랑 크뤼 포도밭을 1개 갖고 있다. 보의 비베(Vevey)에서는 17세기부터 시작한 와인 축제 'Fête des Vignerons'가 열리는데, 이 축제는 20년마다 유네스코의 보호를 받고 개최된다. 최근에 이 축제는 2019년 7월에 성황리에 끝났다. 제네바(Geneva), 비엔느(Bienne), 툰(Thun)은 레만 호수 덕분에 기온이 안정되고 더위를 피할 수 있다. 뇌샤텔(Neuchâtel)은 뇌샤텔 호수가 포도에 영향을 준다. 토양은 빙퇴석, 편마암, 진흙, 석회암 등이 혼합되어 있어 독특한 개성 있는 와인을 생산한다. 특히, 쥐라(Jura)는 석회암 토양이며, 포도품종은 청포도 품종인 샤슬라(Chasselas)가 90% 이상 차지하고, 실바너(Sylvaner), 샤르도네(Chardonnay), 피노 블랑(Pinot Blanc), 피노 그리(Pinot Gris), 알리고떼(Aligoté), 게뷔르츠트라미너(Gewürztraminer), 소비뇽 블랑(Sauvignon Blanc), 뮈스카(Muscat), 커너(Kerner), 핀들링(Findling), 오쎄루이스(Auxerrois) 등이 있으며, 흑포도 품종은 가메(Gamay)를 주로 재배하고, 가마레(Gamaret), 그라누아(Granoir), 카베르네 소비뇽(Cabernet Sauvignon), 메를로(Merlot)를 재배한다.

스위스 동부 지역은 바젤(Basel), 그리손즈(Grisons), 티치노(Ticino) 등의 17개 군으로 구성되어 있다. 동부의 평균 강우량은 800~1,300mm로 충분하다. 동부 와인 산지의 토양은 빙퇴석과 점판암이다. 독일의 라인강, 취리히호 주변으로 포도품종은 청포도 품종인 리슬링(Riesling), 실바너을 주로 재배하며, 피노 그리, 피노 블랑, 게뷔르츠트라미너, 프라이자메(Freisamer), 케르니(Kerner), 엘블링(Elbling), 샤슬라, 가마레(Gamaret), 그라누아(Granoir) 등을 재배한다. 특히 이탈리아 국경에 있는 티치노(Ticino)는 프랑스 보르도 스타일의 메를로 와인을 생산하여 유명세를 타고 있다.

국가별 와인

🍷 스페인 와인

스페인하면 투우, 돈키호테, 플라밍고 그리고 세계 1위의 포도재배 면적과 영국 최고의 시인이자 극작가인 윌리암 셰익스피어(William Shakespeare; 1564~1616)가 극찬한 쉐리(Sherry)와인으로 유명하다. 테이블 와인도 강렬하면서 잊을 수 없는 풍미에 가성비가 높다. BC 950년경부터 페니키아인들이 포도나무를 재배하고 BC 2세기에 로마인이 스페인 각지에 포도밭을 개척하기 시작한 이후, 2,000년이 넘는 와인역사를 가진 스페인은 세계 3위의 와인 생산국이다. 대표적인 포도품종은 템프라니뇨(Tempranillo)로 구조가 단단하고 향이 짙으며 장기 숙성 보관할 수 있다. 벨벳처럼 매끈한 감촉과 후각을 휘감는 우아한 바닐라향은 중급 와인도 종종 최고급와인으로 착각하게 만든다.

1972년에 28개의 와인 생산지를 확립하는 INDO(Instituto National de Denominaciones de Origen)를 설립하고 INDO 규정을 충족시키는 와인에 DO(Denominaciones de Origen)를 수여하고 있으며, 프랑스의 AOC 시스템과 비슷하다.

스페인은 프랑스나 이탈리아보다 넓은 포도밭을 가지고 있지만 생산량은 오히려 적은 편이다. 또한 프랑스와 달리 와인 생산자와 보데가스(Bodegas; 와이너리)를 포도밭이나 토양보다 중요하게 생각한다. 스페인에서는 와인을 만들 때 포도 품질을 보완하고 향상시키기 위해 규모가 작은 포도 재배자들로부터 최상급의 포도를 구입하여 양조하기 때문이다.

스페인은 티나하스(tinajas; 토기)에 포도송이를 채우는 방식으로 발효를 했는데 최근 스테인리스 스틸통으로 바뀌고 있으며, 훌륭한 레드와인은 미국산 오크통에서 숙성시키고 있다.

최고의 와인 산지는 리오하로 19세기 필록세라의 창궐로 황폐화된 유럽에서 유일하게 피해를 입지 않은 리오하에 프랑스 보르도의 와인 양조자들이 오면서 큰 혜

구세계 와인

택을 받았다. 또한 '베가 시실리아 우니코(Vega Sicilia Único)', '페스케라(Pesquera)'의 와인으로 세계적 주목을 받은 리베라 델 두에로(Ribera del Duero) 그리고 나바라(Navarra), 소몬타노(Somontano), 프리오라트(Priorat) 등의 와인 산지가 있다. 돈키호테의 전설이 살아있는 라 만차(La Mancha), 남부의 말라가(Málaga) 와인 산지에서도 좋은 와인이 생산된다.

스페인의 주요 와인 산지는 에브로(Ebro) 지방의 리오하(Rioja), 카탈루냐(Cataluña) 지방, 갈리시아(Galicia) 지방의 리베이로(Ribeiro), 리아스 바이사스(Rias Baixas), 아라곤(Aragon) 지방, 카스티야 레온(Castilla-Leôn) 지방의 리베라 델 두에로(Ribera del Duero), 토로(Toro), 루에다(Rueda), 센트로(Centro) 지방, 레반떼(Levante) 지방, 안달루시아(Andalucia) 지방은 쉐리의 본고장 헤레스(Jerez)가 있다. 그중에 중요 산지인 에브로 지방의 리오하, 카탈루냐 지방, 카스티야 레온 지방의 리베라 델 두에로, 안달루시아 지방의 헤레즈를 소개한다.

에브로 Ebro 지방의 리오하 Rioja

2,000년 이상의 역사를 가진 리오하 지역은 19세기 중반에서야 현대적인 와인을 생산하였다. 19세기 중반 필록세라가 유럽을 강타하여 포도밭을 황폐화시켰을 때 프랑스 보르도의 와인 생산업자들은 전염되지 않은 지역을 찾아 리오하로 건너와 포도를 재배하기 시작한 것이 품질 좋은 와인이 생산되었으며, 비로소 근대적인 스페인 와인이 생겨났다. 그래서 리오하 와인은 흔히 프랑스 보르도와 부르고뉴 와인과 비교된다.

◀ 스페인 리오하 지방의 파고 가르시아 와인 일명 '안중근 와인'

국가별 와인

토양은 기본적으로 점토질을 이루며 철분을 다량 함유하고 있어 미네랄이 풍부한 와인이 생산된다. 미네랄 함유가 높은 와인을 마셨을 때는 청량감과 톡 쏘는 감촉이 아주 독특하다. 일반적으로 템프라니뇨 품종이 70%, 가르나차 틴타(Garnacha Tinta; 프랑스는 그르나슈(Grenache)라고 부름)가 20%, 그 밖의 다른 품종 마주엘로(Mazuelo), 카베르네 소비뇽(Cabernet Sauvignon)이 소량 섞여 블렌딩된다. 등급은 DO 제도에 규제를 받고 있다. 리오하는 크게 3개 지역으로 구분하는데, 해발 500m 이상의 리오하 알타(Rioja Alta), 해발 460m의 리오하 알라베사(Rioja Alavesa), 그리고 해발 300m의 리오하 바하(Rioja Baja)이다. 알타와 알라베사 지역의 와인은 주로 수출하며 바하 지역 와인은 매우 거칠고 강렬하며 알코올 도수도 높아 소비지역이 어느 정도 국한되어 있다. 리오하 지역은 대체로 풍부한 일조량과 따뜻한 기후로 당도와 알코올이 강화되어 균형 잡힌 와인을 맛볼 수 있게 해준다.

리오하 지역의 '마르께스 데 리스칼(Marques de Riscal)'은 카베르네 소비뇽 포도 품종을 최초로 재배하는데 성공하여 고품질의 와인을 생산한다.

리오하 레드와인은 견고한 구조와 풍부한 산도의 조화, 과일향의 풍미가 가득하고 타닌 성분이 풍부하다. 레드와인에는 두 가지 타입이 있는데 하나는 흔히 스페인의 부르고뉴 타입이라고 생각할 수 있는 와인은 틴토(Tinto)로 양조한 와인으로 깊

▼ 스페인 리오하 마을과 포도밭

고 진한 빛깔과 무게 있는 바디, 풍부한 풍미를 가지고 있다. 다른 하나는 가벼운 바디와 풍미를 가지며 흔히 보졸레 와인과 비교되지만 보졸레 와인보다 바디와 풍미가 조금 더 무겁다. 화이트와인 또한 풍부한 과일 향, 높은 알코올 도수를 지니며 어떤 것은 레드와인보다 약간 거친 개성을 보여준다.

리오하 와인을 구입할 때 알아두면 좋은 보데가스들은 다음과 같다. 보데가스 브레톤(Bodegas Breton), 보데가스 란(Bodegas Lan), 보데가스 몬테시오(Bodegas Montecillo), 비냐 쿰브레로(Viña Cumbrero), 비냐 몬티(Viña Monty), 보데가스 무가(Bodegas Muga), 프라도 에네아(Prado Enea), 토레 무가(Torre Muga), 보데가스 레미레즈 데 가누자(Bodegas Remirez De Ganuzia), 보데가스 리오하스 몬테 레알

▲ 리오하의 마르께스 데 리스칼 와이너리

(Bodegas Riojannas-Monte Real), 비냐 알비나(Viña Albina), 임페리알(Imperial), 비냐 레알(Viña Real), 콘티노(Contino), 핀카 알렌데(Finca Allende), 라 리오하 알타 비냐 알베르디(La Rioja Alta-Viña Alberdi), 비냐 아르단자(Viña Ardanza), 로페스 에레디아(Lopez-Heredia), 마르케스 데 카세레스(Marques De Caceres), 마르케스 데 무리에타(Marques De Murrieta), 마르케스 데 리스칼(Marques De Riscal), 마르티네즈 부한다 콘데 데 발데마(Martinez Bujanda-Conde De Valdemar) 등이다.

카탈루냐 Cataluña

페네데스(Penedés) 지역 주변에서 와인을 생산하는 카탈루냐는 오랜 옛날부터 지중해를 통한 해상무역으로 독특한 문화가 자리잡고 있으며 바르셀로나에서 1시간 거리에 있다. 내리쬐는 태양열에 자란 포도(자렐로 Xarello, 마카베오 Macabeo, 파렐라다 Parellada)로 만든 스페인의 전통적인 스파클링와인인 카바(Cava)로 유명하다. 페네데스 지역은 스페인의 근대적인 양조기술에 획기적인 발전을 가져다 준 와

국가별 와인

▲ 스페인 카탈루냐 지방의 꼬도르니우 카바 저장고

카탈루냐 꼬도르니우 카바 와인 ▶

인 중심지로 최근에는 현대적인 양조기술 도입으로 흥미로운 화이트와인과 레드와인도 생산하고 있다.

 카바는 전통적인 샴페인 방식으로 양조한 스파클링와인으로 최소 9개월 이상 숙성을 해야 출고할 수 있다. 주요산지의 DO는 페네데스(Penedés), 1990년부터 급부상한 프리오라토(Priorato)이며, 최초로 카바(Cava) 용어를 사용하고 등록한 메스트레스(Mestres) 가문이 있다. 그 외 알레야(Alella), 암푸르단 코스타 브라바(Ampurdán-Costa Brava), 몬산(Montsant), 타라고나(Tarragona), 테라 알타(Terra Alta), 코스테르 델 세그레(Costers del Segre), 카탈루냐 카바(Cataluña Cava) 등이 있다. 유명한 와인은 카바 샹동(Cava Chandon), 코도르니우(Codorniu), 프레시넷(Freixenet), 토레스(Torres), 진 레온(Jean Léon) 등이 있다.

 주목할 만한 와인 생산자는 토레스(Torres)가문에 의해 3세기 넘도록 운영되어온 '보데가스 토레스(Bodegas Torres)'이다. 보데가스 토레스는 현대화된 시설을 갖추고 스테인리스 스틸 발효통을 사용하며, 포도품종도 피노 누아, 카베르네 소비뇽, 샤르도네 그리고 게뷔르츠트라미너에 이르기까지 다양하게 사용한다. 특히, 숙성이 잘 된 레드와인은 산도와 타닌, 알코올에서 좋은 균형을 보여주며 무거운 바디와 풍미

▲ 스페인 리베라 델 두에로의 바자 와이너리

는 입안에 부드러움을 느끼게 한다. '그란 코로나스 블랙 라벨(Gran Coronas Black Label)'은 순수한 카베르네 소비뇽을 느낄 수 있으며 풍부한 과일 향과 블랙 커런트 향을 연상시킨다.

카스티야 레온(Castilla-Leôon) 지방의 리베라 델 두에로 Ribera del Duero

리베라 델 두에로는 리오하와 쌍벽을 이루는 와인 산지로 리오하 왼쪽 지역과 맞닿아 200km 정도가 인접해 있다. DO지역은 토로(Toro), 루에다(Rueda), 리베라 델 두에로(Ribera del Duero)이다. 그중에 리베라 델 두에로 밸리는 가장 핵심 와인 산지이고, 점토질과 석회암이 가볍게 섞인 토양을 가지고 있으며 기후는 완벽한 대륙성 기후이다. 포도품종은 템프라니뇨, 틴토 피노(Tinto Fino)가 많이 재배되고, 최근에 화려한 맛과 향이 풍부한 카베르네 소비뇽도 재배하고 있다. 주요 와인 생산자는 '아로요(Arroyo)', '페스케라(Pesquera)', '보아다 데 로아(Boadas de Roa)', '베가 시실리아(Vega Sicilia)', '도미니오 데 핑쿠스(Dominio de Pingus)' 등이 있다. 특히 스페인의 로마네 콩티라고 불리는 '베가 시실리아의 우니코(Unico; 최고라는 의미)' 와인이 유명하며, 스페인의 최고 컬트와인 도미니오 데 핑구스의 '핑구스(Pingus)' 와인이 있다.

그 외, 카스티야 레온 지방의 토로(Toro)와 루에다(Rueda)는 두에로 강 하류와 포르투갈 국경 지대에 있으며, 스페인 최초의 DO지역이다. 루에다는 가장 훌륭한 베르테호(Verdejo) 포도품종의 화이트와인 산지이고, 토로에서는 틴토 데 토로(Tinto de toro) 포도품종으로 만든 품질 좋은 레드와인이 생산된다.

국가별 와인

안달루시아(Andalucia) 지방의 헤레스-세레스-쉐리Jerez-Xérèz-Sherry

쉐리는 BC 950년경 스페인에서 최초로 페키니아인이 포도를 재배한 역사적인 지역이다. 스페인 지역이 711년부터 500년 이상 이슬람교도에 의해 지배를 받게 되었을 때 포도 묘목을 없애라는 명령을 받았음에도 불구하고 페니키아인들은 포도밭을 지키며, 비밀리에 와인을 일부 생산했던 곳이다. 페니키아인들은 서기 900년에 쉐리 와인을 생산했고, 1380년경에 왕명에 의해 쉐리(Sherry)라는 공식 명칭을 받았다.

1483년에 영국, 프랑스, 네덜란드 상인들의 상권 다툼 때문에 헤레스의 법적인 와인 규정이 탄생됐다. 쉐리의 DO는 콘다도 드 우엘바(Condado de Huelva), 말라가(Málaga), 몬티야-모릴레스(Montilla-Moriles) 지역이다. 그리고 헤레스 데 라 프론테라(Jerez de la Frontera), 산루카 데 바라메다(Sanlúcar de Barrameda), 엘 푸에르토 데 산타 마리아(El Puerto de Santa Maria)의 3개 마을을 연결하는 삼각지에서 최고의 쉐리 와인이 생산된다. 주 품종은 팔로미노(Palomino)의 드라이 쉐리 와인, 페드로 시메네스(Pedro-Ximénez)의 스위트 쉐리 와인, 모스카텔(Moscatel)의 스위트 쉐리 와인이 있다. 쉐리 와인은 솔레라(Solera)방식에 의해 양조 되는데 스페인어로 Suelo(Floor; 층)는 라틴어 Solum에서 유래됐다. 연속적인 블렌딩 방법으로 오래된 와인을 가장 아래, 최근 와인을 위에 두면서 오래된 와인을 최근의 와인으로 옮겨 담아 오래된 빈 통은 다음 해에 사용한다.

스페인의 와인 등급

스페인 와인에는 라벨에 레세르바(Reserva)를 표기하는데 스페인만이 갖고 있는 독특한 숙성에 따른 분류이다. 그란 레세르바(Gran Reserva)는 오크숙성 2년과 병입숙성 3년 이상을 말하며, 레세르바 에스페셜(Reserva Especial)은 오크숙성 2년에 병입숙성 2년, 레세르바는 오크숙성 1년과 병입숙성 2년, 크리안자(Crianza)는 오크숙성 1년과 병입숙성 1년, 비노 호벤(Vino Joven)은 1년 이내 숙성으로 법적인 규정이 있다.

최근 새로운 숙성 방법을 세 가지로 정해 사용하는데 노블레(Noble)는 오크통에서 12개월 숙성한 것이며, 아네호(Anejo)는 오크통에서 24개월 숙성한 것이며, 비에호(Viejo)는 오크통에서 36개월 숙성한 것을 말한다.

스페인의 와인 등급 제도는 이탈리아와 비슷하며, 5가지 등급(VdM, VdiT, CIG, VdDO, VdDOC, VdP)으로 나뉜다. 그 중 VdiT, DO, DOC 가 국제적으로 수출되는 고급와인이다.

스페인 명품 와인의 대명사, 보데가스 토레스

　스페인 와인을 이야기할 때 빼놓을 수 없는 것이 바로 미구엘 토레스(Miguel Torres) 가문이다. 식전주의 대명사 쉐리와인의 나라로 알려진 스페인에서 고급 테이블용 레드와인을 만들어낸 보데가스가 바로 토레스이기 때문이다.

　보데가스 토레스는 페네데스 지역 중에서 빌라프랑카(Vilafranca)의 카타란 타운(Catalan Town)에 위치하고 있다. 해발 400~500m의 약간 언덕진 곳에 지중해성 기후로 일교차가 큰 편이다. 원래 페네데스 지역은 화이트와인 카바의 주요 산지였으나 1970년대 이후 토레스 가문에서 레드와인을 개발한지 30년 만에 세계적인 레드와인을 생산하고 있으며 스페인 중북부 리오하 레드와인과 쌍벽을 이루고 있다.

　보데가스 토레스는 3세기에 걸쳐 와인을 생업으로 삼아왔으며, 17세기에는 1,300헥타르 포도밭을 소유하고, 1,800년경 이미 나무 배럴 통을 이용하여 상업적으로 판매하였다. 토레스 와인

의 실질적인 창업자인 헤메 토레스 벤드레(Jaime Torres Vendrell)는 1855년 쿠바로 이민, 석유 산업과 운송 사업으로 큰 부자가 되어 1870년에 스페인으로 돌아와서 토레스 와인회사를 설립하고 쿠바, 아르헨티나 등에 와인을 수출하였으며, 그의 동생 미구엘 토레스 카르보(Miguel Torres Carbo)의 아들인 미구엘 아구스틴 토레스(Miguel Agustin Torres)를 프랑스 디종 대학으로 유학을 보내 양조학과 포도재배방법을 공부하게 하였다.

후안 토레스 카살스(Juan Torres Casals)는 1928년부터 본격적으로 페네데스 지방의 포도 농장을 운영하고, 프랑스의 와인 양조학을 도입한 후 독창적인 와인양조와 브랜디 증류방법을 개발하여 브랜디의 새로운 장을 열었다.

현재 대표이사를 맡고 있는 미구엘 아구스틴 토레스(Miguel Agustin Torres)는 스페인 와인 산업의 대부로서 토레스 브랜드 상표를 키워 왔으며 스페인 와인업계뿐만 아니라 전 세계에도 널리 알려진 인물이다. 68세 나이로 스페인과 프랑스에 있는 와이너리를 경영하고, 다른 가족들은 캘리포니아의 소노마 와이너리를 경영하고 있다.

토레스 가문의 세 가지 자랑거리가 있는데 첫째, 와인 양조학의 정통성과 과학성을 독창적으로 접목시킨 것이다. 1900년에 세계 최대 양조 발효통(60만㎖용량)을 제작, 1904년 스페인 알폰소(Alfonso) 국왕이 이곳을 방문하였을 때 대형 양조 발효통 안에서 오찬을 했다는 일화도 있다. 둘째, 세계 최초로 양조 발효통을 대형 스테인리스 스틸통으로 개발하여 포도즙 발효시 온도를 과학적으로 관리하는 시스템을 운영하여 품질관리유지와 대량생산을 하였다. 셋째, 1966년 이후 미구엘 토레스는 외국의 우수한 포도품종인 프랑스의 샤르도네(Chardonnay), 카베르네 소비뇽(Cabernet Sauvignon), 메를로(Merlot), 피노 누아(Pinot Noir), 독일의 게뷔르츠트라미너(Gewürztraminer), 리슬링(Riesling) 등을 수입, 재배에 성공함으로써 품질의 업그레이드는 물론 와인의 다양화를 가져왔다.

미국시장 개척시 판촉활동에 얽힌 일화가 있다. 1940년 히틀러가 프랑스를 침공하자 미국은 와인이 거의 동나게 되었고 와인 품귀현상을 가져왔다. 이때 미구엘 토레스 카보 내외는 위험을 무릅쓰고 와인을 싣고 대서양을 건너 뉴욕에 도착, 매일 저녁 2~3개의 식당을 찾아다니며 두 세 차례씩 저녁식사를 하고 휴대한 와인을 레스토랑 주인에게 보이며 시음을 권유하고 판촉한 결과, 프랑스 와인을 대체할 고급와인으로 평가받고 수출할 수 있었다. 이러한 노력은 세계적인 명성과

인지도를 가져와 현재 120여 개국에 연간 3,200만병을 수출할 수 있는 기틀을 마련해 주었다.

1979년 프랑스 파리에서 실시한 '파리와인 올림피아' 블라인드 테이스팅 결과 1970년산 'Torres Black Label(현재는 Gran Coronas Mas la Plana)'이 '샤토 라투르 1970(Château Latour, 1970)' 와인을 제치고 1위를 차지해 프랑스 'Gault-Millau Wine Olympic' 금상을 수상하였다. 영국에서 발행되는 와인 전문지 『Decanter』는 2002년, 2008년 미구엘 토레스를 '올해의 인물'로 선정하였다. 이후 국제와인품평회에서 수 많은 금상을 수상하면서 스페인 와인을 세계적인 반열에 올려놓는 데 공헌했다.

보데가스 토레스에서는 화이트와인, 레드와인, 로제와인, 카바, 브랜디를 모두 생산하지만, 레드와인의 명성이 제일 높다.

저자는 10개의 와인을 시음하였는데, '그랑 코로나스 2014(Gran Coronas 2014)'는 프랑스의 카베르네 소비뇽(Cabernet Sauvignon, 85%)과 템프라니뇨(Tempranillo, 15%)의 만남으로 깊은 붉은 색에 과일향이 부드럽게 올라오는데 과일, 토스트, 잼, 체리 등의 아로마가 좋으며, 약간 무거운 바디감과 균형감이 뛰어났다. 음식과 와인의 조화는 쇠고기나 야생고기 등에 잘 어울린다. '그랑 비냐 솔 2015(Gran Viña Sol 2015)' 화이트와인은 매우 우아하고 섬세한 향신료의 느낌과 우아하고 신선한 파인애플, 사과 등 풍부한 과일향의 풍미가 일품이며, 생선이나 닭고기 등과 함께 마시면 음식 맛을 향상시키고 부드러움을 더한다.

▲ 스페인 보데가스 토레스 전경

포르투갈 와인

대서양 기후의 영향을 직접 받는 포르투갈은 기원전 12세기 페니키아인들이 북아프리카를 거쳐 포르투갈에 들어오면서 포도재배가 시작되었다. 로마인이 스페인을 거쳐 북동쪽 도우로(Douro)와 남부의 알렌테주(Alentejo) 지역에 들어와 포도를 재배하면서 북서쪽의 미뉴(Minho)지방에서부터 와인 산업이 활발하게 진행되었다. 1386년 포르투갈과 영국이 맺은 윈저조약(Treaty of Windsor) 이후 포트 와인 수출이 확대되었으며, 17세기 영·불 전쟁으로 영국은 프랑스 와인 대신 포르투갈 와인과 포트 와인 수입을 확대하게 되었다.

이탈리아나 스페인처럼 포도나무의 원생종이 많으며 19세기까지는 원생종을 주로 재배하여 와인을 생산하였다. 그러나 1986년 EU회원국이 되면서 전통적인 유럽종을 도입하여 고품질 와인 생산을 위한 재배지역이 늘어가고 있다. 대표 포도품종은 화이트와인용으로 알바리뉴(Alvarinho), 모스카텔(Moscatel), 고우베이우(Gouveio), 아린토(Arinto), 비칼(Bical) 등이 있으며, 레드와인용으로 토우리가 나씨오날(Touriga Nacional), 토우리가 프란세사(Touriga Francesa), 틴타 호리즈(Tinta Roriz), 바가(Baga), 틴토 카옹(Tinto Cão) 등이 있다.

1756년 세계 최초로 동 북부 도우로 밸리 일대를 포트 생산을 위한 원산지 관리법(DR 혹은 DO)으로 규정하였으며, 4개의 등급으로 구분하는데 DOC, IPR, Vinho Regional, Vinho de Mesa이다.

'레제르바(Reserva)' 조건을 만족시키는 와인은 우수한 포도를 수확하여 만들고 고품질로 숙성시키는 것이다. '가라페리아(Garraferia)'의 조건은 레제르바를 생산하

▲ 포르투갈 비뉴 베르데 아베레다 와인

는 와이너리 중에서 최상품을 만들기 위해 오크 숙성 2년, 병입 숙성 1년을 포함하여 최소 3년 이상 되어야 한다. 가라페리아 와인 중에는 아리안카(Alianca), 아레알바(Arealva), 아벨레다(Aveleda), 가에시아(Gaecia), 가라오(Garao), 가젤라(Gazela), 메사 도 프레시덴테(Mesa do Presidente) 그리고 두로 도 미뉴(Duro do Minho)가 유명하다.

포르투갈의 레드와인은 과일의 개성이 잘 드러나 풀바디하며 강건한 타닌에 상큼한 산도가 특징이다. 화이트와인도 바디가 좋고 산도도 상쾌하고 신선하며, 꿀향을 느낄 수 있다.

포르투갈의 대명사인 포트 와인은 세계적으로 유명한 디저트 와인이며, 1670년대부터 영국으로 수출했다. 현재도 포르투갈은 포트 생산량 중 85~90%를 수출하고 있다. 포르투갈 와인의 주요산지는 비뉴 베르데(Vinho Verde), 도오루(Douro), 다오(Dão), 바이라다(Bairrada), 알렌테주(Alentejo), 부셀아스(Bucelas), 세투발(Srtúbal), 마데이라(Madeira)가 있다.

비뉴 베르데 Vinho Verde

DOC지역으로 포르투갈에서 가장 큰 포도 재배지역이다. 아잘(Azal), 알바링뉴(Alvarinho), 로레이루(Loureiro), 트라자두라(Trajadura), 아베소(Avesso), 아린토(Arinto) 품종으로 만드는 신선하고 과일 향이 풍부한 가벼운 화이트와인을 생산한다. 유명한 비뉴 베르데(Vinho Verde; Green Wine, 녹색 와인)는 대부분 포르투갈의 북부지방 미뉴(Minho)에서 많이 생산된다. 여기서 그린 와인은 덜 익은 포도로 양조한 와인으로 신선함을 나타내는 것이지 그 색깔을 나타낸 말은 아니다. 화이트와인은 엷은 레몬색이고, 레드와인은 밝은 루비색이다. 그린 와인은 깨끗하고, 후레쉬하며 약간의 알코올 도수, 미세한 기포, 풋 과일향으로 인해 상쾌한 맛을 느낄 수 있어 포르투갈 사람들은 물처럼 마신다.

도오루 Douro

도오루의 DOP는 도오루강 100km에 이르는 도오루(Douro), 포르토(Porto)지역이며, 주정 강화 와인인 포트 와인의 고향이다. 전통적인 포트 와인의 흑포도 품종은 토우리가 나씨오날(Touriga Nacional)이었으나 1970년에 만든 파타마르스(Patamares; 편암으로 축대를 쌓아 만든 계단식 밭)에서 최적의 흑포도 품종인 토리가 프랑카(Touriga Franca), 틴토 카옹(Tinto Cāo), 틴타 바로카(Tinta Barroca), 아린토(Arinto)를 재배하는데 성공했다. 공헌자는 조세 하무스 핀투 호자스(José Ramos Pinto Rosas)와 조앙 니콜라우 드 알메이다(João Nicolau de Almeida)로 와인 생산자로부터 존경받고 있다. 전통적인 양조방법으로 제품화된 와인은 포르토에 모이는데 도오루 강 상류에서 생산된 와인은 하류인 빌라 노바 드 가이야(Vila Nova de Gaia)로 운반되어 저장 숙성시켜 포르토 항구를 통해 출하한다. 유명한 포트 와인은 그라함(Graham), 테일러(Taylor), 크로프트(Croft), 샌드만(Sandman), 폰세카(Fonseca) 등이 있다.

▼ 포르투갈 도오루 지역의 포도밭 전경

다옹 Dão

포르투갈의 중심에 있는 DOP이며, 도오루강 남쪽에서 와인을 양조하며, 토착 품종만을 사용하는 지역이다. 화강암토양의 특징을 반영한 풀 바디한 레드와인뿐만 아니라 미디엄 바디의 레드와인도 생산한다. 비뉴 마두로(Vinho Maduro) 와인은 장기 숙성하는 와인으로 다오 지역에서 가장 품질 좋은 와인을 생산하여 유명세를 얻고 있다. 특히 포도 품종은 토우리카 나시오날(Touriga Nacional), 자엥(Jaen), 틴토 카옹(Tinto Cão), 특히 엥크루자두(Encruzado)는 풀바디 화이트와인을 생산하며 품질도 우수하다. 유명한 와이너리는 퀸타 도스 로케스(Quinta dos Roques), 퀸타 다스 마이아스(Quinta das Maias), 퀸타 다 펠라다(Quinta da Pellada), 퀸타 드 사에스(Quinta de Saes) 등이 있다.

바이라다 Bairrada

바이라다는 유구한 와인 역사를 지닌 DOP 지역으로 낮은 구릉 지대의 인상적인 포도밭, 극단적인 다양한 떼루아를 갖고 있으며, 무거운 석회질 토양은 레드와인의 바디감과 포르투갈 특유의 짜릿한 풍미를 준다. 흑포도 품종 바가(Baga)가 대표적이며, 레드와인이 80% 이상을 차지하고, 청포도 품종인 비칼(Bical)로 양조한 후레쉬한 화이트와인이 유명하다. 특히, 마리아 고메스(Maria Gomes) 포도품종으로 양조한 스파클링와인 '에스푸만테(Espumate)' 65%를 차지하며 품질로 인정받고 있다. 유명한 와이너리는 루이스 파투(Luis Pato), 메시아스(Messias), 카자 데 시마(Casa de Sima), 퀸타 드 바이슈(Quinta de Baixo)가 있다.

알렌테주 Alentejo

알렌테주는 포르투갈의 전통적인 와인 생산지역은 아니지만, 보르바(Borba), 레돈도(Redondo), 레갱구(Reguengos), 비디게이라(Vidigueira)의 4개 지역에 와인 생산지가 집중되어 있다. 최근에 레드와인의 품질이 급격히 좋아지고 있는데, 특히 보르바(Borba), 에보라(Evora), 레돈도(Redondo), 카르투자(Cartuza), 페라 만가(Péra Manca) 등의 포도로 만든 와인이 유명하다.

국가별 와인

부셀아스 Bucelas

부셀아스는 리스본 북쪽에 위치한 작은 와인 산지의 DOP로 청포도 품종 아린토(Arinto)로 만든 드라이 화이트와인이 유명하다. 높은 산도를 부드럽게 하고, 균일한 신맛을 위해 오크 숙성을 하여 프랑스 부르고뉴 화이트와인을 모방한다. 최근 스파클링와인도 부상하고 있다. 유명한 와이너리는 퀸타 무라타(Quinta Murta), 보아스 퀸타스(Boas Quintas)이다.

세투발 Srtúbal

세투발은 리스본에서 약 1시간 거리에 있는 DOP로 모스카델(Moscatel) 품종으로 최고의 포트 와인을 생산하는 지역이다. 재배되는 청포도 품종은 샤르도네(Chardonnay), 페르낭 피르스(Frenáo Pires)가 있으며, 흑포도 품종은 카스텔라오(Casteláo), 시라(Syrah), 아라고네스(Aragones; 템프라니뇨)를 재배한다. 최근 모스카텔 데 세투발(Moscatel de Setubal)의 포트 와인과 레드와인의 품질이 유명세를 타고 있다. 이 지역의 와인을 테이블 와인으로 이끈 와이너리는 바칼료아 비뉴스(Bacalhôa Vinhos), 호세 마리아 다 폰세카(José Maria da Fonseca)가 유명하다.

마데이라 Madeira

마데이라는 대서양에 있는 섬이며, 마데이라 와인은 이곳에서 에스투파(Estufa; 가열실에서 약 50℃에 가열하여 수개월간 숙성하여 풍미가 있도록 만드는 방법) 시스템으로 생산되는 주정강화 와인의 이름이다. 포르투갈 헨리(Henry)왕 시대에 1420년 군대 항해사였던 자오 곤갈베스 자코(Jao Goncalves Zarco)가 모르코에서 600km 떨어진 마데이라섬에 정착하여 포도나무를 심었다. 마데이라 와인의 주요 품종은 세르시알(Sercial), 베르델호(Verdelho), 보알(Boal), 맘지(Malmsey), 말바지아(Malvasia)이며, 18세기 중엽부터 19세기까지 인기가 좋았다. 유명한 와이너리는 블랜디스(Blandy's), 자스티노(Justino), 엔리끄 & 엔리끄(H&H), 데오리베이라스(D'Oliveiras), 바베이토(Barbeito)가 있다. (*245p 참고)

호세 마리아 다 폰세카 와이너리

　세계 3대 주정 강화 와인은 스페인의 '쉐리(Sherry)', 포르투갈의 '포트(Porto)'와 '마데이라(Madeira)'이다 포르투갈의 '모스카텔 두 세투발(Modcatel du Setubal)' 와인은 포트 와인에 속한다. '모스카텔 두 세투발' 와인은 프랑스 남부 '뱅 두 나투렐(Vin Doux Naturel : VDN)'과 유사한 양조 방법을 사용하지만, 주정 강화에 사용하는 브랜디는 아르마냑(Armagnac)을 사용하는 차이점을 보인다. 아르마냑을 사용하여 만든 주정 강화 와인은 포르투갈뿐만 아니라 유럽에서 인기를 끌었다.

　저자가 와이너리에 도착하니 호세 마리아 다 폰세카(José Maria da Fonseca) 와이너리 집안의 후계자이자 수석 와인 양조가인 도밍고스 소아르스 프랑코(Domingos Soares Franco) 부사장이 마중을 나와서 와이너리를 직접 안내를 했다. 자신의 포도밭에서 신석기 유적물이 나온 것을 잘 보존해 박물관을 만들고, 전통적인 양조방법을 고수하면서 독창적인 와인을 만들고 있었다. 최근 조지아에서 전통적인 양조방법으로 사용하는 크베브리(Qvevri; 진흙 항아리)에 와인을 양조하고 있었다. 실제 셀라에서 직접 본 크베브리는 조지아에서 본 것보다 컸고, 규모도 기대보다 훨씬

▼ 포르투갈 호세 마리아 다 폰세카 와이너리

▲ 포르투갈 호세 마리아 다 폰세카 도밍고스 소아르스 프랑코 부사장

웅장했으며, 한국의 대형 장독대 같았다. 크베브리에 와인을 넣고 숙성시키면 흙 맛이 배어 나와 독특한 스타일의 와인이 양조되는데 최근에는 화이트와인을 넣어 오렌지 와인(Orange Wine)을 만들고 있었다. 프랑코 부사장은 크베브리를 제조하는 황토의 원산지(포르투갈, 그리스, 조지아)에 따라 와인 맛이 달라지므로 양조할 때 다년간의 경험이 중요하다고 했다.

1834년 창업주 호세 마리아 다 폰세카가 와이너리를 설립했고, 1849년에 최초로 '무스카텔 두 세투발' 와인을 개발했다. 1850년 테이블 와인에 대한 인식조차 없던 시기에 포르투갈 최초로 '페르키타(Perquita)' 브랜드를 선보이면서 테이블 와인 시대를 열었다. 1855년 프랑스 파리국제박람회에서 첫 금메달을 수상하면서 국제적으로 포르투갈 와인의 품질을 인정받았다. 그 공로로 1857년 국왕 '페드로(Pedro) 5세'로부터 훈장을 받았다. 1944년에 '란세르스(Lancers)' 브랜드로 새로운 와인을 선보였고, 와인 앤 스피릿(Wine & Spirits) 잡지사가 매년 선정하는 '올해의 와인'에 '호세 마리아 다 폰세카' 와인 중에 1991, 1992, 1994, 1995, 1998, 2003년 빈티지가 선정되기도 했다. 또한 2009년 '죽기 전에 마셔야 할 100대 와인'에도 선정됐다.

'호세 마리아 다 폰세카' 와이너리는 184년의 역사를 가진 전형적인 가족경영 와이너리로 창업주의 숭고한 와인 철학, 명성, 와인 품질을 향상하기 위해 노력해온 결과 포르투갈을 대표하는 와이너리가 됐다. 그 당시에 처음 건축한 건물은 1923년에 스위스의 유명한 건축가 에르네스토 코로디(Ernesto Korrodi)에 의해 새롭게 복원한 후에 가족들이 거주하다가 1975년부터 '와인 박물관'으로 개조하여 관광객들에게 개방했다.

최근 유기농 와인을 생산하면서 화학비료나 농약을 엄격하게 통제하고, 와인을 양조할 때도 화학 물질의 사용을 최소화한다. 특히 포도나무가 재배되는 포도밭 구획 별로 떼루아의 개성을 살려 포도 재배지의 자연 환경을 그대로 와인 양조에 적용해 친자연적인 와인 맛을 재현하는 데 성공했다. '호세 마리아 다 폰세카' 와이너리는 세투발 페닌술라(Setubal Peninsula), 알렌테주(Alentejo), 도우로(Douro)지역에 650헥타르의 포도밭에서 생산한 와인 중 80%를 세계 70여 개국으로 수출하고 있다. 프랑코 부사장은 '페르키타(Perquita)'와 '모스카텔 데 세투발(Moscatel de Setubal)' 와인에 만족하지 않고 강화용 주정으로 일반 브랜디 대신에 프랑스 아르마냑(Armagnac) 브랜디를 사용하여 5년 동안 모험적인 실험을 통해 '프리바다 모스카텔 드 세투발 알마냑(Privada, Moscatel de Setubal, Almagnac)'를 만드는 데 성공했다. 이 와인을 통해 새롭고 독창적인 주정 강화 와인의 세계를 열면서 와인 전문가들로부터 극찬을 받았다.

저자는 13종류의 와인을 시음했는데 그중에 1960년산 '프리바다 모스카텔 드 세투발 알마냑(Privada Moscatel de Setubal Almagnac; 1960)'은 새로운 경험을 선사했다. 포도 품종은 모스카텔이며, 세투발 지역의 포도를 엄선하여 손 수확을 하고, 3개월 동안 스킨 컨택(skin contact)를 한 후에 프랑스 알마냑 브랜디를 첨가하여 발효를 중지시키고 오랜 시간 동안 오크 숙성을 하고, 병입 숙성은 하지 않는다. 아름다운 호박색 루비 빛깔에 단맛을 기본으로 하는 자연적인 꿀 향에 오렌지, 라임, 시나몬, 배, 귤, 라임 향이 매혹적이며, 목 넘김이 매우 부드럽고 유연하며 풍부한 과일 맛이 입안에 오랫동안 지속되면서 기분을 상승시켜준다. 주정 강화 와인으로 알코올 도수가 17.2%이지만 매혹적인 단맛과 신선한 과일 향, 탄탄하게 균형 잡힌 산도로 알코올을 전혀 느끼지 못한다. 음식과 조화는 케이크, 파이 등의 디저트용 음식과 잘 어울리지만 탕수육, 불고기, 양념 닭고기 튀김 요리와의 만남도 추천한다.

국가별 와인

헝가리 와인

영국의 왕과 여왕, 프랑스 루이 14세가 '왕자의 와인'으로 칭하고, 러시아 황제들이 즐겨 마셨다는 전설적인 토카이(Tokaji) 와인이 생산되는 헝가리는 기원전 4세기부터 다뉴브(Danube) 계곡 쪽에 포도밭이 있었다는 기록도 있다. 하지만 10세기 서로마의 몰락으로 독일인들이 들어오기 전까지 와인 생산이 중단되었는데 이 지역이 군사적 요충지였기 때문이다.

그리고 헝가리의 에게르(Eger)와 솜로(Somló) 포도밭을 만든 사람은 베네딕트 수도사였다. 헝가리에서는 푸르민트(Furmint) 포도 품종이 잘 자라고, 이 품종으로 양조된 화이트와인은 드라이하면서 고품질의 향과 맛을 낸다. 또한 풍부한 풍미를 지니고 가벼운 바디이며 대부분 황금색을 가진다. 15세기부터 양질의 화이트와인을 생산했으며, 고품질의 토카이 와인은 1649년 최초로 생산되었다. 1650년부터 토카이 아수(Tokaji Aszú) 와인이 생산되어 세계 유명 와인 반열에 올라있으며 지금도 그 위치가 흔들리지 않고 있다.

헝가리는 구소련이 붕괴되면서 국가소유의 대규모 양조장들도 파산하거나 외국회사에 넘어가게 되고 와인 산업도 정부 주도에서 서서히 민간주도로 전환되었다. 소규모의 개인 포도원이 등장하면서 양질의 와인을 생산하게 되었고, 2004년 EU에 가입하면서 와인 산업은 새로운 전기를 맞이하였다.

헝가리의 주요 포도재배지역은 유럽에서 가장 큰 호수인 발라톤(Balaton) 호수의 북쪽에 위치해 있다. 크게 3개 지역으로 구분하는데 북부 트랜스다뉴비아(North Transdanubia)와 북부 헝가리 토카이 헤갈랴(Tokaji Hegyalja) 지역, 그리고 남동부 대

구세계 와인

평원(The Great Plain)지방이다. 북서부에는 에제노 아토(Ezeno Ator) 지역이 있고 더 멀리에는 마트라·에게르(Matra & Eger)가 위치해 있다.

토카이 지역은 북서부에서도 유명한 스위트 와인 생산지이다. 몇 개의 중요한 포도원은 슬로바키아 근처 남쪽 국경지대에 분포해 있어 슬로바키아도 '토카이(Tokaji)'를 그대로 사용한다. 푸르민트(Furmint) 포도품종은 드라이한 화이트와인의 주요 품종이다.

헝가리 북쪽 토카이 지역은 자갈과 향토가 혼합된 토양과 최고 품질의 와인을 생산할 수 있는 기후대를 형성하고 있다. 대륙성 기후로 여름은 덥고 겨울은 춥고 구름도 많고 습도도 높다. 가을은 일조량이 많고 서늘해서 포도가 귀부병에 걸리기 쉬운 여건을 형성하고 있다. 750㎖의 병에 담긴 토카이 퀄리티는 푸르민트 품종으로 만든 드라이한 와인이다. 50㎖의 병에 담긴 토카이 스페셜 퀄리티는 귀부병에 걸린 포도로 양조하며 푸르민트와 하르슐레벨루(Hárslevelü) 품종을 사용한다.

토카이 아수(Tokaji Aszú)는 토카이의 대표적인 스위트 와인이다. 아수(Aszú)는 너무 익었다는 의미로 귀부 작용에 의해 건조되어 당도가 높은 포도만을 선별하여 만드는 것이다. 과즙 130리터에 푸토뇨스(Puttonyos; 30리터 아수즙의 용량단위)를 첨가하는 양에 따라 6단계로 구분한다. 토카이 아수 6 푸토뇨스(Tokaji Aszú 6

▲ 헝가리 토카이 와인들

국가별 와인

▲ 헝가리 토카이 마을 입구에 있는 상징, 토카이 병

▲ 헝가리 토카이 지역의 오레무스 토카이 와이너리 지하 오크 숙성실

Puttonyos)는 당분 150~180g/ℓ로 트로켄베렌아우스레제(Trockenbeerenauslese)와인이 되고, 토카이 아수 5 푸토뇨스(Tokaji Aszú 5 Puttonyos)는 당분 120~150g/ℓ로 베렌아우스레제(Beerenauslese)와인, 토카이 아수 4 푸토뇨스(Tokaji Aszú 4 Puttonyos)는 당분 90~120g/ℓ로 아우스레제(Auslese) 와인, 토카이 아수 3 푸토뇨스(Tokaji Aszú 3 Puttonyos)는 당분 60~90g/ℓ로 스페트레제(Spätlese)가 된다. 토카이 아수 에센시아(Tokaji Aszú Eszancia)는 아수로써 가장 높은 등급으로 트로켄베렌아우스레제(Trockenbeerenauslese)와 동급 수준으로 최소 180g/ℓ의 잔당을 포함하고 수년 동안 발효숙성을 거친 후에 약 6% 알코올을 함유해야 한다. 마지막으로 토카이 에센시아(Tokaji Eszancia)는 포도의 당분이 아주 높은 최고의 빈티지(Vintage)에 생산할 수 있으며 귀부 포도만을 사용하여 만든 당 함유량이 600~700g/ℓ인 헝가리 최고급 스위트 와인이다.

    헝가리의 토카이 지역에서 남서쪽 에게르(Eger) 지역의 레드와인은 풍미가 뛰어나고 고귀하며 붉은 에그리 비카베르(Egri Bikavér) 와인으로 널리 알려져 있다. 에그리 비카베르 와인은 짙은 붉은색을 띠며 강한 향과 짙은 농도를 자랑한다. 약간 짜릿한 향을 제거하면 프랑스 보르도와 비슷하며, 알코올 도수가 높아 저장숙성이 용이하다. 에게르 지방에서 생산되는 에그리 비카베르(Egri Bikavér; 헝가리어로 황소의 피, 영어로 Egri Bull's Blood) 레드와인은 케크프랑코스(Kékfrankos)를 주 품종으

▲ 헝가리 토카이 마을의 포도밭

로 40%, 그 외 메를로, 카베르네 소비뇽, 카베르네 프랑, 시라를 블렌딩한 와인이며 풀바디하다. 에게르 마을 지하 땅속 투파(tufa; 다공성 화산암)라는 암석 지반을 깎아 만든 지하 셀러에 저장한다.

발라톤(Balaton) 호수에 둘러싸인 트랜스다뉴비아(Transdaubia) 지역은 언덕이 강한 바람을 막아주고 철분이 풍부한 화산성의 토양이다. 샤르도네(Chardonnay), 피노 그리(Pinot Gris), 리슬링(Riesling)을 포함하여 다양한 포도품종을 재배한다. 훨씬 남쪽에 있는 젝스자르(Szekszárd) 지역은 길고 따뜻한 여름으로 에게르 스타일과 비슷한 레드와인을 생산한다. 토양이 사암으로 구성된 대평야 지역은 헝가리 포도밭의 1/2을 차지하며 필록세라균(Phylloxera Vastatrix)가 없음에도 불구하고 와인 생산량이 적다.

헝가리는 원산지에 따라 등급을 결정짓는 프랑스 AOC 체계에 기본을 둔 와인법을 시행하고 있다. 1997년 헝가리 정부는 와인 산지를 크게 3개 지역으로 나누고 다시 22개의 작은 와인 생산 구역으로 분류하였다. 헝가리의 와인 등급은 3등급으로 나뉘는데 테이블 와인인 아쥬탈리 보르(Asztali Bor), 퀄리티 와인인 미노세기 보르(Minosegi Bor), 주정부가 발행한 와인 인증이 붙어있는 귀부포도로 만든 스페셜 퀄리티 와인(Special Quality Wine)이다.

헝가리 토카이의 유명한 와이너리는 토카이 로얄(Tokaji Royal), 토카이 오레무스(Tokaji Oremus) 등이 있다.

구세계 와인

🍷 오스트리아 와인

오스트리아 와인은 1990년 중반까지 대외적으로 알려지지 않았다. 하지만 독특한 풍미를 지닌 개성 있는 와인으로 와인시장의 흥미를 끌게 되었다. 예술의 나라, 오스트리아 와인의 역사는 BC 100년경 로마인들의 정복으로 시작되었다. 그 후 포도재배와 함께 와인양조가 본격화되었고, 3세기경 로마황제 마르쿠스 아우렐리우스 프로부스(Marcus Aurelius Probus; 276~282)의 와인 생산 장려로 성장하였다. 16세기 후반에는 맥주 생산으로 다소 감소하였지만, 18세기 후반 다시 성장추세로 들어섰다. 1784년에는 농가나 양조가가 직접 와인을 소비자들에게 판매할 수 있는 법이 제정되었으며, 호이리게(Heuriger, 그 해 수확한 포도로 담은 햇 와인을 주로 파는 선술집) 식문화가 태동하여 자리를 잡았다. 1888년 와인법이 제정되어 1985년에 개정되었고, 2001년에 프랑스 AOC를 벤치마킹해서 DAC를 도입하여 산지별로 적용했다. 유럽에서도 가장 엄격하기로 소문난 와인법은 포도수확시의 당도 함유량, 최대 알코올 도수 등의 적합한 조건을 갖추도록 하고 있다. 특히 최상급 프레디카츠바인(Prädikatswein)은 포도재배지의 1헥타르당 최대 생산량, 보당여부, 발효방식, 라벨기재 등을 엄격하게 제한하였다. 그러나, 1985년 와인에 부동액을 섞어 '고급 귀부와인'을 만들어 팔면서 '오스트리아 와인 스캔들(The Antifreeze Scandal)'로 국제적으로 망신을 당하고 추락했다. 이후 정상적으로 회복하는데 약 10년이 걸렸다.

포도재배 면적은 45,780헥타르이며 연간 생산량은 250만여hl(헥토리터)이다. 주 포도재배지와 와인 생산지는 니에더외스터라이히(Niederösterreich, 61%), 부르겐란트(Burgenland, 29%), 슈타이어마르크(Steiermark, 9%), 빈(Wien, 1%)이다. 포도품종은 화이트와인을 위한 고유 청포도 품종인 그뤼너 펠트리너(Gruner Veltliner)가 가

국가별 와인

장 많이 재배되고 있으며, 그 외에도 벨슈 리슬링(Welsch Riesling), 바이스부르군더(Weissburgunder), 뮐러 투르가우(Müller Thurgau) 등이 있다. 레드와인 흑포도 품종은 블라우프랭키슈(Blaufränkisch)와 생 로랑(Saint Laurent)을 교배하여 탄생시킨 츠바이겔트(Zweigelt)가 가장 많이 재배되고 있으며, 블라우프랭키슈(Blaufränkisch), 블라우부르군더(Blauburgunder) 등도 있다.

니더외스터라이히 Niederösterreich

가장 중요한 와인 생산지로 오스트리아 북동부 다뉴브강 아래쪽에 위치하고 있다. 편마암, 화강암, 점판암 그리고 사암으로 이루어진 토양은 계단식으로 경사져 있으며, 일교차가 큰 기후를 가진다. 주로 화이트와인용 포도품종인 그뤼너 펠트리너(Gruner Veltliner), 벨슈 리슬링(Welsch Riesling)이 재배된다.

와인 생산지는 비엔나시를 중심으로 8개의 독립된 지역, 즉 카르눈툼(Carnuntum), 캄프탈(Kamptal), 테르멘레기온(Thermenregion), 바하우(Wachau), 바

▼ 오스트리아의 주요 와인 생산지 "바하우"

인피어텔(Weinviertel), 도나우란트(Donauland), 트라이젠탈(Traisental), 크렘스탈(Kremstal)로 나뉜다.

그 중 바하우는 가장 작은 규모이지만 아주 중요한 와인 생산지이며 특히 우아하고 투명한 화이트와인은 탁월한 풍미의 균형을 보인다. 캄프탈은 우아하면서 드라이한 화이트와인 생산지이다. 또 테르멘레기온은 생 로랑, 피노 누아, 츠바이겔트 포도품종으로 양조한 레드와인으로 가볍고 부드러운 맛이 일품이다. 바인피어텔은 다른 유명산지의 그늘에 가려 빛을 보지 못하고 있다가 최근에 좋은 와인을 생산하고 있다. 유명한 와인은 브륀들마이어(Bründlmayer), 에메리히 크놀(Emmerich Knoll), F. X 피슬러(F. X Pichler) 등이다.

부르겐란트 Burgenland

오스트리아 동부 헝가리 국경과 인접해 있는 주이다. 날씨에 따라 넓이와 깊이가 변하는 노이지들러제(Neusiedlersee) 호수의 영향으로 귀부병 걸린 포도를 손수확하여 양조하는 스위트와인이 유명하다. 흑포도 품종은 블라우프랭키슈(Blaufränkisch), 츠바이겔트(Zweigelt), 생 로랑(Saint Laurent)이며, 청포도 품종은 샤르도네(Chardonnay), 리슬링(Riesling)이 재배된다.

와인 산지는 4개 지역으로 노이지들러제(Neusiedlersee), 노이지들러제-휘겔란트(Neusiedlersee-Hügelland), 미텔부르겐란트(Mittelburgenland), 주드부르겐란트(Südburgenland)이다. 노이지들러제 호숫가의 토양은 모래, 자갈, 백악질로 구성되어 있다. 구릉이 많은 호수 동쪽에서는 풍만하고 흙냄새 감도는 스위트와인이 생산되고, 서쪽의 노이지들러제-휘겔란트에 있는 러스트(Rust)라는 마을에서 생산되는 러스트 아이스바인은 포도의 당분과 산도가 농축된 와인으로 달콤하고 화려한 개성을 보인다. 남쪽지역에서는 철분이 풍부한 토양으로 가벼우면서 미네랄이 풍부하고 스파이시한 맛의 와인이 생산된다.

유명 와인은 에스터하지(Esterhazy), 에른스트 트리바우머(Ernst Triebaumer), 게젤만(Gesellmann), 한스 앤 아이비(Hans & Iby), 우마튬(Umathum), 레오 힐링거(Leo Hillinger) 등이 있다.

▲ 비엔나에서 1시간 거리에 있는 부르겐란트 지역의 힐링거 와이너리 전경

슈타이어마르크 Steiermark

어딜 가나 눈에 띄는 호박들이 인상적인 슈타이어마르크는 전 세계에서도 소비뇽 블랑(Sauvignon Blanc)의 최적지로 손꼽히며, 오스트리아에서도 가장 아름다운 와인 산지로 명성을 얻고 있다. 알프스 남쪽산에 위치하고 있으며, 오스트리아 남동부 슈타이어마르크는 3개의 와인산지로 쥐드오스트슈타이어마르크(Südoststeiermark), 불칸란트 슈타이어마르크(Vulkanland Steiermark), 베스트슈타이어마르크(Weststeiermark)이다.

이 지역은 마을마다 달라지는 떼루아 덕분에 지역별로 각기 다른 풍미와 개성을 보이며 선명하고 매혹적인 맛을 지닌 화이트와인을 생산한다. 특히 남부는 '오스트리아의 토스카나'로 불리기도 하지만 언덕 위의 와이너리는 미국 오리건주와 비슷하다. 포도밭의 보통 경사도는 26도, 남향의 일조량은 미세한 기후를 촉진시켜 더욱 다양한 떼루아를 형성한다. 화강암의 토양은 와인의 풍미가 종종 부싯돌 같은 맛을 갖게 하며, 미네랄이 풍부한 개성을 갖도록 돕는다.

청포도품종은 샤르도네(Chardonnay)와 소비뇽 블랑(Sauvignon Blanc)이 주를 이루며 무스카텔러(Muskateller) 등이 재배되기도 한다. 19세기 샴파뉴에서 샤르도네 포도품종을 가져오긴 했지만 거의 대부분 샤블리 스타일의 와인을 생산한다. 슈타이어마르크는 오스트리아의 숨은 보석으로 매우 귀한 소비뇽 블랑으로 양조한 독특한 풍미의 와인을 생산하며 허브 같으면서 레몬처럼 톡 쏘는 맛이 일품으로 서서히

▲ 오스트리아 부르겐란트 지역의 우마툼 와이너리 셀러

인기를 얻고 있다. 명성 있는 와인은 E & M 테멘트(E & M Tement), 그로스(Gross), 바인구트 자틀러(Weingut Sattler) 등이 있다.

비엔나 Vienna

오스트리아의 수도 비엔나의 또 다른 이름은 독일어로 빈(Wien)이다. 비엔나는 지구상에 있는 수도 중에서 유일하게 포도밭을 가지고 있는 도시이다. 비엔나는 1개의 지정산지가 있는데 유일하게 빈(Wien)이다. 도시 근교에는 농가에서 직접 양조하여 판매한다는 호이리게(Heuriger; 그해 수확한 포도로 양조하여 보졸레 같은 햇 와인을 말하며, 매우 가볍고 후레쉬하며 과일 향이 풍부하다. 또는 그 와인을 파는 레스토랑을 말한다)가 즐비하며 많은 사람들이 찾아 와인과 음식을 즐긴다. 그 중 가장 유명한 호이리게는 베토벤(Ludwig van Beethoven; 1770~1827)이 기거하면서 '9번 교향곡'을 작곡했다는 호이리게 프란츠 마이어(Heurige Frantz Mayer)이다. 재배하는 주 포도품종은 청포도품종의 리슬링이 대부분을 차지하며 피노 블랑(Pinot Blanc), 게뷔르츠트라미너(Gewürztraminer), 샤르도네, 흑포도품종의 츠바이겔트(Zweigelt) 등이 있다. 명성있는 와인은 슐룸베르커(Schlumberger), 프리츠 비닝거(Fritz Wieninger) 등이 있다.

참고로 오스트리아의 스트로바인(Strohwein; 와인의 등급을 높이기 위해 겨울동안 볏짚이 깔린 다락방에 건조시킨 포도송이로 와인을 만드는 것)도 유명하다.

하이든의 교향곡이 떠오르는 에스터하지 와이너리

베토벤(Ludwig van Beethoven; 1770~1827)은 너무 가난해 79번씩 이사를 다녀야 했고 와이너리가 있는 하우스에 약 2개월 정도 머물 때마다 와인을 마시면서 작곡을 하였다고 한다. 당시 마이어 암 파르플라츠(Mayer am Pfarrplatz) 하우스는 베토벤이 마셨던 와인을 판매하면서 최근 '베토벤 와인' 하우스로 인기를 끌고 있다. 또한 스텍스첸들(Stegschandl) 와이너리와 골서와인(Golserwein)은 모차르트 탄생 250주년을 맞아 그의 사진이 들어간 '모차르트 와인'을 판매하였다. 교향곡의 아버지 요제프 하이든(Joseph Haydn; 1732~1809)은 예술가로서 운 좋게도 와이너리를 소유한 후견인 에스터하지(Esterházy) 가문이 있었다. 40여년간 악장으로 근무하면서 즐겨 마셨던 와인이 에스터하지(Esterházy) 와인이며, 그의 교향곡 몇 악장 정도는 와인의 힘을 빌렸다고 할 수도 있다. 하이든이 당대에 거둔 음악적 대성공 뒤에는 오스트리아 문화예술 분야의 후원자 에스터하지 가문의 변함없는 믿음과 성원이 있었기 때문에 가능했다.

오스트리아 후작 가문인 에스터하지는 수세기 이어진 유럽의 명문가로서 정치, 경제, 문화, 예술 등에 많은 기여를 하였다. 에스터하지 가문은 열정적인 예술품 수집가인 동시에 후원자였으며, 사업수완도 뛰어났다. 전통을 소중히 여겼던 에스터하지는 과거 조상들이 맺은 하이든과의 특별한 인연으로 현재는 하이든으로 인해 오히려 명성을 얻고 있다.

에스터하지는 17세기부터 400년간 와인을 양조하였다. 기록에 의하면 1758년 파울 안톤 에스터하지 2세의 부인이었던 마리아 루나티-비스콘티 백작부인이 프랑스 부르고뉴에서 시집올 때

▼ 교향곡의 아버지 하이든과 에스터하지 와인

와인마스터와 함께 피노 누아 포도품종을 가져와 심었다. 그리고 그 역사적인 기록에 의해 1758년이 공식적인 설립 연도가 되었다.

에스터하지 와인은 크게 4가지 등급, 클래식 와인(Classic Wine), 싱글 크뤼 와인(Single Cru Wine), 에스토라스 와인(Estoras Wine), 테소로 와인(Tesoro Wine)으로 나뉜다. 그 외 스파클링 와인과 스위트 와인도 생산하고 있다. 오스트리아 토착 포도품종인 그뤼너 벨트리너, 츠바이겔트, 블라우프랭키슈, 루스터 아우스브루흐(Ruster Ausbruch)와 세계적인 포도품종인 카베르네 소비뇽, 메를로, 피노 누아, 샤르도네를 함께 사용함으로써 각기 다른 개성을 완벽하게 구현하고 있다는 평가를 받고 있다.

에스터하지의 포도밭은 65헥타르이며 그중 1/3은 화이트와인용 포도품종, 2/3는 레드와인용 포도품종을 재배한다. 또 따른 20헥타르 포도밭의 포도를 구입하여 연간 총 85헥타르의 포도로 40만병

▲ 400년 전통을 지닌 에스터하지 와이너리의 와인

의 와인을 생산하고 있다. 'AWC Vienna 2009' 출품한 와인 5종이 모두 금메달을 수상하는 쾌거를 올렸으며, 항상 독특하고 개성 있는 와인을 갈망하는 와인 애호가들에게 문화와 예술의 혼이 은은하게 풍겨 나오는 와인을 제공해준다.

저자가 시음한 '에스토라스 그뤼너 펠틀리너 2013(Estoras Gruner Veltliner 2013)'는 신선하고 견과류의 아로마를 가지고 있으며, 강한 스파이스향과 후추향을 느낄 수 있다. 입안에 감도는 맑고 깔끔한 맛은 우리 한식과도 아주 조화롭게 어우러진다. 생선구이 종류와도 잘 어울리지만 신선로, 돼지고기나 오리고기에도 잘 어울린다. 싱글 크뤼(Single Cru) 와인 중 '블라우프랭키슈 푀리히 2014(Blaufrankisch Follig 2014)'는 에스터하지에서 생산되는 고유한 블라우프랭키슈 포도품종으로 양조한 와인이다. 장기보관이 가능한 높은 농도의 아로마를 지닌 레드와인은 심층 토양에 심어진 포도나무에 높은 일교차의 기후 조건으로 가능해졌다. 체리향, 후추향, 오크향, 베리향 등의 복합적인 향을 풍기며, 한식과의 절묘한 조화로 입맛을 사로잡는다.

국가별 와인

🍷 조지아(옛 그루지야) 와인

와인을 처음 접하면 와인의 본고장 프랑스 와이너리를 꿈꾸지만 더욱 심취하게 되면 와인의 고향, 인류 최초로 와인을 양조했다는 조지아 와인 산지를 가보고 싶을 것이다. 또 와인(wine)의 어원이 조지아어 '그비노(gvino)'에서 왔다는 것을 알고 나면, 조지아가 '와인의 발상지'라는 사실에 좀 더 수긍이 간다. 그비노는 지금도 여러 나라에서 와인을 지칭하는 라틴어 비노(vino)가 되었다가 현재 널리 쓰이는 영어 와인(wine)으로 변모했다.

조지아는 러시아 남부 흑해 동쪽 연안에 위치한 나라이며 3분의 2가 산악지대로 국토의 면적은 69,700km², 수도는 트빌리시(Tbilisi)이며, 소련 공산당 서기장 스탈린(Joseph Stalin; 1879~1953)의 고향이다. 평야지대에서는 목축업과 포도재배가 주로 이루어진다. 세계 3대 장수지역으로 유명한 조지아는 2008년 8월 8일 중국 북경 올림픽이 개최되는 날 러시아에 전쟁을 선포하여 패배했지만, 세계적으로 더 많이 알려지게 되었다.

인류 최초의 와인은 신석기 초기 트랜스코카서스(Transcaucasus) 지역에 거주하던 동굴인들이 만들었을거라고 추정하고 있다. 신석기 초기시대 와인을 만들어 마신 동굴인들의 거주지가 흑해 연안의 조지아 혹은 아르메니아(Armenia) 지역으로 여겨지고 있으며, 역사학자들은 조지아라고 확신하고 있다. 최초의 와인은 꿀처럼 달콤한 맛이긴 했지만, 당시 와인은 매우 귀했기 때문에 물에 희석하여 마셔서 아마도 물맛 나는 와인이었을 것이다.

조지아 와인은 8,000년 오랜 역사와 전통 그리고 독특한 크베브리(Qvevri) 양조방식으로 차별화된 와인을 생산하고 있지만, 국내에서는 프랑스, 이탈리아, 스페인 등의 유럽 와인에 밀려 가격이 저평가되고 있다. 특히 조지아는 세계 최고의 광

구세계 와인

천수, 천연 미네랄이 풍부한 물의 나라이며 조지아 와인 역시 유럽이나 미국, 호주, 남아공 같은 다른 곳에서 생산되는 와인보다 폴리페놀이 4~5배 많이 함유되어 항산화 작용으로 인한 노화 방지에 탁월한 효과가 있다. 피부가 고운 미인들이 많고 장수하는 이유도 미네랄이 풍부한 와인을 마시기 때문이라고 한다.

조지아 와인은 천지인(天地人) 3박자를 갖추고 있다. 첫째, 흑갈색 자갈의 모래밭은 유기질이 풍부하고 배수가 잘 되어 최적의 떼루아를 가진 와인 생산지를 만들어 낸다. 포도나무는 지하 깊숙이 코카서스산맥에서 녹아내린 백년설의 풍부한 광천수로 인해 다양한 미네랄을 마음껏 흡수한다. 둘째, 일교차 큰 아열대 기후로 한낮의 뜨거운 태양열은 포도밭을 달구고 5,000미터가 넘는 산에서 불어오는 서늘한 밤바람의 일교차는 포도의 당도를 더욱 높인다. 마지막으로, 프랑스의 부르고뉴 와인양조기술보다 뛰어나다고 극찬을 받는 1,000년 전통을 가진 와인양조법이다. 황토항아리 크베브리(Qvevri)에서 발효·숙성시키는 양조법은 와인의 향과 맛을 아주 깊고 우아하게 만들며 양조 장인들의 열정과 기술 없이는 불가능하다.

▲ 조지아 카헤티 지방의 황토 항아리 크베브리 발효실

국가별 와인

조지아 와인의 역사는 스탈린의 고향인 수도 트빌리시의 국립 와인아카데미의 박물관을 방문해 보면 쉽게 이해할 수 있다. 창세기 노아의 방주에 얽힌 이야기, 8,000년의 역사를 가진 와인 생산기구, 와인 숙성통, 와인과 관련된 벽화와 그림 등이 전시되어 있다. 그리고 그 당시 유적지에서 발견된 포도씨를 과학적으로 연구한 결과를 보면 그 당시 이미 야생이 아닌 포도나무를 재배한 것을 알 수 있다.

그리스 신화에 따르면 기원전 8세기경에 이미 이집트, 그리스, 페르시아 등지로 와인을 수출한 기록이 있으며, 12세기 문헌에서도 찾아볼 수 있다. 시내에서 약간 벗어나 산위에 있는 옥토도스 그루지야 정교 교회(Octhodox Church)의 지붕에는 포도나무로 만들어진 십자가를 볼 수 있다. 그 밖에 그루지야 정교 교회의 많은 벽화에도 포도나무 그림들이 발견된다. 대주교의 왕관도 포도 모양으로 장식되어 있어 조지아인들이 포도나무를 신성시했다는 증거를 엿볼 수 있다.

오스만제국이 지배하던 15~18세기 당시 이슬람 율법에 의해 와인 생산이 중단된 역사를 가지고 있지만 이후 소련이 지배하던 시대에는 공산당 지도부들이 조지아 와인을 찾기 시작하면서 와인 생산이 재개되었다. 1950년대의 포도재배면적은

▲ 조지아의 수도 트빌리시의 박물관에 있는 황토항아리 발굴 모습

모두 58,000헥타르 정도였으나 해를 거듭할수록 늘어나 1985년에는 13만 헥타르에 와인 생산량은 80만 톤에 이르게 되었다. 그러나 다시 소련 공산당 서기장 고르바초프(Mikhail Sergeyevich Gorbachev; 1931~2022)의 알코올 반대정책으로 와인 생산량이 급속히 감소되면서 와인 산업에 큰 타격을 주었다. 2005년에는 약 6만헥타르의 포도밭에서 약 5,000만병을 생산하였으나 최근에 증가추세에 있다.

조지아도 PDO(Protected Designation Origin)가 18개 있다. 중요한 와인 생산 지역은 흑해 연안에 위치해 있으며, 기후가 건조한 동부지방에는 카헤티(Kakheti)의 크바렐리(Kvareli), 텔라비(Telavi), 츠수라페비(Tsurafebi), 에니셀리(Eniseli), 나파레울리(Napareuli) 등의 산지가 있으며, 이메레티(Imereti) 지역의 암브로라우리(Ambrolauri), 라차-레크후미(Lacha-Rkatsiteli) 등은 기후가 습한 특성을 갖고 있다. 또 북부의 스바네티(Svaneti)도 제법 명성 있는 와인 산지이다.

토착 포도품종으로 500여종이 재배되고 있는데 그 중 40여종이 와인 생산에 사용되고 있다. 유명한 흑포도 품종은 사페라비(Saperavi), 알렉산드로우리(Alexandrouli), 무줄레툴리(Mujuretuli), 타브크밸리(Tavkveri)가 있으며, 청포도 품종은 무츠바네(Mtsvane), 르카치텔리(Rkatsiteli), 키시(Qisi) 등이 있다.

2006년 러시아는 위생 상태를 빌미로 조지아 와인의 수입을 금지하였다. 전체 와인 생산량의 80%를 러시아로 수출하던 조지아로서는 와인 산업에 큰 타격이 아닐 수 없었다. 사실 러시아가 와인 수입을 금지한 배경에는 1991년 독립을 선언한 조지아가 2000년에는 세계 수출기구에 가입하는 등 서방국가와 관계를 맺기 시작했기 때문이다. 수출길이 막혀 황폐화된 조지아의 와인 산업은 이후 유럽과 아시아로 눈을 돌렸다. 그리고 유럽 와인 품질 기준에 부합

▲ 사페라비 포도품종

하는 와인 생산을 위해 노력하고 있다. 조지아 와인을 맛볼 수 없게 된 동유럽 국가에서는 가짜 조지아 와인이 고가로 판매되고 있으며, 러시아에서만 연간 1억 병 정도의 가짜 조지아 와인이 유통되고 있다고 한다. 그 중 특히 유명한 '챠반츠카라(Chawantschkara)' 와인은 90만 병이 생산되었지만, 러시아에서 150만 병 이상이 팔렸다.

조지아는 '각헤티엔 전통 양조법(Kakhetian: Traditional Kvevri-Wine Making)'을 고수하고 있는데 '크베브리(Qvevri)'라는 황토항아리에서 포도즙을 발효·숙성시키는 양조법이다. 매년 10월경 잘 익은 포도를 손으로 직접 수확하여 커다란 돌 절구통이나 사츠하넬리(Satskhaneli)라는 나무통에 넣고 으깬다. 그리고 땅속에 묻어 놓은 황토항아리 '크베브리'에 차차(chacha: 포도송이 껍질, 줄기를 통째로 으깬 것을 말하며, 또한 와인을 만들고 남은 찌꺼기를 증류한 것을 말한다)를 통째로 넣고 1개월간 발효시킨다. 발효가 끝난 항아리는 밀봉해서 움막 같은 보호막을 만들어 6개월 정도 숙성시킨다. 우리나라 김장김치를 땅속 장독에 보관·숙성시키는 방법 같은 크베브리는 보통 작은 양조장은 10리터부터 100리터용까지 사용하며, 큰 양조장은 2,000리터를 넣을 수 있는 아주 다양한 크기를 가지고 있다. 황토항아리에서 숙성 기간을 거친 와인은 스테인리스 통이나 에나멜 통에 담겨져 장기간의 숙성을 거치고, 다시 정제하여 병입 후 출고한다. 보기 드문 황토항아리 숙성 와인은 독특한 개성을 보이며 세계 와인 애호가들의 흥미를 불러일으키고 입맛을 사로잡는다. 그 이유는 최근에 크베브리를 사용한 오렌지 와인(Orange Wine)이 부활하고 있기 때문이다. 그러나 최근에는 에나멜, 스테인리스 발효통을 사용하고, 프랑스 오크통에 와인을 숙성시키는 현대적 양조법이라서 아쉬움이 남는다.

또한 싱글 몰트로 추출하는 와인 브랜디는 바닐라 아로마를 가진 감미롭고 섬세한 맛으로 호박빛의 영롱한 색을 자랑한다. 조지아 브랜디의 개성은 워낙 독특해서 1884년에 이미 코냑 생산지로 널리 알려져 있었다. 제2차 세계대전 당시 얄타 회담에서는 처칠수상과 스탈린이 마신 코냑이 바로 "그루쉬닌 코냑(Грузинский козырь)"으로 그루쉬닌은 러시아어로 옛 국가명 '그루지야'를 의미한다. 그러나 아르메니아에서는 '아라라트(Ararat) 코냑'을 마셨다고 주장하며, 스탈린이 처칠 총리

구세계 와인

에게 365병을 선물한 기록이 아르메니아 코냑 박물관에 소장되어 있다고 한다. 조지아의 최고급 브랜드는 맑고 투명한 연갈색의 '차차(ChaCha)'로 두 번 증류한 것으로 알코올 도수가 43도 정도이다. 코냑과 같은 도수이면서 보드카와 같은 맑은 색을 갖고 있으며 독특한 개성과 우수한 맛으로 각광 받고 있다.

조지아의 명성있는 와이너리는 텔리아니 밸리(Teliani Vally)를 비롯해서 오카미(Okami), 바그라티오니(Bagrationi), 바찌 플러스 비네히(Vazi+ Binekhi) 등이 있다.

조지아 와인과 샤슬릭(Shashlik) 전통음식은 최고의 궁합을 이룬다. 샤슬릭은 러시아의 전통 꼬치구이를 일컬으며, 터키의 쉬시 케밥(Shish Kebab)과 같은 맥을 잇는다. 우리나라 산적과 비슷한 꼬치구이를 조지아에서는 자신들이 원조라고 주장하며 므츠바디(Mtsvadi)라고 한다. 므츠바디는 겨울철 포도나무 가지를 전지하여 불을 피우고 남은 불꽃으로 구워 먹는 꼬치요리이다. 보통 돼지고기의 갈빗살이나 엉덩이살을 양념하여 꼬챙이에 끼워 굽는데 포도나무의 은은한 향이 고기에 스며들어 담백하고 구수한 맛이 일품이며 잊을 수가 없다.

▼ 조지아 트빌리시(Tbilisi)의 즈바리(Jvari) 성당에서 바라본 역사적인 므츠헤타(Mtskheta) 마을

카레바 와이너리

　조지아의 코카서스 산맥에서 봄이 오는 소리를 들으면서 눈이 녹아내리는 광천수를 마셔본 사람은 그 맛을 잊을 수가 없을 것이다. 8,000년 전에 와인이 최초로 생산되었던 조지아는 봄이 되면 집집마다 포도나무를 돌보면서 크베브리(Qvevri; 와인을 양조할 때 사용되는 황토항아리로 유네스코 인류무형문화재)를 청소한다. 조지아 와인은 구소련 시절, 주로 소비에트 국가에서 가장 인기를 끌었으나 조지아가 1991년 구소련으로부터 독립하고, 2008년 러시아와 내전을 치르면서 러시아로 와인을 수출할 수 없게 되자 러시아에서는 가짜 조지아 와인이 판을 치게 되었고 조지아는 유럽, 미주, 아시아로 와인을 수출하면서 와인의 진가를 발휘하게 되었다. 저자는 조지아로 와인투어를 5번 하였는데 봄에 했던 투어가 가장 인상 깊었고, 수많은 조지아 와인 중에 카레바(Khareba) 와인이 인상 깊었다.

　카레바 와이너리는 조지아 수도 티빌리시에서 자동차로 약 2시간 거리에 있는 최대 와인 생산 지역인 카헤티(Kakheti)에 위치하고 있다. 아름다운 산속에 자리 잡은 카레바 와이너리는 들어가는 입구 중앙에 조각공원이 나타나고 커다란 2개의 크베브리에서 시원한 물을 뿜어내면서 와인 투어객을 맞이한다. 카레바 와이너리는 조지아에서 혁신적인 와이너리로 명성이 높으며, 현대적인 건축물에 전통적인 와인 양조기법과 과학적인 양조방법을 접목했다. 카레바 와이너리 전망대에서 바라보면 약 745헥타르의 포도밭이 눈앞에 파노라마처럼 꽉 찬 느낌을 준다. 또한 조지아 최고의 와인을 만드는 양조가들의 자부심도 대단했다.

▼ 조지아의 카레바 와이너리 전경

▲ 조지아의 카레바 와이너리 입구에 있는 크베브리 공원

　카레바 와이너리는 조지아에서는 유일한 동굴 와이너리로 유명하며, 역사를 거슬러 올라가면 냉전이 한창이었던 구소련 시절까지 올라간다. 당시 공산주의 독재자 스탈린 총독이 1957~67년에 핵전쟁 대피시설로 코카서스 산맥에 동굴을 만들었는데 동굴의 총길이가 7.5km인 15개 동굴이 완성됐다. 그 중 13개 동굴이 코카서스 산맥과 연결되어 왕래할 수 있었고, 10톤 크기의 탱크 800대가 들어 갈 수 있는 공간을 만들었다. 그 후 조지아가 구소련으로부터 독립하면서 동굴은 군사적으로 더 이상 이용가치가 없다고 판단되면서 정부에서 와인저장시설로 사용했다. 2005년 트빌비뇨(Tbilvino) 회사가 정부로부터 독점권을 획득하여 카레바 와이너리로 개장하면서 주변에 양조시설 건축물도 건립하고, 산 중턱에 고급레스토랑을 오픈하면서 명소가 되었다.
　지하 동굴은 하루 25,000병의 와인을 생산할 수 있는 공간이 확보되어 있다. 또한 실내 온도는 12~14℃를 유지하고, 습도는 67%로 최적의 와인저장고이면서 와인 양조, 박물관, 와인 시음관, 레스토랑, 와인을 판매하는 와인 숍 등으로 아기자기하게 구성되어 있다. 포도밭은 해발 5,000m 코카서스 산맥의 백년설이 녹아내린 천혜의 빙하 광천수로 인해 풍부한 미네랄을 함유하고 있어 포도나무가 미네랄을 많이 섭취하여 독특한 개성의 블랙와인을 탄생하게 한다. 낮에는 아열대의 뜨거운 햇볕이 땅을 달구고 밤에는 코카서스 산맥에서 불어오는 차가운 바람으로 인하여 일교차가 크기 때문에 포도의 당도가 높고, 토양 역시 푸석푸석한 자갈 성분이 많아서 배수가 빨리 되는 장점이 있다. 그리고 유기농 포도농사를 위해 자연퇴비를 사용하고, 전통 양조방법인 크베브리를 사용한다.
　저자는 6개의 와인을 시음하였는데 그중에 조지아 와인의 특색을 잘 나타내는 '사페라비 2013(Saperavi 2013)' 와인이 가장 인상 깊었다. 와인을 시음해보니 매우 진한 검붉은 색의 석류빛, 확연히 차이를 느낄 수 있는 강한 들꽃, 숙성된 블루베리, 열대성 과일, 요거트, 스파이시 등의 향이 올라오며, 감미로운 맛과 약간 텁텁한 타닌의 맛이 환상적인 조화를 이루며 긴 여운이 인상이 깊고 전체적인 밸런스도 일품이었다. 음식과 궁합은 샤슬리, 양고기구이, 쇠고기 안심 스테이크, 포도나무 가지 숯불의 돼지 바비큐 등과 잘 어울린다.

몰도바 와인

몰도바는 동유럽의 아주 작은 나라로 루마니아의 몰다비아(Moldavia) 끝에 있으며, 과거에는 소련 연방의 한 개 지방이었다가 구 소련 해체와 함께 1991년 루마니아로부터 독립한 국가이다. 몰도바는 와인 산업의 강국이다. 전 세계에서 유일하게 10월 첫째 주말을 '와인 데이'로 공표하고, 국가에서 공휴일로 공식적으로 지정했다. 몰도바에서는 가정마다 와인을 가양주처럼 만들어 마시는 것이 일상 생활이다. 19세기 프랑스의 식민지일 때, 이민자들이 이곳에 상업성이 뛰어난 포도인 카베르네 소비뇽, 메를로를 심어 와인의 토대를 잡았다. 구 소련시절 조지아와 함께 주요한 와인 생산국이었고, 해방 후에 현대적인 양조기술을 많이 도입하였다.

몰도바의 와인 역사는 매우 길다. 포도재배는 기원전 7000년부터 시작하였고, 와인 양조는 기원전 3000년부터라고 한다. 2013년에 '몰도바 와인협회'를 발족했고, 화이트와인 65%, 레드와인 35%를 생산한다. 대표적인 와인 산지는 4개 지역으로 발티(Balti), 코드루(Codru), 스테판-보다(Stefan-Voda), 발룰 루이 트라이안(Valul Lui Traian)이며, 토양은 검은 토양인 체르노젬(Chernozems), 석회암, 자갈 등으로 구성되어 향미가 좋고 미네랄이 풍부하다.

발티(Balti)는 몰도바 북부에 위치한 가장 작은 와인산지로 다른 지역보다 긴 겨울의 서늘한 기후, 따뜻하고 건조한 여름기후로 주로 브랜디, 주정강화 와인이 생산된다.

코드루(Codru)는 몰도바 중부 지역으로 수도인 키시나우(Chişinău) 근처에 위치하고 있으며, 기후가 서늘하며 숲이 많이 우거지고 작은 강과 구릉이 많은 지형에 포도나무를 재배하고 있다. 겨울은 길고 온화한 편이며, 봄과 가을도 따뜻한 날씨가 이어진다. 포도품종은 청포도 품종인 페테스카 알바(Feteasca Alba), 머스켓 오토넬(Muscat Ottonel), 소비뇽 블랑, 샤르도네가 재배되고 있다. 고품질의 화이트와인이 많이 생산되고 있으며, 최근에 스파클링와인도 부상하고 있다. 유명한 와인 생

구세계 와인

산자는 크리코바(Cricova), 밀레스티 미치(Milestii Mici)가 있다. 2개의 와이너리는 석회암 지대에 있는 지하 광산터널을 와이너리로 만들었다. 크리코바의 터널의 길이는 70km, 밀레스티 미치의 터널의 길이는 200km로 기네스북에 등재되었다. 유명한 와이너리는 카스텔 미미(Castel MiMi)가 최고급 와인을 생산하며, 그리고 아스코니(Asconi), 카르페 디엠(Carpe Diem), 라다치니(Radacini) 등이 있다.

스테판-보다(Stefan-Voda)는 몰도바 남동쪽에 위치하고 있으며, 넓은 평원과 구릉이 이어지는 곳이다. 흑해의 영향을 받아 지중해식 기후를 띠고 있지만, 온화한 대륙성 기후이다. 포도품종은 토착 포도품종인 라라 네그라(Rara Neagra), 페테스카 네그라(Feteasca Neagra), 사페라비(Saperavi) 등이 있으며, 국제 포도품종으로 흑포도 품종인 메를로, 피노 누아, 청포도 품종인 샤르도네, 피노 그리(Pinot Gris)가 재배된다. 이 지역은 고품질의 레드와인 산지로 유명하며, 유명한 와이너리는 푸카리(Pucari), 엣 세테라(Et Cetera), 고구 와이너리(Gogu Winery) 등이 있다.

발룰 루이 트라이안(Valul Lui Traian)은 몰도바 남서쪽에 위치하여 흑해의 영향을 받아 지중해성 기후이다. 4개 지역 중 가장 건조하고 따뜻한 지역으로 해발 300m 이상에 포도밭이 자리 잡고 있다. 이 지역 포도밭의 60%는 레드와인 산지로 당도와 산도의 균형이 뛰어나 고품질의 와인이 생산된다. 스위트한 주정강화 와인인 파스토랄(Pastoral)과 키우마이(Ciumai)가 생산되며, 화이트와인의 품질도 계속 좋아지고 있다. 유명한 와이너리는 라다치니(Radacini), 비누리 드 콤랏(Vinuri de Comrat), 비나리아 딘 발레(Vinaria din Vale) 등이 있다.

▼ 몰도바의 카스텔 미미 와이너리

푸카리 와이너리

　2012년 러시아의 푸틴(Vladimir Putin;1952~) 대통령이 76.6%를 득표율로 4번째 대통령에 당선되자, 언론들은 '차르 부활'을 외쳤다. 푸틴 대통령은 '1인 장기 독재시대'를 장기집권체제로 전환하면서 오는 2024년까지 24년 동안 러시아를 통치하게 되었다. 1991년 러시아에서 독립한 소국 몰도바공화국의 푸카리(Pucari) 와인은 공교롭게도 '푸틴 대통령 와인'으로 불리고 있다. 2013년 우리나라를 방문한 푸틴 대통령이 소공동 롯데호텔에 투숙했고, 롯데호텔은 공식 만찬에 몰도바의 2005년산 네그루 드 푸카리(Negure de Pucari, 2005) 와인을 제공했다. 푸카리 와인은 러시아의 마지막 황제 니콜라이 2세(Nicholas II)의 즉위식 때 사용되기도 했다. 또한 영국의 조지 5세, 빅토리아 여왕이 즐겨 마셨던 와인으로 유명해졌으며, 신의 물방울 15권에서 '영국 왕실에서 사랑하는 몰도바의 숨은 와인'으로 소개되었고, 러시아에서는 황제와 지도자들이 국가의 중대사를 결정하는 자리나 귀빈 행사에 빼놓지 않고 올렸던 와인으로 유명하다. 그래서 서민들은 '황제의 와인'이라고 불렀으며, 푸틴 대통령이 평소 즐겨 마시는 와인으로 유명하다.

　푸카리 와이너리는 1827년 프랑스와 독일 와인 생산자가 자본을 투자하여 탄생한 그 해, 러시아의 황제 니콜라이 1세로부터 와이너리 역사상 처음으로 특별히 푸카리 와인이라는 칭호를 받았다. 푸카리 와이너리는 1847년 파리국제박람회에서 처음 와인을 출품하여 금상을 수상하면서 와

▼ 몰도바의 푸카리 와이너리

인 전문가들로부터 제2의 보르도 와인으로 주목을 받았으며, 이후 국제와인품평회에서 250개 이상의 메달을 받아 품질을 인정받았다. 그러나 세계 1,2차 대전과 소련붕괴 과정을 거치면서 와인 생산은 중단되었다가 2003년에 다시 복원하여 옛 와이너리 모습을 찾고 와인 생산을 재개했다.

푸카리 포도밭의 떼루아는 프랑스 부르고뉴와 같은 위도 상에 있으며, 흑해의 온화한 바람, 디네스터(Dniester)강의 안개, 칼슘이 풍부한 척박한 사질 토양이 있는 언덕, 구릉지의 미세 환경이 최상의 포도품질을 만들어 준다. 특히 몰도바는 BC 300년 전부터 포도밭을 일구고 와인을 생산한 기록이 남아 있다.

19세기에 프랑스 이주민들이 카베르네 소비뇽, 메를로의 포도나무를 재배하여 성공을 거두면서 국제 포도품종이 자리를 잡았고, 4개의 토착 품종(화이트와인 포도품종인 페테스카 레갈라; Feteasca Regala, 페테스카 알바; Feteasca Alba, 레드와인 포도품종인 페테스카 네그라; Feteasca Neagra, 라라 네그라; Rara Neagra)가 재배되고 있다. 푸카리 와이너리는 좋은 품질의 와인을 생산하기 위해 포도밭의 관리는 물론 새벽 4시에 포도를 손 수확하여 포도의 손상을 최소화하는 열정으로 와인 양조에 최선을 다한다. 와인 양조설비를 현대화하여 과학적인 시스템을 갖추고, 전통적인 포도재배 환경의 떼루아를 반영한다. 또한 레드

▲몰도바 와인들

와인을 25~28℃에서 7~8일 동안 발효하고, 5개월 이상 스테인리스 통에서 숙성 후 1~3년간 프랑스산 뉴 오크통에서 숙성을 하며, 병입 후에도 6개월 동안 숙성한 다음 출하한다. 화이트와인은 10~12℃에서 7일 동안 발효 후 레드와인처럼 스테인리스, 프랑스산 뉴 오크통 그리고 병입숙성한 후에 출하한다.

저자는 2015년, 2016년, 2020년 몰도바 와인투어를 갈 때마다 푸카리 와이너리를 방문했다. 2020년 2월에는 몰도바 수도 키시네프에 위치한 푸가리 와인바에서 18개의 와인을 시음했는데 매우 인상이 깊었다. 시음했던 와인들 중 가장 인상 깊었던 것은 '라라 네그라 2012(Rara Neagra, 2012)' 레드와인이었다. 라라 네그라는 토착 포도품종으로서 진한 붉은색의 와인이 시각적으로 돋보였으며, 체리, 자두껍질, 바닐라, 캐러멜, 블랙 커런트의 향이 일품이었으며, 아주 부드럽고 친근하면서 단맛이 오래 유지되고, 여운이 오래 남았다. 어울리는 음식은 불고기, 돼지고기, 양고기 등이다.

국가별 와인

🍷 슬로베니아 와인

슬로베니아는 우리나라처럼 산이 75%이고 전세계적으로 먹는 샘물이 가장 좋은 국가이다. 1991년 유고슬라비아에서 분리된 이후 와인 산업에 주력했고, 오렌지 와인(Orange Wine) 생산으로 명성이 높다. 슬로베니아의 포도재배 역사는 2,400년 전에 시작되었다. 고고학자들에 의하면 슬로베니아 북동부의 켈트족과 일리아인들이 포도를 재배한 흔적이 남아 있다. 바세(Vace)에서 기원전 6세기 경 유물로 추정되는 와인 용기 "바스카 시출라(Vaska Situla)"가 발견되었다. 켈트족은 그리스로부터 와인 양조기술을 전수받았다. 1세기에 당시 역사가 타키투스(Tacitus)는 프추에(Ptuj)의 와인을 언급했고, 항아리와 와인 잔을 통해 와인 생산과 교역이 존재했다는 것을 알 수 있다. 후에, 러시아 노예들이 이주해오고, 헝가리인들이 프추에 지방을 공격하면서 9세기부터 11세기까지 슬로베니아의 와인 산업은 쇠퇴했다. 슬로베니아는 12세기부터 숲을 개간하여 포도나무를 심었고, 와인 산업은 다시 성장했다. 이 때 당시 포도밭은 대부분이 가톨릭 교회의 소유였지만, 15세기 이후에는 부르조아(Capitalist class : 유산계급)들이 포도밭을 소유했다. 1880

▼ 슬로베니아의 비파브스카(Vipavska)의 생 마틴 브리제(Brje)마을의 포도밭

년 필록세라가 창궐하여 대부분의 포도밭이 황폐해졌고, 많은 와인 생산자들이 파산했다. 이로 인해 많은 포도재배지가 버려졌는데, 그래서 2차 세계대전 발발 전에 슬로베니아의 포도 재배량은 겨우 국내소비량에도 미치지 못했다.

슬로베니아 와인 생산지는 크게 3개 혹은 9개 지역으로 구분한다. 일반적으로 3개 와인산지로 구분하는데 프리모르스카(Primorska), 포사비예(Posavje), 포드라비에(Podravije)이다.

프리모르스카(Primorska)는 슬로베니아에서 가장 약동하는 와인 생산지역이다. 이탈리 프리울리(Friuli) 지역과 국경을 맞대고 있는 으로 오렌지 와인이 시작된 곳이다. 화이트와의 품질이 매우 뛰어나며, 대표적인 포도품종은 리볼라 지알라(Ribolla Gialla)이다. 최근에

▲ 슬로베니아의 아드리아해안에 이스트라반도 언덕에 위치한 포도밭

랑스 보르도의 흑포도 품종인 카베르네 소비뇽(Cabernet Sauvignon), 메를로(Merlot), 피노 누아(Pinot Noir)를 재배하면서 품질 좋은 레드와인이 생산되고 있다. 유명한 와이너리는 카바이(Kabaj), 부르야 에스테이트(Burja Estate), 스토켈리 와이너리(Stokelj Winery), 래파 비다(Lepa Vida) 등이 있다.

포사비예(Posavje)는 포도재배면적은 작지만, 다채로운 와인을 생산하는 지역이다. 프랑스 양조방법의 영향으로 가볍고 산도가 높은 와인을 생산한다. 비젤리슈코 슈레미치(Bizeljsko Scemié) 지역에서는 청포도 품종인 루메니 플라베츠(Rumeni Plavec)로 양조한 화이트와인이 매우 품질이 뛰어나 인기가 좋다. 유명한 와이너리는 조세프 호글(Josef Högl), 켈티스(keltis), 메트리스카 크니냐(Metliska Crnina) 등이 있다.

포드라비에(Podravije)는 슬로베니아에서 가장 중요한 와인 산지이다. 내륙성 기후로 거의 화이트와인을 생산하는데 상쾌한 산도에 알코올이 낮아 마시기 편하다. 대표적인 포도품종은 청포도 품종인 라슈키 리슬링(Laçki Rizling), 시폰(Sipon; 헝가리의 푸르민트)이다. 국제적인 포도품종인 샤르도네(Chardonnay), 소비뇽 블랑(Sauvignon Blanc), 피노 그리(Pinot Gris)를 재배한다. 1852년부터 발포성 와인을 생산하면서 명성이 높아지고 있다. 유명한 와이너리는 비나코퍼(Vinakoper), 보스키냑(Boskinac), 빈스카 크레트 프레리히(Vinska Klet Frelih) 등이 있다.

비나코퍼 와이너리

　동남부 발칸반도의 와인 소국인 슬로베니아는 고대 로마 유적과 함께 풍광이 아름다워서 잠시도 눈을 뗄 수가 없는 곳이었다. 코퍼(Koper) 시내에서 반짝반짝 빛나는 아침의 아드리아해를 바라보면서 비나코퍼(Vinakoper) 와이너리에 도착하였다. 와이너리를 보는 순간 슬로베니아에도 이렇게 큰 규모의 와이너리가 있다는 것이 실감이 나지 않았다.

　이 지역은 3,000년 전부터 포도를 재배하고 양조를 하였다는 기록이 있으며, 그 당시 와인은 일상생활 속에서 매우 중요한 부분으로 지역경제에 많은 도움을 주었다고 한다. 고대 로마의역사학자 가이우스 플리니우스 세쿤두스(Gaius Plinius Secundus; AD 23~79, 백과사전 '박물지' 저자)는 로마의 황후 리비아 드루실라(Livia Drusilla; BC 58~AD 29)가 코퍼지역의 와인을 마셨다는 기록을 남겼다. 13세기, 15세기에 리볼라(Ribolla) 포도품종이 있었으며, 17세기에는 노비그라다(Novigrad; 현재는 크로아티아) 지역의 토마시니(Tommasini) 주교가 코퍼지역에 무스카트(Muscats) 포도품종으로 양조한 아주 품질이 높은 와인을 생산하였다고 언급한 기록도 있으며, 더 나아가 18세기에는 비나코퍼에서 다양한 포도품종(Trebbiano, Sangiovese, Carnignano of Toscany)을 재배했다는 기록도 있다.

　1947년 2월 27일에 프랑스 샹파뉴 랭스 지역의 샴페인 회사 제이 샴페인 시에(J. Champion & Cie)가 투자하여 비나코퍼 와인회사가 설립되면서 본격적인 고급와인을 생산하였다. 몇 세기를 걸쳐 내려오던 슬로베니아의 전통적인 와인양조방법을 계승하여 오늘에 이르고 있다. 비나코퍼는 1991년 6월 25일 슬로베니아가 유고슬라비아에서 독립한 후부터 활기를 되찾았으며, 국제 와인품평회에서 해마다 수상하는 쾌거를 올리면서 슬로베니아 와인 산업계의 선두 주자이자 국제 와인시장에서 주목할 만한 경쟁자로 우뚝 서게 되었다. 2016년에도 디켄터(Decanter), 비니탈리(Vinitaly) 등

▲ 슬로베니아의 비나코퍼(Vinakoper) 와이너리

▲ 슬로베니아의 비나코퍼(Vinakoper) 와인들

의 세계와인품평회에서 7개의 금메달, 그랑프리를 포함한 30개 이상의 은메달을 수상하면서 슬로베니아 와인을 국제적으로 인정받게 하였다.

　현재 비나코퍼의 포도밭은 아드리아해안의 이스트라(Istria)반도 언덕 해발 300m에 위치한 570헥타르의 규모이며, 모든 포도는 유기농재배법을 사용하고 손 수확을 하는 전통방법을 고수하고 있다. 토양은 독특한 플리시-마를(flysch-marl; 석회암과 이회암의 혼합된 토양)이며, 해풍, 뜨거운 태양과 일교차, 안개 등의 떼루아로 풍부한 과일향, 우아하고 섬세하면서 고급스러운 와인 맛을 선사한다. 주요 포도품종은 레포스코(Refosco), 말바지아(Malvasia), 옐로우 무스카트(Yellow Muscat), 메를로, 카베르네 소비뇽, 샤르도네, 피노 그리, 시라 등을 재배한다. 여기서 생산되는 와인의 비율은 레드와인이 60%, 화이트와인이 40% 정도이며, 1년에 300,000~350,000ℓ 정도의 와인을 생산한다.

　와이너리에 들어가면 대규모 오크통이 눈에 들어오는데 발효하는 오크통 중에 40,000ℓ가 들어가는 어마어마한 통 외에 많은 대규모 오크통이 있으며, 숙성하는 오크통은 프렌치 오크통을 사용하고 있었다.

　저자는 다양한 종류의 와인(스파클링와인, 화이트와인, 로제와인, 레드와인)을 품종별로 시음하였는데 빈병을 보니 11개가 되었다. 그중에 60주년 기념하는 'Sixty 2011' 와인이 가장 인상 깊었다. 포도는 아드리아해안의 이스트라반도에서 가장 품질이 좋은 포도를 선별하여 손 수확하였고, 품종은 카베르네 소비뇽 50%, 메를로 20%, 시라 20%, 레포스코 10%를 블렌딩하였다. 진한 갈색의 잘 익은 체리 색과 루비 붉은 색이 감도며, 열대과일, 향신료, 박하, 송로버섯 향이 나며, 부드럽고 우아한 풍미에 산도도 적당하고 밸런스가 매우 뛰어났으며, 장기 숙성이 가능한 와인이었다. 음식과 조화는 송로 버섯을 가미한 쇠고기 스테이크, 양고기 등과 잘 어울린다.

신세계 와인

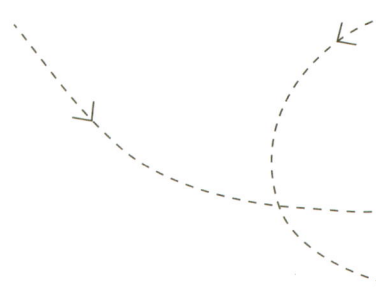

🍷 미국 와인

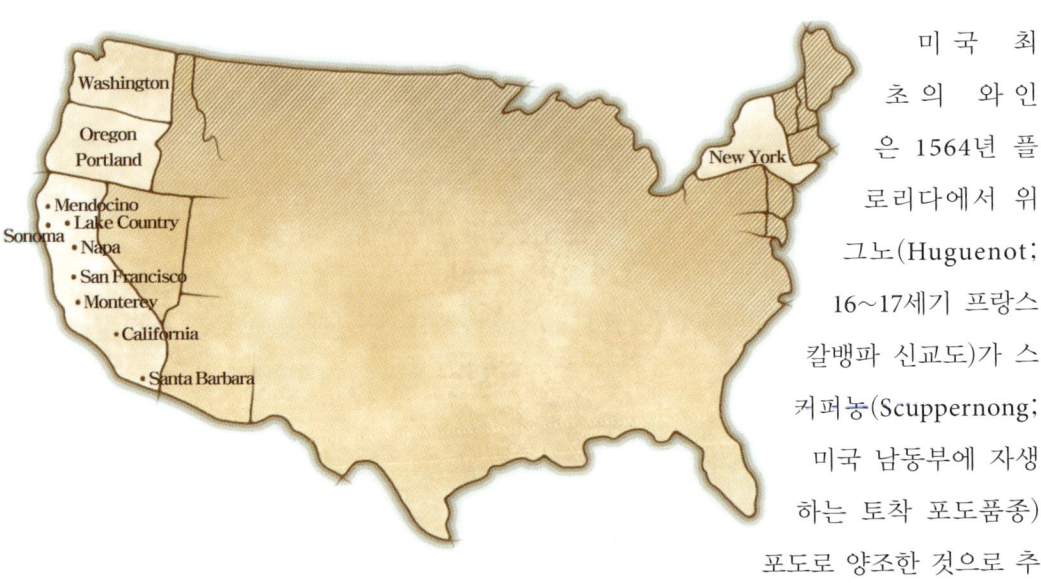

미국 최초의 와인은 1564년 플로리다에서 위그노(Huguenot; 16~17세기 프랑스 칼뱅파 신교도)가 스커퍼농(Scuppernong; 미국 남동부에 자생하는 토착 포도품종) 포도로 양조한 것으로 추측하고 있으며, 1609년에는 뉴멕시코에서 수도사들의 성찬식에 사용하기 위해 와인을 만들었다는 기록이 있다. 1793년에는 최초로 상업적 와인 생산시설을 갖추었고, 1824년에는 캘리포니아에 와인 산업이 시작되었으며, 1919년부터 1933년까지 금주령, 이후 세계대전으로 어려운 고비를 거쳤으나 1966년 미국 와인의 대부인 로버트 몬다비(Robert Mondavi)가 와인 산업을 발전시켜 1970~1980년대 사이에 비약적인

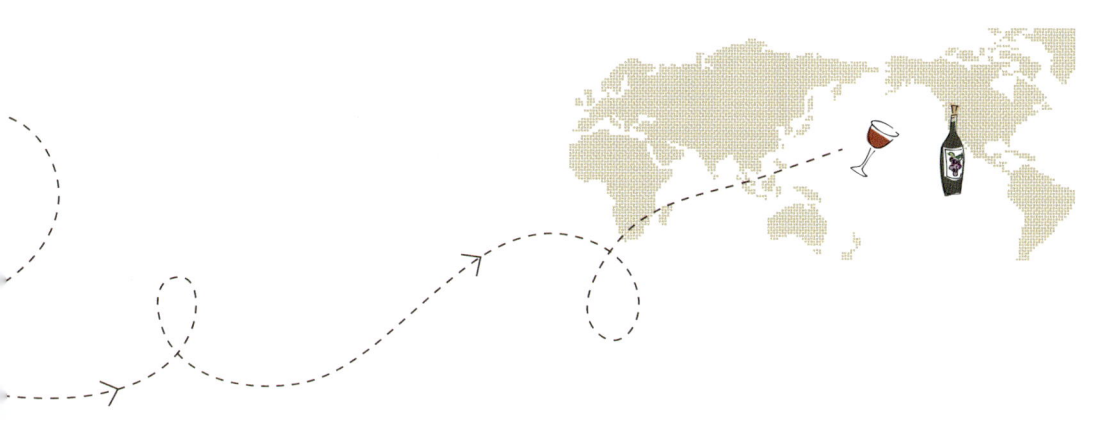

발전을 하였다. 캘리포니아 유씨 데이비스(UC Davis) 대학은 와인에 대한 과학적 연구로 미국 와인 품질향상에 크게 기여하였고, 1983년에 처음으로 토양과 기후에 따른 지역 명칭을 구체화하였다.

현재는 50개 주에 걸쳐 1,000개가 넘는 와이너리가 있지만 캘리포니아주가 와인 생산량에 90%를 차지한다. 캘리포니아는 와인 산업의 중심지로 북에서 남으로 1,100km 정도 뻗어 있으며, 과학적인 포도재배와 와인양조방법으로 다양한 와인을 생산하고 있다. 특히 이 지역의 와인들은 최고 품질로 인정받으며 유럽의 와인들과 경쟁하는 위치를 구축했다. 포도밭도 350,000에이커가 넘고, 연간 400억 갤런이 넘는 와인을 생산해 미국 와인 생산량의 84%를 차지한다. 포도나무가 자라기에 아주 좋은 해양성, 지중해식, 대륙성 등의 기후와 토양을 갖고 있다. 기후 또한 해마다 일관된 모습을 보여주고 적당한 강수량과 가뭄을 대비한 다목적댐으로 수량을 확보해 포도의 당도가 매우 일정한 편이다. 1976년 5월 24일 프랑스 파리에서 개최된 '파리의 심판(Paris Wine Tasting of 1976)'에서 미국와인이 프랑스의 유명한 와인을 제치고 1등을 함으로써 비약적인 계기를 만들었다.

미국 와인법은 연방법으로 프랑스 AOC제도를 보완하여 1978년에 제정되었다. '미국포도재배지역(AVA; American Viticultural Area)'을 기본으로 한 원산지를 보증하는 법으로 1983년에 수정 보완하였다.

미국의 메리티지 와인(meritage wine)은 보르도 지방 포도품종을 적당한 비율로

▲ 캘리포니아 오퍼스 원 와이너리

블렌딩하여 양조한 와인이며, 버라이어털 와인(varietal wine)과 구별되는 또 하나의 고급와인이다. 버라이어털 와인은 포도품종을 상표로 내건 고급와인으로 포도품종을 기재할 경우 그 품종을 75%이상 사용해야 하며, 제너릭 와인(generic wine)은 포도품종을 기재하지 않은 일반적인 와인을 말한다. 참고로 컬트 와인(cult wine)은 소량 고품질의 카베르네 소비뇽(Cabernet Sauvignon) 포도품종으로 와인을 생산하여 고가로 판매하는 와인으로 1980년대 오퍼스 원(Opus One)이 시초이다.

메리티지 와인

메리티지(Meritage)는 프랑스 보르도의 전통적인 양조방법으로 포도품종을 블렌딩하여 만든 레드와인 혹은 화이트와인을 말한다.

미국에서 메리티지 와인이 탄생된 배경을 보면 양조자들이 포도품종을 표기할 때 최소 함량 규정 비율(75%)을 맞추기 번거로웠기 때문이다. 일부 양조자들은 주 품종 60%에 보조 품종 40%를 블렌딩하면 더 양질의 와인을 만들 수 있다는 사실을 알고, 프랑스 보르도 와인처럼 고급스럽고 맛있는 와인을 양조하여 심리적인 부담을 줄이고자 하였다.

블렌딩에 사용되는 품종은 카베르네 소비뇽, 메를로(Merlot), 카베르네 프랑(Cabernet Franc), 프티 베르도(Petit Verdot), 말벡(Malbec) 등이 있으며, 화이트와인에는 소비뇽 블랑(Sauvignon Blanc)과 세미용(Sémillon)이 있다.

캘리포니아에서 생산되는 와인 중 메리티지 와인은 크리스티안 모엑스(Christian Moueix)의 도미누스(Dominus), 조셉 펠프스(Joseph Phelps)의 인시그니아(Insignia), 프란시스칸(Franciscan)의 마그니 피캣트(Magnificat), 몬다비/로칠드(Mondavi/Rothschild)의 오퍼스 원(Opus one)과 케인 파이브(Cain Five) 등이 있다.

◀ 미국 펠프스 빈야드 인시그니아

신세계 와인

캘리포니아 California

캘리포니아 연안은 해류에 의해서 발생하는 안개의 영향으로 여름은 서늘하고 겨울은 온난한 기후의 혜택을 받으며, 크게 북부 해안지역(North Coast), 중부 해안지역(Central Coast), 무더운 중부 내륙(Central Valley), 시에라 네바다 풋힐즈(Sierra Nevada Foothills), 남부 해안지역(South Coast)으로 5개 지역이다.

첫째, 북부 해안지역은 샌프란시스코 북쪽의 해안선에 가까운 지역으로 해안, 만(灣, Bay), 강, 안개의 영향으로 서늘한 기후대를 가진다. 포도에 산의 함량이 풍부해 상쾌하고 활기찬 최고급 와인을 생산한다. 포도품종은 흑포도 품종으로 카베르네 소비뇽, 메를로, 진판델, 청포도 품종으로 소비뇽 블랑, 샤르도네가 재배되고 있다. 주요 와인 생산지역은 나파(Napa), 소노마(Sonoma), 멘도시노(Mendocino), 레이크 카운티(Lake County), 시스큐(Siskyou), 훔볼트(Humboldt), 솔라노(Solano), 마린(Marine)이다.

유명한 와이너리는 나파의 스크리밍 이글(Screaming Eagle), 할란 에스테이트(Harlan Estate), 조셉 펠프스(Joseph Phelps), 스택스 립(Stag's Leap), 오퍼스 원(Opus One), 클로 뒤 발(Clos du Val), 뀌베종(Cuvaison), 실버 오크(Silver Oak), 베링저(Beringer), 로버트 몬다비(Robert Mondavi), 루이 마티니(Louis Martini M.A.Corp), 소노마의 알렉산더 밸리 빈야즈(Alexander Valley Vineyard), 시미 와이너리(Simi Winery), 조단 빈야드 와이너리(Jordan Vinyard & Winery) 등이 있다.

독일 와인법 규정에 따른 캘리포니아 와인 협회의 화이트와인 표준 정의

조기 수확(early harvest)은 수확 당시의 포도가 당도 최대 20 브릭스 때 만든 와인을 말하며, 독일의 '카비네트(Kabinett)'에 해당한다. 보통(normal 또는 regular)은 수확 당시 당도가 20~24 브릭스의 포도로 만든 것으로 보통 라벨에 특별한 표시를 하지 않는다. 늦 수확(late harvest)은 수확 당시 당도가 최소 24 브릭스는 되어야 하며, 독일의 '아우스레제(Auslese)'에 해당한다. 완숙하고 선별된 포도(select late harvest)는 수확 당시 당도가 최소한 28 브릭스의 포도로 만든 와인이며, 독일의 '베렌아우스레제(Beerenauslese)'에 해당한다. 특별히 선별한 완숙 포도(special select late harvest)는 수확 당시 당도가 최소한 35 브릭스일 때 수확한 포도로 만든 와인이며, 독일의 '트로켄베렌아우스레제(Trockenbeerenauslese)'에 해당한다.

▲ 스크리밍 이글

둘째, 중부 해안지역은 샌프란시스코에서 로스앤젤레스 북쪽까지의 해안 지대로 안개나 해류에 의해 서늘하고, 내륙지대는 건조한 기후대이다. 포도품종은 시라(Syrah), 그르나슈(Grenache), 비오니에(Viognier), 마르산(Marsanne), 루산(Roussanne)이다. 주요 와인 생산

미국 초창기의 포도원 ▲

지역은 산 마테오(San Mateo), 알라미다(Alameda), 콘트라 코스타(Contra Coasta), 몬테레이(Monterey), 산타 클라라(Santa Clara), 리버모어(Livermore), 산타 크루즈(Santa Cruz), 산 베니토(San Benito), 산 루이 오비스포(San Luis Obispo)이다. 유명한 와이너리는 지켈 빈야드(Jekel Vineyard), 샬론 빈야드(Chalone Vineyard) 등이 있다.

   셋째, 중부 내륙지역은 주 중앙부를 관통하는 가장 무더운 지역으로 안개의 영향을 받지 못하며, 최대 와인 생산지이고 대규모 벌크 와인(bulk wine)을 생산한다. 포도품종은 카베르네 소비뇽, 시라, 메를로, 그르나슈(Grenache) 등이다. 중요 와인 생산지역은 욜로(Yolo), 세크라멘토(Sacramento), 산 호아킨(San Joaquin), 스타니슬라우스(Stanislaus), 머시드(Merced), 마데라(Madera), 프레즈노(Presno), 투레어(Tulare), 컨(Kern)이다. 세계적인 와인 회사인 이앤제이 갤로 와이너리(E&J Gallo Winery)가 있다. 유명한 와이너리는 깁슨 와인(Kibson Wine Co), 브론코 와이너리(Bronco Winery) 등이 있다.

넷째, 시에라 네바다 풋힐즈(Sierra Nevada Foothills)는 중부 내륙부터 네바다 주 경계까지 걸친 지역으로 좁고 가파른 산기슭에 포도밭이 있으며, 다양한 와인을 생산하고 특히 카베르네 소비뇽, 슈냉 블랑, 소비뇽 블랑, 진판델 와인이 유명하다. 주요 와인 생산지역은 유바(Yuba), 네바다(Nevada), 플레이서(Placer), 엘도라도(El Dorado), 아마도르(Amador), 칼라베라스(Calaveras), 투울엄네(Tuolumne), 마리포사(Mariposa)이다. 유명한 와이너리는 스티브낫 와이너리(Stevenot Winery), 칼리(Karly), 스톤릿쥐(Stoneridge) 등이 있다.

다섯째, 남부 해안지역은 역사적으로 가장 오래된 와인 생산지역이며, 저렴한 저그(jug) 와인을 생산하는 곳이다. 포도품종은 카베르네 소비뇽, 시라 등이다. 주요 와인 생산 지역은 산 베르나르디노(San Bernardino), 리버사이드(Riverside), 로스 앤젤레스(Los Angeles), 샌디에이고(San Diego)이다. 유명한 와이너리는 에드나 밸리 빈야드(Edna Valley Vineyard), 더 파이어스톤 빈야드(The Firestone Vinyard) 등이 있다.

캘리포니아에는 현재 6개 지역 139개의 포도재배지역(AVA)이 있으며, 그 중 가장 유명한 곳은 나파 밸리(Napa Valley), 소노마 밸리(Sonoma Valley), 러시안 리버 밸리(Russian River Valley), 알렉산더 밸리(Alexander Valley), 드라이 크릭 밸리(Dry Creek Valley), 로스 카네로스(Los Carneros), 앤더슨 밸리(Anderson Valle), 산타 크루즈 마운틴(Santa Cruz Mountain), 리버모어 밸리(Livermore Valley), 파소 로블스(Paso Robles), 에드나 밸리(Edna Valley), 피들타운(Fiddletown), 초크 힐(ChalkHill), 하웰 마운틴(Howell Mountain) 등이다.

클로 뒤 발 와이너리

　미국와인 중에 가격대비 품질 좋은 와인을 추천한다면 품격과 가치를 느낄 수 있는 클로 뒤 발 와인(Clos du Val)으로 한번 마시는 순간 이 와인의 묘한 매력에 빠진다. 2003년 16대 노무현 대통령 취임식 만찬과 2008년 17대 이명박 대통령 취임식 만찬에 공식 와인으로 사용되었고, 특히 2009년 미국 부시(George W. Bush; 1946~) 대통령의 방한, 일본 아소(麻生 太郎; 1940~) 총리의 방한, 1998년 미국 빌 클린턴(Bill Clinton; 1946~) 대통령 방한에 공식와인으로 등장하면서 '대통령 와인'이라는 별칭을 얻으며 국내에서 인기 반열에 올랐다.

　클로 뒤 발 와인의 라벨을 유심히 보면 전라의 3명의 미인이 하늘을 우러러보는 모습이 있는데 '삼미신(三美神)'이라고 하며, 그리스 신화에 등장하는 제우스의 딸 아글라이아(Aglaia), 에우프로시네(Euphrosyne), 탈리아(Thalia) 3명으로 아름다움, 매력, 즐거움을 상징한다.

　클로 뒤 발은 '작은 계곡의 작은 포도원'이라는 뜻의 프랑스어로 그 말 그대로 자연경관을 그대로 살린 와이너리이다. 이 와이너리는 휴양지 호텔처럼 아름답고, 매력적이며, 즐거움과 더불어 방문자에게 힐링의 기분을 느끼게 해준다. 클로 뒤 발 와인은 400에이커의 포도밭에서 연간

▼ 클로 뒤 발 와이너리 전경

80,000박스 정도의 와인을 생산한다. 품질이 매우 뛰어날 뿐만 아니라 균형이 파워보다도 중요하다는 것을 보여주는 대표적인 와인이며 카베르네 소비뇽 포도품종을 주로 사용하고 있다.

클로 뒤 발은 1972년 프랑스 보르도의 샤토 라피트 로칠드(Château Lafite-Rothschild)에서 어린 시절을 보낸 와인 메이커 버나드 포테(Bernard Portet)와 존 고에레(John Goelet)에 의해 설립되었다. 두 사람은 미국에서 최고의 보르도 스타일 와인을 생산하기 위해 나파 밸리 스택스 립(Stag's Leap) 지역에 와이너리를 설립하고, 전통적인 프랑스 보르도 스타일의 양조기술을 사용하여 프랑스 와인의 우아함에 풍부한 나파 밸리의 과일 향을 잘 조화시켰다.

1976년 5월 24일 일명 '파리의 심판'이라고 불리는 사건이 터졌다. 프랑스의 와인 생산자, 비평가, 소믈리에 9명이 모여 프랑스 보르도 와인과 미국 캘리포니아 와인을 블라인드 테이스팅을 하였는데 프랑스 보르도의 오브리옹, 무통 로칠드 등 최고급 명품 와인을 제치는데 한 몫을 한 클로 뒤 발 와인은 8위에 그쳤다. 그리고 30년이 지난 1986년 프랑스 와인 양조자들은 자존심을 되찾기 위해 뉴욕에서 똑같은 와인으로 재대결을 제안하였고, 블라인드 테이스팅 결과는 예상을 뒤엎고 클로 뒤 발 카베르네 소비뇽 와인이 1등을 차지하면서 명품 와인의 대열에 우뚝 서게 되었다. 이렇게 구대륙 와인의 높은 벽을 무너뜨린 클로 뒤 발 와인이 역전의 드라마를 장식하면서 명품 와인으로 화려하게 재탄생을 하였다.

▲ 클로 뒤 발 와인들

저자가 시음한 '클로 뒤 발 카베르네 소비뇽 2010(Clos du Val Cabernet Sauvignon 2010)' 와인은 카베르네 소비뇽(84%), 메를로(7%) 카베르네 프랑(6%), 쁘띠 베르도(3%)의 4가지 품종을 블렌딩하여 양조하였는데 풍부한 과일 향과 우아한 맛을 느낄 수 있다. 중간 정도의 바디감에 너무 과하지 않으면서 깊은 광택의 루비 색을 띠고 있으며, 풍부한 블랙커런트, 과일, 후추 향과 맛이 뛰어나고 미묘하면서 정제된 맛과 탁월한 산도로 음미하면 가슴 속에서 전율이 퍼져 나왔다. 그 이유는 가장 좋은 스택스 립 지역의 포도밭에서 엄선한 손 수확한 포도를 사용하여 타고난 고품질과 구조감 때문에 숙성이 잘되며, 와인 속의 과일 향을 오랫동안 간직할 수 있기 때문이다. 음식과의 조화는 로스트한 양고기, 돼지고기, 닭고기, 스튜 등이 환상적으로 잘 어울린다.

신세계 와인

워싱턴 Washington

워싱턴은 현재 미국 와인 산업에서 두 번째로 큰 생산지이다. 1900년 이전에도 포도밭이 있긴 했으나 크게 주목을 받지 못하였다. 1960년에 와서야 비티스 비니페라(Vitis Vinifera; 양조용 포도품종)를 재배하는데 성공했다. 역사적인 와이너리로는 금주령 시대였던 1920년대 이전부터 와인 산업에 관여했고 양조용 포도를 컬럼비아 밸리에 대대적으로 심어 워싱턴주 최고의 와이너리가 된 샤토 생 미셸(Château St. Michelle)과 워싱턴 와인 산업에 공헌한 컬럼비아 크레스트 와이너리(Columbia Crest Winery)가 있다. 이 두 와이너리가 워싱턴 와인 산업에 선두 주자 역할을 했으며, 1980년대 이후 급성장하였다. 포도품종은 보르도의 흑포도 품종인 메를로, 카베르네 소비뇽, 카베르네 프랑, 시라를 재배하고, 청포도 품종으로는 소비뇽 블랑, 세미용, 슈냉 블랑(Chenin Blanc), 리슬링, 게뷔르츠트라미너(Gewürztraminer), 뮬러 튀르가우(Müller-Thurgau), 샤르도네 등 70여종을 재배한다.

이곳에는 14개의 포도재배지역(AVA)이 있다. 이 14개의 포도재배지역은 각각 컬럼비아 밸리(Columbia Valley), 야키마 밸리, 왈라 왈라 밸리(Walla Walla Vally), 푸젯 사운드(Puget Sound), 레드 마운틴(Red Mountain), 컬럼비아 고지(Columbia Gorge), 호스 헤븐 힐스(Horse Heaven Hills), 월루크 슬로프(Wahluke Slope), 래틀 스네이크 힐스(Rattlesnake Hills), 스나이프스 마운틴(Snipes Mountain), 레이크 셜란(Lake Chelan), 나치스 헤이츠(Naches Heights), 에이션트 레이크(Ancient Lakes), 루

▼ 워싱턴 컬롬비아 왈라 왈라 지역이 네콜로 No 41 와이너리 전경

국가별 와인

이스 클락 밸리(Lewis-Clark Valley)로 900개의 와이너리가 있다.

1983년에 처음 AVA를 받은 야키마 밸리(Yakima Vally)는 컬럼비아 밸리(1984년, AVA), 왈라 왈라 밸리(1984년, AVA)와 함께 컬럼비아 강 계곡의 주요 포도 생산지역으로 유명하다. 워싱턴의 여름은 해가 길고 밤에는 적당한 강수량이 있음에도 대부분의 포도밭은 관개시설을 갖추고 있다. 유명한 와이너리는 샤토 생 미셸(Château Sainte Michelle), 컬럼비아 크레스트(Columbia Crest), 드릴 셀라즈(DeLille Cellars), 호그 셀라즈(Hogue Cellars), 세븐 힐즈(Seven Hills)가 있다.

오리건 Oregon

오리건은 캘리포니아 북부에 자리 잡고 있으며, 작지만 중요한 생산 지역이다. 기후는 워싱턴보다 약간 더 온화하지만 오히려 비슷한 점이 많다. 태평양의 영향을 받아 프랑스 부르고뉴와 비슷한 기후를 보인다. 기온은 낮고 강수량이 많아 프랑스 부르고뉴 스타일의 와인을 만들면서 다른 캘리포니아 와인과 대조를 이루고 있다. 토양은 현무암의 화산재, 풍적토로 이루어져 있고, 서해안 바닷속의 퇴적층의 퇴적암이 지표로 올라온 경사지에 포도밭이 있다.

1847년에 포도나무를 재배하고 와인을 양조했으나 현대적 와인 산업은 1961년에 리처드 솜머(Richard Sommer)가 최초로 설립한 힐크레스트 빈야드(Hillcrest Vineyard), 딕 에라스(Dick Erath)가 설립한 에라스 와이너리(Erath Winery)가 시작이다. 1970년대 초 몇 개에 불과하던 와이너리가 2023년 현재 908개에 이를 정도로 급

▼ 오리건 포틀랜드 지역의 윌러메트 밸리

격히 증가하였으며, 주로 가족경영 형태의 소규모 와이너리가 많다.

포도품종은 흑포도 품종인 피노 누아, 청포도 품종인 샤르도네, 피노 그리, 리슬링이 있으며, 대부분 피노 누아를 재배하여 프랑스 부르고뉴를 위협하고 있다. 1970년 아이리 빈야드(Eyrie Vineyards)에서 처음으로 피노 누아 와인을 생산하였다. 피노 누아 와인의 역사는 짧지만, 프랑스 부르고뉴 전통방식과 미국의 첨단 과학방식을 접목하여 눈부신 발전을 가져왔다. 특히 1979년 파리에서 개최된 세계와인올림픽(Olympic of the Wine World)에서 '아이리 리저브 1975(Eyrie Reserve 1975)'가 1위를 차지하고, 다음 해 2위를 차지하는 이변을 가져와 세계적으로 주목받기 시작하였다. 오리건 주는 단일품종 90% 이상 사용시 레이블에 포도품종 표시를 할 수 있다.

주요 포도재배지역은 3개로 구분하는데 윌라메트 밸리 AVA(Willamette Vally AVA), 남부 오리건 AVA(South Oregon AVA), 컬럼비아 AVA(Columbia AVA)이다.

그 중에 윌라메트 밸리 AVA가 오리건주의 대표적인 와인 산지이다. 유명한 와이너리는 아델쉐임 빈야드(Adelsheim Vinyards), 아이리 빈야드(Eyrie Vinyards), 렉스 힐(Rex Hill), 보 프레레(Beaux Freres), 부르고뉴 스타일의 도메인 드루앵 오리건(Domain Drouhin Oregon), 세인트 이노센트(St. Innocent), 도메인 세렌(Domaine Seren), 유기농의 킹 에스테이트(King Estate) 등이 있다.

남부 오리건의 AVA는 로그 밸리(Rogue Valley)와 움쿠아 밸리(Umpqua Valley)가 공통으로 형성된 AVA이지만 각기 다른 포도품종으로 와인을 생산한다. 로그 밸리(Rogue Vally)는 캘리포니아 북부에 위치하여 서늘한 기후이다. 이 곳은 특히 화이트와인 샤르도네, 피노 그리가 유명하다. 유명한 와이너리는 브릿지뷰 빈야드(Bridgeview Vineyard), 애쉬랜드 빈야드(Ashland Vineyard) 등이 있다. 움쿠아 밸리(Umpqua Vally)는 로즈버그(Roseburg)시 부근에 있으며, 윌라메트 밸리(Willamette Vally)보다 온화한 기후대를 갖고 있으며, 재배 포도품종은 흑포도 품종의 피노 누아, 청포도 포도품종의 샤르도네, 리슬링, 카베르네 소비뇽이 있다. 유명한 와이너리는 힐크레스트 빈야드(Hillcrest Vineyard), 헨리 에스테이트(Henry Estate), 기라데트 와인 셀러(Girardet Wine Cellars)가 있다.

컬럼비아 AVA는 컬럼비아 밸리와 왈라 왈라 밸리(Walla Walla Vally)로 오리건주와 워싱턴주에 모두 속하는 포도재배지역이다.

도메인 드루앵

    오리건주 포틀랜드 남서쪽으로 30km 떨어진 윌라메트 밸리(Willamette Vally)에 있는 아름다운 도메인 드루앵(Domaine Drouhin)은 최고급 피노 누아(Pinot Noir) 와인을 생산하여 명성을 얻고 있다.

    피노 누아(Pinot Noir)는 섬세하고 화사한 꽃향기로 와인 애호가들의 마음을 사로잡아 왔지만, 변덕스럽고 까다로운 성격 때문에 공주 같은 대접을 받는 포도품종이다. 프랑스 부르고뉴의 서늘한 기후를 좋아하고 석회암, 이회토, 현무암 토양을 선호하며, 떼루아에 따른 맛의 차이가 심하기 때문에 피노 누아의 대명사는 프랑스 부르고뉴 지방이었다. 하지만 이에 대적할 만한 지역으로 천혜의 자연 환경과 청정조건을 갖춘 포틀랜드 지역이 피노 누아 와인 생산지로 각광받고 있다. 싱싱한 과일향과 복합적인 구조를 가지고 있는 피노 누아를 포틀랜드 지역의 떼루아에 잘 접목시켰다. 밤에는 서늘하고 신선한 기후, 낮에는 뜨겁고 풍부한 햇볕으로 인한 긴 생육기간, 태평양의 해풍과 안개를 등에 업고 양조기술까지 더해져 깊고 우아한 맛과 향의 피노 누아 와인을 생산해 프랑스 부르고뉴를 위협하고 있다.

    도메인 드루앵은 1880년부터 프랑스 부르고뉴에서 드루앵(Drouhin) 가족들의 양조 노하우를 오리건에 적용했다. 1988년 첫 빈티지가 나온 이래, 피노 누아를 모범적으로 생산하고 양조한다는 칭송을 받아 왔다. 여기서 계속 우수한 평가를 받은 이유는 프랑스 와인에 대한 전통적인 지

▼ 도메인 드루앵 포도밭과 와이너리 전경

식과 현대 양조기술을 조합하여 세계적인 명성을 얻은 베로니크 드루앵(Veronique Drouhin)의 역할도 만만치 않다. 그녀는 프랑스 부르고뉴를 대표하는 도메인의 주인이자 운송업자였던 로베르 드루앵(Robert Drouhin)의 딸로 프랑스 디종대학에서 양조학을 공부한 후 자신만의 와인을 만들기 위해 1986년 오리건의 포틀랜드를 택하여 피노 누아 와인의 역사를 새로 쓰기 시작하였다. 그리고 베로니크 드루앵의 남동생 필립 드루앵(Philippe Drouhin)은 프랑스 부르고뉴, 샤블리, 미국 오리건주를 책임지고 있는 오너로써 지속가능한 유기농법의 전문가로 떼루아에 맞는 수확, 양조를 책임지고 있다.

포도원의 규모는 225에이커, 연간 생산량은 15,000케이스로 100% 피노 누아를 사용한다. 포도는 직접 손으로 수확하며, 오직 프리 런 주스만 사용하고 압착주스는 사용하지 않고 있다. 와인 발효는 환경 친화적인 방법을 사용하며 야생효모와 함께 와인 아로마를 보호하기 위해 영 와인 때는 랙킹(racking)을 적용해 발효한다. 프랑스산 뉴 오크통 20%만 사용하여 오크로 인해 너무 튀는 맛을 억제하여 피노 누아 고유의 개성을 유지하고 있다.

1987년 7월 시작된 미국에서도 최고의 축제인 IPNC(International Pinot Noir Celebration)는 오리건 피노 누아의 진수를 보여주는데 매년 최고의 빈티지 와인을 선보이면서 유명세를 탔다.

저자는 5개의 와인을 시음하였는데 도메인 드루앵에서는 샤르도네 화이트와인 1종과 피노 누아 레드와인 3종 윌라메트 밸리, 로렌, 루이스(Willamette Vally, Laurène, Louise)를 생산하고 있으며, 특히 '피노 누아 로렌(Pinot Noir Laurène)'은 100대 와인에 선정되기도 하였다.

'도메인 드루앵, 오리건 피노 누아 로렌 2005(Domaine Drouhin, Oregon Pinot Noir Laurène 2005)'는 베로니끄 드루앵의 장녀 이름을 딴 것으로 주홍빛을 띠는 밝고 우아한 루비색으로 매우 맑은 체리향, 바닐라향을 풍기고 구조감이 좋으며 비단처럼 부드럽고 탁월한 풍미, 오래 남는 뒷맛, 흠 없는 우아함으로 피노 누아의 개성을 잘 살린 와인으로 평가받고 있다. 가장 좋은 빈티지는 1993년산이지만 2006년산도 품질이 뛰어나다. 음식과의 조화로는 닭고기, 양고기, 쇠고기, 연어구이에도 어울린다.

◀ 도메인 드루앵 와인들

국가별 와인

뉴욕

미국에서 3번째 와인 생산지역이다. 유럽에서 온 이주노동자들이 포도재배에 적합한 땅을 발견하면서 일찍이 와인을 만들기 시작했다. 1839년 뉴욕의 허드슨 밸리(Hudson Valley)에 부라더후드 와이너리(Brotherhood Winery)가 처음 설립되었다. 처음엔 포도재배와 와인 생산간에 균형이 잡히지 않아 고생했지만, 해를 거듭하면서 본래의 품종으로부터 접붙이기와 무성생식을 개발하여 품질 좋은 와인을 생산하고 있다. 포도품종은 흑포도 품종으로 콩코드(Concord), 카타우바(Catawba), 델러웨어(Delaware), 바코 누아(Baco Noir), 마레샬 포쉬(Maréchal Foch), 청포도 품종으로 나이아가라(Niagara), 세이발 블랑(Seyval Blanc)등이 있다.

현재는 뉴욕 시민의 자부심만큼 고품질을 자랑하고 있다. 뉴욕은 모두 9개의 포도재배지역(AVA)이 있는데 다음은 프리미엄급으로 꼽히는 와인 생산지역이다. 첫째는 동부 지역 중 최대의 와인 생산지는 핑거 레이크스(Finger Lakes)이다. 유명한 와이너리는 닥터 프랑크스 비니페라 와인 셀라즈(Dr. Frank's Vinifera Wine Cellars), 루카스 빈야드(Lucas Vineyard)가 있다. 둘째는 프리미엄급의 와이너리가 몰려 있는 허드슨 리버 밸리(Hudson River Valley)로 유명한 와인 와이너리는 볼드윈 빈야드(Baldwin Vineyard), 부라더후드 와이너리(Brotherhood Winery), 클린턴 빈야드(Clinton Vinyard) 등이 있다. 셋째는 뉴욕의 레드와인 생산지는 롱아일랜드(Long Island) 지역이다. 뉴욕의 프랑스 보르도라고 부르며, 해양성기후로 산뜻한 와인을 만들며, 흑포도 품종의 메를로, 카베르네 소비뇽, 청포도 품종의 샤르도네를 재배한다. 유명한 와이너리는 하그레이브(Hargrave), 렌즈(Lenz), 팔머(Palmer), 핀다(Pindar), 펠레그리니(Pelligrini)등이 있다. 넷째, 나이아가라 에스카프먼트(Niagara Escarpment)는 캐나다 국경지대에 있는 신생 AVA이다. 그 외 레이크 에리(Lake Erie) 지역 등이 있다.

미국에서 와인이 생산되는 또 다른 지역 혹은 발전이 예상되는 지역은 다음과 같다. 버지니아, 메릴랜드, 펜실베니아, 웨스트버지니아, 켄터키, 메사츄세츠, 조지아, 테네시, 오하이오, 미시간, 미주리, 아르카우사스, 텍사스, 애리조나, 뉴멕시코 등이다.

트럼프 와이너리

2019년 6월 30일 도널드 트럼프(Donald John Trump; 1946~) 미국 대통령은 김정은 북한 국무위원장과 역사적인 판문점 회동을 하면서 전 세계적으로 뉴스가 집중됐다. 판문점 회동 전에 문재인 대통령은 트럼프 미국 대통령을 초청하여 만찬을 가졌다. 술을 마시지 않는 트럼프 대통령을 배려해 공식 건배주로 탄산수가 제공되었지만 트럼프 와인은 대통령의 와인으로 유명하다. 트럼프 대통령의 아들 에릭 트럼프(Eric Trump)가 소유한 와이너리에서 생산된다.

트럼프 와이너리(Trump Winery)는 버지니아주 샬롯스빌 지역의 제퍼슨스 몬티첼로(Jefferson's Monticello)에 위치하고 있으며, 트럼프는 대통령에 취임전인 2011년 10월에 크루지 에스테이트 와이너리(Kluge Estate Winery and Vineyard)를 인수한 후에 브랜드명을 바꿨다. 크루지 에스테이트 와이너리는 1999년 패트리샤 크루지(Patricia Kluge)가 창립했다. 그녀는 1981년 33세였을 때 67세의 억만장자 존 크루지(John Kluge)와 결혼했다. 45개의 객실을 갖춘 23,500 평방피트 규모의 그루지야풍 저택, 골프 코스, 5개의 호수를 갖춘 정원에서 행복한 결혼 생활을 했지만 1990년에 이혼했고, 1999년 전 IBM 이사였던 윌리엄 모제스와 재혼한 후에 자신의 이름을 지닌 와이너리를 설립하고, 세계에서 가장 유명한 와인 생산을 꿈꿨다. 그러나 20년 동안 잔여 재산을 투자하여 와이너리를 확장했지만, 경기침체로 인한 여러 가지 불행이 겹쳐 재정위기를 맞았다. 2011년 대통령 출마를 결심한 트럼프는 오랜 친구였던 패트리샤 크루지의 딱한 사정을 듣고 이 와이너리를 사들였다.

사실 크루지 에스테이터 와이너리는 미국 독립선언문을 기초했으며 미국 제3대 대통령을 지낸 토머스 제퍼슨(Thomas Jefferson; 1743~1826)이 은퇴 후에 와인 생산에 도전한 역사적인 장소로도 유명하다. 토머스 제퍼슨은 와인 애호가로 프랑스에 미국대사로 가 있던 시절, 프랑스 보르도의 샤토 마고(Château Margaux) 와인에 심취되었다. 와인을 시음하면 와인평가 노드에 와인 등

◀ 미국 뉴욕에 위치한 트럼프 와이너리 전경

급을 매겼던 것이 후에 프랑스 보르도의 AOC에 영향을 미쳤다. 그의 생가는 유네스코 문화유산으로 지정되어 미국독립을 상징하는 매우 유명한 장소가 됐다. 트럼프는 미국인이 가장 존경하는 정치인, 토머스 제퍼슨을 상징하는 몬티첼로의 크루지 에스테이터 와이너리를 구입할 수 있는 절호의 기회를 잡았다.

버지니아주는 17세기 초기에 이민자들이 처음 미국에서 양조용 포도를 재배한 장소로 의미가 크다. 트럼프 와이너리의 떼루아는 블루 릿지 산맥(Blue Ridge Mountains)에 위치해 천혜의 자연환경이 주는 포도밭으로 약 227에이커에서 12개의 포도품종을 재배하고 있으며, 버지니아주 가장 남쪽에 위치하여 트럼프 대통령의 캐릭터를 반영하듯 강렬하고 역동적인 와인을 생산한다.

이곳을 방문한 관광객들은 버지니아 샬롯스빌 지역의 노른자위 땅보다는 아름다운 풍경 때문에 숨이 멎을 정도라고 한다. 1984년 창립한 AVA의 Monticello American Viticultural Area는 현재 총 33개의 와이너리가 가입되어 있지만, 트럼프 와이너리가 가장 핵심적이고 영향력이 크다. 트럼프 와이너리는 버지니아주에서 최고의 와인 품질로 인정받아 와인 스펙테이터에서 90점, 미국의 와인 평론가 제임스 서클링이 91점, 2013년 '와인 엔수지애스트(Wine Enthusiast)'에서 91점을 획득했고, 특히 로제 스파클링와인의 경우 '세계에서 가장 훌륭한 스파클링 와인(Best Sparkling Wines in the World)' 상을 받았다.

저자는 샴페인과 동일한 전통 방식으로 만든 '브뤼 블랑 드 블랑', 프랑스 보르도 국제포도품종으로 만든 '아메리칸 메리티지', '샤르도네'와 '카베르네 소비뇽' 와인을 시음했지만, 그 중에는 카베르네 소비뇽 2015(Cabernet Sauvignon 2015)가 가장 인상 깊었다. 100% 카베르네 소비뇽을 사용하여 만든 와인으로 카베르네 소비뇽이 가진 최대의 잠재력을 발휘했다. 다양한 포도밭에서 1그루당 2~3송이로 제한하고, 손 수확으로 엄선한 포도를 사용하여 블렌딩했다. 스테인리스 스틸 탱크에서 발효하고, 프렌치 뉴오크통에서 숙성하여 미국 와인에서는 보기 드물게 집중력과 복합성이 잘 표현됐다. 짙은 루비 빛깔에 블랙베리, 블랙커런트의 검붉은 과실 향이 지배적이며, 카시스, 블랙 초콜릿, 삼목 향이 나며, 타닌과 산의 조화와 바디감이 일품이다. 음식과 조화는 양고기, 쇠고기 스테이크, 갈비구이, 경성 치즈 등과 잘 어울린다.

◀ 미국 뉴욕에 위치한 트럼프 와인

신세계 와인

🍷 호주 와인

　세계에서 여섯 번째로 큰 나라인 호주는 미국 본토 48개 주를 합한 크기이며 유럽보다 50% 정도 더 넓지만 인구밀도는 세계에서 가장 낮다.

　호주 와인은 미국 캘리포니아, 칠레 등과 함께 신세계 와인의 대표 주자이며, 천혜의 자연, 양조의 자유로움 그리고 저렴하면서도 일관성 있는 품질 면에서도 매우 우수하다. 시라즈(Shiraz)의 넉넉한 질감과 감미로운 향, 피노 누아(Pinot Noir)의 섬세하고 우아한 맛, 카베르네 소비뇽(Cabernet Sauvignon)의 묵직하고 기분좋은 맛, 그리고 훌륭한 풍미를 더해 주는 샤르도네 등이 생산되는데 아무래도 호주하면 시라즈 와인이다.

　1788년 시드니에서 처음 포도 묘목이 재배된 후 1836년에서 1990년까지 전국으

▼ 다양한 호주 와인

국가별 와인

로 확산되었고, 200년이 지난 지금은 세계 8번째 와인 생산국으로 10만 헥타르에 이르는 포도밭을 갖고있다.

초기에 호주는 보당을 한 스위트 와인과 브랜디를 주로 양조하였지만, 1960년대부터 테이블 와인에 열정을 보인 결과, 1970년대는 국제 유통시장에 진입하고 요즘은 세계적인 와인 생산지로 거듭나게 되었다. 전반적인 호주와인의 특징은 첫째, 다양성으로 여러 지역의 포도를 사용하여 와인을 만드는 것이며, 둘째, 일관성으로 빈티지에 따른 와인 품질의 격차가 적은 떼루아를 가졌으며, 셋째, 아로마의 균형성으로 거의 모든 와인에서 과일의 풍미와 균형을 갖추었다.

1990년부터 LIP(Label Integrity Program : 빈티지, 포도품종, 지리표시제감독)을 실시했고, 1993년부터 GI(Geographical Indication : 지리적 표시제)를 실시하여 라벨에 포도품종, 원산지를 표시할 경우 당해 연도의 단일 포도품종 85% 이상을 사용해야 하며, 빈티지를 사용할 경우도 해당지역, 빈티지 포도 85% 이상을 사용해야 한다.

호주는 워낙 큰 대륙이라 다양한 기후가 나타나는데 북부는 열대기후, 중서부는 열대사막 기후, 동부 해안은 온대 기후, 남부 중앙은 지중해성 기후를 보인다. 그러나 포도가 재배되는 지역은 대부분 연간 일조시간이 3,000시간 이상으로 총 일조 가능 시간의 70%가 넘는다. 일조량 또한 일정하기 때문에 빈티지가 수확연도 이상의 의미가 없다. 호주의 명품 와인이 생산되는 지역은 크게 4개 지역으로 나눈다.

뉴 사우스 웰즈 New South Wales

뉴 사우스 웰즈는 시드니(Sydney)를 배후로 두고 있으며, 호주와인의 발상지인 헌터 밸리(Hunter Valley)가 있는 곳이다. 이곳은 '헌터 허니(Hunter Honey)'라고 불리는 황금빛의 화이트와인이 많이 생산되고 있다. 포도품종은 청포도 품종의 세미용(Semillon), 샤르도네(Chardonnay), 베르델호(Verdelho), 흑포도 품종의 카베르네 소비뇽(Cabernet Sauvignon), 시라즈(Shiraz), 피노 누아(Pinot Noir)를 많이 재배한다.

주요생산지역은 로우어 헌터밸리(Lower Hunter Valley), 어퍼 헌터밸리(Upper Hunter Valley), 머지(Mudgee), 리베리나(Riverina) 산지가 유명하다.

로우어 헌터밸리는 시드니를 중심으로 한 유명한 와인 산지이며, 유명한 와이너리는 린더만(Lindemans), 맥윌리암스(Mcwilliams), 로스버리 에스테이트(Rosthbury

신세계 와인

Estate) 등이 있다. 어퍼 헌터밸리는 헌터리버 북서쪽에 있으며, 특히 화이트와인 샤르도네의 중심지이고, 유명한 와이너리는 애로우 필드(Arrowfild), 로즈마운트 에스테이트(Rosemount Estate)등이 있다. 머지는 호주에서 최고의 떼루아를 가진 와인산지로 해발 1,200m에 위치하며, 유명한 와이너리는 보토보라(Botobolar), 크라이그무어(Craigmoor), 헌팅톤 에스테이트(Huntington Estate)등이 있다. 리베리나는 뉴 사우스 웰즈 와인의 90%를 차지하며, 쉐리 스타일의 와인 생산으로 유명하고, 유명한 와이너리는 드 보르톨리(De Bortoli), 맥윌리암스(Mcwilliams) 등이 있다.

사우스 오스트레일리아 South Austrailia

프랑스 보르도풍의 레드와인과 포트 타입의 디저트용 와인 생산으로 유명하며 호주에서 가장 훌륭한 와인을 생산한다. 호주 남부의 최대 거점 도시인 애들레이드(Adelaide)를 배후로 갖고 있다. 이 산지는 1830년대 후반 독일의 이민자들이 들어와서 독일 와인의 영향을 많이 받았으며, 화이트와인은 리슬링(Riesling)과 세미용(Sémillon)이 사랑받고 있으며, 레드와인은 시라즈(Shiraz)와 카베르네 소비뇽(Cabernet Sauvignon) 포도품종으로 만든 와인이 품질이 우수하다.

주요산지는 바로사 밸리(Barossa Valley), 클레어 밸리(Clare Valley), 쿠나와

▼ 애들레이드 바로사 밸리에 있는 포도밭

▲ 바로사 밸리에 있는 울프 블라스 와이너리 입구   ▲ 야라 밸리의 예링 와이너리

라(Coonawarra), 패써웨이(Padthaway), 써던 밸리(Southern Valley), 랭혼 크릭(Langhorne Cheek), 리버랜드(Riverland)가 있다.

바로사 밸리는 1846년 독일 이주자인 야콥 크릭(Jacobs Creek)이 처음 포도나무를 재배하였고 가족단위 와이너리가 많다. 특히 GSM(Grenach, Shiraz, Mourvedre) 블랜딩 와인이 유명하다. 유명한 와이너리는 펜폴즈(Penfolds), 울프 블라스(Wolf Blass), 하디스(Hardy's), 린더만(Lindemans), 얄룸바(Yalumba), 올란도 제이콥 크릭(Orlando Jacob's Creek), 핸쉬키(Henschke) 등이 있다.

클레어 밸리는 소량의 고품질 와인 생산지역으로 해발 1,300m에 위치하고 있어 산도가 풍부한 리슬링, 소비뇽 블랑이 유명하다. 유명한 와이너리는 그로셋트(Grosset), 짐 베리(Jim Barry) 피케스(Pikes) 등이 있다.

쿠나와라는 가장 서늘한 지역이면서 석회암 위에 적토가 있는 테라 로사(Terra Rossa) 토양으로 배수가 뛰어나 호주에서 최고급 카베르네 소비뇽(Cabernet Sauvignon) 레드와인 생산지역이다. 유명한 와이너리는 파커 쿠나와라 에스테이트(Paker Coonawarra Estate), 홀리크 와인즈(Hollick Wines), 페탈루마(Petaluma)등이 있다.

페써 웨이는 가장 작은 와인 산지이면서 고품질 와인 생산지이다. 유명힌 와이너리는 토마스 하디(Thomas Hardy), 린더만(Lindemans), 세펠트(Seppelt) 등이 있다.

써던 밸리는 주정강화 와인 산지이지만 1980년부터 리슬링과 샤르도네를 재배하여 부상하고 있다. 유명한 와이너리는 리차드 해밀톤(Richard Hamilton), 카이 브라더스(Kay Brothers), 우드스톡(Woodstock)등이 있다.

랭혼 크릭은 일반적인 와인 생산지역이며, 유명한 와이너리는 브레아스달레(Bleasdale), 템플 브레우너(Temple Breuer)등이 있다. 리버랜드는 대륙성 기후로 무덥고 건조한 기후를 갖고 있으며, 일상적인 와인과 주정강화 와인의 공급지로 유명했지만, 최근에는 품질 좋은 레드와인을 생산하고 있다.

신세계 와인

빅토리아 Victoria

빅토리아는 1840년 와인 생산을 시작하였고, 1970년부터 포도재배가 활성화 되었다. 호주에서 두 번째로 큰 도시인 멜버른(Melbourne) 주변의 야라 밸리(Yarra Valley)가 빅토리아의 중심지이며, 프랑스 보르도풍의 발포성 와인 생산으로 주가를 올리고 있다. 주요 포도품종은 흑포도 품종의 카베르네 소비뇽(Cabernet Sauvignon), 말벡(Malbec), 메를로(Merlot)이며, 청포도 품종은 리슬링(Riesling), 세미용, 콜롬바르(Colombard)이다. 주요산지는 노스 이스턴 빅토리아(North Eastern Victoria), 야라 밸리(Yarra Valley), 그램피언즈(Grampians; Western Victoria Zone), 골번 밸리(Goulburn Valley; Central Victoria), 머레이 밸리(Murray Valley), 노스 웨스턴 빅토리아(North Western Victoria), 지롱(Geelong)이다.

노스 이스턴 빅토리아는 주정강화 와인의 생산지이며, 유명한 와이너리는 올 세인트(All Saints), 모리스(Morris), 캠벨스(Campbells) 등이 있다. 야라 밸리는 역사가 오래된 와인 생산 지역으로 최초의 포도밭은 예링(Yering) 지역이며, 비옥한 적색 화산토로 이루어져 있고 가장 서늘한 지역이다. 특히 카베르네 소비뇽, 피노 누아 레드와인, 샤르도네 화이트와인이 유명하다. 또한 프리미엄 스파클링의 생산지로 명성이 높다. 유명한 와이너리는 콜드스트림 힐스(Coldstream Hills), 하디(Hardy), 위라(Wirra), 아렌버그(Arenberg), 윈스(Wynns), 드보르토리(De Bortoli), 예링 스테이션(Yering Station), 브라운 브라더스(Brown Brothers), 린더만스(Lindemans), 도메인 샹동 오스트레일리아(Domaine Chandon Australia) 등이 있다.

그램피언즈는 서늘한 기후대로 시라즈 포도품종을 사용한 레드 스파클링이 유명하며, 세펠트 크레이트 웨스턴 와이너리(Seppelt Great Western Winery)가 대표적이다. 그 외 유명한 와이너리는 베스트스(Best's), 몬타라(Montara), 탈타르니(Taltarni) 등이 있다. 골번 밸리는 내륙의 골번 강 유역에 있으며, 1860년에 와인을 양조한 샤토 타빌크(Cháteau Tahbilk)가 유명하며, 감칠맛 나는 화이트와인, 장기 숙성용 레드와인을 생산한다. 그리고 머레이 밸리는 쉐리 와인(Sherry wine)의 생산지이며, 노스 웨스턴 빅토리아는 빅토리아 주의 최대 와인 생산지역으로 테이블 와인을 생산하며, 지롱은 피노 누아(Pinot Noir)로 양조한 고급 레드와인을 생산한다.

국가별 와인

웨스턴 오스트레일리아 Western Australia

웨스턴 오스트레일리아는 호주 와인 생산에 아주 적은 생산량을 담당하는, 중심도시가 퍼스(Perth)이다. 주요 와인 산지로는 스완 밸리(Swan Valley), 마카렛 리버(Margaret River)가 있다.

스완 밸리는 기후변화가 심하고 매우 무더운 날씨 때문에 카베르네 소비뇽(Cabernet Sauvignon)으로 양조한 레드와인의 품질이 우수하며, 반대로 마운트 바커(Mount Barker)는 서늘하고, 가뭄 때문에 어려움이 있지만, 샤르도네(Chardonnay)로 양조한 화이트와인이 유명하다. 유명한 와이너리는 제인 부룩 에스테이트(Jane Brook Estate), 웨스트필드(Westfield) 등이있다.

마가렛 리버는 프랑스 보르도 스타일의 와인을 생산하고 있다. 레드와인은 1960년대 카베르네 소비뇽(Cabernet Sauvignon), 메를로(Merlot) 포도품종으로 블렌딩한 테이블용 와인이 생산되면서 1970년부터 품질이 높아졌고 오크에 숙성시키지 않은 샤르도네 화이트와인도 생산한다. 이 지역은 소규모 프리미엄 와인지역으로 유명하며, 유명한 와이너리는 르윈 에스테이트(Leewin Estate), 모스 우드(Moss Wood), 케이프 맨텔(Cape Mentelle) 등이 있다.

태즈메이니아 Tasmania

테즈메이니아는 호주에서 가장 청정지대 섬이며, 호바트(Hobart)시를 중심으로 와인이 생산되며, 호주와인의 1%를 점하고 있다. 1980년부터 프랑스 샹파뉴방식의 스파클링와인을 생산했는데, 호주에서 품질이 높은 스파클링와인으로 인정받고 있다.

파이퍼스 리버(Pipers River)의 타마르 밸리(Tamar Valley)는 기후가 온화하여 카베르네 소비뇽(Cabernet Sauvignon), 메를로(Merlot)를 재배한다. 그 외 지역은 기후가 서늘하여 피노 누아(Pinot Noir), 시라즈(Shiraz), 리슬링(Riesling), 게뷔르츠트라미너(Gewürztraminer), 샤르도네(Chardonnay) 등을 재배한다. 1974년에 설립된 파이퍼스 브룩 빈야드(Pipers Brook Vineyard)는 태즈메이니아 와인 산업의 선구자 역할을 하였으며, 최근 고품질 와인생산으로 주목을 받고 있다. 그 외에 포도생산 지역으로는 클로버 힐(Clove Hill), 힘스케르크(Heemskerk) 등이 있다.

펜폴즈 매길 에스테이트

　호주의 전설적인 와인 브랜드 '그랜지(Grange)' 와인을 생산하고, 세계 10대 와인에 선정된 펜폴즈 매길 에스테이트(Penfolds Magill Estate)는 애들레이드 시내 동쪽, 승용차로 20분 거리에 있다. 호주를 대표하는 포도품종 시라즈(Shiraz)는 프랑스 론 지방의 시라(Syrah)보다 역사가 매우 짧으나 시라즈가 60년의 역사 속에서 세계 와인시장에 우뚝 서게 된 데는 펜폴즈 매길 에스테이트의 역할이 컸다. 펜폴즈 와인은 1844년 영국인 의사 크리스토퍼 라우손 펜폴드(Christopher Rawson Penfold)가 영국에서 호주 애들레이드로 이사 오면서 오두막집 주변에 프랑스 론 지방에서 가져온 시라 포도품종의 묘목을 심고, 환자를 위한 약용 주정 강화 와인 쉐리를 만들면서 시작되었다. 펜폴즈 와인은 아주 작은 포도밭에서 시작하여 1962년 시드니 와인 박람회에서 '그랜지(Grange)' 와인이 금메달을 수상하기까지 120년의 세월이 걸렸다. '그랜지'라는 이름은 여러 부속 건물이 딸린 농장 혹은 부유한 농민의 저택을 의미하는데, 이는 크리스토퍼 라우손 펜폴드가 거주한 오두막집을 상징화한 브랜드이다.

▲ 호주 바로사 밸리 펜폴즈 와인들

▲ 펜폴즈 그랜지 오크통 저장실

 1950년대 펜폴즈의 수석 양조가 막스 슈베르트(Max Schubert)는 프랑스 보르도 지역에 여행을 갔다가 클라렛(claret) 와인에 매료되었고, 호주로 돌아와 시라즈 포도품종으로 프랑스 보르도 명품 와인에 대적할 수 있는 와인 양조에 모든 열정을 쏟았다. 그러나 그가 보르도 스타일로 양조한 시라즈 와인은 한결같이 '개악스럽다'는 악평과 온갖 수모를 당했다. 최고의 와인을 만들고자 했던 실험적인 양조는 모두 실패하면서 정신 나간 양조가로 낙인이 찍혔다. 경영진은 보르도 스타일의 와인 프로젝트를 중단시켰지만, 그는 충성스러운 부하직원들과 함께 경영진 모르게 10년 동안 꾸준히 시라즈 와인을 만들었다.

 1962년 '그랜지'는 호주 시드니 와인박람회에서 금메달을 수상했고, 1971년 프랑스 파리에서 열린 와인 올림픽에서 우승, 1995년 미국 와인 잡지 '와인 스펙테이터(Wine Spectator)'가 선정한 '올해의 와인'으로 세상의 관심을 받았다. 또한, '그랜지 2008'은 와인 스펙테이터에서 100점을 받았고, 미국의 와인 평론가 로버트 파커가 100점 만점을 주면서 세계적인 와인으로 부상했다. 이후 '그랜지 2008'은 막스 슈베르트가 은퇴할 때까지 무려 50개에 달하는 금메달을 수상했다. 2003년 펜폴즈 그랜지 1951년 빈티지는 경매에서 5만500호주달러(약 4천200만원)에 낙찰되어 세간에 시선을 끌었다. 2001년 '그랜지'는 남호주 주 정부로부터 호주의 국가문화유산으로 지정됐다. 최근 펜폴즈는 혁신과 변화를 시도해 2017년 10월 'G3' 와인을 선보여 전 세계 와인 애호가들에게 충격을 줬다. 'G3' 와인은 펜폴즈의 최상위급 와인 '그랜지' 중 2008년, 2012년, 2014년 3개 빈티지를 블렌딩해서 만든 와인이다.

저자가 방문하여 시음한 '펜폴즈 그랜지 1997(Penfolds Grange 1997)'은 와인글라스 중앙의 강렬한 블랙 컬러와 끝부분이 양홍 색을 띠고 있으며, 잘 익은 뽕나무의 뛰어난 복합성을 가진 달콤한 향, 정제된 실크 같은 타닌의 부드러움이 압권이다. 호주산 쇠고기 스테이크와 함께 먹으면 신토불이 와인과 음식의 궁합이 무엇인지를 알게 된다.

또한 최근에 가장 인상 깊었던 '야타나 2015(Yattarna 2015)' 와인은 '화이트 그랜지'라고 불리는 아이콘 와인으로 프랑스 부르고뉴 '몽라셰(Montrachet)' 화이트와인을 연상시켰다. 야타나 2015 와인은 1995년 처음 출시된 이후 국제 와인 품평회에서 95점 이상의 높은 점수를 받았다. 호주에서 가장 서늘한 기후를 보이는 태즈메이니아와 애들레이드 힐스의 두 포도밭에서 손 수확한 샤르도네(Chardonnay) 100%로 양조하며, 100% 프렌치 오크통에 뉴 오크통 비율을 65% 사용하고, 8개월간 숙성을 거쳐 출시된 어린 와인으로 2023년에 마시는 것이 적기였다. 약간 황금빛이 도는 색깔, 아로마는 우아하고 고급스러운 청사과, 시트러스, 견과, 살구, 라임 과실향이 두드러지고, 스모키한 오크 터치 향이 이색적이다. 입안을 가득 채우는 신선하고 청량감의 과실 향, 풍요로운 미네랄 맛이 점차 단맛을 띠고, 산도, 알코올, 당도 등의 밸런스가 탁월하고, 섬세한 여운이 오랫동안 유지된다. 음식과 조화는 해산물, 스시, 생선회, 야채요리, 조개요리, 훈제연어, 파스타, 닭백숙 등과 잘 어울린다.

▼ 펜폴즈 와이너리의 스텐리스 발효통

🍷 뉴질랜드 와인

자연친화적이고 환경을 중요시하는 뉴질랜드는 1819년 영국인 선교사 사무엘 마르스덴(Samuel Marsden)이 북섬 케리케리(Kerikeri) 지역에 처음으로 양조용 포도나무를 가져와 심었다. 1839년 호주에 포도나무를 심은 제임스 버즈비(James Busby ; 1802~1871)는 뉴질랜드에서 최초로 와인을 양조했다. 신세계 지역으로는 드물게 서늘한 기후대를 갖고 있으며, 1973년부터 현대적인 와인 양조 방법으로 생산하기 시작했다. 뉴질랜드는 유럽 사람들이 '남반구의 독일'이라고 부른다. 일반인들에게는 영화 '반지의 제왕' 촬영 장소로 많이 알려졌다. 신세계 와인 국가 중에 가장 늦게 와인 생산을 시작했지만, 1980년대 중반 이후 세계시장에 본격적으로 진출하여 세계적인 와인수출국으로 성장했다. 2000년 이후 스크루 캡을 90% 이상 사용하며, 2006년에 뉴질랜드의 GI(Geographical Indication : 지리적 표시제) 제도를 만들어 2007년부터 시행했다. 포도품종은 흑포도 품종인 피노 누아(Pinot Noir), 카베르네 소비뇽(Cabernet Sauvignon), 청포도 품종인 밀러 투르가우(Müller-Thurgau) 소비뇽 블랑(Sauvignon Blanc), 피노 그리(Pinot Gris), 샤르도네(Chardonnay)를 재배한다. 레이블의 빈티지는 해당 빈티지 85% 포도를 사용해야 사용할 수 있다.

와인 산지는 크게 북섬(North Island)과 남섬(South Island)으로 구분된다. 뉴질랜드의 3대 와인 산지는 기스본(Gisborne), 혹스 베이(Hawke's Bay), 말보로(Marlborough)로 전체 와인 생산량의 81%를 차지한다.

북섬 North Island

북섬의 주요 와인 산지는 오크랜드(Auckland)·와이카토(Waikato), 기스본(Gisborne), 혹스 베이(Hawke's Bay), 웰링톤(Wellinton)·와이라라파(Wairarappa)가 있는데 다양한 기후대로 개성 있는 와인을 생산한다.

신세계 와인

　오크랜드·와이카토는 1819년 뉴질랜드에서 처음으로 포도나무를 심었고, 1980년 와이헤게 섬(Waiheke Island)을 중심으로 프랑스 보르도 스타일의 프리미엄급 카베르네 소비뇽 와인이 생산되었다. 강수량이 많지만 여름철에는 비가 적게 내린다. 포도품종은 흑포도 품종인 메를로, 카베르네 소비뇽, 카베르네 프랑, 청포도 품종인 샤르도네가 재배된다. 유명한 와이너리는 마투아 밸리(Matua Valley), 킴 크로포드 와인(Kim Crawford Wine), 몬타나 와인(Montana Wine) 등이 있다.

　기스본은 1965년부터 포도재배를 확장했고, 가성비가 좋은 와인을 생산한다. 기스본은 혹스 베이보다 일조량이 적고 서늘한 기후대를 갖고 있으며, 화산토 위에 비옥한 충적 양토를 구성하여 화이트와인에 적합하다. 특히 뮬러 트루가우(Muller Thurgau)가 주요 품종이었지만, 점차적으로 샤르도네, 게뷔르츠트라미너(Gewürztraminer)의 와인이 유명세를 탔으며, 샤르도네의 성지라는 별명을 가지고 있다. 그 외 무스카트(Muscat), 소비뇽 블랑이 재배되며, 흑포도 품종은 메를로(Merlot)가 재배된다. 유명한 와이너리는 마타훼로 와인(Matawhero Wines), 밀턴 빈야드 & 와이너리(Milton Vine Yard & Winery) 와이타리아 와인(Waitaria Wines), 기스본 와인 회사(Gisborne Wine Co) 등이 있다.

　혹스 베이는 1851년 미션 빈야드(Mission Vineyard)에 처음 포도나무를 심었고, 테이블 와인의 발상지이다. 특히 일조량과 강우량이 적당한 떼루아 외에 20여종의 다양한 비옥한 토양으로 폭넓은 와인을 생산하는데 그 중 프랑스 보르도 스타일의 블렌딩 레드와인이 인기를 끌고 있다. 포도품종은 흑포도 품종인 카베르네 소비뇽,

▼ 뉴질랜드 북섬 혹스베이 미션 에스테이트 와이너리

메를로, 시라즈, 피노 누아, 청포도 품종인 샤르도네, 소비뇽 블랑을 재배한다. 특히 소비뇽 블랑 와인은 말보로 지역보다 더욱 더 부드럽고 라운드한 스타일의 개성을 가지고 있다. 유명한 와이너리는 리디아 고(Lydia Ko : 한국태생 뉴질랜드 골프선수) 결혼식 때 사용한 와인으로 유명한 테 마타 에스테이트(Te Mata. Estate), 세계 100대 와인에 등재된 크래기 레인지(Craggy Range), 그리고 미션 에스테이트 와이너리(Mission Estate Winery), 부룩필드 와이너리(Brookfield Winery), 모아나 파크 와이너리(Moana Park Winery), 린덴 에스테이트 와이너리(Linden Estate Winery), 실레니 에스테이트(Sileni Estate) 등이 있다.

웰링톤·와이라라파는 웰링톤 동쪽에 위치한 와인 산지로 말보로 지역의 기후대를 갖고 있다. 포도품종은 흑포도 품종인 카베르네 소비뇽, 피노 누아, 청포도 품종인 샤르도네, 소비뇽 블랑, 리슬링이 재배된다. 특히 풍부하고 복잡 미묘한 아로마의 소비뇽 블랑, 샤르도네 와인이 일품이다. 웰링톤은 비옥하고 다양한 기후대를 갖고 있고, 프랑스 부르고뉴와 유사한 떼루아로 피노 누아 레드와인, 샤르도네 화이트와인의 품질이 우수하다. 유명한 와이너리는 클로 앙리 빈야드(Clos Henri Vineyard), 드라이 리버(Dry River), 마틴버로 빈야드(Martinbourough Vineyard), 보스 에스테이트(Boss Estate) 등이 있다.

남섬 South Island

남섬의 주요 와인 산지는 말보로(Marlborough), 넬슨(Nelson), 캔터베리(Canterbury), 센트럴 오타고(Central Otago)로 품질 좋은 다양한 와인을 생산한다.

말보로는 뉴질랜드의 와인 생산량 1위이고, 일조량이 많고 자갈, 심토상의 충적토양에 배수가 좋은 떼루아를 갖고 있다. 1973년 몬타나 와이너리(Montana Winery)에서 처음 소비뇽 블랑을 재배하여 성공하면서 소비뇽 블랑 화이트와인으로 유명하다. 또한 피노 누아, 샤르도네를 사용한 스파클링와인도 품질을 인정받고 있다. 유명한 와이너리는 클라우디 베이(Cloudy Bay), 프래밍햄(Framingham), 포레스트 에스테이트(Forrest Estate), 몬타나(Montana), 클라크 에스테이트(Clark Estate), 뱅 울트라(Vin Ultra), 배비치(Babich), 스파이 밸리(Spy Valley), 마우리족이 운영하는 코노(Kono) 등이 있다.

▲ 뉴질랜드 남섬의 말보로 클라우디 베이 와이너리 포도밭

넬슨은 말보로 북서쪽에 위치한 와인 산지로 무더운 날씨와 충분한 강수량, 자갈, 진흙 토양을 갖고 있다. 주로 청포도 품종인 소비뇽 블랑을 많이 재배하고 있지만 청포도 품종인 샤르도네와 흑포도 품종인 피노 누아도 재배한다. 유명한 와이너리는 노이도프 빈야즈(Neudorf Vineyards), 세이프리드 에스테이트(Seifried Estate) 등이 있다.

캔터베리는 1970년부터 포도를 재배했고, 크라이스트처치(Christchurch)시 주변에 위치하고 있으며, 비옥한 토양과 따뜻한 여름 그리고 추운 겨울은 강렬한 맛과 풍부한 와인을 생산한다. 특히, 샤르도네, 리슬링 화이트 와인이 유명하며, 좋은 품질로 인정받고 있다. 유명한 와이너리는 페가수스 베이(Pegasus Bay), 머드 하우스(Mud House), 그레이스톤 와인스(Greystone Wines), 세인트 헬레나 에스테이트(St. Helena Estate) 등이 있다. 캔터베리에 속한 와이파라(Waipara Hills) 지역의 최초 와이너리인 글렌마크 와인스(Glenmark Wines), 와이파라 웨스트(Waipara West), 쉐어우드 에스테이트 와인(Sherwood Estate Wines) 등이 있다.

센트럴 오타고는 뉴질랜드에서 가장 높은 지역이며, 최남단에 있다. 밤낮의 일교차가 크고, 낮의 길이가 짧으며 여름철은 매우 무덥지만 웅장하고 아름다운 자연경관을 이용하여 관광산업과 연계된 와인 산업이 함께 발전하고 있다. 뉴질랜드에서 최고 품질의 피노 누아 레드와인을 생산한다. 그리고 청포도 품종인 샤르도네, 리슬링도 재배된다. 유명한 와이너리는 리폰 빈야드(Rippon Vineyard), 블랙 릿지(Black Ridge), 깁스톤 밸리(Gibbston Valley), 마운틴 에드워드(Mount Edward) 등이 있다.

배녹번(Bannockburn) 와인 산지는 작은 마을이지만, 고품질의 피노 누아 레드와인을 생산하며, 유명한 와이너리는 도멘 로드(Domain Road), 아카루아(Akarua), 펠튼 로드(Felton Road) 등이 있다.

페가수스 베이 와이너리

　봄은 많은 사람들에게 시작과 희망을 전해주면서 삶을 윤택하게 해 주는데 브람스 교향곡 제 1번 C단조 op.68는 봄처럼 희망을 준다. 프랑스 여성작가 프랑수아즈 사강(Françoise Sagan; 1935~2004)의 소설 '브람스를 좋아하세요.'에서 나오는 뉴질랜드 남섬 크라이스 처치에서 50분 정도가면 페가수스 베이(Pegasus Bay) 와이너리가 나온다. 페가수스 베이 와이너리를 가보면 새로운 뉴질랜드의 와인을 체험하게 된다. 많은 와인 애호가들이 '화이트와인 리슬링(White Wine Riesling)'이라고 하면 독일의 모젤, 라인가우의 와인을 최고라고 한다. 뉴질랜드 와인하면 소비뇽 블랑을 인정하지만 리슬링은 인정하지 않고 있다. 그러나 남섬 켄터베리의 와이파라(Waipara) 지역에서 생산되는 리슬링을 시음하면 와인 애호가는 자신의 입을 의심할 것이다.

　페가수스 베이 와이너리는 캔터베리에서 두 번째로 큰 와이너리로 뉴질랜드 와인 산업에서 교과서처럼 가장 정직한 뉴질랜드의 와인 맛을 표현하는 것으로 유명하다. 페가수스 베이 와이너리는 2003년 뉴질랜드 와인 아틀라스의 미쉘 쿠퍼(Michael Cooper)가 선정한 '캔터베리 톱 와이너리(Canterburys Top Winery)'에 선정되었고, 그 후에 페가수스 베이 와인은 미국의 세계적인 와인 평론가 로버트 파커가 뉴질랜드의 와인 중에 톱5(Top 5)에 속하는 와인이라고 극찬을 하면서 세계적인 와인으로 급부상했다. 저자도 10일 동안 뉴질랜드의 북섬, 남섬에 있는 유명한 와이너리를 방문할 때마다 와이너리의 모든 양조가들이 왜 페가수스 베이 와인을 극찬하고 추천하는지

▼ 뉴질랜드 남섬 캔터베리의 페가수스 베이 와이너리 전경

를 방문 후에 알게 됐다.

　페가수스 베이 와이너리는 크라이스트처치 대학 병원의 신경외과 교수이면서 이곳 지역 신문에 와인 칼럼니스트로 유명한 이반 도날드손(Ivan Donaldson)이 1970년 중반에 자신의 '와인 마시는 취미'를 위해 캔터베리 지역의 포도밭 중 하나를 구입하여 포도재배를 하고 와인 양조를 시작하면서 새로운 역사를 만들었다. 그러나 화이트와인 리슬링은 이반 도날드손의 아내 크리스 도날드손(Chris Donalson)의 소원으로 탄생됐다. 부부가 유럽과 영국을 여행하는 도중에 아내 크리스는 리슬링에 푹 빠지게 되었고, 크리스는 남편에게 '와인 양조학' 책을 선물했다. 1986년 이반은 본격적으로 페가수스 와이너리를 창립하고, 캔터베리의 작은 규모의 포도밭을 확장하고 소비뇽 블랑, 피누 누아, 카베르네 소비뇽, 메를로 등을 재배하였다. 하지만 리슬링이 없는 것을 알게 된 크리스의 실망은 대단하였다. 1994년에 사랑하는 아내 크리스를 위해 특별히 리슬링을 재배하여 와인을 만들었지만 품질이 떨어지고, 가격이 낮아 이미지에 손상을 가져와 '미운 오리'가 되었다. 그러나 아내 크리스의 영감

▲ 뉴질랜드 남섬 캔터베리의 페가수스 베이 와인들

과 열정으로 '백조'로 재탄생되면서 세계적인 화이트와인 리슬링으로 각광받게 됐다.

　뉴질랜드 남섬의 서쪽에 위치한 페가수스 베이 와이너리는 페가수스만에서 불어오는 강한 서늘한 바닷바람을 막아주는 언덕과 구릉이 있고, 특히 일교차가 큰 뜨거운 낮과 서늘한 밤이 지속되면서 건조한 여름을 조성한다. 페가수스 베이 포도밭은 천혜적인 자연의 혜택을 받고 있는 떼루아로 빙하시대의 자갈, 돌, 미네랄이 풍부하여 인공비료를 사용하지 않고 있으며, 수확량을 과감하게 줄이고 소량 생산으로 최고의 와인 품질을 최우선으로 하고 있다.

　저자도 페가수스 베이 와이너리를 방문하여 6종류의 와인을 시음하였는데 화이트와인 리슬링, 피노 누아 레드와인 맛을 지금도 잊을 수가 없다. 그 중에 '페가수스 베이 리슬링 2015(Pegasus Bay Riesling 2015)'은 확 풍겨 올라오는 우아한 흰색 꽃 향, 농익은 레몬, 라임, 청사과, 복숭아, 살구 등의 복합적인 과일향이 풍부하며, 전체적으로 균형감이 탁월하고, 입안에서 품격 있는 자연스런 생기 넘치는 산도와 알코올의 만남도 좋지만 혀끝에서 미세하게 터지는 듯 한 기포들의 청량감은 신의 한수이다. 음식과 조화는 해물요리, 전복 찜, 청색홍합요리, 생선초밥, 특히 어린 양고기 구이와 만나면 찰떡궁합이다.

🍷 칠레 와인

칠레는 16세기 중반 스페인의 정복자와 선교사에 의해 처음으로 포도재배를 시작하였다. 이후 1851년 '칠레 포도 재배의 아버지'라 불리는 돈 실베스트로 오챠가비아(Don Silvestre Ochagavia)가 프랑스에서 양조용 포도품종(카베르네 소비뇽, 메를로, 피노 누아, 소비뇽 블랑, 리슬링, 세미뇽)을 도입하고 기술자도 초빙하면서 본격적으로 포도 재배와 와인생산에 돌입했다. 칠레 최초의 레드와인용 흑포도는 파이스(País)이다. 미국의 미션(Mission) 포도품종과 같다.

칠레 와인은 주로 유럽 품종의 포도를 사용하며 프랑스의 전통적인 포도나무 재배법과 캘리포니아의 현대적인 양조법을 받아들이면서 양질의 와인을 생산할 수 있게 되었다. 1877년 파리박람회 등에서도 품질을 인정받고 평판도 확실해지면서 명성을 얻었다. 1979년 스페인의 유명한 미구엘 토레스(Miguel Torres)가 칠레에 투자하면서 스테인리스 발효통 등을 사용하는 현대식 양조기술이 도입되었다.

포도 재배 지역은 태평양 남위 27도에서 39도까지로 남북 1,400km에 이르고 있으며 면적은 144,000ha, 와인 생산량은 5,475,000hl이다. 10월부터 4월까지 6개월 이상은 건기로 비가 오지 않으므로 포도 성장에 아주 좋은 조건을 갖추고 있어 당도 높은 포도를 수확한다. 재배지역은 북부, 중앙부, 남부로 나뉘는데 특히 중앙부가 양질의 포도 산지로 알려져 있다.

칠레는 아메리카에서 발생해 유럽 전 지역을 덮쳤던 필록세라(Phylloxera Vastatrix)의 피해도 전혀 입지 않았고, 프랑스에서 도입한 묘목

◀ 알마비바 와인

신세계 와인

이 아직도 자손을 남기고 있어 순수성에서 프랑스에 앞선다고 말할 수 있다.

칠레 와인 생산량의 약 60%가 레드와인이고 화이트와인이 40%, 로제와인은 생산량이 극히 미미하다. 포도품종은 흑포도 품종은 카베르네 소비뇽, 메를로, 카르므네르(Carménere), 시라, 피노 누아이며, 청포도 품종은 소비뇽 블랑, 샤르도네, 세미용(Sémillon) 등이다. 칠레 와인 산업은 주로 국내 소비 중심이었으나 1990년 탄생한 자유민주주의 정권이 와인 산업을 활성화시켰고, 1995년 처음으로 와인법이 규정되면서 스페인, 프랑스, 아메리카 등의 자본이 유입되어 미국, 일본, 한국 등으로 많은 와인을 수출하게 되었다. 칠레의 3대 와인은 알마비바(Almaviva), 돈 멜초(Don Melchor), 세냐(Sena)이다.

와인에 관한 법적 규제는 농업보호청 농목국(Servicio Agrícolay Ganadero Departamento Protección Agrícola; SAG)이 법령으로 관리하고 수출증명서의 발행, 품질검사 등을 하고 있다. 특히 숙성기간에 의한 표시법으로 Reserva, Reserva Espesial, Reserva Privada, Gran Reserva 등을 표기할 수 있다.

칠레의 포도재배 지역은 5개 권역(Region), 12개 지역(Subregion), 소지역(Zone), 마을(Area)단위로 세분화된다. 5개 권역으로는 아타카마(Atacama), 코킴보(Coquimbo), 아콩카구아(Aconcagua), 센트럴(Central), 수르 오 메리디오날(Sur O Meridional)이 있다.

첫째, 아타카마는 가장 건조한 지역으로 태양열이 강렬하여 산이 부족하고 당분 함량이 많다. 포도품종은 청포도 품종인 모스카텔(Moscatel)이 많이 재배되고, 값싼

▼ 칠레 아콩카쿠아이 비냐 에라주리스 와이니리 진경

▲ 칠레 센트럴 밸리의 마이포 밸리에 위치한 콘차 이 토로 와이너리

브랜디인 피스코(Pisco)를 양조한다.

둘째, 코킴보는 해변에 접해있는 더운 지역으로 아침에 바다의 안개 영향을 받아 피스코(Pisco)를 양조한다.

셋째, 아콩카구아는 가장 양질의 와인을 생산하는 지역이다. 아콩카구아 밸리는 지중해성 기후이면서 충적토로 굵은 돌과 조약돌이 많아 자연 친화적인 조건을 갖추고 있다. 1870년 막시미아노 에라주리스(Maximiano Errazúriz)가 프랑스 보르도 포도품종(카베르네 소비뇽, 메를로 등)을 재배하여 성공하면서 빛을 보게 되었다. 유명한 와이너리는 비냐 에라주리즈(Viña Errazuriz)이며, 세냐(Sena) 와인을 생산한다. 카사블랑카는 1982년까지 목장지대였으나 파블로 모란데(Pablo Morande)가 처음으로 이 지역에서 포도를 재배하였다. 비교적 서늘한 기후대를 형성하여 최고급 샤르도네 화이트와인 생산지역이 되었다. 포도품종은 흑포도 품종인 피노 누아, 메를로이며, 청포도 품종인 샤르도네, 소비뇽 블랑이 재배된다.

넷째, 센트럴 지역은 수도 산티아고 옆에 자리하고 있다. 마이포 밸리(Maipo Valley)는 유럽 포도품종 재배와 함께 깊은 역사를 가진 곳이다. 안데스산맥에서 바다를 향해 국토를 동서로 횡단하는 계곡으로 동쪽 끝은 해발 1,000m, 서쪽은 해발 500m로 완만한 경사지에 기후변화가 많은 지형을 이용하여 포도를 재배하고 있으며 카베르네 소비뇽이 중심을 이룬다. 토양은 모래, 점토질, 석회질, 자갈, 조약돌, 옥토로 구성되어 있고, 지중해성 기후에 일교차가 큰 최적의 떼루아를 갖고 있다. 포도품종은 흑포도 품종인 카베르네 소비뇽, 메를로, 카르므네르(Carmenére) 등이 재배된다. 유명한 와이너리는 콘차 이 토로(Concha Y Toro), 산타 리타(Santa Rita),

알마비바(Almaviva) 등이 있다. 라펠 밸리(Rapel Valley)는 안데스 산맥 서쪽에 위치해 해발 500m 전후로 높은 산이 없어 완만한 지형이다. 지중해성 기후지만 습도가 조금 높고 태평양 고기압의 영향을 받는다. 토양은 모래, 점토, 석회질, 자갈, 조약돌, 옥토로 구성되어 최적의 떼루아를 갖고 있다. 유명한 와이너리는 로스 바스코스(Los Vascos), 카사 라포스톨레(Casa Lapostolle), 비냐 몬테스(Vina Montes) 등이 있다. 꾸리꼬 밸리(Curico Valley)는 화산물질을 함유한 점토질과 옥토 토양으로 구성되어 있고, 세계적인 와이너리 산 페드로(San Pedro)가 자리 잡고 있다. 마울레 밸리(Maule Valley)는 지중해성 기후로 습도가 약간 높으며, 겨울에 비가 많이 내리는 지역이다. 남쪽에 자리 잡은 신흥 포도재배단지로 청포도 품종인 샤르도네, 소비뇽 블랑, 흑포도 품종인 메를로, 피노 누아가 재배된다. 유명한 와이너리는 미구엘 토레스(Miguel Torres)등이 있다.

▲ 칠레 센트럴 밸리에서 생산되는 몬테스 와인

레이다 밸리(Leyda Valley)는 최근에 급부상하는 고품격 와인을 생산한다. 1991년까지 황무지였던 레이다 밸리는 마이포 밸리에서 태평양 해안으로 30분 거리에 있다. 서늘한 해양성 기후에 화강암, 석회암, 모래 점토암의 토양 위에 흑포도 품종인 피노 누아 50%, 청포도 품종인 소비뇽 블랑, 리슬링이 재배된다. 미국의 할리우드 유명 배우, 영국 황실이 즐겨 찾는 피노 누아 명품 레드와인을 생산하면서 프랑스 부르고뉴, 미국 오리건 피노 누아 와인을 위협하고 있다. 유명한 와이너리는 벤톨레라(Ventolera) 등이 있다.

다섯째, 수르 오 메리디오날은 최근에 유럽 포도품종을 재배하면서 서서히 진가를 발휘하고 있는 지역이다. 이타타 밸리(Itata Valley)는 스페인 식민지로부터 들여온 파이스(Páis)를 재배하였고, 화강암이 퇴화하여 생긴 모래 섞인 토양이 적갈색을 띠고 있다. 비오 비오 밸리(Bio Bio Valley)는 밤낮의 기온차가 심하며, 서리피해가 있으며, 수확기에 비가 내리며, 토양은 옥토와 화산토로 구성되었고, 포도품종은 흑포도 품종인 피노 누아, 청포도 품종인 샤르도네, 리슬링, 게뷔르츠트라미너(Gewürztraminer)가 재배된다.

돈 멜초 와이너리

우리가 흔히 접하는 칠레 와인은 천혜의 떼루아(Terroir)로 포도 재배의 천국이자 세계 최고의 와인을 생산할 수 있는 보석 같은 와인 산지에서 생산된다. 그 중에서도 칠레다운 와인 '돈 멜초(Don Melchor)'는 칠레의 대표적인 명품 와인이다. '돈 멜초' 와인은 1883년에 설립된 남미 최대의 와이너리 비냐 콘차 이 토로(Viña Concha y Toro)의 설립자 멜초 콘차 이 토로(Melchor Concha y Toro) 이름을 따서 1987년 첫 빈티지가 생산된 후, 세계 100대 와인의 Top 10에서 3위를 포함하여 9회에 걸쳐 선정됐다.

칠레의 대표적인 명품 와인 브랜드 '돈 멜초'는 칠레 최초로 최고의 아이콘 와인을 양조해 와인업계의 벤치마킹 대상이 됐다. 회사는 '돈 멜초' 와인의 인기가 높아지자 명품브랜드로 차별화하기 위해 10년간의 준비 작업을 거쳐 2019년 9월에 30년의 역사를 가진 '돈 멜초' 와인을 콘차 이 토로 와이너리에서 분리하여 독자적인 브랜드 '비냐 돈 멜초(Viña Don Melchor)'로 새롭게 독립시켰다. 세계 최고의 명품 와인이 되기 위해 최고 수준의 품질과 브랜드 가치를 내세워 첫발을 내디디며 도전장을 낸 것이다. 1997년에 프랑스 최고급 와인을 생산하는 보르도의 샤토 무통 로칠드(Château Mouton Rothschild)와 콘차 이 토로가 합작하며 알마비바(Almaviva) 와인을 만들었던 것과는 다르게 홀로서기를 했다. 콘차 이 토로에서 20년 동안 '돈 멜초' 와인을 양조한 수석 와인 양조가 엔리케 티라도(Enrique Tirado)가 '비냐 돈 멜초'의 경영을 맡았다. 그는 푸엔테 알토(Puente Alto; 칠레의 수도인 산티아고의 남쪽 중심에 있는 마이포 밸리의 최고의 유니크한 떼루

▼ 칠레의 돈 멜초 와이너리 CEO겸 양조가 엔리케 티라도

아)의 독특한 개성을 살려 최고의 와인을 선보이겠다고 선언했다. 그리고 엔리케 티라도는 '비냐 돈 멜초'가 독립함으로써 브랜드 가치를 높이는 동시에 독자적인 브랜드로 와인시장에서 차별화되고 경쟁력을 갖추면서 비약적으로 성장할 것이라고 예측하였는데 결과는 성공적이었다.

'돈 멜초' 와인이 세계 최고의 와인으로 도약하고, 칠레 아이콘 와인의 대표가 될 수밖에 없는 이유는 첫째, 푸엔테 알토(Puente Alto) 지역의 독특한 떼루아이다. 해발 650m의 마이포 밸리(Maipo Valley)의 푸엔테 알토지역에 있는 114헥타르 포도밭은 마이포 강(Maipo River)에 의해 안데스 산맥에서 내려온 암석과 모래가 척박한 토양을 만들기 때문에 포도나무의 뿌리가 땅속 깊숙이 내려 미네랄을 농축시킨다. 여기에 수령 25년 이상 자란 카베르네 소비뇽의 환상적인 과일 풍미가 일품이다. 둘째, 포도 특성과 기후에 맞는 섬세한 재배법이다. 얼핏 보기에는 동일한 포도밭이지만 미세한 기후별로 7개 구획에 140개 세부 밭의 구획 단위인 파셜(partial)로 구분하여 관리하면서 카베르네 소비뇽의 최적지에서 독자적인 개성을 살린 후에 블렌딩하여 최적화를 한다. 셋째, 밤낮의 일교차가 크다는 점이다. 여름철에도 아침 태양이 안데스 산맥으로 떠오를 때 포도밭은 그늘이 지고, 오후에는 따뜻하고 햇볕이 잘 들지만 고산지대에서 불어오는 찬바람이 추운 밤을 만든다. 즉, 일교차가 커서 다른 지역에서 수확되는 포도보다는 높은 폴리페놀 함량과 풍부한 아로마를 형성하고, 타닌의 숙성, 산미의 균형감을 만들어 준다.

저자는 운 좋게도 '돈 멜초 2017' 와인을 시음했다. '돈 멜초' 와인은 카베르네 소비뇽 98%, 카베르네 프랑 2%로 블렌딩했다. 잘 익은 포도만을 손 수확을 하여 스테인레스에서 발효과정을 거쳐, 15개월간 프렌치 오크 배럴에서 숙성하는데 뉴 오크통에서 67%를 숙성시킨다. 짙은 체리 빛깔에 블랙베리, 블랙커런트, 초콜릿, 붉은 과일, 향신료, 미네랄 향 등의 복합적인 아로마, 붉은 과실의 풍미, 촘촘하고 섬세한 타닌, 뛰어난 밸런스로 응축되고 집중도가 높아 마시는 동안 '돈 멜초'의 30년 양조 노하우가 집약된 격조 높은 맛에 감탄사가 나왔다. 음식과 조화는 쇠고기 안심스테이크, 닭고기 요리, 피자 등을 추천한다.

▶ 칠레의 마이포 밸리에서 생산되는 돈 멜초 와인

🍷 아르헨티나 와인

탱고의 나라 아르헨티나는 남미 대륙에서 브라질에 이어 두 번째로 큰 나라이며, 말벡 포도품종으로 세계적인 와인을 만든 국가이다. 1591년 후안 세드론(Juan Cedron)이 파이스(Pais) 포도품종을 라 리오하(La Rioja)에 최초로 재배하였다. 아르헨티나는 와인 생산국임에도 불구하고 국내소비에 한정되었고, 벌크와인, 벌크과즙을 수출하면서 와인의 품질은 좋지 않았다. 1959년 국립포도재배양조연구소가 설립되고, 원산지명칭통제도(DO)를 시행하였다. 1990년에 많은 외국자본이 투입되어 현대적인 양조기술이 도입되면서 품질혁신과 더불어 세계 와인시장에 진출하게 되었다.

한때 세계 4위의 부국(富國)이었던 아르헨티나는 1970~80년대에 극심한 경제위기를 겪었고, 2001년에는 디폴트(default; 국가채무 불이행) 선언까지 하는 시련을 겪었다. 주요 와인 산지는 국토의 서쪽에서 안데스산맥의 동쪽 기슭에

▼ 아르헨티나 멘도자 카테나 자파타(Catena Zapata) 말벡 포도밭

신세계 와인

이르는 지역이며, 해발 500~1,000m에 위치하고 있어 안데스에서 불어오는 바람의 영향으로 온화하고 건조한 기후이다.

포도품종은 흑포도 품종인 말벡(Malbec), 탬프라니뇨(Tempranillo), 카베르네 소비뇽(Cabernet Sauvignon), 메를로(Merlot), 산지오베제(Sangiovese), 보나르다(Bonarda), 청포도 품종인 페드로 지메네즈(Pedro Gimenez), 머스켓 오브 알렉산드리아(Muscat of Alexandria), 샤르도네(Chardonnay), 소비뇽 블랑(Sauvignon Blanc), 리슬링(Riesling), 토론테스(Torrontes) 등이 있다.

주요 와인 생산지역은 카타마르카-살타(Catamarca-Salta), 라 리오하(La Rioja), 멘도자(Mendoza), 산 후안(San Juan), 리오 네그로(Rio Negro)-뇌구엥(Neuquen)이다.

카타마르카-살타지역 중에 살타는 카파야테 밸리(Cafayate Valley) 중심으로 와인을 생산하며, 생산량은 2% 내외지만 해발 1,500~2,000m에 일교차가 매우 큰 와인 산지이고, 프랑스 보르도 흑포도 품종인 카베르네 소비뇽, 메를로, 프랑스 부르고뉴의 청포도 품종인 샤르도네를 재배하고, 현대 와인 양조기술을 도입하여 고품질의 와인을 생산한다. 특히, 카타마르카는 해발 1,200~2,100m에 위치하여 토론테스(Torrontés), 시라(Syrah) 등으로 대부분 브랜디(Brandy)를 생산한다.

▼ 아르헨티나 멘도자 주까르디(Zuccardi) 와이너리

라 리오하는 가장 오래된 포도재배지역으로 해발 800~1,400m에 위치하고 청포도 품종인 토렌테스, 모스카텔, 흑포도 품종인 말벡, 카베르네 소비뇽을 재배한다. 유명한 와이너리는 보데가 라 리오하(Bodega La Rioja), 코페라티바 라 리오하나(Cooperativa La Riojana)가 있다.

멘도자는 안데스 산맥 해발 600m에 위치한 고급 와인 생산지이고, 전체 생산량의 75%를 차지하며, 와인 생산량의 95%를 수출하는 아르헨티나의 최고의 와인생산지역이다. 이 지역의 토양은 충적토로 점토질, 석회암, 모래, 자갈로 구성되고, 안데스 산맥의 광천수가 포도나무 생장에 영향을 미친다. 포도품종은 흑포도 품종인 카베르네 소비뇽, 말벡, 메를로, 피노 누아, 템프라니뇨, 청포도 품종인 샤르도네, 슈냉 블랑(Chenin Blanc)을 재배한다. 특히 말벡을 해발 1,500m에서 재배하고, 프렌치 오크 숙성을 시켜 세계적인 와인으로 부상시켰으며, 아르헨티나 정부는 2011년에 매년 4월 17일을 '말벡 월드 데이(Malbec World Day)'로 제정했다. 유명한 산지는 북멘도사(Northern Mendoza), 우코밸리(Uco Valley), 투푼카토(Tupungato), 루한 데 쿠요(Lujan de Cuyo), 리오 델 네그로(Rio Negro) 등이 있다. 유명한 와이너리는 클로 드 로 시에테(Clos de los Siete), 트리벤토(Trivento), 카테나 자파타(Catena Zapata), 트라피체(Trapiche), 알타비스타(Altavista), 카이켄(Kaiken) 등이 있다.

산후안은 멘도자의 북쪽에 위치하고 있으며, 해발 650~1,200m로 샤토와 자갈이 많은 토양으로 배수가 좋은 떼루아를 갖고 있다. 과거에는 화이트와인, 로제와인, 주정강화와인, 브랜디의 주 생산 지역이었으나 최근 현대적인 양조기술을 도입하여 와인 품질이 많이 좋아졌다. 특히 울룸(Ullum), 존다(Zonda), 투룸 밸리(Tulum Valley)에서는 서늘한 기후대를 형성하는 관계로 흑포도 품종인 말벡, 카베르네 소비뇽, 메를로, 피로 누아, 청포도 품종인 샤르도네, 슈냉 블랑(Chenin Blanc), 비오니에(Viognier)을 재배하여 고품질의 화이트와인을 생산한다.

리로 네그로-뇌구엥은 가장 남쪽 지방에 위치하고 있으며, 백악질 토양에 잘 자라는 유럽 포도품종을 재배해 좋은 품질의 화이트와인, 스파클링와인을 생산하고 있다. 포도품종은 흑포도 품종인 피노 누아, 청포도 품종인 소비뇽 블랑, 샤르도네를 재배한다. 유명한 와이너리는 움베르토 카날레(Humberto Canale) 등이 있다.

보데가 카테나 자파타

말벡(Malbec) 와인의 선구자, 말벡의 혁명을 주도하여 유명세를 타고 있는 보데가 카데나 자파타(Bodega Catena Zapata) 와이너리는 마야 부족의 피라미드 형태의 와이너리이다. 카데나 자파타 와이너리가 갖고 있는 전통적이면서 예술적인 디자인의 건물은 와이너리를 방문하는 사람마다 탄성을 금하지 못하게 한다.

1902년 이탈리아 마르케(Marche)에서 노동자 출신으로 태어난 니콜라스 카테나 자파타(Nicolas Catena Zapata)는 아르헨티나 멘도사로 이민 와서 4헥타르 포도밭으로 와이너리를 시작한 이후, 4대째 가족 운영체제로 하고 있다. 현재는 니콜라스 카테나(Nicolas Catena)와 큰딸 로라(Laura)가 함께 운영하고 있다. 1980년대까지는 저가의 벌크 와인을 주로 생산을 해오다가 1982년 3대손인 미국 버클리대 경제학 교수 출신의 니콜라스 카테나(Nicolas Catena)는 미국 캘리포니아 나파밸리의 로버트 몬다비 와이너리를 벤치마킹한 후에 세계 최고의 와인을 만들겠다는 야망을 갖고 10여 년 동안 미세 떼루아를 연구하였다. 그 후 1993년 멘도사 안데스 산맥의 우코 밸리(Uco Valley) 중에서도 해발이 가장 높은 1,450m의 괄타라리(Gaualtallary) 지역에 포도밭을 조성

▲ 아르헨티나 카테나 자파타 와이너리

하고 다양한 포도품종(Malbec, Cabernet Sauvignon, Cabernet Franc, Pinot Noir, Chardonnay)을 심어 실험적인 와인 양조를 하였다.

영국의 와인 대표 잡지 '디켄터(Decanter)'에서 니콜라스 카테나를 2009년 올해의 인물로 선정하였고, 미국의 와인 평론가 로버트 파커는 저서 '더 월드 그레이티스트 와인 에스테이트'에 남미 지역 와이너리로는 유일하게 카테나 자파타를 소개하였으며, 2004년 빈티지는 98점, 2006년 95점, 2007년 96점을 주었다. 2005년, 2006년, 2007년에는 미국의 와인 평론지 '와인 스펙테이터' 100대 와인에 선정되었고, 2006년에는 영국의 와인 잡지 '디켄터'가 뽑은 '세계 50대 레드와인'에 선정되어 명품 와인으로 명성을 얻었다. 2023년에 국제와인 품평회, 와인 스펙테이터 등에서 모두 100점을 받아서 더욱 유명해졌다.

카테나 자파타는 총 3개 등급의 와인을 출시하고 있는데 기본급 Catena Classic, 중급 Catena Alta, 최고급 Catena Zapata로 구분하고 있다. 카테나 자파타에서 만든 고급 와인 중에는 '안드리안나(Adrianna)' 브랜드 와인이 있다. 이 와인은 2004년도에 가장 품질이 뛰어난 말벡 포도품종만을 선별하여 와인을 양조한 후에 막내딸 안드리안나 이름을 브랜드로 정한 기념적인 와인이다.

포도품종 말벡은 원래 프랑스 보르도 지방에서 재배된 포도품종으로, 주로 블렌딩용으로 사용됐으나 아르헨티나에서 100% 말벡으로 와인을 양조하여 최고 수준의 집중도, 복합미, 균형 잡힌 맛과 향 그리고 품질 면에서 인정을 받아 새로운 지평선을 열었다.

카테나 자파타 말벡 와인은 천혜적인 자연 그대로를 와인에 담고자 떼루아를 반영한 미세발효 방법으로 프랑스 오크통에서 약 15~30일간 자연 효모에 의한 발효방법과 침용을 하며, 이후 18~24개월 동안 프랑스 뉴 오크통에서 숙성시킨 후에 정제와 여과를 거치지 않고 병입한 뒤 24개월 동안 병 숙성을 한다.

저자는 2016년, 2017년 2차례 방문할 때마다 10~12개 종류의 와인을 시음했는데, 그중에서 '카테나 자파타 말벡 2016(Catena Zapata Malbec 2016)' 와인이 가장 인상 깊었다. 이 와인은 안데스 산맥 기슭의 일교차가 크기 때문에 당도가 높고, 백년설이 녹아내린 물로 인해 미네랄이 풍부하며, 진한 루비 색에 말린 자두, 블랙 체리, 향신료, 제비꽃, 카시스, 초콜릿, 훈제 향이 나며, 생각 외로 고지대에서 자란 포도라 풀바디 하지만 무겁지 않고 타닌이 부드러워 지루하지 않고 경쾌한 느낌을 준다. 음식과의 조화는 한국의 음식 중에 불고기, 고추장 양념 돼지 요리, 쇠고기 갈비살 구이 등과 어울린다.

신세계 와인

🍷 남아프리카공화국 와인

남아프리카공화국 와인의 역사는 1652년 네덜란드 동인도회사가 케이프타운에 이주하면서 시작되었다. 1655년 처음 네덜란드인 얀반 리벡(Janvan Riebeeck)이 포도 묘목을 심고 4년 후인 1659년 처음 와인을 생산했다고 전해진다. 요하네스버그 등 대도시의 수요가 많아 거의 국내 소비용이었으나 영국과 캐나다로 수출을 시작하면서 미국과 일본, 한국 등으로도 수출량이 늘고 있다.

1918년 KWA(Cooperative Wine Grower's Association)가 설립되었으며, 1973년에 원산지 통제명칭(W.O, Wine of Origin)이 시행되었다. 남아프리카공화국은 동쪽으로 인도양, 서쪽으로 대서양에 면한 지역으로 북부는 아열대 기후지만 나머지는 지중해성 기후로 평균 강수량은 500~550mm이다. 국토 대부분이 남위 22~35°범위에 있으며, 온난하고 일조시간도 많아 포도재배에 아주 유리하다. 평야 서쪽 연안부의 테이블 마운틴은 사암이 많고 동쪽 산맥 경사면은 화강암이 많다. 카르(Kar) 지방은 혈암질(굳어진 점토판암) 토양이며, 계곡과 평지는 모래와 자갈이 많고 경사진 산으로 갈수록 모래와 자갈이 더 많아진다. 서늘한 바닷바람의 해양성기후와 뜨거운 대륙성 기후, 풍부한 강수량을 갖고 있어 다양한 떼루아에서 와인 생산이 가능하다.

최근 현대적 양조기법을 도입해 양보다는 품질에 집중하고, 2010년 남아공 월드컵을 계기로 전세계에 와인을 홍보하며 급성장했다. 포도품종은 청포도 품종인 슈냉 블랑(Chenin Blanc), 설타나(Sultana), 콜롬바르(Colombard), 하네푸트(Hanepoot),

국가별 와인

샤르도네, 소비뇽 블랑이며, 흑포도 품종은 대표적인 피노타지(Pinotage)를 비롯해 카베르네 소비뇽, 쌩소(Cinsault), 메를로, 시라즈, 피노 누아 등이다.

유명한 와인 생산지역은 크게 브리드 리버 밸리(Breede River Valley), 클라인 카루(Klein Karoo), 코스탈 지역(Coastal Region), 올리판츠 리버(Olifants River), 기타 지역으로 구분한다.

첫째, 브리드 리버 밸리는 크게 로버트슨(Robertson), 워세스터(Worcester), 스웰렌담(Sweelendam) 등의 와인 산지가 있으며, 내륙에 위치해 매우 건조하고 무더운 기후로 관개시설을 사용한다. 로버트손은 여름철에 무덥지만 남동쪽에서 불어오는 바람으로 약간 서늘한 기후대로 화이트와인 외에 레드와인도 생산된다. 포도품종은 흑포도 품종인 시라즈(Shiraz)가 있으며, 청포도 품종은 샤르도네, 콜롬바르(Colombard), 소비뇽 블랑이 있다.

둘째, 클라인 카루는 칼리츠도르프(Calitzdorp) 와인 산지가 있고, 준사막 지역으로 여름은 건조한 기후대를 보이며, 덥고 건조하다. 포도품종은 청포도 품종으로 슈냉 블랑(Chenin Blanc), 무스카텔(Muscatel), 뮈스카데(Muscadet) 등이 있으며, 디저트 와인, 주정강화 와인이 유명하다.

▼ 남아프리카공화국 더반빌 지역의 포도밭

신세계 와인

　셋째, 코스탈 지역은 스텔렌보쉬(Stellenbosch), 콘스탄티아 와드(Constantia-Ward), 더반빌(Durbanville), 팔(Paarl), 스와트랜드(Swartland), 타이거베그(Tygerberg), 툴바그(Tulbagh)로 더 작게 나눠진다. 주로 고품질의 레드와인 산지로 유명하며 남아프리카공화국을 대표하는 와인 산지이다. 스텔렌보쉬는 케이프타운 동쪽 50km에 있으며, 동쪽 산맥에서 흐르는 에르스테 강(Eerster River)의 영향을 받으며 상류에서는 화강암질 토양에서 흑포도 품종인 카베르네 소비뇽, 메를로, 피노 타지로 만든 레드와인이 생산되고, 하류의 사력질 토양에서는 품질 좋은 청포도 품종인 슈냉 블랑으로 만든 화이트와인이 생산된다. 이 곳은 또한 와인교육과 연구의 중심지로 가장 프리미엄급 와인 생산에 집중한다. 유명한 와이너리는 카논콥 에스테이트(Kanonkop Estate), 루스텐버그(Rustenberg), 워윅 에스테이트(Warwick Estate), 미어루스트(Meerlust) 등이 있다.

　콘스탄티아 와드는 케이프타운의 역사적인 산지이다. 서쪽은 산으로 동쪽은 휠스만에 둘러싸인 경사지이며 비교적 서늘한 곳에 포도밭이 있어 산미가 풍부한 와인을 생산한다. 여기서 18~19세기에 유럽의 왕족과 귀족에게 사랑받았던 클라인 콘스탄티아(Klein Constantia)의 뱅 드 콘스탄스(Vin de Constance) 와인도 부활했다.

▼ 케이프타운에서 본 테이블 마운틴 전경

국가별 와인

주로 화이트와인 산지로 포도품종은 청포도 품종인 소비뇽 블랑, 세미뇽, 뮈스카데를 재배한다. 유명한 와이너리는 클라인 콘스탄티아(Klein Constantia), 그루트 콘스탄티아(Groot Constantia) 등이 있다.

더반빌은 케이프타운 교외 바닷가 구릉지에 형성되어 있으며 해풍으로 여름의 더위가 한풀 꺾이며 주로 흑포도 품종 재배에 적합한 곳이다. 고도 경사도에 다양한 와인이 생산되며, 대규모의 와이너리가 많다. 포도품종은 흑포도 품종인 시라즈, 메를로, 카베르네 소비뇽이 있으며, 청포도 품종은 소비뇽 블랑, 샤르도네가 재배된다.

팔은 진주 바위(Pearl Rock)의 의미를 갖고 있는 지역으로 위그노(Huguenot; 프랑스 초기 개신교) 신자들이 개척한 버그(Berg)강 유역의 사질 토양, 파르 주변과 남동쪽 산은 화강암, 그리고 북동쪽은 점판암지대로 구성되어 있다. 길고 무더운 날

▲ 남아프리공화국 피에르 조단 와이너리

신세계 와인

씨, 충분한 강우량으로 좋은 떼루아를 갖고 있다. 특히 디저트 와인과 쉐리 와인의 생산으로 유명하다. 포도품종은 흑포도 품종인 시라즈, 피노타지, 카베르네 소비뇽, 무르베드르(Mourvédre), 청포도 품종은 슈냉 블랑, 비오니에(Viognier)가 재배된다. 유명한 와이너리는 캐쎄드랄 셀러(Cathedral Cellar), 백스버그(Backsberg), 클렌 카르루(Carlou), 페어 뷰(Fair View) 등이 있다.

스와트랜드는 버그(Berg)강 옆 피켓드 버그 남해안에 있어 여름엔 고온과 낮은 강우량으로 관개시설이 필요하며, 힘찬 구조를 가진 레드와인과 주정 강화 와인의 산지로 잘 알려져 있다.

넷째, 올리판트 리버(Olifants River) 지역은 루츠빌 밸리(Lutzville Valley), 시트러스탈 밸리(Citrusdal Valley), 시트러스달 마운틴(Citrusdal Mountain)이 있으며, 여름철에 서늘하면서 덥고, 강우량이 적은 지역으로 대서양의 열기 때문에 관개가 필요하다. 포도품종은 흑포도 품종인 카베르네 소비뇽, 카베르네 프랑, 청포도 품종은 샤르도네, 슈냉 블랑, 콜롬바드(Colombard), 무스카텔(Muscatel)이 재배된다. 최근에 현대적인 양조기법을 도입해 고품질의 와인을 생산하고 있으며, 특히 루츠빌 밸리는 여전히 품질이 좋고 값싼 와인으로 유명하다.

다섯째, 그 외 지역으로 오버버그(Overberg)는 점질도가 높은 암석이 많은 토양으로 연간 강우량이 충분하며, 서늘한 와인 산지 특유의 섬세함을 나타내는 유럽피안 스타일의 소비뇽 블랑, 샤르도네 화이트

▲ 남아프리카공화국 조단 와인

와인, 피노 누아 레드와인이 생산되어 높은 품질로 평가를 받고 있으며 피켓드버그(Piketberg)와 더그라스(Douglas)지역도 고품질 와인으로 새롭게 떠오르는 와인 산지이다.

남아프리카공화국 니더버그 매너 하우스

최근 세계 10대 와인 생산국가로 급부상한 남아프리카공화국을 대표하는 와인은 '니더버그 매너하우스(Nederburg Manor House)'의 와인이다.

'니더버그 매너하우스'는 1791년 와인 양조에 극진한 사랑과 열정을 갖고 있던 필립스 볼바트(Plilippus Wolvaart)가 부인 마가레타(Margaretha)와 함께 테이블 마운틴의 기슭 팔(Paarl) 지역 중심에 터를 잡았다. 1800년에 완성된 '니더버그 매너하우스(Manor House; 장원영주의 대저택)'는 안타깝게도 완공하기 직전에 세상을 떠난 마가레타 여사가 가장 심혈을 기울인 역사적인 건축물로 남아프리카공화국의 국가 유적으로 지정됐다.

현재 남아프리카공화국에서 유일하게 전통적인 수작업으로 와인을 양조하며, 49헥타르 소유의 최고급 포도밭에서 산도와 당도가 최고조에 도달했을 때 손 수확하는 엄선된 최상급 품질의 포도만을 사용하여 와인을 생산하여 남아프리카공화국의 대표적인 '프리미엄 와이너리'로 명성을 이어갔다. '니더버그 매너하우스'는 피노타지(Pinotage), 카베르네 소비뇽(Cabernet Sauvignon), 시라즈(Shiraz), 슈냉 블랑(Chenin Blanc), 소비뇽 블랑(Sauvignon Blanc), 샤르도네(Chardonnay) 등의 와인을 생산하는데 각 포도품종별로 최적의 떼루아를 찾아 포도밭에서 포도를 재배하거나 포도원과 계약을 맺는다.

▲ 남아공의 니더버그 매너 하우스 전경

227년의 오랜 역사와 전통을 가진 '니더버그 매너하우스'의 경영철학은 필립스 볼바트의 창립정신을 대대로 이어오면서 구대륙의 전통적인 고전주의를 고수하고 신대륙의 과학적인 양조기법을 절묘하게 접목시켜 맛과 품질로 세계적인 와인을 생산하는 것이다.

남아프리카공화국 최초의 흑인 대통령이자 노벨 평화상 수상자인 '넬슨 만델라(Nelson Mandela)'는 1994년 대통령 취임식에 '니더버그 매너하우스 카베르네 소비뇽' 와인을 만찬주로 사용하여 전 세계적으로 남아프리카공화국 와인을 알리는데 일조했다. 그 후 영국 엘리자베스 여왕 즉위 25주년 기념 만찬주로 선정되었고, 2010년 남아프리카공화국 월드컵 공식와인으로 선정되면서 품귀현상을 겪기도 했다. 최근에 매너하우스 카베르네 소비뇽

▲ 남아공의 니더버그 매너 하우스 전경

레드와인과 소비뇽 블랑(Sauvignon Blanc) 화이트와인이 인기를 끌고 있다.

'니더버그 매너하우스'는 남아프리카공화국 와인을 대표하는 와인으로써 여러 품평회 수상경력을 갖고 있다. 2007년 '영국 국제 와인 & 스피리츠(IWSC)'에서 시라즈 와인으로 '로즈마운트 트로피'를 수상했고, 동년 헝가리 부다페스트에서 개최된 'International Botrytis Type Wine Sweet Competition'에서 '톱 10'에 선정되면서 유럽 와인 생산자들을 놀라게 했으며, 매년 자체 옥션 행사를 진행하여 전 세계 와인 애호가들의 가슴을 설레게 한다.

저자는 몇 년 전 '니더버그 매너하우스'에 방문하여 다양한 와인시음을 했는데 와인마다 포도품종별로 독특한 개성을 갖고 있었다. 추천 와인은 최근에 시음한 '와인마스터스 피노타지 2016(Winemasters Pinotage 2016)'이다. 웨스턴 케이프(Western Cape) 지역 해안가에 위치한 해발 100m 화강암 토양에서 자란 피노타지 포도를 손 수확하여 포도껍질과 함께 스테인리스 통에서 약 14일간 발효한 후에 12개월 동안 프렌치 오크통에서 숙성하여 만든 와인이다. 진한 레드 컬러에 자두, 체리, 살구, 라즈베리, 초콜릿의 향이 나며, 스파이시한 과일 풍미, 우아하고 부드러운 타닌, 중간정도의 바디감이 일품이며, 여운이 오랫동안 입안에 머문다. 음식과 와인의 조화는 양고기, 비프 커틀렛, 파스타, 피자, 베이컨, 하몽, 살라미, 바비큐요리 등이 어울리며, 특히 가성비가 좋은 와인이다.

국가별 와인

🍷 6대 신세계 와인의 비교

신세계 와인은 구세계 와인과는 차별되는 떼루아를 가지고 있기 때문에 국가별로 포도품종에서 차이가 난다. 신세계 국가 중에 중요한 국가(미국, 호주, 뉴질랜드, 칠레, 아르헨티나, 남아프리카공화국)의 특징을 표로 정리하였다.

6대 신세계 와인의 비교표

구분		미국	호주	뉴질랜드	칠레	아르헨티나	남아프리카 공화국
공통 품종	화이트와인	소비뇽 블랑, 샤르도네, 리슬링					
	레드와인	카베르네 소비뇽, 메를로, 피노 누아, 시라즈					
떼루아		지중해성, 대륙성, 해양성 기후, 부족한 강우량, 화산토, 자갈, 사암석회토양	지중해식 기후, 부족한 강우량, 자갈, 화산충척토양	해양성 기후, 아열대 기후, 많은 강우량, 자갈토양	해양성 기후, 부족한 강우량, 화산암과 사암토양	아열대 서늘한 기후, 부족한 강우량, 화산암, 사암의 토양	지중해식 기후, 부족한 강우량, 화강암, 사암토양
국가별 특정 품종		진판델 (레드와인) 피노 누아 (레드와인)	시라즈 (레드와인) 세미용 (화이트와인)	소비뇽 블랑 (화이트와인)	카메네르 (레드와인) 메를로 (레드와인)	말벡 (레드와인)	피노타지 (레드와인)
주요 생산지역		캘리포니아, 워싱턴, 오리건, 뉴욕	뉴사우스웨일스, 빅토리아, 사우스 오스트레일리아, 웨스턴 오스트레일리아	오클랜드, 기스본, 호크스베이, 말보로	아콩카구아밸리, 마이포 밸리, 카사블랑카밸리, 마울레, 콜차구아 밸리, 라펠 밸리	멘도사, 산후안 라 리오하 살타	스텔렌보쉬, 더반빌, 콘스탄티아, 코스탈, 워커베이, 파알
유명 생산자		로버트 몬다비, 세이츠버리, 실크우드, 조셉 펠프스, 버츠, 호크 샐러즈, 컬럼비아, 할란에스테이트 아델쉐임, 버그스트롬, 캔들 잭슨, 베린저, 샤토 생 미셸	펜폴즈, 하디스, 울프 블라스, 크라렌던 힐, 로즈마운트, 린더만스, 맥윌리암스, 르윈, 레이크스 폴리 빈야드, 헨쉬케	세인트 헬레나 와인 에스테이트 몬타나 말보로 와이너리, 쿠메우리버와인, 헌터스와인, 하우스 노빌로, 쿠퍼스 크릭, 콜라더스 브라더스, 클라우디 베이 빈야드	로스 가스코스, 비냐콘차이토로, 비냐 몬테스, 칼리테라, 세냐, 도메인폴브루노, 산페드로, 산타 리타, 언두라자, 에체베리아, 하우톤	아차발 페레, 폴 홉스, 비안치, 로페스, 에차르트, 루카, 트라피체, 테라자스, 미셸토리노, 노통, 에트챠트 데 쿠센니어 사익, 에스메랄다	KWV, 위위에스 테이트, 베르체르젠, 해밀톤 러셀 빈야드, 페어뷰, 빌리에라 인 에스테이트, 클라인 콘스 탄티아

522

신세계 와인

▲ 포도나무 가지치기

아시아 와인

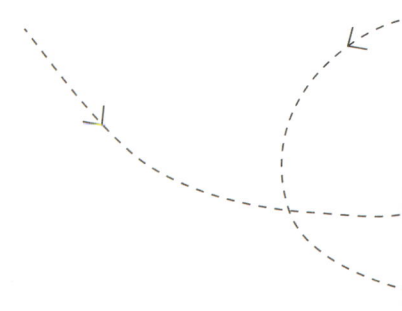

🍷 한국 와인

한반도에 처음 포도가 전래된 것은 삼국시대로 추정되며, 기원전 126년경 서역지방에 정벌을 나섰던 중국 진안의 장건(張騫; 기원전 114년) 장수가 중국으로 가져와 한반도에 전래한 것으로 추측하나 기록은 없다.

역사적으로 우리나라에 처음 포도주가 소개된 것은 원나라의 원제(元帝)가 고려 충렬왕에게 포도주를 보내준 것으로 1285년경이다. 고려의 왕에게 포도주를 보내주면서 부터이다. 당시 고려로 온 포도주는 산서(山西)지방에서 빚은 포도주를 오랫동안 저장한 것으로 술 가운데 가장 진귀하게 여겨지던 것이었다. 이때의 포도주는 현재 우리가 알고 있는 과실주 양조법에 의해 만들었지만 중국의 문헌을 보면 시간이 지날수록 쌀, 누룩에다 포도즙을 섞어서 만드는 양조법이 기록되어 있다. 우리나라에도 1700년대 문헌인 『양주방(釀酒方)』에 포도주 양조법이 나오는데 누룩, 밥, 포도즙을 섞어 만들었다고 한다. 『동의보감』, 『지봉유설』 등에도 포도주를 소개하고 있지만 결국 우리나라 중국은 포도즙만으로 빚는 포도주가 전통주로 뿌리를 내리지 못한 아쉬움이 크다.

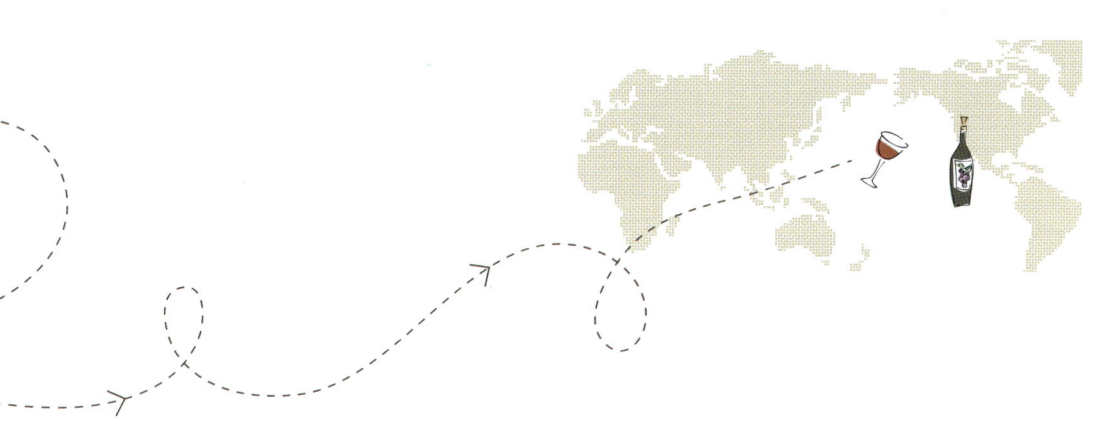

　인조 14년(1636년), 대일통신부사였던 김세렴의 『해차록(海槎錄)』에 의하면, 서양산 적포도주를 대마도에서 대마도주와 대좌하면서 마셨다는 기록이 전해지고 있으며, 효종 4년(1653년) 하멜(Hedrik Hamel, ?~1692)이 제주도에 표류했을 때 지방장관에게 적포도주를 상납했다는 기록도 있다. 고종 3년(1866년) 독일인 오페르트(Ernst Jakob Oppert)가 적포도주를 갖고 들어 왔으며, 그는 적포도주뿐 아니라 스페인산 쉐리, 샴페인 등과 함께 다른 술도 가지고 온 것으로 전해진다. 근대적인 와인의 역사는 대한제국 말 외국인 선교사들에 의해 미사용이나 세례용으로 들여온 것이다. 펠릭스 클레르 리델(Felix Clair Ridel, 1830~1884; 프랑스 선교사) 주교의 『조선유수기』에는 체포 당시의 상황을 "포졸들이 내가 가진 시계와 와인을 욕심내기에 이것을 주고, 그들이 좋아하는 사이에 천주의 존상과 기물을 치울 수 있었다"고 적고 있다.

　일제 강점기에 경북 포항의 미쯔와 농장에서 포도주를 만들기도 했지만, 우리나라에서 포도주다운 포도주를 만들기 시작한 것은 1970년대이다. 국내 포도품종은 약 70%가 식용 포도인 캠벨 얼리(Campbell Early)이며, 나머지는 무스카토 베일리 에이(Muscat Bailey A), 사이벨(Seibel), 거봉, 청수 등이다.

　상업적으로 생산된 우리나라 최초의 과실주는 1969년에 출시된 파라다이스 애플 와인이며, 이어서 포도주 '올림피아'를 생산하였고, 1986년 파라다이스가 수석농산으로 바뀌면서 '위하여'로 변경되었다. 1974년 해태주조(주)에서 포도로 만든 노블와

▲ 한국 와인의 포도밭

인 시리즈 '노블로제', '노블클래식', '노블스페셜'을 출시하였고, 1975년에는 국회의 사당 해태상 밑에 이 와인을 묻어 100년 후에 꺼내기로 했다. 1977년 동양맥주(주)에서 조금 늦게 출시한 '마주앙'은 뛰어난 기술과 마켓팅으로 소비자의 입맛을 사로잡으면서 순식간에 국내 와인시장을 장악하였다. 1985년 진로(주)에서 '샤토 몽블르', 1984년 금복주에서 '엘레지앙', 1987년 대선주조에서 샹파뉴 방식의 '그랑주아'를 출시하면서 잠시 전성시대를 맛보았다. 그리고 충북 영동에 위치한 와인코리아에서는 1995년에 '샤토마니', 2004년에 '샤토마니 누보'를 출시하였다.

1996년 경기도 안산시 대부도에 위치한 그린영농조합에서 '그랑꼬또 와인'을 출시하였고, 2004년 전북 무주에 위치한 샤토 무주 와인에서 '산머루 와인', 2005년 강원도 횡성에 위치한 디오니 캐슬 와인에서 '복분자 와인'과 '다래와인'을 출시하였다. 2000년에 영천 와인과 영동 와인이 본격적으로 와인생산을 시작하였다.

현재 대기업은 와인사업을 포기하고, 대신 지역의 영농조합을 중심으로 와인 양조기술을 개발하고 생산을 하고 있는 실정이다. 정부 또한 양조용 포도 육종 개발에 거의 투자를 하지 않으니 우리나라 와인정책은 거의 전무하다고 볼 수 있다. 국산 와인의 세계화를 위해선 정부와 대기업의 적극적인 관심과 지원이 필요하며 와인 애호가들도 한국 와인을 즐겨 마셔야 한다. 우리나라 음식에 걸맞는 와인은 우리 토양에서 자란 포도로 양조한 한국 와인이다. 한국 와인의 활성화를 위해선 우리 토양에 알맞은 양조용 포도품종부터 개발해야 한다.

두산에서는 마주앙을 브랜드로 한 제품이 10개에 달하였으나 국내에서 재배된 포도를 원료로 만든 한국 와인은 '마주앙 스페셜 화이트', '마주앙 레드', '마주앙 카비네트', 3개에 불과하였다. 후에 경영난으로 모두 프랑스와 독일, 스페인에서

아시아 와인

OEM(주문자상표부착생산) 방식으로 양조해 수입 판매하였으며, 브랜드는 마주앙이지만 사실 외국산 와인을 소비자들에게 판매하게 되었다. 그러나 2017년 롯데 주류에서는 영동, 영천 지역의 포도를 선별하여 국산 마주앙 '시그너처' 와인으로 재현하였다.

한국 와인의 역사를 보면 1973년 한국 최초의 와인 마주앙이 탄생되었고, 1988년 '88서울올림픽'을 앞두고 1987년에 와인 수입 자율화가 이루어졌다. 1996년 국내 최초로 프랑스 소펙사가 주관하는 한국소믈리에경기대회가 열렸으며, 2000년 IMF를 딛고 경기가 회복되면서 와인 아카데미가 탄생되었다. 와인전문잡지 '르 서울', '와인 리뷰'가 출간되었으며, 국내 보졸레 누보 시음회 등이 와인 붐을 일으켰다. 2001년 청담동에 '더 와인', '엘비노'라는 와인 바가 오픈하였으며, 2003년 레드와인이 건강에 좋다는 내용이 KBS '생로병사'에 방영되면서 "프렌치 패러독스"를 경험하게 되었다.

2004년부터 해외의 유명한 와이너리 CEO들이 한국을 방문하여 한국 와인 시장에 관심을 갖게 되었으며, 한국·칠레 자유무역협정체결로 칠레와인의 수입이 급증하였다. 2006년에는 '신의 물방울' 일본 만화가 인기를 끌면서 부르고뉴 와인에 대한 인식을 바꾸어 놓았으며, 2007년도부터 ASI(국제소믈리에 협회) 회원국인 (사)한국국제소믈리에협회(KISA)가 세계베스트소믈리에경기대회에 파견할 한국국가소믈리에경기대회를 개최하여 한국국가대표소믈리에를 선발하였다. 그리고 2012년에 5월 대전에서 ASI 총회겸 제2회 '아시아·오세아니아베스트소믈리에경기대회'를 개최하

▼ 한국 와인

였다. 2009년도에는 세계적인 경제 침체에도 불구하고 마트와 편의점에 와인 시대를 열었으며, 농림수산식품부로부터 (사)한국국제소믈리에협회와 (사)한국소믈리에협회가 사단법인으로 정식 등록하게 되었다.

　2003년에 영천시와 (사)한국국제소믈리에협회(회장 고재윤 경희대 교수)는 영천와인학교를 개교하여 현재까지 1,600여명의 와인 소믈리에를 양성했다. 그리고 2013년에는 대전시와 함께 베를린와인트로피를 개최하는 베를린 마케팅 회사를 방문해 아시아에서 유일하게 '대전와인트로피'를 개최하기로 합의하고 아시아에서 최초로 '2013년 대전와인트로피'를 열었다. 그 후 2014년에 '대전와인트로피'를 '아시아와인트로피'로 변경하여 한국의 소믈리에, 와인 전문가를 양성하는 계기를 마련하였다. '베를린와인트로피', '포르투갈와인트로피'에도 한국의 와인전문가, 소믈리에들을 심사위원으로 위촉하여 국제적인 와인 심사위원을 배출했다. 특히 한국의 와인(영천, 영동, 대부도 등)을 '베를린와인트로피', '아시아와인트로피'에 출품시켜 골드, 실버 메달을 매년 수상해 한국와인 양조의 비약적인 발전에 기초를 닦았다.

　2016년 국내에서 개량한 청포도 품종인 청수로 만든 고품질의 화이트와인이 생산되어 한국와인의 새로운 장을 열었다. 이 화이트와인은 국제 와인 품평회에서 매년 수상하고 있어 한국을 대표하는 와인이 되었으며, 국제와인품평회(베를린와인트로피, 아시아와인트로피 등)에서 매년 금, 은, 동상을 수상하고 있다. 2016년부터 매년 (사)한국국제소믈리에협회는 한국와인의 세계화를 위해 설 명절에 매경 이코노미와 함께 한국와인품평회를 개최하여 기사화하면서 홍보하고 있다.

　또한, (사)한국국제소믈리에협회에 소속한 저자의 제자들이었던 서울시내 특1급 호텔에 근무하는 소믈리에들과 협의하여 호텔 내 전문레스토랑에 한국 와인 리스트를 만들었다. 2019년에 그랜드 하얏트호텔을 시작으로 인터콘티넨탈 그랜드, 인터콘티넨탈 코엑스 호텔, 프라자 호텔, JW메리엇트 호텔 강남, 롯데 타워의 비채나 한식당에 한국 와인 리스트를 비치하여 외국인 관광객들에게도 한국와인을 판매하면서 좋은 반응을 얻고 있다. 한국와인이 급성장하고, 서울 시내 5성급 호텔에서 판매하게 된 성과는 괄목할 만하다. 에피소드지만, 2005년 5월 서울 SETEC 컨벤션 센터에서 개최한 '와인 박람회'에서 우연히 대부도 그랑꼬또 김지원 사장과 만나서 한국와인의 활성화를 약속했던 것을 15년 만에 지키게 되었다.

대부도 그랑꼬또 와이너리

　서울에서 가까운 섬이면서 와인이 생산되는 수도권의 '하와이'라고 불리는 대부도에는 신록의 계절에 딱 어울리는 한국의 대표적인 와이너리 그랑 꼬또(Grand Coteau; 큰 언덕이라는 뜻)가 있다. 대부도는 서울에서 서쪽으로 약 60km 떨어져 있어 1시간 정도면 갈 수 있는 서해안의 큰 섬 중 하나이며, 현재 주변에 있는 선감도, 탄도 등과 함께 화성시에 연륙되어 자동차로 가는 데 방파제를 따라 대부도로 진입하는 12km의 풍경은 압권이다. 대부도는 옛날에 화성시 남양반도에서 대부도를 바라보면 큰 언덕처럼 보여 섬의 이름을 '큰 언덕'이란 뜻으로 명칭이 붙였다고 한다. 조선시대 안산의 대부도 객관은 서해팔경(西海八景) 중 하나로 아름다움을 자랑했고, 석양 무렵 썰물이 지나가면 먼 수평선의 낙조와 함께 갈매기 울음소리가 울려 퍼지는 드넓은 백사장이 마치 신선들이 사는 삼신산(三神山)을 방불케 한다.

　대부도는 과거에 김, 바지락, 굴이 유명했으나 최근에는 명품포도로 만든 대부도 와인이 유명해지면서 한국 와인의 대명사가 됐다. 대부도의 와인의 역사는 최초로 캠벨 얼리(Campbell Early)종 포도나무 50주를 심었던 1954년에 시작되었으며, 그 당시 해풍과 강우량이 적어 당도 높은 식용 포도로 유명세를 탔다. 그러나 식용 포도는 칠레에서 싼값으로 수입되는 포도에 밀려 판매량이 격감되었다. 이 시점에 대부도는 식용포도에서 와인으로 산업의 변화를 시도했다. 1997년에는 대부도 농가에서는 포도즙을 공동으로 생산하다가 2000년부터 안산시 농업기술센터의 자문과 예산을 지원받은 32여 농가가 그린영농조합을 만들었고 2001년에 처음으로 와인을 생산하여 2년간

▼ 경기도 안산 대부도 그랑꼬또 와이너리

◀ 그랑꼬또 대표이사 김지원

숙성시킨 후에 2003년 9월 '그랑꼬또'라는 브랜드로 세상의 빛을 보게 됐다. 그린영농조합원들이 경작하는 포도밭은 600헥타르이며, 대부도 전체 면적에 30%를 차지한다. 대부도는 서해안 바닷가에서 불어오는 해풍, 비교적 강우량이 적어 뜨거운 열기, 적당한 습도, 낮과 밤의 일교차, 미네랄이 풍부한 토양 등 포도나무가 성장하는데 필요한 떼루아를 갖춘 천혜의 포도 재배 지역이다.

대부도의 그랑꼬또 와이너리를 책임지고 있는 김지원 대표이사는 대부도 토박이로 20년간 와인 외길 인생을 걸어왔다. 그는 와인 품질의 70%는 포도밭에서 결정되고, 사람의 정성과 열정 그리고 좋은 기술이 30%이라고 생각하며, 자연 그대로의 정직한 와인을 생산하는데 혼신의 힘을 쏟고 있다. 그는 혼자 해외 명품 와이너리를 다니면서 양조기술을 벤치마킹하고 현대적인 양조시설을 갖추면서 레드와인, 화이트와인, 로제와인, 아이스와인을 생산하여 2015년, 2016년, 2017년, 2019년, 2021년, 2023년에 연속 아시아와인트로피에서 실버 상, 골드 상을 수상하면서 한국 와인의 위상은 물론 국제적으로 품질을 인정받았다.

저자가 시음한 '레드와인 M56'은 캠벨 얼리 포도의 개성을 살려 스테인리스 통에서 껍질, 씨, 과육을 함께 넣어 발효 숙성시켜 밝고 경쾌한 장밋빛 색깔이 매우 매력적이며, 우아하고 부드러우면서 특유의 달콤한 포도향이 고향의 향수를 느끼게 만들고, 신맛, 단맛, 적은 타닌의 밸런스가 뛰어나며, 가벼운 바디로 마시는 데에도 부담이 없다.

2016년에 처음 출시된 '화이트와인 청수'는 아시아와인트로피, 베를린와인트로피에서 실버, 금상을 수상하고, 2019년 대한민국 우리 술 품평회에서 대상을 받아 품질을 인정 받았고, 청와대의 공식 만찬주로 소개됐다. 한국 와인 최초로 서울 5성급 호텔인 그랜드 하얏트 호텔 내 레스토랑 '와인 리스트'에 올라가 외국인 관광객들에게 인기를 끌고 있다. 화이트와인 청수는 순수하게 한국 육성품종 청수 포도품종으로 빚어내 배꽃, 살구꽃, 씨트러스, 과일향이 풍부하고, 산뜻하고 가볍고 깔끔한 맛이 너무 인상적이며, 알코올, 산도, 당도, 향 등의 밸런스가 탁월하며, 음식과 조화는 해산물 요리, 스시, 조개구이 등과 잘 어울린다.

위대한 탄생 마주앙

마주앙이 탄생된 배경에는 고(故) 박정희대통령의 식량난 극복에 대한 의지가 숨어 있다. 박대통령이 1964년 12월 서독을 방문하였을 때 척박한 모젤·라인가우 언덕에 끝없이 펼쳐져 있는 포도나무를 보고 우리나라 산자락에도 포도나무를 심으면 와인 수출로 경제난도 어느 정도 극복하고 술에 대한 갈증도 해소할 수 있겠거니 생각했다고 한다. 1970년대에도 식량부족은 여전해 쌀로 막걸리를 빚는 것조차 제재하였다. 박대통령은 대기업들에게 양조용 포도를 재배할 수 있는 대규모 포도단지를 조성하고 와인양조장 건설을 권고하였다.

그 당시 OB맥주회사를 소유하고 있던 두산은 맥주발효 공부를 위해 독일에 유학 중이었던 조사홍(두산 전 부회장)에게 독일에서 와인 양조학을 공부하는 한국유학생을 찾게 하였다. 당시 독일 가이젠하임 대학에서 와인 양조학을 공부하던 이순주(두산 전무 역임, 사단법인 한국국제소믈리에협회 초대회장)를 찾았고, 1973년 초 두산에 와인 양조 책임자로 초빙하였다. OB맥주는 1952년 설립한 후 맥주만 생산하다가 정부의 와인장려정책에 선도적인 역할을 했다.

OB맥주는 우리나라 토양과 기후에 적합한 화이트와인용 독일산 리슬링과 프랑스산 세이벨 포도품종을 도입하고, 일본에서는 레드와인용으로 머스캣 베일리 등의 품종을 도입하였다. 이후 경상북도 청하와 경상남도 밀양에 포도원을 만들어 포도나무를 재배하며, 와인양조장은 경상북도 경산에 세웠다. 1977년 5월 국산 와인 1호인 '마주앙 스페셜 화이트'와 '마주앙 레드'가 선을 보였다. 마주앙 레드는 시판과 동시에 1977년 9월 로마의 교황청이 가톨릭교회의 미사주로 승인하였다. 가톨릭교회 전래 이래 수입 와인에 의존해 오던 미사주가 국산 와인으로 대체된 것이다. 하지만 와인 초보국가인 우리나라 소비자들은 타닌이 있는 레드와인 마주앙을 기피하고 깨끗하고 맛있는 화이트와인 마주앙을 선호하게 되었다.

박 대통령 역시 마주앙을 좋아하여 청와대 국빈 만찬시 공식와인으로 사용 하였으며, 국빈이나 외국 신문기자, 주한 미군 가족들이 한국을 방문하고 돌아갈 때도 선물로 주었다. 1978년 지미카더 전 미국대통령이 방한하면서 동행한 워싱턴 포스트의 신문기자가 마주앙을 선물로 받아갔다. 이때 마주앙을 받아간 워싱턴 포스트지 기자가 한국의 마주앙을 와인 전문가 친구와 함께 테이스팅하고 대서 특필하여 한국와인이 세계에 알려지게 되었다. 1985년 독일 가이젠 하임 대학에서 개최된 '와인학술세미나'에서 마주앙이 '동양의 신비'라는 와인으로 '베스트라인5'에 선정되었고 극찬을 받았다.

▲ 마주앙을 소개한 신문기사

국가별 와인

중국 와인

중국에서 술은 5,000년의 오랜 역사 속에 나타나는데 하(夏)나라 우왕(禹王)의 전설에 나오며, 양조방법, 원료, 배합법 등에 따라 100여종이 되었다고 한다. 한나라 때(BC 128년) 장건(張騫; ?~기원전 114)이 서역(西域; 현재 우즈베키스탄의 사마르칸트)에서 포도나무 씨를 가져와 장안에 심었지만, 와인을 만들었다는 기록은 없다. 문헌상 와인이 처음 나타난 것은 당태종이 서역 사회의 일부이던 고창국(高昌國)을 정벌하였을 때, 포도 재배법과 양조법을 들여와 여덟 종의 술을 빚어 군신이 같이 마셨다는 기록이 있고, 674년 터키 사람이 가져온 포도나무를 심어 와인을 만들어 마셨는데 맛이 강렬했다고 표현한 것으로 보아 레드와인이라고 추측할 수 있다. 『사기(史记)』에 의하면, "포도로 술을 빚고 부자는 포도주를 만여석이나 저장하는데 10년이 지나도 맛이 변하지 않는다."라고 하였다.

중국의 포도재배는 당나라 멸망 후 점차 사라지기 시작했으며 송나라 때『북산주경(北山酒经)』에 "쌀 누룩에 포도즙을 넣어 포도주를 빚는다."든지, 북송 때 소동파의『동파주경(东坡酒经)에 "포도주는 누룩, 밥, 포도즙으로 빚는다."라는 기록이 있다. 원나라 때 시인 원호문(元好问)의『포도주부(葡萄酒簿)』에는 간접적인 인용으로, "안읍(安邑, 山西省)에서 포도주 빚는 방법을 몰라서 일반 양조법으로 담았는데 맛이 좋지 않았지만, 양조 후에 마을로 도적이 들어와 산속으로 한 달 동안 피신하다가 와보니 훌륭한 술이 되었다."라고 기술되어 있다. 원나라 때 유럽을 정복하고 유럽문물이 유입되면서 와인이 원나라에 유입되어 하북성, 산서성, 하남성, 운남성의 일부에서 대대적으로 포도재배를 하면서 와인을 양산하였지만, 당시 도입된 와인은 문헌 상에만 남아있다. 1271년부터 1294년까지 중국을 여행한 마르코 폴로(Marco Polo; 1254~1324년)가 '동방견문록'에서 산서성(山西省)에 포도밭이 많고 포

아시아 와인

도주를 판매하고 있다고 기록이 나와 있다. 1373년 명나라 때 최초로 왕이 포도주를 만들도록 명령하였다는 기록이 있다.

서양문물이 도입되면서, 1892년 인도네시아에서 거주한 중국 상인인 장필사(張彌士)가 유럽에서 포도나무를 가져와 산동성(山东省) 연태(烟台)에 심었고 와인공장을 차렸으며, 1910년 프랑스 선교사가 '샹지(현대 북경의 Dragon Seal Wines)'라는 이름의 와인공장을 북경에 설립하였고, 1914년에는 독일 기업에서 산동반도의 청도(青岛)에 와이너리를 설립하였다. 1970년대 이후부터는 유럽의 유명 메이커들이 중국으로 진출하기 시작하였고, 최근에는 프랑스 코냑 회사 레미 마르텡이 전문기술을 가져와 중·불 합작회사를 설립하면서 화이트와인 '다이너스티(Dynasty)'를 생산하여 처음으로 유럽식 와인을 중국에서 생산하였다. 1987년에 페르노드 리카드(Pernod-Ricard)그룹이 북경의 프렌드쉽 와이너리(Friendship Winery)와 공동으로 '드레곤 실(Dragon Seal)'이라는 상표로 와인을 생산하

▼ 1915년 파나마 와인 품질대회에서 금상을 받은 장유와인

▲ 중국 산동성 연태의 장유 카스텔 와이너리

국가별 와인

였고, 북경(北京), 청도(青岛)등 여러 지역에서도 와인을 생산하였다.

중국 와인의 품질은 급속하게 발전되고 혁신되었다. 청도에 있는 샤토 화동(華東)의 샤르도네는 이미 품질 면에서 정평이 나 있으며, 신강성(新疆省)의 건조한 기후에서 나오는 레드와인의 품질은 중국에서 정평이 나 있다.

중국의 와인 산지는 10개 지역과 특수산지로 구분한다. 10대 산지는 동북산지(东北产地), 화북북부산지(华北北部产地), 교동반도산지(胶东半岛产地), 황하고도산지(黄河故道产地), 산서산지(山西产地), 녕하산지(寧夏产地), 감숙산지(甘肅产地), 신강산지(新疆产地), 서남산지(西南产地), 천진산지(天津产区)이며, 중국 내 소규모로 포도농사를 짓고 와인을 양조하는 특수산지(지강; 芷江, 중방; 中方, 정주; 靖州, 회동; 会同, 진계; 辰溪, 신황; 新晃) 등이 있다. 중국 와인 생산량이 많은 와이너리는 장유(张裕), 중량주업(中粮酒业), 중신국안주업(中信国安酒业), 왕조(王朝), 위룡(威龙), 룡휘(龙

▶ 중국 연태 지역의 '군정' 와인

▲ 중국 산동성 연태 지역의 군정 와이너리

▲ 중국 닝샤의 샤토 허동 와이너리

徽), 풍수(丰收), 자헌(紫轩), 하란산(贺兰山), 통화(通化), 막고(莫高), 황태(皇台) 등이 있다.

중국 와인 포도품종의 비율은 흑포도 품종이 79%, 청포도 품종이 20%, 기타 포도품종이 있다. 중국은 국제 포도품종인 카베르네 소비뇽(赤霞珠), 메를로(美乐), 카베르네 프랑(品丽珠), 카베르네 게르니쉬트(蛇龙珠), 피노 누아(黑皮诺), 시라(西拉), 마르슬란(Marselan, 马瑟兰), 쁘띠 베르도(Petit Verdot, 小维多), 토착 품종인 산머루(V.amurensis, 山葡萄), 모포도(Vitis Quinquangularis Rehd, 毛葡萄), 체포도(Vitis davidii var, 刺葡萄)등이다. 청포도 품종은 샤르도네(霞多丽), 리슬링(雷司令), 위니 블랑(Ugni Blanc, 白玉霓), 용안(Dragon Eye, 龙眼), 이탈리안 리슬링(贵人香), 소비뇽 블랑(长相思)등 있다.

중국의 양조용 포도재배 면적은 16.32만 헥타르이며, 중국의 총 포도재배 면적의 20%를 차지하고 있다. 그 중 신강산지의 양조용 포도재배 면적이 1위를 차지하며, 면적은 3.67만 헥타르, 2위는 하란산으로 3.4헥타르, 3위는 하서주랑으로 2.05만 헥타르이다.

중국의 주요 와인 산지를 기술하면 다음과 같다.

첫째, 동북산지(东北产地)는 아이스와인 산지로 유명하다. 동북산지는 북위

▲ 중국 녕하산지의 샤토 허동의 수령 100년 이상된 포도나무

45℃ 남쪽의 장백산(长白山)과 돈북평원(東北平原)에 주로 분포되어 있다.

둘째, 교동반도산지(胶东半岛产)는 중국에서 제일 와인 생산량이 많으며, 고품질의 와인을 생산하고, 중국을 대표하는 와인지역이다. 주요 와인산지는 연태(烟台), 봉래(蓬莱), 청도(青岛) 등이 있다. 이 중 연태지역은 중국 근대 와인 산업의 태동을 열었던 연태 장유와인이 130년의 역사를 갖고 있으며, 2008년 북경 올림픽의 공식 와인으로 지정된 군정(君頂) 와인도 있다. 그리고 프랑스 보르도의 샤토 라피트 로칠드(Château Lafite-Rothschild)사가 8년 동안 연태 봉래의 나바 밸리(Nava Valley)에 준비한 도멘 롱다이(Domaine Long Dai)가 2019년에 첫 와인을 출시했다.

셋째, 녕하산지(宁夏产区)는 하란산동록(贺兰山东麓)의 충적평원지역으로 세계 와인 황금 벨트와 같은 위치이며, 여름과 겨울의 온도 차이가 너무 커서 겨울철에는 흙으로 포도나무를 덮고, 봄이 되면 흙을 걷어낸다. 녕하산지는 사막성 내륙기후이기 때문에 건조하고 일교차가 크며 강우량은 180~200mm이다. 토양의 주 성분은 사양토이지만 자갈이 많아 통풍, 배수가 좋다. 동쪽에는 황하강이 흘러 포도 성장에 필요한 수분을 충족시켜준다. 녕하산지는 서북지역의 새로운 와인 산지로 주목받고 있으며, 중국 정부가 주도하여 개발하는 가장 큰 규모의 와인 산지로 유럽의 이탈리아, 프랑스, 호주, 뉴질랜드 등에서 합작, 혹은 유명한 양조가를 초빙하여 국제적인 와인산지로 부상하고 있다. 주로 국제 포도품종인 카베르네 소비뇽(Cabernet

아시아 와인

Sauvignon), 메를로(Merlot)를 재배하고 있으며, 최근, 국제 와인품평회에서 많은 금상을 수상하여 세계적으로 주목을 받고 있는 지역이다. 유명한 와이너리는 파격사 와이너리(巴格斯酒庄), 은색고지 와이너리(银色高地酒庄), 하란청설(贺兰晴雪酒庄), 왕조어마 와이너리(王朝御马酒庄), 가남미지 와이너리(迦南美地酒庄), 박납맥복 와이너리(博纳佰馥酒庄) 등이 있다.

넷째, 신강산지(新疆产地)는 평균해수면 300미터 이하인 투루판 분지(吐鲁番盆地)인 선선(鄯善), 홍류하(红柳河)지역이다. 이 지역은 사면환산(평원과 3면이 산으로 이루어짐)이고, 무더운 바람이 불어 여름 온도가 45℃ 이상이며, 강우량은 매우 적어 16.4mm이다. 이지역은 포도의 당도가 높고, 산도가 적어 주로 스위트 와인을 생산한다. 포도품종은 흑포도 품종인 카베르네 소비뇽, 메를로, 피노 누아(Pinot Noir), 시라(Syrah), 가메(Gamay), 그르나슈(Grenache) 등이며, 청포도 품종은 샤르도네(Chardonnay), 리슬링(Riesling) 등을 재배한다. 유명한 와이너리는 신강장유파보남작 와이너리(新疆张裕巴保男爵酒庄), 신강석하자사지 와이너리(新疆石河子沙地酒庄) 등이 있다.

▼ 중국 길림성 화란덕 와이너리

장유와인

　중국의 근대 공업화 와인 생산은 1892년에 중국 연대시 지부구 6거리에 인도네시아계 중국인 장필사(張弼士; Chang Bishi)가 장유와인회사를 설립하였다. 약 131년 이상 세월을 간직한 채 현대와인 역사 속에서 산동성 연태지역에 포도 재배자들이 중심이 되어 포도품종을 개량하고, 중국 토양에 적합한 유럽계 국제포도품종을 육성하면서 세계적으로 손색이 없는 품질의 와인을 생산하고 있다. 포도품종은 중국 토착품종인 용안(龙眼), 국제 포도품종으로 흑포도 품종의 카베르네 소비뇽, 카베르네 게르니쉬트(Cabernet Gernischt), 메를로, 카베르네 프랑, 가메 그르나슈, 산지오베제, 시라, 진판델 등이며, 청포도 포도품종으로 리슬링, 벨슈리슬링, 라인 리슬링, 샤르도네, 알리고떼, 소비뇽 블랑, 게뷔르츠트라미너, 위니 블랑 등이 있다. 연태는 발해만 지구에 속해 있으므로 해양의 영향을 받으며 일사량이 풍부하고 강수량도 최적의 조건을 갖추고 있다. 연간 일조량이 2,756~4,174시간이며, 연간 강수량 560~670mm이고, 토양의 유형이 다양한 것이 특징이다. 천혜의 자연조건은 이곳을 중국에서 제일 유명한 와인 산지로 명성을 얻게 하였다.

　중국 와이너리의 역사의 효시는 산동성에 위치한 연태 '장유' 양조장이며, 장유포도양주공사(張裕葡萄釀酒公司)의 탄생이 곧바로 이 와인 산업의 시작이다. 1892년, 중국 근대화의 선각자 중 한 사람인 장필사(張弼士)가 유럽에서 유학을 마치고 귀국 길에 그 곳의 150그루의 양조용 포도품

▼ 중국 산동성 연태 장유박물관에 소장된 아시아서 가장 큰 오크발효통

종을 들여와 연태 지역에 포도나무를 재배하면서 한편으로는 와인공장을 세워 중국 최초로 중국와인을 생산하였다. 중국 연태 지역에 주재한 오스트리아인을 와인마스터로 고용한 것으로 전해지고 있으며, 이후 128년의 장구한 역사가 이어진 셈이다. 현재 리슬링, 샤르도네의 품종으로 양조한 화이트와인, 그리고 카베르네 소비뇽, 카베르네 프랑 품종으로 레드와인을 양조하고 있는 한편 장유 브랜디 외에 건강주를 함께 생산하였다.

현재 장유와인은 연태지역에 프랑스와인회사와 합작한 샤토 장유카스텔를 비롯한 6개의 와인양조장, 브랜디, 백주 등의 6개 술양조장과 창립 110주년을 맞이하여 2002년 9월에 개관한 장유술문화박물관이 있다. 이 박물관은 역사실, 영상실, 서예실, 진품실 등 4개 홀로 구성되어 있어 131여년의 역사를 간직한 장유포도회사의 전모를 볼 수 있다. 지하 7m에는 인공적인 와인저장고가 있는데 바닷가로부터의 거리가 100미터도 채 되지 않지만 사계절 항상 14도의 온

▲ 연태 봉래시 장유와인

도와 70~80%의 습도를 유지하고 있다. 넓이 2,666㎡로 대규모 지하셀러에는 1,000개 이상의 오크통을 저장하고 있으며, 100년이나 된 오크통 3개는 아시아에서 가장 큰 것으로 아직도 보존되어 있다. 2023년 장유술문화 박물관은 대대적인 공사를 통해 현대화된 인테리어로 탈바꿈하였다.

연태의 "장유 포도주 박물관"과 '장유 카스텔 샤토'를 방문하면서 장유 와인의 131년의 역사 속에는 중국의 당 서기들이 방문한 기록과 외국 와인 양조기술자들의 기술 전수, 국빈들의 만찬 시 외국 귀빈들에게 중국의 전통주 대신에 와인을 사용한 일화가 유명하고, 2013년 6월 박근혜 대통령이 중국을 공식 방문하였을 때 시진핑 주석이 공식 와인으로 제공한 것도 장유와인이었다.

장유와인은 1915년 파나마 국제 박람회에서 와인 품질대회 부문 '금상' 수상 등의 기록과 프랑스를 연상케 하는 프랑스 보르도 스타일의 현대식 와인 양조장의 규모와 시설이 아시아 지역에서는 최고뿐만 아니라 독보적이며, 또한 2,200명의 종사원들이 장유 와인 양조장에 근무하고 있다.

저자는 2001년부터 30여 차례 장유 와이너리를 방문했는데 갈 때마다 와인의 품질이 점점 좋아졌고, 장유의 대표적인 와인 4종류를 시음해 보았는데 그중에서 '장유잡사특주장 2012' 레드와인이 인상 깊고, 마시기 편했다. 카베르네 소비뇽 품종으로 양조한 레드와인이며, 유럽의 전통적인 양조 기법과 현대적인 설비로 만들어졌다. 이 와인은 프랑스산 오크통에서 3년 이상을 숙성하고 저장하여 짙은 적색을 띠고 있으며, 풍부한 과일 향과 은은한 오크 향이 조화를 잘 이루어져 맛이 농후하고 바디가 풍부하고 여운이 오래 동안 지속되는 고급 와인이다. 주로 육류와 잘 어울리며, 양고기 샤브 샤브, 쇠고기 굴 소스 등 중국 음식과 궁합이 맞다.

국가별 와인

🍷 일본 와인

후지산 중턱에 자리 잡은 야마나시현(山梨縣) 포도밭은 고즈넉하고 아름다운 전경을 가지고 있고, 140년 와인 역사가 그대로 보존된 유럽 스타일의 와이너리와 일본 전통의 와이너리가 모여 있다. 일본 와인은 일본의 사케와 함께 세계적으로 유명하다. 일본 와인의 시초에 대해 두 가지 설이 존재하는데 718년 불교의 교키(行基; 668~749) 스님이 대선사를 만들고 근처에 포도나무를 재배했다는 설과 중국에서 들여 온 포도종자를 야마나시현의 히가와(日川) 주변에 심으면서 시작되었다는 설이 있다. 1186년 야마나시현의 아마미야 강게우(天宮)가 야생포도를 발견하여 재배하였다는 기록이 있다. 1549년 포르투갈인이 다네시마(種島)에 입항하여 성주에게 틴타주(Tintashu)를 헌상했다는 기록이 있다.

1871년경에는 야마나시에서 최초의 와인 양조장이 설립되었고, 1877년 야마나시 와인주식회사에서 직원 2명을 프랑스 보르도로 유학 보내 포도재배와 양조기술

▼ 일본 야마나시의 후지산이 보이는 포도밭

아시아 와인

을 공부하게 하였다. 그 두명의 직원이 귀국하면서 일본에서 근대적인 포도재배와 와인 양조가 시작되었다. 1947년 야마나시 공업전문학교 부속 발효 연구소가 설립되었는데, 그것이 현재 야마나시대학 와인과학연구센터의 모태가 되었다. 1989년 주세법이 종량세로 개정되면서 와인 산업에 획기적인 발전을 가져왔다. 그리고 동경 올림픽, 세계 만국박람회를 거치고, 1997년 동경에서 ASI(국제소믈리에협회)에서 주관한 '세계베스트소믈리에경기대회'에서 아시아인 최초로 일본의 신야 타사키(田崎真也)가 우승을 하면서 일본의 사케는 물론 일본 와인이 전 세계에 널리 알려지게 되었다. 신야 타사키는 ASI의 회장직을 맡아 일본 와인 산업에 큰 업적을 남겼다. 그 후로 2013년 동경에서 '세계베스트소믈리에경기대회'를 개최하였고, 2011년에 동경, 2018년에 교토에서 개최된 아시아·오세아니아베스트소믈리에경기대회를 주관하였다.

일본에서 사케, 타 주류나 식품을 운영하는 대기업인 산토리 위스키, 기린 맥주, 아사히 맥주, 삿포로 맥주, 기꼬망 간장회사 등이 직접 와인 사업에 뛰어들어 성공하면서 와인 산업이 크게 발전하였고, 와인 만화 '신의 물방울'이 한몫을 했다.

일본도 우리나라처럼 양조용 포도 재배에 어려움을 겪고 있지만, 국제적인 포도품종인 청포도 품종인 세미용(Sémillon), 샤르도네(Chardonnay), 리슬링(Riesling), 소비뇽 블랑(Sauvignon Blanc), 머스캣 베일리 A(Muscat Bailey A), 흑포도 품종인 카베르네 소비뇽(Cabernet Sauvignon), 메를로(Merlot) 등을 재배하고 있으며 토착 품종인 MBA, 고슈(甲州)로 양조한 와인들도 세계적으로 인정받고 있다. 최근 일본 와

▼ 일본 와인 소비를 활성화시킨 신의 물방울의 저자인 아기 타다시 남매

인이 전 세계적으로 부상하고 있으며, 2010년에 일본의 포도품종 고슈(甲州), 2013년에는 머스캣 베일리 A가 국제와인기구인 세계양소사협회(OIV)에 양조용 포도품종으로 정식으로 등록하면서 아시아의 와인 선진국으로 발돋움했다.

일본의 포도는 당도가 부족하여 보당을 허용하고 있으며, 최근에는 어려운 자연조건 속에서도 유기농법을 지속적으로 시도하고 있다. 대부분의 일본 와인은 매우 가볍고 스위트한 특성이 있으며, 일본 사시미, 스시, 해물 음식과 궁합이 맞다.

일본의 와인 산지는 후지산 중턱의 고분 지역에 위치한 야마나시현(山梨県)을 비롯하여 홋카이도(北海道), 나가노(長野), 야마가타(山形縣), 고베(神戸) 지역이 유명하다. 유명한 와인 산지를 소개하면 다음과 같다.

첫째, 야마나시현은 일본에서 가장 유명한 와인 양조장이 있는 지역으로 일본 최대의 와인 산지이다. 주요 와인 산지는 카츠누마(山梨), 시오야마(塩山), 이치노미야(一宮), 코우후(興福), 아케노(池野)가 있다. 야마니시현은 지리적 표시제를 엄격하게 운영하고 있다. 유명한 와이너리는 산토리 야마나시(サントリー山梨), 가츠누마 메르시앙 와이너리(Katsunuma Mercian Winery), 샤토 사카오리(Château 酒折), 혼보 주조 마르스(本坊酒造マルス), 만즈 와이너리(マンズ·ワイン 株) 등이 있다.

둘째, 나가노현은 야마나시보다 춥고 더운 날씨의 차이가 현저한 지역으로 주요 와인 산지는 기지마다이라촌(本島平村), 마츠모토(松本), 시오지리(塩尻), 우에다(上田), 코모로(小諸) 등이 있다. 나가노현도 원산지 지리표시제를 운영하고 있다.

셋째, 야마카타현은 오랜 역사를 가진 와인산지로 미국 식용포도인 델라웨어(Delaware), 콩고드(Concord)로 양조한 스위트 와인을 양조하여 명성을 얻었으며, 주요 와인 산지는 텐도(天童), 카와니시정(川西町), 요네자와(米沢) 등이 있으며, 야마가타현의 지리적 표시제를 운영하고 있다.

넷째, 홋카이도는 추운 날씨를 극복하고, 포도의 재배부터 와인 생산까지 체계화해 양질의 와인을 생산하고 있다. 주요 포도품종은 프랑스의 피노 누아(Pinot Noir), 독일의 케르너(Kerner), 뮐러 투르가우(Müller-Thurgau) 등을 재배하고 있다.

그밖에 고베 지역도 와인을 생산하며, 고베 엑스트라 와이너리가 유명하다.

샤토 메르시앙

'복숭아와 와인의 고장'이라는 야마나시현(山梨県)의 홍보 문구처럼 이곳엔 90여개의 와인 양조장들이 몰려있는데 그중에서도 '신의 물방울'에 등장하는 '샤토 메르시앙(Château Mercian)'을 찾았다. 야마나시 고후(甲府)에서 1박을 한 후 오전 10시에 방문했는데 일요일인데도 불구하고 수석 양조가로 양조책임을 맡고 있는 가츠수히사 후지노(藤野久勝)가 반갑게 맞아 주었다. 2016년부터 대전에서 개최되는 '아시아와인트로피'에 심사위원으로 참가한 것이 인연이었다.

야마나시 카츠누마(勝沼)에 위치하고 있는 샤토 메르시앙은 2016년에 8개의 국제품평회에서 총 25종의 와인이 수상의 영예를 얻었다. 또한 그 후 2017년에는 7개의 국제품평회에서 32종의 와인이 수상하면서 일본 내에서는 명실상부 최고의 와인으로 인정받고 있다. 일본와인을 대표하는 만큼 국제와인시장에 끊임없이 도전하며, 일본 와인의 세계화를 목표로 지역의 소규모 와이너리와 공조하면서 양조 기술도 전수해주는 모습이 위대해 보였다.

1877년 일본에서 전통적인 사케에 도전장을 낸 '대 일본 야마나시 포도주' 회사를 사람들은 무모한 용기라고 했다. 유럽의 와인양조와 포도재배기술을 배우기 위해 20대의 2명의 용기 있는 젊은이 '츠지야(土屋 龍憲)'와 '다카노(高野正誠)'는 프랑스 보르도 지역에 가서 1년 간 공부하고 돌아와서 1879년부터 본격적인 와인 양조에 힘썼지만 당시엔 와인 수요가 많지 않아, 사케 시장에 밀려 문을 닫은 슬픈 역사가 서려 있다. 다행히 나중에 카츠누마의 재벌이었던 미야자키(宮崎)가 이곳을

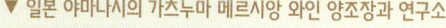

▼ 일본 야마나시의 가츠누마 메르시앙 와인 양조장과 연구소

인수하면서 새로운 변화를 맞이한다. 그는 1892년 자신의 집을 개조하여 첫 번째 와인 양조장을 세우고, 1904년에는 두 번째 양조장(현 샤토 메르시앙 홍보관)을 건립하여 대량 생산 시설을 갖추는 등 오늘날 일본 와인 산업의 불씨를 살렸다. 그리고 또 한 사람 일본 와인역사에서 빠질 수 없는 사람이 바로 가와카미 젠베(麻井宇介)이다. 그는 19세기 후반부터 포도재배와 와인 양조를 시작하여, 1927년에는 지금의 일본 레드와인을 대표하는 '머스캣 베일리 A(Muscat Bailey A)'라는 교배품종을 개발하는 등 일본 와인역사에 큰 업적을 남겼다. 그는 1932년과 1933년에 '포도 사전'이란 제목의 책 3권을 출판하는 등 일본 와인 산업에 지대한 영향을 주며, 지금까지 '일본 와인의 아버지'로 불리고 있다.

1966년 국제와인대회에서 일본 와인 최초로 금상을 수상했으며, 그 후 유수의 세계적인 와인 품평대회에 출품하여 금상과 은상 등을 차지하는 영광을 얻었다. 야마나시현의 고유한 포도품종인 고슈는 물론 서양 포도품종인 메를로와 카베르네 소비뇽 등을 재배하고 있으며, 여기에 일본의 기후, 풍토 등을 바탕으로 개성 있는 맛의 와인을 개발하여 2003년부터 2016년까지 일본 와인품평회에서 237개의 금메달을 수상하였고, 최근에는 미국, 프랑스, 홍콩 등의 와인 품평회에 초대를 받아 '일본 샤토 메르시앙 와인' 특별전을 열기도 했다.

1990년에 '메르시앙'이라는 브랜드를 사용하였고, 1,300여년 전에 카스피해 부근의 코카시스에서 재배되었던 포도품종이 실크로드를 통해 불교와 함께 들어오면서 일본 사찰에 심어진 포도를 모종(母種)으로 하여 1975년 고슈 포도품종을 개발했고, 1976년에 고슈 포도로 화이트와인을 생산하면서 일본의 토착 품종 와인시대를 열었다. 그리고 2000년 프랑스 보르도의 대학과 공동으로 '고슈 프로젝트'를 수행하여 산도가 있고 기품 있는 와인 생산에 성공했다.

저자는 수석 양조가 가츠수히사 후지노(藤野久勝)로부터 특별한 메르시앙 와인강의를 듣고, 와이너리, 와인 박물관, 시음장을 둘러봤다. 일본의 와인 역사를 한눈에 볼 수 있었고, 많은 관광객들이 찾아와서 와인을 시음하고 있는 모습이 부러웠다. 저자는 특별히 9개의 와인을 시음하였는데 최근에 호사카, 마리코지역에서 재배된 샤르도네, 리슬링, 소비뇽 블랑, 카베르네 소비뇽, 메를로 등의 와인이 매력적이었다. 특히 '고슈 그리 드 그리 2015(Koshu Gris de Gris, 2015)' 와인은 1년에 15,000병만 한정 생산되고 있다. 짧은 시간동안 포도 껍질을 함께 사용한 후 스테인리스통과 오크배럴을 사용하여 발효숙성하며, 일명 오렌지 와인이라고 불린다. 밝은 오렌지 색상, 살구, 복숭아의 야간 단맛의 풍부한 과일 향, 섬세한 맛이 좋으며, 음식과 조화는 튀김 요리, 스시, 생선 회, 가벼운 닭고기, 오리구이와 어울린다.

◀ 일본 야마나시 가츠누마 메르시앙 와인들

로리앙 시라유리 와이너리

　일본의 영산(靈山) 후지산이 축복을 내린 야마나시 와인은 역사와 전통을 자랑하며, 세계적인 와인으로 발돋움을 하고 있다. 일본에 포도가 전해진 것은 약 1,300년 전으로 카스피해 지역의 포도품종이 실크로드를 통해 중국, 한국을 거쳐 일본에 전해졌다. 일본의 후지산과 미나미 알프스 등의 산맥 아래에 자리 잡은 광활한 분지의 떼루아를 최적의 포도재배 단지로 만든 것은 일본 양조가들의 장인 정신이었다. 로리앙 시라유리(白百合釀造) 와이너리는 일본 최고의 목조 와이너리로 유서가 깊고 와인 투어객을 위해 포도 농사 체험과 포도 밟기 체험 등 독특한 체험을 제공한다. 또한 항상 8종류의 와인을 시음할 수 있다. 일본 야마나시의 대표적인 와이너리로 와인 애호가들에게 호평을 받고 있다.

　야마나시 고후(甲府)에서 1박을 하면서 일본 와인 레스토랑에서 와인 한잔을 할까 했는데 주말이라 예약이 불가능했다. 대신 호텔 근처의 시장 안에 크고 작은 카페에서 일본 와인 동호회 사람들을 만나 와인을 마실 수가 있었다. 일요일 아침 8시에 로리앙 시라유리의 타카오 우치다(內田 多加夫)사장이 직접 호텔까지 찾아와서 자신의 와이너리로 안내했다. 후지산의 흰 눈이 보이고 대분지에 차분하게 자리 잡은 마을에는 복숭아, 포도밭이 눈에 들어왔다. 타카오 우치다 사장은 시라유리 와이너리로 가는 도중에 포도밭에 내려 포도나무에 대해 자세한 설명을 하고, 포도품종을 하나하나 알려주기도 했다. 특히 포도를 수확하고 난 후에 와이너리를 방문하는 바이어, 관광객을 위해 포도송이를 남겨두고 맛보게 하는 세심한 배려에 감동을 받았다.

　로리앙 시라유리 와이너리는 일본의 대표적인 가족경영 와이너리이며, 사쿠라 와인(Sakura Wine)의 산실이다. 시라유리 양조의 브랜드인 '로리앙(L'orient)'은 프랑스어로 '동양'을 의미하며, 시라유리는 '흰 백합'을 의미하는데 동양에서 유럽보다 품질이 높은 와인을 양조하겠다는 열정과 목표가

▼ 일본 야마나시의 로리앙 시라유리 와이너리

▲ 일본 야마나시의 로리앙 시라유리 와이너리에서 타카오 우치다 사장과 함께

함축되어 있다.

1938년 쿠니타로 우치다(國太郎 多加夫)가 자신의 포도를 재배하고 와인을 양조하면서 창업하였고, 1976년 3세대인 타카오 우치다가 프랑스 남부지방에 가서 포도 재배와 와인 양조를 배우고 돌아와 새로운 와인 양조기법을 접목시켰다. 1995년부터 와이너리의 가업을 이어 받아 사쿠라 와인으로 성공하였고 그 명성을 아직까지도 이어가고 있다. 그의 와인철학은 포도밭에서 최고의 포도를 선별하고자 떼루아 연구에 몰두하고, 현대적인 양조기법에 전통적인 일본 사케 양조 기법을 접목시키는 것이다. 이렇게 일본에서 새로운 와인 세계를 구축하면서 그는 일본에서 리드하는 양조가로 알려졌다.

크지 않은 와이너리는 포도밭에 둘러싸여 있었고 안쪽으로 들어가니 와인 판매 진열대가 보였다. 그는 130년 전에 오스트리아 귀족 합스부르크가에서 사용되었던 수제벽돌로 건축한 돔 형태의 와인 셀러로 안내하여 와인을 시음하도록 했다.

시라유리 와인의 대명사는 '사쿠라 로제 와인'으로 봄에서만 볼 수 있는 연한 핑크 빛에 병 안에 식용 벚꽃이 담긴 것이 특색이며, 일본 전통 포도품종인 화이트와인 포도품종 고슈와 레드와인 포도품종 머스캣 베일리 A를 블렌딩하여 양조한 것이다. 이 와인은 2005년 시라유리 와이너리에서 최초로 만들었고, 봄에 한정 판매되는 사쿠라 와인이 출시되면 봄이 왔다는 소식을 전한다. 사쿠라 와인 병을 흔들 때마다 벚꽃 잎이 하늘하늘거리는 모습이 너무나 아름다워 봄 처녀를 보는 것 같은 착각에 빠진다. 그는 특별히 일본 와인의 진수를 보여주겠다며, 9병의 와인 중 5병의 고슈(甲州) 포도품종으로 만든 와인들을 시음하였는데 스위트한 것부터 드라이한 것까지 다양한 고슈 와인을 접하였다. '고슈 樽發酵 2016년 빈티지'는 1,283병을 생산한 한정생산 와인으로 매우 인상적이었다. 일본 토착 품종인 고슈로 만든 미디엄 바디의 화이트와인으로 7개월 동안 오크통 속에서 효모 찌꺼기와 함께 숙성해 과일 고유의 농밀한 맛과 다채로운 향을 지니고 있다. 고슈 품종 특유의 산뜻한 과일 향과 흰 꽃 향이 인상적이며, 감귤, 복숭아, 시트러스 꽃 향이 짙고, 기분 좋은 산미로 9°C에서 제공되었는데 고슈의 포도의 농밀한 향과 섬세한 맛이 일품이었다. 음식과 와인의 조화로는 생선, 야채 튀김, 생선회, 스시, 닭고기 요리, 오리구이가 잘 어울린다.

아시아 와인

🍷 우즈베키스탄 와인

약 8,000년 전의 지구상에 첫 번째 포도원이 있었던 곳은 흑해의 코카시스산(Caucasus Mt.)이 아니었을까 추측한다. 또 다른 추측은 지금의 터키 북쪽 조지아, 아르메니아 지역도 포도재배에 적합한 기후, 토양으로 최초의 포도원이 있었을 것이라는 설이 있다.

우즈베키스탄의 사마르칸트에 가면 '이곳도 최초의 포도원 중에 하나가 아니었을까?'하는 의문을 불러일으킨다. 우즈베키스탄의 사마르칸트(Samarkand)는 소그디아나(Sogdiana; 중앙아시아 고대국가이며, 현 우즈베키스탄 영토) 지역에 위치한 제라브산(Zeravshan Mt.) 의 구릉지에 거주했던 주민들이 6,000~7,000년 전부터 와인 생산을 해왔다. 사마르칸트는 준 사막지대로 강우량이 적어 관개시설을 갖추고 수령이 오래된 포도나무에서 보통 당도 28브릭스 정도의 포도를 수확해 와인을 양조한다.

처음에는 포도 종류와 등급에 상관없이 지역 와인은 '무살라스(Musalas)'라고 불렸으며 소량으로 판매되었고 주로 집에서 개인적으로 마시는 가양주로 제조되었다.

1868년 실크로드의 중심지인 사마르칸트에서 거상 드미트리 필라토프(Dmitry Filatov)씨가 사마르칸트 포도밭 단지에 기본 시설을 갖춘 와인 양조장을 설립하였다. 1872년 파리에서 개최된 국제 와인 콩쿠르에서 사마르칸트 와인이 금메달과 은메달을 받았다. 1885년에 프랑스 코냑(Cognac) 지방에서 코냑 생산설비를 수입하고, 1901년에 코냑을 만들어 국제적인 명성을 얻게 되었으며, 전 세계에서 유일하게 프랑스 코냑지방을 제외하고 코냑이라는 상호를 사용하고 있다.

1927년에 러시아의 와인 전문가인 M. A 호브렌코(M.A.Khovrenko) 교수가 이곳 와이너리에 취임하면서 새로운 변화를 가져왔다. 호브렌코 교수는 프랑스 보르도의 카베르네 소비뇽(Cabernet Sauvignon), 이탈리아와 헝가리의 모스카토(Muscato), 독

국가별 와인

▲ 사마르칸트 호브렌코 와이너리 입구

일의 리슬링(Riesling) 포도품종을 접목시켰으며 취임 3년이 되는 해에는 유럽의 와인 명산지인 프랑스 보르도 수준의 고급와인을 생산하는 와이너리로 발전시켰다.

호브렌코 교수는 최고의 포도품종으로 와인을 만들기 위해 재배 기술을 혁신시켜 품질 좋은 포도를 수확하였으며, 사마르칸트 와이너리에서 '구랴-칸도즈', '쉬린', '카베르네 리케르노에', '우즈베키스탄', '파르하드' 등 고급와인을 생산하였다. 그 동안 국제 와인 콩쿠르에서 사마르칸트 와인은 35개의 금메달과 은메달, 우량 품종 증명서를 받았으며 현재 70여개의 메달을 확보하고 있다.

현재 사마르칸트의 호브렌코 와이너리는 4가지 종류의 와인을 생산하는데 테이블용 화이트와인과 레드와인, 디저트용 우즈베키스탄 토카이 와인 그리고 코냑이다.

우즈베키스탄의 수도 타슈켄트에 위치한 주식회사 타슈켄트 와이너리(Tashkent Winery)는 엄선된 곡물을 이용해 최고 품질의 보드카도 생산하며 우즈베키스탄 최대 규모의 와이너리이다. 타슈켄트 와이너리는 1867년 러시아 상인 빼르부쉰늬이에 의해 설립되었고 고급 디저트용 와인, 드라이한 와인, 강화와인과 보드카를 생산하

아시아 와인

▲ 사미르칸트 호브렌코 와이너리에서 생산되는 와인들

고 있다. 1872년 파리의 와인시음회에서 타슈켄트 와이너리는 품질 좋은 투르케스타스키 와인, 타슈켄트스코 레드와인, 쓸타니 와인, 카고르 와인을 선보여 유럽 와인 종주국으로부터 찬사를 받았다. 1994년 10월부터 우즈베키스탄 공화국 국가 재산위원회와 노동조합에 의해 국영기업에서 민영기업 형태의 주식회사 타쉬켄트 와이너리로 운영되고 있다. 136년의 역사를 가진 이 와이너리에서는 직접 와인 양조 대학을 운영하고 있으며, 국제 와인 박람회와 국제품평회에서 수많은 메달을 수여 받았고, 소비자에게도 사랑받는 품질 좋은 여러 종류의 보드카와 와인을 생산하고 있다. 여기서 생산된 보드카와 와인들이 독일, 이탈리아, 폴란드, 그리스, 러시아 등에 수출되면서 국제 시장에서 와인 애호가로부터 지대한 관심을 불러일으키고 있다. 최근에 고품질의 바지 자간(Bagi zagan) 와이너리에서 양조한 페리(Peri) 와인, 샤토 함코르(Château Hamkor)의 라 모레(L'amore)와인이 생산되어 주목받고 있다.

▲ 우즈베키스탄 바얀 쉬레이 포도품종

우즈베키스탄 호브렌코 와인 발견

몇 년 전, 우즈베키스탄 여행 도중 발견한 신비한 우즈베키스탄 와인과의 만남은 크나큰 행운이었다. 와인을 악마의 음료로 거부하는 이슬람 문화가 그대로 살아있는 실크로드의 중심지인 사마르칸트(Samarkand)의 레스토랑에서 옆 테이블 손님들이 처음 보는 와인을 마시기에 무슨 와인이냐고 물으니 사마르칸트산 와인이라며 추천해 주었다. 우연히 맛본 이국의 와인은 잊을 수 없는 감흥을 주었고, 이슬람교를 믿은 국가에서 와인 생산이라는 편협했던 와인상식을 무너뜨리면서 동시에 우즈베키스탄 와인에 대한 관심을 불러 일으켰다.

처음 맛본 와인을 따라 찾아간 사마르칸트의 호브렌코(Khovrenko) 와이너리의 규모는 상상을 초월한 10,000평 규모에 해마다 20만톤의 와인을 생산하는 현대식 시설로 프랑스나 이탈리아에 비교해도 전혀 뒤지지 않았다. 1986년 체르노빌 방사능 누출 사고 당시 치료약으로 사용되었다는 '우즈베키스탄' 와인과 1960년산 '우즈베키스탄 스타일의 토카이' 와인 외 12가지 종류의 다양한 와인을 테이스팅하기도 하였다.

세계 제2차 대전 당시, 호브렌코 와이너리는 와인 약탈을 막기 위해 지하의 와인 저장고를 벽돌로 막아버렸다. 미처 저장고의 비밀을 후손에게 알리지 못하고 양조장 주인은 사망하였다. 최근에 보수 작업을 하면서 지하저장고가 발견되었는데 1930~1940년대 빈티지 와인들이 쏟아져 나왔다. 호브렌코의 사장이 평소 전세계를 다니면서 수집하여 보관했던 진귀한 와인들도 있었다. 전쟁의 포화를 피해 잠들어 있던 수 백병의 와인이 비로소 빛을 보게 된 것이다.

지하 와인 셀러에는 전 세계에서 수집한 100년 이상 된 와인병들이 거미줄과 곰팡이를 뒤집어 쓰고 기나긴 역사를 말해주고 있었으며, 박물관에는 와인을 담았던 옹기, 와인 양조 서적, 도구, 세계 와인 품평회에서 받은 수많은 메달과 상패가 전시되어 있다. 그리고 BC 121~136년 우즈베키스탄 사마르칸트에서 중국 한나라 장진(張霽) 장군이 포도나무를 가져가 신장(新疆)과 산시성(陝西省) 지역에 심었다는 기록도 볼 수 있었다.

1년 후에 우즈베키스탄 사마르칸트의 와이너리를 찾았을 때 양조기술 총책임자 자키로브카이다 부부가 재회의 기쁨을 나누기 위해 1940년산 우즈베키스탄 토카이 와인을 테이스팅할 수 있는 기회를 주어 우즈베키스탄의 와인 역사 속으로 빠져 들어가는 황홀감을 맛볼 수 있었다.

◀ 1940년산 우즈베키스탄 와인

아시아 와인

🍷 카자흐스탄 와인

카자흐스탄의 와인 역사에 대한 기록은 거의 없지만, 유물을 발견하면서 와인의 역사도 밝혀졌다. 역사를 거슬러 올라가면 카자흐스탄 지역의 와인에 관한 최초의 증거를 발견할 수 있다. 1959년 고고학자들이 알마티(Almaty)에서 약 20km 떨어진 외곽 지역인 키프로스(Kipros) 고분에서 기원전 3~5세기에 사용했던 것으로 추정되는 암포라와 포도씨 등 와인의 흔적을 발견하였다. 그 당시 훈(Hun)족, 사카(Saka)족 그리고 유목민족인 스키타이(Scythian)족들이 이 땅을 차례로 정복하면서 포도를 재배하고 와인을 만들었다. 중앙아시아에서의 문화교역을 촉진시킨 우즈베키스탄의 실크로드의 영향으로 이 지역이 지속적으로 개발되면서 카자흐스탄 국가 내에 7개의 강이 합류하는 세미레치에(Semirechie) 지역에 포도재배가 확산되고 와인을 생산한 기록이 있다.

제2차 세계대전이후 1950년대부터 소련의 농경 학자들은 카자흐스탄 지역이 포도재배에 가장 적합한 떼루아를 갖고 있다는 것을 알고 이 지역에 적합한 포도품종

▼ 카자흐스탄 알마티 아싸 밸리 포도밭

을 재배했다. 1959년 아싸밸리(Assa Valley) 지역에 포도밭을 개간했을 때 공교롭게도 이 지역에서 고대시대의 암포라(Amphora) 유물이 발견되면서 2,000년 전에도 포도밭이 있었다는 것을 입증할 수 있었다. 그리고 1970~1990년 사이에 26,000헥타르의 포도원이 남부와 동부의 카작하탄(Kazakhatan)지역을 중심으로 조성했다. 특히 알마티시 도심에서 불과 25km 거리에 떨어진 아름다운 자이리스키 알라타우 밸리(Zailiyskiy Alatau Valley)에 포도밭을 개간하고 포도나무를 심었다.

소련의 통치 하에서는 포도 재배에 관한 관심이 높아져 포도재배가 확산되었고, 포도 수확도 수작업으로 하는 정성과 노력의 결실로 고품질의 와인을 생산할 수 있었다. 그러나 미하일 고르바초프(Mikhail Gorbachev; 1931~2022, 소련 초대 대통령)가 당 서기장으로 있던 1985~1990년에 소련 정부는 금주령을 내려 술 판매 시간을 하루 5시간으로 제한하였고, 술 가격을 인상하자 와인 소비가 급격하게 하락했다. 농부들은 와인으로 돈을 벌 수 없자 포도원의 포도나무를 모두 베어버리고 다른 작물을 심기 시작하면서 포도밭의 70% 정도가 사라졌다. 1991년 카자흐스탄은 소련으로부터 독립한 후에도 소련이 카자흐스탄의 와인 수입을 금지하자 와인 산업은 완전히 자취를 감추게 되었다. 카자흐스탄은 이웃나라 조지아의 와인을 가장 많이 수입하였고, 그 외 유럽, 칠레 등의 와인을 수입하는 국가로 전락했다.

2006년 카자흐스탄 정부의 전직 장관을 지낸 제이눌라 카킴즈하노브(Zeinulla Kakimzhanov)가 과거 카자흐스탄 와인 명성을 되찾고자 천산(Tian-Shan) 산맥과 투르겐(Turgen) 강이 흐르는 카라케머(Karakemer) 마을 주변의 아싸 밸리(Assa valley)에 포도밭을 구입하고 포도나무를 심었을 때 주변 사람들은 카자흐스탄의 와인 산업의 부흥이 불가능할 것이라고 생각했다. 그는 1959년도에 발견된 암포라 유물로 과거에도 카자흐스탄에 포도밭이 조성되었다는 사실을 믿고 아르바 와이너리(Arba Winery)를 설립했다. 카자흐스탄의 와인을 세계적인 와인으로 만들기 위해 초창기에는 이탈리아 농업대학 마리오 프레고니(Mario Fregoni; 전 세계 와인협회 명예회장) 교수와 세계 10대 와인학자로 명성이 높은 이탈리아 토리노 대학교의 도나토 라나티(Donato Lanati) 교수를 초빙했다. 또한 그는 카자흐스탄에서 사라진 와

아시아 와인

인 양조법의 옛 문헌을 찾아서 전통적인 양조 방식을 재현하고자 노력했다. 또한 현대적인 와인 양조 설비를 구비하고, 프랑스 오크통을 구입하면서 유럽의 와인양조 방법을 접목하고, 과학적인 양조기술의 노하우를 통해 고품질의 와인을 생산하였다. 고품질의 아르바 와인이 자국에서 와인 품질을 인정받고, 국제적인 와인품평회에서 입상하면서 카자흐스탄을 대표하는 유니크 와인으로 성장했다.

세계 최고의 와인 양조 전문가들이 아싸 밸리(Assa Valley)의 포도밭을 '천혜의 떼루아' 혹은 '미친 떼루아'라고 했다. 그 이유는 아싸 밸리의 포도밭은 소련시절 1975~1980년에 조성되었던 것을 재개발하였지만, 카자흐스탄 포도밭의 원조로서 역사성을 갖고 있다. 해발 1,000미터 이상에 위치한 포도밭의 포도나무들은 겨울에는 -40℃까지 내려가고 여름에는 30℃가 넘은 무더운 날씨를 견딘다. 또한 이 포도나무들은 1일 평균 -15℃ 이상의 밤낮 일교차를 겪는다. 이 지역의 토양은 화강암·모래·점토로 구성되어 있고, 천산(Tian-Shan)산맥의 줄기인 트랜스-일리 알라투(Trans-Ili Alatau)산의 만년설에서 흘러내리는 빙하수로 인해 풍부한 미네랄을 얻을 수 있었다. 이런 이유들로 인해 이 포도밭은 천혜의 떼루아를 갖추게 되었다.

카자흐스탄 와인은 오랜 역사 속에서 묻혀 있다가 최근에 새롭게 부상하기 때문에 시간이 흐르면 세계 속의 명품 와인 산지로 손색이 없을 것이라고 생각한다.

▼ 카자흐스탄 아싸 밸리의 포도밭 위에 펼쳐진 천산 산맥의 백년설

카자흐스탄 아르바 와인

　최근에 영국의 와인잡지 '디켄터(Decanter)'에서 개최한 '아시아 와인 어워드'에서 카자흐스탄의 와인이 수상한 것을 보고 호기심이 발동하여 무작정 카자흐스탄 알마티(Almaty)로 갔다. 알마티에서 약 70km 떨어져 있는 아싸 밸리(Assa Valley)의 와인 산지까지 자동차로 1시간 정도 걸려 도착했다. 끝없이 펼쳐지는 포도밭 뒤로 병풍처럼 둘러싸인 천산(Tian-Shan) 산맥의 만년설이 인상적이었으며, 포도밭 사이로 흐르는 빙하수는 차갑다 못해 손이 시렸다. 전망대에 올라가서 준비된 피노 누아 포도품종으로 만든 로제 스파클링와인 한잔을 마시니 여독이 완전히 풀렸다. 30분 동안 포도밭에서 포도도 따서 먹고 카자흐스탄 전통 그네도 탄 후에 아르바(Arba) 와이너리를 방문했다. 신세계의 와이너리라고 생각을 했는데 창고 같이 생긴 건물에 실망을 했지만, 실내를 들어 가보니 초현대식의 와인 양조시설, 지하 셀러의 오크통이 나를 반겼다.

　2006년 카자흐스탄 정부의 전직 장관을 지낸 제이눌라 카킴즈하노브(Zeinulla Kakimzhanov)는 과거 카자흐스탄 와인 명성을 되찾고자 천산(Tian-Shan) 산맥의 줄기인 트랜스-일리 알라투(Trans-Ili Alatau) 산과 투르겐(Turgen) 강이 흐르는 카라케머(Karakemer) 마을 주변 아싸 밸리(Assa Valley)에 포도밭을 구입한 후 포도나무를 심고, 아르바(Arba) 와이너리를 설립하였다. 그 후 이탈리아 농업대학 마리오 프레고니(Mario Fregoni; 전 세계 와인협회 명예회장)교수와 세계 10대 와인학자로 명성이 높은 이탈리아 토리노 대학교의 도나토 라나티(Donato Lanati)교수를 초빙하여 전통적인 와인양

▼ 카자흐스탄 알마티 아르바 와이너리

조 방식에 현대적인 기술을 접목하면서 카자흐스탄을 대표하는 유니크 와인을 만드는데 성공했다.

아싸 밸리의 포도밭은 '천혜의 떼루아'로 해발 1,000미터 이상에 위치하여 일교차가 심하고 시원한 바람이 불며, 화강암·모래·점토로 구성된 토양, 만년설에서 흘러내리는 미네랄이 풍부한 빙하수로 천혜적인 바이오다이내믹 유기농법 포도밭의 떼루아를 갖게 됐다.

2008년부터 2010년까지 52헥타르 포도밭에 청포도 품종인 리슬링, 샤르도네, 게뷔르츠트라미너, 오쎄루아(Auxerrois), 흑포도 품종인 카베르네 프랑, 메를로, 말백, 시라즈, 사페라비(Saperavi) 그리고 피노 누아를 재배하였고, 2017년 현재 100헥타르의 포도밭을 보유하고 있다.

지구의 온난화로 인해 포도밭의 떼루아의 변화가 오고 있는데 조지아의 사페라비 와인보다는 카자흐스탄의 사페라비 와인이 과거 조지아(구 그루지야) 와인의 맛과 향이 재현되는 현상이 나타나고 있다고 한다.

최근 아르바(Arba) 와인은 국제적으로 인정받고 있는데 2014년 디켄터의 '아시아 와인 어워드'에서 실버상을 수상하였고, 2015년부터 국제적인 와인 품평회에서 많은 금상, 은상을 받으면서 카자흐스탄 부띠크 와인의 르네상스를 열었다.

저자는 4개의 와인(리슬링, 사페라비, 피노 누아, 3~4개 포도품종을 블렌딩)을 테이스팅하였는데 기존에 마셨던 포도품종과는 다른 와인의 향과 맛에 매료됐다.

그중에서 '사페라비 2017(Saperavi, 2017)' 와인이 인상적이었는데 짙은 검붉은 색에 블랙베리, 야생 딸기, 장미향이 섬세하면서 우아하게 올라오고, 적절하게 어울리는 단맛에 부드럽고 성숙된 느낌의 타닌, 적절히 균형잡힌 밸런스가 좋으며, 음식과 조화는 양고기, 쇠고기 등 육류음식과 잘 어울렸다.

▼ 카자흐스탄 알마티 아르바 와인

프랑스 와인 기사 작위

'프랑스 3대 와인' 기사 작위는 보르도의 메독과 그라브 지역의 코망드리 뒤 봉탁 드 메독 데 그라브(Commanderie du Bontemps de Medoc des Graves)와 보르도의 생떼밀리옹의 쥐라드 드 생떼밀리옹(La Jurade de Saint-Emilion), 부르고뉴의 슈발리에 뒤 따스뜨뱅(Chevalier du Tastevin)이다. 가장 오래된 와인기사 작위는 생떼밀리옹 지역의 쥐라드로 영국이 프랑스 보르도 지역을 지배하던 시대에 탄생하여 810년이 넘는 역사를 자랑하고 있다. 기록에 의하면 이 지역을 관장했던 행정관 혹은 재판관을 뜻하는 쥐라드는 1199년에 최초로 선발되었다고 한다. 당시 생떼밀리옹의 시민 중에서 선발된 쥐라드는 그 지역을 자치적으로 다스릴 수 있는 행정과 사법권을 부여받았고, 도시의 대소사를 집행하고 포도와 와인의 품질 관리 업무도 관여하였다. 프랑스 대혁명을 거치고 시민사회로 발전하면서 쥐라드는 더 이상 필요 없게 되자 해체되었다. 하지만 생떼밀리옹 와인을 평가하고 대외적으로 홍보하는 기구의

▲ 2010년 프랑스 보로도 생떼밀리옹의 쥐라드 드 생떼밀리옹 기사작위를 받는 저자

필요성이 대두됨에 따라 프랑스 부르고뉴의 슈발리에 뒤 따스뜨뱅의 와인기사 작위를 본받아 1948년에 다시 재조직되어 오늘에 이르렀다. 부르고뉴는 와인 판매가 저조했던 어려운 시절에 몇몇 생산자들이 그 타개책으로 1934년 11월 16일 와인기사단을 창설하였고, 유명 인사들에게 와인기사 작위를 부여하여 부르고뉴 지방의 문화와 와인을 홍보하는 대사를 탄생시켰다.

생떼밀리옹 쥐라드 기사 작위는 세계 유명 인사들에게 여러 분야로 나누어 수여하는데 프로텍터(Protector, Protecteurs de la Jurade)는 국가 원수급을 대상으로 부여하는 특별 작위이며, 피어(Peer, Pair de la Jurade)는 전 세계 정치, 외교, 문학, 예술, 농업, 국방 분야의 고위급 유명 인사들이다. 그랜드 엘모어(Grand Almoner, Grand Aumonier)는 종교분야에 헌신한 분이나 성직자들이며, 데임(Dame, Dame de la Jurade)은 사회에서 뛰어난 역할을 하고 있는 여성들이다. 카운슬러(Counsellor, Prud'hommes de la Jurade)는 와인생산자, 네고시앙, 수입회사, 호텔, 레스토랑, 와인숍, 소믈리에 등 와인산업분야에 기여한 사람이며, 아너러리 와인그로어(Honorary Winegrower, Vignerons d' Honneur)는 쥐라드에서 승인하는 명예기사이다.

▲ 2012년 3월에 프랑스 부르고뉴 슈발리에 뒤 따스뜨뱅 기사작위를 받는 저자

와인과 오래 인연을 맺은 와인전문가라면 가장 부러워하는 것 중에 하나가 이렇게 와인 기사 작위를 수여 받는 일이다. 저자가 교수로서는 국내 최초로 2010년 7월 프랑스 보르도 와인투어 중에 생떼밀리옹의 쥐라드 드 생떼밀리옹 기사 작위를 받았고, 2012년 3월에 프랑스 부르고뉴에서 슈발리에 뒤 따스뜨뱅 기사 작위, 그리고 2014년 5월 포르투갈 포르토(Porto)에서 가이아 형제애 기사 작위(Federação das confrarias Báquicas de Gaia Portugal)를 받은 일은 개인의 영예뿐 아니라 아주 큰 행운이었다. 3개의 기사 작위를 받으면서 프랑스·포르투갈의 여느 다른 와인 기사들처럼 남들을 위해 봉사하고, 존경 받으며 프랑스 보르도 생떼밀리옹, 부르고뉴, 포르투갈 가이아의 와인양조가들이 원하는 홍보대사가 될 수 있을까? 스스로 반문해 보기도 하였다. 또한 독일 모젤 와인협회의 홍보대사, 몰도바 정부의 와인 홍보대사, 루시옹 루 와이너리 홍보대사 등을 임명 받으면서 와인 산지를 투어하고 와인 전문지식과 정보를 한국에 알리는 것도 사명감이지만, 내 마음속에는 항상 한국와인을 세계에 알리는 홍보대사로 애국하고 싶은 소원이 크다.

▲ 2014년 5월에 포르투갈 가이야 형제애 기사작위를 받은 저자

용어 풀이

[ㄱ]

구찹필룽(Gutsabfillung) 포도원 소유주가 포도를 직접 재배하고 양조, 병입한 와인이란 뜻으로 '에스테이트 보틀드 와인'에 해당되는 독일어이다.

그랑 레세르바(Gran Reserva) 오크통 숙성과 추가적인 병입 숙성 과정을 거친 와인이다.

그랑 크뤼(Grand Cru) 프랑스 부르고뉴에서 최고 등급으로 분류되는 포도밭 혹은 와인이다.

그랑 크뤼 클라세(Grand Cru Classé) 프랑스 보르도의 최고 등급으로 분류되는 와인이다.

뀌베(Cuvée) 샴페인을 양조할 때 첫 번째 압착에서 추출한 포도즙을 말하며, 혼합의 의미도 지닌다.

뀌브(Cuve) 발효용 탱크를 말한다.

끌로(Clos) 담으로 둘러싸인 포도밭을 의미하며, 프랑스 부르고뉴에서 많이 사용한다.

끌리마(Climat) 프랑스어로 '기후'라는 뜻이다. 부르고뉴에서는 특정 포도산지 또는 포도원을 일컫는다.

[ㄴ]

네고시앙(Négociant) 와인업계의 중간 도매상이다. 포도를 구입하여 발효, 숙성시키기도 하며 발효가 끝난 와인을 구입하여 블랜딩해서 판매하기도 한다.

논 빈티지 샴파뉴(Non-Vintage Champagne) 포도 작황이 좋지 않을 경우 빈티지가 다른 와인을 블랜딩하여 양조한 샴페인으로 빈티지 샴페인보다 하우스 와인 스타일이 강하다.

[ㄷ]

다이어널 레인지(Diurnal Range) 밤낮의 일교차가 클 때 오히려 과일의 아로마와 산도가 높아지고 밤이 따듯해 당분생성을 도와주는 현상을 말한다.

데고르주망(Dégorgement) 전통적인 샴페인 양조 과정 중 하나로, 병속의 침전물을 제거하기 위해 사용되는 방법이다.

데뷔따주(Debuttage) 서리 방지(뷔따주: buttage)를 위해 덮었던 흙을 제거하는 것이다.

도자주(Dosage) 샴페인 양조 과정의 하나로 데고르주망 후 생긴 공간에 일정량의 와인과 사탕수수 당분을 섞어 넣는 일이다.

돌체(Dolce) 스페인어로 달콤함을 뜻한다.

돌체토(Dolcetto) 이탈리아 피에몬트에서 생산되는 레드와인으로 바롤로나 바르바레스코보다 가벼운 느낌의 와인이다.

드미 섹(Demi-Sec) 높은 잔당을 함유하고 있는 샴페인이다.

디켄팅(Decanting) 빈티지 와인에서 침전물을 제거하기 위해 와인을 병에서 유리병으로 옮겨 따르는 과정으로 공기와의 빠른 접촉을 통해 맛과 향을 돋운다.

[ㄹ]

라임스톤(Limestone) 석회암이며 주로 탄산칼슘으로 구성된 퇴적암을 말한다.

레세르바/리제르바(Reserva/Riserva) 와인법에 따라 일정기간 숙성을 거친 와인을 뜻하며, 스페인, 포르투갈, 이탈리아의 와인 라벨에 표기된다.

레지두얼 슈가(Residual Sugar) 잔당을 의미하며, 와인의 드라이함이나 스위트함을 나타내는 말이다.

랙킹(Racking) 침전물을 분리하기 위해 숙성 중인 와인을 다른 통으로 옮기는 과정을 말한다.

롱 배티드(Long-Vatted) 레드와인의 진한 색깔을 내기 위해 포도껍질과 함께 오랜 시간 발효시키는 것을 말한다.

루비 포트(Ruby Port) 진한 색의 달콤한 주정강화 와인으로 논 빈티지 와인들을 블랜딩하여 만든다.

뤼트 레조네(Lutte Raisonnee) 완벽한 유기농법은 아니지만 불필요한 화학비료 사용을 자제하는 농사법이다.

르뮈아주(Remuage) 영어 리들링(Riddling)과 같은 의미로 침전물을 제거하기 위해 와인 병을 45도로 뒤집어 눕히고 조금씩 돌려서 병목으로 침전물을 모이도록 하는 방법이다.

리(Lie) 발효를 끝낸 탱크나 오크통 바닥에 죽어있는 효모들이다.

리들링(Riddling) 샴페인 양조 과정에서 병을 45도로 뒤집어 세워 놓고 매일 조금씩 병을 돌려주어 병목으로 침전물이 모이게 하는 작업으로 불어는 르뮈아주(Remuage)이다.

리슈(Riche) 스위트한 스파클링 와인을 말하는 프랑스어이다.

리저브(Reserve) 미국의 와인 라벨에서 볼 수 있으며 법적인 규정은 없지만, 대체로 고급 와인을 뜻한다.

리퀘르 드 티라주(Liqueur de Tirage) 샴페인 양조 과정에서 2차 발효 시작 전에 설탕과 효모를 섞어 넣는 것을 말한다.

립프라우밀히(Liebfrumilch) 마시기 편한 독일의 화이트와인으로 '성모님의 젖(milk of the Blessed Mother)'이라는 뜻을 지니고 있다.

[ㅁ]

마니퓔랑(Manipulant) 프랑스 샹파뉴 지방에서 포도를 재배하고, 샴페인도 생산하는 사람을 말한다.

마이크로클라이미트(Microclimate) 같은 기후대에서도 조금 다른 기후를 보이는 미세기후 지역을 일컫는 말이다. 대체로 온난한 기후대에 위치한 곳에서 비교적 쌀쌀한 기후를 보일 수도 있다.

만사니야(Manzanilla) 쉐리와인의 일종이다.

말로라틱 퍼멘테이션(Malolactic Fermentation) 유산균 작용에 의한 젖산발효로 시큼한 사과산이 부드러운 유산으로 변하는 과정이다.

머스트(Must) 발효 전의 포도즙을 말한다.

머스트 인리치먼트(Must enrichment) 와인의 최종 알코올 함량을 높이기 위해 발효 직전에 당분이나 농축된 포도즙을 첨가하는 것이다.

메소드 샹프누아즈(Méthode Champenoise) 샴페인의 양조 방법으로 프랑스 샹파뉴에서 사용된다.

메커니컬 하베스터(Mechanical Harvester) 평평한 지내의 포도원에서 사용하는 농기구로 포도나무를 흔들어서 포도를 수확하는 방법이다.

메토도 샤르마(Metodo Charmat) 밀폐 탱크 방식으로 양조한 이탈리아의 스파클링 와인을 말한다.

모노폴(Monopole) 프랑스 부르고뉴 지방에서 소유주가 한 명인 포도밭을 일컫는 말이다. 또한 보르도에서는 한 포도밭에서 수확한 포도만을 사용하여 만든 와인을 의미한다.

미장 부떼이 오 샤토(Mise en Bouteille au Château) 샤토에서 와인을 병입했다는 뜻이다.

밀레짐(Millésime) 빈티지의 프랑스 말이다.

[ㅂ]

병덩주(Vendange) 와인 수확을 의미한다.

바또나주(Bâttonnage) 와인을 발효시킬 때 저어주는 것을 말한다.

바리끄(Barrique) 225리터 용량의 오크통을 말하며, 전통적으로 프랑스 보르도에서만 사용하였으나 현재는 전 세계적으로 사용하고 있다.

바리에탈 와인(Varietal wine) 품종명 와인을 말한다. 와인을 양조할 때 사용한 주요 품종을 와인명으로 쓴다. 예를 들어 샤르도네 품종으로 양조한 와인은 라벨에 '샤르도네'로 표기한다.

바이오다이나믹(Biodynamic) 음력주기의 유기농법으로 포도나무를 재배하는 방식이다.

뱅(Vin) 와인을 의미하는 프랑스어이다.

뱅 드 가르드(Vin de Garde) 오래 숙성시킬수록 품질이 좋아지는 와인이다.

빈티지(Vintage) 포도가 수확된 해를 말한다.

버트(Butt) 스페인 쉐리와인 생산에 사용되는 전통적인 나무통으로 600리터 용량이다.

베레종(Véraison) 포도알의 색상이 변하는 과정을 말하는 프랑스어이다.

벤토나이트(Bentonite) 정제를 위해 사용하는 점토 같은 물질이다.

보데가(Bodegas) 스페인어로 와이너리를 의미한다.

보졸레 누보(Beaujolais Nouveau) 보졸레 지방의 햇포도주로 생산과 출시가 수확 후 몇 주 만에 이루어지며 11월 셋째주 목요일 0시를 기해 출하된다.

보졸레 빌라주(Beaujolais-Villages) 보졸레 지방의 지명된 마을에서 생산한 포도들을 블랜딩하여 양조하는 와인으로 보통 보졸레 와인보다 품질 등급이 높다.

블랑 드 누아(Blanc de Noir) 흑포도로 만든 화이트와인이다.

보테(Botte) 이탈리아의 전통적인 양조통이다. 작은 통에서 4,240갤론의 사이즈까지 아주 다양하며 약한 향을 준다.

보트리티스 시네레아(Botrytis Cinérea) 포도에 생기는 곰팡이로 '귀부병(noble rot)'이라고도 한다. 프랑스 소테른 와인 또는 독일의 Qmp인 베렌아우스레제나 트로켄베렌아우스레제 와인처럼 맛이 진하고 달콤한 와인을 양조하는 데 필요하다.

부시 트레이닝(Bush Training) 지지대 없이 포도나무를 재배하는 방식이다.

부케(Bouquet) 와인에서 맡을 수 있는 2차적이고 복합적인 향기이다. 와인의 발효과정에서 생성되는 2차 아로마 향과 숙성과정에서 형성되는 3차 아로마 향을 통합하여 부르는 용어이다.

뷔따주(Buttage) 프랑스어로 서리 방지를 위해 포도밭에 흙을 덮어주는 재배 과정이다.

브뤼(Brut) 가장 드라이한 종류의 샴페인이다.

브릭스(Brix) 발효 전 포도즙의 당도를 측정하는 단위로 잠재 알코올 도수를 짐작할 수 있다.

블랑 드 블랑(Blanc de Blancs) 청포도로 만든 화이트와인이다.

블루 파이닝(Blue Fining) 와인에 들어 있는 철분, 구리로 인해 생기는 침전물을 제거하는 것을 말한다.

비뉴롱(Vigneron) 포도를 재배하는 사람을 지칭하는 프랑스어이다.

비올로지끄(Biologique) 프랑스어로 유기농 와인을 뜻한다.

비터(Bitter) 와인의 네 가지 맛 중 하나인 쓴맛이다.

빌라주 와인(Village Wine) 프랑스 부르고뉴의 특정 마을에서 생산되는 와인이다.

[ㅅ]

샤토(Château) 프랑스 보르도의 포도밭과 와인 양조장을 지칭하는 말이다. 특정 면적의 포도밭이 딸려 있으며 소유지 내에 와인 양조 및 저장 시설이 갖추어진 저택을 이르는 프랑스의 '법적'용어이다. 미국에서는 Estate, 프랑스 부르고뉴에서는 Domain, 스페인에서는 Bodegas라고 한다.

샤토 와인(Château Wine) 보통 최고 품질의 보르도 와인을 지칭할 때 사용한다.

샤토네프 뒤 파프(Châteauneuf-Du-Pape) 프랑스의 론 밸리 남부 지역에서 생산되는 레드와인. '교황의 새로운 성(城)'이라는 뜻이다.

샤포(Château) 원래의 말뜻은 모자이며, 포도즙을 발효하는 과정에서 씨와 껍질이 표면을 덮는 현상을 말한다.

샤프탈리자시옹(Chaptalization) 발효하기전의 포도즙에 주로 비트(beet)나 사탕수수 시럽을 이용하여 당분을 첨가하는 일이다. 프랑스 황제 나폴레옹 집권 당시 이 방법을 주장한 샤프탈(Chaptal) 백작의 이름을 따서 붙였다.

설퍼 다이옥시드(Sulfur dioxide) 와인을 양조할 때 방부제나 산화방지제, 살균제로 쓰이는 이산화황이다. 많은 양을 사용하면 두통을 일으킬 수 있다.

세파주(Cépage) 프랑스어로 포도품종이라는 뜻이다.

솔레라 시스템(Solera System) 스페인에서 쉐리와인을 만들 때 사용하는 양조방법이다. 오래된 와인부터 영와인까지 여러 빈티지를 블랜딩하여 와인을 양조한다. 쉐리와인은 빈티지가 표시되지 않는다.

숏 배트드(Short-Vatted) 짧은 시간 포도껍질과 함께 발효시킨 와인이다.

쉐(Chai) 보르도 지방에서 많이 사용하는 용어로 지상에 있는 와인 저장고를 말하며 일반적으로 나무통(Barrel)에 저장을 한다.

스테인리스 스틸 탱크(Stanless-Steel Tank) 와인을 양조할 때 발효나 숙성용으로 이용되는 스테인리스 스틸통으로 맛이나 온도를 일정하게 관리할 수 있다.

스트로바인(Strohwein) 볏짚이나 갈대잎으로 만든 발 위에 포도를 건조시켜 양조한 독일의 스위트 와인이다.

스푸만테(Spumante) 이탈리아에서 양조한 스파클링 와인이다.

[ㅇ]

아꼴라주(Accolage) 프랑스어로, 수평으로 친 철조망에 포도가지를 배열하여 재배하는 방식이다.

아데가(Adega) 포르투갈어로 와이너리(양조장)이다.

아로마(Aroma) 와인의 향기를 일컫는 말이다. 1차 향은 포도자체가 갖고 있는 향으로 1차 아로마라고 하며, 2, 3차 아로마는 부케라고 한다.

아마로네(Amarone) 이탈리아 베네토산 와인으로 수분이 증발되게 늦수확하여 '건포도화'된 포도로 와인을 빚는다. 알코올 도수가 높은 편이며 단맛이 많다.

아바(AVA: American Viticultural Area) 미국 정부 승인의 포도재배 지역이라는 뜻이다.

아보카도(Abboccato) 이탈리아어로 풀바디한 미디엄 와인을 말한다.

아세틱 에시드(Acetic Acid) 식초에 들어 있는 산, 공기와 접촉하여 초산균이 활동하면 에탄올에 의해 산화작용이 일어난다.

아스퍼전(Aspersion) 봄서리 대비책으로 포도나무 싹에 물을 뿌리고 얼음을 덮어 싹을 보호하는 것을 말한다.

아쌍블라주(Assemblage) 보르도와 샹파뉴 지방에서 많이 사용하는 양조 방법으로 여러 종류의 와인을 블랜딩하는 것을 말한다.

아지엔다(Azienda) 직접 재배하고 수확한 포도와 구매한 포도 2가지를 사용하여 만든 와인이다. 직접 재배한 포도만 사용하여 양조하면 'Azienda Agricola'라고 하며, 포도를 구입하여 양조하면 'Azienda Vinicola'라고 한다.
안나타(Annata) 이탈리아에서 사용하는 포도의 수확년도, 빈티지이다.
알마세니스타(Almacenista) 스페인어로 쉐리와인을 직접 혼합하여 중간 공급업자에게 대량으로 판매를 하는 쉐리와인 생산업자를 말한다.
에델포이레(Edelfäule) 포도에 생기는 곰팡이, '귀부균'의 독일어이다.
에르미타주(Hermitage) 프랑스 론 밸리 북쪽 지역에서 생산되는 레드와인이다.
에스테이트(Estate) 포도원 소유주 자신의 밭에서 직접 재배한 포도를 수확하여 양조하는 생산자를 말한다.
에스테이트 보틀드(Estate-Bottled) 에스테이트, 즉 와이너리에서 직접 병입한 와인이다.
에시드(Acid) 혀와 입 가장자리에서 느껴지는 와인의 신맛이다.
에이피 넘버(AP Number) 독일 와인 라벨에 있는 공식 테스트 번호, 독일 정부에서 지정한 품질 관리 기준을 통과하였음을 의미한다.
엑스트라 드라이(Extra Dry) 드라이한 브뤼 샴페인보다 스위트하다.
오피셜 클래시피케이션 오브 1855(Official Classification of 1855) 1855년 와인업계의 전문가들이 최상급으로 선정한 프랑스 보르도의 메독, 소테른 샤토 등의 등급체계를 말한다.
우드 포트(Wood Port) 포르투갈 와인인 루비 포트나 타우니 포트를 일컫는 강화와인으로 구입 즉시 마실 수 있다.
와시(Wash) 발효과정에서 나온 알코올성 액체로 증류에 사용된다.
이스트(Yeast) 발효식품인 와인 양조에 사용되는 미생물이며 알코올 발효과정에서 생성되는 효모를 말한다.

[ㅈ]

저그 와인(Jug Wine) '저그'병에 담겨 판매되는 미국 캘리포니아산의 보통 와인을 말하며, 유럽에서는 저렴한 와인을 말한다.

[ㅊ]

쵸크(Chalk) 백악질 토양에 석회암의 일종으로 순도 높은 칼슘을 지니고 있다.

[ㅋ]

카바(Cava) 스페인의 전통방식으로 만든 DC급 스파클링 와인이다.

카보닉 마세레이션(Carbonic Maceration) 탄산침용 양조방식으로 흑포도송이를 모두 넣고 그대로 발효시킨다. 대표적인 것이 프랑스의 보졸레 누보이다.

카브(Cave) 지하에 있는 와인 저장고 또는 양조시설을 말한다.

캐스크(Cask) 발효, 숙성, 저장에 사용되는 오크통으로 국가와 지역에 따라 다양하다.

캡(Cap) 레드와인을 발효할 때 포도껍질이나 줄기 등이 표면에 두껍게 형성되어 뜨는 것을 말한다.

코뮌(Commune) 일반적으로 한 마을, 작은 와인 생산지를 의미한다.

코세차(Cosecha) 스페인어로 '수확'을 의미한다.

콜헤이타(Colheita) 포르투갈어로 '빈티지'를 의미한다.

쿠엠페(QmP: Qualitätswein Mit Prädikat) 독일의 우수한 와인 중에서도 최고 등급을 의미한다.

크뤼 보졸레(Cru Beaujolais) 프랑스 보졸레의 최상급 와인으로, 보졸레 지방에서도 특별히 지정된 10개 마을 중 한 곳에서 생산된다.

크뤼 브루주아(Cru Bourgeois) 꾸준히 품질을 인정받고 있는 프랑스 보르도의 247개 샤토를 말하며, 크뤼 클라세의 하위 등급이다.

크리안자(Crianza) 스페인의 양조법에 의해 오크통에서 1년, 병입 후에 1년 숙성하는 와인으로 리오하 와인 중 가장 평범하면서 가격도 저렴하다.

크로제 에르미타주(Crozes-Hermitage) 프랑스 론 밸리의 북쪽 지역에서 생산되는 레드와인이다.

크뤼(Cru) 보통 마을이나 포도밭을 지칭하는 용어이며 와인의 품질을 위해 같은 포도밭에서 재배된 포도로 만든 와인의 등급을 의미한다.

크림 쉐리(Cream Sherry) 스페인 쉐리와인의 일종으로, 페드로 히메네스(Pedro Ximénez)와 올로로소(Oloroso)를 블랜딩하여 양조한다.

크발리테츠바인(Qualitätswein) '우수한 와인'이라는 뜻의 독일어이다.

클래시파이드 그로스(Classified Growth) 1855년 프랑스 보르도의 와인 등급 구분에 의해 최상급 와인을 생산하는 포도원으로 선정된 샤토를 말한다.

클래시파이드 샤토(Classified Château) 최고급 와인을 생산하는 프랑스 보르도 지방의 샤토들을 지칭하는 말이다.

클레이(Clay) 매우 미세하게 부서지는 부드러운 암석의 점토, 찰흙이다. 점토질은 수분을 많이 함유하고 있어 토양을 서늘하게 해주지만 포도뿌리를 썩게 할 수도 있다.
키안티(Chianti) 이탈리아의 투스카니 지방에서 생산되는 DOCG급 레드와인이다. 과거에는 와인을 보호하기 위해 볏짚으로 병을 싸서 보호하였다.
키안티 클라시코(Chianti Classico) 품질 면에서 이탈리아 키안티 와인보다 한 단계 위의 와인으로, 키안티 안쪽 지역에서 생산된다.
키안티 클라시코 리제르바(Chianti Classico Riserva) 이탈리아의 키안티 와인 중 최고 품질로, 키안티나 키안티 클라시코보다 더 오랜 숙성기간을 거친다.

[ㅌ]

타닌(Tannin) 포도의 껍질이나 줄기, 씨에 들어 있는 텁텁한 맛으로 와인을 숙성시키는 나무통에서도 나온다. 천연합성물 및 천연방부제 역할을 한다.
타르타릭 에시드(Tartaric Acid) 와인의 산도를 결정하는 주석산이다.
타우니 포트(Tawny Port) 포르투갈의 루비 포트보다 가볍고 부드러우며 더 장기간 숙성시킨 강화와인이다.
타펠바인(Tafelwein) 테이블 와인을 의미하는 독일어이다.
트리아주(Triage) 양조하기 전에 포도를 품질에 따라 선별하는 작업을 말한다.
티비에이(TBA: Trockenbeerenauslese) 독일의 트로켄베렌아우스레제 약칭이며, 오래 숙성된 포도로 양조한 진하고 달콤한 화이트와인이다.

[ㅍ]

퍼멘테이션(Fermentation) 포도즙의 당분이 효모 효소 활동에 의해 알코올로 변하는 발효 과정이다.
퍼스트 그로스(First Growth) 1885년 프랑스 보르도의 메독 지방 와인 등급 분류에서 최상급으로 인정된 보르도 샤토 와인이다.
포데레(Podere) 작은 포도밭을 뜻하는 이탈리아어이다.
포티파이드 와인(Fortified Wine) 알코올 함량이 높은 브랜디를 첨가한 주정강화와인으로 포트와인이나 쉐리와인을 말한다.
푸토뇨스(Puttunyos) 헝가리 토카이 지역에서 와인 당도를 측정할 때 사용하는 단위이다.

프리미에 크뤼(Premier Cru) 프랑스 부르고뉴에서 특별히 지정된 포도원의 포도로 만드는 와인을 말한다. 보르도에서는 여러 포도원의 포도를 블랜딩하여 양조하기도 한다.
프리잔테(Frizzante) 약한 기포성이 있는 이탈리아의 스파클링 와인을 말한다.
프티 샤토(Petit Château) 프랑스 AOC 등급에서 탈락한 보르도의 샤토 브랜드 중 하나이다.
플로(Flor) 스페인의 일부 쉐리와인 양조 중에 생기는 효모의 일종이다.
피노(Fino) 스페인 쉐리와인의 한 종류이다.
피자주(Pigeage) 발효 도중에 떠오르는 포도껍질 같은 여러 가지 부유물을 다시 밑으로 보내는 작업을 말한다. 커다란 통속에서 포도를 발로 짓밟는 것을 의미하기도 한다.
필록세라(Phylloxéra) 포도나무를 고사시키는 치명적인 벌레로 뿌리를 갉아먹는 포도나무 뿌리 진딧물이다.

[ㅎ]

할프트로켄(Halbtrochen) 독일어로 '세미 드라이'를 의미한다.
헥타르(Hectare) 미터법에 따른 면적 단위로 1헥타르는 약 2.471에이커이며, 10,000m²에 해당한다.
헥토리터(Hectoliter) 미터법에 의한 부피 단위로 1헥토리터는 약 26.4242갤런이며, 100ℓ에 해당한다.

참고문헌

고재윤(2007), 국내 와인소비자의 웰빙인식과 와인구매 선택속성간의 관계「호텔경영학연구」, 16(1): 155-172

고창범(2008), 『와인 39』, 산지니

고형욱(2002), 『보르도 와인 기다림의 지혜』, 한길사

고재윤외 10인(2009), 『마스터 소믈리에 와인컨설턴트 과정 교재』, 경희대학교 관광대학원

고재윤·이순주(2001), 『뉴 밀레미엄시대의 소믈리에경영실무』, 백산출판사

고재윤·정미란(2006), 레스토랑 와인이벤트 속성과 만족도에 관한 연구, 「관광학연구」, 31(2): 323-337

고재윤·정미란(2006), 소믈리에 자격증 평가항목개발에 관한 연구, 「관광학연구」, 30(5): 133-151

고재윤·정미란(2006), 와인소비자 유형에 따른 구매 위험지각에 관한 연구, 「외식경영연구」, 9(2): 89-103

고재윤·정미란(2006), CEO 와인지식수준과 와인스트레스요인에 관한 연구, 「관광학연구」, 33(4): 209-225

고재윤·정미란(2006), 라이프스타일에 따른 와인 선택속성에 관한 연구, 「외식경영연구」, 9(1): 51-67

고재윤·정미란(2006), 와인병 디자인 이미지 선호도와 구매의도관계에 관한 연구, 「호텔경영학연구」, 16(4): 237-247

고재윤·김내철·성혜신(2005), 『와인학개론』, 석학당

고재윤·이준재·조현준(2005), 호텔레스토랑 와인교육현황과 와인교육시스템 구축방안에 관한 연구, 「외식경영연구」, 8(3): 125-147

고재윤·정미란·윤재석(2006), 와인바 선택속성에 따른 시장세분화와 고객만족「호텔관광연구」, 8(1): 21-32

고재윤·정미란·박성수(2006), 와인관광동기와 관광지 선택행동에 관한 연구, 「관광학연구」, 30(4): 109-129

고재윤·정미란·변우희(2006), 와인의 건강효과 인지가 와인구매의도와 소비량에 미치는 영향「호텔경영학연구」, 15(14): 119-130

고재윤·정미란·김대철(2007), 와인 레이블 디자인 선호도와 구매의도 관계에 관한 연구「외식경영연구」, 10(3): 7-24

고재윤·유병균·이유양(2009), 델파이기법을 이용한 서울 시내 특1급 관광호텔레스토랑 와인마케팅 전략에 관한 연구, 「외식경영연구」, 33(5): 33-54

고드프레이 스펜스(2008), 한국와인문화연구소 역, 『세계의 명품 화이트와인』, 세경

그레이엄 하딩(2008), 차재호 역, 『와인 미셀러니』, 보누스

김국(2007), 『와인 (잘먹고 잘사는 법 097)』, 김영사

김기재(2002), 『와인을 알면 비즈니스가 즐겁다』, 세종서적

김기재(2005), 『성공 비즈니스를 위한 와인 가이드』, 넥서스

김일호(2007), 『와인 & 칵테일-세상 모든 술 한 권에 다 있다』, 리스컴

김준철(2005), 『웰빙 와인 상식 50』, 그랑벵코리아

김준철(2006), 『와인 어떻게 즐길까-살림 지식총서 260』, 살림

김준철(2006), 『와인 인사이클로피디아』, 세종서적

김준철(2006), 『와인』, 백산출판사

김준철(2007), 『와인 가이드』, 중앙 books

김태랑(2002), 『황홀한 체험, 프랑스 와인의 모든 것』, 한울(한울아카데미)

김혁(2004), 『김혁의 프랑스 와인 명가를 찾아서』, 세종서적

김혁(2007), 『이탈리아 와인기행』, 학산문화사

김혜선(2007), 『나는 와인의 눈물에 탐닉한다』, 갤리온

니시카와 와메구미(2007), 김준균 역, 『와인과 외교』, 지상사

닐 베케트·휴 존슨(2009), 박홍영·박누리·김소영 역, 『죽기 전에 꼭 마셔봐야 할 와인 1001』, 마로니에북스.

다사키 신야(2008), 김진섭 역, 『와인생활백서』, 바롬웍스

데비 워스카(2009), 전행선 역,『와인의 세계』, 21세기북스

레티 티그(2008), 고형욱 역,『왕초보 피터, 와인을 배우다』, 세종서적

로드 필립스(2002),『도도한 알코올, 와인의 역사』, 시공사

로버트 몬다비(2007), 이병렬 역,『와인의 달인 로버트 몬다비』, 바롬웍스

로버트 파커(2005), 오상용 역,『THE GREATEST WINE』, 바롬웍스

로버트 파커(2007), 손진호 역,『로버트 파커의 보르도 와인』, 바롬웍스

류철·최성만(2008),『와인오버뷰』, 현학사

마이클 슈스터(2007), 손진호 역,『와인 테이스팅의 이해』, 바롬웍스

매트 스키너 (2008), 류영훈 역,『매트 스키너의 캐주얼 와인북』, 세종서적

미첼 에드워드(2007), 한국와인문화연구소 역,『세계의 명품 레드와인』, 세경

박동휘(2008),『대한민국이 선택한 와인 BEST 100』, 21세기북스

박미향(2009),『와인집을 가다』, 넥서스 BOOKS

박원목(2007),『와인 만드는 교수, 박원목의 와인강의』, 김영사

박재용(2009),『그림으로 마시는 생생 와인』, 그리고책

박정희(2009),『와인과 음악은 사랑의 묘약이다』, 책생각

박찬일(2007),『당신이 알고 있는 와인 상식을 뒤집는 와인 스캔들』, 넥서스

박찬일(2009),『박찬일의 와인 셀렉션』, 예담

박해원외 3인(2009), '와인과의 특별한 만남', 워커힐

박해원 외 3인(2009), 'All about Wine', 워커힐

서한정(2004),『서한정의 와인 가이드』, 그랑벵코리아

서한정·김준철·한관규(2005),『웰빙 와인 상식 50』, 서울: 그랑벵코리아

손진호(2003),『와인』, 대원사

손진호(2006),『와인 구매가이드. 1』, 바롬웍스

손진호(2008),『와인 구매가이드. 2』, 바롬웍스

손현주(2009),『와인 그리고 쉼』, FORBOOK

송점종(2008),『와인 & 와이너리』, 생각의 나무

실뱅 피티오·쟝 샤를 세르방(2009), 박재화·이정욱 역,『부르고뉴 와인』, 바롬웍스

실비지라르-라고르스 저(2008), 최재호 역, 『전설의 100대 와인』, 알덴테북스

아기타다시(2007), 설은미·권은정 역, 『와인의 기쁨 1』, 중앙북스

아기타다시(2007), 설은미·권은정 역, 『와인의 기쁨 2』, 중앙북스

안준범(2009), 『와인 읽는 CEO』, 21세기북스

양향자(2009), 『궁합이 맞는 와인과 우리음식』, 아카데미북

엄경자(2007), 『와인 노트』, 사람마음

엔리코 베르나르도(2007), 고정아 역, 『How Wine』, 나비장책

엘린 맥코이 저(2007), 이병렬 역, 『와인평론가 로버트 파커』, 바롬웍스

오즈 클라크(2001), 정수경 역, 『오즈 클라크의 와인 이야기』, 푸른길.

오즈 클라크(2008), 김보영 역, 『오즈의 프랑스 와인 어드벤처』, 예담

오현숙(2009), 『와인 스케치』, 파프리카

와인나라 아카데미(2007) 『The wine Guide』, 와인나라

우진영(2008), 『와인에 어울리는 요리』, 부즈펌

이기태(2007), 『내 생애 첫번째 와인』, 웅진리빙하우스

이기태(2009), 『와인 상식사전』, 길벗

이다도시(2009), 『이다도시의 봉주르 와인』, 예담

이보은(2008), 『집에서 즐기는 와인과 요리』, 21세기북스

이원복(2008), 『이원복 교수의 와인의 세계, 세계의 와인』, 김영사

이재술(2009), 『와인 상식사전』, 미르북스

이재형(2008), 『이럴 땐 이 와인』, 코코넛

이정우(2007), 『친절한 와인책』, 태인문화사

이정윤(2009), 『엔조이 와인』, 삼성출판사

이정윤(2009), 『와인수첩(내 손에 쏙 들어오는 80가지)』, 우듬지

이정창(2009), 『와인 소주처럼 마셔라』, 그리고책

이주호(2001), 『이제는 와인이 좋다』, 바다출판사

이청천(2019), 중국와인의 품질기준 정립을 위한 지리적 표시체계와 레이블 체계구축에 관한 연구, 경희대학교 대학원 박사학위 논문

잔시스 로빈슨(2005), 『와인과 스피리츠 세계의 탐구』, 서울: WSET 코리아

장홍(2008), 『문화로 풀어본 와인이야기』, 학산문화사

젠스 프리에웨(2003), 이순주 역, 『와인 입문교실』, 백산 출판사

전홍진·김관식·손재근·채신석(2008), 『바 경영과 와인이야기』, 서울: 신정

정상헌(2008), 『와인특강』, 예문

정숙희(2008), 『와인 테이스팅 아는 만큼 맛있다』, 문예림

정휘웅(2009), 『와인 장보기』, 펜하우스

조정용(2006), 『올 댓 와인1』, 해냄

조정용(2008), 『와인이 요리를 만났을 때』, 동아일보사

조정용(2009), 『올 댓 와인2』, 해냄

줄리아 플린 사일러(2007), 박승국 역, 『와인의 황제 로버트 몬다비』, 중앙북스

진희정(2007), 『CEO, 와인에서 경영을 얻다』, 마젤란

최성순(2009), 『와인 공감』, 소울

최훈(2005), 『프랑스 와인』, 서울: 자원평가연구원 IRE

케빈 즈랠리(2008), 정미나 역, 『와인 바이블』, 한스미디어

타일러 콜만(2009), 김종돈 역, 『와인 정치학』, 책보세

티에리 타옹(2007), 김병욱 역, 『와인의 철학』, 개마고원

코지마 하야토(2011), 『와인의 교본』, (주)교문사

한관규(2002), 『보르도 와인』, 서울: 그랑벵코리아

휴 존슨·잰시스 로빈슨(2009), 세종서적 편집부, 인트랜스번역원 역, 『와인 아틀라스』, 세종서적

휴 존슨(2007), 『세상에서 가장 맛있게 와인을 즐기는 방법』, 황근하 역, 서울: Human&Books

히로카네 겐시 저(2001), 한복진 역, 『한손에 잡히는 와인』, 베스트홈

연합뉴스(05. 4. 1. 신문), '와인과 음악', 그룹 다섯손가락 이두헌

『월간 Meat (2007.1~2009. 12)』, 미트 잡지사

『월간 신용사회(2008. 1~2008. 12)』, 신용사회 잡지사

『월간 리치(2009. 10~2019. 12)』, 리치 잡지사

『월간 호텔 & 레스토랑(2018. 1~2019. 12)』, 호텔 & 레스토랑 잡지사

『아시아경제신문(2008. 12~2009. 2)』, 아시아경제신문사

『매경 이코노믹(2016. 1~2019. 12)』, 매일경제신문사

Emile, P. & Alan, S.(1984), 『Knowing and Making Wine』, Wiley-Interscience

Julyan, B. K.(2003), 『Sales and Service for the Wine Professional, 2th』, New York. p.35

James Halliday(2006), 『Wine Atlas of Australia』. Victoria: Hardie Grant Books

Kalogiann, I. T., Klavdianou, A. P., & Tsakiridou, E..(1999), 『Wine Route in Northern Greece: Consumer Perceptions』, British Food Journal, 101(11): 884-892

Karen, M. (2001), 『The Wine Bible』, WorkmanPublishing

Moulton, K. & Lapsley, J.(2001), 『Successful Wine Marketing』, Aspen pub. Inc

Lee, K. & Zhao, J. & Ko, J. Y.(2005), 『Exploring the Korean Wine Market』, Journal of Hospitality & Tourism Research, 29(1):20-41

Overstreet, Dennis, O. (1999), 『Overstreet's New Wine Guide』, Clarkson Potter

Robert, J. H. (2007), 『Food and Wine Pairing』, John Wiley & Sons Inc

Seldon, P.(2000), 『The Complete Idiot's Guide to Wine』, Alpha Books

Tom, S.(2006), 『Sotheby's Wine Encyclopedia : The Classic Reference to the Wines of the World』, DorlingKindersley

Wendy Toerien(2000), 『Wines & Vineyard of South Africa』. STRUIK

고재윤 박사

　현재 경희대학교 호텔관광대학 Hospitality 경영학과 고황명예교수 겸 관광대학원 와인소믈리에학과 학과장으로 재직중이며 호텔관광대학 부학장, 관광대학원 부원장을 역임하였다. (사)한국외식경영학회 회장, 한국호텔리조트학회 회장, 한국와인·소믈리에학회 회장, (사)한국호텔관광학회 회장, (사)한국관광학회 부회장 등을 역임하였고, 현재 (사)한국국제소믈리에협회 회장, (사)한국서비스경영학회 회장을 맡고 있다.

　국제소믈리에협회(ASI) 회원국인 (사)한국국제소믈리에협회(KISA)를 창립하여 초대 사무총장 업무를 수행하였으며, 2012년 ASI 총회겸 제2회 아시아·오세아니아 지역 베스트소믈리에경기대회를 대전에 유치하였다. 또한 아시아와인트로피를 대전에 유치하였고, 베를린와인트로피, 아시아와인트로피 심사위원장을 맡고 있다. 농림수산식품부 식품산업진흥심의회 평가위원, 한국표준협회의 국가서비스품질 심사위원, 세계기능대회 레스토랑서비스기능부문 심사위원장으로 활동하였다.

　경희대학교 UNDP호텔경영전문대학 호텔경영학과를 1회로 졸업하고 한국방송통신대학교 경영학과를 졸업하였으며, 세종대학교 대학원 호텔관광학과에서 석·박사 학위를 받았다. 그리고 스위스 HIM호텔대학에서 식음료경영과 와인을 전공하였다. 쉐라톤 그랜드 워커힐호텔에서 20년간 식음료부장, 인사총무부장, 외식사업본부장을 역임하였고, 프랑스의 보르도, 부르고뉴, 독일, 오스트리아, 호주 등 단기 와인 과정을 수료하였다. 또한 프랑스, 독일, 이탈리아, 스페인, 포르투갈, 오스트리아, 헝가리, 체코, 미국, 호주, 뉴질랜드, 남아프리카 공화국, 중국, 일본, 우즈베키스탄, 카자흐스탄, 조지아, 칠레, 아르헨티나, 몰도바, 슬로베니아, 슬로바키아, 불가리아, 루마니아 등의 전 세계 와이너리를 방문하여 현장 와인 학습의 중요성을 경험하였다.

　2010년 7월 프랑스 보르도 생떼밀리옹에서 쥐라드 드 생떼밀리옹 기사 작위를 수여 받았으며, 2011년 5월 독일대사관에서 독일모젤와인협회로부터 홍보대사를 임명받았고 2012년 부르고뉴 슈발리에 뒤 따스뜨뱅 기사 작위, 2014년 포르투갈 가이야 형제애 기사 작위를 받았다.

　『와인커뮤니케이션』을 비롯한 10권의 지서와 소믈리에 자격증 평가항목개발에 관한 연구 등 총 200여 편의 논문을 발표하였다. 푸드 TV, 아시아경제신문, 미트매거진잡지, 신용사회, 미주 평화신문 등에 와인 칼럼을 기고하였고, 현재는 매경이코노미, 리치, 호텔 & 레스토랑, 소믈리에타임지 등에 와인칼럼니스트로도 활동하고 있으며, **tvN** '벌거벗은 세계사' 와인편에 출연하였다. 또한 한국와인·전통주 세계화를 위해 심혈을 기울이고 열정적으로 뛰고 있다.

WINE COMMUNICATION 와인 커뮤니케이션

초 판 1쇄 | 2010년 3월 10일 발행
초 판 2쇄 | 2011년 10월 30일 발행
초 판 3쇄 | 2017년 6월 30일 발행
제2판 1쇄 | 2020년 2월 20일 발행
제2판 2쇄 | 2023년 11월 17일 발행

지은이 | 고 재 윤
펴낸이 | 이 은 경
펴낸곳 | (주)세경북스
주   소 | 서울특별시 서초구 신반포로3길 8, 606호(반포동 반포프라자)
전   화 | 02-596-3596
팩   스 | 02-596-3597
신   고 | 제2013-000189호

저자와의
협의 하에
인지를
생략함

정가 25,000원
본 출판사의 동의 없이 내용을 복제하거나 전산장치에 저장·전파할 수 없습니다.

Printed in Korea
ISBN : 979-11-5973-207-2 13590